유수연 **토익**
950
최상위 문제
실전 모의고사

**유수연 토익 950
최상위 문제 실전 모의고사**

지은이 유수연
초판 1쇄 발행 2018년 4월 9일
초판 3쇄 발행 2020년 12월 2일

발행인 박효상   **편집장** 김현   **기획·편집** 김준하, 김설아   **디자인** 이연진
디자인 싱타디자인 고희선
마케팅 이태호, 이전희   **관리** 김태옥

종이 월드페이퍼   **인쇄·제본** 현문자현

출판등록 제10-1835호   **발행처** 사람in   **주소** 121-839 서울시 마포구 양화로 14-10 (서교동) 3F
전화 02) 338-3555(代)   **팩스** 02) 338-3545   **E-mail** saramin@netsgo.com
Website www.saramin.com

책값은 뒤표지에 있습니다.
파본은 바꾸어 드립니다.

ⓒ 유수연 2018

ISBN
978-89-6049-668-2 14740
978-89-6049-669-9 (세트)

우아한 지적만보, 기민한 실사구시   사람in

유수연 토익 950
최상위 문제
실전 모의고사

유수연 지음

사람in

토익 수험생에게 고함

본 모의고사는
고난도 문제 유형을
반복 출제함으로써

950점대 이상
고득점을 원하는 분들을 위해
최상위 난도
10%에만 집중한
모의고사 600제이므로

실제 시험과 다를 수 있음을 알려드립니다.

점수로 증명하는 고득점 전략

PART 1

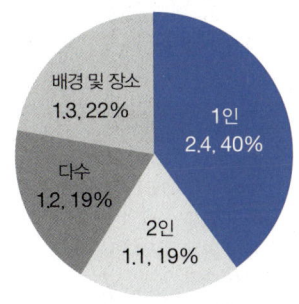

PART 1 사진 유형

정답의 패턴
정답을 유추하지 말고 보이는 것만 믿어라.
① 전반적인 묘사 〉 상세한 묘사
② 사실적인 묘사 〉 추상적인 묘사
③ 객관적인 묘사 〉 주관적인 묘사
정답과 오답의 가장 큰 특징은, 추상적이거나 구체적인 것보다는 사실 상황을 묘사한 것 또는 전반적인 동작 상황을 묘사한 것이 정답이라는 점이다. 사진 속 상황을 절대 유추하지 말고 보이는 것만 믿어라.

기본 문제 풀이 전략
STEP 1 사진 파악 – 음성이 나오기 전에 사진을 미리 보고 시선을 떼지 않는다.
STEP 2 받아쓰기 – 음성을 들으면서 빠르게 핵심어 한두 단어를 받아쓴다.
STEP 3 소거법 – 사진에서 보이지 않는 단어(동사, 명사)가 들리면 바로 소거한다.
STEP 4 정답 확인 – 오답을 먼저 제거하고 남는 것을 정답으로 선택한다.

최근 유형
① 유사한 동작을 묘사하더라도 마지막에 언급되는 명사를 확인하라.
② 사람 유무에 관계없이 정답이 되는 수동태 진행형(being p.p.)은 따로 있다.
③ 익숙하지 않은 사물 묘사나 자연 현상 표현을 확인하라.

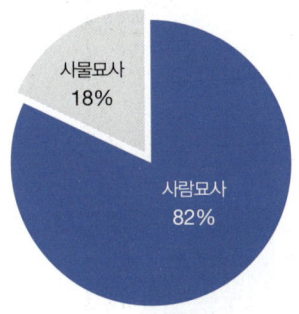

사람 등장 사진의 정답 유형

사람 등장 사진에서 사물을 묘사한 정답이 나올 확률은 18%이다.
특히, 이중에 1인 사진은 67%, 2인 사진은 23%, 3인 이상 다수가 등장한 사진은 10%를 차지한다.

PART 2

PART 2 출제 유형

기본적으로 PART 2는 질문과 답변의 유형이 15개뿐이다.

PART 2 기본 출제 유형		오답유형
의문사 의문문	1. Who 의문문	1. Yes/No 오류
	2. Where 의문문	2. 다른 의문사에 대한 답변
	3. When 의문문	3. 주어 오류
	4. Why 의문문	4. 유사 발음, 동일·연상 어휘 오류
	5. How 의문문	5. 시제 오류
	6. What/Which 의문문	
일반 조동사 의문문	7. 간접의문문	
	8. 조동사의문문	
	9. 선택의문문	
	10. 권유/제안/요청 의문문	
	11. 부가/부정의문문	
평서문	12. 평서문	
회피성 답변	13. I don't know	
	14. 반문	
	15. 간접 상황	

유형별 출제율 분석

평서문 : 3.1문제
1. 문제 상황 ▶ 대안/공감
2. 제안 ▶ 거절/승낙
3. 사실/상황 ▶ 맞장구
4. 질문 ▶ Yes/No

12%

45%

비의문사 : 10.7문제
기본형 4~5문제 (Yes/No 답변+~)
난이도 5문제 (Yes, No 생략/간접 상황/모르겠다)

43%

의문사 : 11.1문제
기본형 9문제
난이도 4문제
(모르겠다/간접 상황/반문)

PART 3

PART 3 불변의 원칙
1. 정답은 대화의 진행 순서대로 등장한다.
2. 정해진 유형의 질문에서 벗어나지 않는다.
3. 대화는 구체적인 사실/상황으로 표현되나 정답은 포괄적으로 묘사된다.
4. MAN(남자) 질문은 남자의 대사에서 답이 나온다.

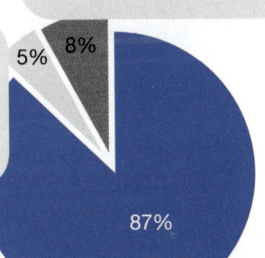

시각 자료 연계 문제 : 3문항
1. 일정: 행사, 공연, 교통, 날씨 등
2. 지도: 도로, 평면도, 노선도
3. 그래프: 파이 차트, 막대 그래프
4. 기타: 쿠폰, 리뷰, 영수증 등

화자의 의도 문제 : 2문항
1. Why ~ say "~"?
2. What ~ mean/imply when she/he says "~"?

5% 8%

87%

기본 유형 문제 : 34문항
기본 정보: 직업, 업종, 대화 장소, 주제
세부 정보: 키워드 확인 문제
미래 정보: 미래, 요구/요청, 권유/제안

화자의 의도를 묻는 문제 풀이 전략
1. 화자 의도와 같은 뜻의 보기는 제거한다.
2. 포괄적으로 상황을 설명한 것이 정답이다.
3. 해당 위치에서 연결어를 확보하자.

시각 자료 연계 문제 풀이 전략
1. 대화에서 언급된 보기는 정답이 아니다.
2. 일정표는 일정의 변경, 취소 등을 확인하라.
3. 지도 관련 자료는 장소 전치사가 게임의 룰을 정한다.
4. 그래프는 서수, 최상급, 수량에 대한 언급에 답이 나온다.
5. 브로슈어, 쿠폰, 영수증은 잘못된 정보를 찾는 것이 정답이다.

고득점 난도 유형

① 처음 2개의 질문이 주제/장소, 직업/목적 등인 경우, 처음 두 줄에 답이 동시에 나오는 2:1 구조이다.
② 3문제 모두 주제, 직업, 문제점이면 3:0의 구조이다.
③ I'll ~로 말하면 제안을, You'll ~로 말하면 요청을 뜻한다.
④ 답이 먼저 들리고 난 후에 키워드가 들린다.
⑤ 미래 문제는 상대의 말에서 답이 나온다.
⑥ 같은 보기에 보기의 단어가 2개 이상 들릴 경우, 안 들리는 단어가 포함된 보기를 제거하면 정답이 남는다.
⑦ however, but, by the way, unfortunately 뒤에 결정적인 정답의 단서가 나온다.
⑧ 앞으로 일어날 일의 순서를 묻는 문제는 I'll ~ / Let's ~에서 처음 들리는 동사가 정답이다.
⑨ 수동태 문제는 권유, 제안 등의 표현을 들어야 한다.
⑩ Let's/next/from now 등의 표현은 마지막 줄에 들리며 미래의 일정을 설명한다.

PART 4

PART 4 불변의 원칙
1. 정답은 담화의 진행 순서대로 등장한다.
2. 정해진 유형의 질문에서 벗어나지 않는다.
3. 대화는 구체적인 사실/상황을 표현하나 정답은 포괄적으로 묘사된다.
4. 담화의 전개 방식이 패턴화되어 있다.

최근 시험에서 가장 많이 출제되는 담화(talk) 유형은 회의, 설명/연설, 전화 메시지이며, 패턴화된 담화의 전개 방식은 반드시 알아두어야 한다.

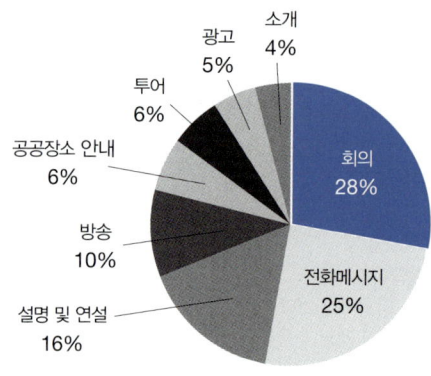

PART 5 & 6

PART 5

1

문장의 구조 분석을 통해 품사의 배열과 문법의 근거를 찾아라.

2

문제 해결을 위한 **문법** 사항을 정리해 두자.

3

문장 중에 **답 결정 단어**를 찾아 객관적이고 논리적인 근거를 확보하라.

4

어휘는 언제, 누구와 출제되는지를 함께 암기하라.

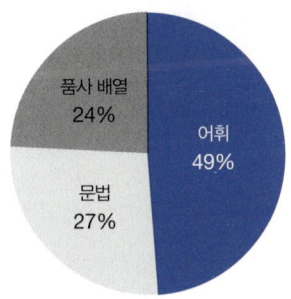

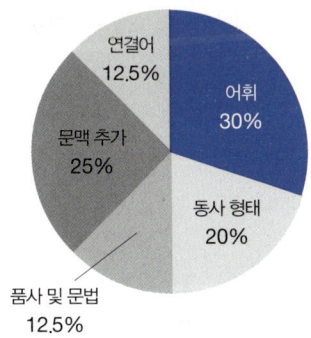

PART 6

1. 품사 선택 1~2 문제
① 품사의 배열 ② 관련 문법

2. 동사의 형태 2~3 문제
① 본동사의 개수
② 주어와의 수일치
③ 목적어 유무의 태
④ 다른 동사들과의 시제

3. 어휘 문제 4~5 문제
→ 말이 되는 것은 답이 아니다.
① 본문 중에 답을 결정하는 연결 단어
② 동의어
③ 포괄적인 단어

4. 연결어 문제 1~2 문제
① 접속사와 전치사 확인
② 지시대명사/형용사 확인
③ 접속부사/부사 확인

5. 문맥 추가 4 문제
① 보기의 키워드 정리
② 본문 중 빈칸 앞뒤의 답을 결정하는 연결 단어
③ 전체 지문 중에서 오류 제거

PART 7

독해 4대 원칙

① 답은 지문의 순서대로 배치된다.
② 문제를 먼저 분석한 후에 지문의 해당 위치를 검색한다.
③ 본문은 구체적이고 답은 포괄적이다.
④ 보기의 오답들은 한 단어의 오류를 숨기고 있다.

전략적 문제 풀이 접근법

STEP 1 지문의 앞부분을 스키밍(skimming)하여 기본 정보를 정리한다.
STEP 2 질문을 분석하여 키워드와 답의 위치를 찾는다.
STEP 3 질문의 키워드와 보기 (A) ~ (D)의 키워드를 정리한다.
STEP 4 지문에서 보기의 키워드들을 스키밍(skimming)으로 검색한다.
STEP 5 지문에서 검색한 내용과 보기 (A) ~ (D)를 대조하여 정답을 찾는다.

★ 최근 토익 추세는 언뜻 보아서는 (A) ~ (D) 모두 답이 되는 것 같지만, 한 단어 때문에 오답이 되는 경우가 많다. 따라서 신속하면서도 꼼꼼하게 확인하면서 풀어야 한다.

차 례

토익 수험생에게 고함   4
점수로 증명하는 고득점 전략   11

TEST 1   14
TEST 1 정답   61
TEST 1 해설   62

TEST 2   220
TEST 2 정답   265
TEST 2 해설   266

TEST 3   424
TEST 3 정답   469
TEST 3 해설   470

▶ LC 테스트용 mp3 음원 파일과 복습용 음원 파일은 www.saramin.com에서 다운로드할 수 있습니다.

TEST 1

LISTENING TEST

In the Listening test, you will be asked to demonstrate how well you understand spoken English. The entire Listening test will last approximately 45 minutes. There are four parts, and directions are given for each part. You must mark your answers on the separate answer sheet. Do not write your answers in your test book.

PART 1

Directions: For each question in this part, you will hear four statements about a picture in your test book. When you hear the statements, you must select the one statement that best describes what you see in the picture. Then find the number of the question on your answer sheet and mark your answer. The statements will not be printed in your test book and will be spoken only one time.

Statement (B), "They're having a meeting," is the best description of the picture, so you should select answer (B) and mark it on your answer sheet.

1.

2.

3.

4.

5.

6.

PART 2

Directions: You will hear a question or statement and three responses spoken in English. They will not be printed in your test book and will be spoken only one time. Select the best response to the question or statement and mark the letter (A), (B), or (C) on your answer sheet.

7. Mark your answer on your answer sheet.
8. Mark your answer on your answer sheet.
9. Mark your answer on your answer sheet.
10. Mark your answer on your answer sheet.
11. Mark your answer on your answer sheet.
12. Mark your answer on your answer sheet.
13. Mark your answer on your answer sheet.
14. Mark your answer on your answer sheet.
15. Mark your answer on your answer sheet.
16. Mark your answer on your answer sheet.
17. Mark your answer on your answer sheet.
18. Mark your answer on your answer sheet.
19. Mark your answer on your answer sheet.
20. Mark your answer on your answer sheet.
21. Mark your answer on your answer sheet.
22. Mark your answer on your answer sheet.
23. Mark your answer on your answer sheet.
24. Mark your answer on your answer sheet.
25. Mark your answer on your answer sheet.
26. Mark your answer on your answer sheet.
27. Mark your answer on your answer sheet.
28. Mark your answer on your answer sheet.
29. Mark your answer on your answer sheet.
30. Mark your answer on your answer sheet.
31. Mark your answer on your answer sheet.

PART 3

Directions: You will hear some conversations between two or more people. You will be asked to answer three questions about what the speakers say in each conversation. Select the best response to each question and mark the letter (A), (B), (C), or (D) on your answer sheet. The conversations will not be printed in your test book and will be spoken only one time.

32. What problem is the woman having?
(A) She doesn't know where the hotel is.
(B) She doesn't know the reservation number.
(C) She is late for the meeting.
(D) She wants to make a reservation for a meeting room.

33. What does the man imply when he says, "My shift just started"?
(A) He is a new employee.
(B) He cannot answer her question.
(C) He lacks experience.
(D) He could not find any reservation.

34. What is the woman asked to do?
(A) Call a supervisor
(B) Come back later
(C) Stay in the hotel
(D) Check the reservation record

35. How did the man hear about the hotel?
(A) From an online advertisement
(B) From a coworker
(C) From a newspaper article
(D) From a media commercial

36. According to the woman, how is the hotel different from its competitors?
(A) It offers a high-quality service.
(B) It has a great reputation.
(C) It has proximity to local attractions.
(D) It has many locations.

37. What will the man do in London?
(A) Go sightseeing
(B) Watch movies
(C) Visit an exhibition
(D) Work in city renovation

GO ON TO THE NEXT PAGE

38. What are the speakers discussing?
(A) Cooking recipes
(B) Home appliances
(C) Electronics stores
(D) Brand logos

39. What does the woman like about the product she bought?
(A) It is fully functional.
(B) It is inexpensive.
(C) It is energy efficient.
(D) It comes in various colors.

40. What does Patrick agree to do?
(A) Visit an office
(B) Call a store
(C) Forward a message
(D) Apply a discount

41. What did the woman ask the man to do?
(A) Organize a meeting
(B) Review her application
(C) Check some data
(D) Submit some documents

42. What does the woman plan to do today?
(A) Reserve a table
(B) Meet a client
(C) Give a presentation
(D) Book a train

43. Why does the woman say, "I don't have enough experience to handle such an important meeting"?
(A) To express concern about working alone
(B) To give an excuse for a delay
(C) To get feedback from the man
(D) To ask the man for some advice

44. What are the speakers mainly discussing?
(A) A road repair
(B) A construction project
(C) A train delay
(D) Public transportation options

45. What does the woman imply when she says, "Oh! I wasn't expecting that"?
(A) She has not prepared for a meeting.
(B) She has forgotten the deadline.
(C) She was not informed of the change.
(D) She is happy to hear some news.

46. What will the woman receive soon?
(A) A progress report
(B) A signed contract
(C) A construction invoice
(D) A traveler's check

47. What type of company do the speakers most likely work for?
(A) An advertising company
(B) An office furniture store
(C) A medical equipment manufacturer
(D) A digital camera store

48. Why is the man disappointed?
(A) An actor did not appear.
(B) A medical center was unavailable.
(C) Sales figures did not meet expectations.
(D) Some products were defective.

49. What does the man suggest doing?
(A) Replacing an agency
(B) Advertising through social media
(C) Offering additional discounts
(D) Improving the product quality

50. Which part of the company does the woman most likely manage?
(A) The factory
(B) The store
(C) The mail room
(D) The warehouse

51. What are the speakers mainly talking about?
(A) Placing an order
(B) Inspecting workstations
(C) Recruiting new employees
(D) Preparing a meeting

52. What does the man ask the woman to do?
(A) Update a document
(B) Complete a daily task
(C) Contact an agency
(D) Research some prices

53. What does the woman offer to do?
(A) Review a document
(B) Confirm a time table
(C) Provide contact information
(D) Reserve a meeting room

54. What is Kate needed for?
(A) Translating an e-mail
(B) Contacting a keynote speaker
(C) Preparing a contract
(D) Writing an article

55. Why does the woman say, "You lived in China for about six years"?
(A) She corrects some information.
(B) She suggests her colleague for a position.
(C) She needs some travel tips.
(D) She wants to help her colleague.

56. What is the conversation mainly about?
(A) Advertising approaches
(B) Internet providers
(C) Employee communication
(D) Real estate properties

57. What does Jeannie suggest?
(A) Buying some supplies
(B) Comparing some results
(C) Using a Web site
(D) Reading an article

58. What will the man ask Lucy to do?
(A) Coordinate a project
(B) Organize a business trip
(C) Talk to the supervisor
(D) Interview job candidates

GO ON TO THE NEXT PAGE

Wellington Seminar room	
Name	Capacity
Bonnie	20
Lakeside	25
Phoenix	30
Jackson	40

Perrel Art Center Events	
4 September	International Toy Expo
9 October	Kids Jazz Concert
17 November	Aston City Orchestra
25 December	Christmas Traditions

59. What information did the man receive this morning?
(A) The number of participants
(B) The budgeted money
(C) The topics of a seminar
(D) The preferred menus

60. Look at the graphic. Which room will the speakers choose?
(A) Bonnie
(B) Lakeside
(C) Phoenix
(D) Jackson

61. What does the woman offer to do?
(A) Consult her supervisor
(B) Revise a budget report
(C) Arrange transportation for employees
(D) Reserve a seminar room in a hotel

62. Look at the graphic. When does the conversation take place?
(A) In September
(B) In October
(C) In November
(D) In December

63. Why is the woman unable to go to the orchestra's concert?
(A) She will be visiting some clients.
(B) She will be preparing a presentation.
(C) She will be on vacation.
(D) She will be participating in a trade show.

64. What does the man offer to do?
(A) Purchase a ticket
(B) Revise a schedule
(C) Attend a conference
(D) Research for a project

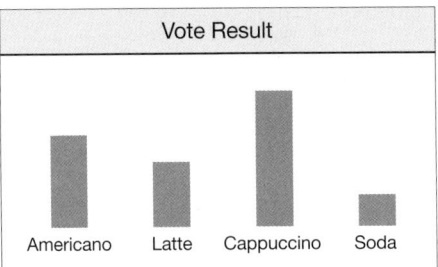

Name : Derek Moreno
Office ID : 124034

Department Code : 3111
Office number : 422
Phone number : 243-8876

65. Look at the graphic. Which beverage will be discounted this week?
(A) Americano
(B) Latte
(C) Cappuccino
(D) Soda

66. What does the man thank Jason for?
(A) Developing a new beverage
(B) Organizing a chart
(C) Sharing helpful information
(D) Suggesting a sales promotion

67. What does the woman remind the man to do?
(A) Talk to other colleagues
(B) Join the project
(C) Ask for advice
(D) Make some suggestions

68. Where is the conversation most likely taking place?
(A) At the security office
(B) At the maintenance department
(C) At the training center
(D) At the human resources department

69. Look at the graphic. What employee information does the man say is incorrect?
(A) 124034
(B) 3111
(C) 422
(D) 243-8876

70. What does the woman ask the man to do?
(A) Leave a message
(B) Change a badge
(C) Present an employee ID
(D) Return the call

GO ON TO THE NEXT PAGE

PART 4

Directions: You will hear some talks given by a single speaker. You will be asked to answer three questions about what the speaker says in each talk. Select the best response to each question and mark the letter (A), (B), (C), or (D) on your answer sheet. The talks will not be printed in your test book and will be spoken only one time.

71. What product is being advertised?
(A) An Internet provider
(B) Some audio equipment
(C) A musical performance
(D) A magazine subscription

72. What does the speaker say is unique to the product?
(A) It is the cheapest on the market.
(B) It has a variety of functions.
(C) It has the longest warranty.
(D) It has received the best reviews.

73. What can listeners do at a Web site?
(A) Read customer reviews
(B) Sign up for a free trial
(C) Download a coupon
(D) Listen to some samples

74. Where most likely do the listeners work?
(A) At a restaurant
(B) At a design company
(C) At an employment agency
(D) At a textile factory

75. What is suggested about XQ-1000?
(A) It can save more time.
(B) It improves product quality.
(C) It is easily operated.
(D) It is safer than the old model.

76. What are the listeners asked to do?
(A) Sign up for a seminar
(B) Attend a safety training session
(C) Clean the lounge room
(D) Take their belongings with them

77. According to the speaker, what is special about the restaurant?
(A) It serves many dishes.
(B) It has original appetizers.
(C) It owns a local farm.
(D) It offers low prices.

78. Who is Stewart?
(A) A business owner
(B) A famous chef
(C) A server
(D) A talented actor

79. Why does the speaker say, "I eat them all the time"?
(A) To complain about a menu
(B) To recommend a dish
(C) To explain a waiting time
(D) To clarify a menu item

80. What is indicated about Gail Nelson?
(A) She is running an online business.
(B) She is well known in her field.
(C) She has many years of work experience.
(D) She owns a small restaurant.

81. Why does the speaker say, "Running an online promotion can be expensive these days"?
(A) To reduce the marketing expenses
(B) To acknowledge a common opinion
(C) To suggest alternative promotional methods
(D) To contradict the marketing expert's claim

82. What will the guest most likely do next?
(A) Promote her restaurant
(B) Talk to the audience
(C) Give detailed suggestions
(D) Prepare a speech

83. Where does the speaker most likely work?
(A) At a doctor's office
(B) At a delivery company
(C) At a construction firm
(D) At a furniture store

84. What problem does the speaker mention?
(A) Damaged office furniture
(B) Road conditions
(C) A missing check
(D) A wrong address

85. What does the speaker imply when he says, "All I see are houses"?
(A) He is very impressed with the houses.
(B) He is confused with all the addresses.
(C) He claims a mistake has been made.
(D) He thinks there are too many buildings.

86. Why does the speaker thank the listeners?
(A) For attending the exhibition
(B) For designing a Web site
(C) For working overtime
(D) For being punctual

87. According to the speaker, what is scheduled for next week?
(A) A clothing release
(B) A trade show
(C) An apparel show
(D) A car exhibition

88. What does the speaker imply when she says, "It's a large space"?
(A) There is room to display new merchandise.
(B) The building is much bigger.
(C) The number of companies participating this time has increased.
(D) High attendance is anticipated.

GO ON TO THE NEXT PAGE

The International Management Workshop	
09:00 A.M.	Business Operating Systems, Mitchel Kim
11:00 A.M.	Human Resources, Vanessa Romero
1:00 P.M.	Small Business, Sung Park
2:00 P.M.	How to Start a Business, Kelly Scott
4:00 P.M.	Q&A

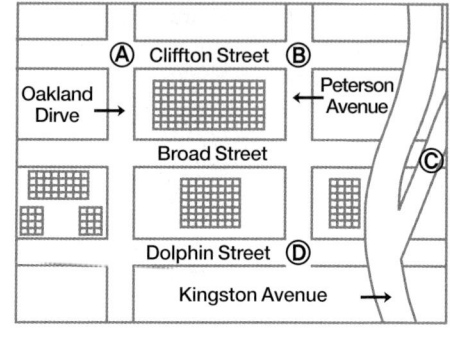

89. What is the purpose of the call?
(A) To make a job offer
(B) To attend the workshop
(C) To give a presentation
(D) To arrange for a meeting

90. Look at the graphic. Who is the speaker calling?
(A) Mitchel Kim
(B) Vanessa Romero
(C) Sung Park
(D) Kelly Scott

91. What does the speaker ask the listener to do?
(A) Consult the report
(B) Provide some information
(C) Work more efficiently
(D) Get a discount

92. What caused a problem?
(A) A broken-down car
(B) An incorrect road sign
(C) Road construction
(D) Bad weather

93. Look at the graphic. Which location is the speaker describing?
(A) Location A
(B) Location B
(C) Location C
(D) Location D

94. What does the speaker say will take place tomorrow?
(A) A city tour
(B) An outdoor event
(C) Repair work
(D) A special election

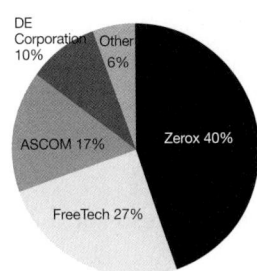
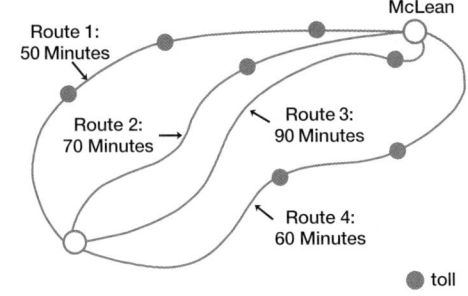

95. What does the speaker point out on the report?
(A) A team has been nominated for a monthly award.
(B) Sales are higher than expected.
(C) A new executive has been hired.
(D) A business will be merged.

96. Why is the speaker concerned?
(A) The company seems to have lost its competitive edge.
(B) The operating costs have increased.
(C) The production capacity is limited.
(D) Numerous complaints have been received.

97. Look at the graphic. Which company may be acquired?
(A) Zerox
(B) FreeTech
(C) ASCOM
(D) DE Corporation

98. According to the speaker, what type of event is being held?
(A) An international fashion show
(B) An annual picnic
(C) An industrial conference
(D) A job fair

99. Look at the graphic. Which route does the speaker recommend taking?
(A) Route 1
(B) Route 2
(C) Route 3
(D) Route 4

100. What is the listener asked to do?
(A) Reschedule an appointment
(B) Confirm a reservation
(C) Check a timetable
(D) Sign up for an event

This is the end of the Listening test. Turn to Part 5 in your test book.

READING TEST

In the Reading test, you will read a variety of texts and answer several different types of reading comprehension questions. The entire Reading test will last 75 minutes. There are three parts, and directions are given for each part. You are encouraged to answer as many questions as possible within the time allowed.

You must mark your answers on the separate answer sheet. Do not write your answers in your test book.

PART 5

Directions: A word or phrase is missing in each of the sentences below. Four answer choices are given below each sentence. Select the best answer to complete the sentence. Then mark the letter (A), (B), (C), or (D) on your answer sheet.

101. Before taking on a managerial position, you must have enough experience and qualifications and understand how -------- aspect of your company runs.
(A) all
(B) each
(C) whole
(D) complete

102. Elizabeth Zane's teaspoons, in varying decorative shapes and sizes and approximately between $25 and $45, can be sold as a collection or ----------.
(A) separately
(B) separate
(C) separation
(D) separated

103. The elevator could carry -------- of five thousand kilos per day, which means it could deliver over a million kilos of material per year.
(A) loaded
(B) load
(C) loads
(D) loader

104. The Committee was not -------- convinced of the need to establish an additional facility and branches in Vietnam.
(A) fully
(B) enough
(C) almost
(D) surely

105. These days, for brands that want to provide -------- social customer service, it is more important than ever to establish close relationships with their customers.
(A) personalized
(B) personally
(C) personality
(D) personalization

106. In order to connect to the Internet, you will need to put in the user name and password that was given to you when you set up your account -------- the Internet Service Provider.
(A) of
(B) at
(C) on
(D) with

107. -------- our marketing team had expected the GLOBE Innovation Expo to be a success, the reviews from the attendees still overwhelmed all of us.
(A) Whenever
(B) Although
(C) Even so
(D) Because

108. FedEx makes three -------- to deliver a package, and following the third one, the undeliverable package will be held at our local office and available for pick-up for seven days.
(A) attempts
(B) purposes
(C) goals
(D) experiences

109. The tasks involved in maintaining this apartment -------- within the responsibilities of our on-site maintenance personnel who are always happy to assist you.
(A) have
(B) cover
(C) present
(D) fall

110. If -------- of these products are available at a store where you normally shop, then visit our Web site and place an order.
(A) no
(B) not
(C) nothing
(D) none

111. Only when stepping back -------- analyze a complicated situation from various aspects, so that we can handle any kind of problems related to our job.
(A) is able to
(B) our ability
(C) in order to
(D) are we able to

112. These proposals, some of -------- have already been accepted by the government, include the reform of fuel policies and the expansion of social safety net coverage.
(A) them
(B) that
(C) those
(D) which

GO ON TO THE NEXT PAGE

113. The latest reports suggest that Samsung's next mobile phone will be its most expensive --------, exceeding the $1,000 mark for the first time.
(A) just
(B) later
(C) yet
(D) very

114. This versatile table, model no. 2301, is designed to fit compactly for daily use and conveniently -------- to seat a big party of ten for special occasions.
(A) expand
(B) expands
(C) expanded
(D) be expanded

115. Lake Front Towers, located in the heart of Toronto, has one hundred rooms, -------- with a view of the city.
(A) much
(B) most
(C) almost
(D) such

116. Please note that employees are not able to take paid annual leave -------- they have completed at least one year's continuous service from the date of employment.
(A) until
(B) whether
(C) when
(D) by the time

117. In most cases, all outdoor activities for students -------- when school has been closed all day or closed early.
(A) were canceled
(B) have canceled
(C) would have been canceled
(D) will be canceled

118. Our new gift package with -------- health-care products will be released next month so as to meet the needs of current or potential customers.
(A) valuable
(B) comparable
(C) worthy
(D) raised

119. One of the reasons Mr. Hicks is widely respected -------- so many people is his great insight and a wealth of understanding of consumer behaviour.
(A) plus
(B) from
(C) in
(D) by

120. Our new customers -------- receive a ten percent discount on their first order at the site by entering their membership number and password.
(A) customarily
(B) exactly
(C) repeatedly
(D) almost

121. In order to ------- a refund request, a customer should contact the Internet service provider directly as set forth in the applicable policy.
(A) initiate
(B) appoint
(C) proceed
(D) ask

122. During the military parade, motorists were stuck in traffic for two hours on a five-kilometer --------- of road between Lancaster City and Hamilton.
(A) journey
(B) stretch
(C) duration
(D) period

123. Southwestern Energy Company is hosting its 10th Annual Convention next month where all of our employees will experience a ---------- range of expert presentations, seminars, and hands-on demonstrations.
(A) diverse
(B) various
(C) few
(D) assorted

124. Many options are being ---------- as the city discusses the future of the old church, the historic brick building which was constructed two hundred years ago.
(A) found
(B) famous
(C) known
(D) considered

125. Ford Family has sold more than 100 million albums worldwide, making them one of the most successful bands, ------- only The Philips in record sales.
(A) except
(B) over
(C) among
(D) behind

126. Please notify your customers that air or hotel ------- made through a third-party payment account or online travel agency will not be refunded.
(A) purchases
(B) purchase
(C) purchasing
(D) purchaser

127. The tenth International Movie Festival is held this weekend, but the celebration was held one week ----------.
(A) advanced
(B) following
(C) earlier
(D) previously

128. Should emergency assistance be required ------- our regular business hours, you can contact our emergency office number at 062-343-4111.
(A) at
(B) outside
(C) next to
(D) off

129. After much -------- by the judges, the finalists have been selected in all five categories of the World Music Awards.
(A) deliberately
(B) deliberated
(C) deliberate
(D) deliberation

130. Private investors for this project will receive financial benefits, such as dividends, right issues, or warrants, ------- they had invested in a company's ordinary shares.
(A) otherwise
(B) unless
(C) as if
(D) so that

GO ON TO THE NEXT PAGE

PART 6

Directions: Read the texts that follow. A word, phrase, or sentence is missing in parts of each text. Four answer choices for each question are given below the text. Select the best answer to complete the text. Then mark the letter (A), (B), (C), or (D) on your answer sheet.

Questions 131-134 refer to the following information.

Call for Volunteers
Fall Bio Blitz

The Office of Sustainability is looking for 20 volunteers to help run our Fall Bio Blitz event on Sunday, February 10 next year. Volunteers will assist with registration, escort Bio Blitz participants out to join hikes, and will also be welcomed to participate in all event activities. We want you to encourage event participants and help to facilitate a positive experience for them. — 131 —.

What is Bio Blitz? Spend the day with us identifying plants and animal species on the Niagara-on-the-Lake Campus. Expert scientists lead citizen scientists like — 132 — on hikes around the property — 133 — identifying and cataloging the bugs, birds, amphibians, mammals, and plants. Niagara College is hosting the Fall Bio Blitz on Sunday, February 10 from 2:00 P.M. to 9:00 P.M. at the entrance to the Wetland Ridge Trail. Students, staff, and community members — 134 — to this free event and help collect information that can inform our species inventory of the campus!

If you are interested in volunteering for this event, please e-mail Amber Schmucker, Sustainability Engagement Officer, by Monday, December 27 at aschmucker@niagaracollege.ca.

131. (A) However, any issues and incidents should be reported to the volunteer coordinator directly.
(B) For more information on our campus schedule, please visit the event page on our Web site.
(C) Furthermore, attendance on all four days is preferred.
(D) In addition, volunteers are asked to attend this orientation one day before the event.

132. (A) them
(B) ours
(C) himself
(D) us

133. (A) that
(B) during
(C) while
(D) on

134. (A) have invited
(B) are invited
(C) will be invited
(D) would have been invited

Questions 135-138 refer to the following advertisement.

Mars Office Renovation Experts

MORE creates a new atmosphere and interior to suit every single office, no matter the size. Most office designs are uninspired. Therefore, work environments create uninspired and stressful employees. Things like lack of privacy, poor lighting, poor ventilation, poor temperature control, or inadequate sanitary facilities can create a stressful work environment. So just let us do our job! Our designs have — 135 — small traditional offices as well as large-scale projects commissioned by architects and property developers. — 136 — . However, no single supplier can offer office furniture for all spaces and sizes. That is why MORE has developed close relationships with many professional furniture manufacturers — 137 — to provide us with the custom designs we need. Such resources give us the variety necessary to complete any — 138 — . In summary, we can bring you the most ideal office you've ever dreamed of.

135. (A) transformed
(B) related
(C) associated
(D) assembled

136. (A) A work environment is one of the most important issues you should consider.
(B) For most projects, we use furniture from our own factories.
(C) Some furniture needs special care.
(D) Under normal conditions, our furniture is guaranteed for one year.

137. (A) readily
(B) readier
(C) readiest
(D) ready

138. (A) research
(B) form
(C) order
(D) agreement

GO ON TO THE NEXT PAGE

Questions 139-142 refer to the following e-mail.

TO	All residents
FROM	Elena Fisher
SUBJECT	City Library Meeting Room Policy and Regulations
DATE	10 June

Dear residents:

This letter outlines the criteria for the use of our meeting rooms. Priority for the use of library meeting rooms is given to library and library-partnered meetings, programs, or events. — 139 —, in order to address community needs, we welcome the use of its meeting rooms by community, cultural, educational, and commercial groups. Groups or individuals wishing to book any meeting room may do so at the library during regular business hours. A rental agreement must be completed and signed by an individual or authorized representative of the organization booking the room.

Chairs and tables, a sink and counter, and access to public washrooms are provided. Access to a screen and data projector can be provided upon request. Remember, if you feel uncomfortable with setting up the technology in a room, contact the library service desk. — 140 —. The meeting rooms must be left in the same condition as they were prior to use. Chairs and tables must be stacked and stored. Surfaces and floors must be clean and free of debris. Also, please do not remain in a meeting room beyond your — 141 — time. Since it is fully booked all year round, please be aware that — 142 — will be waiting to use the room.

Thank you in advance for your cooperation.

Sincerely,

Elena Fisher

139. (A) However
(B) Therefore
(C) Whereas
(D) So that

140. (A) Access to library data can be approved within five business days of your request.
(B) Only groups larger than twelve will be eligible for meeting rooms.
(C) One of our technicians will be on-site for you prior to your meeting.
(D) Ms. Fisher is able to make an exception in such cases.

141. (A) allotted
(B) allotting
(C) allotment
(D) allot

142. (A) it
(B) some
(C) there
(D) others

Questions 143-146 refer to the following article.

A spokesperson for NYC University — 143 — that Shepherd Nolan, a local entrepreneur, made a sizeable donation toward the expansion of the Fairland campus. "Without his generous support," said Stacy Mckinney, director of facility management, "our school would have been limited in our renovation plans going forward."

— 144 —. Now, a couple of new wings will be constructed on the south end of the — 145 — main campus building, as well as on the northeast corner of Lloyd Research Center. Additionally, a new fitness center will be located — 146 — the current student lounge. During the construction period, the closest entrance to the west side of the main campus building will be at the north end of the West Wing. These changes will be in effect for the duration of the construction period for the fitness center, which is scheduled to continue until the winter of next year.

143. (A) will confirm
 (B) confirmation
 (C) will be confirming
 (D) has confirmed

144. (A) Ms. Mckinney's performance at Lloyd Research Center was outstanding.
 (B) The renovation plan had been delayed because of budget cuts.
 (C) The number of research projects has decreased over the past ten years.
 (D) The original fitness center is being converted into the on-site laboratory for students.

145. (A) temporary
 (B) existing
 (C) located
 (D) proposed

146. (A) adjacent to
 (B) although
 (C) instead of
 (D) besides

GO ON TO THE NEXT PAGE

PART 7

Directions: In this part you will read a selection of texts, such as magazine and newspaper articles, e-mails, and instant messages. Each text or set of texts is followed by several questions. Select the best answer for each question and mark the letter (A), (B), (C), or (D) on your answer sheet.

Questions 147-148 refer to the following e-mail.

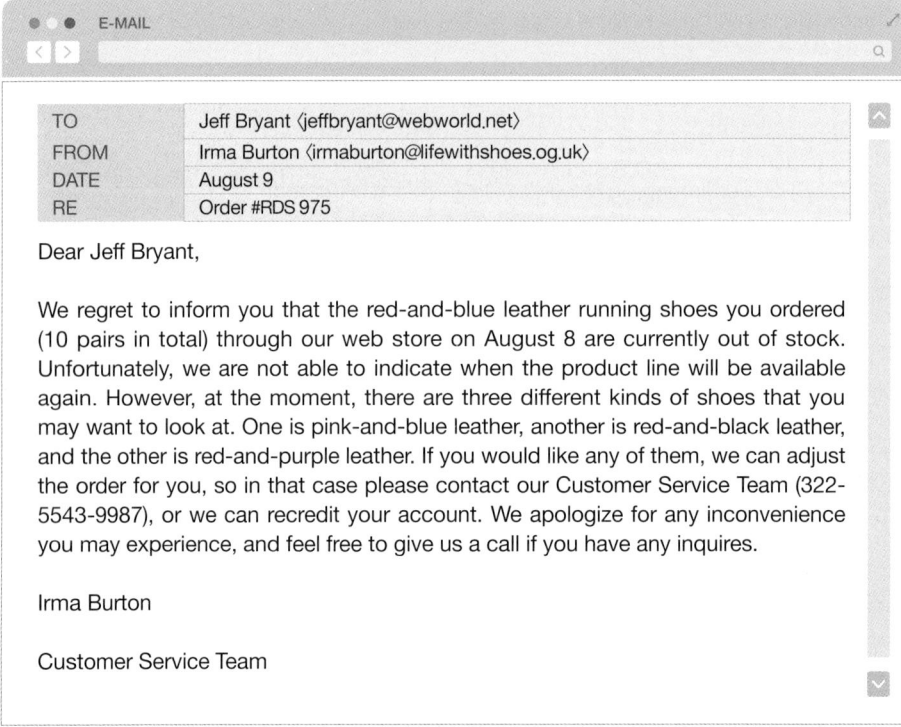

TO	Jeff Bryant ⟨jeffbryant@webworld.net⟩
FROM	Irma Burton ⟨irmaburton@lifewithshoes.og.uk⟩
DATE	August 9
RE	Order #RDS 975

Dear Jeff Bryant,

We regret to inform you that the red-and-blue leather running shoes you ordered (10 pairs in total) through our web store on August 8 are currently out of stock. Unfortunately, we are not able to indicate when the product line will be available again. However, at the moment, there are three different kinds of shoes that you may want to look at. One is pink-and-blue leather, another is red-and-black leather, and the other is red-and-purple leather. If you would like any of them, we can adjust the order for you, so in that case please contact our Customer Service Team (322-5543-9987), or we can recredit your account. We apologize for any inconvenience you may experience, and feel free to give us a call if you have any inquires.

Irma Burton

Customer Service Team

147. What is the main reason the e-mail has been written?
(A) To schedule a return of a product
(B) To report a problem with an order
(C) To confirm a shipping date and time
(D) To reply to a customer

148. What is Mr. Bryant encouraged to do?
(A) Choose a shipping option
(B) Return the shoes and get a refund
(C) Get in touch with a certain department
(D) Cancel the order and make a new purchase

Questions 149-151 refer to the following leaflet.

Pop & Jazz Concert

The Canonbury Community Center (CCC) is hosting its seasonal music event, Pop & Jazz concert, free of charge this coming weekend. This concert is held every summer for Canonbury citizens. As many public places CCC is running, this city park provides a place for citizens to gather for citywide festivals and public events. However, the CCC is largely dependent on donations to arrange and coordinate outdoor events such as this concert. We are gratefully accepting donations either at the event site, the Canonbury City Park or online at www.canonburycity.org/donate.

Become one of our CCC members by signing up online at www.canonburycity.org/membership or visiting our information desk. CCC members receive various benefits including a bimonthly newsletter covering current and upcoming exhibitions, a yearly city calender highlighting our major events, and free invitations to every exhibition. Members are required to make a minimum financial contribution of £50 yearly.

149. Where would the leaflet most likely be given out?
(A) In a community center
(B) In an art school
(C) In a public facility
(D) In a concert hall

150. What is mentioned about the Pop & Jazz concert?
(A) No admission fee is required.
(B) Famous musicians participate every summer.
(C) It will take place only at the city park.
(D) A minimum financial contribution of £50 is required.

151. What is NOT stated as an advantage of members?
(A) Members receive periodic publications.
(B) Members' donations are listed on a Web site.
(C) Members are invited to a ceremony.
(D) A copy of a schedule covering some events is sent to members.

GO ON TO THE NEXT PAGE

Questions 152-155 refer to the following e-mail.

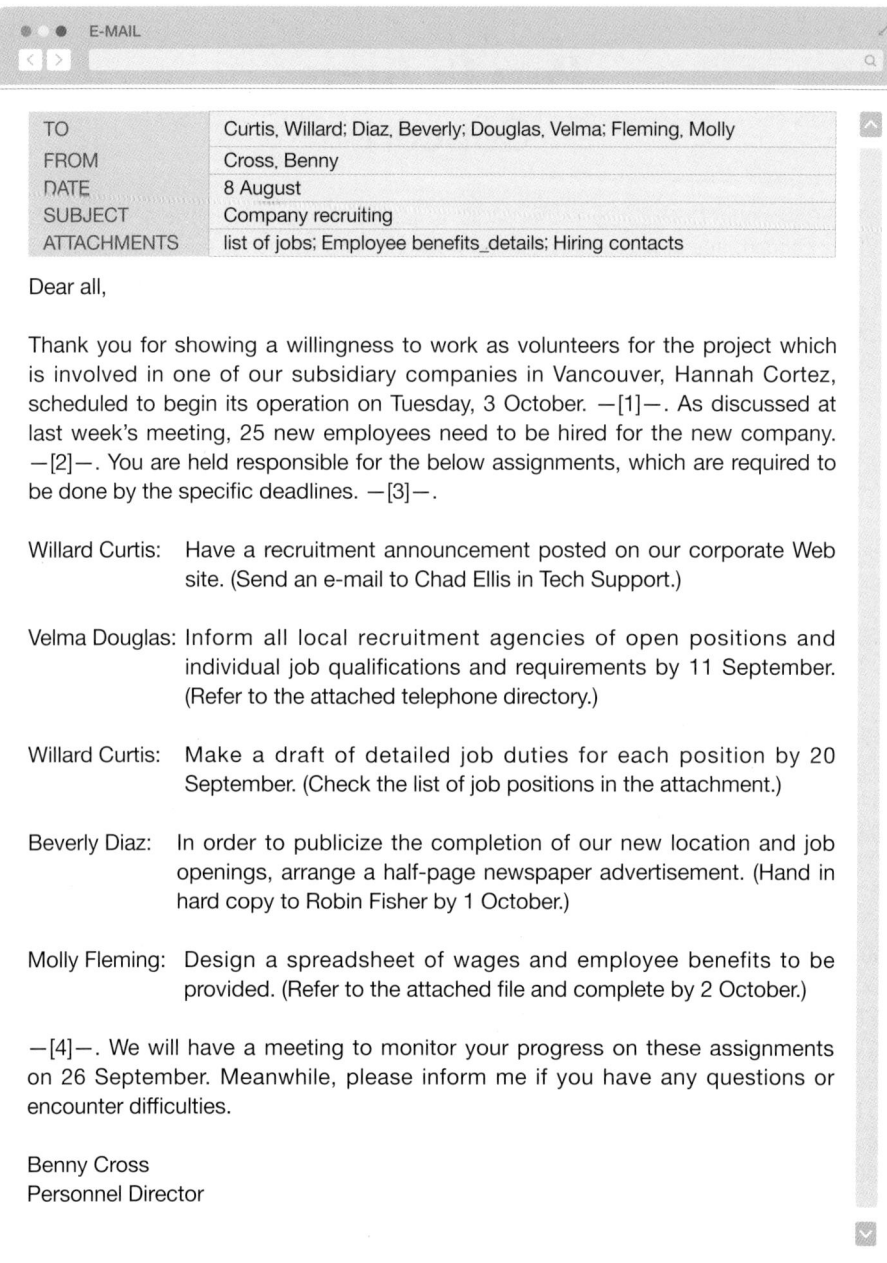

TO	Curtis, Willard; Diaz, Beverly; Douglas, Velma; Fleming, Molly
FROM	Cross, Benny
DATE	8 August
SUBJECT	Company recruiting
ATTACHMENTS	list of jobs; Employee benefits_details; Hiring contacts

Dear all,

Thank you for showing a willingness to work as volunteers for the project which is involved in one of our subsidiary companies in Vancouver, Hannah Cortez, scheduled to begin its operation on Tuesday, 3 October. —[1]—. As discussed at last week's meeting, 25 new employees need to be hired for the new company. —[2]—. You are held responsible for the below assignments, which are required to be done by the specific deadlines. —[3]—.

Willard Curtis: Have a recruitment announcement posted on our corporate Web site. (Send an e-mail to Chad Ellis in Tech Support.)

Velma Douglas: Inform all local recruitment agencies of open positions and individual job qualifications and requirements by 11 September. (Refer to the attached telephone directory.)

Willard Curtis: Make a draft of detailed job duties for each position by 20 September. (Check the list of job positions in the attachment.)

Beverly Diaz: In order to publicize the completion of our new location and job openings, arrange a half-page newspaper advertisement. (Hand in hard copy to Robin Fisher by 1 October.)

Molly Fleming: Design a spreadsheet of wages and employee benefits to be provided. (Refer to the attached file and complete by 2 October.)

—[4]—. We will have a meeting to monitor your progress on these assignments on 26 September. Meanwhile, please inform me if you have any questions or encounter difficulties.

Benny Cross
Personnel Director

152. When is the draft of detailed job responsibilities due?
(A) September 11
(B) September 20
(C) October 1
(D) October 2

153. According to the e-mail, who will NOT use one of the e-mail attachments?
(A) Mr. Curtis
(B) Ms. Diaz
(C) Ms. Douglas
(D) Ms. Fleming

154. What does Mr. Cross ask the recipients to do before they meet?
(A) Send him their completed work
(B) Visit the subsidiary company
(C) Get in touch with him as needed
(D) Cooperate with each other on assignments

155. In which of the positions marked [1], [2], [3], and [4] does the following sentence best belong?

"Before then, there is a lot of work to do."
(A) [1]
(B) [2]
(C) [3]
(D) [4]

GO ON TO THE NEXT PAGE

Questions 156-159 refer to the following text message chain.

Nellie Bishop 11:29 A.M.
Hello, everyone. Does anyone know Karla is working today?

Randy Bennett 11:30 A.M.
I am pretty sure she is on duty today. What's the matter?

Nellie Bishop 11:30 A.M.
I just checked the meeting rooms and found out that one of our speakers seems defective. It makes a crackling sound.

Randy Bennett 11:31 A.M.
Oh, no way. When is the marketing forum supposed to begin?

Nellie Bishop 11:32 A.M.
At noon. Some people have already arrived, and more than 100 are expected.

Naomi Brewer 11:33 A.M.
I am just calling the maintenance department. Give me a second. Well, there aren't any spare speakers in the storage room. Nellie, we have only about 30 minutes left, and we haven't finished setting up the microphones and the projector. Could you drive over to the nearest audio shop and borrow or buy some?

Randy Bennett 11:34 A.M.
That's a good idea. Nellie, while you are away, we will check this floor. I think I saw one around the corner on my way here this morning.

Nellie Bishop 11:35 A.M.
All right. I can do that for you.

156. Where most likely is Ms. Bishop?
(A) In her office
(B) At a storage room
(C) At a conference center
(D) In a maintenance department

157. At 11:31 A.M., why does Mr. Bennett most likely write, "Oh, no way"?
(A) A coworker has not come to work.
(B) Some equipment is not working properly.
(C) They don't know how to get a new speaker.
(D) Attendance is more than expected

158. What is suggested about Ms. Brewer?
(A) She is going to quit her current position.
(B) She was recently recruited.
(C) She agreed to go with Randy's idea.
(D) She takes the initiative.

159. What will Ms. Bishop most likely do next?
(A) Drive over to her office
(B) Try to find Karla
(C) Repair some equipment
(D) Go to a local store

GO ON TO THE NEXT PAGE

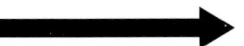

Questions 160-163 refer to the following letter.

RTCQ Australia
983 Gunnersbury Avenue
Melbourne, VIC X7R 3R1

21 October

Mr. Julius Shelton
214 Sloane Road
Sydney, NSW R3A 5T2

Dear Mr. Shelton,

We are happy that you have accepted our half-year paid internship position with the Products Development Team at RTCQ Australia. —[1]—. The first day of your internship will be on Wednesday, 5 December. You may have other scheduled commitments in the beginning of December, so if necessary, the starting date can be adjusted. This can be discussed further in November when your schedule becomes clearer. —[2]—.

Your supervisor will be Mr. Martin Soto, our head of Quality Control, who specializes in improving products' durability using eco-friendly materials. Mr. Soto said to me that he happened to find your report in the magazine *Life with Nature* last year, which impressed him. —[3]—.

Please find the enclosed contract and review it thoroughly. If there are no concerns or questions about the terms of the contract, you can sign and send it back to us at the address above by 29 October. As soon as the signed contract arrives, our personnel department will get in touch with you to prepare a staff ID badge, an e-mail account, and a parking space. —[4]—.

Janie Terry
Managing Director of Personnel

160. What is NOT mentioned about Mr. Shelton's internship?
(A) The division he will be working in
(B) The duration he will work
(C) The manager he will report to
(D) The wage he will receive

161. What is suggested about Mr. Soto?
(A) He read a report written by Mr. Shelton.
(B) Mr. Terry is working under his supervision.
(C) He is a well-known specialist in a field.
(D) Mr. Shelton was interviewed by him.

162. What will Mr. Shelton probably do next?
(A) Arrange a meeting with Mr. Soto
(B) Discuss a starting date
(C) Mail a signed document
(D) Open an e-mail account

163. In which of the positions marked [1], [2], [3], and [4] does the following sentence best belong?

"Not to mention, he was certain that you will be a great addition to his team."
(A) [1]
(B) [2]
(C) [3]
(D) [4]

GO ON TO THE NEXT PAGE

Questions 164-166 refer to the following contract.

Renewal Contract for Maintenance Service
Tooting Vehicle
We appreciate your loyalty to Tooting Vehicle!

Client Name: Jamie Crawford
Address: 432 Fulham Broadway, London, UK
Post Code: RC12 5Q3
Telephone: 345-3215-4432

Client Signature: *Jamie Crawford*

Amount Due on Acceptance: £99.00

Basic Plan: £99.00
This six-month service plan includes cleaning of your vehicle as well as conducting regular inspection.
Advantages provided:
— Verifying the engine for the best function
— Inspecting the overall tires
— Securing connecting components
— Sanitizing cooling and heating systems
— Filling cooling water

Super Plan: £149.00
Subscribers with this twelve-month service plan are offered relief–care service. On top of the basic cleaning and inspection of your vehicle, subscribers are provided with night and weekend services at no additional fee.

Inspection:
Subscribers are able to use the inspection service during usual opening hours, Monday through Friday, 9 A.M. to 6 P.M.

Service Request Calls:
Except for Super Plan holders, an extra £25.00 fee will be charged to the client account when a request is ordered during nights and weekends.

164. What is suggested about Ms. Crawford?
(A) She got a car insurance quote.
(B) She has contracted Tooting Vehicle before.
(C) She will have her tires changed immediately.
(D) She will be exempted from the extra service fee for weekends.

165. What is NOT part of the Basic Plan?
(A) Checking car tires
(B) Inspecting the engines
(C) Cleaning cooling and heating systems
(D) Changing engine oil

166. What additional advantage is included in the fee of the Super Plan?
(A) Cooling water supplement
(B) Replacement of components at no charge
(C) Servicing after operating hours
(D) Inspection service every month

Questions 167-169 refer to the following letter.

Dear Editor,

It is always a great pleasure to read your thoughtful articles. I am writing to discuss your recent article "Inviting Arenas for Music – The Imperial Concert Hall" that was put in the June edition of *Life with Music Magazine*. The article made me pleased to read about such a splendid place that I am familiar with, and the photos in it were really great. It contained one thing I'd like to point out, though. —[1]—.

In the article, Cindy Walters was introduced as the founder of the Imperial Concert Hall; actually, although she was engaged in the initial stage of the business, she was just one of the investors. —[2]—. It was Alicia Warner who was the actual owner of the arena. I happened to learn about this since I had several opportunities to perform at the arena with my band, which naturally gave us chances to interact with Ms. Warner sometimes. —[3]—.

I think who the owner of the business is was not the focus of the article, but still it is, I believe, an essential part of the story of the Imperial Concert Hall. Ms. Warner tried to give many new gifted local musicians more chances to perform through her business. In spite of that, she is hardly recognized enough for her contributions. —[4]—. In order to avoid doing her a disservice, she should be given her due.

Sincerely,

Ricky Webb
Ricky Webb

167. Why has the letter been written?
(A) To review a concert hall
(B) To correct wrong information
(C) To publicize upcoming events
(D) To recognize a performer's accomplishment

168. Who most likely is Mr. Webb?
(A) An editor
(B) A reporter
(C) A musician
(D) An entrepreneur

169. In which of the positions marked [1], [2], [3], and [4] does the following sentence best belong?

"She didn't want to be co-owner when the business wasn't stable."
(A) [1]
(B) [2]
(C) [3]
(D) [4]

Questions 170-171 refer to the following e-mail.

E-MAIL MESSAGE

FROM	Stationary For Best <data@stationaryforbest.com.og>
TO	Dora Johnston <djohnston@clericalwork.com.og>
SUBJECT	#1311
DATE	14 October

Dear Dora Johnston,

The request for cancellation of your order has been successfully processed. For future reference, the following is the summary of your order.

Order No: #1311 Jodi Copy Machine (order submitted on 13 October)

Status of the Order: Canceled

A refund will be provided to you in twenty-four hours.
Thanks for your visit to www.stationaryforbest.com.og.

Sincerely,

Stationary For Best
Vancouver's Top Office Supplies Shop

---

170. What is the reason the e-mail has been sent?
(A) To announce a new policy
(B) To inquire about an item's availability
(C) To confirm a modification to an order request
(D) To apologize for a delay in delivery

171. What information is given to Ms. Johnston about payment?
(A) She should already have got a refund.
(B) She does not need to pay for the product.
(C) She has paid for the order in full.
(D) She will pay a bill in twenty-four hours.

Questions 172-175 refer to the following letter.

Kilburn Gold Electric Inc.
661 Neasden, Kingsbury Road, London

23 April

Dear Mr. Allen

This letter is to offer you the position of Customer Service Representative, starting Thursday, 24 May, at the initial salary of £31,000 per year. In compliance with company policy, you will work for six months on a probationary basis, and at the last month of the period, we will make a decision as to whether to offer you a permanent position with our company.

Please inform us of acceptance of the job offer by Wednesday, 9 May, by either sending an e-mail to our Personnel Division, pd@kgei.com, or making a phone call at 21-3346-2211. If there are any circumstances keeping you from taking on your responsibilities on the date stated, please let us know at your earliest convenience in order for us to accommodate you. However, be advised that a new starting day cannot be accepted no later than Tuesday, 5 June.

You are required to report to the Personnel Division on your starting date. Please note that you need to bring a copy of this letter with you to let the head of personnel sign and date it. Moreover, you have to show official documents like your driving license or passport, and bank account number.

To help new staff members adjust to our organization, we implement a traditional practice that pairs a new comer with a senior employee in the department. Hence, Mr. Alton Baldwin has been assigned to answer any questions you probably have such as your responsibilities and department's ambience. You can reach him by calling at 31-3342-4495, or sending an e-mail at a_baldwin@kgei.com. Keep in mind that the new employee orientation you are required to attend has been scheduled for Friday, 25 May. At that time, we will let you know about employee benefits and company policies. Lastly, thank you for joining Kilburn Gold Electric Inc., and we hope you will be our invaluable asset.

Sincerely,

Ruby Morales
Head of Personnel Division

Agreement on Employment Conditions and Terms

I have hereby accepted employment with Kilburn Gold Electric Inc. under the conditions and terms specified.

Signature: *Scott Allen*
Name: Scott Allen
Starting Date: 1 June

172. What is a new staff member NOT required to do?
(A) Hand in a copy of their degree certificate
(B) Get in touch with the personnel division prior to their first day
(C) Present proof of identification on the first day
(D) Work with an experienced coworker

173. What is indicated about Mr. Baldwin?
(A) He is a personnel officer.
(B) He has worked for Kilburn Gold Electric Inc. since its founding.
(C) He is working in the customer service division.
(D) He will direct Mr. Allen to the personnel division.

174. When will Mr. Allen officially be notified of the organization's rules?
(A) On Tuesday
(B) On Wednesday
(C) On Thursday
(D) On Friday

175. What is indicated about Mr. Allen?
(A) He will get a raise after his probationary period.
(B) He will not be eligible for employee benefits for a half year.
(C) He postponed his starting date.
(D) He will be working with an experienced employee for the first six months.

GO ON TO THE NEXT PAGE

Questions 176-180 refer to the following information and form.

ENJOYING THE WATFORD CONTEMPORARY PHOTO ARCHIVE (WCPA)

The Watford Contemporary Photo Archive (WCPA) boasts not only various digital photos and prints but also a wide range of periodicals, books of paintings, and genuine materials acquired from many accomplished photographers and private collectors. Our invaluable collections are displayed throughout the whole ground floor of the building; the rare collections are exhibited on the first floor.

All visitors are required to follow the below guidelines to keep WCPA's possessions safely preserved.

- Upon each visitor's first visit, they need to fill out a membership application form at the reception office. In order to obtain membership cards, every member must provide credit card information and a photo ID.
- The entire materials we have collected are available to the members. When looking through them, please keep in mind that the order of the materials should remain as arranged. If you find any of them is missing or out of place, please inform one of our employees; do not make any effort to correct errors yourself.
- Our archive possessions should be handled in ways that avoid any damage, so do not leave any traces or marks during usage. Any damage may result in members paying a fine.
- Copy machines are accessible throughout the ground floor.
- Each material from any archive section has to be returned by 5:00 P.M.

Please comply with these special guidelines to look through the rare collections.

- Through a rare collection request form, rare items can be requested from one of our employees. Each visitor is allowed to view no more than four materials at once. The materials need to be returned to the reference office when a visitor requests more than four.
- Visitors are permitted to examine these items only in the rare collection area.
- All personal belongings such as jackets, laptops, and bags must be kept in a cabinet before getting into the rare collection area. For taking notes, writing materials can be provided upon request.
- Visitors are not able to request rare collection items after 4:30 P.M.

Watford Contemporary Photo Archive (WCPA)
Request Form for Rare Collections

Name: Jeff Bryant
Date: February 22
E-mail: jeffbryant@y-young.com

Membership No.: 9321

Telephone: 321-8872-8723

To help us locate the materials you would like to view, please complete the two sections below.

	Item Number	Brief Account
Material 1	TO 822210	Original flyer: Museum show of Henry Carter's artwork
Material 2	TR 474382	Henry Carter's work of art (India, 1941)
Material 3	JU 008331	Henry Carter's personal exhibition (Indonesia, 1943)
Material 4	CV 103469	Latimer Monthly News (published May, 1942)
Material 5	RO 339201	Henry Carter's family photo (New York, 1944)
Material 6		

176. What is suggested about the WCPA?
(A) Its opening hours differ from day to day.
(B) It is imperative for visitors to apply for its membership.
(C) It allows only local residents to access the first floor.
(D) Its items are kept in several buildings.

177. According to the information, what are visitors prohibited from doing?
(A) Touching delicate materials
(B) Leaving personal belongings at a desk
(C) Arranging misplaced materials
(D) Reserving items before their visit

178. How can visitors to the rare collection area take personal notes?
(A) By borrowing digital recording equipment
(B) By using writing tools distributed by the WCPA
(C) By asking for photocopies for notes
(D) By using one of the WCPA's tablet PCs

179. What most likely is Mr. Bryant's research about?
(A) A collection of rare photographs
(B) Belongings of a specific individual
(C) The works of a certain artist
(D) The preservation of historical photos

180. What does Mr. Bryant's request for materials indicate?
(A) He has to return materials before 5:00 P.M.
(B) He cannot view all his requested materials at once.
(C) He has never been to the WCPA.
(D) He needs to pay a fee to request some items.

GO ON TO THE NEXT PAGE

Questions 181-185 refer to the following agenda and letter.

Finsbury Business College

One-day event at Golders Hotel Headquarters (GHH)
Tuesday, March 21, 10:15 A.M. to 3:30 P.M.

Timetable

10:15 A.M. Finsbury students and their instructor come to the security office to get access cards
10:30 A.M. Lecture: What an Internship Is Required to Do for Operations
11:10 A.M. Lecture: Qualifications for an Internship in Public Relations
11:50 A.M. Lecture: Possible Difficulties in Administration
12:30 P.M. Lunch after a guided tour of the office building
2:00 P.M. Lecture: How Things Are Going as an Intern in Sales and Marketing
2:45 P.M. Open discussion including Q & A and Closing

If you are interested in this event, you must register in advance or on-site. If you register in advance, you'll only need to pick up your name tag and other materials on-site.

April 23

Mr. Corey Gardner
Finsbury Business College
754 Stanmore Avenue
Croxley, RW 43 1Q4

Dear Mr. Gardner,

About a month ago when I visited Golders Hotel Headquarters (GHH) with the schoolfellows from Finsbury Business College, I was lucky to have an opportunity to converse with you right after your seminar. You and your coworkers' presentations were very impressive, particularly Dana Frazier's speech about her operation management responsibilities and Clark George's wider perspective on his duties publicizing GHH's services and products.

Considering my goal to be a GHH's intern, however, your talk was the most relevant one among them. It was fascinating to hear about your managerial duties and your previous experience as an intern. It seems like the path you have come along is almost the same as the one I am planning to follow. Therefore, if you could give me some guidelines regarding what skills and knowledge you needed to fulfill your daily duties as an intern in sales and marketing at Golders Hotel, it would be greatly appreciated. Any advice I could have from you will definitely help me secure the skills and knowledge that I am going to need.

Thank you for your help in advance and I hope to meet you again. It would be great for me to have a chance to work with you in the near future.

Sincerely,
Delbert Acosta

181. What was most likely the purpose of the event?
(A) To inform the employees of the seminars
(B) To publicize a new training program to students
(C) To encourage students to participate in an internship
(D) To help business school students to complete their project

182. In what field is Mr. Acosta most likely majoring?
(A) Operationss management
(B) Public relations
(C) Hotel management
(D) Sales and marketing

183. When did Mr. Gardner most likely deliver his speech?
(A) At 10:30 A.M.
(B) At 11:10 A.M.
(C) At 11:50 A.M.
(D) At 2:00 P.M.

184. In the letter, the word "secure" in paragraph 2, line 7, is closest in meaning to
(A) keep
(B) safe
(C) acquire
(D) purchase

185. What is indicated about Mr. Gardner?
(A) He signed up for the seminars.
(B) He worked as an intern.
(C) He met business school students after the event.
(D) He is working at the Golders Hotel Headquarters.

GO ON TO THE NEXT PAGE

Questions 186-190 refer to the following e-mails and press release.

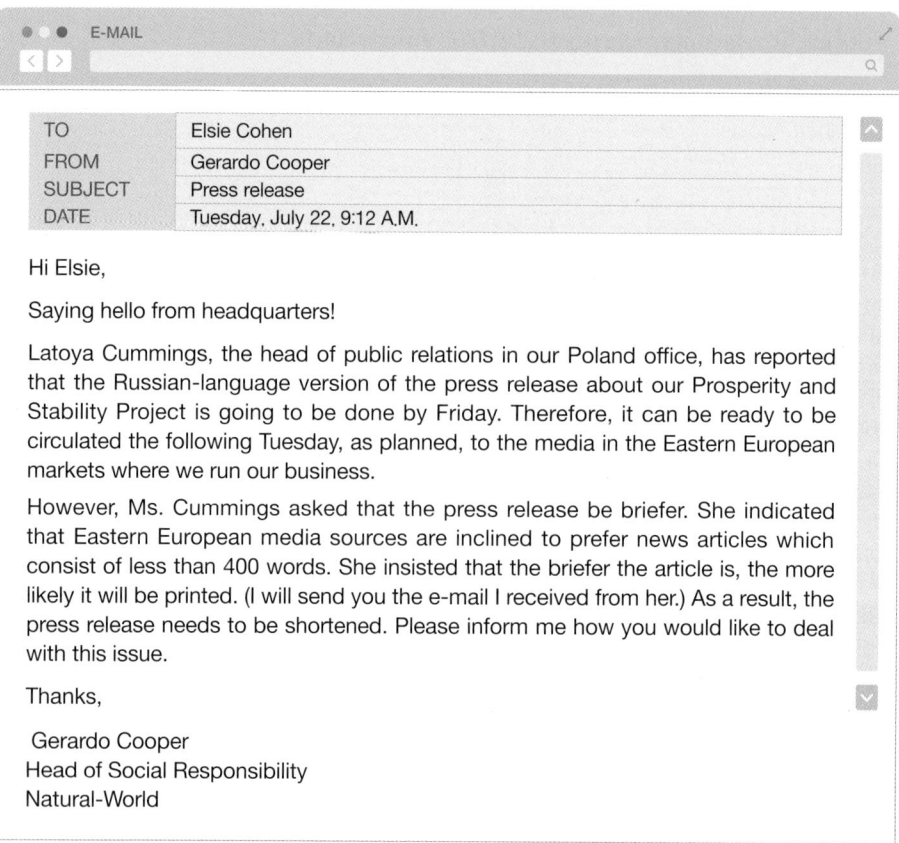

TO	Elsie Cohen
FROM	Gerardo Cooper
SUBJECT	Press release
DATE	Tuesday, July 22, 9:12 A.M.

Hi Elsie,

Saying hello from headquarters!

Latoya Cummings, the head of public relations in our Poland office, has reported that the Russian-language version of the press release about our Prosperity and Stability Project is going to be done by Friday. Therefore, it can be ready to be circulated the following Tuesday, as planned, to the media in the Eastern European markets where we run our business.

However, Ms. Cummings asked that the press release be briefer. She indicated that Eastern European media sources are inclined to prefer news articles which consist of less than 400 words. She insisted that the briefer the article is, the more likely it will be printed. (I will send you the e-mail I received from her.) As a result, the press release needs to be shortened. Please inform me how you would like to deal with this issue.

Thanks,

Gerardo Cooper
Head of Social Responsibility
Natural-World

E-MAIL

TO	Gerardo Cooper
FROM	Elsie Cohen
SUBJECT	RE: Press release
DATE	Tuesday, July 22, 11:43 A.M.
ATTACHMENT	Important Project.doc

Hello Gerardo,

All of our team members have shared the e-mail you sent me earlier today. We have made some corrections to the press release according to Ms. Cummings' recommendation and attached it. Please look through it to make sure that the information does not have any mistake. Then, you can send it to her as soon as you can. In order for her to translate it into Russian. In addition, could you remind her to contact all related social media to have it posted?

Thanks,

Elsie Cohen
Head of Communication
Natural-World

Official Announcement for Natural-World Announces Important Project

Natural-World is pleased to announce its Prosperity and Stability Project. Over the next four years, the firm will put a minimum investment of $600 million throughout all the nations where it runs its business to enhance availability of educational reading materials, which are very important for children in need. In cooperation with national and global child welfare associations, educational publications and programs will be provided to educators and professionals in the childcare industry. Furthermore, schools and local childcare institutions will offer a wide range of educational materials to children while nursery schools will offer educational toys and storybooks. Check out more information about the project by visiting www.naturalworld.net/project.

(Natural-World is a publishing company based in Canada, which also boasts its presence in Poland, Romania, Russia, and Ukraine.)

186. What is suggested about Ms. Cummings?
(A) She has approved the Prosperity and Stability Project.
(B) She has met Mr. Cooper in person.
(C) She is knowledgeable about news formats in Eastern Europe.
(D) She has recently transferred to the Poland office.

187. What did Ms. Cohen do recently?
(A) She translated a press release herself.
(B) She visited the Poland branch.
(C) She revised a publicity material.
(D) She has information posted on social media.

188. What is the main reason the project will be carried out?
(A) To promote the education industry
(B) To encourage teachers to make educational materials
(C) To establish more childcare institutions
(D) To offer children better educational items

189. What is stated in the press release?
(A) The location in which the materials are produced
(B) The number of Natural-World's international branches
(C) The industry where Natural-World operates
(D) The annual profit Natural-World earns

190. Where does Mr. Cooper most likely work?
(A) In Poland
(B) In Romania
(C) In Canada
(D) In Ukraine

GO ON TO THE NEXT PAGE

Questions 191-195 refer to the following e-mail, advertisement, and article.

● ● ● E-MAIL

TO	marionfernandez@manitobastation.com
FROM	cedricfitzgerald@albertasteel.org
DATE	11 August
SUBJECT	September Appointment

Dear Ms. Fernandez,

This is to confirm that an Alberta Steel representative, Jacquelyn Cross, is scheduled to visit Manitoba Station on the afternoon of 25 September. In order to have the evaluation process expedited, please sort out your scrap metal. At that time, the terms and conditions of the contract will be negotiated.

Depending on market conditions, the details of the contract we offer vary. I would like to inform you a little bit about what the conditions are like at the moment. Prices on reclaimed lead have been showing a falling trend. At the same time, due to supplies of brass and copper showing an upward tendency, the overall prices for recycled sources have been on a downturn. On the other hand, it can be good news for you that demand for aluminum is unprecedentedly high. The price seems to have tripled this quarter. A manufacturer in Japan has expressed strong interest in purchasing all we can offer in the short run. Thank you for continuing to do business with us.

Sincerely,

Cedric Fitzgerald
Alberta Steel

Manitoba Station

Manitoba Station is the largest recycler of electronic parts in the area.
Do you intend to throw away any electronic devices?
Please drop off the materials in the proper place.

Shelves: Desktop and Laptop computers
Blue container: Miscellaneous and Accessories like mouses and other devices
Yellow container: Speakers, Monitors and any External storage devices

The demand for rare metals is strong in the current market. Thus, all small devices like game systems, tablets, and cell phones, for a while, will be accepted until the end of September.

Our priority is always to provide assistance for you. Should you have any further questions, please do not hesitate to contact us at 080-434-5353.

TOKYO (14 Oct.) – Dixon Appliances announced yesterday the earliest launch of its newest tablet PC, the R2Q-1000. The new tablet will be the most affordable as well as the lightest and fastest one in its class. The use of newly created capacitors made these high-quality devices possible. In addition, the R2Q is one of the first mass-manufactured tablet PCs using up to 60 percent recycled material, most of which is taken out of outdated electronic products. The Japanese firm's flagship shop in Tokyo will begin selling the R2Q models to a limited number of customers starting next week. Dixon is going to make the device available at outlets across Japan by 20 Oct., even though consumers abroad need to wait until 31 Oct.

191. What field does Ms. Fernandez most likely specialize in?
(A) Developing computers
(B) Recycling electronics
(C) Mining for rare materials
(D) Producing computer parts

192. According to the advertisement, where should a small item like a keyboard be put?
(A) On the shelves
(B) In the yellow container
(C) In the blue container
(D) At the service desk

193. Why did Manitoba Station ask that the rare items be dropped off through September?
(A) Because the prices for items will decrease.
(B) Because the market condition for the items is good.
(C) Because it will relocate to another region.
(D) Because its ownership will change soon.

194. What is Dixon Appliances most likely using in its new tablet PC?
(A) Lead
(B) Brass
(C) Aluminum
(D) Copper

195. When will the new tablet PC be available on the international market?
(A) On October 14
(B) On October 17
(C) On October 20
(D) On October 31

GO ON TO THE NEXT PAGE

Questions 196-200 refer to the following e-mails and meeting minutes.

E-MAIL

TO	Sherri Wade
FROM	Glen Tran
DATE	Wednesday, September 11
SUBJECT	Guidelines: Writing meeting minutes

Hi Sherri,

I was informed that you will stand in for me to take notes at the department meeting tomorrow. Since it is the first time for you to do this, I would like to offer you some guidelines you should follow.

Make sure to make a list and note anyone who is not present. Meeting notes need to be saved in the department folder, but we forward the notes and any material given out at the meeting to people who are not able to come. My handout has already been scanned and saved in the department folder, so you can use it. The agenda for tomorrow's meeting will also be there in case you would like to access it for reference when you take minutes.

Although we will be talking about many topics, you need to be able to include only integral decisions and information that influence our department. Keep the notes brief in order for the members of our department to go through them readily. Abbreviating names of organizations and departments and using bullet points can be helpful to do so. Only referring to people by their last name is also recommended. Feel free to ask any questions. See you tomorrow morning!

Glen

Accounting Services Department Meeting Minutes

On September 12
2:00-3:30 P.M.

Absent: Ana Stephens, Patsy Walters
Attended: Kay Schneider, Ella Romero, Ella Rilay, Roy Reed, Eleanor Porter,
 Sherri Wade, Glen Tran, Celia Sharp

- Romero noted that RX has been experiencing data-loss issues with its accounting software program. Since Tran is handling the same problem with another client, he will take care of that inquiry.
- Reed and Porter attended the Accounting Symposium in Sydney from September 7 to 8 and were asked to deliver a talk at next year's symposium in Washington.
- The department's outing will take place at St. James Park on Friday, October 2. As Schneider will be temporarily helping the New York branch this fall, Rilay will be held accountable for this year's outing arrangements.
- Tran reported that his team is about to review the budget for monthly operating costs. He reminded staff members to avoid making excessive printouts and copies.

Minutes Taken by Sherri Wade

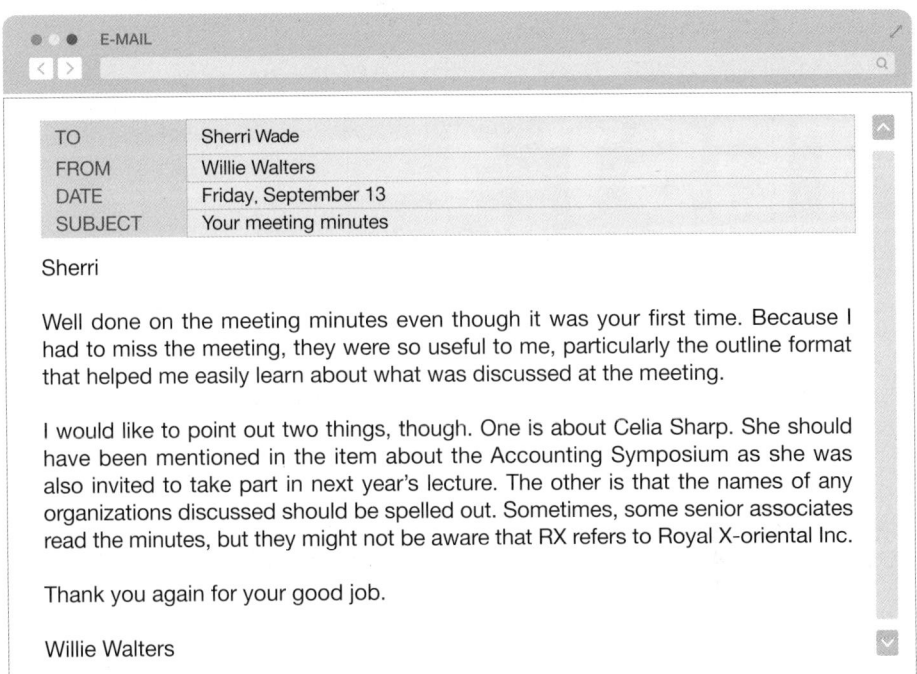

E-MAIL

TO	Sherri Wade
FROM	Willie Walters
DATE	Friday, September 13
SUBJECT	Your meeting minutes

Sherri

Well done on the meeting minutes even though it was your first time. Because I had to miss the meeting, they were so useful to me, particularly the outline format that helped me easily learn about what was discussed at the meeting.

I would like to point out two things, though. One is about Celia Sharp. She should have been mentioned in the item about the Accounting Symposium as she was also invited to take part in next year's lecture. The other is that the names of any organizations discussed should be spelled out. Sometimes, some senior associates read the minutes, but they might not be aware that RX refers to Royal X-oriental Inc.

Thank you again for your good job.

Willie Walters

196. What is indicated about Mr. Tran?
(A) He had to miss the department meeting.
(B) He distributed handout materials at the department meeting.
(C) He will keep the meeting agenda in the department folder.
(D) He will have to visit Sydney to participate in an event.

197. In the first e-mail, the word "include" in paragraph 3, line 1, is closest in meaning to
(A) back up
(B) memorize
(C) capture
(D) review

198. What task is Mr. Schneider usually in charge of?
(A) Dealing with client complaints
(B) Preparing a yearly social event
(C) Handling the monthly budget
(D) Taking notes at every meeting

199. What has Mr. Reed recently done?
(A) He has visited a branch office.
(B) He has contacted Royal X-oriental Inc.
(C) He has given a talk at an event.
(D) He has been to Sydney.

200. What suggestion for taking minutes do Mr. Tran and Mr. Walters disagree on?
(A) Only recording members' last names
(B) Using initial letters of organizations' names
(C) Checking who is present or absent
(D) Entering information into a computer

GO ON TO THE NEXT PAGE

TEST 1
해설

정답 TEST 1

01. (B)	41. (C)	81. (B)	121. (A)	161. (A)
02. (D)	42. (D)	82. (C)	122. (B)	162. (C)
03. (D)	43. (A)	83. (B)	123. (A)	163. (C)
04. (A)	44. (B)	84. (D)	124. (D)	164. (B)
05. (A)	45. (D)	85. (C)	125. (D)	165. (D)
06. (B)	46. (A)	86. (C)	126. (A)	166. (C)
07. (A)	47. (C)	87. (C)	127. (C)	167. (B)
08. (A)	48. (C)	88. (A)	128. (B)	168. (C)
09. (A)	49. (B)	89. (A)	129. (D)	169. (B)
10. (A)	50. (A)	90. (A)	130. (C)	170. (C)
11. (B)	51. (C)	91. (B)	131. (A)	171. (B)
12. (B)	52. (A)	92. (D)	132. (D)	172. (A)
13. (C)	53. (C)	93. (B)	133. (C)	173. (C)
14. (B)	54. (A)	94. (B)	134. (C)	174. (D)
15. (C)	55. (D)	95. (B)	135. (A)	175. (C)
16. (B)	56. (C)	96. (C)	136. (B)	176. (B)
17. (C)	57. (C)	97. (D)	137. (D)	177. (C)
18. (C)	58. (A)	98. (C)	138. (C)	178. (B)
19. (C)	59. (B)	99. (B)	139. (A)	179. (C)
20. (A)	60. (D)	100. (C)	140. (C)	180. (B)
21. (B)	61. (C)	101. (B)	141. (A)	181. (C)
22. (B)	62. (B)	102. (A)	142. (D)	182. (D)
23. (B)	63. (D)	103. (C)	143. (D)	183. (D)
24. (B)	64. (A)	104. (A)	144. (B)	184. (C)
25. (A)	65. (D)	105. (A)	145. (B)	185. (B)
26. (B)	66. (D)	106. (D)	146. (A)	186. (C)
27. (B)	67. (C)	107. (B)	147. (B)	187. (C)
28. (A)	68. (A)	108. (A)	148. (C)	188. (D)
29. (B)	69. (C)	109. (D)	149. (C)	189. (C)
30. (C)	70. (C)	110. (D)	150. (A)	190. (C)
31. (C)	71. (B)	111. (D)	151. (B)	191. (B)
32. (B)	72. (B)	112. (D)	152. (B)	192. (C)
33. (B)	73. (B)	113. (C)	153. (B)	193. (B)
34. (C)	74. (D)	114. (B)	154. (C)	194. (C)
35. (D)	75. (A)	115. (B)	155. (A)	195. (D)
36. (C)	76. (D)	116. (A)	156. (C)	196. (C)
37. (A)	77. (C)	117. (D)	157. (B)	197. (C)
38. (B)	78. (A)	118. (A)	158. (D)	198. (B)
39. (C)	79. (B)	119. (D)	159. (D)	199. (D)
40. (C)	80. (C)	120. (A)	160. (D)	200. (B)

1

(A) A woman is stocking some sandwiches.
(B) A woman is shopping for some merchandise.
(C) A woman is labeling each item.
(D) A woman is trying to tie her hair.

[해석]
(A) 여자가 샌드위치를 진열하고 있다.
(B) 여자가 상품을 구매하고 있다.
(C) 여자가 각 항목에 상표를 붙이고 있다.
(D) 여자가 머리를 묶으려 하고 있다.

어휘 stock 판매를 위해 보관하다, 진열하다   merchandise 상품   tie 묶다

01 항상 포괄적인 묘사가 답이다.

PART 1에서는 구체적이고 직접적인 단어보다는 일반적이고 포괄적인 단어를 이용한 보기를 정답으로 한다.

STEP 1 사진 분석
❶ 1인 중심
❷ 상품을 살펴보고 있다.
❸ 상품들이 진열되어 있다.

STEP 2 사진에 보이지 않는 단어가 들리면 바로 소거한다.

(A) A woman is ~~stocking~~ some sandwiches.
▶ 샌드위치를 진열하고 있지 않다.
(B) A woman is shopping for some merchandise. ▶ 정답
(C) A woman is ~~labeling~~ each item.
▶ 상표를 붙이고 있지 않다.
(D) A woman is ~~trying to tie~~ her hair.
▶ 머리를 묶으려는 동작을 하고 있지 않다.

STEP 3 포괄적 묘사의 POINT

1. 일반적으로 구체성을 띈 명사보다는 포괄적인 의미의 명사를 사용한 보기를 정답으로 한다.

구체적/세부적	일반적/포괄적
copy machine / copier 복사기	equipment / machine 장비, 기계
tomato 토마토 vegetables 채소 necklace 목걸이	merchandise / items 상품, 물건 goods / produce 상품, 농산물 jewelry 보석류
map 지도 magazine 잡지 notepad 메모지	document / paper 서류, 문서, 종이
bulldozer 불도저 forklift 지게차	heavy machine 중장비

2. 일반적으로 구체적인 동작 동사보다는 포괄적인 의미의 동작 동사를 사용한 보기를 정답으로 한다.

구체적/세부적	일반적/포괄적
sweep 쓸다 mop 대걸레질하다 scrub / wipe 닦다	clean / clear 청소하다
make a presentation 발표하다 listen to the presentation 발표를 듣고 있다	have a meeting 회의하다
shake hands 악수하다	greet each other 인사하다

2

(A) Flags are hanging from the windows of the building.
(B) A billboard is being taken away from the wall.
(C) A woman is putting some towels into a bag.
(D) A variety of items are being displayed outdoors.

[해석]
(A) 깃발들이 건물 창문에 걸려 있다.
(B) 광고판이 벽에서 제거되고 있다.
(C) 여자가 수건을 가방에 넣고 있다.
(D) 다양한 물품이 야외에 전시되어 있다.

어휘 flag 깃발 billboard 광고판 take away 제거하다 wall 벽 display 전시하다 outdoors 야외에

02　be being displayed는 사람이 없어도 정답이다.

'진열하다'는 사람이 없거나 그 행위를 하고 있지 않아도 진행형 수동태인 be being displayed가 정답이 될 수 있다.

STEP 1　사진 분석
❶ 〈사람+사물〉 사진
❷ 야외에 깃발이 전시되어 있다.
❸ 사람들이 물건을 살펴보고 있다.
❹ 뒤에 건물이 있다.

STEP 2　사진에 보이지 않는 단어가 들리면 바로 소거한다.
(A) Flags are ~~hanging from the windows~~ of the building.
▶ 건물 창문에 깃발이 걸려 있지 않다.
(B) A billboard is ~~being taken away~~ from the wall.
▶ 광고판을 제거하고 있는 사람이 없다.
(C) A woman is ~~putting~~ some towels into a bag.
▶ 여자가 수건을 가방에 넣고 있지 않다.
(D) **A variety of items are being displayed outdoors.**　▶ 정답

STEP 3　사람 유무에 관계없이 정답이 되는 being p.p. 경우

(1) 전시된 상태나 배경을 나타낼 때
display(진열하다), decorate(장식하다), exhibit(전시하다), cast(그림자를 드리우다), occupy(차지하다) 등의 동사
– Some shadows are being cast on a balcony. 발코니에 그림자가 져 있다.

(2) 기계에 의해 자동적으로 진행되는 동작을 나타낼 때
move(옮기다), transport(운송하다) 등의 동사
– Luggage is being moved on the conveyor belt. 수하물이 컨베이어 벨트 위에서 옮겨지고 있다.

3

(A) Some flowers are being planted.
(B) Some trees are being trimmed.
(C) A path is being resurfaced.
(D) A wheelbarrow is being pushed.

[해석]
(A) 꽃이 심어지고 있다.
(B) 나무들을 가지치기 하고 있다.
(C) 길이 새로 포장되고 있다.
(D) 손수레를 밀고 있다.

어휘   plant 심다, 식물   trim 자르다, 치다   path 길   resurface ~을 새로 포장하다   wheelbarrow 외바퀴 손수레

03 〈사람+사물〉 사진에서 사물 주어로 시작하는 경우 be being p.p.를 사용할 확률이 높다.

▶ 〈사물 주어+be being p.p.〉 = 〈사람이 사물을 ~ing 하고 있는 중이다〉

STEP 1 　사진 분석
❶ 〈사람+사물〉사진
❷ 남자가 손수레를 밀고 있다.
❸ 꽃이 피어 있다.
❹ 나무가 있다.

STEP 2 　사진에 보이지 않는 단어가 들리면 바로 소거한다.
(A) Some flowers are being planted.
▶ 꽃을 심고 있는 사람은 없다.
(B) Some trees are being trimmed.
▶ 가지를 치고 있는 사람은 없다.
(C) A path is being resurfaced.
▶ 길을 포장하고 있는 사람은 없다.
(D) A wheelbarrow is being pushed. ▶ 정답

STEP 3 　사람과 사물이 혼합되어 있는 사진의 POINT
1. 사람의 비중과 배경의 비중을 판단한다.
2. 사진 속 장소와 주변 사물의 위치 및 상태를 확인한다.
3. 사진에서 부각되는 사물의 특징과 관련 단어들을 암기해 두어야 한다.
4. 사람의 동작과 무관한 동사를 사용한 오답에 주의한다.
5. 사진에 없는 사물을 언급한 오답에 주의한다.

4

(A) Some of the tables have been set.
(B) Some lighting fixtures are being installed on a ceiling.
(C) Some food is being served to customers.
(D) A seating area has been placed outdoors.

[해석]
(A) 일부 테이블이 준비되어 있다.
(B) 조명기구가 천장에 설치되고 있다.
(C) 음식이 손님들에게 제공되고 있다.
(D) 좌석 공간이 야외에 배치돼 있다.

| 어휘 | lighting fixtures 조명기구 serve 제공하다 place 설치하다, 배치하다 outdoors 야외에 |

04 사람이 없는 사진에서는 두 가지를 기억하라.

STEP 1   사진 분석
❶ 사람이 없는 사물 위주 사진
❷ 테이블이 준비되어 있다.
❸ 창문이 열려 있다.
❹ 조명기구들이 있다.

STEP 2   사진에 보이지 않는 단어가 들리면 바로 소거한다.
(A) Some of the tables have been set. ▶ 정답
(B) Some lighting fixtures are ~~being installed~~ on a ceiling.
▶조명을 설치하고 있는 사람은 없다.
(C) Some food is ~~being served~~ to customers.
▶음식을 서빙하는 사람도 손님도 없다.
(D) A seating area has been placed ~~outdoors~~.
▶좌석 공간이 실내에 있다.

STEP 3   사물 사진의 소거 POINT
1. 가장 부각되는 사물의 위치나 상태, 주변의 사물, 배경을 확인하라.
❶ 가장 부각되는 사물의 위치 및 상태를 확인한다.
❷ 주변 사물을 확인한다.
❸ 장소 및 배경을 확인한다.
❹ 사람이 없는 사진에 사람 명사가 나오면 오답이니 바로 소거한다.
❺ 사진에 없는 사물을 언급한 오답에 주의한다.

2. be being p.p.는 오답이다.
- 〈사물 주어 + be being p.p.〉는 '사람이 사물을 가지고 동작을 진행하고 있다'의 의미로 이해해야 하므로, 사람이 없는 사진에서는 오답이다.
- [예외] display(진열하다)의 경우 상태의 지속을 나타내어 사람이 없더라도 진행형 수동태를 쓸 수 있다.
  e.g. Some items are being displayed. 물건이 진열되고 있다.

5

(A) A man is loading some clothes into a machine.
(B) A man is pouring a detergent into a container.
(C) A man is bending over a bathtub.
(D) A man is closing the machine door.

[해석]
(A) 남자가 기계에 옷을 넣고 있다.
(B) 남자가 용기에 세제를 붓고 있다.
(C) 남자가 욕조 위로 허리를 구부리고 있다.
(D) 남자가 기계의 문을 닫고 있다.

> 어휘   machine 기계   pour 붓다, 따르다   detergent 세제   container 그릇, 용기
> bend over ~ 위로 몸을 굽히다   bathtub 욕조

05 1인 사진은 사람의 동작과 외관에 집중한다.

STEP 1   사진 분석
❶ 1인 사람
❷ 세탁기에 손을 뻗고 있다.
❸ 세탁기 안을 들여다보고 있다.
❹ 바닥에 옷들이 있다.
❺ 세탁기 문이 열려 있다.

STEP 2   사진에 보이지 않는 단어가 들리면 바로 소거한다.
(A) **A man is loading some clothes into a machine.** ▶ 정답
(B) A man is ~~pouring~~ a detergent into a container.
▶ 세제를 붓고 있지 않다.
(C) A man is ~~bending over~~ a bathtub.
▶ 욕조 위로 몸을 구부리고 있지 않다.
(D) A man is ~~closing~~ the machine door.
▶ 기계의 문을 닫고 있지 않다.

STEP 3   1인 사진의 POINT
1. 1인 사진은 동작이나 상태에 대한 묘사를 염두에 둬야 한다.
2. 최신 경향 〈손 → 눈 → 의복〉에 해당하는 순서로 집중한다.

사진 유형	정답 유형
사람의 상반신이 나왔을 경우	① 구체적인 동작 묘사 → ② 주변의 장소나 상황에 맞는 행위 묘사 → ③ 외모, 외형과 관련된 상태 묘사 → ④ 주변(장소)의 상황이나 사물 묘사
사람의 전신이 나왔을 경우	① 상황에 맞는 행위 묘사 → ② 구체적인 동작 묘사 → ③ 외모, 외형과 관련된 상태 묘사 → ④ 주변(장소)의 상황이나 사물 묘사

6

(A) A hallway has been deserted.
(B) Columns have been erected along a walkway.
(C) All of the people are walking in the same direction.
(D) Some people are resting on some stairs

[해석]
(A) 복도에 사람이 없다.
(B) 기둥이 길을 따라 세워져 있다.
(C) 모든 사람들이 같은 방향으로 걷고 있다.
(D) 몇몇 사람들이 계단에서 쉬고 있다.

| 어휘 | hallway 복도 desert (어떤 장소를) 떠나다 column 기둥 erect (똑바로) 세우다 walkway 길, 보도 direction 방향 stair 계단 |

06 사람이 있더라도 배경이 부각되는 경우 사물의 상태를 위주로 듣는다.

▶ 사람과 사물이 함께 있는 사진이라고 해도 후반부 문제에서는 사람과 사물의 비중이 비슷하게 출제된다.

STEP 1 사진 분석
❶ 사람과 주변 배경
❷ 기둥들이 줄지어 있다.
❸ 사람들이 걷고 있다.

STEP 2 사진에 보이지 않는 단어가 들리면 바로 소거한다.
(A) A hallway has been deserted.
▶ 복도에 사람들이 있다.
(B) Columns have been erected along a walkway. ▶ 정답
(C) All of the people are walking in the same direction.
▶ 모든 사람들이 같은 방향으로 걷고 있지는 않다.
(D) Some people are resting on some stairs.
▶ 계단은 보이지 않는다.

STEP 3 사람이 등장해도 반드시 사람을 묘사한 것이 정답은 아니다.
가끔 사진에서 제일 먼저 알아볼 수 있는 행위를 묘사한 것이 정답이 되기도 하지만,
생각하지 못한 내용의 묘사가 정답으로 출제되어 당황할 수 있다.

가령 벤치에 앉아서 신문을 읽고 있는 사람이 중심이 된 사진이 등장했을 때,
행위나 동작을 묘사하지 않고 주변 사물의 위치나 상태를 묘사한 것이 답으로 등장할 수 있다는 것을 명심하자.

행위나 동작 묘사	주변 사물의 위치나 상태 묘사
A man is reading a newspaper. 남자가 신문을 읽고 있다. A man is holding a piece of paper. 남자가 종이를 들고 있다. A man is sitting on a bench. 남자가 의자에 앉아 있다	There is a bench next to the grassy area. 잔디밭 옆에 벤치가 있다.

07. How do I get to the restaurant you told me about?
(A) There's a map on their Web site. ▶우회적 답변
(B) I really ~~enjoyed~~ the ~~dinner~~. ▶시제x, 연상 어휘x
(C) ~~But~~ you should take a taxi. ▶but 오류x

7. 제게 말씀해 주셨던 식당에 어떻게 가죠?
(A) 식당 웹사이트에 지도가 있습니다.
(B) 저녁이 정말 맛있었습니다.
(C) 하지만 당신은 택시를 타야 합니다.

08. Are you having problems logging on to your computer too?
(A) Actually everyone has the same issue today.
(B) Yes, I ~~did~~ it. ▶시제x
(C) Too much is not always a ~~problem~~. ▶동일 어휘x

8. 당신도 컴퓨터 접속에 문제가 있나요?
(A) 사실 오늘 모두가 같은 문제가 있습니다.
(B) 네, 제가 그것을 했습니다.
(C) 너무 많은 게 항상 문제인 건 아닙니다.

09. Do we have any more brochures or pamphlets?
(A) They are usually in the closet in the basement. ▶우회적 답변
(B) ~~Yes~~. John will design them. ▶Yes/No 오류
(C) ~~For the promotional event~~. ▶Why 의문문 답변

9. 우리한테 책자나 팸플릿이 더 있나요?
(A) 그것들은 보통 지하실 벽장에 있습니다.
(B) 네, John이 그것들을 디자인할 겁니다.
(C) 판촉 행사 때문에요.

10. Where's the best place to get more chairs for our conference room?
(A) Human resources just bought some. ▶대상, 출처
(B) We can get a ride to the ~~conference~~ center. ▶동일 어휘x
(C) ~~You~~ should stay at the nearest hotel. ▶주어 오류

10. 우리 회의실에 비치할 의자를 어디서 더 가져오는 것이 가장 나을까요?
(A) 인사과에서 막 몇 개 구매했습니다.
(B) 저희가 회의장까지 태워다 드리겠습니다.
(C) 당신은 가장 근처에 있는 호텔에서 머무르셔야 합니다.

11. When will the main entrance of our store be repaired?
(A) ~~We~~ will open our new store next week. ▶주어 오류
(B) Some parts were just ordered. ▶우회적 답변
(C) Actually, we can ~~store~~ them in the warehouse.
▶동일 어휘, where 의문문 답변

11. 저희 가게 정문을 언제 수리할 예정인가요?
(A) 저희는 다음 주에 새 점포를 열 예정입니다.
(B) 일부 부품을 막 주문했습니다.
(C) 사실, 우리는 그것들을 창고에 보관할 수 있습니다.

12. How do you plan to market your new service? ▶수단, 방법
(A) I ~~usually go~~ to the local market. ▶시제 오류
(B) Mostly with advertisements. ▶수단
(C) We will get ~~there by car~~. ▶How ~ get to ~? 답변

12. 귀사의 신규 서비스를 어떻게 마케팅하실 계획입니까?
(A) 저는 보통 동네 시장에 갑니다.
(B) 주로 광고로요.
(C) 저희는 차로 그곳에 갈 겁니다.

13. Hasn't the budget for the new project been approved yet?
(A) That seems ~~promising~~. ▶How is ~? 답변
(B) More ~~financial support~~. ▶연상 어휘x
(C) The director just received it. ▶우회적 답변 – 변명

13. 신규 프로젝트 예산 건은 아직 승인되지 않았나요?
(A) 전도유망해 보여요.
(B) 더 많은 재정적 후원이요.
(C) 이사님이 막 그것을 받았습니다.

14. **I am thinking** of buying a new dining table and chairs from Home Office Furniture.
(A) That's a great ~~place~~ to work. ▶연상 어휘x, **How is ~?** 답변
(B) You can find a discount coupon on their Web site.
▶다음 행동 제시
(C) For more than six sets. ▶**How many** 답변

14. 저는 Home Office Furniture에서 식탁과 의자를 새로 구매할 생각입니다.
(A) 그곳은 일하기 아주 괜찮은 곳입니다.
(B) 거기 웹사이트에서 할인 쿠폰을 찾으실 수 있습니다.
(C) 6세트 이상이요.

---

15. Who should I contact about the travel reimbursement form?
(A) The payroll department is ~~busy~~. ▶**How is ~?** 답변
(B) Mr. Troeger is working for ~~the travel agency~~.
▶**Where** 의문문
(C) I have an e-mail with the information.

15. 여행 환급 서류 관련해서 누구와 통화해야 해요?
(A) 경리과는 바쁩니다.
(B) Troeger 씨는 여행사에서 근무하고 있습니다.
(C) 제가 그 정보가 담긴 이메일을 받았습니다.

---

16. Is there any nice place for lunch within walking distance?
(A) No, we haven't been ~~there~~. ▶동일 어휘 오류
(B) Most people here usually bring food from home.
▶회피성 답변 - 간접 설명
(C) Just ~~some chips~~ for me. ▶연상 어휘x

16. 걸어갈 수 있는 거리에 점심 식사하기 괜찮은 장소가 있나요?
(A) 아니요, 저희는 그곳에 가 본 적이 없습니다.
(B) 여기 대다수의 사람들은 보통 집에서 음식을 가져 옵니다.
(C) 저는 감자튀김 조금이면 됩니다.

---

17. **Why don't you attend** the national business conference next month? ▶제안
(A) ~~The market trend of online shopping~~. ▶연상 어휘
(B) Well, the conference ~~was~~ rather boring. ▶시제 오류
(C) I'm waiting to find out who the speakers will be.
▶우회성 답변

17. 다음 달에 전국 사업 회의에 참석하시는 건 어때요?
(A) 온라인 쇼핑 시장 추세요.
(B) 글쎄요, 회의가 다소 지루했습니다.
(C) 연설자가 누구인지 알아보려고 기다리고 있습니다.

---

18. Excuse me. Where should I put these projectors?
(A) They should be here ~~by noon~~. ▶**When** 의문문
(B) I ~~put~~ them in the storage this morning. ▶시제 오류
(C) Marco is in charge of all the equipment.
▶**I don't know** 답변

18. 실례합니다. 이 프로젝터를 어디에 둘까요?
(A) 그들은 정오까지 여기에 와야 합니다.
(B) 제가 오늘 아침에 창고에 두었습니다.
(C) Marco가 모든 장비를 담당하고 있습니다.

---

19. You have already been to the new amusement park, **haven't you**?
(A) Right, I need a ~~parking~~ lot. ▶유사 발음, 시제 오류
(B) The park offers an ~~entertaining tour~~ as well. ▶연상 어휘
(C) I'd go there again with you. ▶우회성 답변

19. 당신은 이미 새로 개장한 놀이공원에 가 본 적이 있죠?
(A) 네, 저는 주차장이 필요합니다.
(B) 그 공원은 흥미로운 견학도 제공합니다.
(C) 전 당신과 함께 그곳에 다시 가고 싶습니다.

---

20. The board of directors called an emergency meeting this afternoon.
(A) But I have to check my schedule first. ▶추가 설명
(B) The ~~chairman~~ wants to retire soon. ▶연상 어휘
(C) They are in the ~~meeting~~ room. ▶동일 어휘

20. 이사회가 오늘 오후에 긴급회의를 소집했어요.
(A) 그렇지만 우선 제 일정을 확인해야 해요.
(B) 회장은 곧 은퇴하길 원해요.
(C) 그들은 회의실에 있어요.

21. When is this plane **supposed** to **take off**? ▶미래
(A) At the airport. ▶연상 어휘 ⇨ **Where** 의문문
(B) Isn't it listed on the itinerary? ▶반문 답변
(C) Flying back to Orlando. ▶**Where** 의문문

21. 이 비행기는 언제 이륙할 예정인가요?
(A) 공항에서요.
(B) 일정표에 나와 있지 않나요?
(C) Orlando로 돌아오는 비행이요.

---

22. Should we take a train **or** a bus to the convention center? ▶선택
(A) **Neither** was finished. ▶시제 오류
(B) It's right on the train route. ▶우회성 답변
(C) At the earliest time. ▶**When** 의문문

22. 저희가 컨벤션 센터에 기차로 가야 하나요, 버스로 가야 하나요?
(A) 둘 다 끝나지 않았어요.
(B) 그곳은 기차 노선에 있어요.
(C) 가장 빠른 시간에요.

---

23. Our company **will** announce the release of our new product next week. ▶미래
(A) The response to the product was very positive. ▶시제 오류
(B) Is there any promotional event? ▶반문 답변
(C) I was there, too. ▶주어 오류

23. 저희 회사는 다음 주에 신제품 출시를 발표할 거예요.
(A) 제품의 반응은 매우 긍정적이었어요.
(B) 홍보 행사가 있나요?
(C) 저도 그곳에 있었어요.

---

24. Why don't you register **for** the staff health and safety training? ▶제안
(A) No. I will get there on time. ▶부가의문문 답변
(B) I **already** attended that two weeks ago. ▶우회적 답변
(C) There were 100 people present. ▶연상 어휘, **How many** 답변

24. 직원 건강과 안전 교육에 등록하는 것이 어때요?
(A) 아니요, 저는 그곳에 제시간에 도착할 거예요.
(B) 전 이미 2주 전에 거기 참가했어요.
(C) 참석자가 100명이었어요.

---

25. **How many** of our branches **achieved** record **sales** this year?
(A) The report's coming out this Friday. ▶우회적 답변
(B) Yes, we are expecting a sales increase. ▶Yes/No 오류
(C) Our revenue is rather high. ▶연상 어휘, **How much** 답변

25. 올해 저희 지사 중 몇 곳이 기록적인 판매를 달성했나요?
(A) 보고서가 이번 주 금요일에 나옵니다.
(B) 네, 저희는 매출 증가를 기대하고 있어요.
(C) 저희 수익이 다소 높아요.

---

26. Have you talked to Sylvia Hanson about the contract yet?
(A) Yes, they are doing well. ▶주어 오류
(B) She'll be back from vacation tomorrow.
  ▶우회적 답변 – 변명
(C) John didn't have much contact with me. ▶유사 발음

26. Sylvia Hanson 씨와 계약서에 대해서 얘기해 보셨나요?
(A) 네, 그들은 잘하고 있어요.
(B) 그녀가 내일 휴가에서 돌아와요.
(C) John은 나와 많은 연락을 하지 않았어요.

27. Let's place an order for more experimental equipment. ▶권유/제안
(A) A couple of ~~projectors~~. ▶연상 어휘, **How many** 답변
(B) Isn't the project being postponed? ▶반문 답변
(C) Okay, that looks ~~heavy~~.
▶연상 어휘, **Could you help me ~?**

27. 더 많은 실험 장비를 주문합시다.
(A) 프로젝터 두 개요.
(B) 프로젝트가 연기되지 않을까요?
(C) 알았어요. 그거 무거워 보여요.

---

28. How often do you go to the gym these days?
▶빈도 횟수
(A) It's been under renovation for a month. ▶우회적 답변
(B) ~~Two days ago~~. ▶시간 - **When** 의문문
(C) You can use my ~~membership~~. ▶연상 어휘x

28. 요즘 체육관에 얼마나 자주 가시나요?
(A) 거기가 한 달 동안 보수 공사 중이에요.
(B) 이틀 전에요.
(C) 당신이 제 회원권을 쓰셔도 됩니다.

---

29. Your car doesn't seem to have enough space for those boxes.
(A) I left them ~~on your desk~~. ▶**Where** 의문문
(B) We're renting a bus. ▶대안 제시
(C) ~~At the stationery store~~. ▶**Where** 의문문

29. 당신 차는 이 상자들을 놓을 충분한 공간이 없는 것 같네요.
(A) 제가 당신 책상에 그것들을 두었어요.
(B) 저희는 버스를 임대할 거예요.
(C) 문방구에서요.

---

30. I can assist you with the travel arrangements, if you want. ▶권유, 제안
(A) No, ~~it's~~ not mine. ▶**Is it ~?** 의문문 답변
(B) Just a few, if you can ~~lend~~ me one. ▶연상 어휘
(C) I don't think that will be necessary. ▶빈출 표현

30. 원하시면 제가 당신 여행 준비를 도와드릴 수 있어요.
(A) 아니요, 그건 제 것이 아니에요.
(B) 당신이 빌려 주실 수 있다면 조금만요.
(C) 그러실 필요 없을 것 같아요.

---

31. How did Mr. Lewis **like** the report? ▶의견
(A) From the ~~library~~. ▶**Where** 의문문
(B) ~~I~~ gave that to him. ▶주어 오류
(C) He spoke to the director about it. ▶우회적 답변

31. Lewis 씨는 보고서가 어떻대요?
(A) 도서관에서요.
(B) 제가 그에게 그것을 주었어요.
(C) 그가 보고서에 대해 국장님께 이야기했어요.

07 의문사 우회 답변 – "~을 확인해 보세요."

[질문 분석] How do I get to the restaurant you told me about?
'How do I get to+장소?'는 특정 장소로 가는 방법을 묻는 질문이다.

[보기 분석]
(A) There's a map on their Web site. ▶ 정답
최근에는 어떤 행위의 수단이나 방법을 직접적으로 나타내는 방법보다 by, through 등의 전치사를 사용하여 '지도/광고/공지' 등을 통해 확인하라는 우회적인 답변이 주로 나온다.

(B) I really enjoyed the dinner. ❺ 시제 오류
현재시제에 과거로 답하지 않는다. enjoy/like 같은 의견을 나타내는 동사들은 'How was+주어 ~?'와 같은 상태에 대한 의견을 묻는 유형에 대한 답변으로 적절하다.

(C) But you should take a taxi. ❷ 다른 의문사에 대한 답변
but 대답은 가장 최신 유형으로 의문사 의문문보다는 주로 조동사 의문문의 정답으로 등장한다. 사실을 확인해 주기 위한 Yes/No 뒤에서 추가 설명을 할 때 쓰인다. Should I take a bus?(제가 버스를 타야 하나요?)에 대한 응답이다.

08 조동사 의문문에서 Actually는 Yes/No를 대신한다.

[질문 분석] Are you having problems logging on to your computer, too?
Are you having problems ~?는 문제가 있는지 상대방에게 의견을 묻는 질문이다.

[보기 분석]
(A) Actually, everyone has the same issue today. ▶ 정답
나(I)뿐 아니라 내 주변 사람(You) 등 모든 사람들이(everyone) 똑같은 문제를 갖고 있다는 답변은 문제가 있는지 묻는 질문에 포괄적인 설명이 되므로 답이 될 수 있다.

(B) Yes, I did it. ❺ 시제 오류
현재에 대한 질문에 과거로 응답한 오답이며 Did you have ~? 같은 과거형 질문과 어울리는 답변이다.
※ 질문의 유형과 관계없이 'already(이미)/just(막)' 등의 부사가 포함된 답변은 정답이 되는 경우가 많다.

(C) Too much is not always a problem ❶ 동일 어휘 오류
질문의 problem을 반복 언급한 오답 유형으로 질문과는 관련이 없다.

09 선택의문문의 우회적인 제3의 답변이 정답이다.

[질문 분석] Do we have any more brochures or pamphlets?
'우리가 갖고 있나요?'에 대한 질문으로 소유 여부에 대한 응답을 한다.

[보기 분석]
(A) They are usually in the closet in the basement. ▶ 정답
in the basement(지하실에서)란 장소에 대한 언급은 주로 where 의문사에 대한 정답 유형이다. 하지만 위 질문에 대해 책자(brochures)와 팸플릿(pamphlets) 두 가지 모두 지하실 벽장에 있다로 우회적인 답변이 될 수 있다. 이런 답변은 고난도 답변에 속한다.

(B) Yes. John will design them. ❺ Yes/No 오류
선택의문문은 Yes/No로 답변하지 않는다.

(C) For the promotional event. ❷ 다른 의문사에 대한 답변
pamphlet(팸플릿)에서 연상 가능한 promotional event(판촉 행사)를 이용한 오답 유형이다. '이유'에 관한 대답은 Why 의문문과 어울린다.

10 Where 의문문, 장소에서 벗어나 출처나 대상으로 답변한다.

[질문 분석] **Where's the best place to get more chairs for our conference room?**
'Where's the best place ~?'는 장소를 묻는 질문이다.

[보기 분석]
(A) Human resources just bought some. ▶ 정답
Where 의문문은 주로 장소가 답으로 나오는데 최근에는 Where is the book?(책 어디 있니?)라는 질문에 John took it.(John이 가지고 있었어요.) 같이 장소에서 벗어나 사람/신문/광고/뉴스 등을 통한 대상 및 출처를 제시하여 정답으로 나오는 경우가 많다. 여기서는 부서명 Human resources(인사과) 같은 대상을 언급해 정답으로 출제됐다.

(B) We can get a ride to the conference center. ❹ 동일 어휘 오류
질문의 conference room의 conference를 반복 언급한 동일 어휘 반복 오답이다.

(C) You should stay at the nearest hotel. ❸ 주어 오류
질문에 보기 you에 대한 언급이 없으므로 오답이다.

11 질문과 답변의 시제가 달라도 정답이 되는 부사가 있다.

[질문 분석] **When will the main entrance of our store be repaired?**
미래시제를 나타내는 When 의문문이다.

[보기 분석]
(A) We will open our new store next week. ❸ 주어 오류
We를 지칭하는 구체적인 명사가 질문에 제시되지 않았고, 질문의 store(가게)와 동일 어휘로 오답을 유도하였다. When will you do ~?(너는 언제 ~할 거니?)와 같은 질문에 적절한 답변이다.

(B) Some parts were just ordered. ▶ 정답
just(막), already(이미), still(여전히), yet(아직) 등의 부사가 포함된 답변은 시제와 관계없이 일의 진행 상황이나 완료 여부를 알 수 있기 때문에 정답이 될 수 있다. just의 경우, 일의 진행이 '막 ~됐다'는 완료의 의미로, 수리의 완료 시점을 묻는 질문에 시제가 다르더라도 정답이 될 수 있다.

(C) Actually, we can store them in the warehouse. ❹ 동일 어휘 오류
Actually가 나오면 거의 정답이라고 생각하는 경우가 많은데, Actually(사실은 …)는 구체적인 설명을 붙일 때 쓰이는 부사이다. 주로 Do동사/Be동사/조동사 의문문 유형에서 Yes/No를 대신해 구체적인 설명을 하고자 할 때 쓰인다. them을 지칭하는 구체적인 명사가 질문에 제시되지 않았고, 동일 어휘 store를 이용한 오답이다.

12 〈How+do동사/조동사〉 의문문은 방법이나 수단으로 답한다.

[질문 분석] How do you plan to market your new service?
How do you plan ~? 이렇게 How 뒤에 동사가 오면 수단/방법을 묻는 질문이다.

[보기 분석]
(A) I usually go to the local market. ❺ 시제 오류
어떻게 마케팅할 계획인지 앞으로의 계획에 대해 질문하는 것이므로 미래를 나타낸다. 하지만 답변은 현재시제이므로 시제 오류로 오답이다.

(B) **Mostly with advertisements.** ▶ 정답
〈How+do동사/조동사 ~?〉는 대답으로 '수단, 방법'의 의미가 있는 전치사를 사용하여 어떤 행위의 수단이나 방법을 나타낸다. 여기서는 방법/수단의 의미를 지닌 전치사 with를 이용해 advertisement(광고)라는 수단으로 서비스 마케팅을 진행하겠다고 나타내므로 정답이다.

(C) We will get there by car. ❷ 다른 의문 내용에 대한 답변
수단 전치사 by를 이용한 답변이지만 there이란 장소부사가 질문과 어울리지 않는다. How ~ get to+장소?(장소에 어떻게 가나요?)의 답변에 어울리는 질문이다.

13 부정/부가의문문의 Yes/ No 없는 정답은 변명이 나온다.

[질문 분석] Hasn't the budget for the new project been approved yet?
'Hasn't ~ p.p.?'의 부정의문문은 Yes/No 없이 답변하는 것이 주로 출제되고 있다.

[보기 분석]
(A) That seems promising. ❷ 다른 의문사에 대한 답변
형용사 promising(유망한)은 상태를 나타내는 형용사이다. 이렇게 상태 형용사 또는 부사는 자신이 생각하는 바를 나타내므로 상대의 의견이나 의향을 묻는 How is ~?(~ 어때?) 같은 질문에 어울리는 답변이다.

(B) More financial support. ❹ 연상 어휘 오류
질문의 budget(예산)에서 연상 가능한 financial support(재정적 지원)를 이용한 오답 유형이다.

(C) **The director just received it.** ▶ 정답
최근 부정/부가의문문은 답변에 동사의 행위나 사실에 대해 그렇다(Yes), 안 그렇다(No)를 직접적으로 언급하기보다 답변 자체에 Yes/No의 의미가 있는 관련 설명이나 다음 행동을 제시하고 있다. 승인 여부를 묻는 질문에 '이사님이 막 받았다'라는 의미는 No를 대신하여 간접적으로 지금 막 받아서 아직 승인을 받지 못했다는 '변명'으로 질문에 답변하고 있으므로 정답이다.

부정의문문에서 No를 대신해서는 주로 '① 변경 ② 몰랐다 ③ 변명 ④ 아직 끝내지 못했다'는 내용이 나온다.

14 다음 행동을 제시하는 평서문 답변

[질문 분석] I am thinking of buying a new dining table and chairs from Home Office Furniture.
I am thinking ~(~할 생각이다)에는 화자의 의견이 나오므로, 다음 행동을 제시하거나 대안을 언급하는 응답이 주로 나온다.

[보기 분석]
(A) That's a great place to work. ❹ 연상 어휘 오류
평서문에서 That's a good idea.(좋은 생각입니다.)와 같이 응답하면 동의 표현으로 적절하다. 하지만 a great place to work(일하기 좋은 곳)는 의견을 나타내므로 How do you like your new job?(새 직장 어때요?)와 같이 의견을 묻는 How do you like ~? 질문의 답변으로 적절하다. 질문에 나온 Office에서 연상되는 어휘 place를 이용한 오답 유형이다.

(B) You can find a discount coupon on their Web site. ▶ 정답
평서문은 물어본 게 없으므로 사실상 대답할 수 있는 게 없다. 다만, 상대방의 이야기에 동조하거나 동의하지 않는 말을 하는 것이 가장 적절한 정답이다. 최근에는 So do I.(저도 그렇습니다.), I think so.(저도 그렇게 생각해요.)와 같은 단순한 답변보다 답변 자체에 동의의 구체적인 이유나 추가적인 설명을 제시하는 표현이 정답으로 나오고 있다. 가구를 구매할 생각이라는 화자의 의견에 웹사이트에 할인 쿠폰이 있으니 찾아보라는 말로 간접적으로 동의를 표현하면서 구매 방법에 대한 추가 설명까지 해 주고 있다.

(C) For more than six sets. ❷ 다른 의문사에 대한 답변
숫자(six)를 동반한 답변은 How many(얼마나 많이 ~?) 의문문의 답변으로 적절하다.

15 Who 의문문에서 대명사가 답이 되는 경우

[질문 분석] Who should I contact about the travel reimbursement form?
'누구와 연락을 해야 하는가'의 질문으로 Who should I contact가 첫 4단어이다.

[보기 분석]
(A) The payroll department is busy. ❷ 다른 의문사에 대한 답변
Who 의문문은 보통 사람 이름이나 부서/회사/직위로 대답한다. 하지만 동사나 수식어구를 덧붙여 문장을 길게 만들거나, 사람 이름, 직위명 등이 언급되는 보기가 두 개 이상 등장하는 어려운 유형도 출제되고 있다. 보기에서 부서(payroll department)를 언급하였으므로 답이라고 생각할 수 있으나 덧붙여진 형용사(busy)는 그 부서가 현재 바쁘다는 '상태'를 나타내고 있으므로 How is ~?(~ 어때요?)와 같은 상태를 묻는 질문에 적절한 답이다.

(B) Mr. Troeger is working for the travel agency. ❷ 다른 의문사에 대한 답변
Who 의문문에서 제3자를 언급한 것이 대체로 답이 되기는 한다. 하지만 뒤 문장의 working for the travel agency(여행사에서 일하고 있다)는 어떤 회사에서 근무하고 있는지를 말하고 있지 질문에서 묻고 있는 환급(reimbursement) 담당자를 언급한 것이 아니므로, 이는 어떤 직장에서 일하는지 묻는 where 의문문에 대한 답변으로 봐야 한다. '여행사에서 근무하고 있는 Troeger 씨와 통화하는 것이 답변으로 가능하다고 생각할 수 있지만 질문의 환급 서류(reimbursement form)는 같은 회사의 타부서 직원이 회계부서 담당자에게 보내는 것으로 여행사에서 근무한다는 것만으로 정답이 될 수 없다.

(C) I have an e-mail with the information. ▶ 정답
Who 의문문은 사람 이름 또는 직책 이름으로 대답하는 것이 일반적이다. 그러나 고난도로 출제될 경우 대화의 당사자들인 I(대화 주체)나 You(상대방) 또는 제3자인 Someone, Anyone, Everyone 같이 불특정 대상을 지칭하는 대명사 등으로도 답할 수 있다. 특히 최근에는 I로 답한 후 상황에 대해 추가 설명을 하는 표현이 대세이다. 보기 (C)와 같이 본인이 정보를 가지고 있으므로 본인(I)이 정보를 주겠다고 간접적으로 제시함과 동시에 추가 설명을 하고 있으므로 정답이 될 수 있다.

16 우회적인 답변 – 간접적인 상황 제시

[질문 분석] Is there any nice place for lunch within walking distance?
'괜찮은 장소가 있는지'를 묻는 질문으로 Is there any nice place가 키워드이다.

[보기 분석]
(A) No, we haven't been there. ❹ 동일 어휘 오류
Be동사 의문문은 Yes/No로 답변할 수 있다. 질문의 there는 유도부사로서 '어떤 장소에 무엇이 있다'의 의미를 유도하므로 응답에서의 '거기'라고 답하는 there와 구별되어야 한다. there 단어의 반복 오답이다.

(B) Most people here usually bring food from home. ▶ 정답
Be동사/조동사 의문문은 대답에 긍정이나 부정의 의미를 충분히 내포하고 있는 경우 Yes/No를 종종 생략하여 답변하기도 한다. 이전에는 Yes/No로 상대의 질문에 대한 긍정/부정 여부를 밝히고 상대에게 줄 정보나 자신이 하고 싶은 말을 이어가는 것이 기본 패턴이었다면, 최근에는 대답 자체에 긍정/부정의 의미가 내포되어 있으므로 전체 문장을 다 파악해야 정답을 찾을 수 있다. 그래서 기본 패턴보다 더 어렵게 출제되고 있다. 식사하기 좋은 괜찮은 장소를 묻는 질문에 대부분의 사람들이 집에서 음식을 가져온다는 것은 No 대신 간접적으로 상황을 설명하고 있으므로 정답이다.

(C) Just some chips for me. ❹ 연상 어휘 오류
질문의 for lunch를 이용해 chips로 답변한 연상 어휘 오답 유형이다. 여기서 just는 완료 여부를 나타내는 것이 아니므로 빈출 부사일지라도 정답이 될 수 없다.

17 [권유·제안] 최근에는 반문 또는 기다리라는 답이 대세이다.

[질문 분석] Why don't you attend the national business conference next month?
'회의에 참석하실래요?'의 권유/제안 질문으로 Why don't you attend가 질문의 의도를 알 수 있는 키워드이다.

[보기 분석]
(A) The market trend of online shopping. ❷ 연상 어휘 오류
What was the conference about?(회의 주제는 무엇이었나요?)와 같은 What 의문문에 적절한 답변으로, 질문 conference(회의)에서 연상된 오답 보기 유형이다.

(B) Well, the conference was rather boring. ❺ 시제 오류
미래형 질문인 〈권유/제안〉은 일반적으로 답 역시 미래형이 되어야 한다. 하지만 '이미 했다' 혹은 '거의 했다'와 같이 already(이미), almost(거의) 같은 동작의 완료를 수식하는 부사를 사용한 과거형도 답이 될 수 있다. 그런데 보기의 경우 과거시제로 쓰였으나 동작의 완료 여부가 아닌 회의의 상태 및 의견을 나타내고 있으므로 정답이 될 수 없다.

(C) I'm waiting to find out who the speakers will be. ▶ 정답
권유/제안의 대답은 Sure(당연하지요), Okay(좋습니다)와 같이 승낙을 하거나 I'm sorry(미안합니다), No thanks(아닙니다. 괜찮습니다)와 같은 거절의 표현으로 답하는 것이 일반적이다. 하지만 최근에는 이런 단순한 패턴보다 '확인해 보겠다' 또는 '아직 모르겠다'와 같은 의미가 간접적으로 표현된 문장이 정답으로 출제되고 있다. 참석해 보라는 권유에 연설자가 누구인지 알아보고 있다고 간접적으로 '아직 모르겠다'는 상황을 설명하고 있으므로 정답이다. 이렇게 '아직 모르겠다' 즉, 상황에 따라 다르다는 의미를 문장에 표현한 유형을 'I don't know형'이라고 한다.

18 모르겠다는 우회적인 답변 - John에게 물어보세요. (Ask John.)

[질문 분석] **Excuse me. Where should I put these projectors?**
'어디에 ~를 두어야 하는가?'를 묻는 질문으로 Where should I put이 키워드이다.

[보기 분석]
(A) They should be here by noon. ❷ 다른 의문사에 대한 답변
구체적인 시점(by noon)을 언급하고 있으므로 시간의 한 순간 즉, 시점이 답으로 나오는 When 의문문에 적절한 답변이다.

(B) I put them in the storage this morning. ❺ 시제 오류
Where 의문문은 장소로 답하는 것이 정형화된 답변이다. in the storage란 장소 명사를 언급했으므로 정답이라고 생각할 수 있다. 하지만 현재 놓여 있는 프로젝터들을 앞으로 어디에 두어야 하는지 묻는 미래형 질문인데 답변은 과거시제(put)로 하고 있으므로 오답이다. 질문 put을 동일 어휘로 이용한 오답 보기로, 질문의 put은 조동사 should 뒤에 위치하므로 현재시제이고 보기의 put은 과거 동작을 보여주므로 과거시제이다.

(C) **Marco is in charge of all the equipment.** ▶ 정답
Where 의문문은 장소가 답으로 나오는 경우가 기본 형태이나, '아직 받지 못했습니다', '모르겠습니다', '~에게 물어보세요'와 같은 유형의 표현이 나오면 이게 항상 답이 된다. 'Marco 씨가 담당하고 있다'로 '모르겠다, 제 3자에게 물어봐라(확인해 봐라)' 식의 돌려 말하기 표현을 하고 있으므로 정답이다. 최근에는 해당 유형의 표현이 정답으로 나오는 빈도가 높으니 꼭 기억하자.

19 부정/부가의문문의 Yes/No 없는 정답은 (1) 다음 행동을 제시 (2) 관련 부가설명 (3) 답변의 내용이 Yes/No의 의미를 포함하고 있는 경우이다.

[질문 분석] **You have already been to the new amusement park, haven't you?**
'You have already been ~'내용의 사실 확인, 동의를 구하는 부가의문문이다.

[보기 분석]
(A) Right, I need a parking lot. ❺ 시제 오류
긍정의 의미인 Right가 나온 것까지는 좋았지만 부가의문문의 시제가 완료형이므로 질문의 시제도 그에 맞춰 답해야 한다. 보기는 현재시제를 나타내고 있으므로 오답이다. 질문의 park와 답변 parking의 유사 발음을 이용한 오답 유형이기도 하다.

(B) The park offers an entertaining tour as well. ❹ 연상 어휘 오류
질문의 park와 동일 어휘를 사용해 the new amusement park로 an entertaining tour가 연상되는 오답 유형이다. 부사 as well(또한)은 '추가'의 의미를 나타내므로 이게 답이 되려면 질문에서 공원이 제공하는 다른 것이 언급되어야 했다. 하지만 경험 여부를 묻고 있으므로 정답이 될 수 없다.

(C) **I'd go there again with you.** ▶ 정답
최근에는 부가의문문의 정형화된 답변 Yes/No 대신 대답의 전체 내용이 Yes/No를 나타낸다. 놀이공원에 다녀왔는지 묻는 질문에 보기의 go there again(그곳에 다시 가다)는 다녀왔음을 간접적으로 표현한다. 즉, Yes의 의미로 답하고 있고 같이 가자라는 다음 행동도 제시되고 있으므로 정답이다.

20 반전의 추가 설명을 의미하는 but

[질문 분석] **The board of directors called an emergency meeting this afternoon.**
The board ~ called의 사실을 전달하는 평서문이다.

[보기 분석]
(A) But I have to check my schedule first. ▶ 정답
but 대답은 가장 최신 유형으로, '추가 설명' 또는 '부정이지만 반면에 좋은 측면'과 같은 '반전'을 나타내기 위해 잘 쓰이는 PART 2의 최신 유형이다. 회의를 소집했다는 '사실' 내용을 전달한 질문에 but을 사용하여 '알았다. 하지만 먼저 일정을 확인해 봐야 한다'고 참석할지는 잘 모르겠다는 I don't know형으로 간접적으로 언급한 (A)가 정답이다.

(B) The chairman wants to retire soon. ❹ 연상 어휘 오류
질문의 directors(이사들)에서 연상 가능한 chairman(회장)을 이용한 오답 유형이며, Why 의문문에 대한 '이유'의 답변으로 적절하다.

(C) They are in the meeting room. ❹ 동일 어휘 오류
질문에 나온 meeting을 이용한 동일 어휘 오답 유형으로 Where are the directors?(이사들은 어디에 있나요?)와 같은 Where 의문문에 적절한 답변이다.

21 When의 고득점 유형 – 출처/장소로 반문하는 답변

[질문 분석] **When is this plane supposed to take off?**
when / plane / take off가 키워드이며 is supposed to(~할 예정이다)의 미래시제 질문이다.

[보기 분석]
(A) At the airport. ❹ 연상 어휘 오류
질문의 plane에서 airport가 연상 가능한 오답 유형이며, At the airport와 같은 장소 답변은 Where 의문문에 적절하다. When 의문문은 보기 중에 장소 오답이 꼭 하나씩은 나온다.

(B) Isn't it listed on the itinerary? ▶ 정답
When 의문문은 주로 특정 시간이나 행위 발생 시점 등의 시간 부사가 나오면 정답이지만, 최신 경향 고난도 문제로 장소/출처가 정답이 되는 것들이 있다. 즉, When will ~ arrive?(언제 ~가 도착합니까?)와 같이 물을 때 It's delayed at the airport.(공항에서 지연되고 있어요.)와 같이 at the airport란 장소 명사가 제시되었지만 delay(지연되다)란 시간의 흐름과 관련된 동사가 덧붙여져 아직 도착하지 못했다는 상황을 간접적으로 표현하고 있으므로 정답이 되는 경우이다. 보기도 on the itinerary가 장소 질문의 답변 같지만 itinerary(일정표)는 시간 관련 명사이므로 정답으로 가능하다. 즉, Where이나 When 의문문은 뒤따라 나오는 동사를 함께 들어야 답이 나온다.

(C) Flying back to Orlando. ❷ 다른 의문사에 대한 답변
질문 take off(이륙하다)에서 연상 가능한 flying을 이용한 오답 보기이며 Where 의문문에 적절한 답변이다.

22 질문의 단어를 paraphrasing하거나 간접적으로 대답한다.

[질문 분석] Should we take a train or a bus to the convention center?
질문의 키워드는 Should we take / train or bus로 둘 중 무엇을 앞으로 타야 하는지 묻는 선택의문문으로 시제는 미래이다.

[보기 분석]
(A) Neither was finished. ❺ 시제 오류
선택의문문의 기본 응답은 ① 둘 중 하나 선택: A/B/either ② 둘 다 좋다: both/whichever/It doesn't matter. ③ 둘 다 싫다: neither/I'm fine, thanks.이므로 이중 neither로 답변한 (A)가 정답처럼 보인다. 하지만 질문의 시제는 미래(should)인데 반해 답변은 was finished로 과거를 말하고 있으므로 시제 오류로 오답이다.

(B) It's right on the train route. ▶ 정답
선택의문문에서는 A/B를 반복한 응답을 하는 것이 일반적이나, 최근에는 A/B의 연상 어휘를 이용한 표현으로 정답을 유도한다. train route 위에 있다는 것은 간접적으로 train이라고 대답하는 것이므로 정답이다.

(C) At the earliest time. ❷ 다른 의문사에 대한 답변
at the earliest time(가장 빠른 시간에)과 같은 시간을 답변하는 것은 When 의문문에 적절한 답변이다.

23 평서문은 내용과 관련해 추가 질문을 한다.

[질문 분석] Our company will announce the release of our new product next week.
질문의 키워드는 Our company will announce the release이며 평서문이고 미래시제(will)가 쓰였다.

[보기 분석]
(A) The response to the product was very positive. ❺ 시제 오류
앞으로 제품을 출시할 거라는 미래형 언급에 반응이 좋았다고 과거시제로 답변하고 있으므로 오답이다. 형용사 positive(긍정적인)는 상태를 나타내므로 상태를 묻는 (How was ~?) 같은 질문에 적절한 답변이다.

(B) Is there any promotional event? ▶ 정답
평서문은 동의나 확인을 구하는 질문으로, ① 동의, 맞장구로 답변 또는 부연 설명 ② 동의하지 않음 ③ 다음 행동 제시 ④ 상대의 말에 추가 정보를 묻는 형태의 반문 등으로 답변할 수 있다. 신제품 출시(the release of our new product)에 대해 맞장구를 치며 추가로 홍보 행사가 있는지 상대의 말에 반문하고 있으므로 정답이다.

(C) I was there, too. ❸ 주어 오류
답변의 there가 질문에서 말하는 어떤 장소를 가리키는지 알 수 없으므로 정답이 될 수 없다. 이 문장은 John was at the conference.(John이 회의에 참석했다)와 같은 평서문에 대한 동의의 답변이 될 수 있다.

24 [권유/제안/부탁] almost/already/still이 들리면 정답이다.

[질문 분석] **Why don't you register for the staff health and safety training?**
질문의 키워드는 why don't you / register for로 권유, 제안에 대한 질문이다.

[보기 분석]
(A) No, I will get there on time. ❷ 다른 질문에 대한 답변
이 문장은 You won't be late for your doctor's appointment, will you?(진료 약속에 늦지 않을 거죠?) 같은 확인을 위한 부가의문문에 적절한 답변이다. 권유/제안/부탁 의문문은 거절할 때 No라고 잘 답하지 않는다.

(B) **I already attended that two weeks ago.** ▶ 정답
권유/제안의 응답 표현은 ① 수락: Sure/Of course ② 거절: I'm sorry but ~이 일반적이나 최근에는 우회적인 표현으로 수락/거절의 의미를 간접적으로 내포하고 있다. '2주 전에 이미 참여했다'는 응답은 제안에 대해 간접적으로 거절하고 있으므로 정답이다. already(이미)/actually(실제로)/just(막)는 자주 출제되는 빈출 부사이니 꼭 기억하도록 하자.

(C) There were 100 people present. ❹ 연상 어휘 오류
질문의 register for(등록하다)에서 연상되는 100 people(100명)을 이용한 오답 보기이다. 이것은 주로 수치로 답하는 How many(얼마나 많이) 의문문에 대한 답변으로 적절하다.

25 의문사 우회 답변 – 아직 나오지 않았어요.

[질문 분석] **How many of our branches achieved record sales this year?**
질문의 키워드는 How many / achieved / sales로 수를 묻고 있는 질문이다.

[보기 분석]
(A) **The report's coming out this Friday.** ▶ 정답
'몇 개의 지사'에 대한 질문에 대해 '이번 주 금요일에 관련 보고서가 나온다'로 아직 나오지 않아서 모르겠다는 간접적 표현임을 알 수 있다. PART 2의 I don't know(모르겠다)형의 답변은 토익이 좋아하는 정답 답변 중 하나이다. '모르겠다'의 표현들로는 ① 모르겠다(I don't know) ② 누구에게 물어봐라(Ask Mark) ③ 내가 알아봐 주겠다(Let me check) ④ 아직 결정되지 않았다(It's not decided yet) ⑤ 기억이 나지 않는다(I don't remember) ⑥ 전해 들은 바가 없다(I haven't heard anything) ⑦ 누가 알겠어요. 아무도 모르죠.(Who knows)와 같은 답변들이 있다. '확인해 보세요'의 대표 동사는 check(확인하다)이지만, manual(매뉴얼)/instructions(설명서)/report(보고서)의 명사를 이용해서도 표현을 할 수 있다.

(B) Yes, we are expecting a sales increase. ❶ Yes/No 오류
의문사 질문에는 Yes/No로 답변하지 않는다.

(C) Our revenue is rather high. ❹ 연상 어휘 오류
질문 sales에서 연상되는 revenue를 이용한 오답 보기로 '가격', '양'을 주로 묻는 How much 의문문에 적절한 응답이다.

26 조동사 의문문-Yes/No가 없는 경우는
① 다음 행동 제시 ② 간접적으로 상황을 설명한다.

[질문 분석] **Have you talked to Sylvia Hanson about the contract yet?**
질문의 키워드는 Have you talked이다.

[보기 분석]
(A) Yes, they are doing well. ❸ 주어 오류
you에 대한 질문에 주어 they로 답하였으므로 오답이다.

(B) **She'll be back from vacation tomorrow.** ▶ 정답
조동사 의문문 답변에서 No가 생략된 경우에는 문장 안에 하지 못하게 된 이유나 변명을 넣어 간접적으로 답을 제시해야 한다. 보기는 '~ 했니?'에 대한 응답으로 '그녀가 내일 왜(그래서 아직 못했다)'와 같이 얘기하지 못한 변명을 말하고 있다.

(C) John didn't have much contact with me. ❹ 유사 발음 오류
contract에 대한 유사 발음 오류로 contact를 사용한 오답이다. 사람(John) 관련 답변은 Who 의문문 또는 출처/대상을 요하는 Where 의문문에 대한 답변으로 적절하다.

27 상대의 제안에 정보를 확인하는 반문 답변

[질문 분석] **Let's place an order for more experimental equipment.**
질문의 키워드는 Let's place an order로 주문을 하자는 권유·제안의 평서문 형태이다.

[보기 분석]
(A) A couple of projectors. ❹ 연상 어휘 오류
질문의 equipment(장비)에서 연상된 projectors(프로젝터)를 이용한 오답 보기로 a couple of와 같은 수치 관련 답변은 How many(얼마나 많이) 의문문에 적절하다.

(B) **Isn't the project being postponed?** ▶ 정답
Let's(~하자) 표현은 제안/권유문에 쓰인다. 제안/권유문은 승낙 또는 거절에 대한 표현을 하는데 최근에는 I'm sorry(미안해요)와 같은 직접적인 표현보다 문장 의미에 내용을 내포하는 표현이 출제되고 있다. 실험 장비를 주문하자는 제안에 프로젝트가 연기되지 않겠냐고 간접적으로 거절의 의미를 내포해 반문하는 (B)가 정답이다.

(C) Okay, that looks heavy. ❹ 연상 어휘 오류
okay라고 승낙하는 것 같지만, 질문 equipment에서 heavy(무거운)를 연상한 오답 보기이다. Could you help me ~?(저 좀 ~ 도와주시겠어요?)의 도움을 요청하는 질문에 대한 답변이다.

28 우회적인 답변 – 간접적인 상황 답변

[질문 분석] How often do you go to the gym these days?
질문의 키워드는 How often / go / gym으로 How often 의문문은 빈도, 횟수에 대한 답변을 찾는다.

[보기 분석]
(A) It's been under renovation for a month. ▶ 정답
How often은 빈도, 횟수에 대한 답변이 필요하므로 once a week(일주일에 한 번) 같은 빈도를 의미하는 표현이 제시되어야 한다. 하지만 고난도로 출제되면 gym(체육관)이 보수 공사 중(under renovation) 같은 상황 설명을 통해 우회적으로 가지 못했다고 답변할 수 있다.

(B) Two days ago. ❷ 다른 의문사에 대한 답변
two days ago(이틀 전)이란 시간 표현은 when 의문문에 대한 답변에 적합하다.

(C) You can use my membership. ❹ 연상 어휘 오류
질문의 gym에서 연상된 membership을 이용한 오답으로, 〈How can ~?〉과 같은 방법을 묻는 의문문의 답변으로 적절하다.

29 문제 상황에 대한 대안 제시

[질문 분석] Your car doesn't seem to have enough space for those boxes.
질문의 키워드가 car / doesn't / enough space인 평서문이다.

[보기 분석]
(A) I left them on your desk. ❷ 다른 의문사에 대한 답변
on your desk(너의 책상에) 같은 장소 부사는 Where 의문문에 대한 응답으로 적절하다.

(B) We're renting a bus. ▶ 정답
'공간이 충분치 않을 것 같다'라는 문제점을 제시한 질문에 '버스를 임대할 계획이다'라고 대안을 제시하므로 정답이다. car(자동차)와 같은 종류인 bus(버스)로 응답한 형태를 알아두자.

(C) At the stationery store. ❷ 다른 의문사에 대한 답변
At the stationery store(문방구에서) 같은 장소 답변은 Where 의문문에 적절하다.

30 상대의 제안에 대한 답으로 '혼자 할 수 있어요'가 가능하다.

[질문 분석] I can assist you with the travel arrangements, if you want.
질문의 키워드는 I can / assist / you로 권유, 제안하는 질문이다.

[보기 분석]
(A) No, it's not mine. ❹ 다른 의문문에 대한 답변
Is it ~? 같은 be동사 의문문에 적절한 응답이다.

(B) Just a few, if you can lend me one. ❹ 연상 어휘 오류
assist(돕다)에서 연상된 lend(빌려주다)를 이용한 오답으로 Do you want ~? 같은 질문에 적절한 응답이다.

(C) I don't think that will be necessary. ▶ 정답
'그러실 필요 없다'는 권유, 제안에 거절하는 응답으로 정답이다. 권유, 제안에 대해 수락/거절의 기본 응답 외에 '혼자서 할 수 있다' 류의 응답이 정답으로 빈출된다.

31 '모르겠다'는 우회적인 답변

[질문 분석] How did Mr. Lewis like the report?
질문의 키워드는 How / Mr. Lewis like / report로 의견을 묻고 있다.

[보기 분석]
(A) From the library. ❷ 다른 의문사에 대한 답변
the library(도서관) 장소 관련 답변은 Where 의문에 적절하다.

(B) I gave that to him. ❸ 주어 오류
질문의 주어 Mr. Lewis의 의견에 대한 질문이므로 I로 응답하는 것은 오답이다.

(C) He spoke to the director about it. ▶ 정답
'그가 국장님에게 보고서 관련해 이야기했다'고 제3자를 제시하여 '모르겠다'를 우회적으로 표현한 (C)가 정답이다. 질문에서 언급되지 않은 제3자의 이름이나 직책과 함께 과거시제가 나오면 '그 사람이 했었다' 즉, '그에게 물어봐라'의 우회적 표현이 될 수 있음을 알아두자.

Questions 32-34 refer to the following conversation.

W   Excuse me, my name is Jennifer. My colleague made a reservation for our meeting here at Crown Hotel and he told me the receptionist will let us know where to go when we get here.
M   Ma'am. Do you have the reservation number?
W   Hi **32** I am afraid not, but I didn't think I would need it.
M   Oh, well… my shift just started. I haven't checked the list for this **33** afternoon yet. What time are you going to start the meeting?
W   We are supposed to start at 7 P.M. and we need a conference room for ten. Why don't you check the record on your computer? It should be booked under our company name, Huston Consulting.
M   Sorry, I don't see any reservation under that name. Let me give my **34** supervisor a call. He should know. Could you wait in the lounge? It will take no more than five minutes.

32. What problem is the woman having?
(A) She doesn't know where the hotel is.
(B) She doesn't know the reservation number.
(C) She is late for the meeting.
(D) She wants to make a reservation for a meeting room.

여 / 문제점 / 상
ㄴ. 부정적 표현에 집중

33. What does the man imply when he says, "My shift just started"?
(A) He is a new employee.
(B) He cannot answer her question.
(C) He lacks experience.
(D) He could not find any reservation.

화자 의도 파악 / 중
ㄴ. 해당 위치 앞뒤의 대화

34. What is the woman asked to do?
(A) Call a supervisor
(B) Come back later
(C) Stay in the hotel
(D) Check the reservation record

남 / 요청 사항 /하 / 여자가 요청 받은 사항
ㄴ. 남자 대사 / 대화 후반

여 실례합니다. 제 이름은 Jennifer입니다. 제 동료가 여기 Crown Hotel에서 회의할 수 있게 예약했는데요, 그 분이 저에게 여기 도착하면 접수 직원분이 우리가 어디로 가야 하는지 알려 주실 거라고 했습니다.
남 고객님, 예약 번호 가지고 계세요?
여 음… 아니요. 그렇지만 그게 필요 없을 거라고 생각했어요.
남 아, 저… 제가 방금 교대 근무를 시작했기 때문에 아직 금일 오후 업무 리스트 확인을 못했습니다. 몇 시에 회의가 시작하나요?
여 저희는 오후 7시에 시작하려고 하고 있고요, 10인용 회의 공간이 필요해요. 그쪽 컴퓨터에 있는 기록을 점검해 보는 건 어떨까요? 저희 회사 이름인 Huston Consulting으로 예약되었을 거예요.
남 죄송합니다. 그 이름으로는 예약한 게 안 보이네요. 제가 제 상사분께 전화를 드려 보겠습니다. 그 분이 아시겠네요. 라운지에서 기다려 주시겠어요? 5분이면 될 겁니다.

32. 여자가 가진 문제점은 무엇인가?
(A) 그녀는 호텔이 어디 있는지 모른다.
(B) 그녀는 예약 번호를 모른다.
(C) 그녀는 회의에 늦었다.
(D) 그녀는 회의실을 예약하길 원한다.

33. 남자가 "My shift just started(제가 방금 교대근무를 시작했습니다)"라고 말한 의도는 무엇인가?
(A) 그는 신입사원이다.
(B) 그는 그녀의 질문에 답할 수가 없다.
(C) 그는 경험이 부족하다.
(D) 그는 어떠한 예약도 찾을 수 없었다.

34. 여자가 요청받은 것은 무엇인가?
(A) 상관에게 전화   (B) 나중에 돌아오기
(C) 호텔에 머무르기   (D) 예약 기록 점검

32 문제점을 묻는 문제는 보통 첫 대사와 두 번째 대사에 정답이 있다.

STEP 1 대화 도입부에서 화자가 직접 문제점을 언급하거나, 첫 번째 화자가 질문을 던지면 두 번째 화자가 그에 대한 응답으로 문제점을 언급한다. 주로 첫 번째나 두 번째 대사에서 그 정답을 찾을 수 있다.

여자의 문제가 뭔지 묻는 문제로 남자가 "Do you have the reservation number?"라고 질문하고 여자가 "I'm afraid not."으로 응답하므로 예약 번호에 관련된 (B)가 정답이다.

STEP 2 함정 유형 및 오답 패턴

(A) She doesn't know where the hotel is. ▶ here at CROWN HOTEL을 보면 호텔에서 말하고 있으므로 오답이다.
(B) She doesn't know the reservation number. ▶ 정답
(C) She is late for the meeting. ▶ meeting의 언급이 있지만, late인지는 알 수 없다.
(D) She wants to make a reservation for a meeting room.
▶ my colleague가 예약했으므로 예약의 주체가 다르다.

33 " "로 표시되는 화자 의도와 같은 뜻의 보기는 제거한다.
▶ my shift just started

STEP 1 화자의 의도로 주어진 " "에 있는 단어가 동일하게 나오거나 주어진 " "과 같은 의미의 보기는 오히려 답이 될 확률이 적다.

뒤 문장에서 I haven't checked the list for this afternoon yet.을 통해 교대 근무를 막 시작해서 업무 확인을 아직 못했다는 의미로 봐야 하므로 여자의 문제에 대해 대답할 수 없음을 알 수 있다. 정답은 (B)이다.

STEP 2 함정 유형 및 오답 패턴

(A) He is a new employee. ▶ just started에서 new employee를 연상한 오답이다.
(B) He cannot answer her question. ▶ 정답
(C) He lacks of experience. ▶ just started에서에서 lack of experience를 연상한 오답이다.
(D) He could not find any reservation.

34 수동태 문제는 상대방의 You로 시작하는 대사에서 답이 나온다.

STEP 1 수동태 문제는 상대방의 대사에서 '권유/제안/요구'를 들어야 답이 나온다. **What is the woman asked to do?**는 결국 '여자는 (남자에 의해) 무엇을 하도록 요청을 받았는가?'라는 의미이므로 정답은 남자의 대사에서 찾아야 한다.

후반부에서 남자의 말 "Could you wait at the lounge?"에서 여자에게 라운지에서 기다려 달라고 요청하고 전반부에서 말하는 장소가 here at CROWN HOTEL이므로 호텔에 머물러 달라는 (C)가 정답이다.

STEP 2 함정 유형 및 오답 패턴

(A) Call a supervisor ▶ 남자의 미래 정보이므로 오답이다.
(B) Come back later
(C) Stay in the hotel ▶ 정답
(D) Check for the reservation record ▶ I can not see에서 남자의 사실을 말하므로 오답이다.

어휘 colleague 동료 make a reservation 예약하다 receptionist (호텔의) 안내원, 접수 직원 shift 교대 근무 be supposed to do ~하기로 예정되다 conference room 회의실 book 예약하다 supervisor 감독관, 상사

Questions 35-37 refer to the following conversation.

M Hi, I found an advertisement for your hotel in the newspaper, and I'm interested in staying there for my vacation next month. Could you tell me more about it?

W I would be happy to. We are a five-star commercial hotel with a European architectural style, elegant decoration and top quality facilities, as well as professional services. The best thing is our hotel is located in the heart of London downtown, where there are few other hotels. You have direct access to many city attractions.

M Great, I'm actually planning to visit the Historical Museum and some famous old buildings such as cinemas and restaurants. It sounds like the perfect place for me.

35–A 35–C 36–A 36–D 37–C 37–B

35. How did the man hear about the hotel?
(A) From an ~~online~~ advertisement
(B) From a coworker
(C) From a newspaper ~~article~~
(D) From a media commercial

남 / 키워드 hotel / 상
└ 출처는 과거 시제로 언급한다.

36. According to the woman, how is the hotel different from its competitors?
(A) It offers a high-quality ~~service~~.
(B) It has a great reputation.
(C) It has proximity to local attractions.
(D) It has ~~many locations~~.

여 / hotel의 특징 / 중
└ 최상급 형용사 표현에 집중하자.

37. What will the man do in London?
(A) Go sightseeing
(B) Watch ~~movies~~
(C) Visit an ~~exhibition~~
(D) Work in city renovation

남 / 미래 / 키워드 London / 하
└ I will ~/I am planning

남 안녕하세요, 신문에서 귀하의 호텔에 관한 광고를 우연히 찾게 됐는데 다음 달 제 휴가 동안 그곳에 머물려고 합니다. 귀하의 호텔에 대해서 더 알려주시겠어요?

여 저희 호텔에 관해 알려드리게 되어 기쁩니다. 저희는 전문적인 서비스 제공 뿐 아니라 유럽 건축 스타일에 품격 있는 장식과 최상의 시설을 갖춘 5성급 상용호텔입니다. 저희 호텔의 가장 좋은 점은 런던 시내 중심부에 위치해 있다는 것입니다. 이 시내 중심부에는 다른 호텔이 거의 없지요. 그래서 수많은 시내 관광명소에 바로 가실 수 있습니다.

남 아주 좋은데요. 저는 사실 역사박물관과 극장, 식당 같은 유명하고 오래된 건물을 방문할 계획입니다. 저에게 딱 맞는 장소로 들리네요.

35. 남자는 어떻게 호텔에 대해 들었는가?
(A) 온라인 광고에서
(B) 동료에게서
(C) 신문 기사에서
(D) 매체 광고에서

36. 여자의 말에 따르면, 그 호텔은 경쟁 호텔과 무엇이 다른가?
(A) 고품질 서비스를 제공한다.
(B) 평판이 아주 좋다.
(C) 지역 명소와 가깝다.
(D) 야외 촬영지가 많다.

37. 남자는 런던에서 무엇을 할 것인가?
(A) 관광하기
(B) 영화 보기
(C) 전시회 방문하기
(D) 도시 보수 작업하기

35 키워드 hotel를 기준으로 앞뒤 문장에 정답이 있다.

STEP 1   특정 키워드에 대해 묻는 문제는 일반적으로 키워드 뒤에 답이 들리지만 최근에는 키워드보다 앞서 답이 나오는 경우가 있다.

남자가 hotel에 대해 알게 된 방법을 묻는 문제이므로 남자의 첫 번째 말의 hotel 앞뒤 문장에서 답을 찾자. "I found an advertisement ~ newspaper"에서 신문 광고를 통해 hotel을 알았다고 하므로 정답은 "매체 광고를 통하여"의 (D)이다.

STEP 2   함정 유형 및 오답 패턴

(A) From an online advertisement ▶ **an advertisement ~ newspaper**이므로 오답
(B) From a coworker
(C) From a newspaper article ▶ **article**의 언급은 없다.
(D) From a media commercial ▶ 정답

36 different, special 같은 표현의 질문은 대화에서 특징, 차이점을 언급한다.

STEP 1   특징, 차이점을 묻는 문제는 형용사의 최상급, famous 등의 표현으로 주로 언급한다.

The best thing is our hotel is located ~로 호텔의 위치를 언급하고 있고, You have direct access to many city attractions.를 통해 위치상 특징으로 관광명소에 바로 접근할 수 있다는 장점을 나열하므로 정답은 지역 명소에 가깝다는 (C)이다.

STEP 2   함정 유형 및 오답 패턴

(A) It offers a high-quality service.
▶ **five-star**를 통해 **high quality**를 연상하나, **service**를 특징으로 하고 있지는 않다.
(B) It has a great reputation.
(C) It has proximity to local attractions. ▶ 정답
(D) It has many locations. ▶ **located**에서 **location**을 연상한 오답이다.

37 미래 정보는 대화 후반부에 나오는 I'll ~이 정답이다.

STEP 1   대부분의 대화는 '과거→미래' 순서로 진행되므로 미래 관련 문제는 대화의 후반부에 답이 나온다.

후반부 남자의 말 "I'm actually planning to visit the Historical Museum and some famous old buildings"에서 관광을 할 것임을 알 수 있다.
— 대사의 구체적인 단어는 보기에서 포괄적인 단어로 paraphrasing된다.
visit Historical Museum, famous old buildings → (A) Go sightseeing

STEP 2   함정 유형 및 오답 패턴

(A) Go sightseeing ▶ 정답
(B) Watch movies ▶ **cinema**를 통해 **movies**를 연상한 오답이다.
(C) Visit an exhibition ▶ **museum**을 통해 **exhibition**을 연상한 오답이다.
(D) Work in city renovation

어휘   advertisement 광고   be interested in ~에 관심이 있다   commercial 상업의, 상업적인   architectural 건축의   direct 직행의, 직통의   attraction 명소, 명물   such as ~와 같은   reputation 평판, 명성   proximity 가까움

Questions 38-40 refer to the following conversation with three speakers.

38
M1 I need to buy a new dishwasher. My old one is broken. It's the third time this month. Bella, Patrick, can you recommend any brand? I have no idea where to buy appliances or electronics here.
W Have you heard of a brand called Varelle? I recently bought a
39 refrigerator from Varelle, and it's great. Much more energy efficient than other refrigerators of similar price.
M2 I second this suggestion. Actually, I recently got an e-mail with a 50% discount coupon and other online special offers. If you buy any item from Ocean Appliances, you will get a voucher for dinnerware.
M1 That's unbelievable! Will you forward me the e-mail with that offer,
40 Patrick?
M2 Sure, as soon as I get back to my office, I will do that for you.

38-C
38-D

40-D

40-A

3인 대화 / 주제 / 상
└, 대화의 앞부분

38. What are the speakers discussing?
(A) Cooking recipes
(B) Home appliances
(C) Electronics stores
(D) Brand logos

39. What does the woman like about the product she bought?
(A) It is fully functional.
(B) It is inexpensive.
(C) It is energy efficient.
(D) It comes in various colors.

단수 화자–여 / 키워드 product
└, 여자의 대사, product 장점

40. What does Patrick agree to do?
(A) Visit an office
(B) Call a store
(C) Forward a message
(D) Apply a discount

Patrick / 동의 / 하
└, 앞 사람 대사에 대한 반응

남1 전 식기세척기를 새로 구입해야 해요. 제 오래된 식기세척기가 고장 났습니다. 이번 달에만 세 번째예요. Bella, Patrick, 브랜드 좀 추천해 주겠어요? 여기서는 가전제품이나 전자기기를 어디에서 사야 할지 모르겠어요.
여 Varelle이라는 브랜드 들어보셨어요? 제가 최근에 Varelle에서 나온 냉장고를 샀는데 아주 좋아요. 비슷한 가격의 다른 냉장고들보다 에너지 효율이 훨씬 더 좋아요.
남2 저는 다른 제안을 할게요. 사실, 제가 최근에 50% 할인 쿠폰이랑 온라인 특가 판매 내용이 담긴 이메일을 받았어요. Ocean Appliances에서 어떤 상품이든 구매하면, 식기류 할인권을 받으실 수 있어요.
남1 믿기 힘들 정도로 좋은데요! Patrick, 특가 판매 내용이 담긴 그 이메일 좀 저에게 전달해 줄래요?
남2 그러죠. 제가 사무실로 돌아가자마자 그렇게 할게요.

38. 화자들이 논의하는 것은 무엇인가?
(A) 요리법
(B) 가전제품
(C) 전자제품 상점
(D) 브랜드 로고

39. 여자는 자신이 구입한 제품의 무엇이 좋다고 하는가?
(A) 충분히 실용적이다.
(B) 값이 저렴하다.
(C) 에너지 효율이 좋다.
(D) 다양한 색상으로 출시된다.

40. Patrick이 하기로 한 것은 무엇인가?
(A) 사무실 방문하기
(B) 상점에 전화하기
(C) 메시지 전달하기
(D) 할인 적용하기

38 3인 대화의 첫 번째 문제는 주로 3인의 직업 혹은 대화 주제를 묻는다.

STEP 1 3인 대화는 2인 대화와 달리 공통점과 차이점에 대한 문제가 출제된다. 첫 번째 문제에서는 화자들의 직업이나 주제에 대한 질문을 통해 공통점을 묻는다. 대화의 주제 문제는 2인 대화와 마찬가지로, 먼저 보기의 내용을 파악한 후 대화의 앞부분을 들으면서 답을 결정해야 한다.

"I need to buy a new dishwasher. My old one is broken."에서 식기세척기(dishwasher)에 대해 언급하고 있으므로 정답은 (B) Home appliances이다.

− 대화의 구체적인 단어는 보기에서 포괄적인 단어로 paraphrasing된다.
dishwasher(식기세척기) → (B) home appliances(가전제품)

STEP 2 함정 유형 및 오답 패턴

(A) Cooking recipes ▶ dishwasher에서 cooking을 연상한 오답이다.
(B) Home appliances ▶ 정답
(C) Electronics stores ▶ refrigerator를 통해 electronics를 연상했지만, stores에 대한 언급은 없다.
(D) Brand logos ▶ 특정 브랜드의 언급은 있지만, 로고에 관한 언급은 없어 오답이다.

39 두 번째 문제는 주로 사람의 이름을 특정하여 질문한다.

STEP 1 3인 대화 중 한 사람이 하는 질문은 **the woman/man**의 단수 화자 혹은 특정 사람의 이름을 이용해 질문을 한다.

3인 대화 중 단수 화자인 여자가 제품에 관해 마음에 들어하는 게 무엇인지 묻는 문제이다. 첫 번째 남자의 brand에 대해 추천해 달라는 말에 여자가 Varelle을 언급하며, "it's great. Much more energy efficient"를 통해 칭찬하면서 장점을 언급하므로 정답은 (C)가 된다.

STEP 2 함정 유형 및 오답패턴

(A) It is fully functional.
(B) It is inexpensive. ▶ similar price에서 값을 연상한 오답이다.
(C) It is energy efficient. ▶ 정답
(D) It comes in various colors. ▶ 색상에 대해서는 언급되지 않았다.

40 동의는 앞 사람의 말에 대한 긍정의 표시이다.

STEP 1 동의 문제는 앞 사람의 요청 혹은 제안에 대해 **Sure, Of course** 등의 긍정을 표현하는 것을 말하므로, 질문의 주어에 해당하는 앞 사람의 말에서 답을 찾자.

질문은 Patrick이 동의하는 것을 묻는 문제이므로, 정답은 Patrick의 바로 앞 사람 말에서 나오게 됨을 알 수 있다. Patrick의 바로 앞 문장 Will you forward me the e-mail with that offer, Patrick?에서 이메일을 보낼 수 있다는 요청에 Sure라고 응답하므로 정답은 메시지를 전달한다는 (C)가 된다.

STEP 2 함정 유형 및 오답 패턴

(A) Visit an office ▶ office의 언급이 있지만, visit하는 것이 아니므로 오답이다.
(B) Call a store
(C) Forward a message ▶ 정답
(D) Apply a discount ▶ 답의 위치와 관계 없는 discount가 반복된 오답이다.

어휘 dishwasher 식기세척기 broken 고장 난 recommend 추천하다 appliances 가전제품 electronics 전자기기 recently 최근에, 요즘 efficient 효율적인 similar 비슷한 dinnerware 식기류 forward 보내다, 전달하다 as soon as ~하자마자

Questions 41-43 refer to the following conversation.

W Derrick, did you have any chance to look over the charts and figures for our **41** meeting tomorrow?
M Oh yes, I did. I have reviewed all the materials. You did a good job and have nothing to worry about. All the information is very well organized.
W Okay, then we are all set for the conference. By the way, what time are you **42** going to leave tomorrow? I'm going to book a train now. How about a ten o'clock train?
M I am so sorry to say this, but some important new clients plan to visit and I might have lunch with them, so I might not be able to go to the meeting. You **43** might have to give the presentation by yourself.
W But as you know, I don't have enough experience to handle such an important meeting.
M Don't worry. You are all prepared for this job. Everything will be fine.

41-B
41-A
42-B
42-C
43-B
43-D

41. What did the woman ask the man to do?
(A) ~~Organize~~ a meeting
(B) Review ~~her application~~
(C) Check some data
(D) Submit some documents

여 / 요청 / 상
└문제의 순서=대화의 순서

42. What does the woman plan to do today?
(A) Reserve a table
(B) ~~Meet a client~~
(C) ~~Give a presentation~~
(D) Book a train

여 / 계획 / 키워드 today
└미래 시제 및 관련 동사 표현

43. Why does the woman say, "I don't have enough experience to handle such an important meeting"?
(A) To express concern about working alone
(B) To give an ~~excuse for a delay~~
(C) To get feedback from the man
(D) To ask the man for some ~~advice~~

화자 의도 파악 / 여
└해당 위치 앞뒤의 대화

여 Derrick 씨, 내일 저희 회의에 쓸 차트와 수치 검토해 볼 기회가 있었어요?
남 아, 네. 모든 자료를 검토했습니다. 잘하셨고 걱정하실 필요 없습니다. 모든 정보가 잘 정리되어 있더군요.
여 알겠습니다. 그러면 저희는 컨퍼런스를 위한 모든 준비가 된 거네요. 그런데, 내일 몇 시에 출발하시나요? 지금 기차를 예약하려고 합니다. 10시 기차는 어떠세요?
남 이런 말 하기 미안하지만, 중요한 새 고객 분들이 방문할 예정이어서 제가 그분들과 함께 점심 식사를 할 수도 있어요. 그래서 회의에 갈 수 없을 지도 모르고요. 당신 혼자서 발표해야 할 수도 있습니다.
여 하지만 아시다시피, 저는 그런 중요한 회의를 처리할 만한 충분한 경험이 없는데요.
남 걱정하지 마세요. 당신은 이 일에 모든 준비가 되어 있어요. 모든 게 다 잘될 거예요.

41. 여자가 남자에게 요청한 것은 무엇인가?
(A) 회의 준비하기
(B) 그녀의 지원서 검토하기
(C) 자료 검토하기
(D) 서류 제출하기

42. 여자는 오늘 무엇을 할 계획인가?
(A) 테이블 예약하기   (B) 고객 만나기
(C) 발표하기   **(D) 기차 예매하기**

43. 여자는 왜 "I don't have enough experience to handle such an important meeting(그런 중요한 회의를 처리할 만한 충분한 경험이 없어요)"이라고 말하는가?
(A) 혼자 일하는 것에 대한 걱정을 표현하기 위해
(B) 지연에 대해 변명하기 위해
(C) 남자의 반응을 얻기 위해
(D) 남자에게 조언을 구하기 위해

41 문제의 순서와 대화의 순서는 일치한다.

STEP 1 여자가 남자에게 요청한 것을 묻는 요청 문제는 대화 후반부에 답이 위치하는 것이 일반적이다. 하지만 첫 번째 문제에 위치하는 경우 문제의 순서와 대화의 순서는 일치한다는 점을 이용하여 풀어야 한다.

여자의 첫 번째 대사 "did you have any chance to look over the charts and figures for our meeting tomorrow?"에서 자료를 확인해 봤는지 묻고 있으므로 정답은 (C)이다.
- 대화의 구체적인 단어는 보기에서 포괄적인 단어로 paraphrasing된다.
look over the charts and figures → (C) check some data

STEP 2 함정 유형 및 오답 패턴

(A) Organize a meeting ▶ **organized**의 연상어 오답이다.
(B) Review her application ▶ **her application**에 대한 언급이 없다.
(C) Check some data ▶정답
(D) Submit some documents

42 미래 정보는 I'll ~/I'm planning/going to 같은 미래시제 표현으로 언급된다.

STEP 1 미래 정보는 미래시제 및 관련 동사 표현을 이용한다. 여자의 계획을 묻는 문제이므로 여자의 말에서 미래시제 표현을 확인하자.

"I'm going to book a train now."에서 기차를 예약할 것이라고 하므로 정답은 (D).

STEP 2 함정 유형 및 오답 패턴

(A) Reserve a table
(B) Meet a client ▶ 남자가 할 일이다.
(C) Give a presentation ▶ 남자가 여자에게 내일 하라고 요청하는 것이므로 오답이다.
(D) Book a train ▶정답

43 " "의 화자 의도 파악 문제는 해당 위치에서 연결어를 확보하자.

STEP 1 대화 속에서 의미를 파악하는 문제이며 앞뒤 문맥을 파악하여 포괄적인 정답을 찾아야 한다.

"당신 혼자서 발표를 해야 할 것 같습니다(You might have to give the presentation by yourself.)."의 남자의 말에 but과 함께 "I don't have enough experience to handle such an important meeting(하지만 저는 중요한 회의를 처리할 만한 충분한 경험이 없어요)"라고 여자가 응답하므로 혼자서 발표하는 것에 대해 걱정하고 있음을 알 수 있다. 정답은 (A).

STEP 2 함정 유형 및 오답 패턴

(A) To express concern about working alone ▶정답
(B) To give an excuse for a delay ▶ **but**을 통해 예상할 수 있는 부정적인 응답이다.
(C) To get feedback from the man
(D) To ask the man for some advice ▶ **don't have enough experience**에서 **advice**를 연상시킨 오답이다.

어휘 look over 검토하다　all set 다 준비된　handle 다루다, 처리하다　application 지원, 지원서
reserve 예약하다　express 나타내다, 표현하다　excuse 변명, 이유　advice 조언, 충고

Questions 44-46 refer to the following conversation.

M: Hello, Jennifer. I was about to call you. Did you want to see me?
W: Yes, Mr. Becker. The Transportation Authority called yesterday and said they **44** wanted an update on the new rail terminal construction. How's the work going? Any delays? ⟵ 44-A
M: I thought there might be some delays, but in fact we're ahead of schedule. **45** They will be able to open the terminal one month earlier than planned.
W: Oh! I wasn't expecting that. You know it is nice not to rush to meet the deadline. ⟵ 45-C / 45-B
M: I'm pleased about it, too. But is there anything else we should check? I just want to make sure before I call them.
W: Well, why don't you wait for our subcontractors? They are handling some minor details, so things depend on their progress. They should be sending me ⟵ 46-B
46 a status report tomorrow.

44. What are the speakers mainly discussing?
(A) A road repair
(B) A construction project
(C) A train delay
(D) Public transportation options

주제 / 상
└대화의 시작 부분에 집중

45. What does the woman imply when she says, "Oh! I wasn't expecting that"?
(A) She has not prepared for a meeting.
(B) She has forgotten the deadline.
(C) She was not informed of the change.
(D) She is happy to hear some news.

화자 의도 파악 / 여
└남자 대사에 대한 여자의 반응

46. What will the woman receive soon?
(A) A progress report
(B) A signed contract
(C) A construction invoice
(D) A traveler's check

여 / 미래 / 하
└미래시제/would/should의 조동사 표현에 집중하자.

남 안녕하세요, Jennifer 씨. 나 당신에게 막 전화하려던 참이었어요. 저를 보자고 하셨나요?
여 네, Becker 씨. 교통공단에서 어제 연락이 왔는데 그들은 새 철도 터미널 공사에 대한 최신 정보를 원한다고 하네요. 작업은 어떻게 돼 가고 있어요? 혹시 지연 사항이라도 있나요?
남 지연이 약간 있을 거라고 생각했는데 실제로는, 저희가 예정보다 앞서 있어요. 계획보다 그들이 한 달 일찍 터미널을 개통할 수 있을 거예요.
여 오! 그건 예상 못했어요. 마감 기한에 맞추기 위해 서두르지 않는 게 좋다는 거 아시잖아요.
남 저도 그래서 기뻐요. 하지만 저희가 더 확인해야 할 게 있나요? 그들에게 전화하기 전에 확실히 해두고 싶어요.
여 음, 저희 쪽 협력업체를 기다리는 게 어때요? 그들이 사소한 세부사항을 다루고 있어서 여러 가지 것들이 그들의 진행에 달려 있어요. 그들이 현황 보고서를 내일 저에게 보낼 거예요.

44. 화자들이 주로 논의하는 것은 무엇인가?
(A) 도로 보수
(B) 건설 프로젝트
(C) 열차 지연
(D) 대중교통 옵션

45. 여자가 "Oh! I wasn't expecting that(오! 그건 예상 못했어요)"라고 말할 때 의미하는 것은 무엇인가?
(A) 그녀는 회의를 준비하지 않았다.
(B) 그녀는 마감기한을 잊었다.
(C) 그녀는 변동 사항을 통고 받지 못했다.
(D) 그녀는 소식을 듣게 되어 기쁘다.

46. 여자가 곧 받을 것은 무엇인가?
(A) 경과 보고서
(B) 서명된 계약서
(C) 공사 청구서
(D) 여행자 수표

44 주제를 묻는 문제는 첫 번째 대사와 두 번째 대사에 정답이 있다.

STEP 1   주제나 목적을 묻는 문제의 정답은 대화의 시작 부분에서 90% 이상 등장한다.

an update on the new rail terminal construction과 How's the work going?을 언급하고 있으므로 construction에 관해 말하고 있음을 알 수 있다.

– 대화에서 들리는 단어는 구체적이지만 답은 항상 포괄적인 단어로 paraphrasing 된다.
a new rail terminal construction → (B) a construction project

STEP 2   함정 유형 및 오답 패턴

(A) A road repair   ▶ **a new rail terminal**은 신축 공사를 말하므로 '수리'의 **repair**는 오답이다.
(B) A construction project   ▶정답
(C) A train delay
(D) Public transportation options

45 화자의 의도 파악 문제는 주어진 '문장'을 기준으로 위아래에서 연결어를 확보해야 한다.

STEP 1   화자의 의도 파악 문제는 앞 사람의 말에 답변/반응을 하는 것이 대부분으로, 앞 사람의 대사에서 들리는 '특정 단어'를 포함하거나 관련된 보기가 정답이 된다.

바로 앞 남자의 말인 "They will be able to open the terminal one month earlier than planned."에서 "계획보다 일찍 터미널을 개통할 수 있을 것이다"라고 말하는 데 대해 여자가 "Oh! I wasn't expecting that"이라고 말하며 "마감에 쫓기지 않아도 된다니 좋네요(it is nice not to rush to meet the deadline)"라고 말하므로 남자의 말에 대해 기뻐하고 있음을 알 수 있다. 정답은 (D).

STEP 2   함정 유형 및 오답 패턴

(A) She has not prepared for a meeting.
(B) She has forgotten the deadline.   ▶**deadline**이 반복됐고 **forgotten**(잊은 것)은 아니므로 오답이다.
(C) She was not ~~informed~~ of the change.   ▶주어진 문장의 **not**이 반복되지만, 변경 사항을 공지 받지 못한 것이 아니므로 오답이다.
(D) She is happy to hear some news.   ▶정답

46 제안, 요구 사항이나 미래 일정은 후반부에 답이 있다.

STEP 1   일반적으로 미래의 일정은 당사자의 마지막 대사에 답이 있다.

질문은 여자가 무엇을 받을 것인지를 묻는 문제이므로, 여자가 "I'll receive ~"로 언급하거나 혹은 누군가가 여자 본인에게 '보낼 것이다' 즉, "They will send me ~"의 형태로 언급할 것임을 유의하자. 후반부 여자의 말에서 "They should be sending me a status report tomorrow."에서 보고서를 받을 것임을 알 수 있다. 정답은 (A)이다.

STEP 2   함정 유형 및 오답 패턴

(A) A progress report   ▶정답
(B) A signed contract   ▶**subcontractors**에서 연상된 오답이다.
(C) A construction invoice
(D) A traveler's check

어휘   be about to do 막 ~하려는 참이다   update 최신 정보   construction 건설, 공사   delay 지연, 지체   rush 서두르다   meet the deadline 마감일을 맞추다   subcontractor 협력 업체   progress 진전, 진행   invoice 송장, 청구서

Questions 47-49 refer to the following conversation.

M Hi, Mary, I'd like to discuss the sales report on our medical chairs.
W Sure, anything wrong on the report?
M Well.... Actually, the figures were rather disappointing. The effect of our recent advertising campaign with actors was not as good as we expected.
W Hmm.... I think we'll need to change our strategies and use different advertising methods.
M I was thinking that we could try using social network services for the rest of the year. Social media is becoming one of the most effective ways of spreading the word about something.
W That's a good idea. We can offer some promotions to customers who post their picture with one of our chairs.

47. What type of company do the speakers most likely work for?
(A) An ~~advertising~~ company
(B) An ~~office~~ furniture store
(C) A medical equipment manufacturer
(D) A digital camera store

직업 / 상
└ our / your / this / here

48. Why is the man disappointed?
(A) An actor did not appear.
(B) A ~~medical~~ center was unavailable.
(C) Sales figures did not meet expectations.
(D) Some products were defective.

남 / 문제점
└ 여자의 질문, 남자의 응답

49. What does the man suggest doing?
(A) ~~Replacing~~ an agency
(B) Advertising through social media
(C) ~~Offering~~ additional discounts
(D) Improving the product quality

남 / 제안 / 하
└ 남자의 대사, we could ~

남 안녕하세요, Mary 씨. 저희 의료용 의자에 관한 판매 보고서에 대해 의논하고 싶어요.
여 그러죠. 보고서에 무슨 문제가 있나요?
남 음.... 사실, 수치가 조금 실망스러웠어요. 최근에 배우들과 함께한 저희 광고 캠페인의 효과가 기대만큼 좋지 않았어요.
여 흠.... 제 생각에는 우리의 전략을 바꾸고 다른 광고 방법을 이용해야 할 것 같습니다.
남 저는 우리가 올해 남은 기간 동안 소셜 네트워크 서비스를 활용해 볼 수 있지 않을까 생각했어요. 소셜 미디어가 뭔가에 대한 소문을 여기저기 퍼뜨리는 가장 효과적인 방법 가운데 하나가 되어 가고 있습니다.
여 좋은 생각입니다. 우리 의자들 중 하나의 사진을 게시하는 고객들에게 판촉 활동을 제공할 수 있겠어요.

47. 화자들은 어느 회사에서 일할 것 같은가?
(A) 광고회사
(B) 사무용 가구점
(C) 의료 장비 제조회사
(D) 디지털 카메라 상점

48. 남자는 왜 실망하는가?
(A) 배우가 나타나지 않았다.
(B) 의료 센터를 이용할 수 없었다.
(C) 판매 수치가 기대에 미치지 않았다.
(D) 일부 제품에 결함이 있었다.

49. 남자는 무엇을 하자고 제안하는가?
(A) 대리점 교체하기
(B) 소셜 미디어를 통해 광고하기
(C) 추가 할인 제공하기
(D) 제품 품질 향상시키기

47 직업은 대화의 전반부에 답이 들린다.

STEP 1 첫 2줄에서 **our/your/this/here**의 표현과 함께 들리는 장소/직업 명사가 정답이 된다.

지문의 "I'd like to discuss the sales report on our medical chairs"에서 our로 정답의 근거를 찾을 수 있다. 화자들이 의료용 의자 제조업체에서 일하고 있음을 알 수 있으므로 정답은 (C)이다.

– 대화에서 들리는 단어는 구체적이지만 답은 항상 포괄적인 단어로 **paraphrasing** 된다.
medical chairs → (C) medical equipment

STEP 2 함정 유형 및 오답 패턴

(A) An advertising company ▶advertising을 통해 연상한 오답이다.
(B) An office furniture store ▶chairs의 언급이 있지만, 지문에서 언급한 것은 office가 아닌 medical이므로 오답이다.
(C) A medical equipment manufacturer ▶정답
(D) A digital camera store

48 문제점과 걱정은 본인의 입으로 직접 얘기한다.

STEP 1 **concern, worry, problem** 등의 문제점을 묻는 문제에서는 대화의 도입부에서 화자가 직접 문제점을 언급하거나, 첫 번째 화자가 질문을 던지면 두 번째 화자가 그에 대한 응답으로 문제점을 언급한다.

여자의 "anything wrong on the report?" 질문에 대한 남자의 응답은 "the figures were rather disappointing" 으로 남자가 수치에 대해 실망했음을 알 수 있다. the figures는 앞 대화에서 the sales report라고 언급하였으므로 정답은 (C)이다.

STEP 2 함정 유형 및 오답 패턴

(A) An actor did not appear. ▶actors를 언급했지만, appear의 여부는 알 수 없다.
(B) A medical center was unavailable. ▶위치와 상관없이 medical을 이용한 오답이다.
(C) Sales figures did not meet the expectation. ▶정답
(D) Some products were defective.

49 요청과 제안 문제의 힌트는 대화 후반부에 You/We로 언급된다.

STEP 1 권유, 제안의 직접적인 표현과 '~을 하겠다'는 간접적인 평서문 형태 또는 '~을 하세요'라고 권유, 제안하는 표현을 잡아야 한다. 빈출 응답 표현 **You should/must/can/need to/had better** ~ 를 알아두자.

다른 광고 방법을 사용해야겠다는 여자의 말에 대한 남자의 응답 "we could try using social network services"에서 we could ~ 표현으로 정답의 근거를 찾을 수 있다. social network services를 언급하고 있으므로 정답은 (B)이다.

STEP 2 함정 유형 및 오답 패턴

(A) Replacing an agency ▶need to change를 통해 replace를 연상한 오답이다.
(B) Advertising through social media ▶정답
(C) Offering additional discounts ▶can offer를 이용한 오답이다.
(D) Improving the product quality

어휘 discuss 상의하다, 의논하다 sales report 판매 보고서 figures 수치 effect 효과 recent 최근의 advertising 광고, 광고업 manufacturer 제조업자 disappoint 실망시키다 unavailable 이용할 수 없는 defective 결함이 있는 agency 대리점 improve 개선하다, 향상시키다

Questions 50-52 refer to the following conversation.

M   Jennifer. I was told in the department meeting that you need more workers in the factory. **50** **51**

W   Yes, since our business is rapidly growing I'm afraid we can't process all the orders we have. Actually, all workers had to work over the weekends last month. **52**

M   All right, I'll send you a form for the job description. Just update it with current job requirements and send it back to me. Then, I'll post it on our Web site.

51-D

50-B **51-A**

52-B

50. Which part of the company does the woman most likely manage?
(A) **The factory**
(B) The ~~store~~
(C) The mail room
(D) The warehouse

여 / 직업·장소 / 상
ㄴ. 대화의 전반부

51. What are the speakers mainly talking about?
(A) ~~Placing~~ an order
(B) Inspecting workstations
(C) **Recruiting new employees**
(D) ~~Preparing~~ a meeting

화자 / 주제 / 상
ㄴ. 2:1 구조!

52. What does the man ask the woman to do?
(A) **Update a document**
(B) ~~Complete~~ a daily task
(C) Contact an agency
(D) Research some prices

남 / 요청 / 하
ㄴ. 대화 후반부, 요청 표현

남   Jennifer 씨, 부서 회의에서 들었어요. 공장에서 더 많은 직원이 필요하다고요.
여   네, 저희 사업이 빠르게 성장하고 있어서 저희가 받은 주문을 모두 처리할 수 없을 것 같아요. 실은, 직원들 모두가 지난 달 주말에 일을 해야 했어요.
남   알겠어요. 직무 기술서 양식을 보내드릴게요. 현재 직무 자격 요건을 넣어 업데이트 하셔서 저에게 보내주세요. 그럼 제가 저희 웹사이트에 게시할게요.

50. 여자는 회사의 어느 부분을 관리하는 것 같은가?
(A) **공장**
(B) 상점
(C) 우편실
(D) 창고

51. 화자들은 주로 무엇에 대해 이야기하는가?
(A) 발주
(B) 단말기 점검
(C) **신입사원 채용**
(D) 회의 준비

52. 남자가 여자에게 무엇을 하라고 요청하는가?
(A) **문서 업데이트하기**
(B) 일일 업무 완료하기
(C) 대리점에 연락하기
(D) 가격 조사하기

50 직업, 장소는 대화의 전반부에 답이 들린다.

STEP 1 남자(여자)의 말에서 여자(남자)의 직업이나 장소를 알 수 있다.

남자의 대사 "I was told ~ that you need more workers in the factory"에서 여자가 관리하는 부서의 근거를 찾을 수 있다. 여자가 공장에 더 많은 직원이 필요하다고 했음을 언급하고 있으므로 정답은 (A)이다.

STEP 2 함정 유형 및 오답 패턴

(A) **The factory** ▶정답
(B) The store ▶ orders에서 store를 연상한 오답이다.
(C) The mail room
(D) The warehouse

51 주제나 목적을 묻는 문제는 처음 두 줄에 답이 있다.

STEP 1 PART 3 문제와 대화 중 정답의 위치는 대화를 기준으로 1:1:1(상:중:하)로 나온다. 하지만 질문의 정답이 한꺼번에 나오는 경우가 있는데, 대화 전반부에 두 문제의 정답이 2개 연속 나오는 경우를 2:1의 구조라고 한다.

첫 번째 문제는 여자가 관리하는 곳(직업)을, 두 번째 문제는 주제를 묻고 있다. 직업과 주제는 대화의 전반부에 위치하므로 위의 문제 구조를 2:1로 보아야 하고, 해당 문제 역시 상단에서 답이 나올 것임을 예상하자. 남자의 대사 "you need more workers in the factory"에서 직원이 더 필요하다고 언급하고 있다. 따라서 대화의 주제는 (C) Recruiting new employees이다.

STEP 2 함정 유형 및 오답 패턴

(A) Placing an order ▶ orders를 언급하고 있지만 주문하는 것에 대한 대화는 아니므로 오답이다.
(B) Inspecting workstations
(C) **Recruiting new employees** ▶정답
(D) Preparing a meeting ▶ meeting을 언급하고 있지만 prepare의 언급은 없으므로 오답이다.

52 요청과 제안은 상대방(you)에게 하는 것이므로 '~해라' 식의 표현이 답이 된다.

STEP 1 대화 후반부에서 요청과 제안의 빈출 응답 표현을 파악하자.

남자의 요청 문제로 후반부의 남자 대사 "I'll send you a form ~. Just update it"에서 문서를 업데이트할 것을 언급하고 있으므로 정답은 (A)이다.

STEP 2 함정 유형 및 오답 패턴

(A) **Update a document** ▶정답
(B) Complete a daily task ▶ job description에서 daily task를 연상한 오답이다.
(C) Contact an agency
(D) Research some prices

어휘 rapidly 빨리, 급속히 process 처리하다 description 서술, 설명 current 현재의, 지금의 requirement 필요 조건 inspect 점검하다 workstation 단말기 recruit 모집하다, 뽑다 prepare 준비하다 complete 완료하다, 끝마치다

Questions 53-55 refer to the following conversation with three speakers.

> **M1** Hi, Julie and Peter. Do you know where Kate is today? I haven't seen her all morning.
> **W** I think she is out of town for a press conference today. But I have 53 her phone number. Do you need it? 53–B
> **M1** No, that's OK. I heard Kate speaks Chinese, and I got an e-mail 54 from a client in China. I'll just wait until tomorrow to get it translated. 54–B
> **W** Hey, Peter! You lived in China for about six years, right? 55 55–C 55–A
> **M2** Yeah, I will be available after 4 P.M. if you'd like me to work on it.

53. What does the woman offer to do?
(A) Review a document
(B) Confirm a ~~time table~~
(C) Provide contact information
(D) Reserve a meeting room

여 / 해결책 제안 / 상
└ '내가 해 주겠다' 표현

54. What is Kate needed for?
(A) Translating an e-mail
(B) Contacting a keynote ~~speaker~~
(C) Preparing a contract
(D) Writing an article

키워드 Kate / 필요로 하는 것
└ Kate 씨가 언급되는 앞뒤 문장

55. Why does the woman say, "You lived in China for about six years"?
(A) She ~~corrects some information~~.
(B) She suggests her colleague for a position.
(C) She needs some ~~travel tips~~.
(D) She wants to help her colleague.

화자 의도 파악 / 여
└ 앞뒤 문맥 파악

남1 안녕하세요. Julie, Peter 씨. Kate 씨가 오늘 어디 있는지 아세요? 오전 내내 그녀를 못 봤어요.
여 오늘 기자회견으로 출장 중인 것 같아요. Kate 전화번호 있는데 필요하세요?
남1 아니요, 괜찮아요. Kate 씨가 중국어를 한다고 들었어요. 제가 중국 고객에게 이메일을 받았거든요. 그냥 내일까지 기다렸다가 번역 시켜야겠네요.
여 잠깐만요, Peter 씨. 당신 6년 정도 중국에서 사셨죠?
남2 네, 제가 그 작업을 하길 원하시면 오후 4시 이후에 제가 시간이 날 겁니다.

53. 여자가 제안하는 것은 무엇인가?
(A) 문서 검토하기
(B) 시간표 확인하기
(C) 연락처 제공하기
(D) 회의실 예약하기

54. Kate 씨는 무엇 때문에 필요한가?
(A) 이메일 번역하기
(B) 기조 연설자와 연락하기
(C) 계약서 준비하기
(D) 기사 작성하기

55. 여자가 왜 "You lived in China for about six years (당신 6년 정도 중국에서 사셨죠)"라고 말하는가?
(A) 그녀는 정보를 정정한다.
(B) 그녀는 동료에게 일자리를 제안한다.
(C) 그녀는 여행 관련 정보가 필요하다.
(D) 그녀는 동료를 도와주고 싶어 한다.

53 상대방의 문제에 해결책을 제시한다.

STEP 1 요구나 제안 이외에 **offer question** 유형은 **you**가 아닌 **I will/Let me/Do you want me to do**와 같이 '내가 해 주겠다'의 내용이 답이 된다.

Kate 씨를 찾는 남자1에 대한 여자의 응답 "But I have her phone number. Do you need it?"을 통해 여자가 제공할 수 있는 것은 연락처임을 알 수 있다. 따라서 정답은 (C)이다.

– 대화의 구체적인 단어는 보기의 포괄적인 단어로 **paraphrasing**된다.
phone number → (C) contact information

STEP 2 함정 유형 및 오답 패턴

(A) Review a document
(B) Confirm a time table ▶she is out of town에서 time table을 연상시킨 오답이다.
(C) Provide contact information ▶정답
(D) Reserve a meeting room

54 키워드 문제는 키워드 앞뒤 문장에 답이 위치한다.

STEP 1 최근에는 키워드 뒤에 답이 나오는 것이 아니라 그 다음 사람이 키워드를 대명사(it/he/she/they 등)로 받아 언급하는 부분에 답이 나오는 경우도 있으므로 주의하자.

"I heard Kate speaks Chinese. ~ I'll just wait until tomorrow to get it translated"에서 Kate 씨에게 이메일 번역 부탁이 있음을 언급하고 있으므로 정답은 (A)이다.

STEP 2 함정 유형 및 오답 패턴

(A) Translating an e-mail ▶정답
(B) Contacting a keynote ~~speaker~~ ▶speaks의 유사 발음 어휘 speaker를 이용한 오답이다.
(C) Preparing a contract
(D) Writing an article

55 " "로 표시되는 화자 의도와 같은 뜻의 보기는 제거한다.

STEP 1 화자의 의도 파악 문제는 " "의 표면적 의미가 정답과 바로 연결되지 않는 것이 특징이며 앞뒤 문맥과 연계하여 파악해야 정답을 찾을 수 있다.

내일까지 기다렸다 번역 맡기겠다(I'll just wait until tomorrow to get it translated)는 남자1의 말에 대해 여자가 Peter 씨를 부르며 "You lived in China for about six years, right?"이라고 응답하므로 Peter 씨가 남자1을 도울 수도 있을 것임을 알 수 있다. 따라서 그녀가 동료를 돕길 원한다는 (D)가 정답이다.

STEP 2 함정 유형 및 오답 패턴

(A) She corrects some information.
▶부가 설명을 나타내는 부사 right을 '올바른'의 형용사로 보아 이와 유사한 뜻의 동사 correct를 언급한 오답이다.
(B) She suggests her colleague for a position.
(C) She needs some ~~travel tips~~. ▶lived in China에서 연상할 수 있는 오답이다.
(D) She wants to help her colleague. ▶정답

어휘 all morning 오전 내내   be out of town (출장 등으로) 도시를 떠나 있다   press conference 기자회견
translate 번역하다   available 시간이 있는   confirm 확인하다   reserve 예약하다   prepare 준비하다
contract 계약, 계약서   correct 바로잡다, 정정하다   position 일자리, 직위

Questions 56-58 refer to the following conversation with three speakers.

M Jeannie, it's great that our real estate company is growing so fast. **56** But it's been hard for all of our employees to communicate with each other. **57**
W1 That's true. Maybe we should set up a page on our internal Web site so people can share information and ideas.
W2 You are right. Also employees can link interesting articles they want to share.
M We need someone to coordinate everything to set it up.
W1 Lucy, your team has done several similar projects before. Why **58** doesn't your team take over this project?
M I agree with Jeannie. If you want, I can talk to your supervisor regarding this project.

56–D
57–D
58–B
58–C

56. What is the conversation mainly about?
(A) Advertising approaches
(B) Internet providers
(C) Employee communication
(D) Real estate properties

57. What does Jeannie suggest?
(A) Buying some supplies
(B) Comparing some results
(C) Using a Web site
(D) Reading an article

58. What will the man ask Lucy to do?
(A) Coordinate a project
(B) Organize a business trip
(C) Talk to the supervisor
(D) Interview job candidates

주제 / 상
└. 대화의 전반부 / however / but 뒤를 주의하자.

키워드 Jeannie / 제안
└. Jeannie의 대사 중 제안의 표현 we should

남 / 요청 / Lucy / 하
└. Why don't you ~?

남 Jeannie 씨, 저희 부동산 회사가 그처럼 빠르게 성장하고 있다는 건 대단한 거죠. 하지만 모든 직원들이 서로 의사소통하는 것이 어려워요.
여1 맞습니다. 직원들이 정보와 아이디어를 공유할 수 있도록 저희 내부 웹사이트에 웹페이지를 만들어야겠어요.
여2 당신 말이 맞아요. 직원들이 공유하고 싶은 흥미로운 기사도 연결시킬 수 있고요.
남 그걸 설치할 수 있게 모든 걸 조직화할 수 있는 사람이 필요해요.
여1 Lucy 씨, 당신 팀이 이전에 몇 가지 비슷한 프로젝트를 했잖아요. 당신 팀이 이 프로젝트를 맡는 게 어때요?
남 저도 Jeannie 씨 말에 동의해요. 원하시면, 제가 이 프로젝트와 관련해서 당신 상사에게 이야기할 수 있어요.

56. 대화는 주로 무엇에 관한 것인가?
(A) 광고 접근법
(B) 인터넷 제공업체
(C) 직원 의사소통
(D) 부동산

57. Jeannie 씨는 무엇을 제안하는가?
(A) 일부 물품 구입
(B) 결과 비교
(C) 웹사이트 이용
(D) 기사 읽기

58. 남자는 Lucy 씨에게 무엇을 요청할 것인가?
(A) 프로젝트 조직화하기
(B) 출장 준비하기
(C) 상사에게 말하기
(D) 입사 지원자들 면접하기

56 However, But 뒤에 결정적인 정답의 단서가 나온다.

STEP 1   주로 but이나 however, actually 등의 역접이나 반전을 의미하는 접속사나 부사 등이 나오면 내용상 중요한 기조를 이루게 되어 정답을 동반하는 경우가 많다. 그러므로 대화를 들을 때 반전이 있는지를 파악하는 것이 고득점의 팁이 될 수 있다.

주제를 묻고 있는 문제로 지문 상단부에 있는 But 뒤에서 정답의 단서를 찾을 수 있다. "But it's been hard for all of our employees to communicate with each other."에서 직원들의 의사소통(communicate)에 대한 언급을 하고 있으므로 정답은 (C) Employee communication이다.

STEP 2   함정 유형 및 오답 패턴

(A) Advertising approaches
(B) Internet providers
(C) Employee communication ▶정답
(D) Real estate properties ▶real estate company에서 연상한 오답이다.

57 3인 대화에서 두 번째 문제는 주로 사람 이름을 특정하여 질문한다. ▶Jeannie

STEP 1   단수 화자 혹은 특정 사람의 이름을 이용하여 문제점이나 걱정, 제안에 대해 질문할 수 있다. 요청과 제안은 상대방(you)에게 하는 것이므로 '~해라' 식의 표현이 답이 된다. 요청과 제안 빈출 응답 표현으로 Please ~, Let's ~, You/We should/must/can/need to/had better ~을 알아두자.

Jeannie라는 이름을 남자가 불렀고, 남자의 전체 말을 들은 Jeannie가 "That's true. Maybe we should set up a page on our internal Web site"로 Jeannie 씨가 웹페이지를 만들 것을 제안하고 있으므로 정답은 (C) Using a Web site이다.

STEP 2   함정 유형 및 오답 패턴

(A) Buying some supplies
(B) Comparing some results
(C) Using a Web site ▶정답
(D) Reading an article ▶정답의 위치와 관계없이 반복되는 오답이다.

58 요청과 제안 문제의 힌트는 대화 후반부에 You로 언급된다.

STEP 1   제안, 요구 사항이나 미래 일정은 후반부에 답이 있다.

대화의 후반부 "Lucy, ~ Why doesn't your team take over this project?"에서 Jeannie가 Lucy에게 프로젝트를 맡을 것을 제안하고 있으며 이에 대한 남자의 응답 "I agree with Jeannie."로 남자 또한 Lucy에게 프로젝트를 제안할 것임을 알 수 있다. 따라서 정답은 (A)이다.

STEP 2   함정 유형 및 오답 패턴

(A) Coordinate a project ▶정답
(B) Organize a business trip ▶business trip의 언급은 없다.
(C) Talk to the supervisor ▶남자가 할 일이다.
(D) Interview job candidates

어휘   real estate 부동산   communicate 의사소통하다   set up 설립하다, 세우다   internal 내부의   link 연결하다
article (신문, 잡지의) 글, 기사   coordinate 조직화하다, 조정하다   take over 인수하다, 맡다   compare 비교하다

Questions 59-61 refer to the following conversation and a table.

W   Martin, how is the preparation of our workshop going?
M   Well.... I think it's almost done. I found a great place and Maria
59 gave me the final budget for the expenses this morning. So we can finalize everything.
W   Wow, that's great.
M   Now, the most important thing will be the seminar room at the Wellington Hotel. I've used Phoenix in the past and it's nice. But we're
60 expecting more than 30 people. So we'll need the largest room.
W   That's right. Oh.... did you make arrangements for the ride? If not, I'll
61 be happy to arrange a bus from the office to the hotel.

`59-D` `59-C`

`60-C`

`61-D`

Wellington Seminar Room	
Name	**Capacity**
Bonnie	20
Lakeside	25
Phoenix	30
Jackson	40

59. What information did the man receive this morning?
(A) The number of participants (B) The budgeted money
(C) The ~~topics of a seminar~~ (D) The ~~preferred~~ menus

60. Look at the graphic. Which room will the speakers choose?
(A) Bonnie   (B) Lakeside
(C) ~~Phoenix~~   **(D) Jackson**

61. What does the woman offer to do?
(A) Consult her supervisor
(B) Revise a budget report
(C) Arrange transportation for employees
(D) ~~Reserve a seminar room~~ in a hotel

남자 / 키워드
this morning / 상
ㄴ 대화의 전반부

시각 자료 / which room
ㄴ 시각 자료의 Capacity 부분,
최상급, 수량 표현 주의하자.

여 / 제안 / 하
ㄴ 여자 대사, I'll ~

여   Martin 씨, 저희 워크숍 준비는 어떻게 돼 가고 있어요?
남   음... 거의 끝난 것 같아요. 제가 아주 좋은 장소를 찾았고 Maria 씨가 오늘 아침 저에게 최종 지출 예산서를 주었어요. 그래서 모든 것을 마무리할 수 있습니다.
여   와, 잘됐군요.
남   지금, 가장 중요한 것은 Wellington Hotel의 세미나실일 거예요. 예전에 Phoenix를 썼는데 좋아요. 그런데 저희가 30명 이상 예상하고 있거든요. 그래서 가장 큰 방이 필요할 것입니다.
여   맞아요. 아... 교통편은 준비했나요? 그렇지 않다면, 사무실에서 호텔로 가는 버스를 준비해 줄게요.

Wellington 세미나실	
이름	정원
Bonnie	20
Lakeside	25
Phoenix	30
Jackson	40

59. 남자가 오늘 아침에 받은 정보는 무엇인가?
(A) 참석지수
(B) 예산액
(C) 세미나 주제
(D) 선호 메뉴

60. 시각 자료를 보시오. 화자들이 고를 장소는 어느 방인가?
(A) Bonnie
(B) Lakeside
(C) Phoenix
(D) Jackson

61. 여자는 무엇을 하겠다고 제안하는가?
(A) 자기 상사와 상담하기
(B) 예산 보고서 수정하기
(C) 직원들 교통편 마련하기
(D) 호텔에 세미나실 예약하기

59 키워드 문제는 키워드 기준 앞뒤 문장에 답이 위치한다.

STEP 1 특정 시간이나 수치에 대한 문제는 보기의 숫자가 대화에 나오므로 반드시 키워드 근처에서 답을 찾아야 한다. 일반적으로는 키워드 뒤에 답이 들리지만 최근에는 키워드보다 앞서 답이 나오는 경우가 있으므로 주의하자.

남자의 대사 "Maria gave me the final budget for the expenses this morning"에서 키워드 this morning을 통해 final budget(최종 예산서)를 받았다는 것을 알 수 있으므로 정답은 (B)이다.

STEP 2 함정 유형 및 오답 패턴

(A) The number of participants
(B) The budgeted money ▶정답
(C) The topics of a seminar ▶workshop에서 topics of a seminar를 연상시킨 오답이다.
(D) The ~~preferred~~ menus ▶preparation의 유사 발음으로 preferred를 연상시킨 오답이다.

60 시각자료 ▶ 대화에서 언급된 보기는 정답이 아니다.

STEP 1 시각 자료 문제는 대화에서 시각 자료와 매칭되는 내용이 정답이다. 시각 자료에서는 서수, 최상급, 수량 표현을 주의하자.

지문의 "we'll need the largest room"에서 가장 큰 방이 필요하다고 언급하고 있으므로 정원이 가장 많은 (D)가 정답이다.

STEP 2 함정 유형 및 오답 패턴

(A) Bonnie
(B) Lakeside
(C) Phoenix ▶30 people을 언급하고 있지만 30명이 아닌 30명 이상이므로 오답이다.
(D) Jackson ▶정답

61 제안, 요구 사항이나 미래 일정은 후반부에 답이 있다.

STEP 1 요구나 제안 이외에 offer question은 you가 아닌 I will/Let me/Do you want me to do와 같이 '내가 해 주겠다'의 내용이 답이 된다.

여자의 대사 "I'll be happy to arrange a bus from the office to the hotel"에서 버스를 준비해 주겠다고 언급하고 있으므로 정답은 (C)이다.

― 대사의 구체적인 단어는 보기의 포괄적인 단어로 paraphrasing된다.
a bus → (C) transportation

STEP 2 함정 유형 및 오답 패턴

(A) Consult her supervisor
(B) Revise a budget report
(C) Arrange transportation for employees ▶정답
(D) Reserve a seminar room in a hotel
▶hotel은 언급되었지만 reserve a seminar room의 언급은 없으므로 오답이다.

어휘 preparation 준비 budget 예산, 예산안 expense 비용, 지출 finalize 마무리짓다 expect 예상하다, 기대하다 arrangement 준비 make arrangements for ~을 준비하다 arrange 마련하다 capacity 수용력

Questions 62-64 refer to the following conversation and a poster.

> **62**
>
> W Gail, there will be a jazz concert this month. I know you are a big fan of jazz. Are you interested in going?
> M Well, the concert is actually intended for kids. Next month though, there's an orchestra concert that I was thinking of going to.
> W Oh, really? I didn't realize that. Then I'll skip the jazz concert. And **63** I can't go to the concert next month because I will be attending a trade show in Akron on that day.
> M Too bad. But don't worry. They're scheduled to perform on the **64** following week at the Perrel Art Center. If you want, I'll buy tickets for you.
>
> 62-C
> 63-B
> 64-B

Perrel Art Center Events	
4 September	International Toy Expo
9 October	Kids Jazz Concert
17 November	Aston City Orchestra
25 December	Christmas Traditions

62. Look at the graphic. When does the conversation take place?
(A) In September   **(B) In October**
(C) In ~~November~~   (D) In December

시각 자료 / 상
└대화의 전반부, this month

63. Why is the woman unable to go to the orchestra's concert?
(A) She will be visiting some clients.
(B) She will be preparing a ~~presentation~~.
(C) She will be on vacation.
(D) She will be participating in a trade show.

여 / 문제의 이유
└여자의 대사, because ~

64. What does the man offer to do?
(A) Purchase a ticket   (B) Revise a ~~schedule~~
(C) Attend a conference   (D) Research for a project

남 / 제안 / 하
└남자의 대사, I'll ~

여 Gail 씨, 이번 달에 재즈 콘서트가 있을 거예요. 당신이 재즈 광팬인 거 알고 있는데요, 가실 생각 있어요?
남 글쎄요, 사실 그 콘서트가 아이들을 위한 거라서요. 하지만, 다음 달에 제가 가려고 생각 중인 오케스트라 콘서트가 있습니다.
여 오, 그래요? 그건 몰랐어요. 그럼 재즈 콘서트는 안 갈래요. 그리고 그날 Akron에서 열리는 무역 박람회에 참석할 거라서 다음 달 콘서트는 갈 수가 없겠어요.
남 안타깝네요. 하지만 걱정 마세요. 그 다음 주 Perrel Art Center에서 공연할 예정이거든요. 원하신다면, 제가 입장권을 구매할게요.

Perrel Art Center 행사	
9월 4일	국제 장난감 박람회
10월 9일	어린이 재즈 콘서트
11월 17일	Aston 시립 관현악단
12월 25일	크리스마스 전통 행사

62. 시각 자료를 보시오. 대화는 언제 이루어지고 있는가?
(A) 9월에
(B) 10월에
(C) 11월에
(D) 12월에

63. 왜 여자가 오케스트라 콘서트에 참석하지 못하는가?
(A) 그녀는 일부 고객들을 방문할 예정이다.
(B) 그녀는 발표를 준비할 예정이다.
(C) 그녀는 휴가를 갈 예정이다.
(D) 그녀는 무역 박람회에 참석할 예정이다.

64. 남자는 무엇을 하겠다고 제안하는가?
(A) 입장권 구매
(B) 일정표 수정
(C) 학회 참석
(D) 프로젝트 연구

62 시각 자료 ▶ 대화 중 시각 자료에 일치하는 내용이 정답이다.

STEP 1   문제의 순서와 대화의 순서는 일치하므로 대화의 상단부에서 시각 자료와 매칭되는 단서에 주의하자.

"there will be a jazz concert this month"에서 이번 달에 재즈 콘서트가 열린다고 언급하므로 대화는 재즈 콘서트가 열리는 10월에 이루어지고 있음을 알 수 있다. 따라서 정답은 (B)이다.

STEP 2   함정 유형 및 오답 패턴

(A) In September
(B) In October ▶정답
(C) In November ▶ **orchestra concert**는 다음 달에 진행된다고 언급하고 있다.
(D) In December

63 문제점과 걱정은 본인의 입으로 직접 얘기한다.

STEP 1   문제점과 걱정거리의 빈출 이유로 늦음(**late**), 지연(**delayed**), 바쁨(**busy**), 부족(**lack**), 고장(**out of order**) 등의 내용이 주를 이루게 된다.

남자의 대사 "Next month though, there's an orchestra concert"에 대한 여자의 응답 "I can't go to the concert next month because I will be attending a trade show"에서 무역 박람회 참석으로 다음 달에 열릴 오케스트라 콘서트에 가지 못한다고 언급하고 있으므로 정답은 (D)이다.

STEP 2   함정 유형 및 오답 패턴

(A) She will be visiting some clients.
(B) She will be preparing a presentation. ▶ **show**에서 **presentation**을 연상한 오답이다.
(C) She will be on vacation.
(D) She will be participating in a trade show. ▶정답

64 제안(offer)은 I/We will, Let me, I can ~ for you 등 '내가 ~해 주겠다'는 표현에 주목하자.

STEP 1   **require**는 상대에게 요구하는 것이기 때문에 상대방에게 '네가(**you**) 하라'는 것이고, **offer**는 내가 해주는 것이기 때문에 '내가(**I**) 하겠다'는 것이다.

남자의 대사 "I'll buy tickets for you"에서 남자가 입장권을 구매하겠다고 언급하고 있으므로 정답은 (A)이다.

STEP 2   함정 유형 및 오답 패턴

(A) Purchase a ticket ▶정답
(B) Revise a schedule ▶ **scheduled**를 이용한 오답이다.
(C) Attend a conference ▶ 여자의 대사 **attending**의 **attend**가 반복된 오답이다.
(D) Research for a project

어휘   big fan 열혈 팬   intend for ~를 위해 만들다   realize 알아차리다, 깨닫다   skip 건너뛰다
trade show 무역 박람회   be scheduled to do ~할 예정이다   perform 공연하다   following 그 다음의

Questions 65-67 refer to the following excerpt from a meeting and a chart.

M   Hi, Jessie. Could you take a look at this chart? As you know, I have a meeting this afternoon regarding the new store opening project.
W   Actually I have reviewed that already. And I think the beverage ⑥⑤ that got the least votes should be discounted by 30 percent for promotion.
M   I agree with you. Due to last week's promotion, the sales of americano ⑥⑥ have really increased. It was Jason's idea. I should thank him.
W   Then, you should speak of that at the meeting. If you need my ⑥⑦ opinion regarding this project, you can ask me anytime.

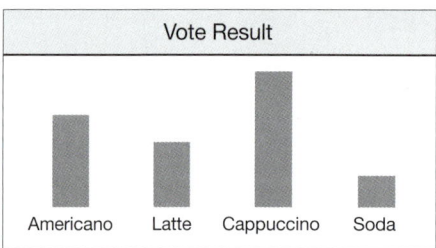

65. Look at the graphic. Which beverage will be discounted this week?
(A) Americano   (B) Latte
(C) Cappuccino   **(D) Soda**

66. What does the man thank Jason for?
(A) Developing a new beverage   (B) Organizing a chart
(C) Sharing helpful information **(D) Suggesting a sales promotion**

67. What does the woman remind the man to do?
(A) Talk to other colleagues   (B) Join the project
(C) Ask for advice   (D) Make some suggestions

시각 자료 / 상
└문제의 순서=대화의 순서,
그래프−최상급 표현

남 / thank / 키워드 Jason
└키워드 Jason 앞뒤 문장

여 / 요청 / 하
└you can ~

남 안녕하세요, Jessie 씨. 이 차트 좀 봐주시겠어요? 아시다시피, 제가 오늘 오후에 신설 매장 개업 프로젝트와 관련한 회의가 있어요.
여 사실 그거 이미 검토했어요. 제 생각에 가장 적은 표를 얻은 음료는 홍보를 위해 30% 할인해야 할 것 같아요.
남 동의해요. 지난 주 홍보 덕분에 아메리카노 매출이 정말로 올랐어요. 그건 Jason 씨의 아이디어였죠. 그에게 감사해야겠어요.
여 그러면, 회의에서 그것에 관해 말씀하세요. 이 프로젝트와 관련해서 제 의견이 필요하시면 언제든 제게 물어보시면 됩니다.

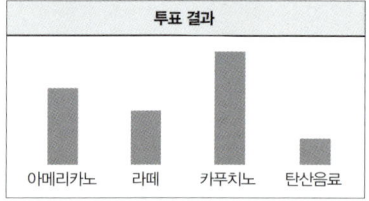

65. 시각 자료를 보시오. 어떤 음료가 이번 주에 할인될 것인가?
(A) 아메리카노
(B) 라떼
(C) 카푸치노
(D) 탄산음료

66. 남자는 왜 Jason 씨에게 감사한가?
(A) 새로운 음료 개발
(B) 차트 정리
(C) 도움이 되는 정보 공유
(D) 판매 홍보 제안

67. 여자는 남자에게 무엇을 하라고 상기시키는가?
(A) 다른 동료에게 이야기하기
(B) 프로젝트 참여하기
(C) 조언 구하기
(D) 제안하기

65 시각 자료 ▶ 그래프(Graph/Bar/Pie)는 서수, 최상급, 수량에 대한 언급에 답이 나온다.

STEP 1   그래프는 대상의 '비교'를 위한 것이므로, 주로 서수, 최상급, 수량 표현으로 정답을 파악한다.

지문의 "the beverage that got the least votes should be discounted"에서 가장 적은 표를 얻은 음료를 할인해야 한다고 언급하고 있으므로 정답은 (D)이다.

STEP 2   함정 유형 및 오답 패턴

(A) Americano ▶the sales of americano가 언급되지만, discount가 되는 것은 아니므로, 오답이다.
(B) Latte
(C) Cappuccino
(D) Soda ▶정답

66 키워드 문제는 키워드 기준 앞뒤 문장에 답이 위치한다.

STEP 1   특정 키워드에 대해 묻는 문제는 반드시 대화 중에 나오는 키워드 앞뒤에서 답이 들린다. 일반적으로 키워드 뒤에 답이 들리지만 최근엔 키워드보다 앞서 답이 나오는 경우가 있다.

키워드 Jason의 앞뒤 문장 "Due to last week's promotion", "It was Jason's idea. I should thank him."을 통해 남자는 Jason의 홍보 제안에 감사해야 한다고 언급하고 있으므로 정답은 (D)이다.

STEP 2   함정 유형 및 오답 패턴

(A) Developing a new beverage ▶americano가 언급되었지만 개발했다는 언급은 없다.
(B) Organizing a chart ▶정답의 위치와 관계 없이 반복되는 오답이다.
(C) Sharing helpful ~~information~~ ▶idea를 통해 information을 연상한 오답이다.
(D) Suggesting a sales promotion ▶정답

67 남자가 해야 할 일에 대한 문제는 여자 말의 You에서 답이 나온다.

STEP 1   '의무'는 상대방의 **You Should** ~ / **Please** ~와 같은 요청/제안의 표현으로 제시된다.

여자의 대사 "If you need my opinion regarding this project, you can ask me anytime."에서 언제든지 조언을 구할 수 있음을 언급하고 있으므로 정답은 (C)이다.

STEP 2   함정 유형 및 오답 패턴

(A) Talk to other colleagues ▶speak를 통해 talk to를 연상한 오답이다.
(B) ~~Join~~ the project ▶project는 언급되었지만 참여하라고 요청한 것은 아니므로 오답이다.
(C) Ask for advice ▶정답
(D) Make some suggestions ▶opinion이 언급되었지만, 여자의 의견을 구하라는 것이지 남자에게 의견을 제안하라고 한 것은 아니므로 오답이다.

어휘   take a look at ~을 보다   regarding ~에 관하여   review 검토하다   discount 할인하다
due to ~ 때문에   promotion 홍보   increase 증가하다, 인상되다   develop 개발하다   organize 체계화하다
colleague 동료

Questions 68-70 refer to the following telephone message and identification badge.

M Hi, **68** I am here to see the head security officer Cathy Miller. My name is Derek Moreno and I'm a new employee starting today.   **68-C**
W Ms. Miller is out of the office. Did you make an appointment today?
M Actually I was supposed to be here this morning. But today's training fell behind. I could not come earlier.
W She will not be available this afternoon. Do you want me to leave a message?   **70-A**
M Thanks, I was issued a parking permit and an employee ID badge at the **69** orientation. But when I was back at my office, I realized the office number on my badge isn't correct. Everything else on the badge looks okay.
W I can help you with that. Could you show me your badge?   **70-B**
M Sure. Here it is.   **70**

Name : Derek Moreno
Office ID : 124034
Department Code : 3111
Office number : 422
Phone number : 243-8876

68. Where is the conversation most likely taking place?
(A) **At the security office**
(B) At the maintenance department
(C) At the ~~training center~~
(D) At the human resources department

장소 / 상
└, 대화의 전반부, here

69. Look at the graphic. What employee information does the man say is incorrect?
(A) 124034   (B) 3111   **(C) 422**   (D) 243-8876

시각 자료 / 남 / 문제
└, 보기는 대화에서 언급되지 않는다.

70. What does the woman ask the man to do?
(A) ~~Leave a message~~   (B) ~~Change~~ a badge
(C) **Present an employee ID**   (D) Return the call

여 / 요청 / 하
└Could you ~?

남 안녕하세요. 보안 과장 Cathy Miller 씨를 만나러 왔습니다. 저는 Derek Moreno이고 오늘 일을 시작하는 신입사원입니다.
여 Miller 씨는 외출 중입니다. 오늘 약속을 하셨나요?
남 사실 오늘 아침에 왔어야 했는데 오늘 교육이 늦어졌습니다. 더 일찍 올 수가 없었어요.
여 Miller 씨는 오늘 오후에 시간이 없을 거예요. 메시지 남겨 드릴까요?
남 감사합니다. 오리엔테이션에서 주차증과 사원증을 발급받았습니다. 그런데 사무실로 돌아와서 제 명찰의 사무실 번호가 잘못되어 있다는 것을 알았습니다. 명찰에 있는 다른 항목들은 괜찮은 것 같고요.
여 그건 제가 도와드릴 수 있어요. 명찰 보여 주시겠어요?
남 네, 여기 있습니다.

이름 : Derek Moreno
사무실 ID : 124034
부서 코드 : 3111
사무실 번호 : 422
전화번호 : 243-8876

68. 대화는 어디에서 이루어지고 있는 것 같은가?
(A) **보안 사무실에서**   (B) 관리부에서
(C) 교육 센터에서   (D) 인사부에서

69. 시각 자료를 보시오. 남자는 어떤 직원 정보가 잘못되었다고 말하는가?
(A) 124034   (B) 3111   **(C) 422**   (D) 243-8876

70. 여자가 남자에게 요청한 것은 무엇인가?
(A) 메시지 남기기   (B) 명찰 교환
(C) **사원증 제시**   (D) 답신

68 장소/직업은 대화의 전반부에 답이 들린다.

STEP 1 첫 두 줄에서 our/your/this/here의 표현과 함께 들리는 장소/직업 명사가 정답이 된다.

지문의 상단부 "I am here to see the head security officer Cathy Miller"에서 보안 과장을 만나러 여기 왔다고 언급하고 있으므로 정답은 (A)이다.

STEP 2 함정 유형 및 오답 패턴

(A) At the security office ▶ 정답
(B) At the maintenance department
(C) At the training center ▶ new employee에서 연상한 오답이다.
(D) At the human resources department

69 시각자료 ▶ 시각 자료의 내용은 대화에서 언급되지 않는다.

STEP 1 시각 자료 문제는 보기가 대화에서 언급되지 않으므로 대화 중에 시각 자료와 매칭되는 내용을 찾아야 한다.

남자의 대사 "the office number on my badge isn't correct"에서 office number가 잘못되었음을 언급하고 있으므로 시각 자료에서 office number에 해당하는 (C)가 정답이다.

STEP 2 함정 유형 및 오답 패턴

(A) 124034
(B) 3111
(C) 422 ▶ 정답
(D) 243-8876

70 요청과 제안 문제의 힌트는 대화 후반부에 You로 언급된다.

STEP 1 제안, 요구 사항이나 미래 일정은 후반부에 답이 있다. 직접적인 권유, 제안, 요구, 요청하는 표현과 평서문의 형태로 간접적으로 '~을 하겠다'고 제안하거나 '~을 하세요'라고 권유 또는 제안하는 표현을 잡아야 한다.

여자의 마지막 대사 "Could you show me your badge?"를 통해 사원증을 보여 달라고 요청했음을 알 수 있으므로 정답은 (C) Present an employee ID이다.

STEP 2 함정 유형 및 오답 패턴

(A) Leave a message ▶ 정답의 위치와 관계없이 반복되는 오답이다.
(B) Change a badge ▶ badge가 언급됐지만 change하라는 언급은 없으므로 오답이다.
(C) Present an employee ID ▶ 정답
(D) Return the call

어휘 be out of the office 자리를 비우다, 출장 중이다 appointment 약속 fall behind 늦어지다 available 시간이 있는 issue 발부하다 parking permit 주차증 realize 알아차리다 incorrect 부정확한, 맞지 않는 maintenance 관리

Questions 71-73 refer to the following advertisement.

[71] Are you looking for speakers? If you want a whole-home music system, STS Home is the single best music-streaming device you can buy. It's inexpensive, easy to use, and guaranteed to perform to your satisfaction. STS Home is unique because, unlike other speakers, it allows comprehensive integrating of all sound devices **[72]** with customizable play back design in more ways than any of our competitors' products. It allows live music streaming to your system and access to a high number of playlists from the Internet. The sound is so great that you will feel like you're in a movie theatre. Still not convinced? Then visit our Web site at STSHomeaudio.com **[73]** today and you can try out the system for one month at no cost.

71-C
72-A 72-C
73-D

71. What product is being advertised?
(A) An Internet provider
(B) Some audio equipment
(C) A musical ~~performance~~
(D) A magazine subscription

광고 제품 / 상
└ Are you interested / looking for ~?

72. What does the speaker say is unique to the product?
(A) It is the ~~cheapest~~ on the market.
(B) It has a variety of functions.
(C) It has the ~~longest~~ warranty.
(D) It has received the best reviews.

제품의 특징
└ 최상급, 형용사 표현

73. What can listeners do at a Web site?
(A) Read customer reviews
(B) Sign up for a free trial
(C) Download a ~~coupon~~
(D) Listen to some samples

청자 / 할 수 있는 것 / 하
└ 명령문

스피커를 찾고 계신가요? 완전한 가정용 음악 시스템을 원하신다면, STS Home이 여러분이 구매할 수 있는 단 하나의 최고의 음악 스트리밍 장비입니다. 비싸지 않고, 사용하기 쉽고 작동에도 만족을 보장합니다. 다른 스피커와는 다르게 STS Home은 우리 경쟁업체의 어떤 제품보다도 더 많은 방법으로 맞춤화된 플레이 백 디자인과 함께 모든 음향기기를 종합적으로 통합하는 것을 가능하게 하기 때문에 독보적입니다. 이 제품은 라이브 음악을 귀하의 시스템에 스트리밍하고 인터넷의 수많은 재생 목록에 대한 접근을 가능하게 합니다. 음향이 매우 좋아서 여러분은 영화관에 있는 것처럼 느끼게 될 겁니다. 아직도 확신이 안 서신다고요? 그렇다면 오늘 저희 웹사이트 STSHomeaudio.com에 방문하셔서 무료 한 달 체험을 신청하세요.

71. 어떤 상품이 광고되고 있는가?
(A) 인터넷 제공업체
(B) 오디오 장비
(C) 음악 공연
(D) 잡지 구독

72. 화자가 제품이 유일무이하다고 말한 것은 무엇인가?
(A) 시장에서 가장 저렴하다.
(B) 다양한 기능을 가지고 있다.
(C) 최장 보증기간을 제공한다.
(D) 최고의 상품평을 받았다.

73. 청자들은 웹사이트에서 무엇을 할 수 있는가?
(A) 소비자 후기 읽기
(B) 무료 체험 신청하기
(C) 쿠폰 다운로드하기
(D) 샘플 듣기

71 광고의 주제는 제품/서비스 홍보이다.

STEP 1 광고 담화의 **Are you interested ~? / Are you looking for ~?**을 통해 제품/서비스를 제시한다.

첫 대사 "Are you looking for speakers?"를 통해 (B) Some audio equipment가 광고되고 있음을 알 수 있다.

STEP 2 함정 유형 및 오답 패턴

(A) An Internet provider
(B) Some audio equipment ▶정답
(C) A musical performance ▶music에서 musical을 연상한 오답이다.
(D) A magazine subscription

72 special, unique, good, excellent 등의 형용사에 주의하라.

STEP 1 광고의 기능, 특징 문제는 **advantage, special, feature**의 단어를 이용하며 이의 답변은 **different, famous, special**, 최상급(**best**)의 표현을 주로 언급한다.

다른 스피커들과 달리(unique because unlike other speakers)라는 표현으로 제품의 unique한 점을 그 뒤에 나타내는 것에 주의하자. "it allows comprehensive integrating of all sound devices ~ from the Internet"에서 모든 사운드 장치를 포괄적으로 통합하고 인터넷을 통한 플레이리스트 접근과 실시간 음악 스트리밍 서비스를 제공한다고 하므로, 다양한 기능을 가지고 있다의 (B)가 정답이다.

− 담화 중에서 들리는 단어는 구체적이지만 답은 항상 포괄적인 단어로 **paraphrasing**이 된다.
"unique because, ~ theatre" → (B) functions(기능)

STEP 2 함정 유형 및 오답 패턴

(A) It is the cheapest on the market. ▶**inexpensive**(값싼)가 **cheapest**(가장 값이 싼)를 의미하지는 않는다.
(B) It has a variety of functions. ▶정답
(C) It has the longest warranty. ▶**guaranteed**에서 **warranty**를 연상한 오답이다.
(D) It has received the best reviews.

73 청자가 웹사이트에서 할 수 있는 것은 하단부에서 키워드 Web site 앞뒤를 들어야 한다.

STEP 1 광고 담화에서 청자들에게 요청/제안하는 것이므로 담화의 후반부 명령문 형태에서 답을 찾자.

담화 하단부 "Then visit our Web site at STSHomeaudio.com today and you can try out the system for one month at no cost."를 통해 웹사이트에 접속해서 무료 한 달 체험을 받으라고 언급하고 있으므로 화자가 제안한 것은 (B) Sign up for a free trial인 것을 알 수 있다.

− 담화에서 들리는 단어는 구체적이지만 답은 항상 포괄적인 단어로 **paraphrasing**된다.
try out the system for one month at no cost → (B) a free trial

STEP 2 함정 유형 및 오답 패턴

(A) Read customer reviews
(B) Sign up for a free trial ▶정답
(C) Download a coupon
(D) Listen to some samples ▶**try out the system**에서 연상한 오답이다.

어휘 streaming 흐름 guarantee 보장하다 perform 행하다, 수행하다 satisfaction 만족(감)
comprehensive 포괄적인, 종합적인 integrate 통합하다 access 접근 convince 확신시키다

Questions 74-76 refer to the following announcement.

> **74** Before you start your factory shift, I have some information to share. Thanks to all of your hard work, the Spanish client's order for a new design textile was successfully met. Since the automated spinning and weaving machinery is old, new ones need to be installed. So I'm pleased to announce that management has decided to replace it with XQ-1000. With XQ-1000, the weaving work will be processed **75** more quickly and more efficiently. In order to avoid work interruption, it will be installed this Saturday morning. So all of you are asked **76** to clean the floor and do not leave your personal belongings in the workroom. Thank you.

74–B
75–D
75–B
76–C

74. Where most likely do the listeners work?
(A) At a restaurant
(B) At a ~~design~~ company
(C) At an employment agency
(D) At a textile factory

청자 직업 / 상
↳ 첫 문장과 you에 대한 언급에 집중하자.

75. What is suggested about XQ-1000?
(A) It can save more time.
(B) It ~~improves~~ product ~~quality~~.
(C) It is easily operated.
(D) It is ~~safer~~ than the old model.

키워드 / XQ-1000
↳ 키워드 언급 부분의 앞뒤에 집중하자.

76. What are the listeners asked to do?
(A) Sign up for a seminar
(B) Attend a ~~safety training~~ session
(C) Clean the ~~lounge~~ room
(D) Take their belongings with them

청자 / 요청 / 하
↳ please / you should ~ / 명령문의 표현에 집중하자.

공장 교대 근무를 시작하기 전에, 여러분들과 몇 가지 공유할 게 있습니다. 여러분들의 노고 덕분에, 스페인 고객의 신규 디자인 직물 주문을 성공적으로 맞출 수 있었습니다. 자동화 방직기가 낙후된 관계로, 새 제품이 설치되어야 합니다. 따라서 저는 경영진이 예전 기계를 XQ-1000으로 교체하기로 결정했음을 알리게 되어 기쁩니다. XQ-1000으로, 직조 작업이 더 빠르고 효율적으로 진행될 것입니다. 업무에 방해되는 걸 피하기 위해 기계는 이번 주 토요일 오전에 설치될 예정입니다. 그러니 모두들 바닥을 청소해 주시고 작업실에 개인 소지품을 남겨 두지 마시기를 당부 드립니다. 감사합니다.

74. 청자들은 어디에서 근무하고 있을 것 같은가?
(A) 식당에서
(B) 디자인 회사에서
(C) 직업 소개소에서
(D) 섬유 공장에서

75. XQ-1000에 관하여 언급된 것은 무엇인가?
(A) 시간을 더 많이 절약할 수 있다.
(B) 제품의 품질을 개선시킨다.
(C) 장비가 쉽게 작동된다.
(D) 예전 모델보다 더 안전하다.

76. 청자들은 무엇을 하도록 요청받는가?
(A) 세미나 신청
(B) 안전 교육 연수회 참가
(C) 휴게실 청소
(D) 개인 소지품 챙기기

74 직업/장소는 첫 두 줄의 대명사(I/You/We), 장소 부사(here/this+장소 명사)에서 나온다. ▶ 청자의 근무지

STEP 1 지문 유형에 따라 직업과 장소를 나타내는 표현이 정해져 있으므로 꼭 알아 두자. 첫 두 줄에서 our, your, this, here의 표현과 함께 들리는 장소/직업 명사가 정답이 된다.

청자의 근무지를 묻는 문제로, "Before you start your factory shift와 the Spanish client's order for a new design textile was successfully met"을 통해 청자들은 직물 공장에서 근무함을 알 수 있으므로 정답은 (D) At a textile factory이다.

STEP 2 함정 유형 및 오답 패턴

(A) At a restaurant
(B) At a design company ▶design textile에서 연상한 오답이다.
(C) At an employment agency
(D) At a textile factory ▶정답

75 키워드 문제는 키워드 기준 앞뒤 문장에 답이 나온다. ▶ XQ-1000

STEP 1 특정 키워드에 대해 묻는 문제는 반드시 담화 중 해당 키워드 앞뒤에서 답이 들린다.

With XQ-1000, the weaving work will be processed more quickly and more efficiently.에서 해당 제품을 사용하여 업무가 더 빠르고 효율적으로 처리될 수 있다고 언급되어 있으므로 정답은 시간을 더욱 절약해 준다는 (A)이다.
– 대화에서 들리는 단어는 구체적이지만 답은 항상 포괄적인 단어로 **paraphrasing**된다.
be processed more quickly and more efficiently → (A) can save more time

STEP 2 함정 유형 및 오답 패턴

(A) It can save more time. ▶정답
(B) It improves product quality. ▶efficiently에서 improve quality를 연상한 오답이다.
(C) It is easily operated.
(D) It is safer than old one. ▶safer에 대한 언급은 없다.

76 수동태 문제는 권유, 제안 등의 표현을 들어야 한다.

STEP 1 수동태 문제 유형은 주로 청자에게 요청이나 제안을 하는 것으로, 지문에서는 청자를 언급하는 You will ~의 표현이나 명령문 등을 사용한다.

So all of you are asked to clean the floor and do not leave your personal belongings in the workroom.에서 화자는 청자에게 바닥 청소와 개인 소지품 보관을 요청하고 있다. 지문의 not leave가 보기 (D) Take their belongings with them으로 paraphrasing되었으므로 정답은 (D)이다.

STEP 2 함정 유형 및 오답 패턴

(A) Sign up for a seminar
(B) Attend a safety training session ▶factory shift에서 safety training을 연상한 오답이다.
(C) Clean the lounge room ▶clean이 언급되지만 휴게실을 청소하는 게 아니므로 오답이다.
(D) Take their belongings with them ▶정답

어휘 shift 교대 근무 thanks to ~ 덕분에 textile 직물 meet 충족시키다 automated 자동화된 spinning and weaving machinery 방적기 management 경영진 replace A with B A를 B로 교체하다 process 처리하다 avoid 방지하다 interruption 중단, 방해 belongings 소유물 workroom 작업실

Questions 77-79 refer to the following talk.

Hello, My name is Norman. And I will be your server tonight. This is the menu for today's dinner. We've recently added a few more Asian dishes to our menu. You might want to check them before you order. Today's Specials include a Japanese dish and a Chinese dish for Asian food lovers. We choose only the best ingredients, all of which come from our very own local farm. Our fresh produce is grown by the restaurant's owner, Stewart, who is a talented farmer. Now, tonight we have a very special deal for you. All appetizers will be served at half-price. Today's entree is pan-fried, cornmeal-crusted oysters. I eat them all the time. Let me take your beverage orders first while you browse our menu.

77-A
78-D
77-B
77-D
79-A 79-D

77. According to the speaker, what is special about the restaurant?
(A) It ~~serves many~~ dishes.
(B) It has ~~original~~ appetizers.
(C) It owns a local farm.
(D) It ~~offers low prices~~.

화자 / restaurant의 특징
ㄴ. 최상급, 형용사 표현에 집중하자.

78. Who is Stewart?
(A) A business owner
(B) A famous chef
(C) A server
(D) A ~~talented~~ actor

키워드 Stewart / 직업
ㄴ. 키워드 앞뒤 문장에 집중하자.

79. Why does the speaker say, "I eat them all the time"?
(A) To ~~complain~~ about a ~~menu~~
(B) To recommend a dish
(C) To explain a ~~waiting~~ time
(D) To clarify a ~~menu~~ item

화자 의도 파악
ㄴ. 앞뒤 문맥 파악에 집중하자.

안녕하세요, 저는 Norman이고 오늘 밤 여러분의 서빙을 맡게 되었습니다. 이건 오늘 저녁 식사 메뉴입니다. 최근에 저희 식당 메뉴에 아시아 음식을 몇 가지 추가했습니다. 주문하시기 전에 살펴보시면 좋으실 것입니다. 오늘의 특별 요리에는 아시아 음식 애호가를 위한 일본 음식과 중국 음식이 포함돼 있습니다. 저희는 최고의 재료만을 선택하며 그것들은 모두 저희 식당이 소유한 지역 농장에서 옵니다. 저희의 신선한 농산물은 유능한 농부이자, 식당의 소유주인 Stewart 씨가 재배하고 있습니다. 자, 오늘밤 여러분께 드릴 매우 특별한 상품이 있습니다. 모든 전채요리가 반값에 제공될 것입니다. 오늘의 주 요리는 프라이팬에 구운, 옥수수 가루가 바삭하게 덮인 굴 요리입니다. 저는 그 요리를 늘 먹는 편이죠. 메뉴 보실 동안 음료 주문을 먼저 받겠습니다.

77. 화자에 따르면, 식당의 특별한 점은 무엇인가?
(A) 많은 요리를 제공하고 있다.
(B) 독창적인 전채요리가 있다.
(C) 지역 농장을 소유하고 있다.
(D) 가격이 저렴하다.

78. Stewart 씨는 누구인가?
(A) 사업주
(B) 유명한 요리사
(C) 웨이터
(D) 재능 있는 배우

79. 화자는 왜 "I eat them all the time(저는 늘 그것을 먹어요)"이라고 말하는가?
(A) 메뉴에 관해 불평하기 위해
(B) 요리를 추천하기 위해
(C) 대기 시간에 대해 설명하기 위해
(D) 메뉴를 설명하기 위해

77 special, unique, good, excellent 등의 형용사에 주의하라.

STEP 1 특징, 장점의 답변은 최상급의 형용사 표현으로 주로 언급된다.

첫 번째 문제는 상단부에 집중하며 보기에 있는 단어나 관련 단어가 들리는지 살펴본다. 식당의 특징을 묻는 질문으로 담화에서 특징을 언급하는 문장을 찾아야 한다. 담화에서 only, best, our very own 등의 단어를 통해 최고의 재료만을 엄선하고 그것들은 모두 식당이 소유한 지역 농장에서 생산된다(We choose only the best ingredients, all of which come from our very own local farm.)고 언급하고 있으므로 식당의 특별한 점은 (C) It owns a local farm.이 된다.

STEP 2 함정 유형 및 오답 패턴

(A) It serves many dishes. ▶최근에 요리가 추가된 것은 맞지만, 많은 요리가 있는지는 알 수 없으므로 오답이다.
(B) It has original appetizers. ▶식당의 특별한 점을 이야기한 것은 아니므로 오답이다.
(C) It owns a local farm. ▶정답
(D) It offers low prices. ▶**All appetizers will be served at half-price.**에서 연상한 것으로 모든 제품이 저렴한 가격은 아니므로 오답이다.

78 키워드 문제는 키워드 기준 앞뒤 문장에 답이 나온다. ▶ Stewart

STEP 1 특정 키워드에 대해 묻는 문제는 반드시 담화 중의 해당 키워드 앞뒤에서 답이 들린다.

두 번째 문제의 고유명사 키워드 문제는 고유명사의 직업이나 업체 등을 물으므로 키워드 기준 바로 앞뒤를 잘 들어야 한다. the restaurant's owner, Stewart에서 사업 소유주인 (A)가 정답이다.

담화 중에서 들리는 단어는 구체적이지만 답은 항상 포괄적인 단어로 paraphrasing이 된다.
this restaurant → (A) A business

STEP 2 함정 유형 및 오답 패턴

(A) **A business owner** ▶정답
(B) A famous chef ▶**restaurant**에서 연상한 오답이다.
(C) A server
(D) A talented actor ▶**talented farmer**에서 **talented**가 반복된 오답이다.

79 화자의 " " 의도 파악 문제는 포괄적으로 설명한 보기가 정답이다.

STEP 1 화자의 의도 파악 문제에서 주어진 문장은 주로 앞뒤 문맥을 연결하는 역할을 한다. 따라서 주변 문맥을 파악하여 정확한 의미와 화자의 의도를 이해하도록 하자.

오늘의 주요리를 설명한 후, 자기는 그 요리를 늘 먹는다(I eat them all the time)고 언급하고 있으므로 화자가 그렇게 말한 이유는 요리를 추천하기 위한 것임을 알 수 있다. 따라서 정답은 (B) To recommend a dish이다.

STEP 2 함정 유형 및 오답 패턴

(A) To complain about a menu ▶메뉴에 대해 불평할 수 있는 사람은 손님이다.
(B) To recommend a dish ▶정답
(C) To explain a waiting time ▶화자인 **waiter**와 유사 발음 오답이다.
(D) To clarify a menu item ▶주어진 문장 앞에 "**Today's entree is ~.**"를 통해 '메뉴를 설명하다'를 연상할 수 있지만, 화자가 "저는 늘 그것을 먹어요"라고 말한 의도를 묻고 있다. 설명은 주어진 문장 앞에서 이미 했다.

어휘 special 특선 요리 ingredient 재료 talented 재능 있는 farmer 농부, 농장 관리인 produce 농산물 entree 주요리 beverage 음료 browse 둘러보다

Questions 80-82 refer to the following broadcast.

Hello everyone. Thanks for listening to More In Business World. I am your host William, and today we have a very special guest, Gail Nelson, the CEO of Homeland Dining Chains. She has been in the restaurant industry for more than 30 years. She will share some quick tips on improving your local restaurant. Today's topic is online promotion. Running an online promotion can be expensive these days, but online promotions can bring more potential clients to your store. Plus, there are social media networks for reaching out to your target audiences. She will tell you three tips for a successful promotion strategy.

80. What is indicated about Gail Nelson?
(A) She is running an ~~online~~ business.
(B) She is well known in her field.
(C) She has many years of work experience.
(D) She owns a ~~small~~ restaurant.

키워드 Gail Nelson / 상
ㄴ. 대명사로 언급돼 나오는 부분에 집중하자.

81. Why does the speaker say, "Running an online promotion can be expensive theses days"?
(A) To reduce the marketing ~~expenses~~
(B) To acknowledge a common opinion
(C) To suggest ~~alternative~~ promotional methods
(D) To contradict the marketing ~~expert's~~ claim

화자 의도 파악 / 중
ㄴ. 해당 위치 앞뒤의 대화 문맥에 집중하자.

82. What will the guest most likely do next?
(A) ~~Promote~~ her restaurant
(B) Talk to the ~~audience~~
(C) Give detailed suggestions
(D) Prepare a speech

제3자 / 미래 / 하
ㄴ. 대명사 및 미래 표현에 집중하자.

안녕하세요. 여러분. 〈More In Business World〉를 청취해 주셔서 감사합니다. 저는 진행자 William이고 오늘 특별 게스트로 Homeland Dining Chains의 CEO인 Gail Nelson 씨를 모셨습니다. Nelson 씨는 30년 이상 요식업계에 몸담고 있습니다. 청취자분들의 지역 식당 개선에 관한 신속한 팁을 공유해 드릴 겁니다. 오늘의 주제는 온라인 홍보입니다. 요즘은 온라인 홍보를 하는 게 많은 비용이 들 수 있지만 온라인 홍보는 귀하의 가게에 더 많은 잠재 고객을 불러올 수 있습니다. 또, 타겟 청취자에게 접근할 수 있는 소셜 미디어 네트워크가 있습니다. Gail Nelson 씨가 성공적인 홍보 전략에 대한 세 가지 팁을 알려줄 것입니다.

80. Gail Nelson에 대해 언급된 것은 무엇인가?
(A) 그녀는 온라인 사업체를 운영하고 있다.
(B) 그녀는 자기 분야에서 유명하다.
(C) 그녀는 수년의 경력을 가지고 있다.
(D) 그녀는 조그만 식당을 소유하고 있다.

81. 화자는 왜 "Running an online promotion can be expensive these days(요즘은 온라인 홍보를 하는 게 많은 비용이 들 수 있습니다)"라고 말하는가?
(A) 마케팅 비용을 줄이기 위해서
(B) 일반적인 견해를 인정하기 위해서
(C) 다른 홍보 방법을 제안하기 위해서
(D) 마케팅 전문가의 주장을 반박하기 위해서

82. 게스트는 다음에 무엇을 할 것 같은가?
(A) 그녀의 식당 홍보
(B) 청중과 이야기
(C) 자세한 제안 사항 제시
(D) 연설 준비

80 키워드 문제는 키워드 기준 앞뒤 문장에 답이 나온다. ▶ Gail Nelson

STEP 1 문제 중에 특정 키워드에 대해 묻는 문제는 반드시 담화 중의 해당 키워드 앞뒤에서 답이 들린다. 최근에는 키워드 뒤에 답이 나오는 것이 아니라 그 다음 대사에서 대명사(it/they/he/she)로 받아 답이 나오는 경우도 있다.

키워드 "Gail Nelson"을 she로 받아 근무 경력을 for more than 30 years로 나타내므로 이를 포괄적으로 받는 (C) She has many years of work experience.가 정답이다.

STEP 2 함정 유형 및 오답 패턴

(A) She is running an ~~online~~ business. ▶online 언급이 없다.
(B) She is well known in her field.
(C) She has many years of work experience. ▶정답
(D) She owns a small restaurant. ▶Dining Chains이므로 small restaurant는 오답이다.

81 화자의 " " 의도 파악 문제에서 같은 뜻의 보기는 제거한다.

STEP 1 문제에서 주어진 " "은 해당 위치를 듣고 앞뒤 문맥과 연계하여 파악해야 정답을 찾을 수 있다.

"요즘은 온라인 홍보를 하는 게 많은 비용이 들 수 있다"는 얘기 뒤에 "온라인 홍보는 더 많은 잠재 고객을 불러올 수 있다"고 언급하고 있다. 따라서 '주어진 문장'을 말한 화자의 의도는 일반적인 견해를 인정하는 것임을 알 수 있다. 따라서 정답은 (B) To acknowledge a common opinion이다.

STEP 2 함정 유형 및 오답 패턴

(A) To reduce the marketing ~~expenses~~ ▶expensive의 유사 발음 오류
(B) To acknowledge a common opinion ▶정답
(C) To suggest alternative promotional methods ▶online에서 alternative를 연상한 오답이다.
(D) To contradict the marketing ~~expert's~~ claim ▶expert에 해당하는 사람이 없다.

82 Let's, next, from now 등의 표현은 마지막 줄에 들리며 미래의 일정을 설명한다.

STEP 1 미래의 정보를 묻는 Next 문제는 마지막 대사의 I/you/she/he will을 잡아라.

"She will tell you three tips"에서 제안을 할 것임을 알 수 있다. 정답은 (C) Give detailed suggestions.

– 담화에서 들리는 단어는 구체적이지만 답은 항상 포괄적인 단어로 paraphrasing이 된다.
three tips → (C) detailed suggestions

STEP 2 함정 유형 및 오답 패턴

(A) Promote her restaurant ▶본인 가게를 홍보를 하고 있지 않다.
(B) Talk to the audience ▶담화와 보기에서 가리키는 audiences의 대상이 다르다.
(C) Give detailed suggestions ▶정답
(D) Prepare a speech

어휘 promotion 홍보   share 공유하다   expensive 비싼   potential 잠재적인   reach out to ~에 접근하다
acknowledge 인정하다   contradict 부정하다, 반박하다

Questions 83-85 refer to the following telephone message.

[83] Hello, Alice. This is Federico from Fedex Express Delivery. Today, I'm scheduled to deliver office furniture to several offices in [84] Birmingham. Right now I'm looking for one of the addresses on the list I was given. There should be an office at 102 Lancaster Drive. [85] Well, I drove up and down the whole road, and all I see are houses. I'll deliver the furniture to other offices on my list but while I'm doing that, could you please check the list and call me back with the correct address?

83-A 83-D
84-B 85-A

83. Where does the speaker most likely work?
(A) At a doctor's office
(B) At a delivery company
(C) At a construction firm
(D) At a ~~furniture~~ store

화자 / 직업 / 상
ㄴ. This is 화자 from ~에 근무처가 나온다.

84. What problem does the speaker mention?
(A) ~~Damaged~~ office furniture
(B) Road ~~conditions~~
(C) A missing ~~check~~
(D) A wrong address

화자 / 문제
ㄴ. 첫 번째 문제와 연계하여 듣자.

85. What does the speaker imply when she says, "All I see are houses"?
(A) He is very impressed with the ~~houses~~.
(B) He is confused with ~~all~~ the addresses.
(C) He claims a mistake has been made.
(D) He thinks there are too many ~~buildings~~.

화자 의도 파악 / 하
ㄴ. 앞뒤 문맥을 파악하며 듣자.

안녕하세요. Alice 씨. Fedex Express Delivery의 Federico입니다. 오늘 제가 Birmingham에 있는 여러 사무실에 사무용 가구를 배달할 예정입니다. 지금 제가 받은 목록의 주소 중 한 곳을 찾고 있어요. 102 Lancaster Drive에 사무실이 있어야 하는데요. 운전을 해서 도로 전체를 다녀봤는데 보이는 건 집들뿐입니다. 제 목록에 있는 다른 사무실들에 가구를 배송할 거예요. 제가 그렇게 하는 동안 목록 확인하시고 제게 정확한 주소를 알려 주시겠어요?

83. 화자는 어디에서 일하고 있는 것 같은가?
(A) 병원에서
(B) 배송 회사에서
(C) 건설 회사에서
(D) 가구점에서

84. 화자가 언급하는 문제는 무엇인가?
(A) 손상된 사무용 가구
(B) 도로 상황
(C) 분실된 수표
(D) 잘못된 주소

85. 화자가 "All I see are houses(보이는 건 집들뿐입니다)"라고 말할 때 의미하는 것은 무엇인가?
(A) 그는 집들한테서 깊은 인상을 받았다.
(B) 그는 모든 주소가 혼동된다.
(C) 그는 실수가 생겼다고 주장한다.
(D) 그는 건물들이 너무 많이 있다고 생각한다.

83 직업/장소는 첫 두 줄의 대명사(I/You/We), 장소 부사(here/this+장소 명사)에서 나온다. ▶ 화자의 직업

STEP 1 담화 유형에 따라 직업과 장소를 나타내는 표현이 정해져 있으므로 꼭 알아 두자.
[전화 메시지 – 화자의 직업: This is 화자 from ~, 청자의 직업: This is for ~ 청자.]
화자의 직업을 묻는 문제로, "This is Federico from Fedex Express Delivery"를 통해 화자가 배송 회사에서 일하고 있음을 알 수 있으므로, 정답은 (B) At a delivery company이다.

STEP 2 함정 유형 및 오답 패턴
(A) At a doctor's office ▶ office furniture에서 연상한 오답이다.
(B) At a delivery company ▶ 정답
(C) At a construction firm
(D) At a furniture store ▶ office furniture에서 연상한 오답이다.

84 문제점, 직업 등의 문제가 연달아 나오면 2:1의 구조로 봐야 한다. ▶ 화자의 문제

STEP 1 장소와 직업, 주제, 문제점 유형의 문제가 연달아 출제되면 2:1의 구조이다. 해당 문제의 경우 첫 번째 문제는 화자의 직업을, 두 번째는 문제점을 묻고 있다. 따라서 담화의 상단부에서 두 문제의 정답 근거를 찾을 수 있다.
I'm looking for one of the addresses on the list I was given. There should be an office ~ all I see are houses를 통해 주소가 잘못된 것을 알 수 있으므로 주소에 관련된 (D) A wrong address가 정답이다.

STEP 2 함정 유형 및 오답 패턴
(A) Damaged office furniture ▶ 질문과 응답의 위치가 다르므로 오답이다.
(B) Road conditions ▶ the whole road에서 road가 언급되나 conditions는 없다.
(C) A missing check ▶ looking for에서 missing을 연상한 오답이다.
(D) A wrong address ▶ 정답

85 화자의 " " 의도 파악 문제는 앞뒤 문맥과 연결하여 답을 찾아야 한다.

STEP 1 화자의 의도 파악 문제는 주어진 문장의 앞뒤 문맥을 파악해야 한다.
there should be an office와 all I see are houses에서 사무실이 있어야 하는데 집밖에 없다는 문제를 제기하고 있다. 따라서 오류가 발생했다고 언급하고 있으므로 정답은 (C) He claims a mistake has been made.이다.

STEP 2 함정 유형 및 오답 패턴
(A) He is very impressed with the houses. ▶ houses를 반복하므로 오답이다.
(B) He is confused with all the addresses. ▶ 전체가 아니라 하나이다.
(C) He claims a mistake has been made. ▶ 정답
(D) He thinks there are too many buildings. ▶ houses를 buildings로 연상한 오답이다.

어휘 furniture 가구　address 주소　up and down 이리저리　check 확인하다　correct 정확한
construction 건설, 공사　damaged 손상된　confuse 혼란시키다　claim 주장하다

Questions 86-88 refer to the following excerpt from a meeting.

Thanks for attending today's meeting. Before we get started, I want to let you know we appreciate your hard work and the extra hours each of you put in getting our new line of designer clothes ready for market. Thanks to your willingness to work overtime, all of our new products will be ready in time for the Global Apparel Show coming up next week in Ontario. As you know, that's in addition to the clothing we usually display, but we should not worry. This time we reserved three booths in the middle of the exhibition hall, and it's a large space.

86-A

87-A 87-B

86. Why does the speaker thank the listeners?
(A) For attending the exhibition
(B) For designing a Web site
(C) For working overtime
(D) For being punctual

화자 / thank의 이유 / 상
ㄴ 감사 표현과 그 뒤의 내용에
집중하자.

87. According to the speaker, what is scheduled for next week?
(A) A clothing release
(B) A trade show
(C) An apparel show
(D) A car exhibition

키워드 next week
ㄴ 키워드 앞뒤 문장에 집중하여
듣자.

88. What does the speaker imply when she says, "It's a large space"?
(A) There is room to display new merchandise.
(B) The building is much bigger.
(C) The number of companies participating this time has increased.
(D) High attendance is anticipated.

화자 의도 파악
ㄴ 연결어 확보가 중요하다.

오늘 회의에 참석해 주셔서 감사합니다. 회의를 시작하기 전에 시장에 출시될 디자이너 의류의 신규 라인 준비에 그동안 해 주신 여러분의 노고와 추가 근무에 감사드린다는 걸 알려드리고 싶습니다. 여러분이 자진해서 해 주신 초과 근무 덕분에, 다음 주 온타리오에서 열리는 Global Apparel Show에 출품할 저희 모든 신제품이 때맞춰 준비될 것입니다. 아시다시피, 이건 평소 전시하는 의류 외에 추가로 전시되는 것이지만 걱정하지 않으셔도 됩니다. 이번에 저희가 전시 홀 중앙에 부스 세 개를 예약했고 그곳은 공간이 넓습니다.

86. 화자는 청자에게 왜 감사해하는가?
(A) 전시회에 참가해 줘서
(B) 웹사이트를 디자인해 줘서
(C) 초과 근무해 줘서
(D) 시간을 지켜 줘서

87. 화자에 따르면, 다음 주에 예정된 것은 무엇인가?
(A) 의류 출시
(B) 무역 박람회
(C) 의류 전시회
(D) 자동차 전시회

88. 화자가 "It's a large space(공간이 넓습니다)"라고 말했을 때 의미하는 것은 무엇인가?
(A) 신제품을 전시할 공간이 있다.
(B) 건물이 훨씬 더 크다.
(C) 이번에 참가하는 회사의 수가 증가했다.
(D) 높은 출석률이 예상된다.

86 why 관련 질문은 대화에서 그대로 반복된 후 원인에 대한 정답이 나온다.

STEP 1 why 뒤의 키워드가 담화에서 들려야 그 뒤에 답이 나온다.

why 뒤의 키워드 thank를 통해 감사하는 이유를 묻는 문제이다. 담화의 "we appreciate your hard work and the extra hours each of you"를 통해 초과 근무에 감사하고 있는 것을 알 수 있으므로 정답은 (C) For working overtime이다.

STEP 2 함정 유형 및 오답 패턴

(A) For attending the exhibition ▶ **attending today's meeting** 언급으로 연상한 오답이다.
(B) For designing a Web site ▶ **designer**에서 연상한 오답이다.
(C) For working overtime ▶ 정답
(D) For being punctual ▶ **hours**에서 연상한 오답이다.

87 키워드 문제는 키워드 기준 앞뒤 문장에 답이 나온다. ▶ next week

STEP 1 특정 키워드에 대해 묻는 문제는 반드시 담화 중 해당 키워드 앞뒤에서 답이 들린다.

일반적으로는 키워드 뒤에 답이 들리지만 최근에는 키워드 앞에 미리 답이 나오는 경우가 있으므로 주의하자. 해당 문제의 경우도 키워드 next week 앞에 정답의 근거 "Apparel Show"가 위치해 있다. 정답은 (C) An apparel show.

STEP 2 함정 유형 및 오답 패턴

(A) A clothing release ▶ **apparel**에서 **clothing**을 연상하지만, 출시가 아니므로 오답이다.
(B) A trade show ▶ 단어 **show**의 반복으로 오답이다.
(C) An apparel show ▶ 정답
(D) A car exhibition

88 화자의 " " 의도 파악 문제는 해당 위치에서 위아래의 연결어를 확보하자.

STEP 1 화자의 의도 파악 문제는 '주어진 문장'을 기준으로 위아래 연결어를 확보해야 한다.

주어진 문장 앞의 "that's in addition to the clothing we usually display"에서 제품이 추가될 것이지만, 이번에는 부스를 세 개 예약했다(This time we reserved three booths)고 한다. 제품 전시를 위한 공간이 있다는 것을 의미하므로 정답은 (A)이다.

STEP 2 함정 유형 및 오답 패턴

주어진 문장과 동일 단어나 같은 의미의 단어가 나오면 오답이다.
(A) There is room to display new merchandise. ▶ 정답
(B) The building is much bigger. ▶ **large space**와 **building/bigger**가 같은 의미이므로 오답이다.
(C) The number of companies participating this time has ~~increased~~. ▶ **large**에서 **increase**를 연상한 오답이다.
(D) High attendance is anticipated. ▶ **large space**에서 **high attendance**를 연상한 오답이다.

어휘 attend 참석하다   appreciate ~을 감사하다   get A ready A를 준비되게 하다   willingness 기꺼이 하는 마음   overtime 초과 근무, 잔업   display 전시하다, 진열하다   reserve 예약하다   exhibition 전시회

Questions 89-91 refer to the following telephone message and conference schedule.

Hello, this is Vanessa Romero from Pioneer Natural Resources Company. Last month I attended your impressive presentation at the international management workshop and I had a chance to speak to you after about my small firm. The reason why I'm calling is in regard to your consulting service. I'd like to hire you to discuss ways to make my company's operating system more efficient. I know your company specializes in this type of work, and I'm hoping you'll be interested in this project. Could you please contact me with a list of your consultant fees? My number is 932-858-7721. Thank you.

The International Management Workshop	
09:00 A.M.	Business Operating Systems, Mitchel Kim
11:00 A.M.	Human Resources, Vanessa Romero
1:00 P.M.	Small Business, Sung Park
2:00 P.M.	How to Start a Business, Kelly Scott
4:00 P.M.	Q&A

89. What is the purpose of the call?
(A) To make a job offer
(B) To attend the workshop
(C) To give a presentation
(D) To arrange for a meeting

90. Look at the graphic. Who is the speaker calling?
(A) Mitchel Kim
(B) Vanessa Romero
(C) Sung Park
(D) Kelly Scott

91. What does the speaker ask the listener to do?
(A) Consult the report
(B) Provide some information
(C) Work more efficiently
(D) Get a discount

전화 목적 / 상
└. I'm calling/I'd like to ~ 담화 첫 부분에 집중하자.

시각 자료 / 청자
└. 대명사와 시간표에 집중하자.

화자 / 청자에게 요청 / 하
└. 의문문/명령문 표현에 집중하자.

안녕하세요. Pioneer Natural Resources Company의 Vanessa Romero입니다. 저는 지난 달에 국제 경영 워크숍에서 귀하의 인상 깊은 발표에 참석했고 이후에 제 작은 회사에 대해 귀하와 이야기할 기회가 있었습니다. 제가 전화 드린 이유는 귀하의 컨설팅 서비스와 관련해서입니다. 저희 회사의 운영 체계를 더 효율적으로 만드는 방법을 논의하기 위해 귀하를 고용하고 싶습니다. 귀하의 회사가 이런 업무를 전문적으로 한다는 것을 알고 있으며 이 프로젝트에 관심이 있으시길 바랍니다. 컨설턴트 요금 목록 준비하셔서 저에게 연락 주시겠어요? 제 번호는 932-858-7721입니다. 감사합니다.

국제 경영 워크숍	
오전 9시	사업 운영 체제, Mitchel Kim
오전 11시	인적 자원, Vanessa Romero
오후 1시	소기업, Sung Park
오후 2시	어떻게 사업을 시작할까, Kelly Scott
오후 4시	질의응답

89. 전화의 목적은 무엇인가?
(A) 일자리를 제의하기 위해
(B) 워크숍에 참가하기 위해
(C) 발표하기 위해
(D) 회의를 준비하기 위해

90. 시각 자료를 보시오. 화자는 누구에게 전화하고 있는가?
(A) Mitchel Kim
(B) Vanessa Romero
(C) Sung Park
(D) Kelly Scott

91. 화자가 청자에게 요청하는 것은 무엇인가?
(A) 보고서 참고하기
(B) 정보 제공하기
(C) 더 효율적으로 일하기
(D) 할인받기

89 전화 메시지의 목적은 I'm calling ~으로 주로 언급된다.

STEP 1 목적은 주로 담화의 첫 두 줄 안에 위치하지만, 요구사항이 목적인 경우 후반부에 답이 나온다.

전화 메시지의 목적은 I'm calling ~, I'd like to ~로 언급하므로 The reason why I'm calling is in regard to your consulting service, I'd like to hire you에서 일자리 제안을 하고 있음을 알 수 있다. 정답은 (A).

- 담화에서 구체적인 표현을 보기에서 포괄적으로 언급한다.
I'd like to hire you → (A) make a job offer로 포괄적인 표현을 하고 있다.

STEP 2 함정 유형 및 오답 패턴

(A) **To make a job offer** ▶ 정답
(B) To attend the workshop ▶ **attend / workshop**이 언급되지만 위치와 관계가 없다.
(C) To give a presentation ▶ **presentation** 언급이 있지만 정답 위치와 관계가 없다.
(D) To arrange for a meeting

90 시각 자료 ▶ 시각 자료 문제에서 보기는 대화에서 들리지 않는다.

STEP 1 문제와 표를 미리 읽고 어떤 단서가 제시될 지를 파악해야 한다.

문제 보기에 연설자의 이름이 나와 있으므로 시각 자료에서 시간이나 워크숍의 제목이 답의 단서로 언급될 수 있음을 예측하자. make my company's operating system more efficient와 I know your company specializes in this type of work라고 하므로 청자인 you는 operating system을 전문으로 하는 (A) Mitchel Kim이 정답이다.

STEP 2 함정 유형 및 오답 패턴

(A) **Mitchel Kim** ▶ 정답
(B) Vanessa Romero ▶ 현재 전화를 걸고 있는 사람이다.
(C) Sung Park ▶ 담화의 **my small firm**과 시각 자료의 **small business**에서 연상할 수 있는 오답이다.
(D) Kelly Scott

91 요청/제안 문제는 하단에 위치하며 please가 대세이다.

STEP 1 Part 4의 요청과 제안은 화자(Speaker)가 청자들(Listeners)에게 지시하는 것으로 정답과 관련된 내용이 담화의 후반부에 등장한다.

담화의 하단부 "Could you please contact me with a list of your consultant fees?"에서 요금 목록을 갖고 연락 줄 수 있냐고 묻고 있으므로 화자가 청자에게 요청한 것은 (B) Provide some information인 것을 알 수 있다.

- 담화 중 들리는 단어는 구체적이지만 답은 항상 포괄적인 단어로 **paraphrasing**이 된다.
a list of ~ fees → (B) some information

STEP 2 함정 유형 및 오답 패턴

(A) Consult the report ▶ **consultant fee**s에서 연상한 오답이다.
(B) **Provide some information** ▶ 정답
(C) Work more efficiently ▶ **more efficient**에서 연상한 오답이다.
(D) Get a discount ▶ **fee**에서 **discount**를 연상한 오답이다.

어휘　attend 참석하다　impressive 인상적인, 인상 깊은　management 경영　in regard to ~에 관하여
hire (단기간 특정 일을 하도록) 쓰다, 고용하다　specialize in ~을 전문으로 하다

Questions 92-94 refer to the following broadcast and map.

You are listening to your Queens local news reports and this is today's weather. The typhoon passed through our city last night. Due to severe damage caused by the heavy winds, this morning the intersection at the corner of Cliffton Street and Peterson Avenue is closed. All of the traffic lights there have been out of order, and road crews have just started arriving to repair them. According to the weather forecast, the repairs should be finished by 7 P.M., so drivers are asked to detour to the south. However, this repair work will not have any impact on tomorrow's marathon along Cliffton Street, so if you are planning to participate in the event, stick your plans. We'll have more details about tomorrow's event after this commercial break.

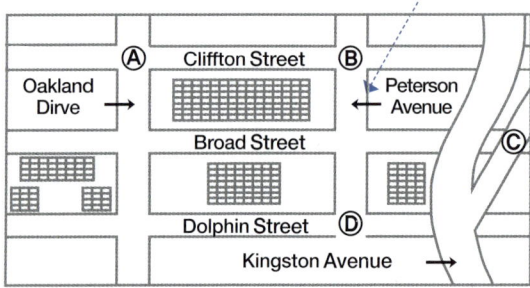

92. What caused a problem?
(A) A broken-down car   (B) An incorrect road sign
(C) Road construction   **(D) Bad weather**

93. Look at the graphic. Which location is the speaker describing?
(A) Location A   **(B) Location B**
(C) Location C   (D) Location D

94. What does the speaker say will take place tomorrow?
(A) A city tour   **(B) An outdoor event**
(C) Repair work   (D) A special election

문제 원인 / 상
ㄴ 첫 두 줄을 집중해 듣자.

시각 자료 / 장소
ㄴ 지도 문제는 장소 전치사에 집중하자.

키워드 tomorrow / 하
ㄴ 키워드 앞뒤 문장에 집중하자.

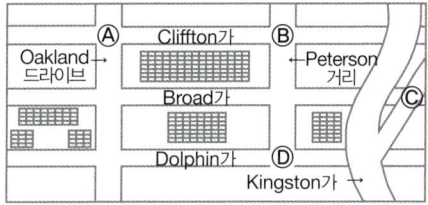

자분들은 남쪽으로 우회하시기 바랍니다. 하지만 이번 수리 작업은 내일 Cliffton Street를 따라 열릴 마라톤에는 어떠한 영향도 주지 않을 것입니다. 그러니 이 행사에 참가하실 계획이라면, 계획을 그대로 진행하시기 바랍니다. 광고 후에 내일 행사에 대한 자세한 사항 전해드리겠습니다.

여러분은 지금 Queens 지역 뉴스를 듣고 계십니다. 오늘의 날씨입니다. 지난 밤 태풍이 저희 도시를 지나갔습니다. 강한 바람으로 인한 심각한 피해 때문에, 오늘 아침 Cliffton Street와 Peterson Avenue의 모퉁이 교차로가 폐쇄되었습니다. 그곳의 모든 신호등이 고장 났고 도로 작업단이 방금 도착해서 신호등을 고치기 시작했습니다. 기상예보에 따르면, 수리는 오후 7시에 끝날 것이라고 합니다. 그러니 운전

92. 무엇이 문제를 일으켰는가?
(A) 고장 난 차   (B) 잘못된 도로 표지판
(C) 도로 공사   **(D) 좋지 않은 날씨**

93. 시각 자료를 보시오. 화자는 어떤 장소를 설명하는가?
(A) 장소 A   **(B) 장소 B**
(C) 장소 C   (D) 장소 D

94. 화자는 내일 무슨 일이 일어날 것이라고 이야기하는가?
(A) 도시 관광   **(B) 야외 행사**
(C) 보수 공사   (D) 보궐 선거

92 〈이유〉는 첫 두 줄 안에 나온다.

STEP 1 이유는 문제와 함께 언급된다.

담화의 "The typhoon passed though our city last night. Due to severe damage caused by the heavy winds, ~ is closed"를 통해 태풍이 지나갔고 강한 바람으로 인해(이유) 심각한 피해가 발생해 ~ 도로가 폐쇄되었다는 것을 언급하고 있다. 정답은 (D).

– 담화 중에서 들리는 단어는 구체적이지만 답은 항상 포괄적인 단어로 **paraphrasing**된다.
typhoon, heavy winds → (D) Bad weather

STEP 2 함정 유형 및 오답 패턴

(A) A broken-down car
(B) An incorrect road sign ▸ **traffic lights**에서 **sign**을 연상한 오답이다.
(C) Road construction ▸ **Peterson Avenue**에서 **road**를 연상한 오답이다.
(D) Bad weather ▸ 정답

93 시각 자료 ▶ 지도 문제는 장소 전치사로 위치를 파악한다.

STEP 1 시각 자료의 장소 명사를 기준으로 장소 전치사로 정답을 찾는다.

– 담화의 "at the corner" 뒤에서 정답의 근거를 찾을 수 있다. Cliffton Street와 Peterson Avenue의 교차로가 현재 폐쇄되었다(the intersection at the corner of Cliffton Street and Peterson Avenue is closed)고 언급하고 있으므로 화자가 설명하고 있는 장소는 (B) Location B라는 것을 알 수 있다.

94 키워드 문제는 키워드 기준 앞뒤 문장에 답이 나온다. ▶ tomorrow

STEP 1 특정 시점에 대해 묻는 문제로 키워드 문제는 담화에서 해당 키워드 앞뒤에서 답이 들린다.

키워드 "tomorrow" 뒤에 나온 marathon을 통해 내일 마라톤이 진행될 것임을 알 수 있다. 따라서 정답은 (B) An outdoor event이다.

– 담화 중에서 들리는 단어는 구체적이지만 답은 항상 포괄적인 단어로 **paraphrasing**이 된다.
marathon → (B) An outdoor event

STEP 2 함정 유형 및 오답 패턴

(A) A city tour
(B) An outdoor event ▸ 정답
(C) Repair work ▸ **repair work**의 언급은 있지만 현재 진행 중이고 **tomorrow**와 어울리지 않으므로 오답이다.
(D) A special election

어휘 typhoon 태풍 pass through 통과하다, 지나가다 severe 심각한 intersection 교차로 currently 현재, 지금 out of order 고장 난 crew 승무원, 팀 forecast 예측하다, 예보 detour 우회하다, 우회(로) stick 두다, 고정시키다

Questions 95-97 refer to the following excerpt from a meeting and pie chart.

Good morning, everyone. Thank you for coming to this monthly staff meeting. You received our monthly sales report before the meeting. As you **95** see on the second page of the report, last month's printer sales exceeded our expectations. This means demand for printers is getting high, but it's **96** put a strain on our production capabilities. Our assembly line simply can't meet this high demand. In order to solve the problem, we've decided to purchase a small manufacturer. This company was established a couple **97** of years ago but currently holds 10 percent of the market share in the Southern region. I'm sure that it will definitely be worth it.

95–A

96–B

96–A

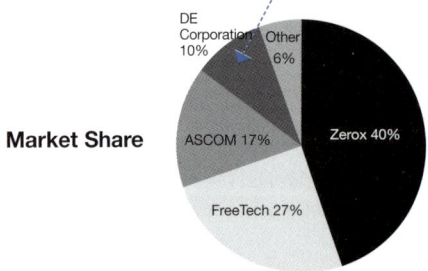

Market Share

DE Corporation 10%
Other 6%
ASCOM 17%
Zerox 40%
FreeTech 27%

95. What does the speaker point out on the report?
(A) A team has been nominated for a monthly award.
(B) Sales are higher than expected.
(C) A new executive has been hired.
(D) A business will be merged.

화자 / 키워드 report
ㄴ. 과거시제 내용에 주의하자.

96. Why is the speaker concerned?
(A) The company seems to have lost its competitive edge.
(B) The operating costs have increased.
(C) The production capacity is limited.
(D) Numerous complaints have been received.

화자 / 문제점
ㄴ. 역접 접속사 But 뒤의 내용에 집중하자.

97. Look at the graphic. Which company may be acquired?
(A) Zerox   (B) FreeTech
(C) ASCOM   **(D) DE Corporation**

시각 자료 / 회사 / 하
ㄴ. 수량에 집중해 듣자.

여러분, 좋은 아침입니다. 이번 월례 직원회의에 와 주셔서 감사합니다. 회의 전에 여러분께서는 월별 판매 실적 보고서를 받으셨습니다. 보고서 두 번째 페이지에서 보는 바와 같이, 지난 달 저희 프린터 판매량은 기대 이상이었습니다. 이것은 프린터 수요가 높아지고 있음을 의미하지만, 저희 생산 능력에 부담을 주고 있습니다. 저희 조립 라인은 이 높은 수요를 맞출 수가 없습니다. 문제를 해결하기 위해, 저희는 소규모 제조사를 매수하기로 결정했습니다. 해당 회사는 2년 전에 설립되었으나 현재 남부 지역 내 시장의 10%를 점유하고 있습니다. 매수 가치가 분명히 있을 거라고 저는 확신합니다.

95. 화자가 보고서에서 지적하는 것은 무엇인가?
(A) 한 부서가 월별 시상자로 추천되었다.
(B) 판매가 예상보다 높다.
(C) 중역을 새로 채용했다.
(D) 사업이 합병될 예정이다.

96. 화자는 왜 걱정을 하고 있는가?
(A) 회사는 경쟁력을 잃은 것처럼 보인다.
(B) 운영비가 증가하고 있다.
(C) 생산 능력이 제한적이다.
(D) 많은 항의를 받아오고 있다.

97. 시각 자료를 보시오. 어떤 회사를 인수하겠는가?
(A) Zerox   (B) FreeTech
(C) ASCOM   **(D) DE Corporation**

95 키워드 문제는 키워드 기준 앞뒤 문장에 답이 나온다. ▶ report

STEP 1 키워드 문제는 담화에서 해당 키워드 앞뒤에서 답이 들린다.

As you see on the second page of the report의 뒤 "last month's printer sales exceeded our expectations"의 과거시제를 통하여 지난달 프린터 판매량이 예상보다 많았다는 점을 언급하고 있으므로 정답은 (B)이다.

— 담화 중 들리는 단어는 구체적이지만 답은 항상 포괄적인 단어로 paraphrasing이 된다.
exceeded → (B) higher than

STEP 2 함정 유형 및 오답 패턴

(A) A team has been nominated for a monthly ~~award~~. ▶ award 언급 없음
(B) Sales are higher than expected. ▶ 정답
(C) A new executive has been hired. ▶ exceeded의 유사 발음 오류
(D) A business will be merged.

96 문제점은 But/However 다음에 나온다.

STEP 1 주로 But이나 However, Actually 등의 역접이나 반전을 의미하는 접속사나 부사 등이 나오면 그 뒤에 정답을 동반하는 경우가 많다.

역접 접속사 but 앞에는 프린트에 대한 수요가 높아지고 있음을 언급하지만 "but it's put a strain on our production capabilities"는 현재 생산 능력에 많은 부담을 주고 있다는 내용으로 화자가 우려하고 있음을 알 수 있다. 따라서 정답은 (C)이다.

STEP 2 함정 유형 및 오답 패턴

(A) The company seems to have lost its competitive edge. ▶ company를 반복하므로 오답이다.
(B) The operating costs have increased. ▶ getting high를 increased로 연상한 오답이다.
(C) The production capacity is limited. ▶ 정답
(D) Numerous complaints have been received.

97 시각 자료 ▶ 그래프는 수량에 대한 언급에서 답이 나온다.

STEP 1 그래프는 대상의 비교를 위한 것이므로, 서수, 최상급, 수량 표현으로 정답을 파악해야 한다.

담화의 하단부 "purchase a small manufacturer"와 "currently holds 10 percent of the market share"에서 시장 점유율 10%를 보유하고 있는 소규모 제조업체의 매수가 언급되어 있으므로 이에 해당하는 (D) DE Corporation이 정답이다.

어휘 staff meeting 직원회의 sales report 판매 보고서 exceed 초과하다 expectation 기대 demand 수요 put a strain on ~에 부담을 주다 assembly line 조립 라인 meet 충족시키다 manufacturer 제조사 establish 설립하다 hold 보유하다 market share 시장 점유율 region 지역

Questions 98-100 refer to the following telephone message and route options.

Hi, Kevin. This is Julie. I'm really excited to attend the **conference** at McLean **this Friday**. You know, it is my first time joining an international conference since I started working here at JML Fashion. Anyway, I checked the directions this morning. The shortest route only takes 50 minutes, but unfortunately, it costs a lot — there are three tolls on the way. So I think we'd better take another route. It will **take** approximately **70 minutes**. It's a little longer, but I think it's the most economical and fastest way for us since it has only **one toll**. Oh, and **would you mind checking the schedule** to see what time the conference ends? I left mine at my office, and I have to reschedule my doctor's appointment on that day.

98 — A
100 — D
100 — A, B

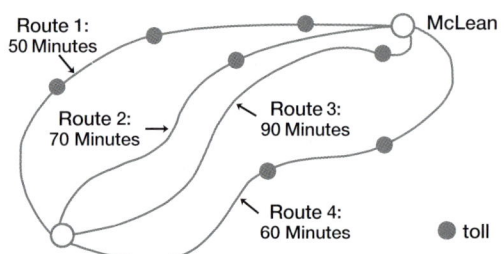

98. According to the speaker, what type of event is being held?
(A) An international ~~fashion show~~
(B) An annual picnic
(C) An industrial conference
(D) A job fair

주제(행사의 유형) / 상
└ 첫 두 줄에 답이 나오므로 집중하여 듣자.

99. Look at the graphic. Which route does the speaker recommend taking?
(A) Route 1
(B) Route 2
(C) Route 3
(D) Route 4

시각 자료 / 추천 경로
└ 역접 접속사 But에 집중하여 듣자.

100. What is the listener asked to do?
(A) Reschedule an appointment
(B) Confirm a ~~reservation~~
(C) Check a timetable
(D) Sign up for an ~~event~~

청자 / 요청 / 하
└ 권유/제안 표현에 집중하자.

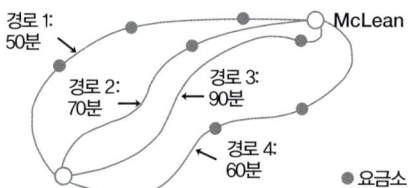

약 70분 정도 걸릴 거예요. 약간 길긴 하지만 통행료를 한 번만 내기 때문에 가장 경제적이면서 가장 빠른 경로일 듯합니다. 아, 그리고 학회가 몇 시에 끝이 나는지 시간표 좀 확인해 주시겠어요? 사무실에 제 일정표를 두고 왔는데, 제가 그 날짜로 병원 예약을 다시 잡아야 하거든요.

안녕하세요, Kevin 씨. 저 Julie예요. 이번 주 금요일에 McLean에서 진행되는 학회에 참석하게 되어 매우 기쁩니다. 저기, 제가 이곳 JML Fashion사에 근무한 이래로 국제 회의에 처음 참석하게 됐습니다. 그건 그렇고, 제가 오늘 아침에 거기 가는 방향을 확인했습니다. 가장 짧은 경로는 50분밖에 걸리지 않지만, 안타깝게도 비용이 많이 듭니다. 가는 길에 요금소가 세 개가 있어요. 그래서 제 생각에는 저희가 다른 노선을 택하는 게 나을 것 같습니다. 이 노선은 대

98. 화자의 말에 따르면, 어떤 종류의 행사가 열릴 예정인가?
(A) 국제 패션쇼
(B) 연례 야유회
(C) 산업 학회
(D) 직업 박람회

99. 시각 자료를 보시오. 화자가 추천하는 경로는 무엇인가?
(A) 경로 1
(B) 경로 2
(C) 경로 3
(D) 경로 4

100. 청자가 요청받는 것은 무엇인가?
(A) 약속 시간 변경
(B) 예약 확정
(C) 시간표 확인
(D) 행사 신청

98 답은 순서대로 배치된다.

STEP 1 행사의 유형을 묻는 문제는 첫 두 줄 안에서 답이 나온다.

attend the conference at McLean this Friday, international conference와 JML Fashion를 통해 이번 주 금요일에 개최되는 패션 산업 학회에 화자가 참석할 예정임을 말하고 있다. 따라서 정답은 (C) An industrial conference 이다.

STEP 2 함정 유형 및 오답 패턴

(A) An international fashion show ▶담화와 보기의 international의 수식 대상이 다르다.
(B) An annual picnic
(C) An industrial conference ▶정답
(D) A job fair

99 시각 자료 ▶ 시각 자료 문제에서 보기는 대화에서 들리지 않는다.

STEP 1 보기가 경로이므로 시각 자료에서 그 외의 부분을 확인하면서 담화를 들어야 한다. 따라서 보기에 언급되지 않은 시간 혹은 통행료 징수 횟수에 관한 단어를 들어야 한다.

담화의 "we'd better take another route. It will take approximately 70 minutes"와 "since it has only one toll"을 통해 70분이 걸리며 통행료를 한 번 내는 구간인 (B)가 정답이다.
- 〈But / However〉의 역접 또는 반전을 의미하는 표현 뒤에는 결정적인 답의 단서가 나오므로 주의하자!

100 수동태 문제는 권유, 제안 표현을 들어야 한다.

STEP 1 수동태 문제 유형은 주로 청자에게 요청 혹은 제안하는 것이므로, 청자를 언급하는 **You will ~**의 표현, 명령문, 혹은 청유의문문을 사용한다.

담화의 하단부 "would you mind checking the schedule to see what time the conference ends?"에서 학회가 언제 끝나는지를 일정표에서 확인해 달라고 부탁하고 있으므로 화자가 청자에게 요청한 것은 (C) Check a timetable 인 것을 알 수 있다.
- 담화에서 들리는 단어는 구체적이지만 답은 항상 포괄적인 단어로 paraphrasing이 된다.
schedule → (C) timetable

STEP 2 함정 유형 및 오답 패턴

(A) Reschedule an appointment ▶화자의 미래 정보이므로 오답이다.
(B) Confirm a reservation ▶appointment에서 연상한 오답이다.
(C) Check a timetable ▶정답
(D) Sign up for an ~~event~~ ▶conference에서 연상한 오답이다.

어휘 conference 회의, 학회   direction (위치, 이동의) 방향   anyway 그건 그렇고   route 경로, 노선   cost (값, 비용이) ~이다, 들다   toll 통행료   approximately 거의, 대략   economical 경제적인, 실속 있는   end 끝나다   appointment (업무 관련) 약속

101

(Before taking on a managerial position), you / must have / enough experience
　　　　　전치사구　　　　　　　　　　　주어　　　동사
and qualifications / and / understand / how / ─────── aspect (of your company) / runs.
　목적어　　　　접속사　　동사2　　　접속사　　　　　　　　　주어3　　　　　　　　동사3

> **수량형용사는 명사와의 수일치를 확인한다.**
> ─── **aspect (of your company) + runs**

STEP 1 빈칸은 명사 aspect를 수식하는 형용사 자리이다.
명사 aspect는 가산명사이므로 단수의 aspect 앞에는 한정사 역할을 하는 형용사가 와야 한다. 따라서 일반형용사인 (C) whole, (D) complete는 오답이다.

STEP 2 each는 단수 가산명사를 받고, all은 복수 가산명사를 받는다.
따라서, 정답은 (B) each이다.

STEP 3 수량형용사는 명사와 수일치를 확인하자.
① each/one/another + 단수 가산명사
② many/a few/numerous + 복수 가산명사
③ much/a little/an amount of + 불가산명사

해석 관리직을 맡기 전에, 여러분은 충분한 경험과 자격을 갖추어야 하고 회사의 각 측면이 어떻게 돌아가는지 이해해야 한다.
어휘 qualification 자격　run 돌아가다
정답 (B)

102

Elizabeth Zane's teaspoons, / (in varying decorative shapes and sizes and
　　　주어　　　　　　　　　　　전치사구
approximately between $25 and $45,) / can be sold / (as a collection) / or / (───────.)
　　　　　　　　　　　　　　　　　　동사(완전한 문장)　　전치사구　　　　등위접속사

> **등위접속사는 같은 성분을 연결한다.**
> **as a collection + or + ───────**

STEP 1 등위접속사 or는 앞뒤 문장에서 답을 결정하는 단어들을 확보한다.
동일 단어가 반복되면 생략이 가능하다. 따라서 or 앞에 as a collection의 전치사구가 있으므로 빈칸의 자리는 두 가지 경우의 수를 생각할 수 있다.

① as a가 동일하게 반복돼 생략되는 것으로 보아 명사 separation이 오는 경우
② as a collection을 부사구로 보아 부사가 오는 경우

빈칸은 팔리는 물건의 단위를 언급해야 하므로, ①의 경우 as a separation이 되면 '분리로써'가 되어 판매 단위 언급에 해당하지 않기에 오답이다. 따라서 정답은 부사인 (A) separately(개별적으로)이다. 물건의 판매 단위가 '모음으로 혹은 따로따로'의 뜻이다.

STEP 2 완전한 문장 뒤에는 부사가 와야 한다.
Elizabeth ~ can be sold라는 완전한 문장 뒤에는 부사가 위치하므로 원래는 as a collection 대신 부사 collectively가 와서 〈부사 or 부사〉의 구조를 가진다. 그러나 collectively는 '집합적으로'의 의미로 '집단이나 단체'를 의미해 판매 단위를 언급해야 하는 위 문장에서는 의미상 올 수 없다. 그래서 단위를 표현하기 위해 as a collection을 사용한 것이다. 이와 반대로 separately는 '개별적으로, 따로따로'의 단위를 나타낼 수 있어서 본래 품사 우선의 원칙에 의해 빈칸에 위치하게 된다.

STEP 3 등위접속사는 같은 성분의 단어와 단어, 구와구, 절과 절을 연결한다.
〈명사 and 명사〉, 〈동사 or 동사〉와 같은 연결 대상의 품사를 확인하자.

등위접속사	– 문두에 나올 수 없다. – 동일 부분을 생략하고 〈구와구〉, 〈단어와 단어〉를 연결할 수도 있다. (단, so는 앞뒤에 완전한 문장을 받는다.)

해석 장식 모양과 사이즈가 다양하고 대략 25불에서 45불 사이의 가격인 Elizabeth Zane의 찻숟가락은 묶음 또는 낱개로 구매할 수 있다.
어휘 decorative 장식용의
정답 (A)

103

The elevator / could carry / ─── of five thousand kilos (per day), / which /
　　주어　　　　동사　　　　　　　　　　　목적어　　　　　　　부사구　　　문장 대체 접속사겸 주어2
means / it / could deliver / over a million kilos of material (per year).
동사2　주어3　　동사3　　　　　　　목적어3　　　　　　　　　　부사구

> **가산명사 vs 불가산명사를 구분하라.**
> 타동사 carry + ─── of + 숫자 명사

STEP 1 빈칸은 타동사 carry의 목적어 자리에 해당하는 명사 자리이다.
보기 중 과거분사(p.p.)인 (A) loaded는 오답이다.

STEP 2 (B) load, (D) loader는 가산명사이므로, 관사가 동반되지 않으면 오답이다.
따라서 정답은 (C) loads이다. 참고로 a load of / loads of는 '많은, 한 짐의'의 의미를 지닌, 단위를 나타내는 구임을 또한 알아두자.

STEP 3 a+명사+of = 형용사

> a number of 많은 / a variety of 다양한 / a series of 일련의 + 복수명사
> a load of = loads of = a lot of = lots of : 많은 + 복수/불가산명사

> **해석** 엘리베이터는 하루에 5000kg의 짐을 나를 수 있고 이것은 년간 100만kg 이상의 자재를 나를 수 있다는 것을 의미한다.
> **어휘** material 자재
> **정답** (C)

104

The Committee / was not / ─── convinced (of the need)
　　주어　　　　　동사　　　　　　　　보어　　　　　전치사구
(to establish an additional facility and branches) (in Vietnam.)
　　명사 need를 수식하는 형용사구　　　　　　　　　전치사구

> **부사 어휘 문제는 수식받는 대상을 함께 확인하자.**
> was not + ─── + 보어(convinced)

STEP 1 빈칸은 보어 convinced를 수식하는 부사 자리이다.
보기 모두 부사이므로, 의미와 구조상 적절한 것을 찾아야 한다. (B) enough는 형용사나 부사 뒤에서 수식하므로, 구조상 오답이다.

STEP 2 부정 부사 not과 함께 어울리는 적절한 부사 어휘를 찾아야 한다.
일단 (D) surely는 surely not의 구조로 위치하므로 오답이다. (C) almost는 not completely(완전하지 않은)의 의미를 이미 나타내므로 not을 따로 붙이지 않고 숫자나 완료의 동작 동사를 수식한다. 참고로 not과 함께 부분 부정이 될 수 있는 건 all, always 같은 완전한 대상일 때임을 주의하자. 따라서 정답은 '충분히 확신하고 있지 않았다'에서 '충분히, 완전히'의 (A) fully이다.

STEP 3 수식하는 대상이 다른 부사 어휘
① very/extremely+형용사/부사: 매우
② 형용사/부사+enough: 충분히 ~한/충분히 ~하게
③ much+형용사/부사의 비교급/최상급: 훨씬

> **해석** 위원회는 베트남에 추가 시설과 지점을 설립할 필요성을 충분히 납득하지 못했다.
> **어휘** committee 위원회 convinced 확신하는 facility 시설
> **정답** (A)

105

(These days), (for brands) (that / want to provide / ─────)
　　　부사구　　　전치사구 주격관계대명사　동사1
social customer service), it / is / more important /
　　　목적어　　　　　　　가주어 동사　　보어
(than ever) to establish close relationships with their customers.
　　부사　　to부정사 진주어

부사+상태 형용사(good, bad)+명사 vs. 형용사+종류 형용사(economic)+명사
타동사 provide + ───── + 종류 형용사 social + 명사 customer service

STEP 1　빈칸은 **provide**의 목적어 **social customer service**를 수식하는 자리이다.
이미 형용사가 있는데, 그 앞에 다른 명사가 못 오므로 명사 (C) personality, (D) personalization은 오답이다.

STEP 2　종류 형용사는 부사의 수식을 받지 않는다.
형용사는 ① 명사의 성질이나 상태를 나타내는 일반 형용사와 ② 명사의 종류를 나타내는 종류 형용사로 크게 나뉜다. 부사는 성질이나 상태의 정도를 수식할 수 있지만, 종류를 수식할 수는 없음에 주의하자. social customer service(사회 고객 서비스)의 종류 형용사 social은 부사의 수식을 받지 않으므로, 빈칸에는 명사 customer service를 수식하는 또 다른 형용사가 와야 한다. 따라서 정답은 형용사 (A) **personalized**(개인화된)로 '개인 맞춤형 사회 고객 서비스'의 뜻이다.

> **해석**　요즘 개인 맞춤형 사회 고객 서비스를 제공하고 싶어 하는 브랜드들에게는 자사의 고객과 친밀한 관계를 구축하는 게 어느 때보다도 더 중요하다.
> **어휘**　than ever 그 어느 때보다도　personality 성격, 인격　personalization 개인화, 인격화　**정답 (A)**

106

(In order to connect to the Internet), you / will need to put in / the
　　　　　　　부사구　　　　　　　주어　　　　주에　　동사
user name and password / (that / was given / to you)
　　　목적어　　　　주격관계대명사　동사2　전치사구
(when / you / set up / your account (───── the Internet Service Provider).
　부사절 접속사 주어3 동사3　목적어3　　　　　　　　전치사구

전치사 with는 동반/책임을 의미한다.　완전한 문장 + ───── + 명사 (업체명)

STEP 1　전치사는 뒤의 명사에 의해 결정된다.
빈칸 뒤 명사는 the Internet Service Provider라는 업체명으로, 보기의 전치사와 모두 연결되기 때문에 앞의 내용을 파악해야 한다.

STEP 2　비슷한 의미의 전치사 어휘 문제는 해석만으로는 답이 나오지 않는다.
(A) of는 해석상 '그 업체의 계정'이라 자연스럽지만, of는 '소유/소속/구성 요소'를 의미하므로 불특정 다수의 개인이 만든 계정이 회사의 소유가 될 수는 없다. (B) at은 지점을 나타내어, 앞 문장과 연결하면 '계정을 설정하는 바로 그 장소'의 뜻이지만, 문장의 password that was given to you(귀하에게 주어진 비밀번호)를 통해 password를 줄 수 있는 관리와 책임을 가진 업체를 말하고 있으므로 오답이다. (D) with는 보통 '동반/동행'의 의미로 쓰이나, '주관/책임/관리'를 뜻하기도 한다. 업체에서 관리 책임지는 계정의 의미로 (D) **with**가 정답이다.

STEP 3　**at**과 **on**은 시간과 장소를 나타내는 기본 전치사이다.
① at+시점 명사/지점 명사(주소/전화번호)　　② on+요일, 날짜 명사/거리, 층수
그 밖에도 at은 거리/속도/가격 명사와 함께 어울리고, on은 '~에 관하여'의 about의 의미로 주제를 나타내는 전치사로도 사용됨을 알아두자.

> **해석**　인터넷에 연결하기 위해서는 사용자명과 Internet Service Provider의 계정을 설정했을 때 받은 비밀번호를 입력해야 할 것이다.
> **어휘**　put in 입력하다　set up one's account 계정을 설정하다　**정답 (D)**

107

——— / our marketing team / had expected / the GLOBE Innovation Expo /
　　　　　주어　　　　　　　동사　　　　　　　　목적어
to be a success, the reviews (from the attendees) (still) / overwhelmed / all of us.
목적보어　　　　　주어2　　　　　전치사구　　　부사　　　동사2　　　목적어2

> **부사절의 접속사는 문장의 논리관계를 확인하라.**
> ——— + 완전한 문장, 완전한 문장

STEP 1 빈칸은 문장과 문장을 이어 주는 접속사가 들어갈 자리이다.
보기 중 (C) Even so는 부사이므로 오답이다.

STEP 2 부사절 접속사는 시간의 순서를 언급할 수 있다.
빈칸 이하의 절이 had expected인 과거완료고 주절이 overwhelmed인 과거이므로 의미상 시제의 일치를 나타내야 하는 (A) Whenever(언제 ~일지라도)는 오답이다. 이유/원인의 접속사 (D) Because는 〈나중+because+먼저 발생〉의 시제 구조로 시제 상으로는 어울리지만, 주절의 부사 still이 '그런데도'의 의미이다. 앞뒤 내용이 〈기대치+———+놀랍거나 기대치와 다른 내용〉이므로 답이 될 수 없다. 따라서 기대치의 반대나 대조를 의미하는 (B) Although가 정답이다.

> **해석** 우리 마케팅 팀은 GLOBE Innovation Expo의 성공을 예상했지만 그런데도 참석자들로부터 받은 평은 우리 모두를 어쩔 줄 모르게 했다.
> **어휘** attendee 참석자　overwhelm 어쩔 줄 모르게 만들다　**정답** (B)

108

FedEx / makes / three ——— / to deliver a package
주어　　동사　목적어　　　　빈칸의 명사를 수식하는 형용사구
and (following the third one), the undeliverable package / will be
접속사　　전치사구　　　　　　　　　주어2　　　　　동사2
held (at our local office) and available (for pick-up for seven days).
　　　전치사구　　　　　　　　　　　　전치사구

> **동사 make와 함께 쓰이는 명사 어휘**
> makes + ——— + to부정사

STEP 1 빈칸은 makes의 목적어이자 to부정사의 수식을 받는 명사 어휘 자리이다.
make는 '새로 만들어내다'의 의미로 effort(노력), decision(결정), mistake(실수) 같은 명사와 주로 어울린다. 따라서 '시도하다'의 의미로, to부정사의 수식을 받는 명사 (A) attempts가 정답이다.

STEP 2 목적이나 목표를 의미하는 (B) purposes, (C) goals는 달성하는 것이므로 주로 achieve 같은 동사와 어울리므로 오답이다.
또 경험의 (D) experiences는 가지는 것이므로 동사 have와 어울린다.

[명사+to부정사] to부정사를 동반하는 명사 list

ability to do ~할 수 있는 능력	effort to do ~하려는 노력
incentive to do ~하기 위한 우대	plan to do ~할 계획
right to do ~할 권리	way to do ~하는 방법
chance to do ~할 가능성/기회	attempt to do ~하려는 시도

> **해석** FedEx사는 상품 배송 시도를 세 번 하고, 세 번 후에 배달할 수 없는 소포는 찾아갈 수 있게 7일 동안 우리 지역 사무실에 보관될 것이다
> **어휘** following ~ 후에　undeliverable 배달할 수 없는　pick-up (맡긴 물건) 찾아가기
> **정답** (A)

109 The tasks / (involved in maintaining this apartment) ──── (within the responsibilities)
　　　　주어　　　　　형용사구　　　　　　　　　　　　　　　　전치사구
(of our on-site maintenance personnel) who / are (always) / happy (to assist you).
　　　전치사구　　　　　　　　　　　　주격관계대명사 동사2　　보어　　부사구

> 동사 어휘 문제는 먼저 자/타동사를 확인하고 의미 관계를 따져야 한다.
> 주어(The tasks) + ──── + 전치사(within) + 명사

STEP 1　빈칸은 뒤에 전치사 within이 오고 보기의 동사 형태가 능동이므로, 자동사가 들어갈 자리이다.
타동사인 (A) have, (C) present는 답이 될 수 없다. (B) cover는 타동사로는 '포함시키다'이지만, 자동사로는 '다른 사람 일을 대신하다'로 전치사 for와 쓰인다.

STEP 2　동사가 이어주는 주어와 목적 대상의 관계를 확인하라.
구체적인 명사 task는 포괄적인 명사 responsibility에 속하므로 '~에 속하다'의 (D) fall이 정답이다. (A) have나 (B) cover는 주어가 목적 대상을 포함할 때 쓴다.

STEP 3　fall은 자동사로 다양한 전치사와 함께 쓰인다.
① 아래로 움직임을 의미하여 '떨어지다' 또는 '쓰러지다, 감소하다'의 의미로 쓰이다. 함께 쓰이는 부사/전치사는 down/ from, to이다.
② become의 의미로 fall in love(사랑에 빠지다)의 표현도 있다.
③ 어느 그룹에 '속하다'의 의미로 into/within/under 등과 함께 쓰인다.
④ 소속/책임/범위/유형 등을 의미한다.

> 해석　이 아파트 관리와 관련된 업무는 언제든 기꺼이 당신을 도와주려는 현장 관리 직원들의 책임에 속합니다.
> 어휘　on-site 현장의, 현지의　personnel 직원　assist 도와주다
> 정답　(D)

110　If / ──── (of these products / are / available (at a store) where /
　　　　접속사　주어　　　　　　　　　　　동사1　　보어　　　　　형용사절 접속사
you / (normally) shop, (then) visit / our Web site / and / place / an order.
주어2　　　동사2　　　　　　동사3　　　목적어3　　접속사　동사4　목적어4

> 부정을 의미하는 부사, 형용사, 대명사를 구분하라.
> 접속사 + ──── + of + 복수명사 + 복수동사(are)

STEP 1　빈칸은 If절의 주어로 전치사 of 이하의 수식을 받는 명사 자리이다.
보기 중 형용사 (A) no, 부사 (B) not은 오답이다. (C) nothing은 명사이지만, of 이하 전치사구 수식을 받지 못하므로 답이 될 수 없다. 정답은 (D) none이다.

STEP 2　대명사 no one vs. none vs. nothing

대명사	no one	none	nothing
받는 대상	사람	사람, 사물, 불가산, 가산	사물
of 이하 전치사구 수식 가능 여부	x	o	x

> 해석　고객님이 평소에 쇼핑하는 상점에서 이 상품들 중 어느 것도 구매할 수 없으시다면 그때는 저희 웹사이트를 방문하셔서 주문해 주십시오.
> 어휘　available 구할 수 있는, 이용할 수 있는　place an order 주문하다
> 정답　(D)

111 (Only when stepping back) ——— analyze / a complicated situation
분사구문=부사구 　　　　　　　동사원형　동사원형 analyze의 목적어
(from various aspects), so that / we / can handle / any kind of problems (related to our job).
전치사구　　　　접속사　주어2　동사2　　　　목적어2　　　　　분사구문=형용사구

도치구문으로 문두에 only가 오면 주어와 동사의 어순이 바뀐다.
only 분사구문(Only when stepping back) + ——— + 동사원형

STEP 1 〈접속사+분사〉 구조에서 분사는 본동사의 개수에 포함한다.
먼저 [접속사+1 = 동사의 개수]를 확인해 보자. 문장에 접속사가 when, so that 두 개이므로 본동사는 3개가 되어야 한다. 따라서 빈칸은 동사원형 analyze를 취할 수 있는 동사가 와야 한다. (C) in order to는 동사원형을 받지만 부사구가 되어 본동사로 볼 수 없으므로 답이 될 수 없다. (B) our ability는 명사이므로 오답이다. 보기 중에 동사를 포함하고 있는 건 (A) is able to와 (D) are we able to뿐이다.

STEP 2 문장에 주어가 없을 땐 분사가 되거나 명령문의 동사원형이 나와야 한다.
본동사 형태의 (A) is able to는 행위의 주체인 주어가 없으므로 오답이다. 뿐만 아니라 be able to do는 능력을 나타내는 행위의 주체가 와야 한다. 따라서 정답은 (D) are we able to이다. 〈be동사+주어+형용사+to부정사〉로서 도치가 되었다.

STEP 3 부사 only가 강조를 위해 문두에 오면, 주절의 동사는 주어 앞으로 도치된다.
원래 문장으로는 We are able to analyze ~ only when stepping back.이 된다.

해석 한걸음 물러나 생각하면 복잡한 상황을 다양한 측면에서 분석할 수 있고 그러면 우리 일과 관련된 어떤 문제도 처리할 수 있다.
어휘 step back 한 걸음 물러나 생각하다   aspect 측면   related to ~와 연관된
정답 (D)

112 These proposals, (some of ———) / have already been accepted (by the government)),
주어　　　　　주어2　　　　　　　　동사2　　　　　　전치사구
include / the reform (of fuel policies) / and / the expansion (of social safety net coverage).
동사1　　목적어　　　　　　　접속사　　　　목적어2

본동사 개수=접속사 개수+1
주어, + (some of ——— + 동사), + 동사

STEP 1 [접속사+1=본동사의 개수]
문장의 본동사가 have been accepted, include 2개이므로, 빈칸은 이들을 연결할 접속사와 전치사 of의 목적어 역할을 동시에 할 수 있어야 한다. 따라서 대명사 (A) them, (C) those는 오답이다.

STEP 2 〈수사, 부분/수량대명사+of〉 뒤에 오는 관계대명사는 which/whom 뿐이다.
빈칸은 구조상 proposals를 선행사로 받는 관계대명사로 (B) that, (D) which가 정답이 될 수 있지만, 관계대명사 that 의 경우 전치사 뒤에 위치하지 않으므로 오답이다. 정답은 (D) which이 된다.

① 사람 선행사 + all/most/half ~ of whom + 불완전한 문장
② 사물 선행사 + all/most/half ~ of which + 불완전한 문장

해석 이 제안들은 정부가 이미 일부 승인한 것으로 유류 정책 개선과 사회 안전망 보장 확대를 포함하고 있다.
어휘 reform 개혁, 개선   safety net 사회 안전망   coverage 보급, 보장
정답 (D)

113 The latest reports / suggest / that / Samsung's next mobile phone / will be /
　　　　주어　　　　동사　접속사　　　　주어2　　　　　　동사2
its most expensive / ─────, (exceeding the $1,000 mark for the first time).
　　보어　　　　　　　　　　　　　　　분사구문=부사구

> **최상급을 뒤에서 수식하는 부사**
> 주어 + will be + 최상급(its most expensive) + ─────

STEP 1 빈칸 앞은 〈주어+be+보어〉의 완전한 문장으로 빈칸은 부사 자리이다.

빈칸 앞의 its most expensive라는 최상급을 강조하는 부사가 필요하다.
(A) just as는 ── as의 원급을 강조하는 부사이고, (B) later는 '이후에'로 시간이나 순서를 나타내는 부사여서 오답이다.

STEP 2 최상급을 수식하는 부사의 위치

(D) very는 최상급을 강조할 때 최상급 앞에서 〈the very + 최상급〉의 형태로 쓰이므로 오답이다. 따라서 정답은 최상급 뒤에 위치하여 최상급을 강조하는 (C) yet이다.

비교급과 최상급을 수식하는 부사

① 비교급 수식 부사	② 최상급 수식 부사	③ 주의해야 할 비교급/최상급 수식 부사
much, (by) far, even, still, a lot	much, (by) far, the very	yet+비교급, the 최상급+yet

해석 최근 보고서는 삼성의 다음 휴대폰이 사상 처음 1,000달러를 넘어섬으로써 지금까지 중 가장 비싼 것일 거라고 시사하고 있다.
어휘 suggest 시사하다　exceed 넘다, 초과하다　mark 정도, 수준
정답 (C)

---

114 This versatile table, (model no. 2301), / is designed to fit / (compactly) (for daily use) / and /
　　　　　주어　　　　　　　　동격의 명사　　　　　동사　　　　　　　　　　　　　　　　　접속사
(conveniently) ───── / to seat a big party of ten (for special occasions).
　　　　　　　　동사2　　　　　　　　　　　　　　　　부사구

> **등위접속사는 문장에서 동일한 부분을 생략할 수 있다.**
> 주어(This versatile table) + 동사(is designed)+ and + ─────

STEP 1 빈칸은 등위접속사 and가 연결하는 대상으로 적절한 동사 형태가 들어가야 한다.

and 앞의 동사는 is designed이고, 빈칸은 주어인 This versatile table이 생략된 단수 동사 형태의 (B) expands가 정답이다.

STEP 2 오답 분석

(A) expand는 주어가 복수일 경우 사용하고, (C) expanded는 과거시제이므로, 과거 시간 부사가 언급되지 않는 한 해당 문장에서 쓸 수 없다. (D) be expanded의 be는 조동사 뒤에 위치하는 게 일반적이므로 문제에서는 오답이다.

해석 모델 번호 2301인 이 다용도 테이블은 일상에서 쓰기에 꼭 맞게 소형으로 디자인되었고 특별한 경우에 10명이 앉을 수 있게 편리하게 확장된다.
어휘 versatile 다용도의, 다재다능한　compactly 빽빽하게, 소형으로　seat 앉히다
정답 (B)

115 Lake Front Towers / (located in the heart of Toronto) / has / one
　　　　주어　　　　　　　분사구문　　　　　　　동사　목적어
hundred rooms, ――――― (with a view of the city).
　　　　　　　　　　　　　　　전치사구

> **부분대명사와 관계대명사의 생략**
> 완전한 문장 + ――――― + (전치사구)

STEP 1　문장에서 생략된 것이 무엇인지를 확인하라.
원래 문장 ――― (of which are) with a view of the city에서 관계대명사와 be동사가 생략됐다. 따라서 빈칸에 선행사 rooms를 받을 수 있는 부분대명사가 들어가야 한다. 부사인 (C) almost와 형용사인 (D) such는 답이 될 수 없다.

* **부분 관계대명사 〈수사/부분대명사/수량형용사+of which/whom〉**
all(전체), half(절반), most(대부분), both(두 개), many(많은 것), some(일부)+of+whom/which

STEP 2　셀 수 있는 가산명사 rooms를 받을 수 있는 대명사는 (B) most이다.
(A) much는 불가산명사를 받는 대명사로 오답이다.

* **most의 네 가지 출제 포인트**
① the most+형용사/부사: 최상급　② the most+명사: many, much의 최상급
③ 부분대명사: most+of+특정 명사　④ 일반 형용사: most+명사 '대부분의'

> **해석**　토론토 중심부에 위치한 Lake Front Towers는 100개의 객실이 있으며, 객실 대부분이 도시 전경이 보인다.
> **어휘**　in the heart of ~의 중심부에　view of the city 도시 전경
> **정답**　(B)

---

116 Please note / that / employees / are not able to take / paid annual leave ――――― they /
　　　　　동사1　명사절접속사　주어2　　　동사2　　　　　목적어2　　　　　　　주어3
have completed / (at least) one year's continuous service (from the date of employment).
　　동사3　　　　　　　　　　목적어3　　　　　　　　　　전치사구

> **상태 지속 + until + 시점 vs. 1회성 동작/완료 + by the time + 시점**
> 완전한 문장 + ――――― + 주어 + 동사

STEP 1　빈칸은 that절 이하의 완전한 두 문장을 연결하는 부사절 접속사 자리이다.
보기 접속사들은 모두 부사절 접속사지만 해석이나 의미로 접근해서는 안 된다.

STEP 2　시간 부사절 접속사들은 시제와 동사의 유형을 파악하라.
[상태 지속 + until + 시점] vs. [동작 완료 + by the time + 시점]
빈칸 뒤 동사는 complete로 1회성 동작이나 행위의 완료로 끝나는 시점을 의미하며 주절의 not able to take annual leave는 연차를 쓸 수 없는 상태를 의미하므로 정답은 (A) until이다. 참고로 not ~ until … '…일 때 (비로소) ~하다'도 알아두자.

STEP 3　오답을 확인하라.
(C) when은 주절과 부사절의 동사 시제가 동일해야 한다. 하지만 적어도 일 년(at least one year's ~) 지나서야 휴가를 갈 수 있다는 내용이 되어야 하므로 논리가 맞지 않아 오답이다.

> **해석**　직원들은 고용된 날짜로부터 적어도 1년간 연속적으로 근무를 했을 때야 유급 연차 휴가를 받을 수 있다는 것을 알아두시기 바랍니다.
> **어휘**　note 주의하다, 주목하다　paid annual leave 유급 연차 휴가　continuous 지속적인
> **정답**　(A)

117 (In most cases), all outdoor activities for students / ──────── (when /school/
　　　　　전치사구　　　　　주어　　　　　　　　　동사　　　접속사　주어2
has been closed (all day) / or / closed early).
　　동사2　　　　부사　　접속사　　부사

> 부사절 접속사는 시제 순서를 파악하자.
> 주어 + ──────── + when + 주어 + has been p.p.

STEP 1　동사 형태 문제는 수 → 태 → 시제 순으로 파악하자.
빈칸은 타동사 cancel이 들어갈 본동사 자리이다. 빈칸 뒤에 목적어가 없으므로 수동태형이 필요하다. 따라서 능동태인 (B) have canceled는 오답이다.

STEP 2　동사의 시제는 시간 부사나 시간 접속사절의 동사로 파악한다.
빈칸의 동사와 어울리는 시간 부사가 없으므로 시간 접속사 when절의 동사인 현재완료 시제와 어울리는 적절한 시제를 찾아야 한다. 시간 부사절에서는 미래시제 대신 현재시제를 쓰게 되므로 빈칸에는 현재나 미래시제를 사용해야 한다. 그러므로 (D) will be canceled가 정답이다. (C) would have been canceled의 would have p.p.는 가정법 과거완료 시제로 사용됨을 유의하자.

시간 부사절에서 미래는 현재가, 미래완료는 현재완료가 대신한다.

종속절	주절
시간/조건 부사절 접속사 + 동사(현재시제) when/while/as/before/after/if	주어 + 동사(미래시제) will+동사원형

해석 대개의 경우, 학교가 하루 종일 휴교하거나 일찍 파할 때는 모든 야외 학생 활동이 취소될 것이다.
어휘 outdoor activities 야외 활동　all day 하루 종일
정답 (D)

---

118 Our new gift package (with ──────── health-care products) / will be released /
　　　　주어　　　　전치사구　　　　　　　　　　　　　　　　동사
(next month) (so as to meet the needs of current or potential customers).
　　부사　　　　부사구: ~하기 위하여(목적)

> 형용사 어휘는 수식받는 명사의 종류나 유형을 먼저 파악하라.
> with ──────── health-care products

STEP 1　사물 명사 products를 수식하는 적절한 형용사 어휘를 찾는 문제이다.
(B) comparable은 '비교할 만한'의 의미로 유사한 크기나 수, 질(quality) 등을 비교할 때 사용한다. (D) raised는 수나 양, 질 등이 올라가거나 개선된다는 의미 또는 questions나 concerns 등이 제기된다는 의미이므로 product와 쓰이지 않는다.

STEP 2　[valuable + 사람/사물/추상명사] vs [worthy + 사람]
사물(product)의 용도나 쓰임 등이 유용하거나 가치가 있다고 할 때는 (A) valuable을 쓴다. (C) worthy는 명사 앞에 쓰면 '사람들로부터 존경을 받는'의 의미로 products를 수식하기에는 적절치 않다. 따라서 정답은 (A) valuable이다. 참고로 worthy는 [be worthy of+사람/사물 ~]의 형태로도 쓸 수 있다.

해석 자사의 유용한 건강관리 제품의 새로운 선물 패키지가 현재 고객 또는 잠재 고객의 요구에 부응하기 위해 다음 달에 출시될 것이다.
어휘 health-care 건강관리　be released 출시되다　meet 맞추다, 부응하다　current 현재의　potential 잠재적인
정답 (A)

119 One of the reasons (Mr. Hicks / is widely respected (―――― so many people)) /
　　　　　　　　　　주어1　　　　주어2　　　　동사2　　　　　　　　　전명구
is / his great insight and a wealth of understanding of consumer behaviour.
동사　　　보어

> **수동태(be p.p.)에서 행위의 주체를 받는 전치사**
> is respected + ―――― + so many people

STEP 1 관계부사 why는 보통 생략한다.
기본 문장은 〈the reason (why)+완전한 문장〉에서 why가 생략된 One of the reasons is ~이다.

STEP 2 수동태(be+p.p.) 뒤에 행위의 주체를 받는 전치사 by
빈칸은 be respected의 동작의 주체인 so many people을 받을 수 있는 전치사 자리이다. 존경하는 행위의 주체를 so many people이 하는 것이므로 행위의 주체를 나타내는 (D) by가 정답이다. (A) plus는 A plus B의 구조로 사용해야 하므로 구조상 오답이고, (B) from은 출처나 출신을 나타내고, 어울리는 동사는 receive, get, obtain 등이다. (C) in은 시간이나 장소를 나타낸다.

> **해석** Hicks 씨가 그렇게 많은 사람들에게 널리 존경받는 이유 중의 하나는 그의 뛰어난 통찰력과 소비자 행동에 대한 폭넓은 이해 때문이다.
> **어휘** insight 통찰력　consumer 소비자 행동
> **정답** (D)

---

120 Our new customers / ―――― receive / a ten percent discount (on their first order at
　　　　　　주어　　　　　　　　　　　동사　　　　목적어　　　　　　　　　부사구
the site by entering their membership number and password).

> **일반적인 사실을 의미하는 현재시제와 함께 쓰이는 빈도부사**
> 주어 + ―――― + 동사

STEP 1 현재시제 동사 receive를 수식하는 부사 어휘를 찾아야 한다.
문장에는 별도의 시간 부사가 없으며, 현재시제(receive)로 '신규 고객은 첫 주문 시 10퍼센트의 할인을 받는다'는 일반적인 사실을 의미한다. 일반적인 사실을 나타낼 수 있는 빈도부사인 (A) customarily(관례상, 습관적으로)가 정답이다.

> **빈도부사의 위치**: ① 조동사와 본동사 사이 ② be/have동사와 과거분사 사이 ③ be동사 뒤, 일반동사 앞에 온다. usually, often은 문장 앞뒤에 모두 올 수 있지만, always는 문장 앞에 올 수 없다. 부정의 빈도부사(not, hardly, never, seldom)는 반드시 동사 앞에서 쓴다.
> * **주기**: hourly 한 시간마다　daily 매일　monthly 매월　yearly/annually 매년
> * **횟수**: once 한 번　twice 두 번　three times 세 번
> * **반복**: regularly 정기적으로　always 항상　frequently/often 종종, 자주　sometimes 어쩌다　usually 대개, 보통

STEP 2 오답 분석
(B) exactly는 '정확히, 딱'의 의미로 수나 양이 딱 맞거나 대상이 정확히 똑같거나 다름을 강조할 때 사용하는 강조 부사여서 동작을 나타내는 receive와 어울리지 않는다.
(C) repeatedly는 '반복적으로'의 의미로 문장 내 first order와 대치되어 오답이다.
(D) almost는 '거의'의 의미로 완전하지 않음을 나타낼 때 사용하므로 주로 숫자 혹은 동작의 완료를 수식한다.

> **해석** 자사 신규 고객은 관례상 사이트에서 처음 주문할 때 회원 번호와 비밀번호를 입력함으로써 10% 할인을 받는다.
> **어휘** password 비밀번호
> **정답** (A)

121 (In order to ─────── a refund request), a customer / should contact /
　　　　　　　　부사구(목적)　　　　　　　　　주어　　　　　동사
the Internet service provider (directly) (as set forth in the applicable policy).
　　　　　　목적어　　　　　　　　　부사　　　　　분사구문

> 동사 어휘는 자/타동사를 확인하고 어떤 류의 명사를 받는지 알아야 한다.
> ─────── + 환불 요청(a refund request)

STEP 1 먼저 목적어를 받을 수 있는 타동사를 선택하라.
빈칸은 a refund request를 목적어로 받는 적절한 타동사 어휘가 들어갈 자리이다.
따라서 자동사 (C) proceed(진행하다)는 오답이다.

STEP 2 타동사가 사람 vs. 사물 목적어를 받는지 확인하라.
(B) appoint는 〈appoint+사람+to (do) sth: (사람을) ~하라고 지명/임명하다〉의 의미로 사람 명사를 목적어로 받아야 하므로 오답이다. '요청하다'의 (D) ask는 명사 request와 그 의미가 중복되므로 사용하지 않는다. 따라서 정답은 (A) initiate(착수시키다, 개시하다)가 된다.

주의해야 할 사람 목적어를 받는 3형식 타동사

통보하다/알리다 류의 동사	지명하다, 임명하다 류의 동사
advise(조언하다), inform(알리다), remind(상기시키다), notify(통보하다), assure(확언하다), brief(간단하게 말하다)	appoint(임명하다), nominate(지명/추천하다)

해석 환불 요청 절차를 개시하기 위해서는 적용 정책에 나와 있듯이 고객이 인터넷 서비스 제공 업체로 직접 연락해야 한다.
어휘 set forth 발표하다, 제시하다　applicable policy 적용 정책
정답 (A)

122 (During the military parade), motorists / were stuck / (in traffic for two hours)
　　　　　전치사구　　　　　　　　　　주어　　　　동사　　　　전치사구
(on a five-kilometer ─────── of road) (between Lancaster City and Hamilton).
　전치사구(장소)　　　　　　　　　　　　　　전치사구

> 기간과 거리를 받는 명사를 구분하라.
> on a five-kilometer ─────── of road

STEP 1 five-kilometer / road는 길이(length)나 거리(distance)를 의미한다.
길이나 거리를 의미하면서 형용사의 수식을 받을 수 있는 명사는 '길게 뻗은 지역, 구간'을 의미하는 가산명사 (B) stretch이다. 이 외에 stretch는 지속되는 시간을 의미한다는 것도 알아두자. e.g. a stretch of two weeks 2주나 되는 기간

STEP 2 기간을 의미하는 명사는 물리적 길이를 나타내는 단어와 함께 못 쓴다.
(A) journey(가산. 여행), (C) duration(불가산. 지속 시간/기간), (D) period(가산. 기간)는 기간을 나타내므로 거리를 의미하는 kilometer나 road와 함께 쓰일 수 없다.

해석 군사 행렬 동안 운전자들은 Lancaster City와 Hamilton 지역 사이의 5km 도로 구간에서 2시간 동안 (정체되어) 움직일 수 없었다.
어휘 military parade 군사 행렬　be stuck in traffic 교통체증에 갇히다
정답 (B)

123 Southwestern Energy Company / is hosting / its 10th Annual Convention
　　　　　　　주어　　　　　　　　　동사　　　　　　　목적어
(next month) (where / all of our employees / will experience / a ─────
　부사구　　　형용사절　　　주어2　　　　　동사2
range of expert presentations, seminars, and hands-on demonstrations).
　　　목적어2

의미상 유사 어휘를 구분할 수 있어야 한다.
a ───── range of expert presentations

STEP 1 빈칸은 단수명사 range를 수식하는 형용사 자리이다.
(C) few는 복수 가산명사를 수식하며 단수인 range를 수식할 수 없으므로 오답이다. 유사 의미인 several도 오답으로 출제된 적이 있다.

STEP 2 '다양한'의 의미를 갖는 diverse vs. various vs. assorted를 구분하라.
range는 범위(나이, 거리)나 한계, 제품 등을 의미하기도 하지만 보통 a range of ~는 '많은(a number of) ~'의 의미로 쓰인다. 좀 더 정확하게 말하면 서로 다르지만 일반적으로 동일한 유형(type)일 때 쓰게 된다. (B) various는 유형(type)이 다른 것을 의미하므로 답이 될 수 없다. (D) assorted 역시 여러 다양한 유형(type)을 의미하므로 답이 될 수 없다. (A) diverse는 단지 서로가 다름(very different from each other)을 의미하므로 동일한 유형(type) 내에서 서로 다른 여러 개를 의미하므로 정답이다.
참고로 유사한 의미를 갖는 〈a variety/range/series of + 복수명사〉도 알아두자.

해석 Southwestern Energy Company는 다음 달에 우리 직원 모두가 다양한 전문 분야 발표와 세미나 그리고 직접적인 시연을 경험할 수 있는 제10회 Annual Convention(연례 컨벤션)을 개최한다.
어휘 host 개최하다　range 범위　expert 전문가, 전문적인　hands-on 직접 해 보는
정답 (A)

124 Many options / are being ─────── / as / the city / discusses / the future of the old
　　　　　　주어　　　　동사　　　　　　　접속사　주어2　　　동사2　　　　목적어2
　church, (the historic brick building) (which / was constructed (two hundred years ago)).
　　　　　　the old church와 동격　　　주격관계대명사 동사3　　　　　　　시간 부사구

> 감정/인지/소유 등의 상태 동사는 진행형을 쓰지 않는다.
> **Many options are being** ─────── + 부사절

STEP 1　빈칸은 현재 진행형 수동태의 **be being p.p**.에서 **p.p**.가 들어갈 자리이다.
구조상 빈칸에는 과거분사가 와야 하므로 형용사인 (B) famous는 오답이다.

STEP 2　감정/인지/소유 등의 상태 동사는 진행형을 쓰지 않는다.
우선 수동태 문장을 능동태로 바꿔서 생각하는 게 이해가 빠르다.
즉, 현재 문장의 주어인 Many options를 목적어로 받을 수 있는 동사를 확인해야 한다. 그런데 find, know, consider 모두가 many options라는 사물 명사를 받을 수 있다. 하지만 (A) found, (C) known은 인지 상태를 의미하는 동사여서 (현재)진행형으로 쓸 수 없으므로 정답은 (D) considered가 된다.

> 해석　시는 200년 전에 지어진 역사적인 벽돌 건축물인 낡은 교회의 미래에 대해 논의하면서 많은 방안들을 고려하고 있는 중이다.
> 어휘　option 방안　historic 역사적인
> 정답　(D)

125　Ford Family / has sold / more than 100 million albums (worldwide), (making them one of
　　　　　　주어　　　　동사　　　　　　목적어　　　　　　　　　　부사
　the most successful bands), (─────── only The Philips in record sales).
　　명사 albums를 수식하는 형용사구　　　　　　　　　부사구

> 전치사의 정확한 쓰임을 알고 있어야 한다.
> 완전한 문장, ─────── + 명사

STEP 1　**behind**는 물리적인 위치 외에 성과/진전/성공에 있어서 '～보다 못하다'는 의미로도 쓰인다.
빈칸 앞의 문장은 'Ford Family가 전 세계적으로 1억장 이상의 앨범을 팔았고 가장 성공한 밴드 중 하나'라고 말하고 있다. 하지만 판매 기록으로는 The Philips에만 못하다는 의미로 (D) behind가 정답이다.

STEP 2　전치사의 정확한 쓰임을 파악하라.
(A) except는 〈전체 대상+except+제외 대상〉의 형태가 와야 하고 (C) among은 복수명사를 받아야 하므로 오답이다.
(B) over는 기간 명사와 어울려 '～ 동안'을 나타내거나, 비교 대상에서의 우위를 나타낼 때 사용할 수 있으나 의미상으로 오직 The Philips보다만 더 낫다는 의미가 되므로 문장의 논리가 맞지 않는다.

> 해석　Ford Family는 전 세계적으로 1억장 이상의 앨범을 판매하여 가장 성공한 밴드 중 하나가 되었다. 음반 판매상으로는 The Philips 다음이다.
> 어휘　record sales 음반 판매
> 정답　(D)

126 Please notify / your customers / that / air or hotel ─────── (made through a third-party
　　　　　　동사1　　　　목적어　　　　접속사　　주어2　　　　　　　　　　　　형용사구
payment account or online travel agency) / will not be refunded.
　　　　　　　　　　　　　　　　　　　　　　　　　　동사2

> **purchase는 가산명사와 불가산명사로 모두 사용 가능하다.**
> air or hotel ─────── + made + 전치사 + 명사 + 동사

STEP 1　that절의 본동사는 will not be refunded이다.
빈칸 뒤의 동사 made는 that절의 주어인 명사를 수식하는 분사구문이다.

STEP 2　명사 자리에는 동명사보다 명사가 우선한다.
문장에 본동사 will not be refunded가 있으므로 빈칸은 분사 made의 수식을 받아 주어 역할을 하는 명사 자리이다. 동명사는 명사보다 우선 순위에 있지 않으므로 (C) purchasing은 오답이다. (D) purchaser(구매자)는 사람 명사에 가산명사이므로 단수일 때는 관사와 함께, 복수일 때는 뒤에 -s를 동반해야 하므로 오답이다.

STEP 3　명사의 가산/불가산 여부를 확인하라.
purchase가 행위를 의미할 때는 불가산명사이며, 구매한 대상을 의미할 때는 가산명사로 쓰인다. 상기 문장의 환불이 되지 않는다는 내용에서 구매 대상임을 알 수 있으므로 가산명사의 복수형인 (A) purchases가 정답이다. make a purchase(구매하다)의 표현을 알아두자.

> 해석　제3자의 지불 계좌를 통하거나 온라인 여행사에서 이뤄진 항공(권)이나 호텔(숙박) 구매 건은 환불되지 않는다는 것을 고객들에게 알려주시기 바랍니다.
> 어휘　third-party 제3자　refund 환불하다
> 정답　(A)

---

127 The tenth International Movie Festival / is held (this weekend,) / but /
　　　　　　　　주어1　　　　　　　　　　　동사1　　　　　　　　접속사
the celebration / was held (one week ───────).
　　주어2　　　동사2　　　　부사구

> **〈수사+시간 명사〉와 함께 쓰이는 부사**
> 행사 + was held + one week ───────

STEP 1　완전한 문장에서 [숫자+단위 명사+부사]를 확인하라.
완전한 문장 뒤에서 one week이라는 〈수사+시간 명사〉가 나왔다. 이런 수사 뒤에 쓸 수 있는 부사는 보기 중에 (C) earlier뿐이다. (B) following(~ 후에)은 전치사로 〈following+명사〉의 형태로 쓰이고, (D) previously(이전에)는 일반적인 시간 부사로 앞에 시간 명사를 따로 두지 않는다. (A) advanced는 '진전된, 진보한'의 형용사이므로 오답이다.

STEP 2　숫자+단위 명사와 함께 쓰이는 부사
one week after/before (+명사/절): ~한 후/하기 전 일주일
one week ago/early(earlier)/later: 일주일 전/일주일 일찍/일주일 후

> 해석　제10회 국제 영화제는 이번 주말에 개최되지만 기념행사는 1주일 전에 일찍 열렸다.
> 어휘　be held 개최되다　celebration 기념행사, 축하행사
> 정답　(C)

128 Should / emergency assistance / be required (──── our regular business hours),
　　　　조동사　　　　주어　　　　　　　동사　　　　　　　　　　　　　전치사구
you / can contact / our emergency office number (at 062-343-4111).
주어2　동사2　　　　목적어2　　　　　　　　　　　전치사구

> 시간 명사를 받는 전치사 outside
> 완전한 문장 + ──── + 시간 명사

STEP 1 빈칸은 시간 명사(business hours)를 받는 전치사를 선택하는 문제이다.
문장에서 should가 앞에 나온 것은 if가 생략되고 주어와 조동사가 도치된 구문이기 때문이다. (B) outside는 부사와 전치사로 둘 다 사용이 가능하다. '밖에, 외부에'의 의미로 장소 명사와 어울리는 것으로 생각하기 쉽지만, 상황의 범위나 제한을 벗어난다는 의미로도 사용함을 알아두자.

outside
① +장소 명사: ~을 벗어나　　　　 e.g. outside the town 마을을 벗어나
② +한계/제한: ~을 벗어나, ~ 외에　e.g. outside my experience 내 경험 외에

STEP 2 기간을 받는 전치사와 시점을 받는 전치사를 구분하라.
business hours라는 기간을 의미하는 복수명사와 어울려야 하므로 시점 명사를 받는 (A) at은 답이 될 수 없다. (C) next to(~ 옆에)는 장소 명사를 받는 전치사로 오답이다. (D) off는 부사이므로 오답이다. 따라서 정답은 (B) outside이다.

> 해석　정규 업무 시간 외에 긴급 도움이 필요하면 062-343-4111로 저희 응급 사무실에 연락하시면 됩니다.
> 어휘　be required 필요하다　business hours 업무 시간
> 정답　(B)

---

129 (After much ──── by the judges), the finalists / have been selected
　　　　　　　　　　전치사구　　　　　　　　　주어　　　　　　　동사
(in all five categories of the World Music Awards).
　　　　　　　전치사구

> much는 품사와 쓰임을 확인하라.
> 전치사 + much ──── + 전치사 + 명사 (by the judges)

STEP 1 형용사 much는 불가산명사를 수식한다.
빈칸은 전치사 after의 목적어 자리로 형용사 much의 수식을 받는 명사 자리이다. 보기 중 명사는 (D) deliberation(숙고)이다.

STEP 2 부사 much는 주로 형용사의 비교급을 수식한다.
by judges를 행위의 주체를 나타내는 전치사구로 보고 빈칸에 수동태의 과거분사 (B) deliberated를 넣을 수 있다고 생각하면, 그때는 much를 p.p.를 수식하는 부사로 보아야 한다. 하지만 부사 much는 주로 형용사 비교급 앞에서 위치한다. 동사를 수식할 경우 so/too/very+much로 쓰여 주로 문미에 위치한다.

> 해석　심사위원들의 많은 숙고 후에 World Music Awards의 다섯 개 모든 부문에서 최종 수상 후보자들이 선정됐다.
> 어휘　deliberation 숙고　finalist 결승전 출전자
> 정답　(D)

130 Private investors (for this project) / will receive / financial benefits, (such as dividends,
　　　　　주어　　　　　　　　　　　　동사　　　　목적어　　　　　전치사구
right issues, or warrants,) ─────── / they / had invested in / a company's ordinary shares.
　　　　　　　　　　　　　　　　　　　　주어2　　동사2　　　　　목적어2

> 접속사를 선택할 때는 두 문장의 논리 구조를 파악하라.
> 완전한 문장 + ─────── + 주어 + 동사

STEP 1 〈본동사 개수=접속사 개수+1〉
빈칸은 절과 절을 연결하는 접속사가 들어가야 할 자리이므로 부사인 (A) otherwise는 오답이다.

STEP 2 접속사를 선택할 때는 두 문장의 논리 구조를 파악하라.
(B) unless는 '만약 ~하지 않는다면'의 조건의 의미로 부사절은 현재시제를 쓰고 주절은 미래시제를 써야 하므로 오답이다.
(D) so that은 목적이나 결과를 의미하는 부사절의 접속사이다. 〈먼저 발생 + so that + 나중 발생〉의 구조가 되어야 하는데, 〈미래 + ─── + 과거완료〉의 구조는 답이 될 수 없다. 정답은 '마치 ~인 것처럼'의 (C) as if이다.

> **해석** 이번 프로젝트의 개인 투자자들은 마치 회사 보통주에 투자한 것처럼 배당금, 주주 할당 발행 또는 보증서 같은 재정적인 혜택을 받게 될 것이다.
> **어휘** dividend 배당금　right issue 주주 할당 발행　ordinary share 보통주
> **정답** (C)

Questions 131-134 refer to the following information.

Call for Volunteers
Fall Bio Blitz

The Office of Sustainability is looking for 20 volunteers to help run our Fall Bio Blitz event on Sunday, February 10 next year. Volunteers will assist with registration, escort Bio Blitz participants out to join hikes, and will also be welcomed to participate in all event activities. We want you to encourage event participants and help to facilitate a positive experience for them. — 131 —.

What is Bio Blitz? Spend the day with us identifying plants and animal species on the Niagara-on-the-Lake Campus. Expert scientists lead citizen scientists like — 132 — on hikes around the property — 133 — identifying and cataloging the bugs, birds, amphibians, mammals, and plants. Niagara College is hosting the Fall Bio Blitz on Sunday, February 10 from 2:00 P.M. to 9:00 P.M. at the entrance to the Wetland Ridge Trail. Students, staff, and community members — 134 — to this free event and help collect data that can inform our species inventory of the campus!

If you are interested in volunteering for this event, please e-mail Amber Schmucker, Sustainability Engagement Officer, by Monday, December 27 at aschmucker@niagaracollege.ca.

131. (A) However, any issues and incidents should be reported to the volunteer coordinator directly.
(B) For more information on our campus schedule, please visit the event page on our Web site.
(C) Furthermore, attendance on all four days is preferred.
(D) In addition, volunteers are asked to attend this orientation one day before the event.

132. (A) them
(B) ours
(C) himself
(D) us

133. (A) that
(B) during
(C) while
(D) on

134. (A) have invited
(B) are invited
(C) will be invited
(D) would have been invited

문제 131-134는 다음 정보를 참조하시오.

Fall Bio Blitz 자원봉사자를 찾습니다.

지속 가능 사무실에서 내년 2월 10일 일요일에 열릴 Fall Bio Blitz 행사 진행을 도와줄 20명의 자원봉사자를 찾고 있습니다. 자원봉사자들은 하이킹에 참가할 Bio Blitz 참가자의 등록과 안내를 돕고, 또 모든 행사 활동에 참여할 수 있게 됩니다. 저희는 여러분들이 행사 참가자를 격려하고 그들이 긍정적인 경험을 수월하게 할 수 있도록 도와주길 원합니다. 하지만, 어떤 문제나 사건이든 자원봉사자 총괄 진행자에게 바로 보고해야 합니다.

Bio Blitz가 무엇일까요? Niagara-on-the-Lake Campus에서 식물과 동물의 종을 확인하며 저희와 함께 하루를 보내세요. 전문 과학자들이 벌레, 새, 양서류, 포유동물, 식물을 확인하고 분류하며 건물 주변을 걸어 다니면서 우리 같은 시민 과학자들을 안내합니다. Niagara College는 Wetland Ridge Trail 입구에서 2월 10일 일요일 오후 2시부터 9시까지 Fall Bio Blitz를 주최합니다. 학생과 직원 분들 그리고 지역사회 구성원들이 이 무료 행사에 초대되며 저희 캠퍼스의 종 목록을 알리는 정보를 모으는 데 도움을 줄 것입니다.

이번 행사 자원봉사에 관심 있으시면, 지속 가능 직원인 Amber Schmucker 씨에게 aschmucker@niagaracollege.ca로 12월 27일 월요일까지 이메일 보내주시기 바랍니다.

> 어휘 sustainability 지속 가능성 volunteer 자원봉사자, 자원봉사하다 assist 돕다 registration 등록 escort 호위하다, 안내하다 hike 도보여행, 하이킹 be welcomed 환영을 받다 facilitate 가능하게 하다, 수월하게 하다 property 건물 구내 identify (신원을) 확인하다 catalog 분류하다 amphibian 양서류 mammal 포유동물 collect 모으다, 수집하다 inform 알리다, 통지하다 species 종(류) inventory 물품 목록

문맥 추가
131 문맥을 추가하는 문제는 빈칸 위아래에서 답을 결정하는 단어를 확보한다.

STEP 1   앞 문장은 자원봉사자의 역할과 관련된 내용이 나오고 있다.

지문의 주제는 자원봉사자를 모집하는 내용이고, 바로 앞 문장에서 자원봉사자들의 할 일에 대해 언급하고 있다. 따라서 빈칸에는 자원봉사자들의 역할을 말하는 것이 필요하다.

STEP 2   보기 중에 키워드를 확인하라.

(A) 하지만 어떤 문제나 사건이든 자원봉사자 총괄 진행자에게 바로 보고해야 합니다. → 해야 할 일/역할
(B) 저희 캠퍼스 일정(campus schedule)에 관해 더 많은 정보를 원하시면 웹사이트에 있는 행사 페이지를 방문해 주시기 바랍니다. → 캠퍼스 일정(campus schedule)에 대한 언급이 없으므로 오답이다.
(C) 뿐만 아니라 4일(four days) 모두 참여하는 걸 권장합니다. → 행사는 4일(four days)이 아니라 하루이므로 오답이다.
(D) 또, 자원봉사자들은 행사 전에 이(this) 오리엔테이션에 참석해야 합니다. → this orientation에서 this로 받을 만한 orientation에 대한 언급이 바로 앞 문장에서 나와야 하는데 없으므로 오답이다.

정답은 "하지만, 어떤 문제나 사건이든 자원봉사자 총괄 진행자에게 바로 보고해야 합니다"로 자원봉사자의 역할을 나타내는 (A)가 정답이다.

> 어휘 incident 사건 report 보고하다 directly 즉시, 바로 furthermore 게다가 attendance 출석, 참석

연결어-대명사
132 대명사 문제는 빈칸 앞의 어떤 대상을 나타내고 있는지를 확인하자.

STEP 1 대명사는 앞의 명사를 다시 받아야 하므로, 빈칸 앞의 반복되는 대상을 찾는다.

STEP 2 빈칸은 전치사 like의 목적어 자리이다.

보기의 대명사들은 모두 전치사 뒤에 올 수 있다. 하지만 '~와 같은'의 의미를 가진 like 뒤에 올 수 있는 것은 '우리와 같은 시민 과학자'라는 의미로 (D) us가 정답이 된다. (A) them은 '그들과 같은 시민 과학자'라는 말이 되는데 그렇게 되면 expert scientists = citizen scientists가 성립이 되므로 답이 될 수 없다. 소유대명사 (B) ours는 앞에서 받을 대상이 없으며, (C) himself 역시 he로 받을 만한 대상이 없다.

연결어-접속사
133 접속사 뒤에는 S+V가, 전치사 뒤에는 명사가 온다.

STEP 1 문장의 본동사와 접속사를 확인해야 한다.

보기에 접속사 (A) that, (C) while이 있고, 전치사 (B) during, (D) on이 있다. 따라서 문장의 본동사와 접속사를 확인해야 한다. 문장의 본동사가 lead이고 더 이상의 접속사나 본동사가 없으므로 빈칸은 일단 전치사 자리로 봐야 한다.

STEP 2 전치사는 뒤의 명사에 따라 결정된다.

during은 '~ 동안'의 특정 기간 명사를 받는 전치사로 identifying ~과 같은 행위를 받지 않으므로 오답이다. on ~ing는 '~하자마자'의 시간의 순서를 나타내므로 이벤트 기간 동안 진행되는 일에 대한 문장에서는 어울리지 않는다. 따라서 빈칸 뒤의 ~ing 형태를 받으면서 문맥상 '~하는 동안'의 의미를 나타낼 수 있는 것은 분사구문 형태 while ~ing의 (C)가 정답이다. 부사절 접속사의 경우 절 대신 ~ing/p.p.의 준동사 형태의 분사구문이 가능한 점을 알아두자.

동사 시제
134 동사 시제는 다른 동사들의 시제를 파악한다.

STEP 1 동사 문제는 수→태→시제 순으로 확인하라.

빈칸은 동사 자리이고 invite는 사람 명사를 목적어로 받는 타동사인데 빈칸 뒤 전치사가 바로 온 것을 보아 수동태가 필요하다. 따라서 능동태인 (A) have invited는 오답이다.

STEP 2 동사의 시제는 앞뒤 문장의 시제를 파악하라.

앞 문장을 보고 아직 발생하지 않는 행사에 대한 언급임을 알 수 있으므로 미래시제 (C) will be invited가 정답이다. (D) would have been invited는 가정법 과거완료로 과거 사실의 반대를 나타내고, (B) are invited는 현재의 일반적인 사실을 나타냄을 알아두자.

Questions 135-138 refer to the following advertisement.

Mars Office Renovation Experts

가구 공급에 관한 이야기

MORE creates a new atmosphere and interior to suit every single office, no matter the size. Most office designs are uninspired. Therefore, work environments create uninspired and stressful employees. Things like lack of privacy, poor lighting, poor ventilation, poor temperature control, or inadequate sanitary facilities can create a stressful work environment. So just let us do our job! Our designs have — 135 — small traditional offices as well as large-scale projects commissioned by architects and property developers. — 136 —. However, no single supplier can offer office furniture for all spaces and sizes. That is why MORE has developed close relationships with many professional furniture manufacturers — 137 —. to provide us with the custom designs we need. Such resources give us the variety necessary to complete any — 138 —. In summary, we can bring you the most ideal office you've ever dreamed of.

135. **(A) transformed**
 (B) related
 (C) associated
 (D) assembled

동사 어휘
ㄴ. 목적어를 파악하자.

136. (A) A work environment is one of the most important issues you should consider.
 (B) For most projects, we use furniture from our own factories.
 (C) Some furniture needs special care.
 (D) Under normal conditions, our furniture is guaranteed for one year.

문맥 추가 문제
ㄴ. 빈칸 앞뒤 문장을 확인하자.

137. (A) readily
 (B) readier
 (C) readiest
 (D) ready

명사+형용사
ㄴ. 명사 뒤에는 부사나 형용사가 위치한다.

138. (A) research
 (B) form
 (C) order
 (D) agreement

명사 어휘
ㄴ. 관련 동사, 전치사, 형용사를 확인하자.

문제 135-138은 다음 광고를 참조하시오.

Mars Office Renovation Experts

MORE사는 크기에 상관없이 모든 사무실에 어울리는 참신한 분위기와 인테리어를 조성합니다. 대부분의 사무실 디자인이 활기 없이 평범하죠. 그렇기에, 업무 환경이 활기 없고 스트레스가 많은 직원들을 양성하게 됩니다. 개인 사생활 공간의 부족, 좋지 않은 조명, 불충분한 환기와 제대로 안 되는 온도조절이나 제대로 안 갖춰진 위생 시설과 같은 것들이 스트레스를 주는 업무 환경을 만들 수 있습니다. 그러니 저희에게 일을 시켜 주십시오! 저희 디자인은 건축가와 부동산 개발업자들이 의뢰한 대규모 프로젝트뿐 아니라 소규모 전통 사무실들을 탈바꿈시켰습니다. 대부분의 프로젝트에 저희는 자체 공장에서 가져온 가구를 사용합니다. 하지만, 한 군데 공급업체가 사무실의 모든 공간과 모든 크기의 가구를 제공할 수는 없습니다. 이것이 저희 MORE사가 필요로 하는 주문 제작 디자인을 제공할 준비가 된 많은 가구 전문 제조업체와 친밀한 관계로 발전한 이유입니다. 이러한 자원은 저희가 주문을 완료하는 데 필요한 다양한 것들을 제공합니다. 요약하면, 저희는 여러분이 꿈꾸던 가장 이상적인 사무실을 제공해 드릴 수 있습니다.

> **어휘** atmosphere 분위기 suit 적합하다, 들어맞다 no matter 상관없다, 괜찮다
> uninspired 독창적이지 않은, 활기가 없는 environment 환경 stressful 스트레스가 많은
> lack of ~의 부족, 결핍 lighting 조명 ventilation 환기 temperature 온도 inadequate 부적절한
> sanitary 위생의 as well as ~뿐만 아니라 large-scale 대규모의 commission 의뢰하다, 주문하다
> single 유일한, 단일한 close 가까운, 친밀한 custom 주문 제작한 in summary 요약하면 ideal 이상적인

동사 어휘
135 동사 어휘는 목적어를 파악하자.

STEP 1 동사 어휘는 자/타동사와 함께 쓰이는 전치사를 확인한다.

related는 '관련시키다'로 relate A to B, (C) associated는 '연상하다, 결부짓다'로, associate A with B의 형태로 언급됨을 알아두자.

STEP 2 타동사가 받을 수 있는 목적어를 확인해야 한다.

보기 모두 타동사이다. 그러나 (D) assembled는 '조립하다'의 의미로 offices를 목적어로 받기 어려우므로 오답이다. 지문의 종류가 광고문으로 디자인 회사 광고를 하고 있어 '우리 디자인이 이러한 사무실을 바꿔 놓았다'의 의미가 적절하겠다. 따라서 정답은 '변형시키다, 완전히 바꿔 놓다'의 (A) transformed이다.

> **어휘** transform 바꾸다, 변형시키다

문맥 추가
136 문맥을 추가하는 문제는 빈칸 위아래에서 답을 결정하는 단어를 확보한다.

STEP 1 "─────" + However + 한 개의 업체가 모든 가구를 제공하지 못한다.

뒤 문장에 나온 "하지만, 하나의 공급업체가 사무실의 모든 공간과 크기의 가구를 제공할 수는 없습니다."의 언급을 통해 앞 문장에서는 그 반대의 의미를 내포하는 문장이 나와야 한다.

STEP 2 보기 중에 키워드를 확인하라.

(A) 업무 환경(work environment)은 여러분이 고려해야 할 가장 중요한 문제 중 하나입니다.
→ 뒤에서 언급된 가구를 제공한다는 내용과는 관련이 없으므로 오답이다.
(B) 대부분의 프로젝트에 저희는 자체 공장에서 가져온(from our own factories) 가구를 사용합니다.
→ 모든 가구를 자체적으로 제공한다는 의미로 정답이다.
(C) 몇몇 가구는 특별한 관리(special care)가 필요합니다.
→ 관리와 관련된 내용이 아니므로 오답이다.
(D) 정상적인 조건에서 저희 가구는 1년 간 품질 보증(guaranteed)이 됩니다.
→ 품질 보증과 관련된 내용이 아니므로 오답이다.

따라서 정답은 '대부분의 프로젝트에 저희는 자체 공장에서 가져온 가구를 사용합니다.'의 (B)가 정답이다.

> 어휘 consider 고려하다 under normal conditions 일반적인 조건 하에서 guarantee 보증하다

형용사
137 명사 뒤에는 부사나 형용사가 위치한다.

STEP 1 빈칸 앞이 완전한 문장이므로 빈칸에는 부사가 들어가는 것이 일반적이다.

STEP 2 문장 끝의 부사는 해당 문장의 동사를 수식한다.

그래서 (A) readily가 답이 되면, '손쉽게 발전시키고 있다'로 의미가 어색하다. 따라서 빈칸 뒤의 to부정사를 받고 명사 manufacturers를 수식하여 '우리에게 제공할 준비가 된 가구 전문 제조업체들'의 의미를 나타내는 형용사 (D) ready가 정답이다.

> 어휘 readily 손쉽게, 순조롭게 ready to do ~할 준비가 된

명사 어휘
138 명사 어휘는 관련 동사, 전치사, 형용사를 확인하자.

STEP 1 보기로 보아 명사 어휘를 묻는 문제이다.

명사 어휘 문제는 관련된 동사나 전치사, 형용사를 먼저 확인하자.

STEP 2 타동사 complete의 목적어로 적절한 명사 어휘를 찾아야 한다.

문장의 such resources(그러한 자원들)는 앞 문장의 custom designs를 나타내므로, '이러한 맞춤화된 디자인들이 우리가 어떤 주문도 완료하는 데 필요한 다양한 것들을 제공할 수 있게 한다'는 의미가 되므로 정답은 '주문'의 (C) order이다.

> 어휘 research 연구, 조사 form 양식 agreement 동의, 합의

Questions 139-142 refer to the following e-mail.

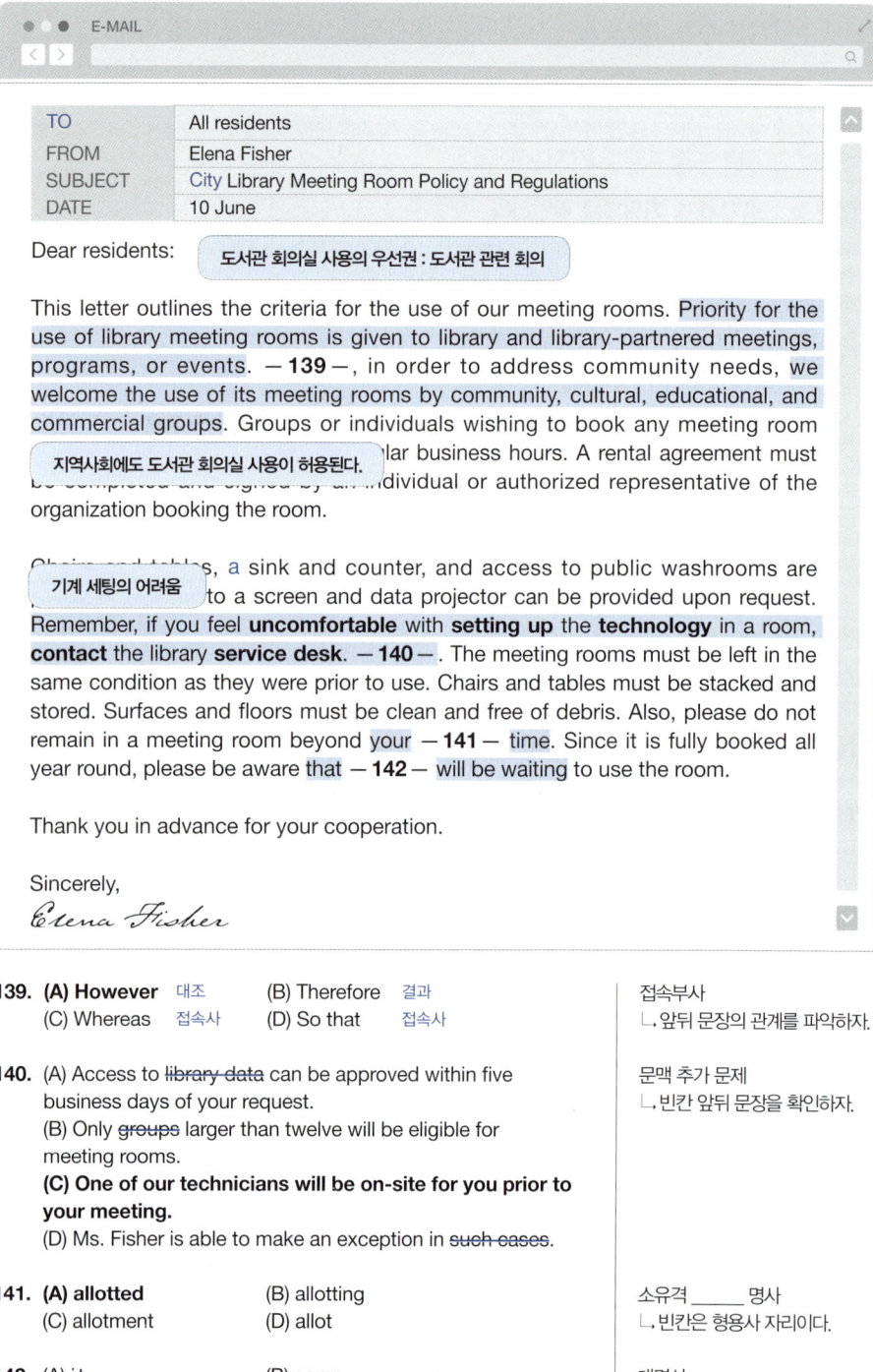

139. (A) However 대조
(B) Therefore 결과
(C) Whereas 접속사
(D) So that 접속사

접속부사
└ 앞뒤 문장의 관계를 파악하자.

140. (A) Access to ~~library data~~ can be approved within five business days of your request.
(B) Only ~~groups~~ larger than twelve will be eligible for meeting rooms.
(C) One of our technicians will be on-site for you prior to your meeting.
(D) Ms. Fisher is able to make an exception in ~~such cases~~.

문맥 추가 문제
└ 빈칸 앞뒤 문장을 확인하자.

141. (A) allotted
(B) allotting
(C) allotment
(D) allot

소유격 _____ 명사
└ 빈칸은 형용사 자리이다.

142. (A) it
(B) some
(C) there
(D) others 앞에서 언급된 대상의 일부 부정대명사

대명사
└ 불특정 명사를 대신받는 others

문제 139-142는 다음 이메일을 참조하시오.

수신	모든 주민들께
발신	Elena Fisher
제목	시립 도서관 회의실 정책과 규정
날짜	6월 10일

주민 여러분께

이 편지는 저희 회의실 사용에 관한 기준을 명시하고 있습니다. 도서관 회의실 사용의 우선권은 도서관 및 도서관 협력 회의, 프로그램 또는 행사에 부여됩니다. 그렇지만, 지역사회의 필요를 충족시키기 위해 지역사회, 문화, 교육 및 상업 단체의 회의실 사용도 환영합니다. 회의실 예약을 원하시는 단체나 개인은 정규 업무 시간 동안 도서관에서 예약하실 수 있습니다. 대여 계약서는 개인 또는 회의실을 예약하는 단체의 책임자가 작성하고 서명하셔야 합니다.

의자와 테이블, 개수대 및 카운터와 공중화장실 이용이 가능합니다. 요청하시면 스크린과 데이터 프로젝터를 제공해 드릴 수 있습니다. 기억하세요, 회의실에서 장비 설치하는 데 어려움을 느끼신다면, 도서관 서비스 데스크에 연락하세요. 저희 기술자 한 분이 회의 시작 전에 여러분을 위해 현장에 있을 것입니다. 회의실은 사용 전과 동일한 상태로 있어야 합니다. 의자와 테이블은 겹쳐서 보관되어야 하고 표면과 바닥은 깨끗하고 쓰레기 잔해가 없어야 합니다. 또, 할당된 시간 넘어서까지 회의실에 남아 있지 마시기 바랍니다. 회의실은 1년 내내 예약이 꽉 차 있기 때문에, 다른 분들이 회의실 사용을 위해 기다리고 계실 거라는 점을 유념해 주세요.

여러분의 협조에 미리 감사드립니다.

Elena Fisher 올림

> **어휘** outline 개요를 서술하다   criteria 범주, 범위   priority 우선권   address 다루다
> business hours 근무 시간   agreement 계약   representative 대표자, 책임자   access to ~로의 접근
> upon request 요청하면   stack 포개어 쌓다   debris 잔해   all year round 1년 내내

접속부사
139 접속부사는 빈칸 앞뒤의 관계를 설명해야 답이 나온다.

STEP 1   보기에 접속사 whereas와 so that이 있다.

문장의 본동사 및 또 다른 접속사의 개수를 먼저 파악하자. 문장의 본동사는 welcome 하나이므로 접속사 (C) whereas, (D) so that은 오답이다.

STEP 2   문두의 접속부사는 앞뒤 문장의 관계를 설명해야 알 수 있다.

앞 문장에서 도서관과 관련된 회의나 행사에 회의실 이용 우선권 부여에 대해 말하고 있고, 뒤 문장에서 community의 이용에 대해 언급하고 있으므로 앞뒤가 대조를 이루고 있음을 알 수 있다. (B) therefore는 '그러므로'의 결과를 나타내므로 오답이다. 따라서 대조를 나타내는 '그러나'의 (A) However가 정답이다.

> **어휘** whereas 반면에   so that ~하기 위하여

140 문맥 추가
문맥을 추가하는 문제는 빈칸 위아래에서 답을 결정하는 단어를 확보한다.

STEP 1   **if uncomfortable / contact / service desk**

바로 앞 문장에서 회의실 내 기계 세팅이 어려우면 서비스 데스크에 연락하라고 언급하고 있으므로, 서비스 데스크에 연락하면 해 줄 수 있는 조치에 대해 언급하는 문장을 찾아야 한다.

STEP 2   보기 중에 키워드를 확인하라.

(A) 도서관 자료(library data) 이용은 요청 후 업무일 5일 내에 승인될 수 있습니다. → library data에 대한 언급이 없으므로 오답이다.
(B) 12명 이상의 단체만이 회의실을 사용하실 수 있습니다. → 인원 수에 대한 언급도 하지 않으므로 (B) 역시 오답이다.
(C) 저희 기술자 한 분이 회의 시작 전에 여러분을 위해 현장에 있을 것입니다.
(D) 그러한 경우에는 Fisher 씨가 예외로 해 줄 수 있습니다. → 특정 인물에 대한 언급이 있지만, such cases(그러한 경우들)에 대한 언급이 앞에 없으므로 답이 될 수 없다.

따라서 문제를 해결할 수 있는 기술자(technicians)의 언급이 있는 (C)가 정답이다.

> 어휘 approve 승인하다   eligible 자격이 있는   on-site 현장에서   prior to ~보다 이전에
> make an exception 제외하다

141 분사형용사
수식받는 명사가 실제 목적어면 p.p. vs. 수식받는 명사가 주어면 -ing이다.

STEP 1   빈칸은 소유격과 명사 사이에 위치하고 있으므로 형용사가 필요하다.

STEP 2   분사는 수식받는 명사와의 관계를 파악해야 한다.

동사인 (D) allot과 명사인 (C) allotment는 오답이다. 남은 것은 분사 형태로 분사는 수식받는 명사와의 관계가 목적어인지 주어인지에 따라서 형태가 달라짐을 주의하자. 문장의 time은 allot(할당하다)의 목적어가 되므로 과거분사인 (A) allotted가 정답이다. allotting은 〈명사 + allotting +명사〉의 구조로 사용됨에 주의하자.

> 어휘 allot 할당하다

142 대명사
대명사는 앞에 있는 명사를 대신 받는 것이다.

STEP 1   빈칸은 동사 **will be waiting**의 주어 자리이다.

주어 자리에는 명사가 들어가며, '기다리다'의 주체가 될 수 없는 (A) it과 부사인 (C) there는 오답이다.

STEP 2   불특정 명사를 대신 받는 **others**의 쓰임을 알아두자.

since 이하의 절에 '연중 내내 예약이 꽉 차 있으므로, 다른 사람들이 회의실을 사용하려고 기다린다는 것을 알고 있어야 한다는 내용이다. (B) some은 '몇몇'이라는 의미로 앞서 언급된 대상들 중 일부를 다시 받아야 하므로 해당 문장에서는 오답이다. others는 '다른 사람들(다른 것들)'의 뜻으로 불특정 명사를 받는 부정대명사 중 하나임을 알아두자.

> 어휘 wait 기다리다

Questions 143-146 refer to the following article.

A spokesperson for NYC University — 143 — that Shepherd Nolan, a local entrepreneur, made a sizeable donation toward the expansion of the Fairland campus. "Without his generous support," said Stacy Mckinney, director of facility management, "our school would have been limited in our renovation plans going forward."

기부가 없었다면 보수 계획에 제약이 있었을 것

— 144 —. Now, a couple of new wings will be constructed on the south end of the — 145 — main campus building, as well as on the northeast corner of Lloyd Research Center. Additionally, a new fitness center will be located — 146 — the current student lounge. During the construction period, the closest entrance to the west side of the main campus building will be at the north end of the West Wing. These changes will be in effect for the duration of the construction period for the fitness center, which is scheduled to continue until the winter of next year.

이제 보수 계획이 진행될 것

143. (A) will confirm
(B) confirmation
(C) will be confirming
(D) has confirmed

144. (A) Ms. Mckinney's ~~performance~~ at Lloyd Research Center was outstanding.
(B) The renovation plan had been delayed because of budget cuts.
(C) The number of research projects has decreased over the past ten years.
(D) The original ~~fitness center~~ is being converted into the on-site laboratory for students.

145. (A) temporary
(B) existing
(C) located
(D) proposed

146. **(A) adjacent to** + 장소명사
(B) although 접속사
(C) instead of + 대신하는 대상
(D) besides + 추가

문제 143-146은 다음 기사를 참조하시오.

NYC University의 대변인은 Fairland 캠퍼스의 확장을 위해 지역 사업가인 Shepherd Nolan 씨가 상당한 기부를 했다고 말했습니다. 시설 관리 담당자 Stacy Mckinney 씨는 "그의 아낌없는 지원이 없었다면, 보수 계획들이 진행되는 데 학교가 제약을 받았을 것입니다"라고 말했습니다.

보수 계획은 예산 삭감 때문에 지연됐습니다. 이제 두 동의 새 부속 건물이 Lloyd Research Center 북동쪽 코너와 기존 캠퍼스 본관 건물의 남쪽 끝에 건설될 것입니다. 게다가, 새 피트니스 센터가 현재 학생 휴게실에 인접해 위치할 것입니다. 공사 기간 동안, 캠퍼스 본관 서쪽으로 가는 가장 가까운 출입구는 West Wing 건물의 북쪽에 있게 됩니다. 이러한 변화는 내년 겨울까지 피트니스 센터 공사 기간 동안 계속 시행될 것입니다.

> 어휘 spokesperson 대변인 entrepreneur 사업가, 기업가 make a donation 기부를 하다
> sizeable 상당한 expansion 확장 generous 관대한, 아낌없는 limit 제한하다
> go forward 진행하다, 앞으로 나아가다 wing 부속 건물 be located 위치하다 be in effect 시행하다

동사 시제
143 동사 시제는 다른 동사들의 시제를 파악한다.

STEP 1 빈칸은 본동사 자리이다.

빈칸 뒤에 접속사 that, 본동사 made가 있고, A spokesperson 뒤에 본동사가 없으므로 본동사 자리이다. 따라서 명사인 (B) confirmation은 오답이다.

STEP 2 특정 시간 부사가 없다면 동사 시제는 다른 동사의 시제에 따라 판단한다.

that절 이하의 시제가 과거형인 made이므로 보기 중 미래시제인 (A) will confirm, (C) will be confirming은 오답이다. 따라서 정답은 (D) has confirmed. '지역 사업가가 기부를 했다'라는 과거에 사실에 대한 확인(confirm)을 완료하는 현재 완료시제를 사용했음에 주의하자.

문맥 추가
144 문맥 추가 문제는 빈칸 위아래에서 답을 결정하는 단어를 확보한다.

STEP 1 빈칸은 기부금과 renovation plan에 관해 언급하는 내용이 들어가야 한다.

앞 문장에서 특정 사업가의 기부를 언급하면서 그 기부(donation)가 없었다면 renovation plan(보수 계획)에 제약이 있었을 거라고 하고 있고, 빈칸 다음 문장에서는 '지금(now) 새 부속 건물들이 지어지게 될 것이다(will be constructed)'라고 언급하고 있다. 따라서 정답은 (B)로 '예산 삭감 때문에 보수 계획(renovation plan)이 지연이 되었다는 내용이므로 정답이다.

STEP 2 보기 중에 키워드를 확인하라.

(A) Lloyd Research Center에서 있었던 Mckinney 씨의 공연은 대단히 훌륭했습니다.
→ 특정 인물의 공연(performance)에 대해 언급하므로 오답이다.
(B) 보수 계획은 예산 삭감 때문에 지연됐습니다.
(C) 연구 프로젝트의 수는 지난 10년간 감소해 왔습니다.
→ 프로젝트 수(the number of research projects)의 감소에 대한 언급은 없다.
(D) 원래 있던 피트니스 센터가 학생들을 위한 현장 실험실로 개조되고 있습니다.
→ fitness center에 대한 언급으로 앞 문장과는 전혀 관계가 없다.

> 어휘 performance 공연 outstanding 뛰어난 delay 지연시키다 budget cut 예산 삭감
> the number of ~의 수 decrease 감소하다 convert 전환하다

형용사 어휘
145 형용사 어휘는 관련 명사를 파악하자.

STEP 1 빈칸은 명사 **main campus building**을 수식하는 적절한 형용사가 들어갈 자리이다.

앞에서 new wings(새 부속 건물)를 캠퍼스 본관 건물 남쪽 끝에 건축할 것이라고 언급하고 있으므로 '기존의 본관 건물에 새로운 부속 건물을 건축할 것이다'의 의미가 되어야 한다. 따라서 정답은 '기존의'의 (B) existing이다.

> 어휘 temporary 임시의 located 위치된 proposed 제안된

전치사
146 전치사 뒤에는 명사가 온다.

STEP 1 빈칸은 완전한 문장 + 장소 명사를 연결할 수 있는 전치사 자리이다.

빈칸 뒤에 명사인 lounge가 오므로 보기 중 접속사 (B) although는 오답이다. 나머지 보기에서 장소 명사 lounge와 어울리는 적절한 장소 관련 전치사를 찾아야 한다.

STEP 2 명사와 명사의 관계를 의미하는 전치사의 의미를 확인하라

문장의 주어 'a new fitness center가 lounge에 위치할 것이다'라는 위치를 표현해야 하므로 형용사 adjacent와 함께 쓰여 위치를 나타내는 전치사 to가 있는 (A) adjacent to(~에 인접한)가 정답이다.
(C) instead of(~ 대신에)는 A instead of B의 구조로 대신하는 대상과 이를 받는 대상이 언급되어야 하므로 오답이고, (D) besides는 '게다가'의 추가를 의미하는 전치사임을 알아두자.

Questions 147-148 refer to the following e-mail.

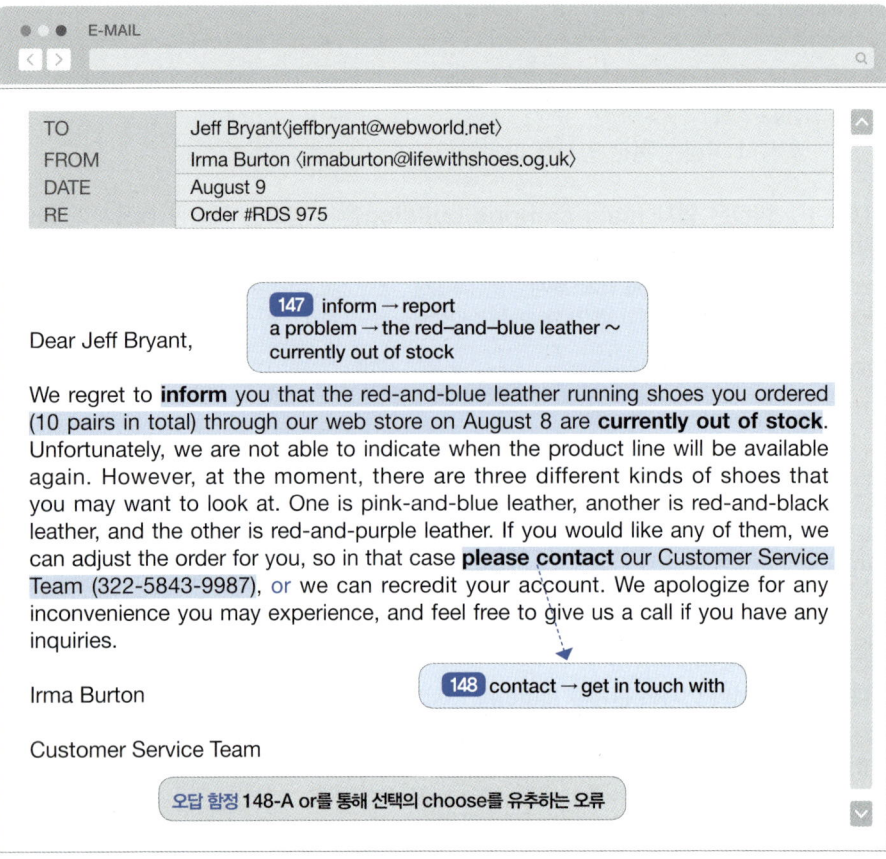

147. What is the main reason the e-mail has been written?
(A) To schedule a return of a product
(B) To report a problem with an order
(C) To confirm a shipping date and time
(D) To reply to a customer

148. What is Mr. Bryant encouraged to do?
(A) Choose a shipping option
(B) Return the shoes and get a refund
(C) Get in touch with a certain department
(D) Cancel the order and make a new purchase

문제 147-148은 다음 이메일을 참조하세요.

수신	Jeff Bryant 〈jeffbryant@webworld.net〉
발신	Irma Burton 〈irmaburton@lifewithshoes.og.uk〉
날짜	8월 9일
답장	주문건 #RDS 975

Jeff Bryant 씨께

8월 8일에 저희 웹 스토어를 통해 주문하신 빨강 파랑 가죽 러닝화(총 10 켤레)가 현재 재고가 없음을 알려드리게 돼서 매우 죄송스럽습니다. 유감스럽게도, 해당 제품 라인이 언제 다시 구매 가능할지 알려드릴 수가 없습니다. 하지만, 지금, 귀하께서 보고 싶어 할지도 모르는 세 가지 다른 종류의 신발이 있습니다. 하나는 분홍 파랑 가죽이고, 다른 하나는 빨강 검정 가죽, 또 다른 하나는 빨강 보라 가죽입니다. 이들 중에 원하시는 게 있으시면, 주문서 변경이 가능하오니 그럴 경우에는 저희 고객 서비스 부서(322-5843-9987)로 연락해 주십시오. 그렇지 않으면 귀하의 계좌로 환불해 드리겠습니다. 불편을 끼쳐 드려서 죄송합니다. 문의사항이 있으시면 언제든지 연락 주십시오.

Irma Burton 올림

고객 서비스 부서

어휘 regret 유감스러워 하다 leather 가죽 currently 지금 out of stock 재고가 떨어진
indicate 나타내다, 명시하다 adjust 조정하다 (re)credit (재)입금하다 apologize 사과하다
feel free to+do 편하게 ~하다 inquiry 문의사항

---

147. 이메일이 작성된 주요 이유는 무엇인가?

(A) 제품 반품 일정을 잡기 위해서 **(B) 주문한 물품의 문제점을 알리기 위해서**
(C) 배송 일자와 시간을 확인하기 위해서 (D) 고객에게 답장하기 위해서

STEP 1   목적은 처음 두 줄에 90% 답이 있다.

이메일을 쓴 이유를 묻고 있다. 첫 번째 문장 We regret to inform you에서 부정적인 상황을 알리고 있고, you ordered 와 are currently out of stock에서 주문한 제품의 재고가 없음을 알리고 있다. 정답은 (B)이다.

STEP 2   오답 분석

지문의 shoes를 통해 (A) product를 나타낼 수 있지만 return(교환)의 일정을 잡는 것이 아니므로 오답. 배송 관련 내용이 없고, 고객에게 처음 메일을 쓰는 거라 (C), (D) 모두 오답이다.

---

148. Bryant 씨는 무엇을 하도록 권장받는가?

(A) 배송 옵션 선택하기   (B) 신발 반품하고 환불 받기
(C) 특정 부서와 연락하기   (D) 주문 취소하고 새로 구매하기

STEP 1   요구 사항은 지문 하단부에 답이 있다.

수신인 Bryant 씨에 대한 요청 사항을 묻는 문제로, 답은 지문 후반부에 등장한다. please의 명령문/you should/ we want you/if you would like/명령문 형태 중 하나로 출제한다. 지문 후반부, please contact our Customer Service Team에서 고객 서비스 부서로 연락을 해달라고 요청하고 있으므로 정답은 (C)이다.

STEP 2   오답 분석

(A) 지문의 or를 통해 choose의 선택을 나타내지만, shipping option은 언급이 없으므로 오답이다. (B) 전반부에 shoes의 언급은 있지만, return, refund의 언급이 없으므로 (B)는 오답이다.

Questions 149-151 refer to the following leaflet.

Pop & Jazz
Concert

The Canonbury [150 free of charge → No admission fee] seasonal music event, **Pop & Jazz concert**, **free of charge** this coming weekend. This concert is held every summer for Canonbury citizens. As many public places CCC is running, **this city park** provides a place for citizens to gather for citywide festivals and public events. However, the CCC is largely depende[149 this city park → public facility]ordinate outdoor events such as this concert. We are gratefully accepting donations either at the event site, the Canonbury City Park, or online at www.canonburycity.org/donate.

Become one of our CCC members, by signing up online at www.canonburycity.org/membership or visiting our information desk. **CCC members** receive various **benefits** including a **bimonthly newsletter** covering current and upcoming exhibitions, a yearly city **calender highlighting our major events**, and **free invitations** to every exhibition. Members are required to make a minimum financial contribution of £50 yearly.

- **151-A** a bimonthly newsletter → periodic publications
- **151-C** free invitations → invitations are sent to members
- **151-A** calender ~ events → a copy of a schedule ~ events

오답 함정 150-D
Pop & Jazz concert가 아닌 CCC's members에 대한 내용이다.

149. Where would the leaflet most likely be given out?
(A) In a community center
(B) In an art school
(C) In a public facility
(D) In a concert hall

150. What is mentioned about the Pop & Jazz concert?
(A) No admission fee is required
(B) Famous musicians participate every summer.
(C) It will take place only at the city park.
(D) A minimum financial contribution of £50 is required.

151. What is NOT stated as an advantage of members?
(A) Members receive periodic publications.
(B) Members' donations are listed on a Web site.
(C) Members are invited to a ceremony.
(D) A copy of a schedule covering some events is sent to members.

지문의 출처 / 상
└ 지문의 출처, 장소는 전반부에서 확인하자.

사실인 것을 찾는 문제는 문제와 보기의 키워드를 먼저 정리한 후 본문을 검색한다.

member의 이점이 아닌 것 찾기
└ 이점을 먼저 소거하자.

문제 149-151은 다음 전단지를 참고하세요.

Pop & Jazz 콘서트

Canonbury City Community (CCC)에서 다가오는 이번 주말에 계절 음악 행사인 Pop & Jazz 콘서트를 무료로 개최합니다. 이 콘서트는 Canonbury 시민들을 위해 매 여름마다 열리고 있습니다. CCC가 운영하는 많은 공공장소처럼, 이 시립 공원은 시민들이 시 전체에서 진행하는 축제와 공공행사를 위해 모일 수 있는 장소를 제공합니다. 하지만, 이번 콘서트 같은 야외 행사를 마련하고 조정하기 위해 CCC는 기부에 크게 의존하고 있습니다. 행사 장소인 Canonbury City Park나 온라인 www.canonburycity.org/donate에서 감사히 기부금을 받고 있습니다.

온라인 www.canonburycity.org/membership에서 등록하시거나 저희 안내소를 방문하셔서 CCC 회원이 되어 주세요. CCC 회원은 현재와 앞으로의 전시회 소식을 다루는 격월 발간 뉴스레터, 주요 행사를 표시해 놓은 연간 도시 달력과 모든 전시회의 무료 초대권을 포함한 다양한 혜택을 받게 됩니다. 회원들은 매년 최소 50 파운드를 재정 기부금으로 내셔야 합니다.

어휘 seasonal 계절의 free of charge 무료로 gather 모으다, 모이다 citywide 전 도시의 largely 주로, 크게 coordinate 조직화하다, 조정하다 site 부지 bimonthly 격월로 financial contribution 재정적인 기여

---

149. 어디에서 전단지가 나누어질 만하겠는가?
(A) 주민 센터에서
(B) 미술 학교에서
(C) 공공시설에서
(D) 콘서트홀에서

STEP 1 지문의 출처, 장소는 지문 전반부의 공통적인 단어로 확인하자.

해당 지문인 전단지가 어디에서 나누어질 것인지 묻고 있다. this city park provides a place for citizens to gather for citywide festivals and public events에서 this city park라고 언급하고 있으므로 전단지가 나누어질 장소는 (C) 공공장소임을 알 수 있다.

STEP 2 동일 단어를 이용한 오답 함정에 유의하라.

(D)는 concert 개최를 알리는 내용이지만 concert hall의 언급은 없다.

---

150. Pop & Jazz 콘서트에 관해 언급된 것은 무엇인가?
(A) 입장료는 무료이다.
(B) 유명 뮤지션들이 매 여름 참가한다.
(C) 시립 공원에서만 열릴 예정이다.
(D) 최소 재정 기부금 50파운드가 필요하다.

STEP 1 사실인 것을 찾는 문제는 보기의 키워드를 먼저 정리한 후 본문을 검색한다.

지문의 키워드 Pop & Jazz concert와 관련된 내용을 지문에서 찾아서 보기와 대조해야 한다. 지문의 Pop & Jazz concert, free of charge this coming weekend에서 계절 음악 행사인 Pop & Jazz 콘서트가 무료로 진행됨이 언급되므로 정답은 (A)이다.

STEP 2 문제의 키워드가 구체적일 때 지문에서 해당 키워드가 언급되는 부분을 제한하여 파악하자.

(B) 유명한 음악가들이 매년 여름 참가한다는 내용은 없다.
(C) 향후 개최 예정지에 대해서는 언급이 없었다.
(D)의 경우 Pop & Jazz concert가 아니라 CCC의 회원 가입에 대한 언급이므로 오답이다.

---

151. 회원 혜택으로 언급되지 <u>않은</u> 것은 무엇인가?
(A) 회원들은 정기 간행물을 받는다.
(B) 회원들의 기부금은 웹사이트에 게시된다.
(C) 회원들은 행사에 초청받는다.
(D) 몇몇 행사를 다루는 일정표가 회원들에게 발송된다.

STEP 1   NOT Question은 소거법을 이용한다.

문제의 키워드인 advantage of members와 관련된 내용을 지문에서 찾아 보기와 대조하는 문제이다. 지문의 후반부에서 member가 되는 것에 대한 혜택인 benefits를 중심으로 이점을 나열하고 있으므로, 보기 중 이점인 것을 하나씩 소거하도록 하자.
(A) a bimonthly newsletter → periodic publications: 정기 간행물
(C) free invitations → are invited to a ceremony: 행사에 초대됨
(D) a yearly city calender ~ events → a copy of a schedule covering some events: 행사를 커버하는 일정표
정답은 (B)이다.

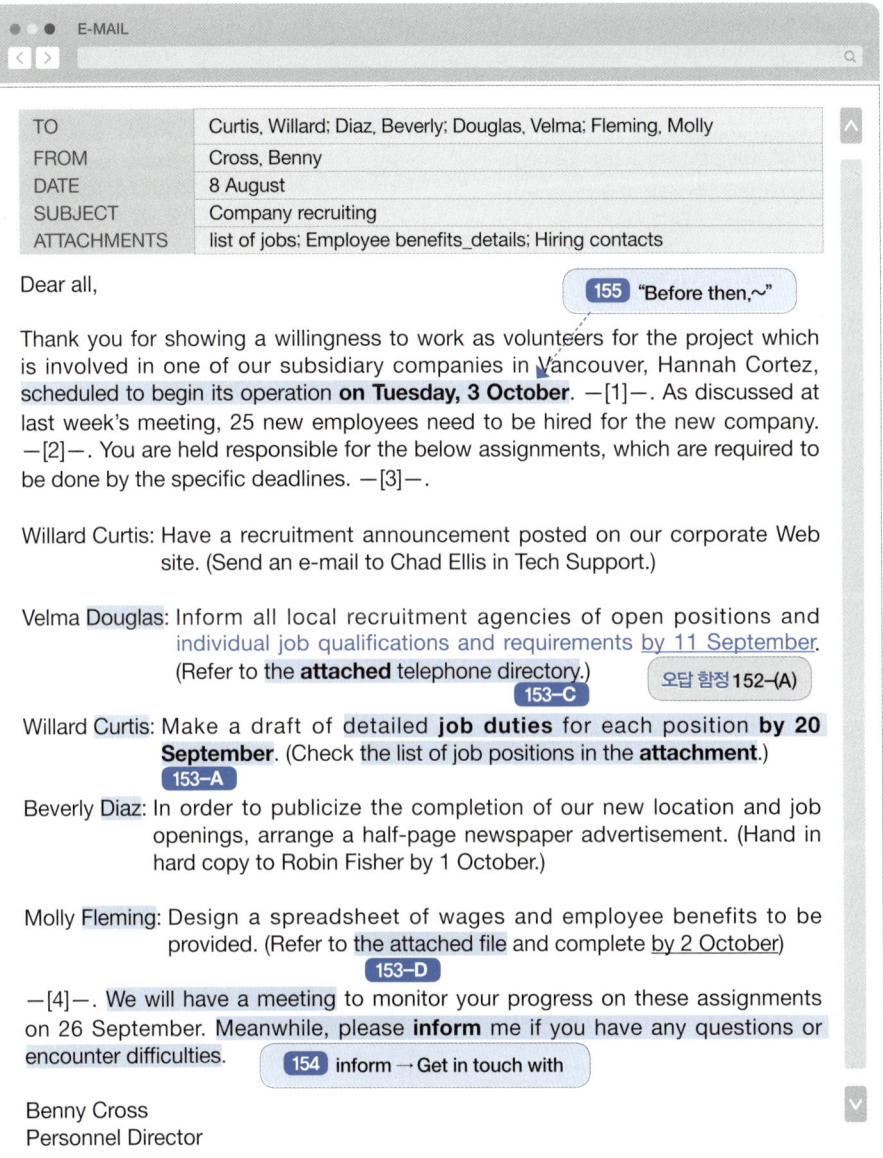

154. What does Mr. Cross ask the recipients to do before they meet?
(A) Send him their completed work
(B) Visit the subsidiary company
(C) **Get in touch with him as needed**
(D) Cooperate with each other on assignments

발신자의 요청 사항 / 키워드 before they meet / 하 └요청, 제안은 명령문, you should ~ 등의 표현을 사용한다.

보내는 사람 : I

155. In which of the positions marked [1], [2], [3], and [4] does the following sentence best belong?

"Before then, there is a lot of work to do."
(A) **[1]**   (B) [2]
(C) [3]   (D) [4]

문맥 추가 문제 / 키워드 before then └then을 나타낼 수 있는 앞 문장을 찾자.

문제 152-155는 다음 이메일을 참조하세요.

수신	Curtis, Willard; Diaz, Beverly; Douglas, Velma; Fleming, Molly
발신	Cross, Benny
날짜	8월 8일
제목	회사 채용
첨부파일	구인 목록; 사원 복리후생_세부사항; 채용 연락처

여러분들께

밴쿠버에 위치한 저희 자회사 중 한 곳인 Hannah Cortez와 관련된 프로젝트에 자원봉사자로 근무하고자 하는 의지를 보여주셔서 감사합니다. 프로젝트는 10월 3일 화요일에 운영 시작 예정입니다. —[1]—. 지난 주 회의에서 논의했듯이, 신규 회사에서 근무할 25명의 신입사원들을 채용해야 합니다. —[2]—. 여러분들은 아래의 업무를 담당하며, 특정 마감일까지 끝마쳐 주셔야만 합니다. —[3]—.

Willard Curtis: 자사 기업 웹사이트에 채용 공고를 게시해 주십시오. (기술 지원팀의 Chad Ellis에게 이메일을 보내 주십시오.)

Velma Douglas: 9월 11일까지 모든 지역 인재 주선 업체에 구직 공석과 개별 직무 자격 및 요건을 알려주세요. (첨부된 전화번호부를 참조하세요.)

Willard Curtis: 9월 20일까지 각 직책의 상세 직무 사항에 대해 초안을 작성해 주십시오. (첨부파일에서 구인 목록을 확인해 주십시오.)

Beverly Diaz: 신규 지점 완공과 채용 공고를 홍보할 수 있게 반 페이지 분량의 신문 광고를 준비해 주십시오.(10월 1일까지 Robin Fisher에게 인쇄 자료를 제출해 주십시오.)

Molly Fleming: 연봉과 사원 복리 후생 관련 스프레드시트를 제출용으로 디자인해 주십시오. (첨부파일을 참조해서 10월 2일까지 작성해 주십시오)

—[4]—. 9월 26일에 업무 진행 상황을 확인하고자 회의를 하겠습니다. 그동안, 문의 사항이 있거나 난관에 봉착하게 되면 저에게 알려 주십시오.

Benny Cross
인사부장

어휘 willingness 기꺼이 하는 마음 be involved in ~에 개입되다, 관계되다 subsidiary 자회사 operation 운영 be held responsible for ~에 책임이 있다 assignment 과제, 임무 specific 구체적인 corporate 기업의 recruitment agency 인재 주선 (업체) job qualification 직무 자격 requirement 요건 telephone directory 전화번호부 make a draft of ~의 초안을 작성하다 publicize 알리다, 홍보하다 spreadsheet 스프레드시트 employee benefits 사원 복지 후생 encounter 맞닥뜨리다

152. 상세 직무 사항 마감은 언제인가?
(A) 9월 11일 (B) **9월 20일**
(C) 10월 1일 (D) 10월 2일

STEP 1 기간, 요일, 숫자 등은 키워드 옆에 있는 것이 답이다.

문제의 detailed job responsibilities를 키워드로 잡아야 한다. 지문 중 Willard Curtis의 업무인 Make a draft of detailed job duties for each position by 20 September.에서 각 직책에 대한 상세 직무 사항 초안을 9월 20일까지 작성해야 한다고 언급했으므로 정답은 (B)이다.

STEP 2 오답 분석

(A) September 11 – Inform all local recruitment agencies에서 지역 인재 주선 업체에 공지하는 것이므로 오답이다. (C) October 1은 인쇄 자료 제출 기한이다. (D) October 2는 스프레드시트 디자인 완료 기한이다.

---

153. 이메일에 따르면 첨부파일을 사용하지 않을 사람은 누구인가?
(A) Curtis 씨
(B) Diaz 씨
(C) Douglas 씨
(D) Fleming 씨

STEP 1 NOT Question은 소거법을 이용한다.

이메일에 첨부된 파일을 사용하지 않을 사람이 누구인지를 묻는 문제이다. 문제의 e-mail attachment를 키워드로 잡고 일치하는 것을 소거하자. 지문 중 Velma Douglas는 Inform all local recruitment agencies ~ Refer to the attached telephone directory에서, Willard Curtis는 Make a draft of ~ job positions in the attachment에서, Molly Fleming은 Refer to the attached file에서 세 명 모두 해당 첨부파일을 확인하라고 언급돼 있으므로 정답은 (B)이다.

---

154. Cross 씨가 만나기 전까지 수신자들에게 하도록 요청하는 것은 무엇인가?
(A) 그에게 완성한 작업물 보내기
(B) 자회사 방문하기
(C) 필요에 따라 그에게 연락하기
(D) 서로 업무 협력하기

STEP 1 요청 사항의 답은 지문 하단부에 있다.

Cross 씨가 미팅 전에 수신자들에게 요청한 것이 무엇인지 묻는 문제이므로 지문의 후반부에서 확인한다. 지문의 We will have a meeting에서 회의가 있음을 알 수 있고, Meanwhile, please inform me if you have any questions ~ difficulties에서 그러는 동안에 진행 사항과 관련하여 궁금한 점 혹은 어려운 점이 있으면 연락하라는 명령문의 형태가 나오므로 정답은 (C)이다.

---

155. [1], [2], [3], [4]로 표시된 자리 중에서 다음 문장이 들어가기에 가장 알맞은 위치는 어디인가?
"그전까지 해야 할 업무가 많습니다."

(A) [1] (B) [2]
(C) [3] (D) [4]

STEP 1 문맥 추가 문제는 지시형용사, 지시대명사, 부사들이 답을 연결한다.

문맥 추가 문제는 질문에 제시된 문장이 들어갈 문맥 상 가장 알맞은 자리를 찾는 것이므로 질문을 정확히 확인해야 한다. 질문의 Before then에서 then이라는 시간 부사가 언급할 수 있는 시간 관련 부사가 있는 문장 뒤에 위치해야 하므로 "Tuesday, 3 October"의 구체적인 시간 다음에 나온 [1]에 위치해야 한다.

Questions 156-159 refer to the following text message chain.

156. Where most likely is Ms. Bishop?
(A) In her office
(B) At a storage room
(C) At a conference center
(D) In a maintenance department

157. At 11:31 A.M., why does Mr. Bennett most likely write, "Oh, no way"?
(A) A coworker has not come to work.
(B) Some equipment is not working properly.
(C) They don't know how to get a new speaker.
(D) Attendance is more than expected.

158. What is suggested about Ms. Brewer?
(A) She is going to quit her current position.
(B) She was recently recruited.
(C) She agreed to go with Randy's idea.
(D) She takes the initiative.

Brewer 씨의 구체적 정보
ㄴ. 보기를 먼저 검색한 후 해당 인물의 대사에서 답을 찾자.

159. What will Ms. Bishop most likely do next?
(A) Drive over ~~to her office~~   (B) Try to find Karla
(C) ~~Repair~~ some equipment   **(D) Go to a local store**

Bishop 씨가 앞으로 할 일
ㄴ. 지문 후반부에서 확인하자.

문제 156–159는 다음 문자 메시지 대화를 참고하세요.

Nellie Bishop [오전 11:29] : 안녕하세요, 여러분. Karla가 오늘 근무하는지 누구 알고 계신가요?

Randy Bennett [오전 11:30] : 그녀가 오늘 근무하는 것으로 알고 있어요. 무슨 문제가 있나요?

Nellie Bishop [오전 11:30] : 방금 회의실을 확인했더니 스피커 중 한 개가 결함이 있는 것 같아요. 스피커에서 갈라지는 소리가 나옵니다.

Randy Bennett [오전 11:31] : 오, 이런. 마케팅 포럼은 언제 시작할 예정이죠?

Nellie Bishop [오전 11:32] : 정오에요. 몇몇 사람들은 벌써 도착했고 100명 이상이 올 거라고 예상됩니다.

Naomi Brewer [오전 11:33] : 제가 관리부에 전화하고 있습니다. 잠시만요. 음, 창고에 여유분 스피커가 없답니다. Nellie 씨, 약 30분밖에 남지 않았는데 저희 아직 마이크와 프로젝터 설치도 못 끝냈습니다. 제일 근처에 있는 오디오 상점에 운전하고 가셔서 대여나 구매해 주실 수 있나요?

Randy Bennett [오전 11:34] : 좋은 생각입니다. Nellie 씨, 당신이 나가 있는 동안, 저희가 여기 층을 점검할게요. 오늘 아침에 여기 오는 도중에 길모퉁이 근처에서 가게를 본 것 같아요.

Nellie Bishop [오전 11:35] : 알겠습니다. 제가 해드리겠습니다.

어휘 pretty 어느 정도, 꽤   on duty 근무 중인   defective 결함이 있는   crackling 갈라지는, 치지직하는   spare 남는, 여분의   storage 저장고, 보관소   set up 설치하다   on one's way (to) ~로 가는[오는] 도중에

---

156. Bishop 씨는 어디에 있을 것 같은가?
(A) 사무실에
(B) 창고에
(C) 회의장에
(D) 관리부에

STEP 1 온라인 채팅이나 문자 메시지는 등장인물들의 관계도를 먼저 이해한다.

– 등장인물은 3명이다.
Nellie Bishop: 문제를 보고하는 사람
Randy Bennett & Naomi Brewer: 해결책을 찾아보고 제안하는 사람
– Bishop 씨가 지금 어디에 있는지를 묻는 문제이다. Nellie Bishop의 대사인 I just checked the meeting rooms ~ speakers seems defective에서 Bishop 씨가 회의실 스피커에 대한 문제를 보고하고, 이에 대해 Randy Bennett 씨가 마케팅 포럼 시작에 대해 묻고 있다. 따라서 Bishop 씨가 conference 진행에 대한 상황 보고를 할 수 있으므로 해당 장소는 conference center인 (C)이다. 또 마지막 Randy Bennett의 '당신이 없는 동안 여기 층(this floor)을 확인하겠다'란 말을 통해 Ms. Bishop이 현재 conference center에 있음을 알 수 있다.

STEP 2　오답 분석

(B) storage / (D) maintenance는 Naomi 씨가 언급하므로 알 수 없다.

---

157. 오전 11시 31분에 Bennett 씨가 왜 "Oh, no way"라고 쓰는 것 같은가?
(A) 동료가 출근하지 않았다.
(B) 일부 장비가 제대로 작동하지 않는다.
(C) 그들은 새 스피커를 구하는 방법을 모른다.
(D) 참석률이 예상보다 높다.

STEP 1　온라인 채팅의 '의도' 문제는 위아래 연결어가 있거나 전체적인 상황을 포괄적으로 묘사하는 것이 답이다.

바로 앞 문장에서 ~ found out that one of our speakers seems defective라고 스피커 문제에 대한 보고를 하고 이에 대해 Oh, no way로 응답하고 있다. 따라서 장비의 고장에 대해 말하고 있음을 알 수 있다. 따라서 정답은 (B)이다.

STEP 2　기본적인 반응 표현을 익혀 두자.

no way는 "말도 안 돼, 절대 안 돼"의 표현으로 "그럴 리 없어", "그러면 안 돼"와 같이 앞 문장에 대해 강한 의문을 가질 때 사용함을 알아두자.

---

158. Brewer 씨에 관하여 시사되는 것은 무엇인가?
(A) 그녀는 현재 맡고 있는 직무를 그만둘 것이다.
(B) 그녀는 최근에 취직했다.
(C) 그녀는 Randy 씨의 생각에 동의했다.
(D) 그녀는 솔선수범한다.

STEP 1　사람 이름은 항상 중요한 키워드이다.

지문의 키워드인 Ms. Brewer와 관련된 내용을 지문에서 찾아, 보기와 대조하는 문제이다. 지문의 I am just calling the maintenance department. Give me a second.와 Could you drive over to the nearest audio shop and borrow or buy some?에서 장비에 생긴 문제점을 해결하고자 관리부에 연락했지만 장비가 없음을 알자, Nellie 씨에게 해결할 수 있는 방법들을 제시하고 있으므로 정답은 '솔선수범하다'의 (D)이다.

---

159. Bishop 씨는 다음에 무엇을 할 것 같은가?
(A) 자기 사무실까지 운전해 가기
(B) Karla 씨 찾기
(C) 일부 장비 수리
(D) 지역 상점 방문

STEP 1　미래 계획은 상대방 대사에서 권유/제안으로 답이 제시되기도 한다.

Bishop 씨가 다음에 해야 할 일이 무엇인지를 묻는 문제이다. Bishop 씨의 마지막 대사인 I can do that for you.가 그 이전 사람의 제안에 대한 수락임을 확인하자. Naomi 씨가 Could you drive over to the nearest audio shop and borrow or buy some?으로 근처 가게에서 스피커를 빌리거나 구입해 오겠느냐고 제안하므로 정답은 (D)이다.

STEP 2　오답 분석

(A) drive의 언급은 있지만 근처의 shop으로 가야 하므로 오답이다.
(C) speakers를 equipment로 받을 수 있지만, 수리한다는 말이 없으므로 오답이다.

Questions 160-163 refer to the following letter.

RTCQ Australia
983 Gunnersbury Avenue
Melbourne, VIC X7R 3R1

21 October

Mr. Julius Shelton
214 Sloane Road
Sydney, NSW R3A 5T2

Dear Mr. Shelton

We are happy that you have accepted our **half-year paid internship** position with the **Products Development Team** at RTCQ Australia. —[1]—. The first day of your internship will be on Wednesday, 5 December. You may have other scheduled commitments in the beginning of December, so if necessary, the starting date can be adjusted. This can be discussed further in November when your schedule becomes clearer. —[2]—.

Your supervisor will be Mr. Martin Soto, our head of Quality Control, who specializes in improving products' durability using eco-friendly materials. **Mr. Soto said to me that he happened to find your report** in the magazine *Life with Nature* last year, which impressed him. —[3]—.

Please find the enclosed contract and review it thoroughly. If there are no concerns or questions about the terms of the contract, **you can sign and send it back** to us at the address above by 29 October. As soon as the signed contract arrives, our personnel department will get in touch with you to prepare a staff ID badge, an e-mail account, and a parking space. —[4]—.

Janie Terry
Managing Director of Personnel

---

160. What is NOT mentioned about Mr. Shelton's internship?
(A) The division he will be working in
(B) The duration he will work
(C) The manager he will report to
(D) The wage he will receive

161. What is suggested about Mr. Soto?
(A) He read a report written by Mr. Shelton.
(B) Mr. Terry is working under his supervision.
(C) He is a well-known specialist in a field.
(D) Mr. Shelton was interviewed by him.

162. What will Mr. Shelton probably do next?
(A) Arrange a meeting with Mr. Soto
(B) Discuss a starting date
(C) Mail a signed document
(D) ~~Open~~ an e-mail account

받는 사람 : You

Shelton / 미래 정보 / 하
└. 앞으로의 할 일은 후반부에 위치한다.

163. In which of the positions marked [1], [2], [3], and [4] does the following sentence best belong?

"Not to mention, he was certain that you will be a great addition to his team."
(A) [1]
(B) [2]
(C) [3]
(D) [4]

문맥 추가 문제
└. 문장의 지시대명사, 연결어 등을 확인하자.

문제 160-163은 다음 편지를 참고하세요.

RTCQ Australia
983 Gunnersbury Avenue
Melbourne, VIC X7R 3R1

10월 21일

Julius Shelton 씨
214 Sloane Road
Sydney, NSW R3A 5T2

Shelton 씨께

귀하께서 RTCQ Australia 제품 개발팀에서 6개월 간의 유급 인턴십을 수락하셔서 기쁩니다. – [1] –. 인턴십 첫 출근일은 12월 5일 수요일입니다. 귀하께서 12월 초에 선약이 있을지도 모르니, 필요하시다면, 업무 시작일을 조정해 드릴 수 있습니다. 이 사항은 귀하의 일정이 더 확실해질 때쯤인 11월에 더 자세히 상의할 수 있습니다. – [2] –.

귀하의 상사는 Martin Soto 씨가 될 겁니다. 그 분은 저희 회사 품질 관리 부장으로 친환경 소재를 이용한 제품의 내구성 향상을 전문으로 하고 있습니다. Soto 씨는 작년에 〈Life with Nature〉 잡지에 실린 귀하의 보도 기사를 우연히 찾아보고 감동받았다고 제게 말했습니다. – [3] –.

첨부된 계약서를 꼼꼼히 검토해 주십시오. 계약 조건과 관련하여 염려되는 점이나 문의사항이 없다면, 서명하시고 위의 주소로 10월 29일까지 다시 보내 주십시오. 서명한 계약서가 도착하자마자, 인사과에서 직원 신분증 배지, 이메일 계정과 주차 공간 준비로 연락드릴 것입니다. – [4] –.

Janie Terry
인사과 상무이사

어휘 scheduled 일정이 잡힌   commitment 약속, 전념   if necessary 필요하면   adjust 조정하다
specialize in ~을 전문으로 하다   durability 내구성   happen to+do 우연히 ~하다
thoroughly 철저히, 철두철미하게   terms of the contract 계약 조건   get in touch with ~와 연락하다

160. Shelton 씨의 인턴십에 관하여 언급되지 않은 것은 무엇인가?
(A) 근무 예정 부서 (B) 근무 기간
(C) 보고할 관리자 **(D) 받게 될 임금**

STEP 1   NOT question은 소거법을 이용한다.

NOT 관련 질문이므로, 문제의 키워드인 internship과 관련된 내용을 지문에서 찾아 보기와 일치하는 것을 소거하자. you have accepted our half-year paid internship position with the Products Development Team을 보면 제품 개발부서(A)에서 6개월 동안(B) 근무하며, Your supervisor will be Mr. Martin Soto에서 Soto 씨가 그의 상사(C)임을 언급했으므로 정답은 (D)이다.

161. Soto 씨에 관하여 언급된 것은 무엇인가?
(A) 그는 Shelton 씨가 작성한 보고서를 읽었다.
(B) Terry 씨가 그의 감독 하에 근무하고 있다.
(C) 분야에서 잘 알려진 전문가이다.
(D) Shelton 씨를 인터뷰했다.

STEP 1   답은 항상 키워드 옆에 있다.

문제의 키워드인 Mr. Soto는 제3자이므로 지문에서 he가 언급된 부분에서 보기와 일치하는 것을 찾아야 한다. he happened to find your report in the Magazine *Life with Nature* last year에서 Soto 씨가 잡지에 실린 Shelton 씨의 보고서를 읽었음이 언급되어 있으므로 정답은 (A)이다.

STEP 2   오답 분석

(B)의 Terry는 지문의 발신자이며, Soto 씨가 Shelton 씨의 supervisor라고 언급되어 있으므로 해당 보기는 알 수가 없다. (C)의 specialist는 그가 전문으로 하는 것을 나타내고 있으며, Soto 씨가 유명한 전문가인지는 알 수 없다.

162. Shelton 씨는 다음에 무엇을 할 것 같은가?
(A) Soto 씨와의 회의 준비 (B) 업무 시작일 논의
(C) 서명한 계약서 발송 (D) 이메일 계정 생성

STEP 1   편지글에서 미래 일정은 지문 후반부의 제안/명령/권유 표현을 확인하자.

Shelton 씨가 앞으로 해야 할 일을 묻는 문제로 Shelton 씨는 편지의 수신자이다. 따라서 제안/권유/명령의 표현이 언급된 부분에서 답을 찾아야 한다. 지문의 Please find the enclosed contract ~ you can sign and send it back에서 계약서에 서명해서 보내달라고 언급하고 있으므로 정답은 (C)이다.

STEP 2   수신자는 you 발신자는 I/we로 언급한다.

(D) our personnel department will ~ prepare a staff ID Badge, an e-mail account에서 e-mail 계정을 만드는 것은 발신자가 속한 부서에서 앞으로 할 일이므로 오답이다.

163. [1], [2], [3], [4]로 표시된 자리 중에서 다음 문장이 들어가기에 가장 알맞은 위치는 어디인가?
"말할 필요도 없이, 그는 귀하가 자기 부서에 큰 보탬이 될 거라고 확신했습니다."
(A) [1] (B) [2]
(C) [3] (D) [4]

STEP 1   문맥 추가 문제는 지시형용사, 지시대명사, 부사들이 답을 연결한다.

추가할 문장에 he라는 인칭대명사가 언급되어 있으므로 바로 앞 문장에서 제3의 대상이 언급된, [3]번이 정답이다. 바로 앞 문장인 Mr. Soto ~ which impressed him에서 Soto 씨가 잡지에 실린 Shelton 씨의 기사에 감명을 받았다고 언급하고 있다. 그러므로 Soto 씨가 Shelton 씨의 채용으로 예상하는 미래를 이야기하는 것이 적절하다. 정답은 (C)이다.

Questions 164-166 refer to the following contract.

Renewal Contract for Maintenance Service
Tooting Vehicle

164 renewal contract → (B) contracted before

aappreciate your loyalty to Tooting Vehicle!

Client Name: Jamie Crawford
Address: 432 Fulham Broadway, London, UK
Post Code: RC12 5Q3
Telephone: 345-3215-4432

Client Signature: *Jamie Crawford*

Amount Due on Acceptance: £99.00

Basic Plan: £99.00
This six-month service plan includes cleaning of your vehicle as well as conducting regular inspection.
Advantages provided:
- **Verifying** the **engine** for the best function
- **Inspecting** the overall **tires**
- Securing connecting components
- **Sanitizing cooling and heating systems**
- Filling cooling water

165 (A) Inspecting tires → Checking tires
(B) Verifying engine → Inspecting engines
(C) Sanitizing cooling and heating systems
→ Cleaning cooling and heating systems

166 night and weekend services at no additional fee
→ Servicing after operating hours

Super Plan: £149.00
Subscribers with this twelve-month service plan are offered relief–care service. On top of the basic cleaning and inspection of your vehicle, subscribers are provided **with night and weekend services at no additional fee**.

Inspection:
Subscribers are able to use the inspection service during usual opening hours, Monday through Friday, 9

오답 함정 164–D
Crawford 씨는 Basic Plan에 가입 → 주말 서비스 이용에 대한 추가 비용 부담 O

Service Request Calls:
Except for Super Plan holders, an extra £25.00 fee will be charged to the client account when a request is ordered during nights and weekends.

---

164. What is suggested about Ms. Crawford?
(A) She got a car ~~insurance quote~~.
(B) She has contracted Tooting Vehicle before.
(C) She will have her tires changed immediately.
(D) She will be ~~exempted~~ from the extra service fee for weekends.

키워드 Crawford
ㄴ. 보기를 먼저 정리 후 지문 검색을 하자.

165. What is NOT part of the Basic Plan?
(A) Checking car tires
(B) Inspecting the engines
(C) Cleaning cooling and heating systems
(D) Changing engine oil

NOT / 키워드 Basic Plan
ㄴ. 지문에서 보기 중 일치하는 것을 소거하자.

166. What additional advantage is included in the fee of the Super Plan?
(A) Cooling water supplement
(B) ~~Replacement~~ of components at no charge
(C) Servicing after operating hours
(D) Inspection service ~~every month~~

키워드 Super plan / 추가 이점
ㄴ. 추가 관련 언급은 키워드 기준으로 후반부를 확인하자.

문제 164-166은 다음 계약서를 참고하세요.

Tooting Vehicle 정비 서비스 갱신 계약서
Tooting Vehicle을 이용해 주셔서 감사합니다!

고객 성명: Jamie Crawford 주소: 432 Fulham Broadway, 런던, 영국 우편번호: RC12 5Q3 연락처: 345-3215-4432	고객 서명: *Jamie Crawford* 예정 결제액: 99파운드

기본 정책: 99파운드
이 6개월 서비스 정책에는 정기 검사 실시 뿐 아니라 차량 청소도 포함하고 있습니다.
제공 혜택:
- 최고 기능을 위한 엔진 점검
- 전체 타이어 점검
- 연결 부품 고정
- 냉난방 장치 소독
- 냉각수 보충

특별 정책: 149파운드
12개월 서비스 정책 가입자들에게 안심 돌봄 서비스를 제공해 드립니다. 기본 차량 청소와 점검 이외에, 이용자분들께 추가 비용 없이 야간과 주말 서비스를 제공해 드립니다.

점검: 가입자분들은 정상 영업 시간인 월요일부터 금요일 오전 9시부터 오후 6시까지 점검 서비스를 이용하실 수 있습니다.	서비스 요청 전화: 특별 정책(Super Plan) 가입자를 제외하고, 야간과 주말에 서비스를 요청하시면 고객 계좌로 25파운드의 추가 비용이 청구됩니다.

어휘 renewal 갱신   loyalty 충성   amount due 지불액   conduct 수행하다, 실시하다   verify 확인하다, 점검하다   overall 전체의   secure 확보하다, 고정시키다   component 부품   sanitize 위생 처리하다   subscriber 가입자   on top of ~ 외에   except for ~을 제외하고는   holder 소유자

---

164. Crawford 씨에 관하여 언급되는 것은 무엇인가?
(A) 그녀는 차량 보험 견적서를 받았다.
(B) 그녀는 Tooting Vehicle과 전에 계약을 맺었다.
(C) 그녀는 즉시 타이어를 교체할 예정이다.
(D) 그녀는 주말에는 추가 서비스 비용이 면제될 것이다.

STEP 1 '사실'인 것을 찾는 문제는 보기의 키워드를 먼저 정리한 후 본문을 검색한다.

문제의 Crawford는 계약서 지문에서 계약자에 해당한다. 이에 대한 사실은 지문 전체를 확인해야 하므로, 우선 보기를 먼저 정리한 후 지문 중 보기와 일치하는 것을 찾아야 한다. 첫 부분의 Renewal Contract에서 Renewal 단어를 통해 Tooting Vehicle과 기존에도 거래한 적이 있었음을 알 수 있다. 정답은 (B).

STEP 2 보기의 키워드를 본문에서 검색하여 나머지 문장에서 오류 요소를 제거한다.

(C)의 tires는 지문에서 Inspecting the overall tires로 언급되는데 보기의 changed 단어로 오답이다.
(D)의 추가 서비스 비용의 면제 대상은 Super Plan 가입자에 해당하는데 Crawford 씨는 지문의 Amount Due on Acceptance: £99.00와 Basic Plan: £99.00에 해당한다. 따라서 Crawford 씨는 Basic plan을 계약할 예정으로 오답임을 알 수 있다.

165. Basic Plan에 포함되지 않은 것은 무엇인가?
(A) 차량 타이어 점검
(B) 엔진 점검
(C) 냉난방 장치 청소
(D) 엔진오일 교체

STEP 1   NOT question은 소거법을 이용한다.

NOT 문제이므로, 문제의 Basic Plan을 키워드로 지문 상의 Basic Plan에 대한 설명과 보기 중 일치하는 것을 소거한다. 타이어 점검을 하는 Inspecting the overall tires는 (A)와 일치하고, Verifying the engine은 엔진 점검에 대한 언급으로 (B) 역시 소거한다. Sanitizing cooling and heating systems에서 냉난방 장치 청소에 대한 (C)를 소거한다. 따라서 정답은 (D).

---

166. Super Plan의 가격에 어떤 추가 혜택이 포함되어 있는가?
(A) 냉각수 보충
(B) 무료로 부품 교체
(C) 영업 시간 이후의 서비스
(D) 매달 점검 서비스

STEP 1   '사실'인 것을 찾는 문제는 보기의 키워드를 먼저 정리한 후 본문을 검색한다.

문제의 additional advantage와 Super Plan이 키워드이다. 기본 사항을 언급 후 추가 사항을 말하게 되므로, Super Plan 설명의 On top of the basic cleaning and inspection of your vehicle, subscribers are provided with night and weekend services at no additional fee.에서 기본적인 혜택뿐 아니라, 주말과 야간에도 추가 비용 없이 서비스가 제공된다고 말하므로 정답은 (C)이다.

Questions 167-169 refer to the following letter.

Dear Editor,

It is always a great pleasure to read your thoughtful articles. I am writing to discuss your recent article "*Inviting Arenas for Music* – The Im[...] put in the June edition of *Life with Music Magazine*. [...] to read about such a splendid place that I am familiar with and the photos in it were really great. It contained one thing I'd like to point out, though. –[1]–.

In the article, Cindy Walters was introduced as the founder of the Imperial Concert Hall; actua[lly,] [...] in the initial stage of the business, she was just one of [...] cia Warner who was the actual owner of the arena. I happened to learn about this since I had several opportunities to perform at the arena with my band, which naturally gave us chances to interact with Ms. Warner sometimes. –[3]–.

I think who the owner of the business is was not the focus of the article, but still it is, I believe, an essential part of the story of the Imperial Concert Hall. Ms. Warner tried to give many new gifted local musicians more chances to perform through her business. In spite of that, she is hardly recognized enough for her contributions. –[4]–. In order to avoid doing her a disservice, she should be given her due.

Sincerely,

Ricky Webb

Ricky Webb

---

167. Why has the letter been written?
(A) To review a concert hall
(B) To correct wrong information
(C) To publicize upcoming events
(D) To recognize a performer's accomplishment

168. Who most likely is Mr. Webb?
(A) An editor
(B) A reporter
(C) A musician
(D) An entrepreneur

169. In which of the positions marked [1], [2], [3], and [4] does the following sentence best belong?

"She didn't want to be co-owner when the business wasn't stable."

(A) [1]
(B) [2]
(C) [3]
(D) [4]

문제 167-169는 다음 편지를 참조하세요.

편집장님께

귀하의 사려 깊은 기사를 읽는 것은 언제나 큰 기쁨입니다. 〈Life with Music Magazine〉 6월 호에 실린 귀하의 최근 기사 "매력적인 음악 공연장 - Imperial Concert Hall"에 관해 논의하고자 이 편지를 쓰고 있습니다. 제게 익숙한 그런 멋진 장소에 관한 기사를 읽게 되어 매우 기뻤고 함께 수록된 사진들도 매우 매력적이었습니다. 하지만, 제가 지적하고 싶은 내용이 한 가지 있었습니다. - [1] -.

기사에서는 Cindy Walters가 Imperial Concert Hall 창립자로 소개되었습니다. 사실, 그녀가 사업 초기 과정에 참여하기는 했지만, 그녀는 그냥 여러 투자자 중 한 명이었습니다. - [2] -. 공연장의 실제 소유주는 Alicia Warner였습니다. 제가 속한 밴드가 그 공연장에서 공연할 기회가 여러 번 있었기 때문에 이러한 내용을 우연히 알게 되었고, 자연스럽게 Warner 씨와 가끔씩 교류할 수 있는 기회를 얻게 되었습니다. - [3] -.

소유주가 누구인지가 기사의 중점은 아니었지만 그래도 Imperial Concert Hall에 관한 이야기의 중요한 부분이라고 저는 굳게 믿고 있습니다. Warner 씨는 자신의 기업체를 통해 재능 있는 많은 지역 음악가들에게 공연할 수 있는 더 많은 기회들을 주고자 애썼습니다. 그럼에도 불구하고, 그녀의 기여에 대해 충분히 인정받지 못하고 있습니다. - [4] -. 그녀가 이런 냉대를 받는 것을 피하기 위해서, 그녀를 정당하게 대우해 드려야 합니다.

Ricky Webb
Ricky Webb 올림

어휘 thoughtful 사려 깊은 inviting 매력적인, 솔깃한 arena 공연장 splendid 정말 좋은
be familiar with ~에 익숙하다 point out 지적하다 founder 설립자 engage in ~에 관여하게 하다
initial 초기의 investor 투자자 happen to+do 우연히 ~하다 interact with ~와 상호작용을 하다, 교류하다
essential 필수적인, 중요한 gifted 재능이 있는 contribution 기여 disservice 불친절한 행위, 냉대
give somebody one's due ~를 정당(공평)하게 대우하다

167. 왜 편지가 작성되었는가?
(A) 콘서트홀을 논평하고자
(B) 잘못된 정보를 정정하고자
(C) 곧 있을 행사를 홍보하고자
(D) 공연자의 업적을 인정하고자

STEP 1 목적은 처음 두 줄에 90% 답이 있다.
지문의 전반부인 I am writing to discuss your recent article에서 최근의 기사에 대해 논하고 싶다고 하고, It contained one thing I'd like to point out, though에서 지적할 부분이 한 가지 있다고 언급한다. 기사의 오류에 대해 언급하고 있으므로 이를 정정하기 위해 편지를 쓰고 있음을 알 수 있다. 정답은 (B)이다.

STEP 2 오답 분석
recent article을 통해 (C)의 upcoming은 일치하지 않으므로 오답이고, 나머지 보기는 언급이 없다.

168. Webb 씨는 누구일 것 같은가?

(A) 편집자
(B) 기자
(C) 음악가
(D) 기업가

STEP 1　I/You/제3자를 확인하고 각각의 직업을 파악하라.

편지에서 사람 이름은 수신자/발신자/제3자로 구분됨을 유의하자. Webb은 지문 후반부에 Sincerely와 함께 언급되어 있으므로 발신자임을 알 수 있다. 따라서 지문의 I로 언급되는 부분에서 Webb 씨의 정체를 파악할 수 있다. I had several opportunities to perform at the arena with my band에서 자기 밴드와 함께 공연할 기회가 있었다고 말하므로 보기 중 공연하는 사람에 해당하는 (C)가 정답이다.

---

169. [1], [2], [3], [4]로 표시된 자리 중에서 다음 문장이 들어가기에 가장 알맞은 위치는 어디인가?

"그녀는 사업이 안정되지 않았을 때에는 공동 소유주가 되길 원하지 않았습니다."

(A) [1]
(B) [2]
(C) [3]
(D) [4]

STEP 1　문맥 추가 문제는 지시형용사, 지시대명사, 부사들이 답을 연결한다.

질문의 she / wasn't stable의 단어를 기준으로 she를 받을 수 있는 여자 고유명사가 언급되어 있는 문장 뒤에서 답을 찾자. [2]와 [3]번의 앞 문장에 Cindy Walters와 Ms. Warner의 언급이 있고 이중 [2]번 앞 문장에서 initial stage에 대한 언급이 있다. initial stage는 사업이 안정되지 않은 단계(not stable)를 의미하므로 정답은 [2]인 (B)이다.

Questions 170-171 refer to the following e-mail.

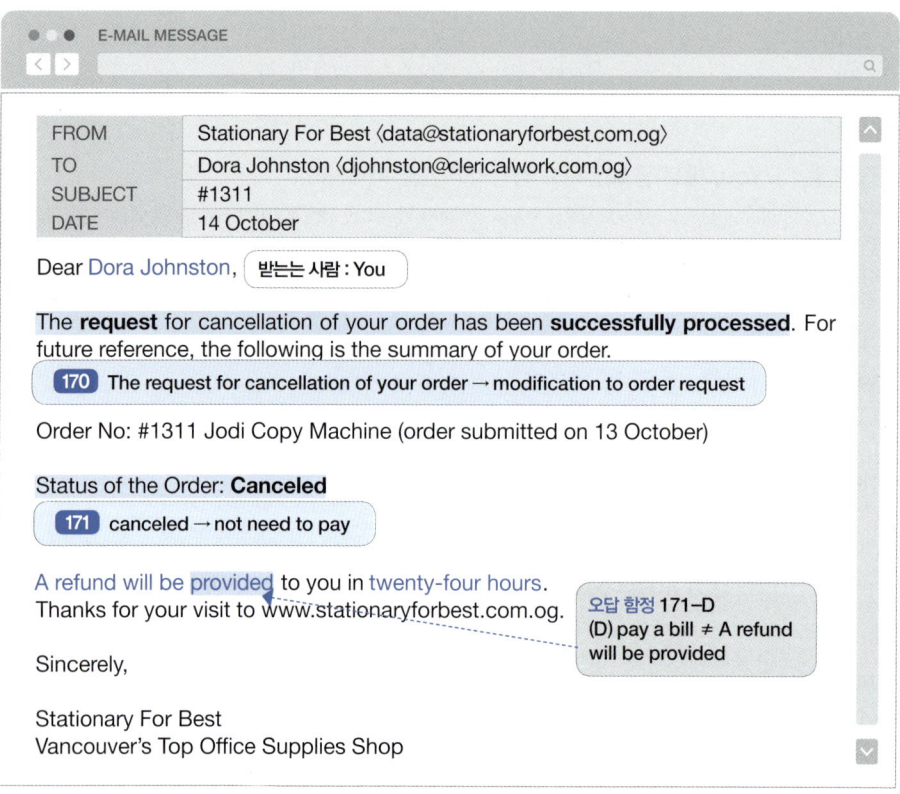

170. What is the reason the e-mail has been sent?
(A) To announce a ~~new policy~~
(B) To inquire about an ~~item's availability~~
(C) **To confirm a modification to an order request**
(D) To ~~apologize~~ for a ~~delay~~ in ~~delivery~~

171. What information is given to Ms. Johnston about payment?
(A) She should ~~already have~~ got a refund.
(B) **She does not need to pay for the product.**
(C) She has paid for the order ~~in full~~.
(D) She ~~will pay~~ a bill in twenty-four hours.

문제 170-171은 다음 이메일을 참조하세요.

발신	Stationary For Best 〈data@stationaryforbest.com.og〉
수신	Dora Johnston 〈djohnston@clericalwork.com.og〉
제목	#1311
날짜	10월 14일

Dora Johnston 씨께

귀하께서 요청하신 주문 취소는 성공적으로 처리되었습니다. 나중에 참고하실 수 있도록, 다음 내용은 귀하의 주문 요약서입니다.

주문 번호: #1311 Jodi 복사기(10월 13일에 주문서 제출)

주문 상태: 취소

환불금은 24시간 후에 귀하께 반환될 것입니다.
www.stationaryforbest.com.og에 방문해 주셔서 감사합니다.

Stationary For Best
Vancouver 최고의 사무용품 상점

어휘 process 처리하다 for future reference 다음에 참고하기 위해

---

170. 이메일이 발송된 이유는 무엇인가?
(A) 새로운 정책을 발표하기 위해서
(B) 제품의 구매 가능성에 관해 문의하기 위해서
(C) 주문 요청서 수정을 확인하기 위해서
(D) 배송 지연에 사과하기 위해서

STEP 1　목적은 처음 두 줄에 90% 답이 있다.

The request for cancellation of your order has been successfully processed.에서 주문 취소 요청을 성공적으로 처리했다고 언급하고 있다. 주문 요청 수정에 관해 확인하기 위해 이메일을 쓴 것이므로 정답은 (C)이다.

---

171. Johnston 씨가 지불금에 관하여 어떤 정보를 받았는가?
(A) 그녀는 벌써 환불을 받았어야 했다.
(B) 그녀는 제품 비용을 지불할 필요가 없다.
(C) 그녀는 주문 제품 전액을 지불했다.
(D) 그녀는 24시간 후에 비용을 지불할 예정이다.

STEP 1　답은 항상 **paraphrasing**된다.
영어는 중복을 싫어하므로 본문에 있는 단어를 그대로 보기에서 답으로 제시하는 문제는 출제하지 않는다. 따라서 본문의 답에 해당하는 단어와 정답은 항상 유사 어휘로 전환하여 제시된다.
payment의 키워드에 관해 일치하는 보기를 찾는 문제로, 지문상 payment의 언급은 없지만 이를 구체화하는 cancellation과 refund가 있다. 이를 기준으로 보기와 일치하는 것을 찾아야 한다. Status of the Order: Canceled 에서 취소가 되었으므로 더 이상 지불을 할 필요가 없다는 (B)가 정답이다.

STEP 2　오답 분석
A refund will be provided to you에서 환불이 될 것이므로 이미 환불을 받았어야 했다는 (A)는 오답이다. (C)의 경우 refund의 언급이 있다는 건 이미 가격이 지불되어 있다는 말이지만, in full(전액)의 여부는 알 수 없으므로 오답이다.

Questions 172-175 refer to the following letter.

Kilburn Gold Electric Inc.
661 Neasden, Kingsbury Road, London

23 April

Dear Mr. Allen 〔받는 사람 : You〕

This letter is to **offer you the position of Customer Service Representative, starting Thursday, 24 May**, at the initial salary of £31,000 per year. In compliance with company policy, you will work for six months on a probationary basis, and at the last month of the period, we will make a decision as to whether to offer you a permanent position with our company.

〔172–B〕 inform → Get in touch with

Please **inform** us of acceptance of the job offer **by Wednesday, 9 May**, by either sending an **e-mail to our Personnel Division**, pd@kgei.com, or making a phone call at 21-3346-2211. If there are any circumstances keeping you from taking on your responsibilities on the date stated, please let us know at your earliest convenience in order for us to accommodate you. However, be advised that a new starting day cannot be accepted no later than Tuesday, 5 June.

You are required to report to the Personnel Division **on your starting date**. Please note that you need to bring a copy of this letter with you to let the head of personnel sign and date it. Moreover, you have to show **official documents** like your driving license or passport, and bank account number.

〔172–C〕 your driving license or passport → proof of identification

〔172–D〕 a senior employee → an experienced coworker

To help new staff members adjust to our organization, we implement a traditional practice that **pairs a new comer with a senior employee in the department**. Hence, Mr. Alton Baldwin has been assigned to answer any questions you probably have such as your responsibilities and department's ambience. You can reach him by calling at 31-3342-4495, or sending an e-mail at a_baldwin@kgei.com. Keep in mind that the new employee orientation you are required to attend has been scheduled for Friday, 25 May. At that time, we will let you know about employee benefits and company policies. Lastly, thank you for joining Kilburn Gold Electric Inc., and we hope you will be our invaluable asset.

Sincerely,

Ruby Morales 〔보내는 사람 : I〕
Head of Personnel Division

〔173〕 해당 회사는 신입직원과 선배직원을 짝 짓는 관행 존재
→ Allen의 담당 선배는 Alton Baldwin
→ Allen의 근무 예정 부서 = Customer Service Department
= Alton Baldwin의 근무 부서

Agreement on Employment Conditions and Terms

I have hereby accepted employment with Kilburn Gold Electric Inc. under the conditions and terms specified.

Signature: *Scott Allen*
Name: Scott Allen
Starting Date: 1 June

172. What is a new staff member NOT required to do?
(A) **Hand in a copy of their degree certificate**
(B) Get in touch with the personnel division prior to their first day
(C) Present proof of identification on the first day
(D) Work with an experienced coworker

요청 사항 아닌 것
ㄴ. 먼저 보기를 정리 후 일치하는 것을 소거하자.

173. What is indicated about Mr. Baldwin? 제3자 : he
(A) He is a ~~personnel~~ officer.
(B) He has worked for Kilburn Gold Electric Inc. ~~since its founding~~.
(C) **He is working in the customer service division.**
(D) He will direct Mr. Allen to the ~~personnel division~~.

Baldwin / 세부 사항
ㄴ. 지문에서 키워드 확인 후 해당 부분과 보기의 일치를 확인하자.

Kilburn Gold Electric Inc.
661 Neasden, Kingsbury Road, London

23 April

Dear Mr. Allen

[175] 제안 근무 일자 = 5월 24일
아래 Allen이 서명한 계약서에 명시된 근무 시작 일자 = 6월 1일
→ 근무 일자를 변경

This letter is to offer you the position of Customer Service Representative, **starting Thursday, 24 May**, at the initial salary of £31,000 per year. In compliance with company policy, you will work for six months on a probationary basis, and at the last month of the period, we will make a decision as to whether to offer you a permanent position with our company.

~

To help new staff members adjust to our organization, we implement a traditional practice that pairs a new comer with a senior employee in the department. Hence, Mr. Alton Baldwin has been assigned to answer any questions you probably have such as your responsibilities and department's ambience. You can reach him by calling at 31-3342-4495, or sending an e-mail at a_baldwin@kgei.com. Keep in mind that the new employee orientation you are required to attend has been scheduled for **Friday**, **25 May**. At that time, we will let you **know about employee benefits and company policies**. Lastly, thank you for joining Kilburn Gold Electric Inc., and we hope you will be our invaluable asset.

[174] employee orientation and company polices → organizations rules

Sincerely,

Ruby Morales
Head of Personnel Division

Agreement on Employment Conditions and Terms

I have hereby accepted employment with Kilburn Gold Electric Inc. under the conditions and terms specified.

Signature: *Scott Allen*
Name: Scott Allen
Starting Date: 1 June

174. When will Mr. Allen officially be notified of the organization's rules?
(A) On Tuesday
(B) On Wednesday
(C) On Thursday
(D) On Friday

받는 사람 : You

수신자 / 미래 정보 / 하
└ rules로 paraphrasing 할 수 있는 단어를 찾자.

175. What is indicated about Mr. Allen?
(A) He will ~~get a raise~~ after his probationary period.
(B) He will ~~not~~ be eligible for ~~employee benefits~~ for a half year.
(C) He postponed his starting date.
(D) He will be working with an experienced employee ~~for the first six months~~.

Allen 키워드 / 세부 사항
└ 지문에서 키워드 확인 후 해당 부분과 보기의 일치를 확인하자.

문제 172-175는 다음 편지를 참조하세요.

Kilburn Gold Electric Inc.
661 Neasden, Kingsbury Road, London

4월 23일

Allen 씨께

귀하께 고객 서비스 상담원직을 제안드리고자 이 편지를 작성하였습니다. 업무 시작일은 5월 24일 목요일이며, 연봉 31,000파운드의 초임을 받습니다. 회사 정책에 따라, 귀하는 6개월간 수습으로 근무하게 되며, 해당 기간 마지막 달에 저희 회사에서 정규직으로 채용할 것인지에 대해 결정할 것입니다.

근무 수락 여부를 5월 9일 수요일까지 저희 인사과 pd@kgei.com으로 이메일을 보내주시거나 21-3346-2211로 전화 주셔서 알려 주십시오. 명시된 날짜에 업무를 수행하지 못하게 될 어떤 사정이 있다면, 귀하께 협조할 수 있도록 가급적 빨리 저희에게 알려주세요. 하지만, 새로운 업무 시작일이 6월 5일 화요일 이후면 승인할 수 없습니다.

업무 시작 일에 인사과에 출근 보고를 해 주십시오. 인사부장이 서명하고 날짜를 기입할 수 있도록 이 편지의 복사본을 꼭 가지고 오십시오. 거기에, 운전 면허증이나 여권, 그리고 은행 계좌 번호 같은 공식 서류를 보여 주셔야만 합니다.

신입사원들이 자사에 잘 적응할 수 있도록 돕고자, 저희는 부서 고참 직원과 신입사원을 짝지어 주는 전통적인 관례를 실행합니다. 그래서 업무와 부서 분위기 같은 귀하가 가질 지도 모르는 질문에 응답할 수 있도록 Alton Baldwin 씨가 배정되었습니다. 31-3342-4495로 전화하거나 a_baldwin@kgei.com으로 이메일을 보내서 연락하실 수 있습니다. 귀하가 참석해야 하는 신입사원 오리엔테이션은 5월 25일 금요일로 일정이 잡혀 있음을 명심해 주십시오. 그때, 사원 복리 후생과 귀사 정책에 대해서 알려 드리겠습니다. 마지막으로, Kilburn Gold Electric Inc.와 함께해 주셔서 감사드리며, 저희는 귀하가 저희의 귀중한 자산이 되기를 희망합니다.

Ruby Morales 올림
인사부장

고용 계약 조건 동의서

저는 명시된 계약 조건으로 Kilburn Gold Electric Inc.에 근무하겠습니다.

Signature : *Scott Allen*
성명 : Scott Allen
업무 시작일 : 6월 1일

어휘 initial salary 초봉　in compliance with ~에 따라　on a probationary basis 수습으로
permanent position 정규직　circumstances 형편, 사정　responsibilities 업무
at your earliest convenience 가급적 빨리　accommodate 협조하다　adjust 조정하다, 적응하다
implement 시행하다　hence 이러한 이유로　ambience 분위기　invaluable 귀중한　asset 자산
specify 명시하다

---

172. 신입사원들이 요청받지 <u>않은</u> 것은 무엇인가?

(A) 학위증서 사본 제출
(B) 근무 시작일 이전에 인사부와 연락
(C) 근무 첫날 신분 증명서 제출
(D) 경력자와 근무

STEP 1　NOT question은 소거법을 이용한다.

지문의 첫 문장 This letter is to offer you the position ~ starting Thursday, 24 May에서 5월 24일을 시작으로 신입직원이 될 사람에게 보내는 편지임을 알 수 있으므로 이에 대한 요구사항과 보기가 일치하는 것을 소거하여야 한다. inform us of acceptance of the job offer by Wednesday, 9 May, by either sending an e-mail to our Personnel Division에서 시작일보다 이전에 인사부에 연락하라고 하므로 (B)는 소거한다. you have to show official documents like your driving license or passport, and bank account number에서 (C)의 신분 증명서를 제시하라는 것도 언급되어 있다. (D)의 경우, traditional practice that pairs a new comer with a senior employee in the department에서 신입직원과 선배직원이 함께 짝을 이룬다에서 알 수 있는 부분이므로 요구되지 않은 것은 (A)이다.

---

173. Baldwin 씨에 관하여 명시된 것은 무엇인가?

(A) 그는 인사 관리자이다.
(B) 그는 창립 이래로 Kilburn Gold Electric Inc.에서 근무해 왔다.
(C) 그는 고객 서비스 부서에서 근무하고 있다.
(D) 그는 Allen 씨를 인사부로 안내할 것이다.

STEP 1　I/You/제3자를 확인하고 각각의 직업을 파악하라.

편지의 수신인은 Allen, 발신인은 Morales이므로, Baldwin은 제3자임을 알 수 있다. 따라서 지문에서 Baldwin의 키워드를 찾고, 키워드 앞뒤에서 보기와 일치하는 것을 찾아야 한다. Mr. Alton Baldwin 바로 앞 문장인 we implement a traditional practice that pairs a new comer with a senior employee in the department에서 같은 부서의 선배직원이 신입직원과 함께 일한다는 것을 말하고 Baldwin 씨가 그 역할을 한다고 했다. 지문의 첫 문장 offer you the position of Customer Service Representative에서 수신인이 고객 서비스 부서에서 근무할 것이므로 Baldwin 역시 같은 부서에서 근무한다는 (C)가 정답이다.

---

174. 언제 Allen 씨는 공식적으로 회사의 규정에 대해서 알게 되는가?

(A) 화요일에
(B) 수요일에
(C) 목요일에
(D) 금요일에

STEP 1　기간, 요일, 숫자 등은 키워드 옆에 있는 것이 답이다.

문제의 rules가 키워드이다. 미래 정보는 후반부에서 확인해야 하므로, 지문의 후반부 Friday, 25 May. At that time, we will let you know about employee benefits and company policies에서 금요일에 회사의 정책에 대해 알 수 있으므로 정답은 (D)이다.

175. Allen 씨에 관하여 명시된 것은 무엇인가?
(A) 그는 수습 기간 후에 월급이 인상될 것이다.
(B) 그는 반년 동안 복지 혜택을 받을 수 없을 것이다.
(C) 그는 업무 시작일을 미뤘다.
(D) 그는 첫 6개월 동안 경력자와 근무할 것이다.

STEP 1 '사실'인 것을 찾는 문제는 보기의 키워드를 먼저 정리한 후 본문을 검색한다.

편지의 수신자인 Allen 씨를 기준으로 보기의 키워드를 지문에서 검색해야 한다. 첫 문장 the position of Customer Service Representative, starting Thursday, 24 May에서 원래 근무 시작일은 5월 24일이지만, 하단의 고용 계약서에 Starting Date: 1 June으로 나오므로 근무 시작일을 미뤘음을 알 수 있다. 정답은 (C)이다.

Questions 176-180 refer to the following information and form.

ENJOYING THE WATFORD CONTEMPORARY PHOTO ARCHIVE (WCPA)

The Watford Contemporary Photo Archive (WCPA) boasts not only various digital photos and prints but also a wide range of periodicals, books of paintings, and genuine materials acquired from many accomplished photographers and private collectors. Our invaluable collections are displayed throughout the whole ground floor of the building; the rare collections are exhibited on the first floor.

All visitors are required to follow the below guidelines to keep WCPA's possessions safely preserved.

- Upon each visitor's first visit, they need to **fill out a membership application form** at the reception office. In order to obtain membership cards, every member must provide credit card information and a photo ID.
- The entire materials we have collected are open when looking through them, please keep in mind that they should remain as arranged. If you find any of them is **missing or out of place**, please inform one of our employees; **do not make any effort to correct errors yourself**.
- Our archive possessions should be handled in ways that avoid any damage, so do not leave any traces or marks during usage. Any damage may result in members paying a fine.
- Copy machines are accessible throughout the ground floor.
- Each material from any archive section has to be returned by 5:00 P.M.

Please comply with the following additional rules when using the rare collections.

- Through a rare collection request form, materials can be requested from one of our employees. Each visitor is allowed to view no more than four materials at once. The materials need to be returned to the reference office when a visitor requests more than four.
- Visitors are permitted to examine these items only in the rare collection area.
- All personal belongings such as jackets, laptops, and bags must be kept in a cabinet before getting into the rare collection area. For taking notes, writing materials can be provided upon request.
- Visitors are not able to request rare collections.

Watford Contemporary Photo Archive (WCPA)
Request Form for Rare Collections

Name: Jeff Bryant
Date: February 22
E-mail: jeffbryant@y-young.com

Membership No.: 9321

Telephone: 321-8872-8723

To help us locate the materials you would like to view, please complete the two sections below.

	Item Number	Brief Account
Material 1	TO 822210	Original flyer: Museum show of Henry Carter's artwork
Material 2	TR 474382	Henry Carter's work of art (India, 1941)
Material 3	JU 008331	Henry Carter's personal exhibition (Indonesia, 1943)
Material 4	CV 103469	Latimer Monthly News (published May, 1942)
Material 5	RO 339201	Henry Carter's family photo (New York, 1944)
Material 6		

176. What is suggested about the WCPA?
(A) Its opening hours differ from day to day.
(B) It is imperative for visitors to apply for its membership.
(C) It allows ~~only local residents~~ to access the first floor.
(D) Its items are kept in ~~several~~ buildings.

177. According to the information, what are visitors prohibited from doing?
(A) Touching delicate materials
(B) Leaving personal belongings ~~at a desk~~
(C) Arranging misplaced materials
(D) ~~Reserving~~ items before their visit

178. How can visitors to the rare collection area take personal notes?
(A) By borrowing digital recording equipment
(B) By using writing tools distributed by the WCPA
(C) By asking for photocopies for notes
(D) By using one of the WCPA's tablet PCs

179. What most likely is Mr. Bryant's research about?
(A) A collection of rare ~~photographs~~
(B) ~~Belongings~~ of a specific individual
(C) The works of a certain artist
(D) The preservation of historical ~~photos~~

180. What does Mr. Bryant's request for materials indicate?
(A) He has to return materials before 5:00 P.M.
(B) He cannot view all his requested materials at once.
(C) He has never been to the WCPA.
(D) He needs to ~~pay a fee~~ to request some items.

키워드 WCPA
ㄴ. 먼저 보기의 키워드를 정리한 후 지문에서 일치하는 것을 찾자.

visitors / prevent / 방문객들의 주의사항
ㄴ. 주의사항은 '하지 마시오'의 do not/you should not의 형태로 나타난다.

visitors / 방법 / take notes
ㄴ. take notes할 수 있는 방법은 if you ~의 조건문으로 언급할 확률이 높다.

Bryant 연구 주제
ㄴ. Bryant 씨가 작성한 표에서 확인하자.

Bryant 표 / 나타내는 것
ㄴ. Bryant 표에서 나타내는 것을 information에서 확인해야 한다. 1, 2 지문 확인

문제 176-180은 다음 공지문과 양식을 참조하세요.

Watford Contemporary Photo Archive
(WCPA: Watford 현대 사진 기록 보관소)를 즐기세요

Watford Contemporary Photo Archive (WCPA)는 다양한 디지털 사진과 판화뿐만 아니라 광범위한 정기 간행물, 화집과 다수의 유명 사진가와 개인 수집가에서 모은 진품들을 자랑합니다. 저희의 귀중한 수집품들은 건물 1층 전체에 전시되고 있습니다. 희귀 수집품들은 2층에서 전시됩니다.

WCPA의 소유물이 안전하게 보존될 수 있도록 모든 방문객들은 아래 지침을 따라 주십시오.

- 첫 방문 때에, 방문객들은 접수처에서 멤버십 신청서를 작성하셔야 합니다. 멤버십 카드를 받으시려면, 신용카드 정보와 사진이 부착된 신분증을 제시해 주셔야 합니다.
- 저희가 수집한 전체 예술품들은 회원만 이용하실 수 있습니다. 작품을 감상하실 때에는 물품들이 배열되어 있던 순서 그대로 있도록 해 주십시오. 만약 물품 중 아무거라도 분실되거나 제자리에 있지 않다면, 저희 직원에게 알려 주십시오. 잘못된 부분을 여러분이 정정하려 하지 마십시오.
- 저희 소유 자료들은 제품에 손상이 생기지 않도록 다뤄야 합니다. 그러니 관람하시는 동안 어떠한 흔적이나 자취를 남기지 마십시오. 어떤 손상이든 회원님께서 벌금을 내실 수도 있습니다.
- 복사기는 1층 전역에서 이용하실 수 있습니다.
- 어느 보관소 섹션에서 나온 자료든 오후 5시까지 반납하셔야만 합니다.

희귀 수집품들을 살펴보시려면 이 특별 지침서를 준수해 주십시오.

- 희귀 수집품 요청서로, 저희 직원에게 희귀 작품을 요청하십시오. 방문객은 한번에 네 작품을 감상하실 수 있습니다. 4점 이상 요청하실 때에는 (전에 요청한) 작품들을 참고실로 돌려 주십시오.
- 방문객들은 희귀 수집품 구역에서만 이 작품들을 살펴보실 수 있습니다.
- 재킷, 노트북과 가방 같은 모든 개인 소지품들은 희귀 수집품 구역에 입장하시기 전에 보관장에 보관하셔야 합니다. 필기를 하시려면, 필기구는 요청 시에 제공해 드립니다.
- 방문객들은 오후 4시 30분 이후에는 희귀 수집품들을 요청하실 수 없습니다.

Watford Contemporary Photo Archive (WCPA)
희귀 수집품 요청서

이름: Jeff Bryant 회원 번호: 9321
날짜: 2월 22일
이메일: jeffbryant@y-young.com 전화번호: 321-8872-8723

귀하께서 보고 싶은 작품의 위치를 찾도록 도와드릴 수 있게, 아래 두 부분을 작성해 주십시오.

	제품 번호	간략한 설명
작품 1	TO 822210	전단지 원본: Henry Carter의 예술 작품 박물관 전시
작품 2	TR 474382	Henry Carter의 예술 작품 (인도, 1941)
작품 3	JU 008331	Henry Carter의 개인 전시전 (인도네시아, 1943)
작품 4	CV 103469	Latimer 월간 뉴스 (1942년 5월 발행)
작품 5	RO 339201	Henry Carter 가족 사진 (뉴욕, 1944)
작품 6		

어휘 contemporary 현대의 archive 기록 보관소 boast 뽐내다 periodical 정기 간행물 genuine 진품의 invaluable 매우 귀중한 ground floor 1층 first floor 2층 possession 소유물 obtain 입수하다, 얻다 order 순서 trace 자취 mark 흔적 fine 벌금 comply with 순응하다 at once 한꺼번에 examine 검사하다, 살펴보다 personal belongings 개인 소지품 upon request 신청 시 locate ~의 정확한 위치를 찾아내다 complete 기입하다

176. WCPA에 관해 언급된 것은 무엇인가?
(A) 운영 시간은 그날그날 다르다
(B) 방문객들은 멤버십 가입이 필수이다.
(C) 지역 주민들만이 2층에 입장할 수 있다.
(D) 수집품이 여러 건물에 보관되어 있다.

STEP 1   '사실'인 것을 찾는 문제는 보기의 키워드를 먼저 정리한 후 본문을 검색한다.

문제의 키워드인 WCPA는 첫 번째 지문에서 언급되므로, 첫 번째 지문에서 확인하자. (A) open hours (B) membership (C) first floor (D) several buildings를 키워드로 지문에서 검색하면 Upon each visitor's first visit, they need to fill out a membership application form에서 첫 방문에 회원 가입을 해야만 한다는 것을 알 수 있다. 따라서 정답은 (B)이다.

STEP 2   오답 분석

(A) open hours에 대한 언급은 없고, (C) first floor의 경우, the rare collections are exhibited on the first floor에서 residents만이 입장할 수 있다는 언급이 없으므로 오답이며, (D) several buildings의 언급이 없으므로 역시 오답이다.

177. 안내문에 따르면, 방문객들은 무엇을 하지 말아야 하는가?
(A) 부서지기 쉬운 작품의 접촉
(B) 책상에 개인 소지품 두기
(C) 제자리에 있지 않은 작품의 정돈
(D) 방문 전에 작품 예약

STEP 1   요구나 부탁의 표현은 주로 please, I need you to, If you ~ 등의 표현을 찾는다.

문제의 visitors가 지문의 대상이므로 불특정 다수를 대상으로 하는 첫 번째 지문에서 답을 찾아야 한다. 문제의 prevented는 지문에서 '~하지 마시오'의 부정 명령문 형태로 언급되므로, 지문의 do not ~ 표현을 찾아야 한다. 지문의 If you find any of them is missing ~ do not make any effort to correct errors yourself에서 '본인이 직접 바로 잡으려 하지 마시오'의 언급이 있으므로, out of place를 misplaced로 paraphrasing한 (C)가 정답이다.

178. 희귀 수집품 구역을 방문하는 사람들은 어떻게 필기를 할 수 있는가?
(A) 디지털 녹음 장치 대여
(B) WCPA에서 배포한 필기구 사용
(C) 필기용 복사 요청
(D) WCPA의 태블릿 PC 사용

STEP 1   방법에 대한 언급은 지문의 하단부에 있다.

문제에 take notes라는 구체적인 키워드가 있으므로 visitors를 대상으로 하는 첫 번째 지문의 하단부에서 해당 키워드를 찾아야 한다. For taking notes, writing materials can be provided upon request.에서 필기를 위해서는 요청 시 필기구가 제공된다고 하므로 WCPA에서 필기구를 제공함을 알 수 있다. 정답은 (B).

179. Bryant 씨의 연구는 무엇에 관한 것 같은가?
(A) 희귀 사진 수집품
(B) 특정 개인의 소지품
(C) 특정 예술가의 작품
(D) 역사적인 사진의 보존

STEP 1   문제를 통해 답이 있는 문서를 알 수 있다.

문제의 Bryant 키워드를 통해 구체적인 사람이 언급되어 있는 두 번째 문서에서 답이 나옴을 짐작한다. 연구 주제를 묻는 문제로 두 번째 문서의 형식은 자료 요청서가 되므로, 자료들의 제목을 통해 연구 주제를 유추할 수 있다. 표의 Brief account에서 공통적으로 언급되는 것이 Henry Carter라는 사람이다. 이중 이 사람의 photo에 관해 언급한 것은 한 가지 자료이고 이를 공통으로 볼 수 없으므로 photo의 언급이 있는 (A)와 (D)는 오답이다. 또 Henry Carter의 개인 소지품 역시 공통사항이 아니므로 정답은 Henry Carter's artwork에 해당하는 (C)이다.

---

180. Bryant 씨의 자료 요청서가 나타내는 것은 무엇인가?
(A) 그는 오후 5시 이전에 반납해야 한다.
(B) 그는 한번에 요청한 자료를 모두 볼 수 없다.
(C) 그는 WCPA에 방문해 본 적이 없다.
(D) 그가 일부 작품을 요청하려면 비용을 지불해야 한다.

STEP 1   5문제 중 반드시 한 문제 이상은 두 문서를 동시에 이용해야 답이 나온다.

문제의 키워드와 보기의 내용이 각각 다른 문서에 나오는 경우는 두 문서를 동시에 파악해야 한다.
문제는 두 번째 지문에서 나타나는 것이지만, 보기를 통해 첫 번째 지문과 함께 파악해야 한다. rare collection의 자료 요청서인 두 번째 지문을 통해서 해당 사람이 WCPA에 방문해 본 적이 있는지의 여부는 알 수 없으므로 (C)는 오답이다. (D) fee의 언급 역시 두 개의 지문 모두에 포함되어 있지 않으므로 오답이다. (A)의 경우 Each material from any archive section has to be returned by 5:00 P.M.을 통해 답으로 예상할 수 있지만, 희귀 수집품 요청서에 해당하는 내용이 아니므로 오답이다. 따라서 두 번째 지문의 요청하는 자료의 갯수가 총 5개인데, 첫 번째 지문 rare collections의 guidelines에서 Each visitor is allowed to view no more than four materials at once.라고 나오므로 한번에 요청하는 모든 자료를 열람할 수 없다고 하는 (B)가 정답이다.

Questions 181-185 refer to the following agenda and letter.

Finsbury Business College

181 One-day event at Golders Hotel Headquarters (GHH)
Tuesday, March 21, 10:15 A.M. to 3:30 P.M.

Timetable

10:15 A.M.	Finsbury students and their instructor come to the security office to get access cards
10:30 A.M.	Lecture: **181** What an Internship Is Required to Do for Operations
11:10 A.M.	Lecture: Qualifications for an Internship in Public Relations
11:50 A.M.	Lecture: Possible Difficulties in Administration
183 **0 P.M.**	Lunch after a guided tour of the office building
2:00 P.M.	Lecture: How Things Are Going as an Intern in Sales and Marketing
2:45 P.M.	Open discussion including Q & A and Closing

If you are interested in this event, you must register in advance or on-site. If you register in advance, you'll only need to pick up your name tag and other materials on-site.

April 23

Mr. Corey Gardner
Finsbury Business College
754 Stanmore Avenue
Croxley, RW 43 1Q4

Dear Mr. Gardner,

About a month ago when I visited Golders Hotel Headquarters (GHH) with the schoolfellows from Finsbury Business College, I was lucky to have an opportunity to converse with you right after your seminar. You and your coworkers' presentations were very impressive, particularly Dana Frazier's speech about her operation management responsibilities and Clark George's wider perspective on his duties publicizing GHH's services and products.

Considering my goal to be a GHH's intern, however, your talk was the most relevant one among them. It was **185** fascinating to **hear** about your managerial duties and your previous experience as an intern. It seems like the path you have come along is **almost the same** as the one I am planning to follow. Therefore, if you could give me some guidelines regarding what skills and knowledge you needed to fulfill your daily duties as an intern in sales and marketing at Golders Hotel, it would be greatly appreciated. Any advice I could have from you will definitely help me **secure** the skills and knowledge that I am going to need.

Thank you for your help in advance and I hope to meet you again. It would be great for me to have a chance to work with you in the near future.

Sincerely,
Delbert Acosta   보내는 사람 : 1

---

181. What was most likely the purpose of the event?
(A) To inform the employees of the seminars
(B) To publicize a new training program to students
(C) To encourage students to participate in an internship
(D) To help business school students to complete their project

182. In what field is Mr. Acosta most likely majoring?
(A) Operationss management   2의 보내는 사람 : 1
(B) Public relations
(C) Hotel management
(D) Sales and marketing

183. When did Mr. Gardner most likely deliver his speech?
(A) At 10:30 A.M.   2의 받는 사람 : You
(B) At 11:10 A.M.
(C) At 11:50 A.M.
(D) At 2:00 P.M.

184. In the letter, the word "secure" in paragraph 2, line 7, is closest in meaning to
(A) keep
(B) safe
(C) acquire
(D) purchase

185. What is indicated about Mr. Gardner?
(A) He signed up for the seminars.
(B) He worked as an intern.
(C) He met business school students after the event.
(D) He is working at the Golders Hotel Headquarters.

문제 181-185는 다음 의제와 편지를 참조하세요.

Finsbury Business College

Golders Hotel Headquarters (GHH)에서 진행되는 일일 행사
3월 21일 화요일 오전 10:15부터 오후 3:30

일정표

오전 10:15 Finsbury 학생들과 강사가 경비실 방문해 출입 카드 수령
오전 10:30 강연: 영업부 인턴쉽에서 필요로 하는 사항
오전 11:10 강연: 홍보부 인턴쉽 자격 요건
오전 11:50 강연: 관리부에서 발생할 수 있는 어려움
오후 12:30 가이드와 사무실 건물 견학 후 점심 식사
오후 2:00 강연: 영업 마케팅부 인턴의 현 상황
오후 2:45 질의응답을 포함한 열린 토론과 폐막

이번 행사에 관심이 있으시면, 미리 혹은 현장에서 등록하셔야 합니다. 미리 등록하시면, 명찰과 다른 자료들을 현장에서 받아 가시면 됩니다.

4월 23일

Corey Gardner 씨
Finsbury Business College
754 Stanmore Avenue
Croxley, RW 43 1Q4

Gardner 씨께

제가 약 한 달 전 Finsbury Business College 학우들과 Golders Hotel Headquarters (GHH)를 방문했을 때, 운이 좋게도 귀하의 세미나가 끝난 직후에 대화할 수 있는 기회를 갖게 되었습니다. 귀하와 동료 분들의 발표가 참 인상적이었는데요, 특히 Dana Frazier 씨의 운영 관리 책임에 관한 연설과 Clark George 씨의 넓은 시각으로 바라본 GHH 서비스와 제품 홍보 담당 업무가 그랬습니다.

하지만 GHH 인턴이 되려는 제 목표를 감안해 보면, 귀하의 발표가 여러 강좌 중 가장 관련이 있었습니다. 귀하가 담당하는 경영 업무와 인턴으로서의 과거 경험을 듣게 되어 대단히 흥미로웠습니다. 귀하께서 걸어온 길이 제가 따라가고자 하는 길과 거의 유사합니다. 그래서 Golders Hotel의 영업 마케팅부서에서 인턴으로 매일의 업무 이행에 필요했던 기술과 지식이 무엇인지 알려 주신다면, 매우 감사하겠습니다. 귀하께 받을 수 있는 조언은 뭐든 제가 필요로 하는 기술과 지식을 확보하는 데 확실히 도움을 줄 것입니다.

귀하의 도움에 미리 감사드리고 다시 만나 뵙기를 바랍니다. 가까운 미래에 제가 귀하와 함께 일할 수 있게 된다면 정말 좋겠습니다.

Delbert Acosta 올림

> **어휘** headquarters 본사　instructor 강사, 교사　operations 영업(부)　public relations 홍보(부)　administration 관리(부)　open discussion 솔직한 논의, 열린 토론　on-site 현장의, 현장에서　name tag 명찰　schoolfellow 동창생, 학우　converse 대화를 나누다　operation management 운영 관리　perspective 시각　publicize 알리다, 광고하다　considering ~을 고려(감안)하면　relevant 관련 있는　previous 이전의　regarding ~에 관하여, 대하여　daily duty 일일 업무　appreciate 감사하다

181. 행사의 목적은 무엇이었을 것 같은가?
(A) 직원들에게 세미나에 대해 안내하기
(B) 학생들에게 새 훈련 프로그램 홍보하기
(C) 학생들에게 인턴십 참여 격려하기
(D) 경영대학원 학생들이 프로젝트를 끝내도록 도움 주기

STEP 1　문제가 주는 힌트나 지문 내에서 답에 영향을 주는 모든 요소들을 이용한다.

행사에 대한 언급은 일정표에 해당하는 첫 번째 지문에서 알 수 있으므로, 일정표의 내용 중 공통적인 것을 행사의 목적으로 봐야 한다. 10:30 A.M. Lecture: What an internship과 11:10 A.M. Lecture: Qualifications for an Internship을 통해 internship에 대한 것이 목적임을 알 수 있다. 따라서 정답은 (C).

STEP 2　오답 분석

보기 (B)와 (D)에 지문의 첫 부분에 나오는 students가 언급되어 있지만, (B) new training program과 (D) project는 지문에서 언급되지 않으므로 오답이다.

---

182. Acosta 씨의 전공 분야는 무엇일 것 같은가?
(A) 운영 관리
(B) 홍보
(C) 호텔 경영
(D) 영업 마케팅

STEP 1　사람 이름은 가장 중요한 키워드이다.

Acosta의 구체적인 이름 정보는 편지인 두 번째 지문에서 확인할 수 있고, 발신인인 Acosta의 전공 분야를 묻는 문제이다. 지문의 the path you have come along is almost the same as the one I am planning to follow에서 '내가 따르려고 하는 계획과 당신의 길이 거의 같다'고 하고, skills and knowledge you needed to fulfill your daily duties as an intern in sales and marketing at Golders Hotel에서 sales and marketing 분야에서 인턴으로 당신의 매일 업무를 진행하는 데 필요했던 지식과 스킬을 알려달라고 요청하고 있으므로 발신인은 (D) Sales and marketing을 전공 분야로 하고 있음을 알 수 있다. 정답은 (D)이다.

STEP 2　오답 분석

Dana Frazier's speech about her operation management responsibilities에서 (A)를, Clark George's wider perspective on his duties publicizing GHH's services ~에서 (B)를 알 수 있지만, 관련이 없으므로 오답이다.

183. Gardner 씨는 언제 강연을 했을 것 같은가?
(A) 오전 10시 30분에
(B) 오전 11시 10분에
(C) 오전 11시 50분에
(D) 오후 2시에

STEP 1 표나 그래프 등 시각 자료는 다른 문서와 연결해 답을 찾는 문제가 주로 출제된다.

두 번째 지문의 수신자인 Gardener 씨가 언제 강연을 진행했는지 묻는 문제이다. you에 대한 언급과 함께 보기에서의 구체적인 시간 정보는 첫 번째 지문에서 확인해야 하는 연계형 문제이다. 두 번째 지문 your talk was the most relevant one among them. It was fascinating to hear about your managerial duties and your previous experience as an intern에서 인턴 경험에 대해 언급하는 주제를 첫 번째 지문에서 확인하면 첫 번째 지문 2:00 P.M. Lecture: How Things Are Going as an Intern in Sales and Marketing에서 이에 해당되는 강의를 찾을 수 있으므로 정답은 (D)이다.

---

184. 편지에서, 두 번째 단락 7번째 줄의 "secure"와 의미가 가장 가까운 것은?
(A) 유지하다
(B) 안전한
(C) 습득하다
(D) 구매하다

STEP 1 동의어는 문맥상 대체할 수 있는 단어를 찾는 것이다.

따라서 주어진 단어뿐만 아니라 주어진 문장에서 나타내는 뜻과 동일한 의미의 단어를 정답으로 한다. 문장에서 secure the skills and knowledge에서 '기술과 지식을 얻다'의 의미로 나타내야 하므로 보기 중 '습득하다'의 (C)가 동일한 의미가 된다.

---

185. Gardner 씨에 관하여 언급된 것은 무엇인가?
(A) 그는 세미나에 등록했다.
(B) 그는 인턴으로 근무했었다.
(C) 그는 행사 후에 경영대학원 학생들과 만남을 가졌다.
(D) 그는 Golders Hotel Headquarters에서 근무하고 있다.

STEP 1 I/You/제3자를 확인하고 각각의 직업을 파악하라.

문제의 키워드인 Mr. Gardner에 대해 알 수 있는 것을 찾아야 하므로 두 번째 지문에서 you로 언급된 내용 중 보기와 일치하는 것을 선택하자. your previous experience as an intern에서 Gardner 씨가 인턴으로 근무했던 과거 경험이 있으므로 정답은 (B)이다. 지문의 I was lucky to have an opportunity to converse with you right after your seminar에서 세미나 이후에 당신과 대화할 수 있어서 운이 좋았다라는 말을 통해 (C)의 내용을 생각할 수 있지만, 이는 I인 Acosta를 만난 것이므로, business school students를 만난 것으로 볼 수 없어 오답이다. (D)는 내용상 Gardner 씨가 호텔에서 인턴으로 근무했다는 것을 알 순 있지만 현재의 근무지가 호텔의 본사(headquarters)라는 내용은 언급되고 있지 않으므로 답이 될 수 없다.

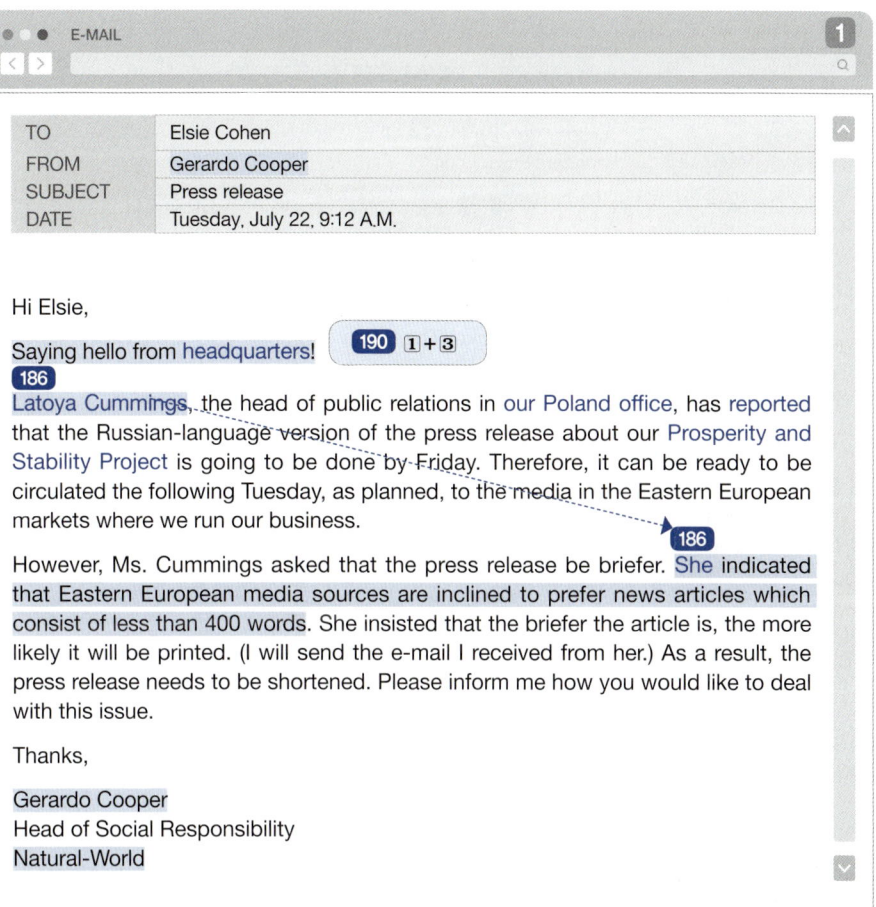

E-MAIL

TO	Gerardo Cooper
FROM	Elsie Cohen
SUBJECT	Press release
DATE	Tuesday, July 22, 11:43 A.M.
ATTACHMENT	Important Project.doc

Hello Gerardo,

All of our team members have shared the e-mail you sent me earlier today. We have made some corrections to the press release according to Ms. Cummings' recommendation and attached it. Please look through it to make sure that the information does not have any mistake. Then, you can send it to her as soon as you can in order for her to translate it into Russian. In addition, could you remind her to contact all related social media to have it posted?

Thanks,

Elsie Cohen
Head of Communication
Natural-World

---

187. What did Ms. Cohen do recently?
(A) She translated a press release herself.
(B) She visited the Poland branch.
(C) She revised a publicity material.
(D) She has information posted on social media.

Official Announcement for Natural-World Announces Important Project

Natural-World is pleased to announce its Prosperity and Stability Project. Over the next four years, the firm will put a minimum investment of $600 million through all the nations where it runs its business to enhance availability of educational reading materials, which are very important for children in need. In cooperation with national and global child welfare associations, educational publications and programs will be provided to educators and professionals in the childcare industry. Furthermore, schools and local childcare institutions will offer a wide range of educational materials to children while nursery schools will offer educational toys and storybooks. Check out more information about the project by visiting www.naturalworld.net/project.

(Natural-World is a publishing company based in Canada, which also boasts its presence in Poland, Romania, Russia, and Ukraine.)

---

188. What is the main reason the project will be carried out?
(A) To promote the education industry
(B) To encourage teachers to make educational materials
(C) To establish more childcare institutions
(D) To offer children better educational items

189. What is stated in the press release?
(A) The location in which the materials are produced
(B) The number of Natural-World's international branches
(C) The industry Natural-World operates
(D) The annual profit Natural-World earns

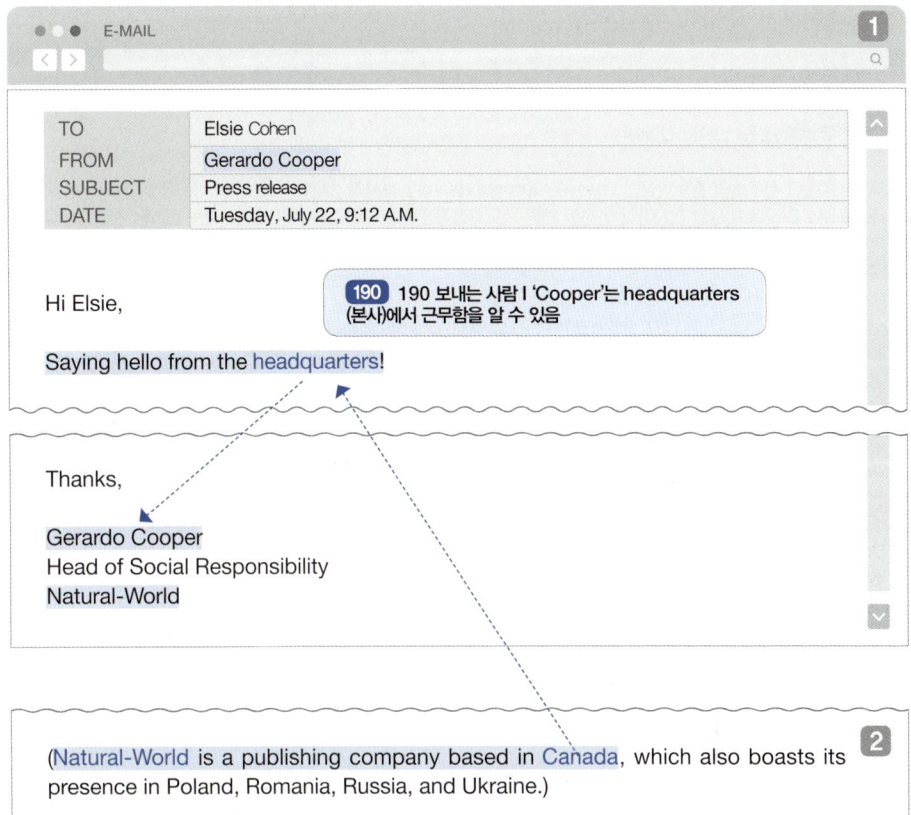

190. Where does Mr. Cooper most likely work?
(A) In Poland
(B) In Romania
(C) In Canada
(D) In Ukraine

문제 186-190은 다음 이메일과 언론 보도자료를 참조하세요.

수신	Elsie Cohen
발신	Gerardo Cooper
제목	언론 보도자료
날짜	7월 22일 화요일 오전 9:12

안녕하세요, Elsie 씨.

본사 직원들의 안부 인사를 전합니다!

저희 폴란드 사무소의 홍보과장인 Latoya Cummings 씨가 자사의 번영과 안정 프로젝트(Prosperity and Stability Project) 관련 러시아어 버전의 언론 보도자료가 금요일까지 마무리될 예정이라는 소식을 전했습니다. 따라서 계획대로 다음 주 화요일에 저희가 기업을 운영하고 있는 동유럽 시장의 언론 매체에 배포되게 준비를 끝낼 수가 있습니다.

하지만, Cummings 씨는 해당 보도자료가 더 간결해지기를 요청하였습니다. 그녀는 동유럽 언론 매체는 400 단어 이하로 구성된 뉴스 기사를 선호하는 경향이 있음을 알려 주었습니다. 그녀는 기사가 더 간결할수록 인쇄될 가능성이 더 높다고 주장했습니다. (그녀에게서 받은 이메일을 당신께 보내 드리겠습니다.) 결과적으로, 언론 보도자료를 줄여야 합니다. 이 문제를 어떻게 진행하고 싶은지 저에게 알려 주십시오.

감사합니다.

Gerardo Cooper 올림
사회 공헌 책임자
Natural-World

수신	Gerardo Cooper
발신	Elsie Cohen
제목	답장: 언론 보도자료
날짜	7월 22일 화요일 오전 11:43
첨부파일	중요 프로젝트.doc

안녕하세요, Gerardo 씨.

귀하께서 저에게 오늘 오전에 보내주신 이메일을 저희 부서 전 직원들과 공유하였습니다. 저희는 Cummings 씨의 조언에 맞춰 언론 보도자료를 일부 수정하였고 해당 파일을 첨부하였습니다. 그 자료에 실수가 없는지 검토해 주십시오. 그리고 나서 그녀가 러시아어로 번역할 수 있게 가능한 한 빨리 그녀에게 보내주시기 바랍니다. 더불어, 이 문서가 게시될 수 있도록 모든 관련 소셜 미디어에 연락을 취해 달라고 그녀에게 알려 주시겠어요?

감사합니다.

Elsie Cohen 올림
통신 책임자
Natural-World

Natural-World 중요 프로젝트 관련 공식 발표

Natural-World 사는 자사의 번영과 안정 프로젝트를 발표하게 되어 기쁩니다. 향후 4년간, 자사가 사업체를 운영하는 모든 국가에 교육용 독서 자료의 이용성을 증대시키고자 최소 6억 달러를 투자할 예정입니다. 이는 도움이 필요한 아이들에게 매우 중요한 일입니다. 국가 기관 및 세계 아동 복지 기관과 협력하여, 교육 출판물과 프로그램이 육아 산업에 종사하는 교육자와 전문가들에게 제공될 예정입니다. 거기에, 학교와 지역 아동 복지관은 아이들에게 다양한 교육 자재를, 유치원은 교육용 장난감과 동화책을 제공할 예정입니다. 프로젝트 관련 자세한 정보는 www.naturalworld.net/project를 방문하여 확인해 주십시오.

(Naturla-World는 캐나다에 본사를 둔 출판사로, 폴란드, 루마니아, 러시아와 우크라이나에도 자리 잡고 있습니다.)

어휘 press release 언론 보도자료 headquarters 본사 public relations 홍보 circulate 유포하다 brief 간단한 indicate 나타내다 media source 언론 매체 be inclined to+do ~하는 경향이 있다 shorten 짧게 하다 deal with ~을 처리하다 look through 검토하다 official announcement 공식 발표 minimum 최소의 throughout 도처에 availability 이용 가능성 in need 어려움에 처한 in cooperation with ~와 협력하여 welfare association 복지관 institution 기관 a wide range of 광범위한 nursery school 유치원 boast 자랑할 만한 ~을 갖고 있다 presence 있음, 존재

---

186. Cummings 씨와 관련하여 언급된 것은 무엇인가?
(A) 그녀는 번영과 안정 프로젝트를 승인했다.
(B) 그녀는 Cooper 씨를 직접 만났다.
(C) 그녀는 동유럽 뉴스 형식에 대해 잘 알고 있다.
(D) 그녀는 최근에 폴란드 사무소로 전근을 갔다.

STEP 1 '사실'인 것을 찾는 문제는 보기의 키워드를 먼저 정리한 후 본문을 검색한다.

문제의 키워드는 Cummings이고 첫 번째 지문에 언급되고 있다. 보기의 키워드를 정리한 후 일치하는 것을 선택하자. 첫 번째 지문의 수신자는 Elsie이고, 발신자는 Cooper이므로 Cummings는 제3자로 지문에서 she/he의 대명사로 언급되는 부분을 확인하자. 지문의 She indicated that Eastern European media sources are inclined to prefer news articles which consist of less than 400 words.에서 동유럽의 기사 형식에 대해 잘 알고 있으므로 정답은 (C)이다.

STEP 2 오답 분석

(A) Latoya Cummings ~ reported ~ the press release about our Prosperity the Stability Project에서 approve의 의미는 알 수 없으므로 오답이다.
(B) 직접 Cooper 씨와 만났는지는 알 수 없다.
(D) 최근에 전근을 갔는지는 알 수 없다.

---

187. Cohen 씨는 최근에 무엇을 하였는가?
(A) 그녀는 스스로 보도자료를 번역하였다.
(B) 그녀는 폴란드 지사를 방문하였다.
(C) 그녀는 홍보물을 수정하였다.
(D) 그녀는 소셜 미디어에 정보를 개시하였다.

STEP 1 문제점, 과거의 정보는 답이 앞에 있다.

문제의 키워드는 Cohen, do recently이므로 Cohen 씨가 발신자로 언급된 두 번째 지문에서 답을 찾자. 과거의 정보는 지문의 전반부에 나오므로 앞 부분을 확인하자. We have made some corrections to the press release에서 기사에 대한 수정을 했다고 하므로 정답은 (C)이다.

STEP 2 오답 분석

(A)는 All of our team have shared the e-mail you sent에서 팀원들이 내용을 공유했으며, 번역했다는 내용은 나오지 않으므로 오답이다. (D)는 후반부의 could you remind her to contact all related social media to have it posted?에서 상대방에게 요청하는 것이므로 오답이다.

---

188. 프로젝트가 실시되는 주요 이유는 무엇인가?
(A) 교육 산업을 홍보하기 위해서
(B) 교사들이 교육 자료 제작을 하도록 격려하기 위해서
(C) 더 많은 아동 복지 시설을 설립하기 위해서
(D) 아이들에게 더 나은 교육 자료를 제공하기 위해서

STEP 1 키워드인 project를 찾아야 한다.

첫 번째 지문은 해당 프로젝트와 관련한 진행 상황을 말하고 있고 세 번째 지문이 프로젝트를 소개하는 기사이다. 세 번째 지문에서 project의 실시 이유는 전반부에 위치하고 있다. 목적은 전반부에 to부정사 표현인 to enhance availability of educational reading materials, which are very important for children in need로 나타나고 있다. 도움이 필요한 아이들에게 매우 중요한 교육적인 읽을거리 활용을 향상시키기 위해서라는 의미로 정답은 (D)이다.

STEP 2 오답 분석

(B)는 지문의 educational publications and programs will be provided to educators and professionals in the childcare industry에서 educators and professionals를 teachers로 보고 오답을 선택하지 않도록 한다.

---

189. 보도 자료에 언급된 것은 무엇인가?
(A) 자료 생산 장소
(B) Natural-World 해외 지점 개수
(C) Natural-World 운영 산업
(D) Natural-World의 연간 수익

STEP 1 본문은 구체적이고 답은 항상 포괄적이다.

문제의 press release에서 해당 지문은 세 번째 지문이고 이에 대한 사실을 찾아야 한다. 보기의 내용이 포괄적으로 언급되어 있기 때문에 이를 구체적으로 받을 수 있는 내용을 지문에서 찾는다. Natural-World is a publishing company based in Canada에서 회사가 운영하는 사업체가 무엇인지 알 수 있으므로 정답은 (C). 비슷한 의미로 (A)의 장소 언급을 생각할 수 있지만, materials의 생산 장소는 알 수 없고, (B) 해외 지점의 위치는 알지만, 이 지점 개수는 언급되지 않았으므로 오답이다.

---

190. Cooper 씨가 근무하고 있는 곳은 어디일 것 같은가?
(A) 폴란드
(B) 루마니아
(C) 캐나다
(D) 우크라이나

STEP 1 보기가 모두 장소이거나 시간, 사람 이름 등이면 모두 본문에서 검색해야 한다.

Cooper 씨의 근무 장소를 묻는 것으로 Cooper 씨가 발신자인 첫 번째 지문에서 정체를 먼저 파악하자. 첫 번째 지문의 Saying hello from headquarters!에서 본사에서 인사를 전한다고 하고 있으며, 발신자의 정체를 알 수 있는 지문 후반부에서 Natural-World에 근무하고 있음을 알 수 있다. Natural-World의 본사를 알려주는 세 번째 지문, Natural-World is a publishing company based in Canada에서 캐나다에서 근무하고 있음을 알 수 있다. 따라서 정답은 (C).

Questions 191-195 refer to the following e-mail, advertisement, and article.

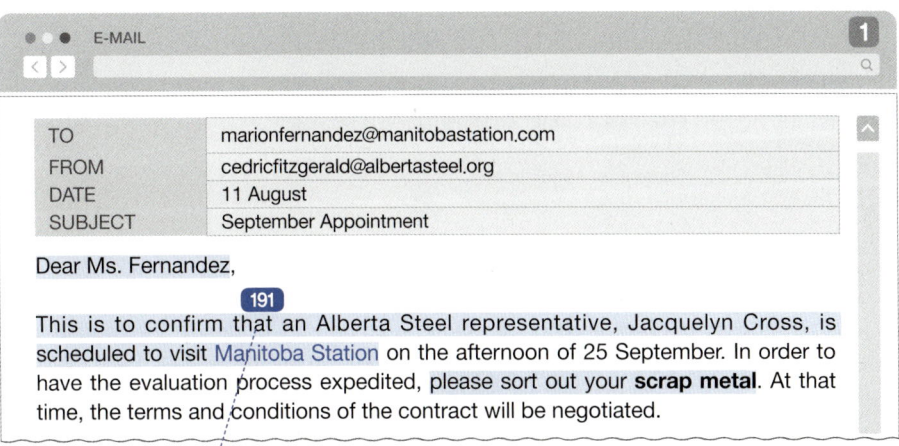

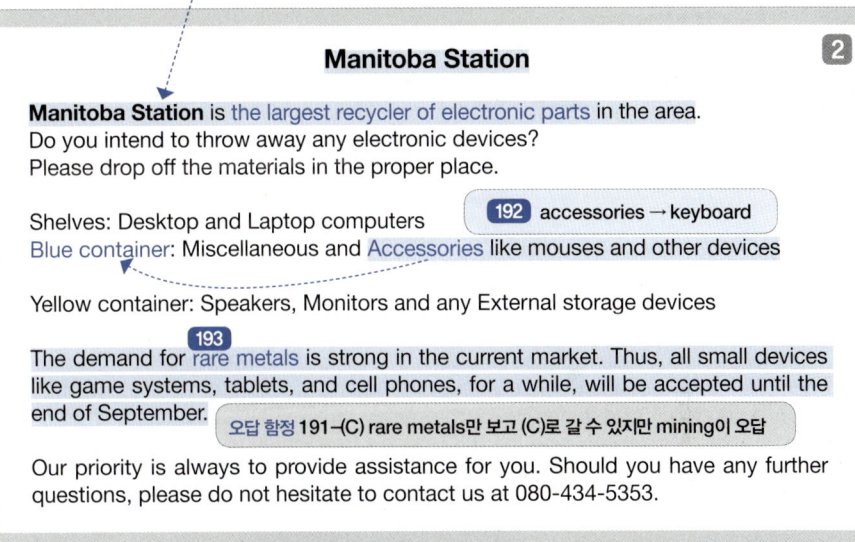

191. What field does Ms. Fernandez most likely specialize in?
(A) Developing computers
(B) Recycling electronics
(C) Mining for rare metals
(D) Producing computer parts

192. According to the advertisement, where should a small item like a keyboard be put?
(A) On the shelves
(B) In the yellow container
(C) In the blue container
(D) At the service desk

193. Why did Manitoba Station ask that the rare items be dropped off through September?
(A) Because the prices for items will decrease.
(B) Because the market condition for the items is good.
(C) Because it will relocate to another region.
(D) Because its ownership will change soon.

194. What is Dixon Appliances most likely using in its new tablet PC?
(A) Lead
(B) Brass
(C) Aluminum
(D) Copper

195. When will the new tablet PC be available on the international market?
(A) On October 14
(B) On October 17
(C) On October 20
(D) On October 31

문제 191-195는 다음 이메일, 광고문과 기사를 참고하세요.

수신	marionfernandez@manitobastation.com
발신	cedricfitzgerald@albertasteel.org
날짜	8월 11일
제목	9월 방문 약속

Fernandez 씨에게

Alberta Steel사 직원 Jacquelyn Cross 씨가 9월 25일 오후에 Manitoba Station 방문 예정임을 확인하고자 합니다. 평가 과정이 신속히 처리될 수 있게 고철을 분류해 주십시오. 그때, 계약서 조건이 협상될 것입니다.

시장 상황에 따라서, 저희 측에서 제시하는 계약서의 세부 사항은 변동됩니다. 저는 현 상황에서 조건이 어떠한지 간단히 알려드리려고 합니다. 재생 납 가격은 하락 추세를 보이고 있습니다. 동시에, 놋쇠와 구리의 공급량은 증가하고 있기 때문에, 재활용 물품의 전체 가격은 떨어지고 있습니다. 반면, 알루미늄 수요가 유례없이 높다는 건 좋은 소식이겠네요. 이번 분기에 그 가격이 3배 상승한 것 같습니다. 일본에 있는 한 제조업체가 단기간에 저희가 제공할 수 있는 모든 자재 구매에 강한 관심을 보였습니다. 저희와 거래를 지속해 주셔서 감사합니다.

Cedric Fitzgerald 올림
Alberta Steel

Manitoba Station

Manitoba Station은 지역 내 최대 전자 부품 재활용 업체입니다.
전자 제품을 버리실 생각이 있나요?
그 제품을 적절한 장소에 버려 주십시오.

선반 : 데스크톱 컴퓨터와 노트북
파란 용기 : 잡품과 마우스와 다른 장치를 비롯한 액세서리
노란 용기 : 스피커, 모니터와 다른 주변 저장 기기

현 시장에서 희귀 금속의 수요량이 증가하고 있습니다. 그러므로 게임 시스템, 태블릿, 휴대폰 같은 소형 장비는 일시적으로 9월 말까지 받을 예정입니다.

저희는 고객님을 도와드리는 일을 항상 최우선으로 합니다. 다른 질문 있으시면, 망설이지 마시고 080-434-5353으로 연락 주십시오.

도쿄 (10월 14일) – Dixon Appliances사는 어제 자사의 최신형 태블릿 PC, R2Q-1000의 조기 출시를 발표했습니다. 새 태블릿은 동급 제품 중 가장 가볍고 속도가 빠르며 가격 면에서도 합리적인 제품일 것입니다. 신규 충전기 사용으로 이 고품질의 장비가 가능했습니다. 게다가, R2Q는 최대 60%에 이르는 재활용 자재를 이용하여 최초로 대량 생산되는 태블릿 PC이며 재활용 부품의 대다수는 구식 전자 제품에서 나온 것입니다. 도쿄에 위치한 일본 회사의 본점은 다음 주를 시작으로 한정된 고객분들께 R2Q 제품 판매를 시작할 예정입니다. Dixon사는 10월 20일까지 일본 전역의 아울렛에서 해당 제품을 구매할 수 있게 할 예정입니다. 하지만 해외 소비자는 10월 31일까지 기다리셔야 합니다.

어휘 confirm 사실임을 보여주다　representative 직원　evaluation process 평가 과정　expedite 더 신속히 처리하다　sort out 분류하다　scrap metal 고철　terms and conditions 조건　contract 계약　negotiate 협상하다　market condition 시장 상황　vary 변동하다　reclaimed 재생된　upward 증가하는　tendency 경향　downturn 감소　demand 수요　unprecedentedly 유례없이　triple 3배가 되다　quarter 분기　manufacturer 제조업체　in the short run 단시간에　intend to+do ~할 작정이다　throw away 버리다　miscellaneous 잡동　external device 주변 기기　for a while 잠시 동안　priority 최우선사항　assistance 도움　hesitate 망설이다　affordable 가격이 알맞은　capacitor 충전기　mass 대량의　outdated 구식의　flagship shop 본점　abroad 해외의

---

191. Fernandez 씨의 전문 분야는 무엇일 것 같은가?

(A) 컴퓨터 개발
(B) 전자기기 재활용
(C) 희소 금속 채굴
(D) 컴퓨터 부품 생산

STEP 1　키워드 옆에 답이 없는 경우는 또 다른 키워드를 남긴다.

문제의 키워드는 첫 번째 지문의 수신인인 Fernandez이지만, 지문에서는 이 사람의 전문 분야에 대한 언급이 없다. 대신 This is to confirm that an Alberta Steel representative, Jacquelyn Cross, is scheduled to visit Manitoba Station에서 Jacquelyn Cross 씨가 Manitoba Station에 방문하겠다는 것을 확인하기 위해 Fernandez 씨에게 보내는 이메일이므로, Fernandez 씨는 Manitoba Station의 사람임을 알 수 있다. 따라서 Manitoba Station의 광고문인 두 번째 지문의 첫 번째 문장 Manitoba Station is the largest recycler of electronic parts in the area.를 보면 전자제품의 부품을 재활용하는 회사이므로 관련이 있는 보기는 (B)이다.

---

192. 광고에 따르면 키보드와 같은 소규모 장비는 어디에 놓여야 하는가?

(A) 선반 위에
(B) 노란 용기 안에
(C) 파란 용기 안에
(D) 안내 데스크에

STEP 1　답은 항상 **paraphrasing**된다.

질문의 키워드가 keyboard라는 구체적인 단어이므로, 지문에서는 오히려 포괄적인 단어를 이용할 확률이 높을 수 있음에 유의하자. 두 번째 지문 Blue container: Miscellaneous and Accessories like mouses and other devices에서 keyboard를 받을 수 있는 포괄적 단어 Accessories(악세서리, 부대용품)가 언급되어 있다. 따라서 키보드와 같은 장비는 (C)에 놓여야 한다는 걸 알 수 있다.

---

193. Manitoba Station은 왜 희귀 물자를 9월 동안 버려 달라고 요청하는가?

(A) 물건 가격이 떨어질 예정이라서
(B) 물건에 대한 시장 조건이 좋아서
(C) 다른 지역으로 이전 예정이라서
(D) 소유자가 곧 변경될 예정이라서

STEP 1　답은 항상 키워드 옆에 있다.

두 번째 지문에서 September의 언급 부분을 찾으면, The demand for rare metals ~ until the end of September에서 희귀 금속의 수요가 높기 때문에 9월까지 수거할 것임을 말하고 있다. 따라서 정답은 물건에 대한 시장의 조건이 좋다는 (B)이다.

194. Dixon Appliances가 자사의 신형 태블릿 PC에 사용하는 것은 무엇일 것 같은가?

(A) 납
(B) 놋쇠
(C) 알루미늄
(D) 구리

STEP 1 다섯 문제 중에서 반드시 한 문제 이상은 두 문서를 동시에 이용하여 푸는 문제가 출제된다.

문제의 키워드는 Dixon Appliances이고, 보기는 PC 제작에 사용한 재료를 언급하고 있으므로 Dixon Appliances의 언급이 있는 세 번째 지문과 재료 언급이 있는 첫 번째 지문을 연계하여 답을 찾는 문제가 된다. 10월에 작성된 세 번째 지문 tablet PC using up to 60 percent recycled material, most of which is taken out of outdated electronic products. The Japanese firm's flagship shop in Tokyo에서 오래된 전자제품에서 나온 재활용 재료를 이용한 일본 회사에 대해 언급하고 있다. 8월에 작성된 첫 번째 지문의 it can be good news for you that demand for aluminum is unprecedentedly high. The price seems to have tripled this quarter. A manufacturer in Japan has expressed strong interest in purchasing all we can offer에서 알루미늄 가격 상승과 일본 제조업체가 이를 모두 구매하는 것에 관심을 보이고 있다는 말을 하고 있다. 이를 통해 일본 제조업체인 Dixon Appliances가 알루미늄을 구입하여 신형 태블릿 PC를 생산했음을 알 수 있다. 따라서 정답은 (C).

---

195. 해외 시장에서 신형 태블릿 PC는 언제 구입이 가능할 것인가?

(A) 10월 14일에
(B) 10월 17일에
(C) 10월 20일에
(D) 10월 31일에

STEP 1 답은 항상 **paraphrasing**된다.

질문의 키워드는 tablet PC와 international market이므로, tablet PC에 대한 언급이 있는 세 번째 지문에서, 또 미래 상황이므로 지문의 후반부에서 답을 찾을 수 있다. consumers abroad need to wait until 31 Oct에서 질문의 international을 abroad로 paraphrasing한 것을 알 수 있으므로 정답은 (D) On October 31이다.

Questions 196-200 refer to the following e-mails and meeting minutes.

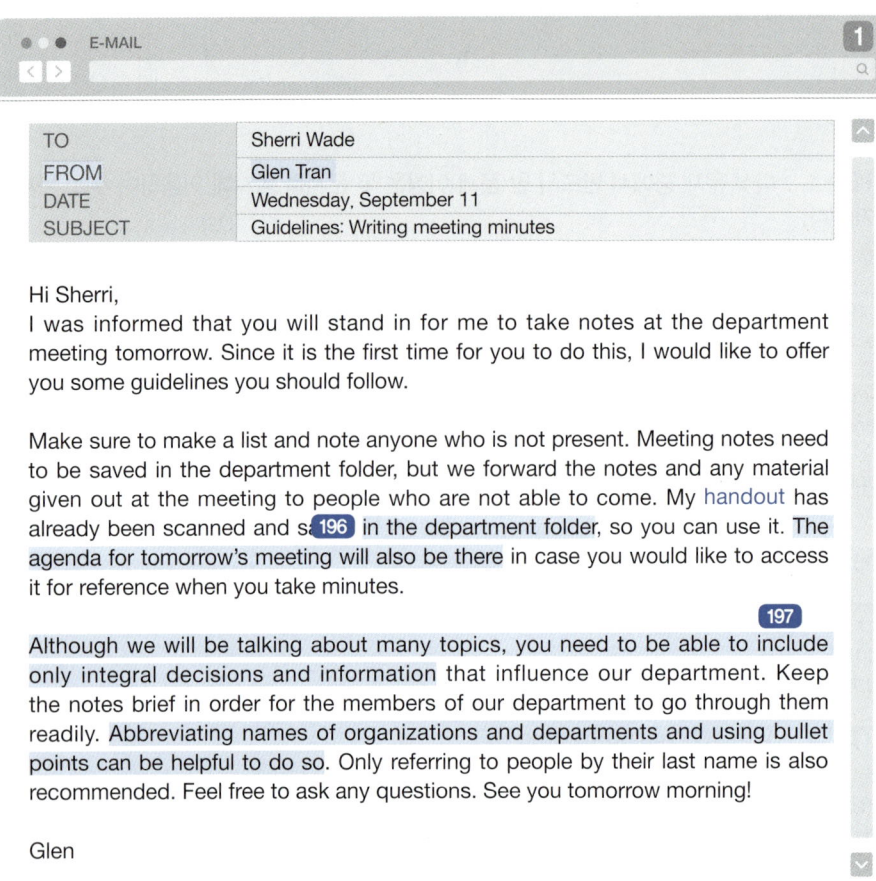

196. What is indicated about Mr. Tran? 보내는 사람: I
(A) He had to miss the department meeting.
(B) He distributed handout materials at the department meeting.
(C) **He will keep the meeting agenda in the department folder.**
(D) He will have to visit Sydney to participate in an event.

키워드 Tran / 지문 [1]
└ 발신인이 Tran 씨인 지문 [1]
에서 확인하자.

197. In the first e-mail, the word "include" in paragraph 3, line 1, is closest in meaning to
(A) back up
(B) memorize
(C) **capture**
(D) review

동의어 찾기 문제 include /
지문 [1]
└ 같은 맥락으로 연결되는 단어를 찾자.

Accounting Services Department Meeting Minutes

On September 12
2:00-3:30 P.M.

Absent: Ana Stephens, Patsy Walters
Attended: Kay Schneider, Ella Romero, Ella Rilay, Roy Reed, Eleanor Porter, Sherri Wade, Glen Tran, Celia Sharp

- Romero noted that RX has been experiencing data-loss issues with its accounting software program. Since Tran is handling the same problem with another client, he will take care of that inquiry.
- Reed and Porter attended the Accounting Symposium in Sydney from September 7 to 8 and were asked to deliver a talk at next year's symposium in Washington.
- The department's outing will take place at St. James Park on Friday, October 2. As Schneider will be temporarily helping the New York branch this fall, Rilay will be held accountable for this year's outing arrangements.
- Tran reported that his team is about to review the budget for monthly operating costs. He reminded staff members to avoid making excessive printouts and copies.

Minutes Taken by Sherri Wade

---

198. What task is Mr. Schneider usually in charge of?
(A) Dealing with client complaints
(B) Preparing a yearly social event
(C) Handling the monthly budget
(D) Taking notes at every meeting

199. What has Mr. Reed recently done?
(A) He has visited a branch office.
(B) He has contacted Royal X-oriental Inc.
(C) He has given a talk at an event.
(D) He has been to Sydney.

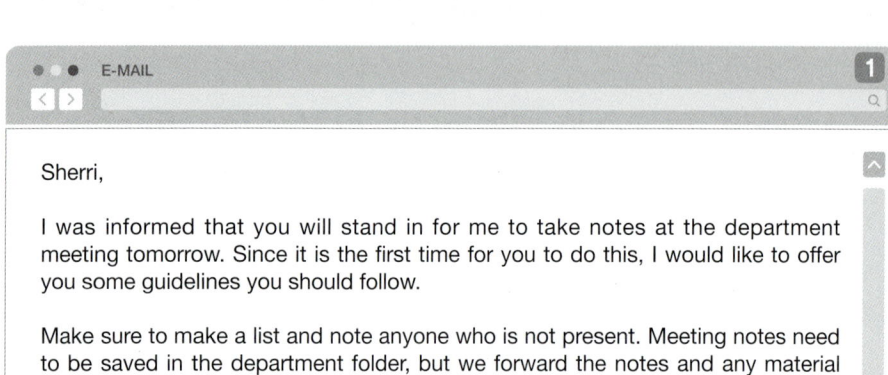

200. What suggestion for taking minutes do Mr. Tran and Mr. Walters disagree on?
(A) Only recording members' last names
(B) Using initial letters of organizations' names
(C) Checking who is present or absent
(D) Entering information into a computer

문제 196-200은 다음 이메일과 회의록을 참조하세요.

수신	Sherri Wade
발신	Glen Tran
날짜	9월 11일 수요일
제목	회의록 작성 가이드라인

안녕하세요, Sherri 씨,

내일 부서 회의에서 당신이 저를 대신해 기록해 주신다는 소식을 듣게 되었습니다. 당신이 이번 일은 처음이라서 지켜주셔야 하는 몇 가지 가이드라인을 제시해 드리고 싶습니다.

목록을 만들어 결석한 사람들을 적는 거 명심해 주세요. 회의록은 부서 서류철에 보관되어야 하지만, 회의에 오시지 못하는 분들에게 그 회의록과 회의에서 배부된 자료들을 전달합니다. 제가 작성했던 자료들은 벌써 스캔되어 부서 서류철에 보관되어 있으니, 그것을 사용하실 수 있습니다. 당신이 회의록을 작성할 때 혹시라도 참고하여 쓰고 싶으실 수도 있어서 그곳에 내일 회의 안건을 놓아두겠습니다.

저희가 여러 주제들에 관해 논의할 것이긴 하지만, 당신은 부서에 영향을 미치는 필수적인 결정과 정보만 담을 수 있어야 합니다. 부서 직원들이 쉽게 검토할 수 있도록 간략하게 작성해 주십시오. 회사와 부서의 약칭과 글머리 기호를 사용하면 간략하게 작성하는 데 도움이 될 것입니다. 사람들의 성(姓)만 언급하는 것 역시 추천합니다. 질문이 있으면 언제든지 물어보십시오, 내일 오전에 봐요!

Glen 올림

회계 서비스 부서 회의록

9월 12일
오후 2시 - 3시 30분

결석 : Ana Stephens, Patsy Walters
참석 : Kay Schneider, Ella Romero, Ella Rilay, Roy Reed, Eleanor Porter, Sherri Wade, Glen Tran, Celia Sharp

- Romero 씨는 RX사가 회계 소프트웨어 프로그램으로 데이터 손실 문제를 겪고 있다고 말했습니다. Tran씨가 동일한 문제를 가진 다른 고객을 맡아 처리하고 있으니 그가 해당 문의도 처리할 예정입니다.
- Reed 씨와 Porter 씨는 9월 7일과 8일 시드니에서 진행된 회계 학술 토론회에 참석하였고 내년 워싱턴에서 개최되는 학술회에서 강연해 달라고 요청받았습니다.
- 부서 야유회는 10월 2일 금요일 St. James Park에서 열릴 것입니다. Schneider 씨가 일시적으로 이번 가을에 뉴욕 지점을 도와줄 예정이라, Rilay 씨가 올해 야유회 준비를 책임지고 맡을 것입니다.
- Tran 씨는 자기 부서가 월간 운영비 예산을 검토할 계획이라고 전했습니다. 그는 직원들에게 과도한 출력과 복사를 피하라고 상기시켰습니다.

회의록 작성 Sherriy Wade

수신	Sherri Wade
발신	Willie Walters
날짜	9월 13일 금요일
제목	귀하의 회의록

Sherri 씨

처음 회의록을 작성하는 건데도 매우 잘하셨습니다. 제가 회의에 빠졌어야 해서 회의록이 저에게 많은 도움이 되었고, 특히 개요 구성으로 회의에서 논의된 사항을 쉽게 확인할 수 있었습니다.

하지만, 두 가지를 지적하고 싶습니다. 하나는 Celia Sharp에 관한 것입니다. 그녀도 내년 강연에 참석하도록 초청 받았기 때문에 회계 학술회 관련 항목에 언급되었어야 합니다. 다른 하나는 논의되었던 회사명은 반드시 철자를 제대로 적어야 합니다. 때때로, 일부 선임들이 회의록을 읽는데 RX가 Royal X-oriental Inc.임을 알지 못할 수도 있습니다.

잘해 주셔서 감사합니다.

Willie Walters 올림

어휘 meeting minutes 회의록 stand in for 대신하여 일을 보다 take notes 기록하다 present 참석한 folder 서류철 forward 전달하다 material 자료 give out 나눠주다 agenda 안건 for reference 참고로 integral 완전한, 필수적인 readily 쉽사리, 손쉽게 abbreviate 축약하다 bullet point 글머리 기호 last name 성(姓) absent 결석한 issue 쟁점 inquiry 문의 symposium 학술 토론회 outing 야유회 temporarily 일시적으로 be held accountable for ~에 대해 책임이 있다 arrangement 준비 be about to+do 막 ~하려는 참이다 operating cost 운영비 excessive 지나친 outline format 개요 구성 spell out 생략하지 않고 전부 쓰다 senior associate 선임

---

196. Tran 씨에 관하여 명시된 것은 무엇인가?
(A) 부서 회의를 빠져야 했다.
(B) 그는 부서 회의에서 유인물 자료를 배부했다.
(C) 그는 부서 서류철에 회의 안건을 보관할 예정이다.
(D) 그는 행사 참여로 시드니를 방문해야 할 것이다.

STEP 1   문제가 주는 힌트나 지문 내 답에 영향을 주는 모든 요소들을 이용한다.

문제의 키워드는 Mr. Tran이므로 Tran이 발신자인 첫 번째 지문에서 답을 찾자. The agenda for tomorrow's meeting will also be there에서 보기의 agenda를 보관할 예정이라는 것을 알 수 있고, 문장의 there는 앞 문장의 in the department folder를 나타내므로 정답은 (C)이다.

STEP 2   오답 분석

(B)의 handout 언급이 있으나 지문에서는 My handout has already been scanned and saved로 배포되었다는 언급이 없으므로 오답이다. (D) 시드니를 방문할 사람은 언급되지 않았고, 방문한 사람은 다른 사람들이라서 오답이다.

197. 첫 번째 이메일에서, 세 번째 문단 첫 번째 줄의 "include"와 의미가 가장 가까운 것은?
(A) 뒷받침하다
(B) 암기하다
(C) 담아내다
(D) 복습하다

STEP 1 동의어는 문맥상 대체할 수 있는 단어를 찾는 것이다.

따라서 반드시 동의어가 속하는 문장의 의미를 확인한 후 보기에서 일치하는 것을 찾아야 한다. Although we will be talking about many topics, you need to be able to include only integral decisions and information에서 많은 주제에 대해 말할 것이긴 하지만 필수적인 결정과 정보만을 포함해야 한다는 언급을 하므로 capture(담아내다)의 의미와 유사함을 알 수 있다. 정답은 (C).

---

198. Schneider 씨는 보통 어떤 업무를 담당하고 있는가?
(A) 고객 불만사항 처리
(B) 연간 사교 행사 준비
(C) 월별 예산 처리
(D) 각 모임의 회의록 작성

STEP 1 특정 명사가 지칭하는 대상을 확인하라.

문제의 키워드는 Mr. Schneider이고 언급되어 있는 것은 두 번째 지문이다. As Schneider will be temporarily helping ~ Rilay will be held accountable for this year's outing arrangements에서 Schneider 씨가 일시적으로 다른 업무를 맡게 되었음을 언급하고 Rilay씨가 그의 업무를 대신 맡게 되었다는 말을 하고 있다. Schneider 씨의 평상시 업무는 outing arrangements 즉, 행사 준비를 하는 것임을 알 수 있다. 정답은 이를 포괄적으로 표현한 (B).

---

199. Reed 씨는 최근에 무엇을 했는가?
(A) 그는 지점을 방문했다.
(B) 그는 Royal X-oriental Inc.와 연락을 했다.
(C) 그는 행사에서 강연을 했다.
(D) 그는 시드니에 다녀왔다.

STEP 1 특정 명사가 지칭하는 대상을 확인하라.

Reed 씨가 언급되는 지문은 두 번째 지문이다. Reed and Porter attended the Accounting Symposium in Sydney에서 이 심포지엄이 시드니에서 열렸으므로 시드니에 갔다 왔다는 (D)가 정답이 된다.

---

200. Tran 씨와 Walters 씨가 회의록 작성에서 의견을 달리하는 것은 무엇인가?
(A) 직원의 성만 기록
(B) 기업명의 초성 사용
(C) 참석자와 결석자 확인
(D) 컴퓨터에 정보 입력

STEP 1 다섯 문제 중 반드시 한 문제 이상은 두 문서를 동시에 이용해야 답이 나온다.

문제의 Tran과 Walters는 모두 이메일의 발신자이므로 이 두 지문에서 회의록을 작성하는 데 있어 일치하지 않은 내용을 찾아야 한다. 세 번째 지문에서 the names of any organizations discussed should be spelled out으로 Walters 씨는 논의되는 회사들의 이름은 철자를 모두 써야 한다고 언급하고 있다. 첫 번째 지문에서 Tran 씨는 Abbreviating names of organizations and departments and using bullet points can be helpful to do so.(이름을 축약하는 것이 도움이 될 것이다)라고 하므로 불일치되는 점은 회사 이름의 언급 부분임을 알 수 있다. 정답은 (B)이다.

TEST 2

LISTENING TEST

In the Listening test, you will be asked to demonstrate how well you understand spoken English. The entire Listening test will last approximately 45 minutes. There are four parts, and directions are given for each part. You must mark your answers on the separate answer sheet. Do not write your answers in your test book.

PART 1

Directions: For each question in this part, you will hear four statements about a picture in your test book. When you hear the statements, you must select the one statement that best describes what you see in the picture. Then find the number of the question on your answer sheet and mark your answer. The statements will not be printed in your test book and will be spoken only one time.

Statement (B), "They're having a meeting," is the best description of the picture, so you should select answer (B) and mark it on your answer sheet.

1.

2.

GO ON TO THE NEXT PAGE

3.

4.

5.

6.

PART 2

Directions: You will hear a question or statement and three responses spoken in English. They will not be printed in your test book and will be spoken only one time. Select the best response to the question or statement and mark the letter (A), (B), or (C) on your answer sheet.

7. Mark your answer on your answer sheet.
8. Mark your answer on your answer sheet.
9. Mark your answer on your answer sheet.
10. Mark your answer on your answer sheet.
11. Mark your answer on your answer sheet.
12. Mark your answer on your answer sheet.
13. Mark your answer on your answer sheet.
14. Mark your answer on your answer sheet.
15. Mark your answer on your answer sheet.
16. Mark your answer on your answer sheet.
17. Mark your answer on your answer sheet.
18. Mark your answer on your answer sheet.
19. Mark your answer on your answer sheet.
20. Mark your answer on your answer sheet.
21. Mark your answer on your answer sheet.
22. Mark your answer on your answer sheet.
23. Mark your answer on your answer sheet.
24. Mark your answer on your answer sheet.
25. Mark your answer on your answer sheet.
26. Mark your answer on your answer sheet.
27. Mark your answer on your answer sheet.
28. Mark your answer on your answer sheet.
29. Mark your answer on your answer sheet.
30. Mark your answer on your answer sheet.
31. Mark your answer on your answer sheet.

PART 3

Directions: You will hear some conversations between two or more people. You will be asked to answer three questions about what the speakers say in each conversation. Select the best response to each question and mark the letter (A), (B), (C), or (D) on your answer sheet. The conversations will not be printed in your test book and will be spoken only one time.

32. What was the man missing?
(A) A computer
(B) A notebook
(C) A pencil case
(D) A book

33. Why does the woman say, "I'll let the cleaning staff know"?
(A) To ask for some help
(B) To complain about a service
(C) To correct some mistaken information
(D) To inform them of a schedule change

34. What will the man do next?
(A) Give her his contact information
(B) Locate some items
(C) Contact the staff
(D) Check a floor plan

35. Why is the woman at a hotel?
(A) To organize a conference
(B) To make a presentation
(C) To stay for her business trip
(D) To visit a hotel guest

36. What was the man asked to do?
(A) Offer her free refreshments
(B) Guide her to the site
(C) Make copies for her
(D) Prepare for the presentation

37. What is available upstairs?
(A) A copy machine
(B) A restaurant
(C) A microphone
(D) A gift shop

GO ON TO THE NEXT PAGE

38. Who is Mr. Gallahan?
(A) A receptionist
(B) An owner
(C) A manager
(D) A sales representative

39. According to Patrick, what is suggested about the café?
(A) Its food quality is good.
(B) It is located on the rooftop.
(C) It offers a morning set.
(D) It is restricted to building visitors.

40. What will the woman do next?
(A) Install a new computer program
(B) Check her schedule
(C) Meet Mr. Gallahan
(D) Go to the café

41. Where do the speakers most likely work?
(A) At a warehouse
(B) At a museum
(C) At a gallery
(D) At a factory

42. What is the main topic of the conversation?
(A) Making an exhibition
(B) Hiring a new employee
(C) Increasing the budget
(D) Planning another schedule

43. According to the man, what has been changed?
(A) A display
(B) A class
(C) A Web site
(D) A policy

44. Why did someone from Humston Manufacturing call?
(A) To inquire about the prices
(B) To make a reservation
(C) To check the status of the event
(D) To visit the hotel

45. What is mentioned about Kelly Flowers?
(A) Its quality was not good.
(B) It was used by the company last month.
(C) Its style was imitated by other stores.
(D) It was owned by Humston Manufacturing.

46. What will the woman do next?
(A) Call a business
(B) Provide contact information
(C) Check customer reviews
(D) Reserve a hotel

47. What does the man explain to the woman?
(A) Some unexpected weather is coming.
(B) A computer system is not working properly.
(C) She should come back tomorrow.
(D) She needs to wait for some time.

48. What does the woman want to do?
(A) Attend the conference
(B) Meet Dr. Parker
(C) Reschedule an appointment
(D) See a doctor immediately

49. What does the man tell the woman to do?
(A) Sit in a waiting room
(B) Fill out a form
(C) Return later today
(D) Postpone a meeting

50. What are the speakers discussing?
(A) Replacing an old system
(B) Planning a training session
(C) Assigning a budget
(D) Operating a factory

51. Why does the woman say, "It costs a lot to travel to Denver at this time of year"?
(A) Another option for the transportation will be needed.
(B) A different location should be chosen.
(C) She doesn't want to transfer to Denver.
(D) She needs to take her vacation.

52. What will the man do next?
(A) Review the task
(B) Postpone the event
(C) Send another director
(D) Contact his colleague

---

53. What kind of business do the speakers most likely work for?
(A) A clothing store
(B) An advertising firm
(C) A resort
(D) A travel agency

54. What does the man imply when he says, "It's toward the end of the season"?
(A) He wants to encourage staff members to cheer up.
(B) His team will finish a project soon.
(C) A clearance sale should be held.
(D) The promotion will begin too late.

55. What does the woman offer to do?
(A) Compile a list
(B) Send some vouchers to guests
(C) Select some items for discounts
(D) Make a reservation

---

56. What is the main topic of the conversation?
(A) Revising a document
(B) Seeing a contractor
(C) Finishing a report
(D) Meeting a client

57. Why does the woman say, "I'm leaving for a meeting now"?
(A) She's asking the man to extend a deadline.
(B) She is not able to attend the meeting.
(C) She has already prepared for the project.
(D) She does not have time to look at a document.

58. What does the man say he will do this afternoon?
(A) Attend the board meeting
(B) Meet with a client
(C) Contact a colleague
(D) Prepare a budget

GO ON TO THE NEXT PAGE

Cafeés Near Me	
Café	Distance
ARRIS Coffee	0.5 km
Towers Break	1 km
Hasbro's House	2 km
Adobe's Café	2.5 km

1	Sign up at the information desk	2	Enter a dustproof room
3	Wear protective garments	4	Leave all items

59. What will happen at 8:00?
(A) Some equipment will be delivered.
(B) A film will be premiered.
(C) A tour will be held.
(D) A presentation will start.

60. Look at the graphic. Which café do the speakers decide on?
(A) ARRIS Coffee
(B) Towers Break
(C) Hasbro's House
(D) Adobe's Café

61. What will the man do next?
(A) Get a recommendation
(B) Pay a parking fee
(C) Give some instructions
(D) Make a reservation

62. Look at the graphic. Which sign does the man refer to?
(A) Sign 1
(B) Sign 2
(C) Sign 3
(D) Sign 4

63. What did the woman bring today?
(A) A collection of documents
(B) A signed contract
(C) A journal
(D) A cell phone

64. What will the man do at the end of the tour?
(A) Submit some documents
(B) Meet her supervisor
(C) Fill out a form on the first floor
(D) Receive a souvenir

You're Invited to the 10th Anniversary
of Marcus Marketing Firm!

Friday, November 21, 6:00 P.M.
Emerald Hall, Montreal Boutique Hotel

RSVP to Cindy Wong 532-4661

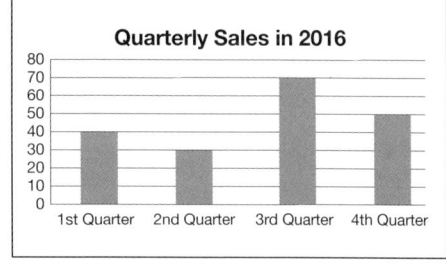

65. What did the woman ask the man to do?
(A) Review some work
(B) Send an e-mail
(C) Check a reservation
(D) Visit a printing shop

66. Look at the graphic. What should be changed?
(A) The title
(B) The date
(C) The place
(D) The phone number

67. When will the man probably receive the delivery?
(A) On Wednesday
(B) On Thursday
(C) On Friday
(D) On Saturday

68. What did the woman do in the morning?
(A) Called some clients
(B) Wrote a report
(C) Attended a meeting
(D) Sent a manual

69. Look at the graphic. Which quarter is being discussed?
(A) Quarter 1
(B) Quarter 2
(C) Quarter 3
(D) Quarter 4

70. What does the man suggest?
(A) Using some fruit
(B) Increasing prices
(C) Launching promotional events
(D) Opening new branches

GO ON TO THE NEXT PAGE

PART 4

Directions: You will hear some talks given by a single speaker. You will be asked to answer three questions about what the speaker says in each talk. Select the best response to each question and mark the letter (A), (B), (C), or (D) on your answer sheet. The talks will not be printed in your test book and will be spoken only one time.

71. What will happen next March?
(A) A proposal will be accepted.
(B) A construction site will open.
(C) A new building will open.
(D) A shopping mall will be closed.

72. According to the speaker, what has changed?
(A) The construction site
(B) The road expansion
(C) The public hearing date
(D) The transportation system

73. Why does the speaker ask the listeners to visit the Web site?
(A) To sign up to participate
(B) To raise some questions
(C) To take a survey
(D) To check residents' opinions

74. What type of business does the speaker work for?
(A) A fitness center
(B) A sporting goods store
(C) A newspaper company
(D) An automotive repair shop

75. What does the speaker say about Mr. Leed's order?
(A) Some of the items are no longer available.
(B) It was mistakenly canceled.
(C) It will be delayed.
(D) All of his order has been delivered already.

76. What will the speaker offer the listener?
(A) A free delivery
(B) A beverage voucher
(C) A shipping service upgrade
(D) A discount

77. What did the speaker do last Saturday?
(A) She stayed at the hotel.
(B) She gave a presentation.
(C) She participated in the reception.
(D) She went to a hospital.

78. What does the speaker mean when she says, "I have hired five receptionists through the agency"?
(A) Her business was successful.
(B) She couldn't complete the work.
(C) She had authority to hire workers.
(D) She wants to make a recommendation.

79. When will the speaker return to the office?
(A) On Tuesday
(B) On Wednesday
(C) On Thursday
(D) On Friday

80. What will the weather conditions be like until Thursday?
(A) Warm
(B) Rainy
(C) Humid
(D) Snowy

81. What will be held in the park?
(A) A road repair
(B) A sports event
(C) Musical performances
(D) Some exhibitions

82. What does the speaker imply when he says, "Lexington road crews will work around the clock"?
(A) There will be no traffic congestion next week.
(B) The temperature will be higher than expected.
(C) Some roads will be closed for clearing.
(D) Some of the residents will take a detour.

83. What happened last week?
(A) A summer event was discussed.
(B) A marketing presentation was made.
(C) A performance evaluation was conducted.
(D) Certain research was undertaken.

84. What information is the speaker showing?
(A) Feedback from a focus group
(B) Details of a new contract
(C) Reviews of the new packaging
(D) Updates on safety guidelines

85. Why does the speaker say, "This meeting room is reserved for the new employee training in an hour"?
(A) To encourage employees to attend the next meeting
(B) To ask for permission to extend the meeting
(C) To require people to leave the room
(D) To ask for understanding

86. What is the purpose of the introduction?
(A) To review a series of lectures
(B) To introduce new machinery
(C) To request donations
(D) To describe a support program

87. According to the speaker, what is suggested about Ms. Cooper?
(A) She was given an award for her success.
(B) She has participated in the program before.
(C) She is one of the well-known authors.
(D) She recently opened her own business.

88. Why does the speaker say, "She will receive questions after her presentation"?
(A) Not to interrupt during her talk
(B) Not to send her questions by e-mail
(C) To ask questions at any time
(D) To leave a question in advance

GO ON TO THE NEXT PAGE

Saturday	Sunday	Monday	Tuesday
Partly Sunny	Cloudy	Rain	Sunny

Item name	Manufacturer
Kids chair	Jerry
Home chair	Kahn
Office chair	Duke
Premium office chair	Raon

89. What event is being described?
(A) A technology fair
(B) A national festival
(C) A cooking show
(D) A food contest

90. According to the speaker, what can the listeners find on the Web site?
(A) A schedule for the contest
(B) A weather report
(C) A food sample
(D) An entry form

91. Look at the graphic. Which day is the event being held?
(A) Saturday
(B) Sunday
(C) Monday
(D) Tuesday

92. Look at the graphic. If you are a member, what chair can you purchase at an additional discounted price?
(A) Kids chair
(B) Home chair
(C) Office chair
(D) Premium office chair

93. According to the speaker, why do customers like Tidlis Furniture?
(A) It offers reasonable prices.
(B) Its products are easy to assemble.
(C) It provides a complete product.
(D) There is no delivery charge.

94. What can be found on a Web site?
(A) A special offer
(B) A list of products
(C) A coupon
(D) Contact information

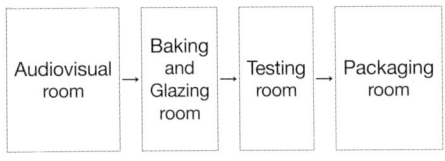

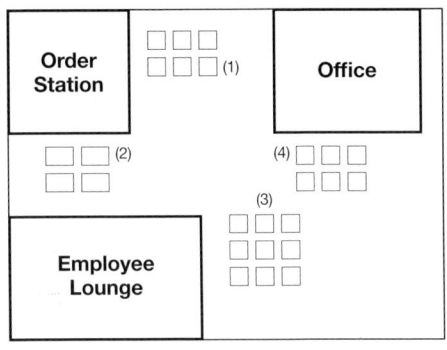

95. Where is the talk taking place?
(A) At an art museum
(B) At a factory
(C) At a retail store
(D) At a travel agency

96. Look at the graphic. Where will the listeners get souvenirs?
(A) Audiovisual room
(B) Baking and Glazing room
(C) Testing room
(D) Packaging room

97. Why should the listeners turn off their mobile phone?
(A) They will likely break.
(B) The system is likely to be affected.
(C) The area needs to stay silent.
(D) Some information needs to be kept confidential.

98. Why is the change being made?
(A) To address complaints from customers
(B) To get more feedback
(C) To improve the order fulfillment process
(D) To check for errors

99. Look at the graphic. Where is the place being described?
(A) Area 1
(B) Area 2
(C) Area 3
(D) Area 4

100. Where should the interested listeners go?
(A) To the employee lounge
(B) To the office
(C) To the meeting room
(D) To the sales department

This is the end of the Listening test. Turn to Part 5 in your test book.

READING TEST

In the Reading test, you will read a variety of texts and answer several different types of reading comprehension questions. The entire Reading test will last 75 minutes. There are three parts, and directions are given for each part. You are encouraged to answer as many questions as possible within the time allowed.

You must mark your answers on the separate answer sheet. Do not write your answers in your test book.

PART 5

Directions: A word or phrase is missing in each of the sentences below. Four answer choices are given below each sentence. Select the best answer to complete the sentence. Then mark the letter (A), (B), (C), or (D) on your answer sheet.

101. HSBC Bank is not responsible for any ------- arising out of the use of a local Internet service provider or caused by any browser software during an online transaction or electronic transfer.
(A) losses
(B) losing
(C) lose
(D) lost

102. ------- is retiring at the end of the year, so the chance that a position will open is minimal.
(A) Few
(B) No one
(C) Any other
(D) Anyone

103. Only qualified researchers will be granted ------- for the use of secondary data obtained from the National Health Service.
(A) permit
(B) is permitted
(C) to permit
(D) permission

104. A bunch of customers have complained that there is an --------- rattling noise coming from the front driver's side once the window is down.
(A) annoying
(B) annoyed
(C) annoyingly
(D) annoy

105. Women account for half of the world's population and represent the ------- purchasing decision makers, so even cosmetic brands for men need to appeal to both the targeted men and their wives.
(A) most
(B) plenty
(C) certain
(D) primary

106. -------- her consistent efforts, achievements, and higher-educational background, Jade will rapidly moved up from an entry-level position to the marketing manager within five years.
(A) Since
(B) Given
(C) Among
(D) Upon

107. ---------- found in his field, Chester Guzman's vast knowledge of international trade gives him a unique perspective and a great reputation.
(A) Less
(B) Enough
(C) Apart
(D) Seldom

108. -------- the following location not work best for you, notify one of our managers so alternative arrangements can be made.
(A) When
(B) If
(C) As well as
(D) Should

109. Southland will host the Global Trading Forum next year, although it has --------- alternated between Otago and Cantebury.
(A) traditionally
(B) positively
(C) nearly
(D) exceptionally

110. Holiday Inn has ------- from a single motel to a multi-national hotel franchise with well over 400 locations in operation worldwide.
(A) planned
(B) established
(C) furthered
(D) evolved

111. Now that our technical support team has taken all the necessary steps, we ------- that there will be no more technical issues preventing our customers from shopping online.
(A) suppose
(B) estimate
(C) expect
(D) guess

112. ------- two factories in London and one in Sydney have been closed, the Melbourne facility will remain open.
(A) Besides
(B) Rather than
(C) Although
(D) Before

GO ON TO THE NEXT PAGE

113. ------- among the reasons BAP World is the premier operating system available is the fact that it's open-source software, meaning that anyone can change or modify the source code.
(A) Many
(B) Proper
(C) Chief
(D) Straight

114. According to the recent marketing research, only half of U.S. households read ------- of their advertising mail.
(A) each
(B) few
(C) everything
(D) all

115. Jeffery Lambert ------- the weekly sales meeting this morning, but he had a scheduling conflict.
(A) should attend
(B) must have attended
(C) wants to attend
(D) would have attended

116. The board of directors will not move to the next stage of the project ------- those opposing it number more than 100 shareholders.
(A) if
(B) so that
(C) whether
(D) depending on

117. In a competitive insurance market, most customers are more -------- in which services they choose and which company they would like to purchase those products or solutions from.
(A) dominant
(B) punctual
(C) rigorous
(D) selective

118. The new capital city was ------- by chief architect Andrew Evans educated at Cornell University, and his assistant Rudy Ferguson.
(A) planned
(B) proceeded
(C) involved
(D) supposed

119. Lloyd's Distance Learning Course is by far the most --------- we have seen and offers innovative e-learning classes and degree programs through a digital learning platform.
(A) detailed
(B) detail
(C) details
(D) detailing

120. Our Richmond office is located slightly ------- the Golden Cinema on 23 Winspear Avenue.
(A) across
(B) over
(C) opposite
(D) past

121. The agenda of this meeting is to discuss what we need to know about ------- to promote the new product on social media.
(A) decision
(B) try
(C) how
(D) after

122. During the summer, we ship packages with frozen gel packs to prevent dairy and meat products and other ------- items from deteriorating.
(A) plentiful
(B) perishable
(C) spoiled
(D) adverse

123. If you can schedule a meeting ------- 9:00 tomorrow morning, our director will rearrange his flight to be in attendance.
(A) at
(B) to
(C) for
(D) in

124. CIBC Bank offers more sophisticated online banking systems to help our clients run their businesses more -------.
(A) broadly
(B) greatly
(C) efficiently
(D) potentially

125. The decision about whether the factory can reopen will be ---- until the Ministry has carried out a thorough investigation of this risk.
(A) deferred
(B) resolved
(C) informed
(D) agreed

126. At Molson Coors Brewing Company, we do ------- we can to help our employees achieve their full potential.
(A) so
(B) those
(C) everything
(D) whichever

127. Debra Mason, a widely recognized ---------- on Northwestern Asian cultural history and art, was a curator of the Toronto Museum.
(A) authority
(B) authoritative
(C) authorizing
(D) authorization

128. ------- member is assigned a task depends on the speciality required for a project.
(A) Which
(B) Each
(C) Any
(D) Some

129. Recent studies from the University of California indicate that the --------- of visual aids to a presentation can provide the presenter with a lot of advantages.
(A) feature
(B) addition
(C) pictures
(D) tool

130. --------- poorly the customer may be treating them, customer service representatives are required to treat customers with professionalism.
(A) Although
(B) Seldom
(C) However
(D) Rather

GO ON TO THE NEXT PAGE

PART 6

Directions: Read the texts that follow. A word, phrase, or sentence is missing in parts of each text. Four answer choices for each question are given below the text. Select the best answer to complete the text. Then mark the letter (A), (B), (C), or (D) on your answer sheet.

Questions 131-134 refer to the following instructions.

Why don't you install A Programmable Thermostat?

Save money and energy by installing Homeassistant, our new programmable thermostat, to control heating and air conditioning. This programmable thermostat can save more than 40% of your energy bill by turning on only during the daytime, and automatically shutting off when the desired temperature has been reached. And you can program it to — 131 — your home's temperature when you are away and raise it at a specific time.

The process of programming this thermostat is quite simple and does not consume a lot of time. Begin by pushing the home button of the device and — 132 — long press any blank section of the screen for a few seconds. Select the Choose Option to display the CHOOSE screen and the selection menu will pop up. — 133 —. When you're finished, press the OK button to save your selection. Your — 134 — will be applied immediately.

131. (A) show
(B) lower
(C) see
(D) review

132. (A) simple
(B) simply
(C) simpled
(D) simpler

133. (A) Using the drop down arrow, you can select your preferences.
(B) Before setting your device, check for any missing items.
(C) You can return it within 14 days of purchase.
(D) Press the red button on the left to see how much energy it has saved.

134. (A) settings
(B) savings
(C) screen
(D) device

Questions 135-138 refer to the following notice.

July is high season in Hawaii, so we recommend you make a reservation at your earliest convenience. Hotel accommodations here are very — 135 —. Reservations will be required with a deposit of $200. This amount will be charged to your credit card upon booking the reservation. Cancellations made more than seven days prior to your scheduled arrival date — 136 — in full.

However, if the reservation is canceled within one week of arrival, it will result in a full charge of the entire — 137 — of your stay booked. — 138 —.

135. (A) restricted
(B) difficult
(C) confirmed
(D) limited

136. (A) will be refunded
(B) will not be refunded
(C) are refunding
(D) had been refunded

137. (A) room
(B) degree
(C) length
(D) week

138. (A) Also, our new facilities will make your future stays with us even more enjoyable.
(B) This policy applies to early departure as well.
(C) In fact, we will soon open more hotels in July.
(D) Thank you for leaving a review of your stay at our hotel.

GO ON TO THE NEXT PAGE

Questions 139-142 refer to the following notice.

Notice: Shipping Fragile Items

Thank you for using Florida Logistics. Our mission — 139 — the best and most reliable service to all customers. We always handle all our shipments with care and caution, but we do not guarantee special handling for packages even marked "Fragile." Therefore, it is your responsibility to make sure that your contents are protected from any damage that may be caused during the delivery. When you ship your items, we do not recommend using old boxes but new ones. Old and used ones do not offer their — 140 — rigidity and adequate protection. In case you use a used box, any labels on it should be removed and any damage such as punctures and tears should be checked. — 141 — may result in damage to the contents. And please remember that it is important to use internal cushioning for items that are fragile. — 142 —. This way, all items are separated from each other, so your items will be safe from bumps, vibrations and shocks of any kind.

---

139. (A) provides
(B) is provided
(C) is providing
(D) is to provide

140. (A) creative
(B) original
(C) ready
(D) various

141. (A) Most
(B) Neither
(C) Others
(D) These

142. (A) Doing this is not advisable.
(B) We can purchase insurance for one single item.
(C) To do so, wrap them individually.
(D) Customers will learn that it is quite unsuitable.

Questions 143-146 refer to the following e-mail.

E-MAIL

TO	emawatson@kmail.net
FROM	Smodello@olivescandle.com
DATE	July 10
SUBJECT	Thank you

Dear Ms. Watson,

Thank you for purchasing a set of my aromatic candles. We hope you are happy with your purchases. If so, I would — 143 — you to leave honest and positive reviews about my candles on my Web site. If you are not satisfied with the candles, — 144 —, I'd appreciate it if you let me know what I can do to improve them. Any — 145 — you are willing to provide will be valuable to me.

— 146 —. This is just a hobby of mine that I really like. So, receiving customer feedback is the only way to continually improve my candles and spread the word about them.

Thank you again for your purchase.

Sincerely,

Stephen Mondello
Olives Candles

---

143. (A) like asking
(B) like to ask
(C) have liked to ask
(D) have liked asking

144. (A) in the meantime
(B) however
(C) such as
(D) therefore

145. (A) proof
(B) ingredients
(C) request
(D) feedback

146. (A) All the candles can be purchased from retail stores in the area.
(B) I regret that there was a mistake in shipping your order.
(C) In order to fulfil customized orders, I have a variety of candles in stock.
(D) As you may know from my Web site, I am not a corporate seller.

GO ON TO THE NEXT PAGE

PART 7

Directions: In this part you will read a selection of texts, such as magazine and newspaper articles, e-mails, and instant messages. Each text or set of texts is followed by several questions. Select the best answer for each question and mark the letter (A), (B), (C), or (D) on your answer sheet.

Questions 147-148 refer to the following Webpage.

http://www.sudburybroadcasting.co.og

Main	About us	Offers	Events	Contact

Sudbury Broadcasting's Culture

Our organization culture at Sudbury Broadcasting is mission-based. All our employees have a common objective of fertilizing viewers' minds through truthful and fascinating programs.

In order to reflect our audiences who belong to diverse ethnic groups, we actively recruit employees from a variety of backgrounds. Sudbury Broadcasting's devotion to its diversity can be also seen in our Mars Groups. These groups, made of employees from all different levels of the social groups, have regular brainstorming sessions so as to enhance not only productivity but also efficiency.

Sudbury Broadcasting provides a wide range of chances for career development and helps keep people motivated and inspired.

147. What is suggested about Sudbury Broadcasting's workers?
(A) They are all highly experienced in a field.
(B) They do not mind working overtime.
(C) They have multiple backgrounds.
(D) They need to regularly attend a training course.

148. What is a purpose of Sudbury Broadcasting's Mars Groups?
(A) To raise funds for the community
(B) To offer a wide range of career opportunities
(C) To provide creative solutions
(D) To encourage work-life balance

Questions 149-150 refer to the following text message chain.

Alton Baldwin 10:21 A.M.
Janice, when do you think you can get here? The job applicants have already arrived. We should start job interviews in ten minutes.

Janice Bailey 10:22 A.M.
I apologize! The tunnel is still closed. Our taxi had no choice but to take a detour. We should get there in 20 minutes. Could you go ahead and start without us?

Alton Baldwin 10:23 A.M.
All right. We will be meeting Gregg Mclaughlin first.

Janice Bailey 10:24 A.M.
Sure. He is the one I talked about who has some experience at another beverage firm.

Alton Baldwin 10:25 A.M.
Yeah. I am so surprised that our firm needs to employ more workers to keep up with orders. It's growing so fast.

Janice Bailey 10:25 A.M.
Same here! I'll get there as soon as possible.

149. What does Ms. Bailey want Mr. Baldwin to do?
(A) Publicize an open position
(B) Deal with some orders
(C) Speak to a job applicant
(D) Put off a job interview

150. At 10:25 A.M., what does Ms. Bailey mean when she writes, "Same here!"?
(A) She has reviewed the applications.
(B) She has already talked with Mr. Mclaughlin.
(C) She wants the man to arrive as soon as possible.
(D) She is also excited by the firm's rapid growth.

GO ON TO THE NEXT PAGE

Questions 151-152 refer to the following flyer.

Immediate Shipping

Do you need your package delivered as soon as possible? We expedite any delivery of items you need to send urgently anywhere in the nation. Just contact us at any time 24 hours a day, and your package will be picked up and processed on the same day. By visiting our Web site, the total cost of your delivery request can be calculated. However, keep in mind that the calculated cost is only valid for the day it is estimated. On request, a specific code will be provided, which can be used to check the status of your shipment such as its current location and arrival time.

151. What is mentioned in the flyer?
(A) Packages can be delivered within a week.
(B) Discounted prices are available for loyal customers.
(C) The quote can be provided online.
(D) A text message is automatically sent upon request.

152. Why is the specific code issued?
(A) To adjust a shipping schedule
(B) To keep track of a package's progress
(C) To verify shipping insurance
(D) To pay for a delivery service

Questions 153-155 refer to the following booklet.

Ruislip-R2Q!
Your lifelong electric device

===

Thank you for purchasing Ruislip-R2Q, the nation's best rechargeable electric toothbrush. To maintain your device in its best condition, clean your R2Q right after using it by running the part of its head under clear water. —[1]—. Every week, disassemble your R2Q and clean the under parts as instructed in the user handbook. Please be advised that the brush should be replaced with a new one every other week. —[2]—.

The lithium-ion battery installed in the device makes Ruislip-R2Q last much longer than any other electric products on the current market. —[3]—. You can charge your device any time you wish, but it is best for the battery to recharge your R2Q after it has fully discharged. Please keep in mind that only the charger that comes with your device should be used. Using other chargers from the third party may cause unexpected malfunctions not covered by the warranty. —[4]—. Check our Web site for more details : www.ruislipr2q.net/product.info

---

153. What is suggested about the Ruislip-R2Q?
(A) It does not need to be cleaned often.
(B) A new part is regularly required.
(C) Some parts should be changed every week.
(D) It can be purchased only online.

154. According to the booklet, what should users do with their devices to prevent malfunctions?
(A) Bring them to a designated store when it is broken.
(B) Go to a Web site to request a repair service.
(C) Avoid using other brands' battery chargers.
(D) Recharge them after it has fully discharged.

155. In which of the positions marked [1], [2], [3], and [4] does the following sentence best belong?
"This rechargeable battery will last longer than one year, if you perform complete draining every month."
(A) [1]
(B) [2]
(C) [3]
(D) [4]

GO ON TO THE NEXT PAGE

Questions 156-157 refer to the following advertisement.

All items at our main store in the center of the city are on sale now!
Borough Apparel is replacing everything for next-season products.
Every summer item is on a clearance sale!
Unique designer accessories and clothes
can be purchased at reduced prices.
Every product is eligible for 30 – 60% discount.
Beginning on 15 August until 1 September
Opening hours: 11 A.M. to 8 P.M., Monday through Saturday;
Closed on Sundays.
Our store is on the ground floor of the high-rise building
located at 324 Borough Street.
Check our Web site at: www.boroughapparel.com

156. Who most likely released the advertisement?
(A) A clothing manufacturer
(B) A property developer
(C) A business owner
(D) A well-known accountant

157. What is indicated about Borough Apparel?
(A) It opens seven days a week.
(B) It is located in the downtown area.
(C) It offers a regular sales promotion.
(D) It operates only one store.

Questions 158-160 refer to the following letter.

E-MAIL

Flora Mckinney
Valerie Supplies Inc.
Churchill Avenue
Watson Town, Regina EQ2 R12

Dear Ms. Mckinney,

Your final issue of *Luis Weekly* was sent to you last week. However, we have not received your signed renewal contract yet. —[1]—. Over the last four years, *Luis Weekly* has become well-known as a reliable authority in the areas of fishing equipment, camping news, and the best outdoor activities. —[2]—. Without doubt, the value of your business can increase by subscribing to our publication for £25. —[3]—. Enclosed is a special offer for 30 percent off the yearly subscription rate, which is only valid for the next 4 weeks. You would not want to miss a chance to acquire the latest information which should be essential to your business! Don't miss this great offer. —[4]—.

Sincerely,

Lawrence C. Payne
Subscription Renewal Services

---

158. What type of business does Ms. Mckinney most likely work for?
(A) A government agency
(B) A publishing company
(C) A leisure goods store
(D) A car rental company

159. According to the letter, what does Mr. Payne offer?
(A) A free guide for outdoor activities
(B) A discount for a limited period of time
(C) A complimentary copy of a magazine
(D) A gift voucher for future purchases

160. In which of positions marked [1], [2], [3], and [4] does the following sentence best belong?

"We believe that this is not intentional determination, but oversight."

(A) [1]
(B) [2]
(C) [3]
(D) [4]

GO ON TO THE NEXT PAGE

Questions 161-164 refer to the following e-mail.

TO	Managers of each department
FROM	Wayne Cox
DATE	23 September
SUBJECT	Enhancing working conditions

Dear managers,

—[1]—. As posted on the notice board, the personnel division will be involved with managers of each department in a wide range of discussions on enhancing working conditions, which will lead to increasing employee satisfaction and work efficiency.

Since some tasks are sometimes hard to be done in an office environment that may disrupt employees' concentration, a lot of organizations use telecommuting, an approach that allows employees to work from home partly or all of the time. —[2]—. In January, the new office configuration is scheduled to be announced, so we should look into whether the approach can be applied to our organization. Our office space will be rearranged depending on our ultimate decision on this issue.

We need your opinions. —[3]—. Currently, the personnel division is gathering data. Please fill out the survey on telecommuting, which is posted on the Personnel Division Web page. —[4]—. Just click the tab on the right corner of the main page.

Thanks for your help. Should you have further questions, please contact me.

Wayne Cox
Head of Personnel
Rayners Contraction

161. What is the purpose of the e-mail?
(A) To announce new employee policies
(B) To remind staff of an upcoming meeting
(C) To ask for participation in a survey
(D) To increase employee satisfaction

162. What is stated as an advantage of telecommuting?
(A) It provides more room for employees.
(B) It can help staff work without distraction.
(C) It lowers overall operating expenses.
(D) It is an environmentally friendly approach.

163. What does the organization plan to do next year?
(A) Redesign a Web page
(B) Recruit a new personnel manager
(C) Carry out its restructuring
(D) Adjust the layout of the office

164. In which of the positions marked [1], [2], [3], and [4] does the following sentence best belong?

"Be advised that any decisions about the approach have not been made yet."

(A) [1] (B) [2]
(C) [3] (D) [4]

Questions 165-168 refer to the following article.

Halifax Factory to Open

(Brockley, June 21) — Canadian appliance manufacturer, Halifax announced its plan to start operating a fourth production plant in Brighten, UK, in October. It will open the facility on Peckham Rye Avenue in Brockley. —[1]—.

"Since there are a lot of experienced and skilled workers living in the region, the town is the best place to open a new manufacturing facility," said regional director Isabelle Theron. She added, "We are expecting to keep our infrastructure facilities in Brighten and are thrilled to expand into this area, getting friendly support from the town." —[2]—.

The Ontario-based appliance manufacturer also built a plant close to the town of Portland in Australia. —[3]—. Moreover, it has another plan to contract a factory in Indonesia next quarter. Its management is considering cities such as Medan and Cirebon. —[4]—.

165. What benefit of the new location does Ms. Theron mention?
(A) The population growth
(B) The plentiful labor force
(C) The cheap building rental fee
(D) The government support

166. Where is Halifax's headquarters?
(A) In Cirebon
(B) In Ontario
(C) In Brighten
(D) In Brockley

167. According to the article, what does the firm plan to do in the near future?
(A) Close a plant in Brighten
(B) Attract more infrastructure investment
(C) Expand into Indonesia
(D) Acquire another company

168. In which of the positions marked [1], [2], [3], and [4] does the following sentence best belong?

"The other plants are in the cities of Haxton, Camden, and Algate."

(A) [1]
(B) [2]
(C) [3]
(D) [4]

Questions 169-171 refer to the following schedule of events.

The Headstone Global Publishing Expo
11-13 October,
Perivale Convention Center, Montreal

Schedule for Thursday, 13 October

The Winds of Change in the Digital Era
1:00 P.M. – 2:00 P.M. Lecture Hall 301
Debate on whether digital media promotes or degrades literacy hosted by Benny Cross.

Beginner Course in Visual Design
2:15 P.M. – 3:15 P.M. Graphic Images Auditorium
Terri Anderson and Killi Ball, experts in visual design, will address useful skills and trainees will gain hands-on experience of what they have learned.

Workshop on E-Publishing
3:30 P.M. – 4:30 P.M. Latimer Center
Publishing and advertising e-publications including audio books online. After and before the workshop, attendees will be able to purchase all accompanying materials on the Web site.
Presenters: Jancie Bailey, Chief Editor of Canons Books Ltd., and Willard Curtis, Head of Marketing at Canons Books Ltd.

Considering Readers' Views
4:45 P.M. – 6:15 P.M. Hall G1
In order to publicize her new book, "Considering Reader's Views", through a book-signing event, writer Nancy Cole participates in the Headstone Global Publishing Expo to talk about her new topic, answer questions and autograph her books.

- Keep in mind that since the number of seats is limited, arrive early before the programs you intend to attend start to secure a seat. Reservations are not accepted for any programs. Please be advised that video recordings are prohibited while photos are allowed.
- Purchasing a daily pass for $ 9.50 is required to attend the scheduled programs.
- Refreshments and meals can be purchased at snack bars across Perivale Convention Center. Visit our Web site at www.hgpe_events.com/inf.hotels. for information about accommodations.

169. Where will publishing expo visitors be able to attend interactive activities?
(A) In Lecture Hall 301
(B) In the Graphic Images Auditorium
(C) In the Latimer Center
(D) In Hall G1

170. What is stated about accompanying supplies for the workshop?
(A) They must be ordered in advance.
(B) They are offered in limited numbers for free.
(C) They are provided through a Web site.
(D) They can be bought at the venue.

171. What are publishing expo visitors asked to do?
(A) Avoid taking photos
(B) Come early for programs
(C) Bring their own lunch
(D) Prepare questions before programs

Questions 172-175 refer to the following online chat session.

Xavier Parker 11:02 A.M.
Hello, all. It is time for us to begin thinking about the department meeting on Thursday. Our sales have been continuously decreasing. I would like us to consider looking at new ways.

Tamra Pansy 11:03 A.M.
Right. What do you think we should do?

Xavier Parker 11:04 A.M.
As the demand for cleaning products doesn't seem to be strong as it used to be, it could be a good move for us to expand Wilda Supplies with additional items.

Rhea Maura 11:05 A.M.
There has always been a high demand for small fancy electronics. Let's look into it.

Twila Vonda 11:06 A.M.
I believe that is a good idea. And, probably we should consider toasters.

Tamra Pansy 11:07 A.M.
I can't agree with that more. Electronics such as Blue-tooth speakers and coffee makers can be possible options.

Xavier Parker 11:08 A.M.
Great ideas, everyone. These ideas should be presented at the meeting. Please research more details about manufacturers and estimates and have those included in the presentation each of you will make. I'll need that information later in order to prepare a preliminary budget proposal for the board.

Twila Vonda 11:09 A.M.
No problem.

Xavier Parker 11:10 A.M.
If you have any concerns or questions, please inform me. I'll forward everyone some guidelines by fax.

172. What kind of goods does Wilda Supplies currently sell?
(A) Cleaning supplies
(B) Household appliances
(C) Business machines
(D) Office appliances

173. At 11:02 A.M., what does Mr. Parker mean when he writes, "I would like us to consider looking at new ways"?
(A) The firm should carry a wider range of products.
(B) The event should address various topics.
(C) The firm has to relocate its main office. (D) The event should be postponed to another day.

174. What will Ms. Vonda most likely do next?
(A) Draft a proposal
(B) Fax a document to Ms. Pansy
(C) Collect some information
(D) Have a budget approved

175. What will Mr. Parker give to the board?
(A) Suggestions for new sales guidelines
(B) More information regarding manufacturers
(C) An invoice of recent orders
(D) A proposal for updating equipment

Questions 176-180 refer to the following Web page and e-mail.

http://www.aoni.uk

| Main | Items | Equipment | Details |

Activities Outdoors with Nature Inc. (AONI)
The Pioneer in Innovative Hiking and Camping Gear

We process almost all standard orders made through phone or Internet and make them promptly prepared for delivery. Tailored and custom requests may take around four days to be processed. Please feel free to forward any concerns and questions to our Customer Service Team at cst@aoni.uk. Customers will receive a reply within a day. Regarding our delivery schedule, please consult the list below.

Order cost including tax	Under £20	£20 – £70	Over £70
Overnight (24 hours)	£5.00	£8.00	£11.00
Express (36 hours)	£3.00	£6.00	£9.00
Regular (up to 1 week)	£1.50	£3.00	Free

E-MAIL

TO	cst@aoni.uk
FROM	damonmarquez@rcm.net
DATE	21 March
SUBJECT	Request No. CR99876

Three days ago, I placed an order for £92.50 for an alpenstock and a wagon tent needed for a hiking trip at the end of this month. Upon placing the order, I received an e-mail confirming my purchase, saying the order was scheduled to arrive on 20 March. However, I have not received them yet. As an extra fee for the express delivery was paid, my order should have been sent to me. Therefore, I'd like to ask for a refund of the delivery charge. In addition, unless the order has arrived within 24 hours, I would like to have my order canceled. I would rather buy similar products at a nearby store.

Sincerely,

Damon Marquez

176. In the Web page, what is suggested about the AONI's delivery?
(A) Regular delivery is free for orders under £20.
(B) Some delivered orders can take about seven days to arrive.
(C) The delivery charge depends on the total number of items.
(D) Tailored orders are not entitled to regular shipping.

177. In the Web page, the word "consult" in paragraph 1, line 5, is closest in meaning to
(A) advise
(B) refer to
(C) discuss
(D) ask

178. Why has the e-mail been written?
(A) To expedite a delivery date
(B) To report a shipping problem
(C) To cancel an order immediately
(D) To ask about an order status

179. How much did Mr. Marquez pay for shipping?
(A) £ 5.00
(B) £ 8.00
(C) £ 9.00
(D) £ 11.00

180. According to the e-mail, why might Mr. Marquez choose to visit a nearby store?
(A) He decided to cancel the previous order.
(B) He wants to use his order on a certain day.
(C) He intends to get a refund in full.
(D) He needs to buy a cheaper product.

GO ON TO THE NEXT PAGE

Questions 181-185 refer to the following e-mails.

E-MAIL

TO	technicalsupport@qrxlaptop.net
FROM	kwalsh@bluenet.com
DATE	August 18
SUBJECT	Need Assistance

To Tech Support,

I have tried to start the Rigozo software program which is installed on my new QRX laptop computer. But after all the activation processes had been done, I was not able to use it. Even though I reviewed all the information materials in the box, such as the installations discs, instruction guide, and even warranty, I could not locate the 20-character QRX key code which has to be printed somewhere. I already talked with a representative. She said to me that I need to provide my purchase number to your team if I want to request a key code. My QRX laptop computer purchase number is 753381. Please call me if there is any other information you may require.

Kenny Walsh

E-MAIL

TO	Kenny Walsh ⟨kwalsh@bluenet.com⟩
FROM	Tech Support ⟨technicalsupport@qrxlaptop.net⟩
DATE	August 19
SUBJECT	Re: Need Assistance

Dear Mr. Walsh

Thanks for your call to QRX Laptop Computer Tech Support. After referencing your e-mail address and the information we have received, we are able to confirm that you have bought the QRX Model T14 with service label code 1-09832. Basically, we had the Rigozo software program set up at the plant, so entering the following key code will make the program activate; 212C93-22V99-45R87-1WCT.

In case you would like to get in touch with us in the future, please keep the service label code accessible for reference. The code is printed on the underside of your computer. By providing your service label code, your inquiry can be directly forwarded to a technician acquainted with your previous issues with your laptop and its configuration.

If you give a reply to this e-mail, it will be easier to contact our tech support. Please briefly describe your problem and indicate the most convenient time for us to call you along with your contact information, and your service label code. You can also find answers to frequently asked questions at www.qrxlaptop.net/fre-questions.

Sincerely,
Monica Weaver
Head of QRX Laptop Computer Tech Support

181. What did Mr. Walsh do before writing his August 18 e-mail?
(A) He provided a purchase number.
(B) He changed his computer configurations.
(C) He called to get technical support.
(D) He reviewed answers to previously asked questions.

182. How did Ms. Weaver verify Mr. Walsh's purchase?
(A) By checking a key code previously provided
(B) By using a purchase number and contact information
(C) By inputting a product key number
(D) By reaching the software program company

183. Where can Mr. Walsh find his service label code?
(A) On the bottom side of his computer
(B) Inside the laptop's warranty statement
(C) Attached to the computer's battery part
(D) On the front cover of the instruction guide

184. In the second e-mail, the word "forwarded" in paragraph 2, line 4, is closest in meaning to
(A) secured
(B) routed
(C) located
(D) advanced

185. How does Ms. Weaver suggest that Mr. Walsh contact a representative if he has an issue with his item?
(A) By leaving a question on the QRX Web site
(B) By registering for a membership program
(C) By making a phone call
(D) By sending an e-mail

GO ON TO THE NEXT PAGE

Questions 186-190 refer to the following leaflet, comment, and e-mail.

Learn Business From the Best in Dubai

The International Dubai Business College (IDBC) can be found in the center of Dubai's business district. This college provides a wide range of highly informative courses targeted at those who intend to pursue a master's degree. Students may explore the city and extend business networks. Various content-based sessions like economics, domestic and global sales and marketing, and finance are offered. There are also sessions only for those who intend to pursue a master's degree, involving improving résumés and other relevant materials. Hundreds of students receive help from the college in obtaining acceptance into master's degree courses around the world every year. The college features many highly distinguished lecturers who have expert knowledge in each of their areas, such as Marvin West, General Manager of Hongkong Financial Consulting, and Brian White, President of Horace Union Bank (HUB). Please check our Web site at www.idbc_programs.org for further details on our excellent course offerings and faculty, or to register.

---

www.idbc.programs.org/comments

| Main | Courses | Comments | Contact Info. |

Evangeline Gwen
November 11

At the moment, I am studying at a business college in Washington. I took one of the business courses at IDBC since I was not able to complete any prerequisite study after acquiring my bachelor's degree.

During my stay there, even though the public transportation was not convenient, I had no choice but to commute from the suburb area due to the incredibly high rent in the area around IDBC. I think there should have been students housing or other affordable accommodation options. The classes were excellent. My instructor was Marvin West. His classes were rather fast paced, but he covered many subjects in the seven-week course. Yet, I was able to keep up with the course by studying a lot of reading materials provided by IDBC. His commitment to his class was very impressive, and was helpful for me to get ready for joining a master's degree course.

Thank you.

FROM	fwells@idbc.org
TO	evangelinegwen@skynetmail.com
DATE	16 December
SUBJECT	Your comments

Dear Ms. Gwen

Thanks for your comments. Many students have voiced the specific issue you indicated. According to your suggestion, we plan to complement it. Those who intend to take courses with IDBC from the beginning of February will receive this new advantage. Please tell anyone willing to take a course with us about this.

Sincerely,

Frederick Wells

186. For whom is the leaflet intended?
(A) Students who want to improve their résumés for employment
(B) Lecturers willing to change their career path
(C) People planning to receive further education
(D) Business experts who intend to join an educational institution

187. What is suggested about students studying at IDBC?
(A) There are internship opportunities for them.
(B) Employment assistance service is available for them.
(C) They go through a busy area to attend their classes.
(D) They can receive financial support.

188. What does Ms. Gwen mention about her instructor?
(A) He graduated from a business school in Washington.
(B) He provided various reading materials.
(C) He presented a lot of examples.
(D) He rushed through his classes.

189. Where does Ms. Gwen's lecturer work when he is not giving lessons?
(A) At the International Dubai Business College
(B) At Hongkong Financial Consulting
(C) At Horace Union Bank
(D) At a company in Dubai's business district

190. How will IDBC be dealing with Ms. Gwen's complaint?
(A) By making a dormitory for students
(B) By providing shuttle bus service
(C) By extending the length of courses
(D) By recruiting additional faculty

GO ON TO THE NEXT PAGE

Questions 191-195 refer to the following advertisement, form, and letter.

Looking for Full-time Assistant Chef

The Highgate Bistro is a well established eatery operating in Golders Green since 1934. We are looking for an assistant cook to arrange salad and appetizer items under the direction of the main chef. More than one year of relevant cooking experience is required and a six-month apprenticeship has to have been filled in a high-profile establishment. A high level of ability to create not only new but also traditional style cuisine is required for the ideal candidate.

To apply, visit www.highgatebistro.net/recruitment.

---

www.highgatebistro.net/recruitment/assistant_chef/apply

Name: Amber Ward   **E-mail:** a-ward33@skye-mail.net   **Phone:** 421.265.3898

Attachment (1): Résumé (√)   **Attachment (2):** Reference list (√)

Related Education: Bachelor's degree in Culinary Arts at Goldhawk National University

Current Employer: Chiswick Restaurant

Position: Assistant Chef (Length of Employment: Seven months)

Previous Employer: Vacation Inn

Position: Apprentice (Length of Employment: Three years)

Previous Employer: Clapham Café

Title: Cook (Length of Employment: Four months)

Cover letter: I would like to fill the position of assistant chef at the Highgate Bistro. I am currently working as an assistant chef for a restaurant cooking traditional style meals. Because the restaurant has neglected to fill the position of main chef, I am taking care of almost all items on the menu. I served an apprenticeship at the well-known Vacation Inn, working closely with distinguished chef Linda Williams. On top of these, I am capable of creating new innovative recipes as Hazle Washington (my instructor and mentor at Goldhawk National University) can confirm. Moreover, I won the Great in Creative Award for my East Asian-style seafood recipe, which is served at the moment at the cafeteria in Goldhawk National University.

Submit Application

GOLDHAWK NATIONAL UNIVERSITY
Department of Culinary Arts

Trevor Vega
Highgate Bistro
2678 Highgate Avenue
Putney, London 32Q1 2N1

Dear Mr. Vega,

This is in reference to Amber Ward's application for employment at Highgate Bistro. As Ms. Washington is away on holiday this semester, she wanted me to assume her role for a while. Ms. Ward, who completed our course in the top three of her class, proved her excellent culinary skills and showed strong initiative to be taught. She was recognized by well-known Chef Sherri Wade, who helped Ms. Ward finish her four-month internship successfully. I am sure that Ms. Ward will be an invaluable addition to your organization.

Sincerely,

Horace Warner
Horace Warner
Head Instructor of Culinary Arts Department

---

191. What is suggested about the assistant chef position?
(A) It includes working on some weekends.
(B) It requires cooking a limited range of food.
(C) It is a six-month contract job.
(D) It involves training apprentices.

192. What is indicated about Ms. Ward?
(A) Some of her recipes have been published in a publication.
(B) She led a class on cooking East Asian seafood at a university.
(C) She has already applied at a few establishments.
(D) Her qualifications seem to meet the requirements for the job.

193. Who most likely is Ms. Washington?
(A) A culinary instructor
(B) A cafeteria owner
(C) A celebrity chef
(D) A head teacher

194. What is true about Goldhawk National University?
(A) A renowned chef is invited every semester as a guest lecturer.
(B) Culinary awards are given to its students.
(C) Cooking seminars are provided for free.
(D) A new chef for its cafeteria will be hired.

195. Where did Ms. Wade most likely finish her internship?
(A) At Highgate Bistro
(B) At Clapham Café
(C) At Vacation Inn
(D) At Chiswick Restaurant

GO ON TO THE NEXT PAGE

Questions 196-200 refer to the following leaflet and e-mails.

Roger Roofing Materials

Over the past few decades, builders and roofers have chosen Roger Roofing Materials for their roofing work including placing and replacing roof panels. Here are some of our best-selling items.

Bertie PRX 22: Without any screws, installed with durable clips. Please note that this model should be placed by a skilled professional because aligning the panels tends to be challenging.
Carey PRX 31: Best choice for properties whose roofs are steeply sloped. Smooth rainfall drainage is ensured by its slick surface.
Madge PRX01: Sturdy, less time-consuming installation, with a choice of 20 appealing shades.
Marcie PRX12: Quite similar to Madge PRX01, yet with only four shade options (blue, red, green, yellow). In addition, wave patterns are imprinted in it.

Please check out our latest brochure for more pricing information and specifications. Send us an e-mail at customerservice@rogerroofing.net or call us at 220-2235-6654 for any inquiry about our service and products.

Be advised that the degree of overlap can be different depending on roof panel products. Our online calculator is available at www.@rogerroofing.net/overlapdegree to find out the appropriate number of roof panels for your property. Just type the name of the model you would like to purchase with the size of your roof surface.

E-MAIL

TO	customerservice@rogerroofing.net
FROM	malloyalisa@lourdesbuildingservice.org
DATE	November 19
SUBJECT	Purchase order

To whom it may concern,

I recently submitted an order, #339013, which includes some of your roof panels in dark gray. One of my clients called me to ask a question about whether the shade could lead to his gradually-sloped, east-facing rooftop heating up in the afternoon, especially during the summer. I informed him that theoretically, bright shades tend to reflect heat a bit better and are definitely not bad choices for warmer climate regions. Is it possible to give me some advice as I believe you may have experienced similar issues in the past? He has no intention to switch, and wants to stick to the shade if possible.

In addition, I heard that you run a Web site containing detailed installation instructions. I am worried as it is the first time for me to install this type of panel using the screws provided, so I would like to have the information downloaded. Could you give me the link to the instruction page?

Thank you,
Malloy Alisa

E-MAIL

TO	malloyalisa@lourdesbuildingservice.org
FROM	bernardowood@rogerroofing.net
DATE	November 19
SUBJECT	Re: Purchase order

Dear Ms. Alisa,

Thank you for your inquiry about our product and service. In order to reflect sunlight and avoid heat gain, the roof panels are finished with a special coating material. There are several houses in the area that have the same panels in similar shades. But we have not received any complaints about the interior heating up thus far. Still, we are certainly happy to provide another model if the client wants to change his mind. Please just inform me no later than tomorrow.

As for the Web page you mentioned, as the manufacturers of the particular models have up-to-date and accurate information about their products and service, we encourage customers to talk with them directly. So only the lists of contact information for each manufacturer are now available on our Web site.

Best Regards,
Bernardo Wood

196. According to the leaflet, how can consumers decide how many panels to purchase?
(A) By taking advantage of an online tool
(B) By contacting a roofing specialist
(C) By e-mailing a request form
(D) By downloading a special software program

197. What aspect of the roof panels does Ms. Alisa want to learn more about?
(A) Their life compared to other models
(B) Their possibility of retaining heat
(C) Their capability to resist moisture
(D) Their popularity among consumers in a region

198. What kind of roof panel did Ms. Alisa most likely purchase for her client?
(A) Bertie PRX 22
(B) Carey PRX 31
(C) Madge PRX01
(D) Marcie PRX12

199. According to Mr. Wood, why would Ms. Alisa need to contact him again on November 20?
(A) To confirm the status of delivery
(B) To receive a refund
(C) To visit a manufacturer
(D) To prepare a different product

200. What is indicated about the installation instructions?
(A) They clearly show additional equipment to use.
(B) They used to be on Roger Roofing's Web site.
(C) Ms. Alisa has lost her copy of them.
(D) Roger Roofing will send them to Ms. Alisa by e-mail.

GO ON TO THE NEXT PAGE

TEST 2
해설

정답 TEST 2

01. (B)	41. (C)	81. (C)	121. (C)	161. (C)
02. (D)	42. (B)	82. (A)	122. (B)	162. (B)
03. (C)	43. (D)	83. (D)	123. (C)	163. (D)
04. (A)	44. (C)	84. (A)	124. (C)	164. (C)
05. (A)	45. (B)	85. (D)	125. (A)	165. (B)
06. (B)	46. (A)	86. (D)	126. (C)	166. (B)
07. (C)	47. (D)	87. (B)	127. (A)	167. (C)
08. (C)	48. (D)	88. (A)	128. (A)	168. (A)
09. (C)	49. (A)	89. (D)	129. (B)	169. (B)
10. (A)	50. (B)	90. (D)	130. (C)	170. (C)
11. (C)	51. (B)	91. (D)	131. (B)	171. (B)
12. (C)	52. (D)	92. (C)	132. (B)	172. (A)
13. (C)	53. (A)	93. (C)	133. (A)	173. (A)
14. (B)	54. (D)	94. (B)	134. (A)	174. (C)
15. (B)	55. (A)	95. (B)	135. (D)	175. (B)
16. (A)	56. (A)	96. (D)	136. (A)	176. (B)
17. (C)	57. (D)	97. (D)	137. (C)	177. (B)
18. (A)	58. (B)	98. (C)	138. (B)	178. (B)
19. (A)	59. (B)	99. (B)	139. (D)	179. (C)
20. (A)	60. (C)	100. (B)	140. (B)	180. (B)
21. (A)	61. (A)	101. (A)	141. (D)	181. (C)
22. (C)	62. (D)	102. (B)	142. (C)	182. (B)
23. (B)	63. (A)	103. (D)	143. (B)	183. (A)
24. (A)	64. (B)	104. (A)	144. (B)	184. (B)
25. (B)	65. (A)	105. (D)	145. (D)	185. (D)
26. (A)	66. (C)	106. (B)	146. (D)	186. (C)
27. (B)	67. (C)	107. (D)	147. (C)	187. (C)
28. (C)	68. (C)	108. (D)	148. (C)	188. (D)
29. (B)	69. (C)	109. (A)	149. (C)	189. (B)
30. (B)	70. (A)	110. (D)	150. (D)	190. (A)
31. (B)	71. (C)	111. (C)	151. (C)	191. (B)
32. (B)	72. (C)	112. (C)	152. (B)	192. (D)
33. (A)	73. (A)	113. (C)	153. (B)	193. (A)
34. (A)	74. (B)	114. (D)	154. (C)	194. (B)
35. (B)	75. (C)	115. (D)	155. (C)	195. (B)
36. (B)	76. (A)	116. (A)	156. (C)	196. (A)
37. (A)	77. (B)	117. (D)	157. (B)	197. (B)
38. (C)	78. (D)	118. (A)	158. (C)	198. (C)
39. (A)	79. (D)	119. (A)	159. (B)	199. (D)
40. (D)	80. (A)	120. (D)	160. (A)	200. (B)

1

(A) A woman is wearing a safety helmet.
(B) A woman is resting both of her arms on the desk.
(C) A woman is talking to a customer to discuss a plan.
(D) A woman is bending over to pick up her tumbler.

[해석]
(A) 여자는 안전모를 쓰고 있다.
(B) 여자는 책상 위에 두 팔을 받치고 있다.
(C) 여자는 계획을 의논하기 위해 고객과 이야기하고 있다.
(D) 여자는 텀블러를 집기 위해 몸을 숙이고 있다.

어휘 safety helmet 안전모 rest 받치다, 기대다 discuss 논의하다 pick up 집어들다

01 오답을 먼저 소거한 후에 정답을 찾는다.

PART 1에서 사진에 안 보이는 명사, 동사가 들리면 모두 답이 아니다. 소거법은 이렇게 사진 내용과 상관없는 오답을 제거해 가며 정답을 남기는 방법을 말한다. 따라서 답이 아닌 것은 X로, 모르는 것은 △ 혹은 ?로 표시하면서 빨리 판단할 수 있어야 한다.

STEP 1 사진 분석
❶ 1인 중심
❷ 전화기를 사용 중이다.
❸ 펜을 들고 있다.
❹ 안전모와 텀블러가 놓여 있다.

STEP 2 사진에 보이지 않는 단어가 들리면 바로 소거한다.
(A) A woman is ~~wearing~~ a safety helmet.
▶ 안전모는 테이블 위에 놓여 있다.
(B) **A woman is resting both of her arms on the desk.** ▶ 정답
(C) A woman is talking to ~~a customer~~ to discuss a plan.
▶ 사진 속에서 고객을 찾을 수 없다.
(D) A woman is bending over to ~~pick up~~ her tumbler.
▶ 텀블러를 집으려고 몸을 숙이는 것은 아니다.

STEP 3 소거법 POINT
1. 사진에서 보이지 않는 명사, 동사가 들리면 모두 오답이다.
2. 1인 사람 사진 → 주어는 대부분 통일되기 때문에 동사와 뒷부분을 위주로 받아쓰기를 한다.
3. 다수 사람 사진 → 주어의 단복수에 맞는 동사를 파악하자.
4. 보기가 사물 주어로 시작하면 완료형 '이미 ~한 상태'가 주로 답이 된다.
5. 사람이 없는 사진에서 진행형 수동태 be being p.p.가 들리면 오답이다.

2

(A) A woman is taking a measurement with a measuring tape.
(B) A man is removing some wooden panels from the wall.
(C) They're talking on the stair.
(D) They're kneeling down on a floor.

[해석]
(A) 여자가 줄자로 치수를 재고 있다.
(B) 남자가 벽에서 나무 판넬을 치우고 있다.
(C) 그들은 계단 위에서 말하고 있다.
(D) 그들은 바닥에 무릎을 꿇고 있다.

| 어휘 | measurement 측정, 측량　measuring tape 줄자　kneel down 무릎을 꿇다 |

02 2인 이상의 사진은 공통된 동작이나 포괄적인 상태가 답이다.

▶ 2인 이상의 사진은 1인 사진과 달리 여러 대상의 동작이나 상태 그리고 사물을 파악해야 하므로 주의해야 한다.
▶ 주어에 따라서 집중해야 하는 대상이 달라지기 때문에 순발력이 필요한 문제이다.

STEP 1
❶ 2인 사진
❷ 그들은 무릎을 꿇고 있다.
❸ 남자가 무언가를 가리키고 있다.
❹ 여자가 남자를 쳐다보고 있다.
❺ 공구가 놓여 있다.

STEP 2   사진에 보이지 않는 단어가 들리면 바로 소거한다.

(A) A woman is taking a ~~measurement with a measuring tape~~.
▶여자는 치수를 재고 있지 않다.
(B) A man is ~~removing~~ some wooden panels from the wall.
▶남자가 무언가를 치우고 있지 않다.
(C) They're talking on the stair.
▶계단 위에 사람들이 있지 않다.
(D) **They're kneeling down on a floor.** ▶ 정답

STEP 3   2인 사람 사진의 POINT
1. 2인 사진은 〈공통점 → 구체적인 세부 사항〉 순으로 시선 처리를 해야 한다.
2. 주로 왼쪽에서 오른쪽으로 시선을 이동한다.
3. 두 사람이 주고받는 사물이 주어가 되는 경우, 주로 진행형 수동태로 묘사된다.
4. 주어가 사물인 경우에는 주변 사물의 상태를 판단한다.

사진 유형	정답의 빈출 순위
2인 사진이 나왔을 경우	① 두 사람이 함께 하는 공통 행위와 상황 묘사 ② 1인 또는 2인의 구체적인 동작 묘사 ③ 사람들의 외모, 외형과 관련된 상태 묘사 ④ 두 사람 사이에 있는 사물의 움직임이나 상태 묘사 ⑤ 주변(장소)의 상황이나 사물

3

(A) A row of lampposts is being installed.
(B) Some cars are traveling in opposite directions.
(C) There's a walkway over a street.
(D) Cars are being parked along the curb.

[해석]
(A) 가로등이 한 줄로 세워지고 있다.
(B) 일부 차들이 반대 방향으로 이동 중이다.
(C) 길 위로 보도가 있다.
(D) 도로변을 따라 차들을 주차하고 있다.

어휘 lamppost 가로등 install 설치하다 travel 이동하다 walkway 통로, 보도 curb (인도와 차도 사이의) 연석

03 사물의 위치는 마지막 〈전치사 + 명사〉를 통해 파악하자.

장소 묘사는 〈전치사 + 명사〉의 전명구로 나타내는데, PART 1에서의 전명구는 문장의 맨 끝에 위치한다. 따라서 보기에서 들리는 명사가 맞는 것이라고 해도 끝까지 내용을 들어야만 정답 여부를 파악할 수 있다.

STEP 1
❶ 도로 사진
❷ 자동차가 이동 중이다.
❸ 육교가 있다.

STEP 2   사진에 보이지 않는 단어가 들리면 바로 소거한다.
(A) A row of lampposts is ~~being~~ installed.
▶ 가로등을 설치하는 사람은 없다.
(B) Some cars are traveling in ~~opposite directions~~.
▶ 모든 차가 같은 방향으로 이동 중이다.
(C) There's a walkway over a street. ▶ 정답
(D) Cars are ~~being parked~~ along the curb.
▶ 주차 중인지 알 수 없다.

STEP 3   사물 사진의 소거 POINT
1. 가장 부각되는 사물의 위치나 상태, 주변의 사물, 배경을 확인하라.
❶ 가장 부각되는 사물의 위치 및 상태를 확인한다.
❷ 주변 사물을 확인한다.
❸ 장소 및 배경을 확인한다.
❹ 사람이 없는 사진에 사람 명사가 나오면 오답이니 바로 소거한다.
❺ 사진에 없는 사물을 언급한 오답에 주의한다.

2. be being p.p.는 오답이다.
- 〈사물 주어 + be being p.p.〉는 '사람이 사물을 가지고 동작을 진행하고 있다'의 의미로 이해해야 하므로, 사람이 없는 사진에서는 오답이다.
- [예외] display(진열하다)의 경우 상태의 지속을 나타내어 사람이 없더라도 진행형 수동태를 쓸 수 있다.
  e.g. Some items are being displayed. 물건이 진열되고 있다.

4

(A) One of the men is pointing to a sheet of paper.
(B) Some men are examining a document with a surveying instrument.
(C) They're putting on some protective gear.
(D) Some scaffolds are being erected on the construction site.

[해석]
(A) 남자들 중 한 사람이 종이를 가리키고 있다.
(B) 일부 남자들이 측량 기계로 서류를 조사하고 있다.
(C) 그들은 보호 장비를 입고 있는 중이다.
(D) 공사장에 발판을 건설하고 있다.

| 어휘 | point to ~을 가리키다 document 서류, 문서 surveying instrument 측량 기계 put on 입다 protective gear 보호 장비 scaffold (건축 공사장의) 발판, 비계 erect ~을 세우다, 건설하다 |

04 2인 이상 사진에서 단수 주어로 시작하는 보기는 그 특정 주어의 상태에 집중한다.

▶ 다수의 사람들이 등장하는 사진은 주로 공통된 동작이나 전체 배경에 대해 언급한다.
▶ 최근에는 다수 사람 중 한 명을 언급하여 특정 동작이나 상태의 특징을 답으로 하는 문제가 출제된다.

STEP 1
❶ 다수 사람들 등장
❷ 모두가 헬멧을 쓰고 있고, 안전 조끼를 입고 있다.
❸ 한 남자가 안경을 쓰고 있고, 종이를 가리키고 있다.
❹ 한 남자가 측량 기계를 사용 중이다.

STEP 2   사진에 보이지 않는 단어가 들리면 바로 소거한다.
(A) One of the men is pointing to a sheet of paper. ▶ 정답
(B) ~~Some men~~ are examining a document with a surveying instrument.
▶ 측량 기계를 사용하는 사람(1명)과 서류를 살피는 사람(2명)으로 나뉜다.
(C) They're ~~putting on~~ some protective gear.
▶ 이미 착용한 상태이다.
(D) Some scaffolds are ~~being erected~~ on the construction site.
▶ 발판을 건설하고 있는 사람은 없다.

STEP 3   2인 이상 사진의 POINT
1. 특정인 한 명을 언급할 때는 One of the men의 표현과 함께 동작과 상태의 차이점을 나타낸다.
2. Some people 혹은 They 등의 표현이면 공통된 동작/상태가 답이 된다.
e.g. They are having a meeting. 사람들이 회의를 하고 있다.
　　 Some people are participating in a parade. 일부 사람들이 퍼레이드에 참가하고 있다.

사진 유형	정답 유형
다수 사람이 나왔을 경우	① 다수의 공통 행위와 상황 묘사 ② 특정인 한 명의 구체적인 동작 묘사 ③ 주변의 상황 묘사

5

(A) Some flowers are suspended in the air.
(B) Containers have been filled with earth.
(C) Flower arrangements have been made on the table.
(D) Some dishes have been placed on the roof of the greenhouse.

[해석]
(A) 일부 꽃들이 공중에 매달려 있다.
(B) 용기들이 흙으로 채워져 있다.
(C) 테이블 위에 꽃꽂이가 되어 있다.
(D) 일부 접시들이 온실 지붕 위에 있다.

| 어휘 | suspend 매달다, 걸다 in the air 공중에 earth 흙 flower arrangement 꽃꽂이 greenhouse 온실 |

05 사물의 위치나 상태를 의미하는 동사를 파악하자.

STEP 1
❶ 사람이 없는 사물 위주 사진
❷ 화분 용기들이 놓여 있다.
❸ 꽃들이 매달려 있다.

STEP 2 사진에 보이지 않는 단어가 들리면 바로 소거한다.

(A) **Some flowers are suspended in the air.** ▶ 정답
(B) Containers have ~~been filled with earth~~.
▶ 흙으로 채워진 용기들이 사진에 보이지 않는다.
(C) Flower arrangements have been made ~~on the table~~.
▶ 테이블도, 꽃꽂이도 없다.
(D) Some dishes have been placed ~~on the roof~~ of the greenhouse.
▶ 지붕 위에 접시들이 있지는 않다.

STEP 3 장소 위치 출제 POINT

위치를 나타내는 사물 사진은 '~에 있다'가 기본 표현으로, 현재시제 혹은 현재완료로 나타낸다. '~에 위치해 있다'는 기본 의미를 담은 표현은 다음을 암기하면 쉽게 들을 수 있다.

❶ be placed	놓여있다	❺ be situated	위치해 있다
❷ be left	두다	❻ be put	놓여 있다
❸ be arranged	배열되다	❼ be hung	걸려 있다
❹ be set up	설치되다	❽ There is/are	~가 있다

6

(A) Some ingredients are being chopped on the board.
(B) The table has been illuminated by lighting fixtures.
(C) People are helping themselves to the food.
(D) Some food is being cooked in a kitchen.

[해석]
(A) 일부 음식 재료들이 도마 위에서 썰리고 있다.
(B) 조명기구가 테이블을 비추고 있다.
(C) 사람들이 음식을 자유로이 먹고 있다.
(D) 부엌에서 음식들이 조리되고 있다.

어휘 ingredient 재료 chop (음식을) 썰다 illuminate 비추다 lighting fixture 조명 기구
help (음식, 음료 등을) 먹다, 마시다 help oneself to 마음대로 집어먹다, 자유로이 먹다

06 조명, 빛, 물, 길 등의 자연현상이나 상태를 묘사한다.

STEP 1
❶ 사람이 없는 사물 위주 사진
❷ 음식이 차려져 있다.
❸ 조명이 테이블을 비추고 있다.
❹ 접시가 쌓여 있다.

STEP 2 사진에 보이지 않는 단어가 들리면 바로 소거한다.
(A) Some ingredients ~~are being chopped~~ on the board.
▶사진 속에 음식 재료를 써는 사람이 없다.
(B) The table has been illuminated by lighting fixtures. ▶정답
(C) ~~People~~ are helping themselves to the food.
▶사진 속에 사람들이 없다.
(D) Some food is ~~being cooked~~ in a kitchen.
▶조리되고 있는 음식은 보이지 않는다.

STEP 3 자연현상이나 상태를 묘사하는 표현
Buildings overlook a forest. 건물들이 숲을 내려다보고 있다.
Waves are breaking along the shore. 파도가 해안을 따라 부서지고 있다.
Mountains are reflected in the water. 산이 물에 비친다.
Water is flowing down the mountain. 물이 산 아래로 흐르고 있다.
A path leads to the building. 길이 건물로 이어져 있다.
There are clouds in the sky. 하늘에 구름이 떠 있다.

07. Where's the printer in this office?
(A) Five ~~pages~~ long. ▶연상 어휘x, **How many** 의문문 응답
(B) I thought it was ~~on Monday~~. ▶**When** 의문문 응답
(C) Ours is broken. ▶우회적 응답

7. 이 사무실에 프린터는 어디에 있습니까?
(A) 5페이지 분량입니다.
(B) 저는 월요일인 줄 알았습니다.
(C) 저희 건 망가졌습니다.

---

08. Whose turn is it to clean the staff lounge today?
(A) It is ~~on the second floor~~. ▶**Where** 의문문 응답
(B) For all our ~~staff~~ members. ▶동일 어휘x
(C) I **already** took care of it.
▶질문의 시제와 관계없이 already를 이용한 응답

8. 오늘 누가 직원 휴게실 청소할 차례인가요?
(A) 그것은 2층에 있습니다.
(B) 전 직원들을 위해서요.
(C) 저는 벌써 그것을 했습니다.

---

09. Would you like to join Jake and me for lunch?
(A) He doesn't really ~~like~~ it. ▶주어 오류, 동일 어휘x
(B) It was very ~~delicious~~. ▶**How** 의문문 응답, 시제 오류
(C) I have a meeting soon.
▶'바쁘다'의 의미로 권유에 대한 거절 응답

9. Jake랑 저랑 함께 점심 드실래요?
(A) 그는 정말로 그것을 좋아하지 않습니다.
(B) 정말로 맛있었습니다.
(C) 저는 곧 회의가 있습니다.

---

10. When will the concert begin tonight?
(A) Sorry, I don't work here. ▶장소를 이용한 '모른다' 응답
(B) In the ~~concert~~ hall. ▶**Where** 의문문 응답
(C) I ~~enjoyed~~ the music a lot. ▶시제 오류

10. 오늘 밤 콘서트는 언제 시작합니까?
(A) 죄송한데, 저는 여기서 근무하지 않습니다.
(B) 콘서트홀에서요.
(C) 음악이 정말로 좋았습니다.

---

11. What brand of smartphone do you use?
(A) A local electronic store. ▶**Where** 의문문 응답
(B) There is ~~a call~~ for you. ▶연상 어휘x
(C) Are you thinking of buying one?
▶앞으로의 행동에 대한 질문

11. 당신은 어떤 브랜드의 스마트폰을 사용하시나요?
(A) 지역 전자 매장이요.
(B) 당신에게 전화가 왔어요.
(C) 하나 사려고 생각 중이세요?

---

12. Most of our customers buy their clothes online.
(A) Yes, they like our ~~new clothing line~~. ▶동일·유사 어휘x
(B) We will extend our assembly ~~line~~. ▶동일 어휘x
(C) But some still prefer trying them on in the store.
▶but을 이용한 추가 설명

12. 저희 고객 대다수가 온라인으로 옷을 구매합니다.
(A) 네, 그들은 저희 신규 의류 상품을 좋아합니다.
(B) 저희는 생산 라인을 확장할 예정입니다.
(C) 하지만, 몇몇 분들이 여전히 가게에서 그것을 입어 보는 걸 선호합니다.

---

13. Didn't you go out for the concert yesterday?
(A) Yes, ~~she~~ is a huge fan of jazz. ▶주어 오류
(B) Yes, I ~~am leaving~~ at midnight. ▶시제 오류
(C) I had to work late. ▶**Yes/No**를 생략한 변형 응답

13. 어제 콘서트 보러 외출하지 않았나요?
(A) 네, 그녀는 재즈 광팬입니다.
(B) 네, 저는 자정에 떠날 예정입니다.
(C) 제가 늦게까지 일해야만 했습니다.

14. I can't find the schedule for this year.
(A) I'll have it, ~~too~~. ▶too는 긍정의 평서문에 대한 동의
(B) I'll send you that by e-mail. ▶'제가 ~할게요'의 응답
(C) $50. ▶**How much is it?** 응답

14. 올해 일정을 찾을 수가 없어요.
(A) 저도 역시 그것을 가질 겁니다.
(B) 제가 그것을 이메일로 보내드릴게요.
(C) 50달러입니다.

15. How many samples should I send to the headquarters?
(A) Every third quarter. ▶**How often** 의문문 응답
(B) Simpson already dispatched them.
▶시제와 관계없이 **already**를 이용한 응답
(C) Not ~~many~~ of them attended. ▶동일 어휘x

15. 제가 본사에 샘플을 몇 개나 보내야 합니까?
(A) 매 3분기마다요.
(B) Simpson 씨가 그것들을 벌써 보냈습니다.
(C) 그들 중 대다수가 참석하지 않았습니다.

16. Wasn't the annual sales report due yesterday?
(A) It's taking longer than expected.
▶"아직 못 끝냈다"의 응답
(B) Earlier this year. ▶연상 어휘 x
(C) No, it should be ~~reported~~ monthly. ▶동일 어휘x

16. 연간 매출 보고서 마감이 어제 아니었나요?
(A) 그게 예상보다 오래 걸리고 있습니다.
(B) 금년 초입니다.
(C) 아니요, 그것을 매달 보고해야 합니다.

17. Do you want me to bring today's agenda for the meeting or email it to everyone in advance?
(A) ~~He~~ reviewed it. ▶주어 오류
(B) That will be great, thank you. ▶권유/제안 응답
(C) Everyone there will have a laptop.
▶email에 대해 laptop을 이용한 간접적 응답

17. 제가 오늘 회의 안건을 가져갈까요? 아니면 미리 모두에게 이메일로 보낼까요?
(A) 그가 그것을 검토했어요.
(B) 그게 좋을 것 같네요, 감사합니다.
(C) 거기 모든 사람들이 노트북을 가지고 있을 것입니다.

18. The sales conference is going to start at 2, isn't it?
(A) Let's look at the invitation. ▶'모르겠다'의 표현
(B) In Room 2. ▶**Where** 의문문 응답 / 동일 어휘 x
(C) Yes, it ~~won~~ several awards. ▶유사 어휘 x/시제 오류

18. 영업 회의는 2시에 시작할 예정이지요, 그렇지 않나요?
(A) 초대장을 확인해 봅시다.
(B) 2호실에서요.
(C) 네, 그게 상을 여러 개 받았습니다.

19. The deadline for registration is extended to the end of this week.
(A) Where did you hear that? ▶반문을 이용한 응답
(B) Five-digit codes. ▶**What do I need ~?**의 응답
(C) Yes, I'd like to. ▶권유/제안에 대한 응답

19. 등록 마감일이 이번 주말로 연장됩니다.
(A) 그 소식을 어디에서 들었습니까?
(B) 다섯 자리 코드입니다.
(C) 네, 그렇게 하고 싶습니다.

20. How are we going to review all these applications today?
(A) David will help us. ▶해결책 제시
(B) They are on the Web site. ▶**Where** 의문문 응답
(C) Right, press the ~~application~~ button. ▶동일 어휘x

20. 어떻게 우리가 이 모든 지원서들을 오늘 검토할 것인가요?
(A) David 씨가 저희를 도와줄 것입니다.
(B) 그것들은 웹사이트에 게시되어 있습니다.
(C) 맞아요, 신청 버튼을 누르세요.

21. Why don't we discuss the proposed budget this afternoon?
(A) We can do it first thing tomorrow **instead**.
▶**instead**(대신에)를 이용한 간접적 수락 표현
(B) ~~No~~, not that I know of. ▶권유/제안에 **No**로 응답하지 않는다.
(C) Does ~~he~~ work on the proposal, too? ▶ 주어 오류

21. 오늘 오후에 상정된 예산안을 논의하는 것은 어때요?
(A) 대신 우리가 내일 그것을 제일 먼저 할 수 있습니다.
(B) 아니요, 제가 알기로는 아닙니다.
(C) 그도 제안서에 관한 일을 하나요?

---

22. Your assistant sent the invoice to the supplier, didn't he?
(A) It was a wrong ~~address~~. ▶연상 어휘x
(B) No, he ~~is~~ not. ▶시제 불일치
(C) Hasn't the payment arrived yet?
▶사실 확인을 위한 반문 표현

22. 당신 조수가 공급업자에게 송장을 보냈죠, 그렇지 않나요?
(A) 그것은 잘못된 주소였습니다.
(B) 아니요, 그는 그렇지 않습니다.
(C) 대금이 아직도 입금되지 않았습니까?

---

23. Here are twenty copies of the agenda you asked for.
(A) The meeting ~~was~~ in Room 102. ▶시제 불일치
(B) Adams is joining us, too. ▶제3자를 이용한 응답
(C) I already ordered ~~coffee~~. ▶유사 발음x

23. 여기 당신이 요청한 안건 20부가 있습니다.
(A) 그 회의는 102호실에서 있었습니다.
(B) Adams 씨도 저희와 함께할 것입니다.
(C) 제가 벌써 커피를 주문했습니다.

---

24. Who's going with me to the international trade show?
(A) The department budget allows only **one person** this time. ▶이름 대신 **one person**으로 paraphrasing한 표현
(B) ~~No~~, none of them. ▶**Yes/No** 오류
(C) I believe it was in Sydney. ▶**Where** 의문문 응답

24. 누가 저와 함께 국제 무역 박람회에 가실 예정인가요?
(A) 부서 예산 때문에 이번에는 한 사람만 갈 수 있습니다.
(B) 아니요, 그들 중 아무도 아닙니다.
(C) 그게 시드니에서였던 것 같은데요.

---

25. How do I contact a local dealer in this area?
(A) An authorized car ~~dealer~~. ▶동일 어휘x/**What** 의문문 응답
(B) I left the business card on your desk.
▶'명함, 공지 등을 통해 확인하라'는 우회적 응답
(C) In a couple of days. ▶**When** 의문문 응답

25. 이 지역에서는 지역 중개인과 어떻게 연락하나요?
(A) 공인 자동차 중개업자입니다.
(B) 제가 당신 책상에 그 명함을 두었습니다.
(C) 이틀 후에요.

---

26. Should I talk to the manager about the pay increase or will you?
(A) Actually, I'm not sure that's a good idea.
▶선택의문문에 '모르겠다'의 응답
(B) Yes, we ~~talked~~ to everyone. ▶시제 불일치
(C) Sure, I agree with that. ▶**Yes/No** 오류

26. 임금 인상과 관련해서 매니저와 이야기해야 하나요? 혹은 당신이 할 것인가요?
(A) 사실, 그게 좋은 생각인지는 잘 모르겠네요.
(B) 네, 저희는 모두에게 이야기를 했습니다.
(C) 물론이죠. 저는 그거에 동의합니다.

27. Aren't you going to travel somewhere during your vacation?
(A) Just one round-trip ~~ticket~~. ▶연상 어휘x
(B) I'm planning to tend my garden. ▶일정을 말하는 정답
(C) ~~Okay~~, I will follow up on the request.
▶권유/제안에 대한 수락 표현

27. 휴가 동안 어딘가로 여행갈 계획 아니에요?
(A) 왕복표 한 장이요.
(B) 저는 정원을 손질할 계획입니다.
(C) 알았어요. 제가 그 요청을 마무리하겠습니다.

---

28. Where's the manual for the new security system?
(A) ~~Yes~~, ID card needed. ▶Yes/No 오류
(B) ~~To~~ the maintenance department.
▶이동/방향의 Where 의문문에 대한 응답
(C) Ms. Smith can help you.
▶'제3자에게 확인해 봐라'의 돌려 말하기 응답

28. 새 보안 시스템 설명서는 어디에 있습니까?
(A) 네, 신분증이 필요합니다.
(B) 관리부로요.
(C) Smith 씨가 당신을 도와줄 것입니다.

---

29. Why didn't you leave for the client meeting?
(A) ~~It~~ was not working well. ▶주어 오류
(B) The schedule was changed. ▶이유와 변명의 응답
(C) I thought you ~~were~~. ▶질문의 조동사와 불일치 오류

29. 왜 고객과 회의를 하러 가시지 않았나요?
(A) 그게 제대로 작동하지 않았습니다.
(B) 일정이 변경되었습니다.
(C) 저는 당신이 계신 줄 알았습니다.

---

30. I don't see an invoice in this package.
(A) You will see that, ~~too~~. ▶긍정의 평서문에 대한 동의
(B) They must have forgotten to include it. ▶변명의 응답
(C) The total is $500. ▶How much 의문문 응답

30. 이 소포에는 송장이 안 보이네요.
(A) 당신도 그것을 보게 될 것입니다.
(B) 그 사람들이 그걸 넣는다는 걸 깜빡한 게 틀림없어요.
(C) 총액은 500달러입니다.

---

31. Let's have a meeting this afternoon to discuss the promotional events.
(A) About ten spots. ▶How many 의문문 응답
(B) Theresa's not back yet, though.
▶제안에 대한 우회적 응답
(C) They ~~were~~ very successful. ▶시제 불일치

31. 홍보 행사에 대해 논의하게 오늘 오후에 회의를 합시다.
(A) 대략 10곳입니다.
(B) 하지만 Theresa 씨가 아직 돌아오지 않았습니다.
(C) 그것들은 매우 성공적이었습니다.

07 의문사 우회 답변 – '취소되었다/변경되었다/고장났다'

[질문 분석] Where's the printer in this office?
'Where's the printer'는 대상의 위치를 묻는 질문이다.

[보기 분석]
(A) Five pages long. ❷ 다른 의문사에 대한 답변
숫자를 이용한 답변은 How many ~에 대한 응답이다. 질문의 printer에서 page를 연상시키는 연상 어휘 오답이다.

(B) I thought it was on Monday. ❷ 다른 의문사에 대한 답변
When was the concert ~?처럼 시간에 대한 응답으로, where 의문문에 대한 가장 일반적인 오답 형태이다.

(C) Ours is broken. ▶ 정답
'어디 있느냐'의 대상의 위치를 묻는 표현에 '우리 것은 고장이 났다, 수리 중이다' 그래서 '지금은 이용할 수 없다'처럼 우회적으로 답변하는 것이 최신 경향이다.

08 질문과 답변의 시제가 달라도 정답이 되는 부사가 있다.

[질문 분석] Whose turn is it to clean the staff lounge today?
Whose turn이 첫 두 단어로, '누구 차례인가요' who에 관한 질문이다.

[보기 분석]
(A) It is on the second floor. ❷ 다른 의문사에 대한 답변
장소 부사구를 이용한 Where 의문문에 대한 응답이다.

(B) For all our staff members. ❷ 다른 의문사에 대한 답변
members의 언급 때문에 Who 의문문의 응답으로 보기 쉽지만, '~을 위해서'라는 전치사 for로 인해 Whose turn의 정답이 될 수 없다. 또 질문의 staff가 반복된 동일 어휘 오답이다.

(C) I already took care of it. ▶ 정답
"저는 벌써 그것을 했어요"의 의미로 '나는 아니다'의 정답이다. 질문의 시제와 답변의 시제는 일치하는 것이 일반적이지만, '이미, 벌써'의 already는 질문의 시제와 관계없이 응답이 가능함을 주의하자.

09 권유/제안의 거절은 '선약이 있다, 혼자 할 수 있다'가 주로 답이다.

[질문 분석] Would you like to join Jake and me for lunch?
'점심을 함께 하실래요'의 권유/제안 의문문이다.

[보기 분석]
(A) He doesn't really like it. ❸ 주어 오류
응답의 He/She는 질문에서 특정 사람이 언급되어야 답할 수 있다. How did Mr. Kim like ~?에 대한 응답이다.

(B) It was very delicious. ❷ 다른 의문사에 대한 답변
형용사를 이용한 답변은 상태나 의견을 묻는 How was ~?와 어울린다. 미래의 일을 나타내는 질문에 과거로 답한 시제 오류이기도 하다.

(C) I have a meeting soon. ▶ 정답
권유/제안의 거절 표현은 I'm sorry/I'm afraid와 같은 완곡한 표현으로 시작하는 것이 일반적이지만, 최근에는 '바쁘다, 선약이 있다' 등의 우회적 표현을 많이 이용하고 있다.

10 When 의문문에 장소로 답변하는 최신 경향 문제

[질문 분석] When will the concert begin tonight?
'콘서트가 언제 시작할 예정인가요'의 미래 시점을 묻는 질문이다.

[보기 분석]
(A) Sorry, I don't work here. ▶ 정답
'언제 시작할 예정인가요'의 미래 시점을 묻는 질문에 '저는 여기서 일하지 않는다'는 장소 부사를 이용한 모르겠다는 의미의 우회적인 답변이다.

(B) In the concert hall. ❷ 다른 의문사에 대한 답변
Where will ~?의 장소를 묻는 질문의 응답이다.

(C) I enjoyed the music a lot. ❺ 시제 오류
미래시제 질문에 과거로 응답한 오류이다. How was the concert?처럼 의견을 묻는 질문에 대한 응답이다.

11 다음 행동 제시나 방법을 묻는 반문 표현을 주의하자.

[질문 분석] What brand of smartphone do you use?
What 뒤에 나오는 명사가 답을 결정하므로 brand의 종류를 언급하는 것을 주로 답으로 출제한다.

[보기 분석]
(A) A local electronic store. ❷ 다른 의문사에 대한 답변
smartphone에 대한 연상 어휘로 store를 언급했다. Where do you buy ~?의 질문에 대한 응답이다.

(B) There is a call for you. ❹ 연상 어휘 오류
phone에 대한 연상 어휘로 call을 언급한 오답이다. There is/are의 유도부사 표현은 Where 의문문에 난도 높은 응답 표현이 됨을 알아두자.

(C) Are you thinking of buying one? ▶ 정답
질문을 듣고 향후 행동에 대한 질문이나 상황 판단을 위한 반문 표현의 응답이 출제된다. 어떤 브랜드를 사용하느냐의 질문에 "사려고 생각 중인가요?"라고 앞으로의 행동에 대해 질문하고 있다. smartphone을 받는 대명사 one을 주의하자.

12 사실을 확인해 주기 위한 추가 설명의 but

[질문 분석] Most of our customers buy their clothes online.
상대방에게 사실 확인이나 동의를 구하는 평서문으로 customers/buy/online이 잘 들어야 하는 키워드이다.

[보기 분석]
(A) Yes, they like our new clothing line. ❹ 동일·유사 어휘 오류
질문의 clothes와 유사 어휘인 clothing을 사용한 오답이다. 동의를 구할 때 '좋아하다'의 의견 동사 like를 사용하여 응답할 수는 있다. 하지만, 질문의 핵심은 buy/online이므로 '우리의 새로운 옷을 좋아한다'와는 맞지 않으므로 오답이다.

(B) We will extend our assembly line. ❹ 동일 어휘 오류
질문에 나온 online에서 line을 반복한 오답이다. What will you ~?처럼 미래 계획을 묻는 질문에 대한 응답이다.

(C) But some still prefer trying them on in the store. ▶ 정답
사실 확인이나 동의를 구하는 평서문에 but을 이용한 최신 경향 응답이다. "하지만, 아직도 몇몇 분들은 가게에서 입어 보는 것을 선호합니다"로 추가 설명을 하는 정답이다.

13 [부정/부가의문문] Yes/No 없는 정답은 변명이 나온다.

[질문 분석] Didn't you go out for the concert yesterday?
부정의문문에서 not은 부정이 아니라 자신의 의견을 강조하는 표현이다. not이 없다고 가정하고 일반의문문처럼 '주어가 ~한지, ~인지'의 여부를 판단하는 것이 핵심이다. '당신은 갔었나요'의 Didn't you go가 키워드이다.

[보기 분석]
(A) Yes, she is a huge fan of jazz. ❸ 주어 오류
응답의 he/she는 질문에서 특정 사람이 언급되어야 답할 수 있다. Will Margaret go ~?의 질문에 대한 응답이다.

(B) Yes, I am leaving at midnight. ❺ 시제 오류
질문 의도와 맞지 않는 시제는 오답이다. 질문이 과거이므로 현재로 응답하지 않는다. Are you going to ~?의 응답이다.

(C) I had to work late. ▶ 정답
'당신은 갔었나요?'의 과거 질문에 '늦게까지 일해야만 했어요'라고 변명을 하는 정답이다. 부정의문문에 Yes/No를 생략하고 ① 변경 ② 몰랐다 ③ 변명 ④ 아직 끝내지 못했다로 응답하는 최신 표현을 알아두자.

14 [문제 상황의 평서문]에는 해결 방법이나 대안을 제시한다.

[질문 분석] I can't find the schedule for this year.
평서문으로 I can't find ~라는 문제 상황을 설명하고 있다.

[보기 분석]
(A) I'll have it, too. ❷ 다른 의문문에 대한 답변
'또한, 역시'의 too는 앞서 나온 평서문의 동의로 자주 사용할 수 있는 표현이다. 하지만 해당 응답은 긍정의 평서문에 대한 긍정의 동의가 되어야 하므로, 부정의 평서문에 대한 응답으로는 부적절하다. I received a book.(나는 책을 받았다)에 대한 응답으로 적절하다.

(B) I'll send you that by e-mail. ▶ 정답
'못 찾겠어요'에 '(나한테 있으니) 그것을 보내 드릴게요'라고 해결 방법을 제시한 정답이다. 평서문의 대답으로 해결책이나 대안을 제시하는 I'll ~(내가 하겠다)의 표현을 자주 사용하는 걸 알아두자.

(C) $50. ❷ 다른 의문사에 대한 답변
액수를 묻는 'How much is it?' 등에 금액 관련 응답을 해야 한다.

15 질문과 답변의 시제가 달라도 정답이 되는 부사가 있다.

[질문 분석] How many samples should I send to the headquarters?
'얼마나 많이'의 수량을 묻는 How many 문제이다.

[보기 분석]
(A) Every third quarter. ❷ 다른 의문사에 대한 답변
빈도를 묻는 How often ~?(얼마나 자주)의 질문에 대한 응답이다.

(B) Simpson already dispatched them. ▶ 정답
just(막), already(이미), still(여전히), yet(아직) 등의 부사가 포함된 답변은 시제와 관계없이 일의 진행 상황이나 완료 여부를 알 수 있기 때문에 정답이 될 수 있다. just의 경우, 일의 진행이 '막 ~됐다'는 완료의 의미로 완료 시점을 묻는 질문에 시제가 다를지라도 정답이 될 수 있다.

(C) Not many of them attended. ❸ 동일 어휘 오류
질문의 many와 응답의 many가 반복되는 오답이다. 또 질문과 답변의 시제는 일치하는 것이 일반적이므로, 미래시제 질문에 과거의 답변 또한 오답의 이유가 된다. "그들 중 많은 사람들이 참석하지 않았다"의 응답은 How was the meeting ?(회의가 어땠나요?) 같이 상태나 의견의 질문에 대한 응답이 된다.

16 [부정/부가의문문] Yes/No 없는 정답은 변명이 나온다.

[질문 분석] **Wasn't the annual sales report due yesterday?**
'마감일이 어제이지 않았나요?'의 Wasn't ~ report due가 키워드이다.

[보기 분석]
(A) **It's taking longer than expected.** ▶ 정답
부정/부가의문문에서 no가 없는 대답은 ① 변경 ② 몰랐다 ③ 변명 ④ 아직 못 끝냈다 중 하나이다. "예상보다 오래 걸리고 있다"고 변명하는, no가 생략된 정답이다.

(B) Earlier this year. ❹ 연상 어휘 오류
annual에서 연상할 수 있는 this year를 이용한 오답이다.

(C) No, it should be reported monthly. ❹ 동일 어휘 오류
질문의 명사 report가 반복된 오답 유형으로 Can I report ~?에 대한 응답으로 적합하다.

17 [선택의문문] 질문의 단어를 paraphrasing하거나 간접적으로 대답한다.

[질문 분석] **Do you want me to bring today's agenda for the meeting or email it to everyone in advance?**
me to bring ~ or email it이 키워드이다.

[보기 분석]
(A) He reviewed it. ❸ 주어 오류
질문의 주어는 you이므로, 3인칭 대명사 He로 응답한 건 오답이다. Did Mr. kim ~?에 대한 응답이다.

(B) That will be great, thank you. ❷ 다른 의문문에 대한 답변
권유/제안에 대한 수락의 응답 표현이며 둘 중 하나를 골라야 하는 선택의문문에는 맞지 않다.

(C) **Everyone there will have a laptop.** ▶ 정답
노트북을 가지고 있을 거니까 이메일로 보내라는 간접적인 응답이 된다.

18 '모르겠다'는 표현은 정답일 확률이 높다.

[질문 분석] **The sales conference is going to start at 2, isn't it?**
conference is going to start가 키워드로, '회의가 시작할 예정이죠?'로 묻는 표현이다.

[보기 분석]
(A) Let's look at the invitation. ▶ 정답
I don't know.만이 '모르겠다'의 표현이 아니라, '확인해 보겠다', '물어보겠다' 역시 일종의 '모르겠다'로 정답 가능성이 높은 표현이다. 2시에 회의가 시작하냐는 질문에 "초대장을 확인해 보자." 즉, '확인해 보겠다'의 정답이다.

(B) In Room 2. ❷ 다른 의문사에 대한 답변
Where is the conference ~?처럼 장소를 묻는 Where 의문문에 대한 응답이며, 동일 단어 two를 이용한 오답이다.

(C) Yes, it won several awards. ❺ 시제 오류
질문과 답변의 시제는 일치해야 한다. Was ABC company given ~? 같은 질문에 대한 응답이다.

19 [평서문] 정보의 출처를 되묻는다.

[질문 분석] **The deadline for registration is extended to the end of this week.**
deadline, is extended가 키워드로 평서문은 상황에 대한 확인 및 동의를 구하기 위한 질문이다. 따라서 동조하거나 동의하지 않는 말을 하는 것이 기본적인 응답이다. 하지만 이 외에 제안 등을 하면서 반문으로 답하는 경우가 많다.

[보기 분석]
(A) Where did you hear that? ▶ 정답
"그것을 어디서 들었나요?"로 정보의 출처를 되묻는 질문이다. 반문을 이용한 응답은 상대에게 제안을 하거나 재확인을 할 때 주로 하게 된다.

(B) Five-digit codes. ❷ 다른 의문문에 대한 답변
명사를 이용한 답변은 What 의문문에 대한 응답이다. What do I need ~?에 대한 응답이다.

(C) Yes, I'd like to. ❷ 다른 의문문에 대한 답변
권유/제안에 대한 수락의 표현으로 Would you go ~?에 대한 응답이다.

20 제3자를 언급한 우회적인 답변이 정답이 되기도 한다.

[질문 분석] **How are we going to review all these applications today?**
'어떻게 검토할 예정인가요'의 방법 혹은 의견을 묻는 질문 형태이다.

[보기 분석]
(A) David will help us. ▶ 정답
"David 씨가 우리를 도와줄 거예요"라며 해결책 제시를 하는 정답이다. How를 이용한 의견 질문은 주로 How do you like ~?의 표현으로 한다는 것 또한 알아두자.

(B) They are on the Web site. ❷ 다른 의문사에 대한 답변
Web site에서 방법을 제시하는 것처럼 보이지만, on the Web site를 통해 대상의 위치를 나타내고 있으므로 Where are ~? 의문문의 응답이 된다.

(C) Right, press the application button. ❹ 동일 어휘 오류
질문에 나온 application의 반복 오답이다. Can I ~?의 허락, 허가에 대한 응답이다.

21 제안에 대한 간접적인 수락의 답변

[질문 분석] Why don't we discuss the proposed budget this afternoon?
Why don't we는 '~하는 게 어때'의 권유/제안의 대표적인 표현으로 동사를 집중해 들어야 한다. Why don't we discuss가 키워드이다.

[보기 분석]
(A) We can do it first thing tomorrow instead. ▶ 정답
제안에 대한 대표적인 응답은 수락/거절이지만, 최근에는 instead를 이용하여 '대신 다음에 하겠다, 대신 다른 사람이 할 것이다'의 간접적인 수락 표현을 한다.

(B) No, not that I know of. ❶ Yes/No 오류
'모른다'의 표현은 대부분 정답이 되지만, 권유/제안 의문문에 No로 바로 대답하는 것은 오답이므로 답이 될 수 없다. 권유/제안 의문문의 거절 표현은 I'm sorry/I'm afraid 등의 표현을 사용하여 완곡하게 답하게 됨을 알아두자.

(C) Does he work on the proposal, too? ❸ 주어 오류
반문하는 표현은 정답이 될 확률이 높지만, he는 질문에서 특정 사람이 언급되어 있어야만 하므로 오답이다.

22 [부정/부가의문문] 사실 여부를 확인하기 위한 반문 표현

[질문 분석] Your assistant sent the invoice to the supplier, didn't he?
부정/부가의문문은 동사만 확인해 주면 된다는 점을 주의하자. your assistant sent가 키워드이다.

[보기 분석]
(A) It was a wrong address. ❹ 연상 어휘 오류
sent에서 address를 연상한 어휘 오류로 Why didn't ~?의 이유나 비난의 질문에 대한 응답으로 알맞다.

(B) No, he is not. ❺ 시제 오류
질문과 답변의 시제는 일치하는 것이 원칙이다. 질문의 시제는 과거이고, 응답은 현재이므로 오답이다.

(C) Hasn't the payment arrived yet? ▶ 정답
"입금이 아직 안 되었나요?"의 사실 확인을 위한 반문 표현이다. 반문 표현은 평균 1~2 문제가 출제되면서 출제 비중이 커지고 있고, 다음의 4가지 질문에 반문으로 답한다.

① 의문사를 이용한 추가 세부 정보에 대한 질문
② 사실 확인을 위한 반문
③ 다음 상황을 판단하기 위한 질문
④ 방법을 묻는 질문

23 [평서문] 미래 상황의 언급을 통해 다음 행동을 제시한다.

[질문 분석] Here are twenty copies of the agenda you asked for.
'여기 20부가 있습니다'의 평서문으로 Thanks나 But 같은 수락과 거절의 표현을 예상해 볼 수 있다.

[보기 분석]
(A) The meeting was in Room 102. ❺ 시제 오류
현재 상황에 대한 질문에 과거시제의 응답으로 오답이다. 장소 부사구를 이용한 Where 의문문에 대한 응답이나.

(B) Adams is joining us, too. ▶ 정답
'20부가 있다'는 질문에 대해 "Adams 씨도 우리와 함께할 것이에요"의 응답으로 "We need more copies."를 간접적으로 표현한 정답이다.

(C) I already ordered coffee. ❹ 유사 발음 오류
already는 질문의 시제와 상관없이 답이 될 수 있는 중요한 부사이기는 하지만, copies와 coffee의 유사 발음을 이용한 오답임을 유의하자.

24 일반적으로 he나 she, they는 오답이다.

[질문 분석] Who's going with me to the international trade show?
'누가 갈 것인가'의 who에 대한 질문이다.

[보기 분석]
(A) The department budget allows only one person this time. ▶ 정답
Who 의문문에 '부서 예산 때문에 한 명만 허용된다'며 아무도 가지 않음을 간접적으로 표현하는 답변이다. 최근에는 사람 이름을 바로 언급하는 대신 one person 같은 사람으로 paraphrasing한 고난도의 응답을 제시한다.

(B) No, none of them. ❶ Yes/No 오류
3인칭 대명사인 he, she, they의 표현은 질문에 the manager(s)와 같은 특정 사람이 언급된다면 답이 될 수도 있다 하지만 문제에 them을 가리키는 말이 나오지 않았으므로 오답이다.

(C) I believe it was in Sydney. ❷ 다른 의문사에 대한 답변
장소 부사구 in Sydney는 Where 의문문의 답변이 된다.

25 How를 이용한 수단, 방법을 묻는 고난도 유형

[질문 분석] How do I contact a local dealer in this area?
'어떻게 연락하나요'의 수단이나 방법을 묻는 질문이다.

[보기 분석]
(A) An authorized car dealer. ❹ 동일 어휘 반복, ❷ 다른 의문사에 대한 답변
동일 어휘 dealer의 반복 오류로 오답이며, 명사의 답변은 Who 의문문의 응답임을 유의하자.

(B) I left the business card on your desk. ▶ 정답
최근에는 직접적인 방법보다 'by, through' 등의 전치사를 사용해 '명함/공지' 등을 통해 확인하라는 우회적인 답변이 주로 나온다.

(C) In a couple of days. ❷ 다른 의문사에 대한 답변
기간을 묻는 How long 의문문의 대표적인 응답임을 알아두자.

26 [선택의문문] Actually는 Yes/No를 대신한다.

[질문 분석] **Should I talk to the manager about the pay increase or will you?**
'제가 말해야 하나요, 아니면 당신이 하실래요'의 선택의문문이다.

[보기 분석]
(A) Actually, I'm not sure that's a good idea. ▶ 정답
두 가지 선택 상황에 대해 '모르겠다'라는 의미의 답변으로 정답이다. 수락과 거절의 Yes/No를 바로 언급하는 대신 actually를 이용하면 대부분 정답이다.

(B) Yes, we talked to everyone. ❺ 시제 오류
질문의 시제와 답변의 시제는 일치하는 것이 원칙이다. 또 질문의 talk를 반복한 동일 어휘 오답임을 알아두자.

(C) Sure, I agree with that. ❶ Yes/No 오류
선택의문문에서는 Yes/No의 응답을 할 수 없다. sure는 권유의문문에 대한 응답이 될 수는 있지만, 선택의문문에서는 언급할 수 없음을 유의하자.

27 [부정/부가의문문] 동사만 확인해 주면 된다.

[질문 분석] **Aren't you going to travel somewhere during your vacation?**
'~할 예정 아닌가요'로 상대방의 일정을 묻는 질문이며, Aren't you going이 키워드이다.

[보기 분석]
(A) Just one round-trip ticket. ❹ 연상 어휘 오류
travel에서 ticket을 연상한 오답이다. 명사를 이용한 답변은 what 의문문의 응답이다.

(B) I'm planning to tend my garden. ▶ 정답
'정원을 손질할 계획이다'로 일정을 말하고 있으므로 정답이다. 부정/부가의문문은 Yes/No로 답하지 않는 경우 질문의 내용을 반복하는 응답을 하지만, 이때 질문과 동일한 단어는 사용하지 않음을 주의하자.

(C) Okay, I will follow up on the request. ❷ 다른 의문사에 대한 답변
okay는 권유/제안에 대한 수락의 표현이므로 사실 확인을 위한 부정/부가의문문에서는 사용하지 않는다.

28 [Where] 사람이나 신문, 뉴스, 광고, Web site 등의 출처로 답변한다.

[질문 분석] **Where's the manual for the new security system?**
Where's the manual이 키워드로 설명서가 있는 장소를 묻는 Where 의문문이다.

[보기 분석]
(A) Yes, an ID card is needed. ❶ Yes/No 오류
의문사 의문문에서 Yes/No의 응답은 할 수 없다. Do I have to ~?의 질문에 대한 응답이나.

(B) To the maintenance department. ❷ 다른 의도에 대한 답변
장소 부사의 언급으로 Where 의문문에 대한 응답이 될 수 있다. 하지만, to는 '~에게, ~로'의 이동 방향을 나타내는 전치사로 Where do I go ~?처럼 이동을 나타내는 동사와 쓰인 Where 의문문의 응답이 되어야 한다.

(C) **Ms. Smith can help you.** ▶ 정답
'설명서가 어디에 있나요'의 기본 응답은 장소 부사이지만, 최근에는 사람이나 신문, 뉴스, 광고, Web site 등의 출처를 이용한 고난도 표현이 답이 됨을 주의하자.

29 Why didn't you ~?는 비난 또는 안 한 이유를 묻는 질문이다.

[질문 분석] **Why didn't you leave for the client meeting?**
'왜 가지 않았나요'의 이유를 묻는 why ~ not ~?질문 유형이다.

[보기 분석]
(A) It was not working well. ❸ 주어 오류
질문의 주어 you에 대한 응답은 I/We가 일반적이므로 오답이다. 부사/형용사를 이용한 응답은 상태나 의견을 묻는 How was ~?에 대한 답변이다.

(B) **The schedule was changed.** ▶ 정답
'왜 ~하지 않았나요'의 비난풍의 질문에 "일정이 바뀌었어요, 일정상의 충돌이 있었어요" 같은 이유와 변명으로 답하는 것이 최근 추세이다.

(C) I thought you were. ❷ 다른 의문사·조동사에 대한 답변
질문과 답변의 시제 및 (조)동사의 형태는 일치해야 한다. 질문의 조동사는 did이므로 이에 대한 응답의 조동사는 did가 되어야 한다. 해당 보기의 you were 내용은 질문의 답변이 될 수 없다.

30 [부정의 평서문] 핑계나 변명으로 답한다.

[질문 분석] I don't see an invoice in this package.
'보이지가 않는다(찾을 수가 없다)'의 부정의 평서문으로 I don't see가 키워드이다. 부정의 평서문은 대개 비난을 하거나 이유의 제시를 원하는 것이므로 이에 대한 응답 역시 핑계나 변명이 주가 된다.

[보기 분석]
(A) You will see that, too. ❹ 동일 어휘 반복
질문의 see를 응답에서 반복한 오답이다. 평서문에서 '역시, 또한'의 too가 언급되면 답일 확률이 높지만 부정의 평서문에서 동의 표현은 'not ~ either' 혹은 ', neither'의 형태로 답해야 하므로 오답이다.

(B) They must have forgotten to include it. ▶ 정답
'못 찾겠다'의 이유를 구하는 질문에 '깜빡한 것 같다'로 변명하고 있는 정답 표현이다. must have p.p.는 '~임에 틀림없다'의 변명이나 이유로 자주 언급된다.

(C) The total is $500. ❷ 다른 의문사에 대한 답변
How much is it?에 대한 응답이다.

31 상대의 제안에 대한 우회적인 답변

[질문 분석] Let's have a meeting this afternoon to discuss the promotional events.
Let's have a meeting이 키워드로 '회의를 합시다'에 초점을 맞추자.

[보기 분석]
(A) About ten spots. ❷ 다른 의문사에 대한 답변
숫자를 이용한 응답은 거의 How many ~? 의문문에 대한 답변이다.

(B) Theresa's not back yet, though. ▶ 정답
"하지만, Theresa 씨가 아직 돌아오지 않았습니다"는 제안에 대해 오후에 회의가 힘들 수도 있다는 우회적 답변이다. though는 but을 대체하는 최신 표현임을 주의하자.

(C) They were very successful. ❺ 시제 오류
질문의 시제는 현재인데, 응답은 과거이므로 시제 불일치 오답이다. 형용사나 부사를 이용한 응답은 진행 상황이나 상태, 의견을 묻는 How was ~? 의 질문에 대한 답변이 되어야 하므로 오답이다.

Questions 32-34 refer to the following conversation.

W   Thanks for calling Mondiago City Library. How may I help you?
M   Hello, I went to your library this morning and after returning home,
32 I found my notebook missing. I was in the Social Science Room on the second floor.
W   Actually, we haven't had any missing articles for now, but it is time
33 to clean the facility, I'll let the cleaning staff know. Can you tell me your seat number?
M   Yes, it was 16E. I sat next to the window.
W   Okay. I'll ask the staff to locate the item you're missing, and I'll call
34 you right after they check for it. Can I have your phone number?

32–D
32–A
34–D

32. What was the man missing?
(A) A ~~computer~~
(B) A notebook
(C) A pencil case
(D) A ~~book~~

남 / 과거 / missing / 상
ㄴ. 과거시제에 집중하자.

33. Why does the woman say, "I'll let the cleaning staff know"?
(A) To ask for some help
(B) To complain about a service
(C) To correct some mistaken ~~information~~
(D) To inform them of a ~~schedule change~~

여 / 화자 의도 파악
ㄴ. 해당 위치 앞뒤의 대화

34. What will the man do next?
(A) Give her his contact information
(B) ~~Locate some items~~
(C) ~~Contact the staff~~
(D) Check ~~a floor plan~~

남 / 미래 / 하
ㄴ. 대화의 하단부에 집중하자.

여 Mondiago City Library에 전화 주셔서 감사합니다. 어떻게 도와드릴까요?
남 안녕하세요. 제가 오늘 오전에 도서관에 갔는데, 집에 돌아온 후에 공책이 없어진 걸 알게 되었습니다. 저는 2층의 사회과학실에 있었습니다.
여 사실, 지금 현재로는 어떤 분실물도 갖고 있지 않습니다. 하지만 그 시설을 청소할 시간이라서 제가 청소직원에게 (당신이 계셨던 장소를) 알려주겠습니다. 좌석 번호를 알려 주시겠습니까?
남 네, 16E였습니다. 창가 옆에 앉았고요.
여 알겠습니다. 제가 직원에게 잃어버리신 물건을 찾아봐 달라고 부탁하고 그 분들이 확인한 후에 바로 연락드리겠습니다. 전화번호를 알려 주시겠습니까?

32. 남자가 분실한 물건은 무엇인가?
(A) 컴퓨터
(B) 공책
(C) 필통
(D) 책

33. 여자는 왜 "I'll let the cleaning staff know(제가 청소직원에게 알리겠습니다)"라고 말하는가?
(A) 도움을 요청하고자
(B) 서비스에 대해 불평하기 위해
(C) 몇 가지 잘못된 정보를 수정하기 위해
(D) 그들에게 일정 변경을 알리기 위해

34. 남자는 다음에 무엇을 할 것인가?
(A) 여자에게 자기 연락처 주기
(B) 몇 가지 물건 찾기
(C) 직원과 연락하기
(D) 평면도 확인하기

32 문제점과 걱정은 본인의 입으로 직접 얘기한다.

STEP 1 문제점을 묻는 문제는 첫 대사와 두 번째 대사에 정답이 있다.

남자의 문제는 남자가 직접 언급하므로 남자의 대사에 집중해야 한다. 지문의 "I found my notebook missing."에서 남자가 공책을 분실했다고 언급하고 있다. 그러므로 정답은 (B) A notebook이다.

STEP 2 함정 유형 및 오답 패턴

(A) A computer ▶notebook에서 연상한 오답이다.
(B) A notebook ▶정답
(C) A pencil case
(D) A book ▶library에서 연상한 오답이다.

33 " "로 표시되는 화자 의도와 같은 뜻의 보기는 제거한다.

STEP 1 화자의 의도 파악 문제는 " "의 표면적인 의미가 정답과 바로 연결되지 않는 것이 특징이다. 또 화자의 의도로 주어진 " "에 있는 동일한 단어가 있거나 주어진 " "과 같은 의미의 보기는 오히려 답이 될 확률이 적다.

" "안의 let/know와 같은 의미인 (D)에 inform으로 나오지만 schedule change에 대해 언급이 없고, (C) 역시 information을 정정하는 내용이 아니므로 오답이다. Actually we haven't had any missing articles for now.에서 분실물은 없지만, but it is time to clean the facility에서 청소 시간이므로, 청소직원들에게 알리겠다는 말이므로, 청소 직원들에게 도움을 청할 것임을 알 수 있다. 정답은 (A).

STEP 2 함정 유형 및 오답 패턴

(A) To ask for some help ▶정답
(B) To complain about a service
(C) To correct some mistaken information ▶let ~ know에서 information을 연상한 오답이다.
(D) To inform them of a schedule change ▶let ~ know와 같은 뜻의 inform이 있어 오답이다.

34 미래의 정보를 묻는 고난도 next 문제는 상대방의 제안·요청에 답이 있다.

STEP 1 다음 행위(미래 정보)를 묻는 문제는 주로 당사자의 대사에서 정답을 알 수 있다. 그런데 고난도 문제들에서는 상대방의 제안이나 요청을 수락함으로써 그것을 하겠다는 의미(결과적으로 미래의 행위)가 되므로 상대가 제안하거나 요청하는 내용을 잘 들어야 한다.

남자의 미래를 묻는 문제이지만, 여자의 말에서 대화가 끝나므로, 여자의 마지막 대사에서 남자에게 요청하는 표현을 통해 남자의 미래를 예상할 수 있다. 여자의 마지막 대사인 "Can I have your phone number?"에서 남자에게 연락처를 알려달라고 요청하고 있다. 따라서 정답은 (A) Give her his contact information이다. 대사의 phone number는 포괄적인 contact information으로 paraphrasing되었다.

STEP 2 함정 유형 및 오답 패턴

(A) Give her his contact information ▶정답
(B) Locate some items ▶남성이 아닌 cleaning staff에게 요청한 일이다.
(C) Contact the staff ▶남성이 아닌 여성이 해야 하는 일이다.
(D) Check a floor plan ▶floor plan의 언급은 없다.

어휘 city library 시립 도서관 notebook 노트북, 공책 social science 사회과학 missing articles 분실물 for now 우선은, 현재로는 facility 시설 cleaning staff 청소부원 seat number 좌석 번호 locate ~의 정확한 위치를 찾아내다

Questions 35-37 refer to the following conversation.

W Excuse me. I'm a keynote speaker for the journalism conference
35 today. I'm wondering where the conference will be held.
M Welcome to Victoria Hotel. It will be held in the Sapphire Hall on
   the second floor. And I think you must be Margaret Pearson, right?
36 I was asked to escort you to the waiting room for the conference.
   Wait a second. Please follow me.
W Oh, thank you. Wow, it's kind of spacious. It's 10 o'clock now, so I
   have enough time to prepare for my presentation. I'd like to make a
37 few more copies of my handouts. Where can I do that?
M There's a business center upstairs. It's in front of the elevator.
W It may take some time to copy them, so I'll grab a bite.

35-A
36-A

36-D
36-C

37-B

35. Why is the woman at a hotel?
(A) To ~~organize~~ a conference
(B) To make a presentation
(C) To stay for her business trip
(D) To ~~visit~~ a hotel guest

여 / hotel에 있는 이유 / 상
ㄴ. 첫 문장에 집중하자.

36. What was the man asked to do?
(A) Offer her free refreshments
(B) Guide her to the site
(C) ~~Make copies~~ for her
(D) ~~Prepare for the presentation~~

남 / 요청받은 것
ㄴ. 남자의 말 중 should / ask
관련 표현에 집중하자.

37. What is available upstairs?
(A) A copy machine
(B) A ~~restaurant~~
(C) A microphone
(D) A gift shop

키워드 / upstairs / 하
ㄴ. please / you should의
표현에 집중하자.

여 실례합니다. 제가 오늘 언론학회 기조연설자입니다.
    학회가 어디서 열리는지 궁금해서요.
남 Victoria Hotel에 오신 걸 환영합니다. 학회는 2층에
    위치한 Sapphire Hall에서 열릴 예정입니다. 손님이
    Margaret Pearson 씨인 것 같은데 맞습니까? 학회 대
    기실로 안내해 드리라는 요청을 받았습니다. 잠시만 기
    다리세요. 저를 따라오십시오.
여 오, 감사합니다. 와우, 꽤 넓네요. 지금 10시니까 제가 발
    표 준비할 시간이 충분하네요. 제 유인물을 몇 장 더 복
    사하고 싶은데요. 어디서 할 수 있을까요?
남 위층에 비즈니스 센터가 있습니다. 승강기 앞에 위치해
    있습니다.
여 복사하는 데 시간이 좀 걸릴 테니 전 간단하게 뭐 좀 먹
    어야겠네요.

35. 여자는 왜 호텔에 있는가?
(A) 회의를 준비하기 위해서
(B) 발표를 하기 위해서
(C) 출장으로 체류하기 위해서
(D) 호텔 손님을 방문하기 위해서

36. 남자가 요청받은 것은 무엇인가?
(A) 여성에게 무료 다과 제공하기
(B) 여성을 장소까지 안내하기
(C) 여성을 위하여 복사하기
(D) 발표 준비하기

37. 위층에서 무엇을 이용할 수 있는가?
(A) 복사기
(B) 식당
(C) 마이크
(D) 선물가게

35 직업과 장소는 전반부에 나온다.

STEP 1 여자가 호텔에 있는 이유는 여자의 말에서 언급된다.

여자의 첫 번째 말, I'm a keynote speaker for the journalism conference today.에서 여자가 컨퍼런스 발표자임을 알 수 있고, 이후 남자의 말 Welcome to Victoria Hotel.에서 이곳은 호텔임을 알 수 있다. 따라서 여자가 호텔에 있는 이유는 발표하기 위해서라는 (B)가 정답이다.

STEP 2 함정 유형 및 오답 패턴

(A) To organize a conference ▶conference는 언급되지만, 준비하고 조직하는 것은 아니다.
(B) To make a presentation ▶정답
(C) To stay for her business trip
(D) To visit a hotel guest ▶guest의 언급이 없다.

36 요청 받은 건 본인 입으로 직접 얘기한다.

STEP 1 남자가 무엇을 하라고 요청받았는지 묻는 문제는 남자의 말에서 언급된다.

남자의 말 I was asked to escort you to the waiting room for the conference.에서 남성은 여성을 대기실까지 안내해 드리라는 요청을 받았음이 언급되어 있으므로 정답은 (B)이다. 대화의 escort는 보기에서 guide로 paraphrasing되었다.

STEP 2 함정 유형 및 오답 패턴

(A) Offer her free refreshments ▶hotel에서 연상한 오답이다.
(B) Guide her to the site ▶정답
(C) Make copies for her ▶여자가 해야 하는 일이다.
(D) Prepare for the presentation ▶여자가 해야 하는 일이다.

37 키워드 문제는 키워드 기준 앞뒤 문장에 답이 나온다. ▶ upstairs

STEP 1 특정 키워드에 대해 묻는 문제는 반드시 담화 중 해당 키워드 앞뒤에서 답이 들린다. 일반적으로는 키워드 뒤에 답이 들리지만 최근에는 키워드보다 앞서 답이 나오는 경우가 있다.

여자의 대사 "I'd like to make a few more copies of my handouts."와 남자의 대사인 "There's a business center upstairs."에서 위층에 있는 비즈니스 센터에서 유인물을 복사할 수 있음을 알 수 있다. 그러므로 위층에서 이용할 수 있는 것은 (A) A copy machine이다.

STEP 2 함정 유형 및 오답 패턴

(A) A copy machine ▶정답
(B) A restaurant ▶grab a bite를 통해 연상할 수 있는 오답이다.
(C) A microphone ▶presentation에서 microphone를 연상한 오답이다.
(D) A gift shop

어휘 keynote speaker 기조연설자   journalism 언론(학)   conference 학회, 회담   must be ~임에 틀림없다   escort 호위하다   kind of 약간, 어느 정도   spacious 널찍한   make a copy of ~을 복사하다   handout 유인물   upstairs 위층에   in front of ~ 앞에   take some time 시간이 좀 걸리다   grab a bite 간단히 먹다

Questions 38-40 refer to the following conversation with three speakers.

M1 Hello, welcome to Philgram Advertising. May I help you?
W Hi, yes. My name is Molly Hong from Hong's Organic Beverage. I have a meeting here at 2 o'clock.
M1 Let me see. All right. You are going to meet with Mr. Gallahan, the personnel manager. His office is on the 14th floor. I'll inform his secretary of your arrival.
W Thank you. By the way, is there any place that I can use a computer? I have to check my urgent e-mails.
M1 I'm sorry but visitors are not allowed to use our computers in the office. There should be some computers you can use in the café. Patrick, can you pass her the floor map of this building?
M2 Sure, here you are. The café is located on the basement floor and its pastry and muffins are so delicious.
W Oh, thank you. I'll stop by to check my e-mails before meeting Mr. Gallahan.

38-A
39-D
39-C
40-B

38. Who is Mr. Gallahan?
(A) A receptionist
(B) An owner
(C) A manager
(D) A sales representative

키워드 / Mr. Gallahan /
직업 / 상
↳ Mr. Gallahan을 언급한 부분에 집중하자.

39. According to Patrick, what is suggested about the café?
(A) Its food quality is good.
(B) It is located on the rooftop.
(C) It offers a morning set.
(D) It is restricted to building visitors.

Patrick / 키워드 café
↳ Patrick의 말 중 café에 관한 언급에 집중하자.

40. What will the woman do next?
(A) Install a new computer program
(B) Check her schedule
(C) Meet Mr. Gallahan
(D) Go to the café

여 / 미래 / 하
↳ 여자의 말 I'll ~에 집중하자.

남1 안녕하세요, Philgram Advertising에 오신 것을 환영합니다. 무엇을 도와드릴까요?
여 네, 안녕하세요, 저는 Hong Organic Beverage의 Molly Hong입니다. 제가 2시에 이곳에서 회의가 있습니다.
남1 확인해 보겠습니다. 맞네요. 인사부장 Gallahan 씨와 만나실 예정이시네요. 부장님 사무실은 14층에 있습니다. 그 분 비서에게 손님께서 도착하셨다고 알리겠습니다.
여 감사합니다. 그런데 제가 컴퓨터를 쓸 수 있는 장소가 있을까요? 제게 온 급한 이메일을 확인해야 해서요.
남1 죄송하지만 방문객들은 사무실에 있는 컴퓨터를 쓰실 수 없습니다. 카페에 이용할 수 있는 컴퓨터가 몇 대 있을 겁니다. Patrick 씨, 이 분께 건물 층별 안내도 좀 건네 드릴래요?
남2 네, 여기 있습니다. 카페는 지하에 있고요, 거기 패스트리와 머핀이 무척 맛있습니다.
여 아, 감사합니다. Gallahan 씨 만나러 가기 전에, 그곳에 들러 이메일을 확인하겠습니다.

38. Gallahan 씨는 누구인가?
(A) 접수 담당자
(B) 소유주
(C) 관리자
(D) 영업직원

39. Patrick 씨에 따르면, 카페에 관해 언급된 것은 무엇인가?
(A) 음식의 질이 좋다.
(B) 옥상에 위치해 있다.
(C) 모닝 세트를 제공한다.
(D) 건물 방문객들만 갈 수 있다.

40. 여자는 다음에 무엇을 할 것인가?
(A) 신규 컴퓨터 프로그램 설치
(B) 일정 확인
(C) Gallahan 씨와의 만남
(D) 카페 가기

38 3인 대화 – 첫 번째 문제는 주로 3인의 직업 혹은 대화 주제를 묻는다.

STEP 1 여기서는 제3자인 **Gallahan** 씨의 직업을 묻는 문제로, 처음 주고받는 대사의 직업 및 장소 명사를 통해 파악한다.

지문의 "You are going to meet with Mr. Gallahan, the personnel manager."에서 그가 인사부장임이 언급되어 있다. 그러므로 (C) A manager가 정답이다.

STEP 2 함정 유형 및 오답 패턴

(A) A receptionist ▶첫 번째 남자의 **직업**이다.
(B) An owner
(C) A manager ▶정답
(D) A sales representative

39 3인 대화 – 두 번째 문제는 주로 사람의 이름을 특정하여 질문한다.

STEP 1 특정 사람 이름이 나오면, 화자들 중 누구에 해당하는지 주의하여 듣자.

남자 1의 대사인 "There should be some computers you can use in the café. Patrick, can you pass her the floor map of this building?"에서 카페에서 컴퓨터를 사용할 수 있으며, Patrick에게 층별 안내도를 건네 드리라고 요청하고 있다. 그 다음 남자 2의 대사인 "The café is located on the basement floor and its pastry and muffins are so delicious."에서 카페 위치와 맛있는 음식을 판매하고 있음을 언급하고 있다. 그러므로 남자 2가 Patrick임을 확인하였으므로 정답은 (A)이다.

STEP 2 함정 유형 및 오답 패턴

(A) Its food quality is good. ▶정답
(B) It is located on the rooftop. ▶**rooftop**의 언급이 없다.
(C) It offers a morning set. ▶**pastry and muffins**에서 **morning set**를 연상한 오답이다.
(D) It is restricted to building visitors. ▶사무실 컴퓨터 사용이 제한된 것이므로 **café**와는 관련이 없다.

40 3인 대화 – 미래의 일정이나 제안이 마지막 문제로 등장한다.

STEP 1 앞으로 일어날 일의 순서를 묻는 문제는 **I'll ~/Let's ~**에서 처음 들리는 동사가 정답이다.

여자의 미래는 후반부 여자의 대사에서 답이 나온다. 지문의 "I'll stop by to check my e-mails"에서 이메일을 확인하고자 해당 장소를 들른다고 언급하였다. 위의 남자 2가 cafe 특징에 대해서 언급하고 있으므로 그 장소가 카페임을 알 수 있다. 그러므로 정답은 (D)이다.

STEP 2 함정 유형 및 오답 패턴

(A) Install a new computer program ▶**computers**에서 **install program**을 연상한 오답이다.
(B) Check her schedule ▶남자가 해야 할 일이다.
(C) Meet Mr. Gallahan ▶**Molly Hong**이 할 일이긴 하나 바로 다음에 할 일은 아니다.
(D) Go to the café ▶정답

어휘 organic 유기농의 beverage 음료 personnel manager 인사부장 inform A of B A에게 B를 알리다 secretary 비서 arrival 도착 basement floor 지하층 stop by 잠시 들르다

Questions 41-43 refer to the following conversation with three speakers.

W1 Betty, you mentioned in the staff meeting that we need two more people to work in the gallery because our business is growing significantly. 〔41〕 〔42〕   〔42-A〕 〔41-B〕

W2 Yes, that's right.

W1 But the only problem is that we have spent most of our budget 〔42〕 assigned for this year. Why don't we add only one more person?   〔42-C〕

W2 Hmm, that would be better for us financially. Kevin, as soon as management approves the additional budget planning for that, can you post the job opening on our Web site? I'll send you the job description I have on file. 〔43〕   〔42-D〕

M Now that our personnel management policy has been changed, the current job requirements need to be revised. I'll update and post them on the Web site too.   〔43-C〕

---

41. Where do the speakers most likely work?
(A) At a warehouse
(B) At a museum
(C) At a gallery
(D) At a factory

화자들의 직업 / 상
→ 첫 문장에 집중하자.

42. What is the main topic of the conversation?
(A) Making an ~~exhibition~~
(B) Hiring a new employee
(C) ~~Increasing~~ the budget
(D) Planning ~~another schedule~~

주제
→ 대화의 공통된 단어에 집중하자.

43. According to the man, what has been changed?
(A) A display
(B) A class
(C) ~~A Web site~~
(D) A policy

남 / 변경된 것 / changed
→ 과거 / 현재완료 시제에 집중하자.

여1 Betty 씨, 저희 사업이 크게 성장하고 있기 때문에, 직원 회의에서 갤러리에서 근무할 직원이 두 명 더 필요하다고 언급하셨네요.
여2 네, 맞습니다.
여1 그런데 유일한 문제는 저희가 올해 할당된 예산 대부분을 썼다는 것입니다. 한 명만 고용하는 것은 어떨까요?
여2 흠, 그게 저희에게 재정적으로 더 도움이 되겠네요. Kevin 씨, 경영진이 해당 사안에 추가 예산 계획을 승인하자마자 우리 웹사이트에 채용 공고 글을 게시해 주실래요? 제가 갖고 있는 직무 기술서를 첨부해서 보내드리겠습니다.
남 저희 인사 관리 정책이 변동되었기 때문에, 현재 직무 자격 요건이 수정되어야 합니다. 제가 업데이트하여 웹사이트에도 게시하겠습니다.

41. 화자들이 근무하는 곳은 어디일 것 같은가?
(A) 창고에서
(B) 박물관에서
(C) 갤러리에서
(D) 공장에서

42. 대화의 주제는 무엇인가?
(A) 전시품 제작
(B) 신규 직원 채용
(C) 예산 증가
(D) 다른 일정 계획

43. 남자의 말에 따르면, 무엇이 변경되었는가?
(A) 전시품
(B) 수업
(C) 웹사이트
(D) 정책

41 장소/직업은 대화의 전반부에 답이 들린다.

STEP 1 첫 두 줄에서 our/your/this/here의 표현과 함께 들리는 장소/직업 명사가 정답이 된다.

화자들의 근무지를 묻는 문제로, "we need two more people to work in the gallery"에서 갤러리에서 근무할 직원을 채용해야 함을 언급하고 있다. 그러므로 화자들의 근무지는 (C) At a gallery이다.

STEP 2 함정 유형 및 오답 패턴

(A) At a warehouse
(B) At a museum ▶ gallery에서 연상한 오답 보기이다.
(C) At a gallery ▶ 정답
(D) At a factory

42 주제나 목적을 묻는 문제는 처음 두 줄에 답이 있다.

STEP 1 대화의 주제를 묻는 문제는 보통 첫 문장을 들으면 해결할 수 있다. 대화를 처음부터 끝까지 다 듣고 나서 답을 고르기보다 우선 보기의 내용을 파악한 다음 대화의 앞 부분을 들으면서 답을 결정해야 한다.

여자 1의 대사 "we need two more people to work in the gallery"에 대해 여자 2가 "That's right"이라고 응답하므로, 직원 채용과 관련해 이야기를 나누고 있음을 알 수 있다. 그러므로 주제는 (B) Hiring a new employee이다.

STEP 2 함정 유형 및 오답 패턴

(A) Making an exhibition ▶ gallery에서 exhibition을 연상한 오답이다.
(B) Hiring a new employee ▶ 정답
(C) Increasing the budget ▶ 할당 예산을 다 소비했음이 언급되어 있으므로 오답이다.
(D) Planning another schedule ▶ planning은 언급되었지만 another schedule은 언급되지 않았다.

43 남자의 키워드 문제는 남자의 말, 키워드 앞뒤에서 답을 찾는다.

STEP 1 남자가 언급하는 바뀐 부분이 무엇인지를 파악하자.

남자의 말 Now that our personnel management policy has been changed에서 정책 변경이 언급되어 있다. 그러므로 정답은 (D) A policy이다.

STEP 2 함정 유형 및 오답 패턴

(A) A display
(B) A class
(C) A Web site ▶ web site는 변경된 것이 아니라, 채용 공고 글을 게시하는 곳이므로 오답이다.
(D) A policy ▶ 정답

어휘 staff meeting 직원회의 significantly 상당히 budget 예산 assign 할당하다 management 경영진 approve 승인하다 additional 추가적인 job opening 채용 공고 post 게시하다 job description 직무 기술서 now that ~이기 때문에 personnel management 인사 관리 policy 정책 current 현재의 job requirement 자격 요건 revise 수정하다

Questions 44-46 refer to the following conversation with three speakers.

M1 Hi, Daniel and Akiko. The manager from Humston Manufacturing called me yesterday and asked how the preparations for their 10th anniversary are going.
W Almost everything is going smoothly. I visited the Plaza Hotel and booked the Crystal Ballroom which can accommodate up to 200 people. In addition, Kelly Flowers has taken on the job of making centerpieces for the tables.
M2 Akiko, you mean the store which we hired for the Magnet Food's event last month? They did an excellent job. Everyone liked those decorations.
W Exactly. One thing we have to do is to arrange the catering service. Daniel, do you have any ideas for who to call?
M2 How about Palcon Catering Company? One of my friends used that service for his company's event and all of his employees were satisfied with its quality food. If you want, I'll ask him for the contact number.
W That's great. I also heard that company has a good reputation. Once you give me the number, I'll call and reserve the service.

44. Why did someone from Humston Manufacturing call?
(A) To inquire about the ~~prices~~
(B) To ~~make a reservation~~
(C) To check the status of the event
(D) To ~~visit the hotel~~

45. What is mentioned about Kelly Flowers?
(A) Its quality was not good.
(B) It was used by the company last month.
(C) Its style was imitated by other stores.
(D) It was owned by ~~Humston Manufacturing~~.

46. What will the woman do next?
(A) Call a business   (B) ~~Provide contact information~~
(C) Check customer reviews   (D) ~~Reserve a hotel~~

44 키워드 문제는 키워드 기준 앞뒤 문장에 답이 위치한다. ▶ Humston Manufacturing

STEP 1 특정 키워드에 대해 묻는 문제는 반드시 대화 중에 나오는 키워드 앞뒤에서 답이 들린다. 일반적으로 키워드 뒤에 답이 들리지만 최근에는 키워드보다 앞서 답이 나오는 경우가 있다.

문제의 키워드는 Humston Manufacturing으로, 지문의 "The manager from Humston Manufacturing ~ asked how the preparations for their 10th anniversary are going on"에서 10주년 행사 준비가 잘 되어 가고 있는지를 확인하고자 전화한 게 언급되어 있다. 그러므로 정답은 (C) To check the status of the event이다.

STEP 2 함정 유형 및 오답 패턴

(A) To inquire about the prices ▶ 가격이 아닌 준비 진행 상황에 대해 묻고 있으므로 오답이다.
(B) To make a reservation ▶ Akiko가 한 일
(C) To check the status of the event ▶ 정답
(D) To visit the hotel ▶ Akiko가 한 일

45 키워드 문제는 키워드 기준 앞뒤 문장에 답이 위치한다. ▶ Kelly Flowers

STEP 1 특정 키워드에 대해 묻는 문제는 반드시 대화 중에 나오는 키워드 앞뒤에서 답이 들린다. 일반적으로는 키워드 뒤에 답이 들리지만 최근에는 키워드보다 앞서 답이 나오는 경우가 있다.

문제의 키워드는 Kelly Flowers로, 여자의 말인 "the store which we hired for the Magnet Food's event last month? They did an excellent job"에서 지난달에 Magnet Food사의 행사를 맡았던 상점인 Kelly Flowers가 매우 일을 잘했다고 칭찬을 하고 있다. 그러므로 정답은 (B)이다.

STEP 2 함정 유형 및 오답 패턴

(A) Its quality was not good.
(B) It was used by the company last month. ▶ 정답
(C) Its style was imitated by other stores.
(D) It was owned by Humston Manufacturing. ▶ Humston Manufacturing의 일을 맡은 거지 소유한 것은 아니다.

46 앞으로 일어날 일의 순서를 묻는 문제는 I'll ~/Let's ~에서 처음 들리는 동사가 정답이다.

STEP 1 여자의 미래 문제는 후반부 여자의 대사에서 답이 나온다.

여자의 미래는 여자의 대사에서 등장하며, "Once you give me the number, I'll call and reserve the service."에서 Daniel 씨가 연락처를 주면 출장 연회 서비스를 예약할 것임이 언급되어 있다. 그러므로 여자가 다음에 할 일은 (A) Call a business가 정답이다.

STEP 2 함정 유형 및 오답 패턴

(A) Call a business ▶ 정답
(B) Provide contact information ▶ Daniel이 할 일이다.
(C) Check customer reviews
(D) ~~Reserve a hotel~~ ▶ Akiko 씨가 이미 한 일이다.

어휘 manufacturing 제조사 preparation 준비 anniversary 기념일 smoothly 순조롭게 accommodate 수용하다 up to ~까지 centerpiece 중앙부 장식 decoration 장식품 arrange 마련하다 catering service 출장 연회 서비스 be satisfied with ~에 만족하다 quality 고급의 reputation 명성

Questions 47-49 refer to the following conversation.

W Good afternoon. My name is Polly Wayne and I have an appointment with Dr. Parker at 2.
M Hello, Ms. Wayne. I'll check you into the system. Well, I'm sorry but **47** due to unexpected circumstances, the doctor will be delayed for 30 minutes. Could you wait for him?
W Well, I wish I could, but I have a meeting with a client at 3 P.M.
M Then, can I reschedule your appointment?
W No, I won't be here until next month because of a business trip, so it will be hard to schedule another appointment. I'm just here to have **48** a regular checkup, so I think it will be okay to see another doctor right now.
M Okay, then I'm going to put you into Dr. Olson's office right now. **49** In the meantime, why don't you take a seat in the waiting room? It won't take long.

47-B
48-C
48-A

47. What does the man explain to the woman?
(A) Some unexpected weather is coming.
(B) A computer system is not working properly.
(C) She should come back tomorrow.
(D) She needs to wait for some time.

48. What does the woman want to do?
(A) Attend the conference
(B) Meet Dr. Parker
(C) Reschedule an appointment
(D) See a doctor immediately

49. What does the man tell the woman to do?
(A) Sit in a waiting room
(B) Fill out a form
(C) Return later today
(D) Postpone a meeting

남자의 설명 / 상
ㄴ 남자의 첫 번째 대사에 집중하자.

여 / 원하는 것
ㄴ 후반부의 여자 대사에 집중하자.

남 / 요청 및 제안 / 하
ㄴ 남자의 요청 / 제안 표현에 집중하자.

여 안녕하세요. 제 이름은 Polly Wayne이고 2시에 Parker 선생님과 약속이 있습니다.
남 안녕하세요, Wayne 씨. 시스템을 확인해 보겠습니다. 음, 죄송하지만 예기치 못한 상황 때문에 선생님 만나는 게 30분 정도 지연될 것 같습니다. 기다리시겠습니까?
여 음, 저도 그러고 싶지만 오후 3시에 고객과 회의가 있어요.
남 그러면, 약속 시간을 변경하시겠습니까?
여 아니요, 다음 달까지 출장으로 제가 이곳에 없어서 다른 시간으로 일정 잡는 건 힘들 것 같습니다. 저는 그냥 정기검진 때문에 이곳에 왔으니, 지금 다른 의사 선생님께 진료를 받아도 괜찮을 것 같습니다.
남 알겠습니다. 그러면 Olson 선생님의 진료실로 바로 넣어 드리겠습니다. 그동안 대기실에서 앉아 계시겠습니까? 오래 걸리지 않을 겁니다.

47. 남자가 여자에게 무엇을 설명하고 있는가?
(A) 예기치 못한 날씨가 찾아오고 있다.
(B) 컴퓨터 시스템이 제대로 작동하고 있지 않다.
(C) 그녀는 내일 돌아와야 한다.
(D) 그녀는 조금 기다려야 한다.

48. 여자는 무엇을 하기를 원하는가?
(A) 학회 참석
(B) Parker 선생님과의 만남
(C) 약속 시간 재조정
(D) 의사 선생님과의 즉각적인 만남

49. 남자는 여자에게 무엇을 하라고 말하는가?
(A) 대기실에 앉아 있기
(B) 양식 작성하기
(C) 오늘 오후에 다시 오기
(D) 회의 연기하기

47 문제에 남자가 언급되면 남자의 대사에 답이 나온다.

STEP 1 대부분 문제에서 남자에 대해 물어보면 남자 대사에 답이 있고, 여자에 대해 물어보면 여자 대사에 답이 있다.

남자가 여자에게 설명한 것이 무엇인지 묻는 문제로, 남자의 대사에 집중해야 한다. 지문의 "I'm sorry but due to unexpected circumstances, the doctor will be delayed for 30 minutes."에서 예기치 못한 상황 때문에 늦어지고 있어서 기다려야 함을 설명하고 있다. 그러므로 정답은 (D)이다.

STEP 2 함정 유형 및 오답 패턴

(A) Some unexpected weather is coming.
▶ **unexpected**는 언급되었으나 **weather**는 언급되지 않았으므로 오답이다.
(B) A computer system is not working properly. ▶남자가 **computer system**을 확인했으므로 오답이다.
(C) She should come back tomorrow. ▶여자의 약속일은 오늘이므로 오답이다.
(D) **She needs to wait for some time.** ▶정답

48 여자가 원하는 바는 여자 본인이 직접 말한다.

STEP 1 여자가 원하는 바를 묻는 문제는 후반부의 여자 대사에서 확인하자.

여자가 원하는 것이 무엇인지 묻는 문제로, 여자의 대사에서 정답을 파악해야 한다. 지문의 "I think it will be okay to see another doctor right now"에서 여성은 지금 Parker 선생님이 아닌 다른 선생님에게 진료를 받아도 괜찮다고 언급하고 있다. 그러므로 정답은 (D) See a doctor immediately이다.

STEP 2 함정 유형 및 오답 패턴

(A) Attend the conference ▶**business trip**에서 **conference**를 연상한 오답이다.
(B) Meet Dr. Parker ▶Parker 씨와의 진료가 불가능함이 언급되어 있으므로 오답이다.
(C) Reschedule an appointment ▶지문에 언급되었지만 여성의 출장 때문에 불가능하다.
(D) **See a doctor immediately** ▶정답

49 요청과 제안 문제의 힌트는 대화 후반부에 You로 언급된다.

STEP 1 남자의 요청은 남자의 마지막 대사에서 확인하자.

요청은 상대방에게 하는 것이므로 남자의 마지막 대사 "why don't you take a seat in the waiting room?"에서 대기실에서 잠시 앉아 있어 달라고 요청하고 있다. 따라서 정답은 (A).

STEP 2 함정 유형 및 오답 패턴

(A) **Sit in a waiting room** ▶정답
(B) Fill out a form
(C) Return later today ▶지문에서 언급되지 않아서 오답이다.
(D) Postpone a meeting ▶**meeting**은 언급되어 있지만 미루는 내용은 없다.

어휘 appointment 약속 unexpected 예상치 못한 delay 미루다, 지체시키다 client 고객, 의뢰인 business trip 출장 regular checkup 정기검진 office 진료실 take a seat 자리에 앉다

Questions 50-52 refer to the following conversation.

M   Michelle, as you know, a new system has been put in place in Detroit and Denver plants. In accordance with the new system, we **50** need to have a safety training session for their employees.
W   You're right. If we train them together, we can save a lot of money.
M   That sounds good. In which city should we hold the training? I think **51** the number of employees in each plant is almost the same.
W   It costs a lot to travel to Denver at this time of year.
M   That's true. I'll talk to the training coordinator to see what she thinks. **52**

50-A
50-D

52-A

51-A   51-D

50. What are the speakers discussing?
(A) Replacing an old system
(B) **Planning a training session**
(C) Assigning a budget
(D) Operating a factory

주제 / 상
ㄴ. 첫 번째 문장에 집중하자.

51. Why does the woman say, "It costs a lot to travel to Denver at this time of year"?
(A) Another option for the transportation will be needed.
(B) **A different location should be chosen.**
(C) She doesn't want to transfer to Denver.
(D) She needs to take her vacation.

여 / 화자 의도 파악
ㄴ. 문장의 앞뒤 문맥을 파악하자.

52. What will the man do next?
(A) Review the task
(B) Postpone the event
(C) Send another director
(D) **Contact his colleague**

남 / 미래 / 하
ㄴ. 후반부 남자의 말, I'll ~에 집중하자.

남   Michelle 씨, 아시다시피, 디트로이트와 덴버 공장에 새로운 시스템이 설치되었습니다. 신규 시스템에 부합하게, 그쪽 직원들에게 안전교육을 실시해야 합니다.
여   맞습니다. 우리가 그들을 함께 교육시키면, 많은 비용을 절약할 수 있지요.
남   좋은 생각입니다. 어느 도시에서 연수회를 진행해야 할까요? 각 공장의 직원 수는 거의 동일한 것 같습니다.
여   이 시기에 덴버까지 가는 데는 비용이 많이 듭니다.
남   맞아요. 연수 진행자에게 말해서 어떻게 생각하는지 확인해 보겠습니다.

50. 화자들은 무엇을 논의하고 있는가?
(A) 낡은 시스템 교체
(B) **연수회 기획**
(C) 예산 할당
(D) 공장 운영

51. 여자는 왜 "It costs a lot to travel to Denver at this time of year(이 시기에 덴버까지 가는 데는 비용이 많이 듭니다)" 라고 말하는가?
(A) 다른 교통수단 선택이 필요할 것이다.
(B) **다른 장소가 선정되어야 한다.**
(C) 그녀는 덴버로 전근하기를 원하지 않는다.
(D) 그녀는 휴가를 갈 필요가 있다.

52. 남자는 다음에 무엇을 할 것인가?
(A) 업무 검토
(B) 행사 연기
(C) 다른 감독관 파견
(D) **그의 동료에게 연락**

50 주제나 목적을 묻는 문제는 처음 두 줄에 답이 있다.

STEP 1 대화의 주제를 묻는 문제는 보통 첫 문장을 들으면 해결할 수 있다. 대화를 처음부터 끝까지 다 듣고 나서 답을 고르기보다 우선 보기의 내용을 파악한 다음 대화의 앞부분을 들으면서 답을 결정해야 한다.

지문의 "In accordance with the new system, we need to have a safety training session for their employees."에서 새로운 시스템이 도입되면서, 직원들에게 안전교육을 실시해야 함이 언급되어 있다. 그러므로 정답은 (B) Planning a training session이다.

STEP 2 함정 유형 및 오답 패턴

(A) Replacing an old system ▶이미 실시가 끝난 사안으로 시제 불일치이다.
(B) Planning a training session ▶정답
(C) Assigning a budget
(D) Operating a factory ▶plant는 언급되었지만 operating에 대한 언급은 없다.

51 " "의 화자 의도 파악 문제는 포괄적으로 설명한 보기가 정답이다.

STEP 1 화자의 의도 파악 문제의 표현은 주로 앞뒤 문맥을 연결하는 역할을 하므로, 주변 문맥을 파악해야 정확한 의미와 화자의 의도를 이해할 수 있다.

남자의 첫 대사 "a new system has been put in place in Detroit and Denver ~ we need to have a safety training session for their employees"에서 디트로이트와 덴버 공장에 새 시스템이 설치되었기 때문에, 직원들의 안전교육 실시 필요성을 언급하고 있다. 그 다음 남자의 대사인 "In which city should we hold the training? I think the number of employees in each plant is almost the same."에서 두 공장의 직원 수는 거의 동일하기 때문에 어느 지역에서 진행할지 묻고 있다. 그러자 여자는 요즘 이 시기에 덴버까지 가는 데 비용이 많이 든다고 언급하고 있다. 그러므로 여자의 대사에서 덴버를 제외한 다른 곳이 선택될 것임을 알 수 있으므로 정답은 (B)이다.

STEP 2 함정 유형 및 오답 패턴

(A) Another option for the transportation will be needed. ▶travel에서 transportation을 연상한 오답이다.
(B) A different location should be chosen. ▶정답
(C) She doesn't want to transfer to ~~Denver~~. ▶전근에 관한 얘기는 없다.
(D) She needs to take her ~~vacation~~. ▶travel에서 vacation을 연상한 오답이다.

52 앞으로 일어날 일을 묻는 문제는 I'll ~/Let's ~에서 처음 들리는 동사가 정답이다.

STEP 1 남자의 미래 문제는 후반부 남자의 대사에서 답이 나온다.

남자의 마지막 대사 "I'll talk to the training coordinator to see what she thinks."에서 연수 책임자에게 이야기를 해보겠다고 언급되어 있으므로 '동료에게 연락하겠다'는 (D)가 정답이다.

STEP 2 함정 유형 및 오답 패턴

(A) Review the task ▶hold the training에서 review를 연상한 오답이다.
(B) Postpone the event
(C) Send another director
(D) Contact his colleague ▶정답

어휘 system 체계, 시스템, 장치 plant 공장 in accordance with ~에 따라서, ~에 부합되게
safety training 안전교육 the number of ~의 수 coordinator 진행자

Questions 53-55 refer to the following conversation.

M Jane, our winter sportswear sales were low in November. They were not what we had expected, were they?
W Well, I heard that a new promotional event will start soon. So, we should wait and see what will happen in a few weeks.
M Yeah. I know, but it's toward the end of the season.
W You're right. This time of the year should be busy with a number of orders.
M I've got an idea. Why don't we try to contact some resorts and hotels about displaying our showcases and offering special discounts to their guests?
W That sounds good. I'll make a list of hotels and resorts.

53. What kind of business do the speakers most likely work for?
(A) A clothing store
(B) An advertising firm
(C) A resort
(D) A travel agency

직업, 장소 / 상
└ 첫 번째 문장에 집중하자.

54. What does the man imply when he says, "It's toward the end of the season"?
(A) He wants to encourage staff members to cheer up.
(B) His team will finish a project soon.
(C) A clearance sale should be held.
(D) The promotion will begin too late.

남 / 화자 의도 파악
└ 문장의 앞뒤 문맥을 파악하자.

55. What does the woman offer to do?
(A) Compile a list
(B) Send some vouchers to guests
(C) Select some items for discounts
(D) Make a reservation

여 / 제안 / 하
└ 후반부 여자의 말, 권유 / 제안에 집중하자.

남 Jane 씨, 저희 겨울 운동복 판매량이 11월에 저조했습니다. 저희가 예상했던 것이 아닙니다. 그렇죠?
여 글쎄요, 신규 홍보 행사가 조만간 시작될 예정이라고 들었습니다. 그러니까 몇 주 후에 어떤 일이 일어날지 두고 봐야겠지요.
남 예. 저도 알고 있는데요. 시즌 마지막이 다가오고 있습니다.
여 맞아요. 이맘때가 주문이 많아 바빠야 하는 거죠.
남 저한테 생각이 하나 있습니다. 리조트와 호텔에 연락을 취하는 건 어떨까요? 저희 제품 진열 전시와 투숙객에게 특별 할인 제공 관련해서 말이죠.
여 좋은 생각입니다. 제가 호텔과 리조트 목록을 만들어 드리겠습니다.

53. 화자들이 근무하고 있는 업체는 어디일 것 같은가?
(A) 의류 가게
(B) 광고 회사
(C) 리조트
(D) 여행사

54. 남자가 "It's toward the end of the season(시즌 마지막이 다가오고 있습니다)"라고 말한 의도는 무엇인가?
(A) 그는 직원들이 힘내도록 격려하고 싶어 한다.
(B) 그의 부서가 곧 프로젝트를 끝낼 것이다.
(C) 재고 정리 세일이 진행되어야 한다.
(D) 홍보가 너무 늦게 시작될 것이다.

55. 여자는 무엇을 하기를 제안하는가?
(A) 목록 작성
(B) 고객들에게 상품권 전송
(C) 할인 물품 선정
(D) 예약

53 장소/직업은 대화의 전반부에 답이 들린다.

STEP 1 첫 두 줄에서 **our/your/this/here**의 표현과 함께 들리는 장소/직업 명사가 정답이 된다.

화자들의 근무 업체를 묻는 문제로, "our winter sportswear sales were low in November"에서 화자들은 겨울 운동복 판매와 관련된 일을 하는 게 언급되어 있다. 그러므로 화자들의 근무지는 (A) A clothing store이다.

STEP 2 함정 유형 및 오답 패턴

(A) **A clothing store** ▶정답
(B) An advertising firm ▶**promotional event**에서 연상한 오답이다.
(C) A resort ▶후반부에 언급되지만, 화자들의 근무지가 아니라 해결 방안과 함께 언급되므로 오답이다.
(D) A travel agency

54 " "의 화자 의도 파악 문제는 해당 위치에서 연결어를 확보하자.

STEP 1 문맥 문제는 앞 사람의 말에 대해 답변/반응을 하는 것이 대부분이므로, 앞 사람의 대사에서 들리는 '특정 단어'를 포함하거나 관련된 보기가 정답이 된다. 특히 해당 위치의 연결어가 있다면 긍정/부정의 의미로 정답을 구분해야 한다.

기준 문장 앞의 문장인 "a new promotional event will start ~ will happen in a few weeks"에서 곧 홍보 행사가 진행되며 그 이후에 어떻게 상황이 진행되는지를 두고 봐야 한다고 언급하고 있다. 또 기준 문장 앞에 역접이나 반전을 나타내는 접속사 **but**으로 상황이 반전되었음이 알 수 있다. 그러므로 앞문장과 반대되는 내용을 설명하는 (D)가 정답이다.

STEP 2 함정 유형 및 오답 패턴

(A) He wants to encourage staff members to cheer up.
(B) His team will finish a project soon. ▶**end**와 같은 의미의 단어 **finish**는 소거한다.
(C) A clearance sale should be held. ▶**promotional event**에서 **sale**을 연상한 오답이다.
(D) **The promotion will begin too late.** ▶정답

55 제안, 요구 사항이나 미래 일정은 후반부에 답이 있다.

STEP 1 요구나 제안 이외에 **offer question**은 **you**가 아닌 **I will/Let me**와 같이 '내가 ~해 주겠다'의 내용이 답이 된다.

여자의 미래는 여자의 대사에서 등장하며, "I'll make a list of hotels and resorts."에서 호텔과 리조트 목록을 만들 예정이라고 언급되어 있다. 그러므로 여자가 다음에 해야 할 일인 (A) Compile a list가 정답이다. 지문에서 언급된 make a list는 compile a list로 paraphrasing되었다.

STEP 2 함정 유형 및 오답 패턴

(A) **Compile a list** ▶정답
(B) Send some vouchers to guests ▶손님에게 **vouchers**가 아닌 **special discounts**를 제공하므로 오답이다.
(C) Select some items for discounts ▶**discounts**는 언급되었지만 **select some items**에 관한 언급은 없다.
(D) Make a reservation ▶**hotels**와 **resorts**에서 연상한 오답이다.

어휘 sportswear 스포츠 웨어, 운동복 sales 판매량 low 낮은 expect 예상하다, 기대하다 promotional 홍보의 toward ~ 쪽으로 a number of 다수의 contact 연락하다 display 전시하다

Questions 56-58 refer to the following conversation.

M   Hi, Adeline. Did you see the contract I left on your desk? The board of directors decided to start the project next year, so we need to **56** revise the terms and conditions.
W   Oh, I didn't know that. Actually, I'm leaving for a meeting now and **57** will be back around noon. I think it will be better if you stop by my office and tell me everything in detail. Can you do that for me? **58**
M   Sorry, but I have an appointment with a client early this afternoon. Why don't you ask Lorraine? She was in the board meeting, so she knows more than I do.
W   All right. I'd better call her now.

56-B
57-C
58-C

56. What is the main topic of the conversation?
(A) Revising a document
(B) Seeing a ~~contractor~~
(C) Finishing a report
(D) Meeting a client

주제 / 상
ㄴ. 첫 번째 문장에 나오는 공통 단어들에 집중하자.

57. Why does the woman say, "I'm leaving for a meeting now"?
(A) ~~She~~'s asking the ~~man~~ to ~~extend a deadline~~.
(B) She is not able to ~~attend the meeting~~.
(C) She ~~has already prepared for~~ the project.
(D) She does not have time to look at a document.

여 / 화자 의도 파악
ㄴ. 문장의 앞뒤 문맥과 연결어를 파악하자.

58. What does the man say he will do this afternoon?
(A) ~~Attend~~ the board meeting
(B) Meet with a client
(C) ~~Contact a colleague~~
(D) Prepare a budget

남 / 미래 / this afternoon / 하
ㄴ. 후반부 남자의 I'll ~ 또는 미래 표현에 집중하자.

남   안녕하세요, Adeline 씨. 제가 책상에 놓은 계약서 보셨나요? 이사회가 내년에 그 프로젝트를 시작하기로 결정했으니, 저희가 조건을 수정해야 합니다.
여   오, 그건 몰랐어요. 사실 제가 지금 회의 때문에 나가는데 정오쯤 돌아올 겁니다. 제 생각에는 제 사무실에 들러서 전부 상세하게 말씀해 주시는 게 더 좋을 듯합니다. 그렇게 해 주실래요?
남   죄송하지만, 제가 오늘 오후 일찍 고객과 약속이 있습니다. Lorraine 씨에게 요청하는 건 어떤가요? 그녀는 이사회 회의에 참석했으니 저보다 더 잘 알고 있습니다.
여   알겠습니다. 지금 그녀에게 전화해 보겠습니다.

56. 대화의 주제는 무엇인가?
(A) 서류 수정
(B) 계약자 물색
(C) 보고서 마무리
(D) 고객 만나기

57. 여자가 왜 "I'm leaving for a meeting now(제가 지금 회의 때문에 나갑니다)"라고 말하는가?
(A) 그녀는 남자에게 마감일을 연장하라고 요청하고 있다.
(B) 그녀는 회의에 참가할 수 없다.
(C) 그녀는 벌써 프로젝트를 준비했다.
(D) 그녀는 서류를 볼 시간이 없다.

58. 남자가 오늘 오후에 무엇을 할 예정이라고 말하는가?
(A) 이사회 회의 참석
(B) 고객과 만남
(C) 동료에게 연락
(D) 예산서 준비

56 주제나 목적을 묻는 문제는 처음 두 줄에 답이 있다.

STEP 1 대화의 주제를 묻는 문제는 보통 첫 문장을 들으면 해결할 수 있다. 대화를 처음부터 끝까지 다 듣고 나서 답을 고르기보다 우선 보기의 내용을 파악한 다음 대화의 앞부분을 들으면서 답을 결정해야 한다.

남자의 대사 "The board of directors decided to start the project next year, so we need to revise the terms and conditions."에서 이사회 결정으로 프로젝트 계약 조건을 변경해야 게 언급돼 있다. 그러므로 주제는 (A) Revising a document이다.

STEP 2 함정 유형 및 오답 패턴

(A) **Revising a document** ▶정답
(B) Seeing a contractor ▶contract에서 연상한 오답이다.
(C) Finishing a report
(D) Meeting a client ▶남자가 할 일이다.

57 " "로 표시되는 화자 의도와 같은 뜻의 보기는 제거한다.

STEP 1 화자의 의도 파악 문제는 " "의 표면적인 의미가 정답과 바로 연결되지 않는 것이 특징이다. 또 화자의 의도로 주어진 " "에 있는 동일한 단어가 있거나 주어진 " "과 같은 의미의 보기는 오히려 답이 될 확률이 적다.

기준 문장 앞의 "we need to revise the terms and conditions"에서 계약서 조건을 수정해야 함을 언급하고, 여자의 대사 "I didn't know that."에서 몰랐다는 말과 함께 해당 문장이 주어진 후 "and will be back around noon"으로 회의 때문에 계약서를 볼 시간이 없음을 표현하고 있다. 그러므로 정답은 (D)이다.

STEP 2 함정 유형 및 오답 패턴

(A) ~~She~~'s asking the man to extend a deadline. ▶남자가 여성에게 조건을 수정해야 한다고 요청했으므로 오답이다.
(B) She is not able to attend the meeting. ▶같은 뜻의 보기로 오답이다.
(C) She has already prepared for the project. ▶project는 언급되었지만 미래 계획이므로 오답이다.
(D) **She does not have time to look at a document.** ▶정답

58 키워드 문제는 키워드 기준 앞뒤 문장에 답이 위치한다. ▶ this afternoon

STEP 1 특정 키워드에 대해 묻는 문제는 반드시 담화 중의 해당 키워드 앞뒤에서 답이 들린다. 일반적으로는 키워드 뒤에 답이 들리지만 최근에는 키워드보다 앞서 답이 나오는 경우가 있다.

남자의 대사 "I have an appointment with a client early this afternoon"에서 오늘 오후 일찍 고객과 만남이 있음을 언급하고 있다. 그러므로 남자가 오늘 오후에 할 일은 (B) Meet with a client이다.

STEP 2 함정 유형 및 오답 패턴

(A) Attend the board meeting ▶이사회 회의는 과거에 진행되었으므로 오답이다.
(B) **Meet with a client** ▶정답
(C) Contact a colleague ▶여자가 해야 할 일이므로 오답이다.
(D) Prepare a budget

어휘 contract 계약서 board of director 이사회 revise 수정하다 terms and conditions 조건 stop by ~에 들르다 in detail 상세하게

Questions 59-61 refer to the following conversation and Web page.

M   Okay, we've set up all the equipment made for the premieres we're hosting tonight. Do you want me to do anything else?
W   Not really, it looks perfect to me. The movie starts at 8 o'clock, so we should wait till then.
M   Sure. What do you think about taking a break with a cup of coffee and some cake? There are some nice cafés downtown. ARRIS Coffee is the closest and they have great dessert as well.
W   Not this time. We always go there whenever we are here. Let's try someplace new. How about this one? It's only two kilometers away.
M   I have heard about that place a lot. You know, one of my coworkers, Kate, she really fancies their drip coffee. I will call her and ask what the best dessert there is.
W   Okay, then I will see you guys in the lobby in five minutes.

Cafés Near Me

Café	Distance
ARRIS Coffee	0.5 km
Towers Break	1 km
Hasbro's House	2 km
Adobe's Café	2.5 km

59. What will happen at 8:00?
(A) Some equipment will be delivered.
(B) A film will be premiered.
(C) A tour will be held.
(D) A presentation will start.

60. Look at the graphic. Which café do the speakers decide on?
(A) ARRIS Coffee
(B) Towers Break
(C) Hasbro's House
(D) Adobe's Café

61. What will the man do next?
(A) Get a recommendation
(B) Pay a parking fee
(C) Give some instructions
(D) Make a reservation

59 키워드 문제는 키워드 기준 앞뒤 문장에 답이 위치한다. ▶ at 8:00

STEP 1 특정 키워드에 대해 묻는 문제는 반드시 담화 중의 해당 키워드 앞뒤에서 답이 들린다. 일반적으로는 키워드 뒤에 답이 들리지만 최근에는 키워드보다 앞서 답이 나오는 경우가 있다.

여자의 대사 "The movie starts at 8 o'clock, so we should wait till then."에서 영화가 8시에 시작하는 게 언급되어 있다. 그러므로 정답은 (B)이다. 지문에서 언급된 start가 be premiered로 paraphrasing되었음을 유의하자.

STEP 2 함정 유형 및 오답 패턴

(A) Some equipment ~~will be delivered~~. ▶equipment는 언급되지만 이미 설치를 끝냈으므로 오답이다.
(B) A film will be premiered. ▶정답
(C) A tour will be held. ▶host와 유사 어휘인 hold를 이용한 오답이다.
(D) A presentation will start.

60 대화에서 언급된 내용은 정답이 아니다.

STEP 1 보기가 카페 이름이므로 시각 자료에서 그 외의 부분을 확인하면서 담화를 들어야 한다. 따라서 거리와 관련된 단어를 들어야 한다.

보기에는 카페 이름이 언급되어 있으므로 대화에서는 시각 자료에서 카페 이름을 제외한 그 외 정보를 파악하면서 대화에 집중하자. 남자는 "ARRIS Coffee is the closest and they have great dessert as well."에서 ARRIS Coffee에 가자고 제안했지만 여자가 "Not this time."으로 거절한 후, "Let's try someplace new. How about this one? It's only two kilometers away."에서 2킬로미터 떨어져 있는 새로운 장소에 가자고 제안하므로 시각 자료에서 2km 떨어진 곳에 해당하는 (C) Hasbro's House가 정답이다.

61 미래 정보는 대화 후반부에 나오는 주로 I'll ~에 정답이 있다.

STEP 1 다음 행위(미래 정보)를 묻는 문제는 주로 당사자의 대사에서 정답을 알 수 있다.

남자의 미래는 남자의 대사에 등장하며, "I will call her and ask what the best dessert there is."에서 동료에게 전화를 걸어 어떤 디저트가 맛있는지 확인해 보겠다고 언급되었다. 그러므로 정답은 (A) Get a recommendation이다.

STEP 2 함정 유형 및 오답 패턴

(A) Get a recommendation ▶정답
(B) Pay a parking fee ▶coffee와 유사 발음인 fee를 이용한 오답이다.
(C) Give some instructions
(D) Make a reservation ▶that place를 듣고 연상한 오답 보기이다.

어휘 set up 설치하다 equipment 장비 premiere 개봉(하다), 초연(하다) host 주최하다, 진행하다
till then 그때까지 take a break 잠시 쉬다 downtown 시내에 whenever ~일 때마다
someplace 어딘가, 어떤 장소 away 떨어진 곳에 fancy 반하다, 원하다 coworker 동료

Questions 62-64 refer to the following conversation and signs.

M Welcome to McComic Food, Mary. Congratulations on being a new employee in our company.
W Nice to meet you. I'm so excited to start the orientation today.
M Before beginning, I'd like to brief you on the schedule. First, we're going to give you a tour of the laboratory where you'll work. As the sign indicates, you'll need **62** to keep all of your belongings in a locker next to the entrance of the laboratory. **62–C**
W Does that include my cell phone? **63–D**
M Yes. Everything you see inside should be kept confidential, so phones aren't allowed.
W I understand. By the way, I received a call yesterday saying that I should bring three recommendation letters and my portfolio. **63**
M That's right. You should submit them to the Human Resources Department **64** after we're done. And after the tour of the laboratory, I'll introduce you to your **64–D** supervisor, Matthew, in the cafeteria on the first floor.

| **1** Sign up at the information desk | **2** Enter a dustproof room |
| **3** Wear protective garments | **4** Leave all items |

62. Look at the graphic. Which sign does the man refer to?
(A) Sign 1
(B) ~~Sign 2~~
(C) ~~Sign 3~~
(D) **Sign 4**

남자 / 상
ㄴ. 첫 번째 남자의 말과 시각 자료의 내용을 파악하자.

63. What did the woman bring today?
(A) **A collection of documents**
(B) A signed contract
(C) A journal
(D) ~~A cell phone~~

여 / bring / today
ㄴ. 여자의 말, I로 시작하는 현재 혹은 과거시제에 집중하자.

64. What will the man do at the end of the tour?
(A) ~~Submit some documents~~
(B) **Meet her supervisor**
(C) ~~Fill out a form~~ on the first floor
(D) Receive a ~~souvenir~~

남 / 미래 / at the end of the tour
ㄴ. 후반부의 남자 말 중 미래시제에 집중하자.

남 McComic Food에 오신 것을 환영합니다. Mary 씨, 저희 회사 신입사원이 되신 것을 축하드립니다.
여 만나 뵙게 되어 반갑습니다. 오늘 시작하는 오리엔테이션에 마음이 무척 설렙니다.
남 시작하기 전에, 일정에 대해 간략히 알려드리겠습니다. 먼저, 저희는 Mary 씨가 일하게 될 실험실을 둘러볼 것입니다. 표지판에서 알려드리는 대로, 소지품은 모두 실험실 출입문 옆 사물함에 두시기 바랍니다.
여 휴대폰도 포함되나요?
남 네, 안에서 보실 모든 구역이 기밀로 유지되어야 해서 전화 반입은 허용되지 않습니다.
여 이해합니다. 그런데, 어제 추천서 세 통과 포트폴리오를 가져와야 한다는 전화를 받았습니다.
남 맞습니다. 그건 이 오리엔테이션이 끝난 후 인사부에 제출하면 됩니다. 그리고 실험실 견학이 끝난 후, 1층 구내식당에서 당신의 상사인 Matthew 씨를 소개해드리겠습니다

| **1** 안내데스크에서 신청하세요 | **2** 먼지 차단 방에 들어가세요 |
| **3** 보호복을 착용하세요 | **4** 모든 물품을 놔두세요 |

62. 시각 자료를 보시오. 남자가 언급하는 표지판은 무엇인가?
(A) 표지판 1 (B) 표지판 2
(C) 표지판 3 **(D) 표지판 4**

63. 여자는 오늘 무엇을 가져왔는가?
(A) 서류 모음
(B) 서명한 계약서
(C) 학술지
(D) 휴대폰

64. 견학 끝에 남자는 무엇을 할 것인가?
(A) 서류 제출하기
(B) 여자의 상사를 만나기
(C) 1층에서 서류 작성하기
(D) 기념품 받기

62 답의 위치를 예측하면서 보기에 집중하라.

STEP 1 답은 순서대로 대화에 배치되므로 전체 내용을 다 듣고 답을 고르기보다는 문제 위치에 따라 해당 보기에 집중해 듣는다. 보기에 있는 단어나 관련 단어가 들리는지 최대한 집중한다.

남자가 언급한 시각 자료가 무엇인지 첫 번째 문제로 묻고 있다. 답은 순서대로 배치되기 때문에 상단부의 남자 대사에서 시각 자료 중 어느 부분과 관련된 단어가 들리는지 집중한다. 남자 대사 "you'll need to keep all of your belongings in a locker"에서 모든 소지품을 사물함에 두라고 언급하고 있다. 따라서 정답은 (D)이다.

– 대화의 구체적인 단어는 보기의 포괄적인 단어로 **paraphrasing**된다.
all of your belongings → all items

STEP 2 함정 유형 및 오답 패턴

(A) Sign 1
(B) Sign 2
(C) Sign 3 ▶지문의 laboratory를 protective garments로 연상한 오답이다.
(D) Sign 4 ▶정답

63 문제에 여자가 언급되면 여자의 대사에 답이 나온다.

STEP 1 여자에 대해 묻는 문제는 여자 대사에 답이 있다.

여자가 오늘 가져온 것을 묻고 있다. 여자의 대사 "I received a call yesterday saying that I should bring three recommendation letters and my portfolio"에서 여기에 가져와야 할 추천서와 포트폴리오에 대한 전화를 어제 받았다고 언급하고 있으므로 여자가 오늘 가져온 것은 (A)임을 알 수 있다.

– 대화의 구체적인 단어는 보기의 포괄적인 단어로 **paraphrasing**된다.
three recommendation letters and my portfolio → (A) A collection of documents

STEP 2 함정 유형 및 오답 패턴

(A) **A collection of documents** ▶정답
(B) A signed contract
(C) A journal
(D) A cell phone ▶**cell phone**을 반복 이용한 오답이다.

64 미래 정보는 대화 후반부에 나오는 I'll ~이 정답이다.

STEP 1 문제의 키워드 **at the end of the tour**를 확인하자.

남자의 미래는 남자의 마지막 대사에서 확인하자. "after the tour of the laboratory, I'll introduce you to your supervisor, Matthew, in the cafeteria on the first floor"에서 실험실 견학이 끝난 후, 1층에 있는 구내식당에서 상사를 소개시켜 줄 것이라고 언급하고 있으므로 여자의 상사를 만난다는 (B)가 정답이다.

STEP 2 함정 유형 및 오답 패턴

(A) Submit some documents ▶오리엔테이션이 끝난 후에 할 일이다.
(B) **Meet her supervisor** ▶정답
(C) Fill out a form on the first floor ▶**first floor**는 언급되었지만, 서류를 작성한다는 언급은 없으므로 오답이다.
(D) Receive a souvenir ▶**tour**에서 **souvenir**를 연상한 오답이다.

어휘 brief ~에게 (~에 대해) 간단히 알려주다   laboratory 실험실   belongings 소지품   look around 둘러보다   confidential 비밀의, 기밀의   submit 제출하다   dustproof 먼지를 막는   garment 옷

Questions 65-67 refer to the following conversation and invitation.

M   Hello, this is Clark Peters from Marcus Marketing Firm. I've just received the sample invitation, and you did great work.
W   Hi, Clark. I'm glad you like it. Once you finish checking the information on ⑥⑤ the sample, I'll have the printing department print the invitations out right away. Does everything look okay?
M   Well, I think it seems perfect. Wait, I found an error! We originally reserved ⑥⑥ the Emerald Hall for 100 people, but the number of participants is expected to be higher than last year, so management decided to reserve the Diamond Hall instead, which can accommodate about 200 people.
W   Okay, got it. Anything else?
M   That's all.
W   Sounds good. Your invoice said that you'd like to receive some copies of the invitation at your office, right?
M   Yes, when will they be delivered?
W   The printing work will be completed by Thursday and we will be shipping ⑥⑦ them by overnight delivery, so you should receive them the next day.

65–C
65–D

You're Invited to the 10th Anniversary of Marcus Marketing Firm!
Friday, November 21, 6:00 P.M.
Emerald Hall, Montreal Boutique Hotel
RSVP to Cindy Wong 532-4661

65. What did the woman ask the man to do?
(A) Review some work   (B) Send an e-mail
(C) Check a reservation (D) Visit a printing shop

66. Look at the graphic. What should be changed?
(A) The title   (B) The date
(C) The place   (D) The phone number

67. When will the man probably receive the delivery?
(A) On Wednesday   (B) On Thursday
(C) On Friday   (D) On Saturday

여자 / 상 / 요청했던 것
↳ 여자의 첫 번째 말에 집중하자.

시각 자료 / 변경돼야 하는 것
↳ 문제점에 대한 언급과 시각 자료의 내용을 연결시킨다.

남 / 미래 / 받을 시점
↳ 후반부의 남자 말 중 미래시제에 집중하자.

남 안녕하세요. Marcus Marketing Firm의 Clark Peters예요. 방금 초대장 샘플 받았는데 참 잘해 주셨어요.
여 안녕하세요, Clark 씨. 맘에 드신다니 기쁘네요. 샘플의 정보 확인이 끝나시면 인쇄부에 바로 초대장 출력하라고 하겠습니다. 모든 게 괜찮나요?
남 음, 완벽한 것 같은데요. 잠시만요, 오류를 찾았어요! 저희는 원래 100명을 위해 Emerald Hall을 예약했지만 행사 참석자 수가 작년보다 더 많을 것으로 예상돼서 경영진이 약 200명을 수용할 수 있는 Diamond Hall을 대신 예약하기로 결정했습니다.
여 그렇군요. 알겠습니다. 다른 것은 없나요?
남 그게 다입니다.
여 좋습니다. 송장에는 귀하의 사무실로 초대장 몇 부를 받고 싶다고 되어 있는데 맞나요?
남 맞아요, 언제 배송될까요?
여 인쇄가 목요일까지 완료될 거고 저희가 익일 배송할 예정입니다. 따라서 그 다음날 받게 되실 겁니다.

Marcus Marketing Firm의 10주년에 귀하를 초대합니다!
11월 21일 금요일 오후 6시
Montreal Boutique Hotel 내 Emerald Hall
532-4661로 Cindy Wong에게 빠른 회신 부탁드립니다.

65. 여자는 남자에게 무엇을 하라고 요청했는가?
(A) **작업물 검토**   (B) 이메일 발송
(C) 예약 확인   (D) 인쇄소 방문

66. 시각 자료를 보시오. 무엇이 변경되어야 하는가?
(A) 제목   (B) 날짜
(C) **장소**   (D) 전화번호

67. 남자는 배달을 언제 받을 것인가?
(A) 수요일에   (B) 목요일에
(C) **금요일에**   (D) 토요일에

65 과거에 관한 질문은 대화의 전반부에, 미래는 후반부에 힌트가 나온다.

STEP 1 답은 순서대로 대화상에 배치되기 때문에 문제의 위치에 따라 해당 보기에 집중하여 듣는다.

여자가 남자에게 요청했던 것을 묻는 문제이므로, 여자의 첫 번째 말을 확인하자. 첫 번째 남자의 말에서 I've just received the sample invitation, and you did great work.로 여자의 작업물을 받았음을 알 수 있고, 여자의 말 Once you finish checking the information on the sample, I'll have the printing department print the invitations out right away. Does everything look okay?에서 남자가 확인을 끝내면 바로 인쇄부서로 넘길 것이라고 하면서 모든 것이 괜찮은지를 묻고 있다. 따라서 작업물에 대한 검토를 요청했음을 알 수 있다. 정답은 (A).

STEP 2 함정 유형 및 오답 패턴

(A) Review some work ▶정답
(B) Send an e-mail
(C) Check a reservation ▶reservation의 언급은 없다.
(D) Visit a printing shop ▶printing department로 넘길 것이라는 미래에 대한 언급이므로 오답이다.

66 Brochure/Coupon은 잘못된 정보를 찾는 것이 정답이다.

STEP 1 해당 자료는 보이는 정보가 많기 때문에, 표에 나열되어 있는 정보를 기준으로 들리는 대사와 일치하는지 불일치하는지 확인하자.

변경해야 하는 정보는 문제점을 언급한 후 말하게 되므로, 남자의 대사 "I found an error!"에서 문제를 제기하고 있고, 이후의 "We originally reserved the Emerald Hall"에서 원래 예약된 장소는 Emeral Hall이지만, "but the number of ~ higher"로 인원 수의 변경이 생겨 장소를 변경해야 함을 알 수 있다. 따라서 정답은 (C) A place이다.

67 미래의 정보를 묻는 next 문제는 마지막 대사의 I will/We will ~을 잡아라!

STEP 1 다음 행위(미래 정보)를 묻는 문제는 주로 당사자의 대사에서 정답을 알 수 있다. 그런데 고난도의 문제들에서는 상대방의 제안이나 요청을 수락함으로써 그것을 하겠다는 의미(결과적으로 미래의 행위)가 되므로 상대가 제안하는 내용이나 요청하는 내용을 잘 들어야 한다.

남자의 미래를 묻는 문제이지만, 여자의 말에서 대화가 끝나므로, 여자의 마지막 대사에서 남자에게 제안하거나 요청하는 표현을 통해 남자의 미래를 예상할 수 있다. 남자의 "when will they be delivered?" 질문에 여자의 "The printing work will be completed by Thursday"에서 작업은 목요일에 완료되고, "and we will be shipping them by overnight delivery"로 익일 배송이 된다고 하며, "so you should receive them the next day"이므로 목요일의 그 다음 날인 금요일에 받을 수 있음을 알 수 있다. 정답은 (C).

STEP 2 함정 유형 및 오답 패턴

(A) On Wednesday
(B) On Thursday ▶인쇄 작업이 완료되어 배송이 되는 날이다.
(C) **On Friday** ▶정답
(D) On Saturday

어휘 print out 출력하다 accommodate 수용하다 invoice 청구서, 송장 receive 받다 deliver 배달하다
overnight delivery 익일 배송

Questions 68-70 refer to the following conversation and graph.

W Mohamad, thanks for meeting me today. I had a meeting with some clients all morning, so this was the only time I was available.
M That's okay. I have finished reviewing the report you sent me yesterday. Last quarter's sales were very impressive! We introduced new menu items for autumn and expected sales to be higher than the previous quarter's, but we recorded the highest volume of sales in 2016.
W You're right. The board of directors were all satisfied with the results. Our success was due to your great ideas, so I want you to develop the new menu for the next season. Have you thought about it all?
M How about chocolate chip and orange scones? This year, orange crop yields have increased greatly, so I think we can make a profit by using oranges.

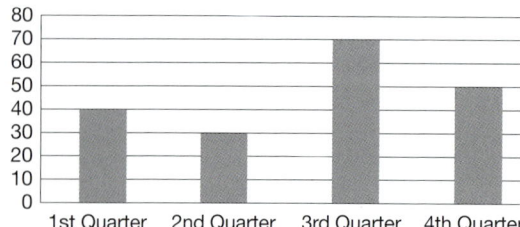

Quarterly Sales in 2016

68. What did the woman do in the morning?
(A) Called some clients
(B) Wrote a report
(C) Attended a meeting
(D) Sent a manual

여자 / 상 / in the morning
ㄴ. 여자 말의 과거시제에 집중하자.

69. Look at the graphic. Which quarter is being discussed?
(A) Quarter 1
(B) Quarter 2
(C) Quarter 3
(D) Quarter 4

시각 자료 / 논의되는 분기
ㄴ. 그래프는 최상급, 서수 등의 언급에 집중하자.

70. What does the man suggest?
(A) Using some fruit
(B) Increasing prices
(C) Launching promotional events
(D) Opening new branches

남 / 제안
ㄴ. 후반부의 남자 말에서 제안 표현에 집중하자.

여 Mohamad 씨, 오늘 만나 주셔서 감사합니다. 제가 아침 내내 고객들과 회의가 있어서 지금만 시간이 가능했습니다.
남 괜찮습니다. 어제 제게 보낸 보고서 검토를 끝냈습니다. 지난 분기 매출이 아주 인상적이었습니다! 저희가 가을 신 메뉴를 출시했고, 판매량이 지난 분기 것보다는 더 높을 거라고 예상했지만 2016년에 가장 높은 판매량을 기록했어요.
여 맞아요. 이사회도 결과에 대해서 모두 만족했습니다. 저희가 성공한 게 당신의 뛰어난 아이디어 덕분이었으니 저는 당신이 다음 시즌용 신 메뉴를 개발해 주셨으면 합니다. 생각해 보셨나요?
남 초콜릿칩과 오렌지 스콘은 어떠세요? 올해, 오렌지 작물 생산량이 크게 증가해서 오렌지를 이용해 수익을 얻을 수 있을 겁니다.

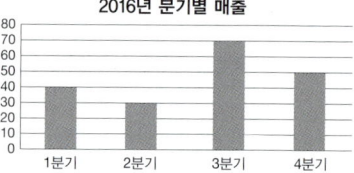

2016년 분기별 매출

68. 여자는 아침에 무엇을 했는가?
(A) 고객에게 전화했다   (B) 보고서를 작성했다
(C) 회의에 참석했다   (D) 안내책자를 보냈다

69. 시각 자료를 보시오. 어떤 분기가 논의되고 있는가?
(A) 1분기   (B) 2분기   (C) 3분기   (D) 4분기

70. 남자는 무엇을 제안하고 있는가?
(A) 과일 사용   (B) 가격 인상
(C) 홍보 행사 런칭   (D) 신규 지점 개장

68 키워드 문제는 키워드 기준 앞뒤 문장에 답이 위치한다. ▶ in the morning

STEP 1   특정 키워드에 대해 묻는 문제는 반드시 대화 중에 나오는 키워드 앞뒤에서 답이 들린다. 일반적으로는 키워드 뒤에 답이 들리지만 최근에는 키워드보다 앞서 답이 나오는 경우가 있다.

키워드 woman / in the morning을 확인하자. 여자의 대사 "I had a meeting with some clients all morning"에서 아침 내내 고객과 회의가 있었다고 언급하고 있으므로 정답은 회의에 참석했다는 (C)이다. 해당 문제도 키워드 앞에 답이 나오는 경우이므로 주의하자.

STEP 2   함정 유형 및 오답 패턴
(A) Called some clients   ▶clients는 언급되었지만 전화했는지는 알 수 없다.
(B) Wrote a report   ▶report를 반복 이용한 오답이다.
(C) Attended a meeting   ▶정답
(D) Sent a manual   ▶sent를 반복 이용한 오답이다.

69 그래프(Graph/Bar/Pie)는 서수, 최상급, 수량에 대한 언급에 답이 나온다.

STEP 1   그래프는 대상의 〈비교〉를 위한 것이므로, 주로 서수, 최상급, 수량 표현으로 정답을 파악한다.

남자의 대사 "but we recorded the highest volume of sales in 2016"에서 2016년 중 가장 높은 수치를 기록했다고 언급하고 있으므로 시각 자료 그래프에서 가장 높은 수치를 나타내는 (C) Quarter 3가 정답이다.

70 제안, 요구 사항이나 미래 일정은 후반부에 답이 있다.

STEP 1   직접적인 권유, 제안, 요구, 요청하는 표현과 평서문의 형태로 간접적으로 '~을 하겠다'고 제안하거나 '~을 하세요' 라고 권유 또는 제안하는 표현을 잡아야 한다.

남자의 마지막 대사 "How about chocolate chip and orange scones?"에서 오렌지를 이용한 메뉴에 대해 언급하므로 과일을 사용하자고 제안하는 것을 알 수 있다.

STEP 2   함정 유형 및 오답 패턴
(A) Using some fruits   ▶정답
(B) Increasing prices   ▶더 저렴하게 제공할 수 있다고 하므로 오답이다.
(C) Launching promotional events   ▶great ideas에서 연상한 오답이다.
(D) Opening new branches

어휘   impressive 인상적인   autumn 가을   highest 가장 높은, 최고의   be satisfied with ~에 만족하다
crops 농작물   yield 수확(량)   make a profit 수익을 내다

Questions 71-73 refer to the following broadcast.

Welcome back to Mina's Morning Today. I'm your host Mina Kang. The city council has recently approved the proposed **construction** **71** for **the new shopping complex which will open next March**. Most of our residents expect that there will be great benefits to our city. However, some issues have been raised among residents. Because two of **four lanes** are closed due to the construction, the **traffic** around the site seems to have gotten worse. To alleviate this problem, the city council will introduce the Two-Shift System which will require residents to only use their cars every other day. **72** Since this is our big decision to the city, **the city will hold a public hearing this Saturday earlier than scheduled**. If you are interested in **73** attending, please **visit the city's Web site**, www.HamingtonCity.go.kr and leave your contact information.

`71-B` `72-B` `72-D` `73-D`

71. What will happen next March?
(A) A proposal will be accepted.
(B) A construction site will open.
(C) A new building will open.
(D) A shopping mall will be closed.

키워드 next March / 상
└. 미래시제에 집중하자.

72. According to the speaker, what has changed?
(A) The construction site
(B) The road expansion
(C) The public hearing date
(D) The transportation system

키워드 changed
└. originally / scheduled처럼 기존을 나타내는 표현에 집중하자.

73. Why does the speaker ask the listeners to visit the Web site?
(A) To sign up to participate
(B) To raise some questions
(C) To take a survey
(D) To check residents' opinions

요청 / Web site / 하
└. please / you should의 표현에 집중하자.

Mina's Morning Today에 오신 것을 환영합니다. 저는 진행자 Mina Kang입니다. 시의회는 내년 3월 오픈 예정인 신규 쇼핑 복합센터의 건설 기획안을 최근 승인했습니다. 거주자들 대부분은 우리 시에 큰 혜택이 있을 거라고 기대하고 있습니다. 하지만, 거주자들 간에 몇몇 문제들이 제기되고 있습니다. 공사 때문에 4개 차선 중 2개가 폐쇄되기 때문에, 현장 주변 교통량이 악화될 것으로 보입니다. 이 문제를 완화하고자, 시의회는 주민들이 차량을 격일로 사용하게 하는 2부제를 도입할 예정입니다. 이는 우리 시에 내리는 중대한 결정이기 때문에, 시에서 예정보다 일찍 이번 주 토요일에 공청회를 진행할 예정입니다. 공청회 참석에 관심 있으시면, 시의 웹사이트 www.HamingtonCity.go.kr을 방문하셔서 연락처를 남겨 주세요.

71. 내년 3월에 무엇이 일어날 것인가?
(A) 제안서가 채택될 것이다.
(B) 공사 부지가 열릴 것이다.
(C) 신규 빌딩이 개장할 것이다.
(D) 쇼핑몰이 폐쇄될 것이다.

72. 화자 말에 따르면, 무엇이 변경되었는가?
(A) 공사 부지
(B) 도로 확장
(C) 공청회 날짜
(D) 수송 체계

73. 화자가 왜 청자들에게 웹사이트를 방문하도록 요청하는가?
(A) 참가 신청을 하도록
(B) 문제 제기를 하도록
(C) 설문 조사를 하도록
(D) 거주자들의 의견을 확인하도록

71 키워드 문제는 키워드 기준 앞뒤 문장에 답이 나온다. ▶ next March

STEP 1 특정 키워드에 대해 묻는 문제는 반드시 담화 중 해당 키워드 앞뒤에서 답이 들린다. 일반적으로는 키워드 뒤에 답이 들리지만 최근에는 키워드 앞에 미리 답이 나오는 경우가 있다.

the new shopping complex which will open next March에서 내년 3월에 쇼핑 복합센터가 개장한다고 언급되어 있다.
– 담화에서 들리는 단어는 구체적이지만 답은 항상 포괄적인 단어로 paraphrasing된다.
new shopping complex → (C) new building

STEP 2 함정 유형 및 오답 패턴

(A) A proposal will be accepted. ▶제안서는 이미 승인되었으므로 오답이다.
(B) A construction site will open. ▶open의 주어는 shopping complex이다.
(C) A new building will open. ▶정답
(D) A shopping mall will be ~~closed~~. ▶closed 언급이 없으므로 오답이다.

72 변경 사항 문제는 earlier / originally의 단어 앞뒤에서 주로 언급된다.

STEP 1 변경 사항을 나타내는 표현 earlier, scheduled, originally에 주의하자.

the city will hold a public hearing this Saturday earlier than scheduled의 ealier than scheduled를 통해 일정이 변경된 걸 알 수 있다. 따라서 정답은 (C) The public hearing date이다.

STEP 2 함정 유형 및 오답 패턴

(A) The construction site ▶construction은 언급되었지만 site 언급은 없다.
(B) The road expansion ▶road의 유사 어휘 lane은 언급되었지만 expansion에 대한 언급은 없다.
(C) The public hearing date ▶정답
(D) The transportation system ▶traffic으로 transportation system을 연상한 오류이다.

73 요청/제안 문제는 하단에 위치하며 please가 대세이다.

STEP 1 PART 4의 요청과 제안은 화자(Speaker)가 청자들(Listeners)에게 지시하는 것으로 질문과 답변의 형태 및 답변이 정해져 있고, 정답과 관련된 내용은 후반부에 등장한다. If you ~, please ~(~한다면, ~하세요)의 제안 표현을 자주 사용하므로 알아두자.

the city will hold a public hearing this Saturday earlier than scheduled. If you are interested in attending, please visit the city's Web site에서 시가 공청회를 진행할 예정이고 참석에 관심이 있으면 웹사이트를 방문하라고 요청하고 있다. 그러므로 정답은 (A) To sign up to participate이다.

STEP 2 함정 유형 및 오답 패턴

(A) To sign up to participate ▶정답
(B) To raise some questions ▶discuss에서 연상한 오답이다.
(C) To take a survey
(D) To check residents' opinions ▶visit the city's Web site에서 연상한 오답이다.

어휘 host 진행자 city council 시의회 approve 찬성하다, 승인하다 propose 제안하다 complex 복합건물 resident 거주자 benefit 혜택, 이득 issue 문제 raise 제기하다 among ~ 중에서 site 현장 get worse 악화되다 alleviate 완화시키다 Two-Shift 2교대 every other day 이틀마다, 격일로 decision 결정 public hearing 공청회 contact information 연락처

Questions 74-76 refer to the following telephone message.

> **74** Hi, Mr. Leed. **This is** Dante's Sporting Goods Store. I'm calling to give you an update on your orders. You ordered one flat bench and two ten-pound dumbbells. According to the invoice, it looks like **75** the bench is going to be delivered this afternoon but the dumbbells you ordered will not arrive yet. In addition, we've received news that a snowstorm is approaching tonight. Due to the weather, it is expected that most of the roads which our delivery trucks usually use will be blocked. To apologize for this delay, all of your shipping **76** charges will be refunded.

74-A
75-B 74-C
76-C
76-D

74. What type of business does the speaker work for?
(A) A ~~fitness center~~
(B) **A sporting goods store**
(C) A ~~newspaper~~ company
(D) An automotive repair shop

직업 / 화자 / 상
ㄴ, This is ~에서 확인하자.

75. What does the speaker say about Mr. Leed's order?
(A) Some of the items are no longer available.
(B) It was mistakenly ~~canceled~~.
(C) **It will be delayed.**
(D) All of his order has been ~~delivered already~~.

키워드 Mr. Leed's order
ㄴ, 이유의 전치사 / 접속사에 집중하자.

76. What will the speaker offer the listener?
(A) **A free delivery**
(B) A beverage voucher
(C) A shipping service ~~upgrade~~
(D) A discount

제안 / 하
ㄴ, 미래 및 제안 표현에 집중하자.

안녕하세요, Leed 씨. Dante's Sporting Goods Store 입니다. 고객님 주문에 관한 최신 내용을 알려드리기 위해 전화드립니다. 고객님은 플랫 벤치 하나와 10파운드 아령 2개를 주문하셨습니다. 청구서에 따르면 오늘 오후에 벤치가 배송될 것으로 보이지만 고객님이 주문하신 아령은 도착하지 않을 것입니다. 게다가, 오늘 밤 눈보라가 다가온다는 소식을 받았습니다. 날씨 때문에 저희 배달 트럭이 평소 사용하는 대부분의 도로가 폐쇄될 것으로 예상됩니다. 지연에 사과드리기 위해 고객님의 배송 비용은 모두 환불될 것입니다.

74. 화자는 어느 종류의 업체에서 일하는가?
(A) 헬스클럽
(B) **스포츠 용품점**
(C) 신문사
(D) 자동차 정비소

75. 화자가 Leed 씨의 주문에 관하여 언급하는 것은 무엇인가?
(A) 물품 중 일부는 더 이상 구매가 불가능하다.
(B) 주문이 실수로 취소되었다.
(C) **주문이 지연될 것이다.**
(D) 그가 주문한 제품 전부가 이미 배송되었다.

76. 화자가 청자에게 무엇을 제공할 것인가?
(A) **무료 배송**
(B) 음료 쿠폰
(C) 배송 서비스 업그레이드
(D) 할인

74 직업/장소는 첫 두 줄의 대명사(I/You/We), 장소 부사(here/this+장소 명사)에서 나온다.

STEP 1 첫 두 줄에서 our, your, this, here의 표현과 함께 들리는 장소/직업 명사가 정답이다.

첫 대사 "This is Dante's Sporting Goods Store"에서 화자가 스포츠 용품점에서 일하고 있음을 알 수 있으므로 정답은 (B)이다.

STEP 2 함정 유형 및 오답 패턴

(A) A fitness center ▶ sporting에서 fitness center를 연상한 오답이다.
(B) A sporting goods store ▶ 정답
(C) A newspaper company ▶ news로 newspaper를 연상한 오답이다.
(D) An automotive repair shop

75 키워드 문제는 키워드 기준 앞뒤 문장에 답이 나온다. ▶ Leed's order

STEP 1 특정 키워드에 대해 묻는 문제는 반드시 지문 중의 해당 키워드 앞뒤에서 답이 들린다. 일반적으로 키워드 뒤에 답이 들리지만 최근에는 키워드 앞에 미리 답이 나오는 경우가 있다.

먼저 order의 동의어로 invoice를 사용할 수 있음을 알아두자. 지문의 "According to the invoice, ~ but the dumbbells you ordered will not arrive yet"에서 화자가 주문한 제품이 도착하지 않아 제품 배송이 지연될 것임을 알려주고 있으므로 정답은 (C)이다.

STEP 2 함정 유형 및 오답 패턴

(A) Some of the items are no longer available.
(B) It was mistakenly canceled. ▶ not arrived에서 canceled를 연상한 오답이다.
(C) It will be delayed. ▶ 정답
(D) All of his order has been delivered already.
▶ 하나는 오늘 오후 도착 예정이고 하나는 배송이 지연될 것이므로 오답이다.

76 제안, 요구 사항이나 미래 일정은 후반부에 답이 있다.

STEP 1 요청과 제안은 질문과 답변의 형태 및 답변의 위치가 고정되어 있고, 정답과 관련된 내용이 지문 후반부에 등장한다.

지문 후반부 "all of your shipping charges will be refunded"에서 배송 비용이 환불될 것임을 언급하고 있으므로 정답은 (A)이다.

STEP 2 함정 유형 및 오답 패턴

(A) A free delivery ▶ 정답
(B) A beverage voucher
(C) A shipping service upgrade ▶ shipping은 언급되지만, upgrade의 언급이 없다.
(D) A discount ▶ charges에서 discount를 연상한 오류이다.

어휘 according to ~에 따르면 invoice 청구서, 주문서 snowstorm 눈보라 approach 다가오다 block 막다, 차단하다 delay 지연, 지체 shipping charge 배송료

Questions 77-79 refer to the following telephone message.

Hello, Marc. This is Meredith. I was glad at seeing you at the hotel & hospitality industry seminar last Saturday. I was sorry that we didn't have enough time to speak with each other after my presentation. Anyway, I was told that you asked some of the presenters for advice on where to hire some skilled receptionists for your new hotel branch. In my case, I use Morgan Employment Agency. They offer a special program which can connect a company with an employee by using detailed analysis. Actually, I have hired five receptionists through the agency until now. I'll be out of the office through this Thursday, so if you want to talk about this further, please give me a call this Friday.

77-A
77-D
77-C
78-C
79-C

77. What did the speaker do last Saturday?
(A) She stayed at the hotel.
(B) She gave a presentation.
(C) She participated in the reception.
(D) She went to a hospital.

키워드 last Saturday / 상
ㄴ. I was / did의 과거시제에 집중하자.

78. What does the speaker mean when she says, "I have hired five receptionists through the agency"?
(A) Her business was successful.
(B) She couldn't complete the work.
(C) She had authority to hire workers.
(D) She wants to make a recommendation.

화자 의도 파악 문제
ㄴ. 해당 문장 앞뒤 문맥에 집중하자.

79. When will the speaker return to the office?
(A) On Tuesday   (B) On Wednesday
(C) On Thursday   (D) On Friday

키워드 return to the office / 미래 / 하
ㄴ. I'll ~의 미래시제에 집중하자.

안녕하세요, Marc 씨. Meredith입니다. 지난 토요일에 호텔 서비스업 세미나에서 뵙게 되어 반가웠습니다. 제 발표가 끝난 후에 서로 이야기할 충분한 시간을 갖지 못한 게 아쉬웠어요. 그건 그렇고, 몇몇 발표자들에게 신규 호텔 지점에서 일할 숙련된 접수 담당자를 어디서 고용해야 하는지 조언을 요청하셨다고 들었습니다. 저 같은 경우는 Morgan Employment Agency를 이용합니다. 거기가 상세한 분석을 이용하여, 회사와 직원을 연결할 수 있는 특별 프로그램을 제공합니다. 사실, 저는 그 소개소를 통해서 지금까지 5명의 접수 담당자를 고용했습니다. 제가 이번 주 목요일까지는 사무실에 없을 겁니다. 그래서 이와 관련해 더 말씀 나누고 싶으시면 이번 주 금요일에 전화주세요.

77. 화자는 지난 토요일에 무엇을 했는가?
(A) 그녀는 호텔에 묵었다.
(B) 그녀는 발표를 했다.
(C) 그녀는 축하 연회에 참석했다.
(D) 그녀는 병원에 갔다.

78. 화자가 "I have hired five receptionists through the agency(저는 그 업체를 통해서 5명의 접수 담당자를 고용했습니다)"라고 말한 의도는 무엇인가?
(A) 그녀의 사업은 성공적이었다.
(B) 그녀는 업무를 끝낼 수가 없었다.
(C) 그녀는 직원을 고용할 권한이 있었다.
(D) 그녀는 추천을 해 주고 싶어 한다.

79. 화자는 언제 사무실로 복귀하는가?
(A) 화요일에   (B) 수요일에
(C) 목요일에   (D) 금요일에

77 키워드 문제는 키워드 기준 앞뒤 문장에 답이 나온다. ▶ last Saturday

STEP 1 특정 키워드에 대해 묻는 문제는 반드시 지문의 해당 키워드 앞뒤에서 답이 들린다. 일반적으로 키워드 뒤에 답이 들리지만 최근에는 키워드 앞에 미리 답이 나오는 경우가 있다.

키워드 last Saturday의 앞뒤 문장 "I was glad at seeing you ~ last Saturday. I am sorry that we didn't have enough time ~ after my presentation"에서 지난 토요일에 만났지만 자기 발표 이후에 이야기할 충분한 시간이 없었다고 언급하고 있으므로 화자가 지난 토요일에 발표를 했다는 것을 알 수 있다. 따라서 정답은 (B)이다.

STEP 2 함정 유형 및 오답 패턴

(A) She stayed at the hotel. ▶hotel은 언급됐지만 묵은 것은 아니므로 오답이다.
(B) She gave a presentation. ▶정답
(C) She participated in the reception. ▶receptionist에서 연상한 오답이다.
(D) She went to a hospital. ▶유사 발음으로 등장한 hospitality에서 연상한 오답이다.

78 " "의 화자 의도 파악 문제는 포괄적으로 설명한 보기가 정답이다.

STEP 1 화자의 의도 파악 문제의 표현은 주로 앞뒤 문맥을 연결하는 역할을 하므로, 주변 문맥을 파악해야만 정확한 의미와 화자의 의도를 이해할 수 있다.

앞 문장 "I use Morgan Employment Agency. They offer a special program ~ by using detailed analysis"에서 직업 소개소를 이용한다는 언급과 함께 그곳의 장점을 언급하고 있다. 이어 해당 직업 소개소를 통해서 "5명의 접수 담당자를 고용했다"고 이야기하고 있으므로 화자는 직업 소개소를 추천하고 싶다는 의도를 포괄적으로 나타내고 있다. 따라서 정답은 (D)이다.

STEP 2 함정 유형 및 오답 패턴

(A) Her business was successful.
(B) She couldn't complete the work.
(C) She had authority to hire workers. ▶hire의 반복으로 오답이다.
(D) She wants to make a recommendation. ▶정답

79 미래 정보는 대사 후반부에 나오는 I'll ~이 정답이다.

STEP 1 미래의 정보를 묻는 문제는 대화 후반부에서 I will ~을 잡아라.

"I'll be out of the office through this Thursday"에서 이번 주 목요일까지는 사무실에 없을 것이라고 하므로 화자가 사무실에 돌아오는 날은 금요일인 것을 알 수 있다. 따라서 정답은 (D)이다.

STEP 2 함정 유형 및 오답 패턴

(A) On Tuesday
(B) On Wednesday
(C) On Thursday
▶Thursday가 언급되었지만 목요일까지 출장을 가서 사무실에 없을 예정이라고 언급되어 있으므로 오답이다.
(D) On Friday ▶정답

어휘 hospitality industry 서비스업 skilled 숙련된 receptionist 접수 담당자 in my case 제 경우에는 employment agency 직업 소개소 connect 연결하다 detailed 상세한 analysis 분석 be out of the office 사무실에 없다, 출장 가다

Questions 80-82 refer to the following broadcast.

Thanks for your news report, Carol. Now for the weekday weather update for Lexington. Local residents will be excited to hear that spring-like weather is coming. The sky will be clear and the temperature warm with a light breeze until Thursday. With this beautiful weather, you could enjoy the annual music festival in Lexington Park on Wednesday evening. Unfortunately, a heavy snow is expected on Friday morning and conditions will remain cold throughout Saturday. After that, the temperature will drop suddenly below zero. Some of the roads in the city will likely be icy, so be careful when driving. Lexington road crews will work around the clock in order to keep the roads clear so that next Monday's traffic will not be affected. Your sports update is up next.

80. What will the weather conditions be like until Thursday?
(A) Warm
(B) Rainy
(C) Humid
(D) Snowy

키워드 Thursday / 날씨 / 상
↳ 상단의 날씨 언급을 확인하자.

81. What will be held in the park?
(A) A road repair
(B) A sports event
(C) Musical performances
(D) Some exhibitions

키워드 in the park / 미래
↳ 키워드 기준 앞뒤를 집중하자.

82. What does the speaker imply when he says, "Lexington road crews will work around the clock"?
(A) There will be no traffic congestion next week.
(B) The temperature will be higher than expected.
(C) Some roads will be closed for clearing.
(D) Some of the residents will take a detour.

화자 의도 파악 문제
↳ 해당 문장의 앞뒤 문맥에 집중하자.

뉴스 보도 감사합니다, Carol 씨. 지금은 Lexington 지역 주중 날씨 정보입니다. 주민 분들은 봄 같은 날씨가 온다는 소식에 아주 기뻐하실 겁니다. 목요일까지 하늘은 맑고 산들바람이 불어 기온이 따뜻할 겁니다. 이런 멋진 날씨와 더불어 여러분들은 수요일 밤 Lexington Park에서 열리는 연례 음악 축제를 즐기실 수 있습니다. 유감스럽게도, 금요일 아침에 폭설이 예상되며 토요일 내내 추운 상태가 계속되겠습니다. 그 이후에, 기온이 갑자기 영하로 떨어질 것입니다. 시내 일부 도로가 얼어붙을 것으로 예상되므로 운전하실 때 조심하시기 바랍니다. Lexington 도로 작업팀이 도로 정비를 위해 24시간 내내 근무하여 다음 주 월요일 교통량에는 어떠한 영향도 미치지 않을 것입니다. 스포츠 소식 전해 드리겠습니다.

80. 목요일까지 날씨는 어떨 것인가?
(A) 따뜻하다
(B) 비가 온다
(C) 습하다
(D) 눈이 내린다

81. 공원에서 무엇이 열릴 것인가?
(A) 도로 보수
(B) 스포츠 행사
(C) 음악 공연
(D) 전시회

82. 화자가 "Lexington road crews will work around the clock(Lexington 도로 작업팀이 24시간 내내 근무할 예정입니다)"라고 말한 의도는 무엇인가?
(A) 다음 주에 교통 혼잡이 없을 것이다.
(B) 기온은 예상보다 높을 것이다.
(C) 일부 도로는 청소로 폐쇄될 예정이다.
(D) 일부 주민들은 우회할 것이다.

80 날씨 방송은 특정 요일의 날씨 정보를 묻는다. ▶ until Thursday

STEP 1 날씨 방송은 현재 → 가까운 미래 순으로 날씨를 언급한다.

문제의 키워드 until Thursday를 확인하자. "The sky will be clear and the temperature warm with a light breeze until Thursday."에서 키워드 until Thursday 앞에 미리 답이 나오는 경우이므로 주의하자. 목요일까지 기온이 따뜻할 것임을 알 수 있으므로 정답은 (A)이다.

STEP 2 함정 유형 및 오답 패턴

(A) Warm ▶정답
(B) Rainy
(C) Humid
(D) Snowy ▶눈은 금요일 아침부터 온다고 언급하고 있으므로 오답이다.

81 들리는 단어는 구체적이나 정답은 포괄적인 어휘를 사용한다. ▶ in the park

STEP 1 문제의 키워드 in the park를 확인하자.

"you could enjoy the annual music festival in Lexington Park"에서 공원에서 연례 음악 축제를 즐길 수 있다고 언급하고 있으므로 정답은 (C)이다.

– 대사의 구체적인 단어는 보기의 포괄적인 단어로 paraphrasing된다.
the annual music festival → (C) musical performances

STEP 2 함정 유형 및 오답 패턴

(A) A road repair ▶정답의 위치와 벗어난 곳에서 road가 언급되므로 오답이다.
(B) A sports event ▶마지막 줄에서 언급되는 내용으로 오답이다.
(C) Musical performances ▶정답
(D) Some exhibitions

82 " "의 화자의 의도 파악 문제에서 같은 뜻의 보기는 제거한다.

STEP 1 주어진 문장과 동일한 단어 혹은 같은 의미의 보기는 오히려 답이 될 확률이 낮다.

화자 의도 파악 문장 앞에서 Some of the roads in the city will likely be icy에서 도로가 얼 수도 있다고 언급한 후 next Monday's traffic will not be affected에서 다음 월요일 교통량은 영향을 받지 않을 것이라고 하므로 눈을 계속해서 치워서 도로가 영향을 받지 않을 것임을 의미한다. 정답은 교통 혼잡이 없을 것이라는 (A).

STEP 2 함정 유형 및 오답 패턴

(A) There will be no traffic congestion next week. ▶정답
(B) The temperature will be higher than expected. ▶처음의 warm에서 연상할 수 있는 오답이다.
(C) Some roads will be closed for clearing. ▶같은 뜻의 보기가 언급되면 오답이다.
(D) Some of the residents will take a detour. ▶roads ~ be icy에서 연상된 오답이다.

어휘 news report 뉴스 보도 resident 주민 breeze 산들바람 annual 매년의, 연례의
unfortunately 유감스럽게도 heavy snow 폭설 remain 계속 ~이다 throughout ~동안 내내
road crew 도로 작업팀 around the clock 24시간 내내 affect 영향을 끼치다

Questions 83-85 refer to the following excerpt from a meeting.

All right. The last agenda item for the manager's monthly meeting is the result of the marketing survey which was conducted last week. As summer is coming, it's time to introduce new ice cream flavors. We recently developed yogurt ice cream with lime and asked a focus group to review this new flavor. As you can see from this chart, the result was generally favorable. We still need to add some more sweetness to match the local tastes. Let's use the rest of the meeting to come up with some ideas about new ingredients. However, this meeting room is reserved for the new-employee training in an hour, so we'll only be able to discuss this briefly.

83. What happened last week?
(A) A summer event was discussed.
(B) A marketing presentation was made.
(C) A performance evaluation was conducted.
(D) Certain research was undertaken.

키워드 last week / 상
ㄴ, 키워드와 과거시제에 집중하자.

84. What information is the speaker showing?
(A) Feedback from a focus group
(B) Details of a new contract
(C) Reviews of the new packaging
(D) Updates on safety guidelines

화자가 보여주고 있는 것
ㄴ, As you see ~ / This ~
등의 표현에 집중하자.

85. Why does the speaker say, "This meeting room is reserved for the new employee training in an hour"?
(A) To encourage employees to attend the next meeting
(B) To ask for permission to extend the meeting
(C) To require people to leave the room
(D) To ask for understanding

화자 의도 파악 문제
ㄴ, 해당 문장의 앞뒤 문맥에 집중하자.

좋습니다. 관리자 월례 회의의 마지막 안건은 지난 주 실시된 마케팅 설문조사 결과에 관한 것입니다. 여름이 다가오고 있으므로 새로운 맛의 아이스크림을 출품할 시기입니다. 저희는 최근에 라임이 들어간 요거트 아이스크림을 개발했고 초점 집단에게 이 새로운 맛을 평가해 달라고 요청했습니다. 이 차트에서 보듯이, 결과는 일반적으로 괜찮았습니다. 저희는 여전히 대중들의 입맛에 맞춰 달콤한 맛을 더 추가할 필요가 있습니다. 나머지 회의 시간에는 새로운 원료에 관해 아이디어를 내 봅시다. 그런데 이 회의실은 1시간 후에 신입 직원 훈련 때문에 예약되어 있습니다. 그러니 해당 안건은 간단하게만 논의할 수 있겠습니다.

83. 지난주에 무슨 일이 일어났는가?
(A) 여름 행사가 논의되었다.
(B) 마케팅 발표가 진행되었다.
(C) 업무 평가가 실시되었다.
(D) 특정 연구가 실시되었다.

84. 화자는 어떤 정보를 보여주고 있는가?
(A) 초점 집단의 피드백
(B) 새로운 계약서의 세부사항
(C) 신규 포장에 관한 후기
(D) 안전 지침 관련 최신 정보

85. 화자는 왜 "This meeting room is reserved for the new-employee training in an hour(이 회의실은 1시간 후에 신입 직원 훈련 때문에 예약되어 있습니다)"라고 말하는가?
(A) 직원들에게 다음 회의 참가를 독려하기 위해
(B) 회의 연장 허가를 요청하기 위해
(C) 사람들에게 방을 떠나라고 요청하기 위해
(D) 양해를 구하기 위해

83 과거에 관한 질문은 대화의 전반부에 위치한다. ▶ last week

STEP 1 키워드 **last week**는 과거를 의미하므로 담화 전반부의 과거시제에 집중하자.

"the marketing survey which was conducted last week"에서 지난 주에 마케팅 설문조사가 이루어졌음을 언급하고 있으므로 정답은 (D)이다.

– 대화에서 들리는 단어는 구체적이지만 답은 포괄적인 단어로 **paraphrasing**된다.
marketing survey → (D) certain research

STEP 2 함정 유형 및 오답 패턴

(A) A summer event was discussed. ▶**meeting**에서 **event**를 연상한 오답이다.
(B) A marketing presentation was made. ▶**marketing**을 반복한 오답이다.
(C) A performance evaluation was conducted. ▶**conduct**를 반복한 오답이다.
(D) Certain research was undertaken. ▶정답

84 들리는 단어는 구체적이나 정답은 포괄적 어휘를 사용한다.

STEP 1 **a report** 같은 구체적인 단어는 보기에 일반화된 단어 **document**로 **paraphrasing**된다.

"asked a focus group to review this new flavor. As you can see from this chart, ~"에서 초점 집단에게 평가를 요청했으며 그 결과를 화자가 언급하므로 화자가 보여주고 있는 것은 초점 집단의 조사 결과이다. 따라서 정답은 (A)이다.

– 대화에서 들리는 단어는 구체적이지만 답은 포괄적인 단어로 **paraphrasing**된다.
review this new ice cream → (A) feedback

STEP 2 함정 유형 및 오답 패턴

(A) Feedback from a focus group ▶정답
(B) Details of a new contract ▶**review**에서 **details**를 연상한 오답이다.
(C) Reviews of the new packaging ▶**new packaging**의 논평이 아니므로 오답이다.
(D) Updates on safety guidelines ▶**agenda**에서 **guidelines**를 연상한 오답이다.

85 " "의 화자 의도 파악 문제는 해당 위치에서 위아래 연결어를 확보하자.

STEP 1 화자의 의도 파악 문제는 '주어진 문장'을 기준으로 위아래 연결어를 확보한다.

화자의 의도 파악 문제는 앞뒤 문맥과 연결하여 답을 찾아야 한다. 주어진 문장 앞의 "Let's use the rest of the meeting to come up with some ideas about new ingredients."에서 나머지 회의 시간을 새로운 원료에 대한 아이디어를 내 보자고 언급했다. 주어진 문장 뒤의 "so we'll only be able to discuss this briefly"에서 간결하게 논의하자고 언급하고 있다. 부정어구 **however**의 연결로 부정적인 의미를 내포하고 있으므로 해당 상황에 대하여 양해를 구한다는 (D)가 정답이다.

STEP 2 함정 유형 및 오답 패턴

(A) To encourage employees to attend the next meeting ▶단어 **meeting**이 반복됐다.
(B) To ask for permission to extend the meeting ▶단어 **meeting**이 반복됐다.
(C) To require people to leave the room ▶사람들에게 요청한 것은 **discuss this briefly**이다.
(D) To ask for understanding ▶정답

어휘 survey (설문)조사 conduct 실시하다 flavor 맛 favorable 호의적인 sweetness 달콤함, 단맛 come up with ~을 생각해 내다 ingredient 재료 employee training 직원 교육, 훈련 briefly 간단히

Questions 86-88 refer to the following introduction.

Welcome to the summer session of the Maxim Business Owners Program. I'm Patrick Marcus, the coordinator of this program. Our educational organization has been widely known for providing supports, such as valuable advice and financial assistance to small business owners. Through today's program, you will have an opportunity to participate in social gatherings for small business owners and share some knowhow related to starting a business with other owners. Today, Katherine Cooper, who was one of the recipients of our support last year, will make a presentation on how to market your business when facing fierce competition. Due to the time limit, she will receive questions after her presentation. Now, let's give her a warm round of applause.

86. What is the purpose of the introduction?
(A) To review a series of lectures
(B) To introduce new machinery
(C) To request donations
(D) To describe a support program

소개의 목적 / 상
ㄴ 목적이나 주제는 상단부에서 나온다.

87. According to the speaker, what is suggested about Ms. Cooper?
(A) She was given an award for her success.
(B) She has participated in the program before.
(C) She is one of the well-known authors.
(D) She recently opened her own business.

키워드 Ms. Cooper
ㄴ she ~로 시작하는 문장에 집중하자.

88. Why does the speaker say, "She will receive questions after her presentation"?
(A) Not to interrupt during her talk
(B) Not to send her questions by e-mail
(C) To ask questions at any time
(D) To leave a question in advance

화자 의도 파악 문제
ㄴ 해당 문장의 앞뒤 문맥에 집중하자.

Maxim Business Owners Program 여름 학기에 오신 걸 환영합니다. 저는 이 프로그램의 진행자인 Patrick Marcus입니다. 저희 교육 기관은 소규모 사업주분들에게 유익한 조언과 재정적인 원조 같은 지원 제공으로 널리 알려져 있습니다. 오늘의 프로그램을 통해 여러분들은 소규모 기업인들을 위한 사교 모임 참가와 다른 기업인들과 창업 관련 노하우를 공유할 수 있는 기회를 갖게 될 것입니다. 오늘, 작년 저희 프로그램의 수혜자 중 한 분인 Katherine Cooper 씨가 치열한 경쟁에 직면할 때 여러분의 사업을 어떻게 마케팅하는 지에 관해 발표할 예정입니다. 시간 제한 때문에 Cooper 씨는 발표 후에 질문을 받을 예정입니다. 뜨거운 박수로 그 분을 맞아 주시기 바랍니다.

86. 소개의 목적은 무엇인가?
(A) 일련의 강의 검토   (B) 새로운 기계 도입
(C) 기부 요청   **(D) 지원 프로그램 설명**

87. 화자에 따르면, Cooper 씨에 관해 언급된 것은 무엇인가?
(A) 그녀는 자신의 성공으로 상을 받았다.
(B) 그녀는 전에 해당 프로그램에 참가한 적이 있다.
(C) 그녀는 유명한 작가 중 한 명이다.
(D) 그녀는 최근에 창업했다.

88. 화자는 왜 "She will receive questions after her presentation(그녀는 발표 후에 질문을 받을 예정입니다)"이라고 말하는가?
(A) 강연 동안 중단되지 않게 하기 위해
(B) 이메일로 질문을 보내지 않게 하기 위해
(C) 아무 때나 질문을 하기 위해
(D) 미리 질문을 남기기 위해

86 대개 첫 두 줄 안에 주제/목적이 나온다.

STEP 1 〈welcome+특정 행사〉, 〈I'd like to+지문의 주제〉 표현으로 출제될 수 있다.

Welcome to ~ Maxim Business Owners Program과 Our educational organization has been widely known for providing supports ~ to small business owners를 통하여 소규모 자영업자들에게 많은 도움을 주는 프로그램에 관한 설명회가 진행될 것임을 언급하고 있다. 따라서 지원 프로그램을 설명하고 있다는 (D)가 정답이다. 동사 describe에 '말하다, 서술하다'의 의미가 있음을 알아두자.

STEP 2 함정 유형 및 오답 패턴

(A) To review a series of lectures ▶강의를 평가하는 것이 아니므로 오답이다.
(B) To introduce new machinery ▶소개하는 것이 목적이지만, 새로운 기계는 아니므로 오답이다.
(C) To request donations
(D) To describe a support program ▶정답

87 워크숍이나 세미나는 사람 이름 다음에 직업, 경력이 소개된다. ▶ Ms. Cooper

STEP 1 특정 키워드에 대해 묻는 문제는 반드시 담화 중의 해당 키워드 앞뒤에서 답이 들린다.

문제의 키워드는 Ms. Cooper로, 지문의 "Katherine Cooper, who was one of the recipients of our support last year, will make a presentation"에서 작년 지원 프로그램의 수혜자 중 한 명인 그녀가 발표를 진행할 예정임이 언급되어 있다. 그러므로 정답은 (B)이다.

STEP 2 함정 유형 및 오답 패턴

(A) She was given an award for her success. ▶상을 받았다는 언급이 없으므로 오답이다.
(B) She has participated in the program before. ▶정답
(C) She is one of the well-known authors.
(D) She recently opened her own business. ▶최근에 사업을 열었다는 얘기는 없으므로 오답이다.

88 " "의 화자 의도 파악 문제에서 같은 뜻의 보기는 제거한다.

STEP 1 '주어진 문장'과 동일한 단어 혹은 같은 의미의 보기는 오히려 답이 될 확률이 낮다.

바로 앞에서 "Due to the time limit"으로 발표 시간이 제한되어 있다는 원인을 언급하고 있다. 구체적인 이유를 말함으로써 강연을 방해하지 말라는 화자의 의도를 엿볼 수 있으므로 정답은 (A)이다.

STEP 2 함정유형 및 오답패턴

(A) Not to interrupt during her talk ▶정답
(B) Not to send her questions by email
▶receive questions와 같은 뜻의 send her questions가 언급된 오답이다.
(C) To ask questions at any time ▶receive questions와 같은 뜻의 ask questions가 언급된 오답이다.
(D) To leave a question in advance

어휘 summer session 여름 학기 coordinator 진행자 valuable 소중한, 귀중한 financial assistance 재정적인 원조 social gatherings 친목회, 사교 모임 knowhow 노하우 recipient 수령인, 수혜자 market 광고하다, 홍보하다 fierce 격렬한 due to ~ 때문에 applause 박수

Questions 89-91 refer to the following news report and weather forecast.

---

89 Welcome back! Next is the latest update about the Fifth Annual Easy Home Cook-Off. We've been waiting since last year for this event, which will be held outside at the national park. The Cook-Off always attracts a lot of participants. All of the competitors are asked to bring a single home made dish. A panel of famous chefs will select the winner based on taste, presentation, and uniqueness. This is a great opportunity to spend time with your children. You can bring the whole family, and entry and food samples are free. **90** For those interested in participating, the contest registration form is available on the community Web site. We're expecting rain the day **91** before, but you won't need an umbrella on the day of. I hope to see all of you there.

89–C
89–B

90–C
90–A
90–B

Saturday	Sunday	Monday	Tuesday
Partly Sunny	Cloudy	Rain	Sunny

89. What event is being described?
(A) A technology fair
(B) A national festival
(C) A cooking show
(D) A food contest

주제 / 상
└ 주제는 주로 첫 두 줄에 나온다.

90. According to the speaker, what can the listeners find on the Web site?
(A) A schedule for the contest
(B) A weather report
(C) A food sample
(D) An entry form

키워드 Web site
└ 키워드 앞뒤 문장에 집중하자.

91. Look at the graphic. Which day is the event being held?
(A) Saturday
(B) Sunday
(C) Monday
(D) Tuesday

시각 자료 / 요일 / 하
└ 역접을 나타내는 But / However에 집중하자.

어서 오세요! 다음은 제5회 연례 Easy Home Cook-Off 에 대한 최신 정보입니다. 저희는 작년부터 이 행사를 기다리고 있으며, 행사는 국립공원 야외에서 열리게 됩니다. Cook-Off는 항상 많은 참가자를 불러 모으고 있습니다. 모든 경쟁 참가자들은 집에서 만든 요리 하나를 가져와야 합니다. 유명 요리사 패널이 맛과 음식 설명 그리고 독창성을 기반으로 우승자를 가릴 것입니다. 이는 아이들과 함께 시간을 보낼 수 있는 좋은 기회입니다. 온가족과 함께 오실 수 있으며 입장과 시식용 음식은 무료입니다. 참가에 관심 있으신 분들을 위해 대회 신청서 양식을 지역사회 웹사이트에서 이용하실 수 있습니다. 행사 전날 비가 올 것으로 예상하지만 대회 당일에는 우산이 필요하지 않을 것입니다. 거기서 여러분 모두를 만날 수 있기를 바랍니다.

토요일	일요일	월요일	화요일
약간 맑음	흐림	비	맑음

89. 어떤 행사가 설명되고 있는가?
(A) 기술 박람회
(B) 국가적인 축제
(C) 요리 쇼
(D) 요리 대회

90. 화자에 따르면, 청자들은 웹사이트에서 무엇을 찾을 수 있는가?
(A) 대회 일정
(B) 일기 예보
(C) 시식용 음식
(D) 참가 신청서

91. 시각 자료를 보시오. 행사는 무슨 요일에 열리는가?
(A) 토요일
(B) 일요일
(C) 월요일
(D) 화요일

89 방송의 주제는 전반부에 위치한다.

STEP 1 주제를 나타내는 첫 문장의 about 뒤를 집중하자.
the latest update about the Fifth Annual Easy Home Cook-Off와 competitors 단어를 통해 음식 관련 대회에 대해 말하고 있다. 따라서 정답은 (D).

STEP 2 함정 유형 및 오답 패턴
(A) A new technology fair
(B) A national festival ▶ national park에서 연상한 것으로 festival이 아니므로 오답이다.
(C) A cooking show ▶ cook과 유사 단어가 반복되지만, competitors를 통해 쿠킹 쇼가 아님을 알 수 있다.
(D) A food contest ▶ 정답

90 키워드 문제는 키워드 기준 앞뒤 문장에 답이 나온다. ▶ Web site

STEP 1 Web site 관련 문제는 주로 담화 후반부에 이유/방법의 표현과 함께 위치한다.
contest registration form / available / Web site를 통해 Web site에서 등록 양식을 찾을 수 있음을 알 수 있다. 정답은 (D).
– 담화에서 들리는 단어는 구체적이지만 답은 항상 포괄적인 단어로 paraphrasing된다.
contest registration form → (D) An entry form

STEP 2 함정 유형 및 오답 패턴
(A) A schedule for the contest ▶ schedule 언급이 없다.
(B) A weather report ▶ umbrella에서 weather를 연상시킨 오답이다.
(C) A food sample ▶ 정답 위치와 관계 없는 곳에서 언급되므로 오답이다.
(D) An entry form ▶ 정답

91 시각 자료 문제에서 (A)–(D)의 보기는 대화에서 들리지 않는다.

STEP 1 보기가 요일이므로 시각 자료에서 그 외의 부분을 확인하면서 담화를 들어야 한다.
따라서 날씨에 관한 단어를 들어야 한다. rain the day before, but you won't need an umbrella on the day of에서 전날 비가 온다고 했으므로 비가 오는 그 다음날인 (D) Tuesday가 정답이다. 〈But/However〉의 역접 또는 반전을 의미하는 표현 뒤에 결정적인 정답 단서가 나오므로 주의하자!

어휘 attract (마음을, 고객을) 끌다   participant 참가자   uniqueness 유일함   bring 데려오다   entry 입장   registration 등록   expect 예상하다   partly 부분적으로, 어느 정도

Questions 92-94 refer to the following advertisement and list.

Tidlis Furniture is celebrating its 10th anniversary and we are having a big sale. All kinds of chairs are on sale for up to 30% off the original price. Plus, if you sign up for membership, you can get an additional 10% off for items manufactured by **Duke**. Don't worry about complicated furniture assembly. All our customers are satisfied with that we can deliver it as a finished product to your home and office. To place an order and get a list of our various products, visit our Web site at www.tidlisfurniture.com. This amazing offer lasts until October 24.

Item name	Manufacturer
Kids chair	Jerry
Home chair	Kahn
Office chair	Duke
Premium office chair	Raon

92. Look at the graphic. If you are a member, what chair can you purchase at an additional discounted price?
(A) Kids chair
(B) Home chair
(C) Office chair
(D) Premium office chair

시각 자료 / member / additional discounted / 상
ㄴ. 첫 문장과 you에 대한 언급에 집중하자.

93. According to the speaker, why do customers like Tidlis Furniture?
(A) It offers reasonable prices.
(B) Its products are easy to assemble.
(C) It provides a complete product.
(D) There is no delivery charge.

키워드 customers / like
ㄴ. 키워드 앞뒤에 집중하자.

94. What can be found on a Web site?
(A) A special offer
(B) A list of products
(C) A coupon
(D) Contact information

키워드 Web site / 하
ㄴ. 키워드 언급 앞뒤에 집중하자.

Tidlis Furniture가 10주년을 기념하여 대대적인 세일을 하고 있습니다. 의자 전 종류는 정가에서 최대 30%까지 할인하고 있습니다. 거기에 회원 가입을 하시면, Duke사에서 제작한 물건을 10% 추가 할인 받으실 수 있습니다. 복잡한 가구 조립은 걱정하지 마십시오. 저희 모든 고객들은 가정과 사무실에 완제품으로 배달해 드리는 것에 매우 만족하고 계십니다. 제품 주문과 다양한 제품 목록을 받아 보시려면 웹사이트 www.tidlisfurniture.com을 방문해 주십시오. 이 놀라운 할인 혜택은 10월 24일까지 계속됩니다.

제품명	제조사
어린이용 의자	Jerry
가정용 의자	Kahn
사무용 의자	Duke
프리미엄 사무용 의자	Raon

92. 시각 자료를 보시오. 회원이면, 추가로 할인된 가격에 어떤 의자를 구매할 수 있는가?
(A) 어린이용 의자
(B) 가정용 의자
(C) 사무용 의자
(D) 프리미엄 사무용 의자

93. 화자에 따르면, 왜 고객들은 Tidlis Furniture를 좋아하는가?
(A) 합리적인 가격을 제공한다.
(B) 제품이 조립하기 쉽다.
(C) 완제품으로 제공한다.
(D) 배송료가 없다.

94. 웹사이트에서 무엇을 찾을 수 있는가?
(A) 특별 할인
(B) 제품 목록
(C) 쿠폰
(D) 연락처

92 시각 자료 문제에서 (A)-(D)의 보기는 대화에서 들리지 않는다.

STEP 1 보기가 제품이므로 시각 자료에서 그 외의 부분을 확인하면서 담화를 들어야 한다. 따라서 제조사에 관한 단어를 들어야 한다.

담화의 "if you sign up for membership, you can get an additional 10% off for items manufactured by Duke"에서 멤버십에 가입하면, Duke사에서 제조한 사무용 의자 제품에 추가로 10%를 할인받을 수 있음이 언급되어 있다. 그러므로 정답은 Duke사에서 제조한 (C) Office chair이다.

93 Why 관련 질문은 대화에서 그대로 반복된 후 원인에 대한 정답이 나온다.

STEP 1 먼저 **Why** 뒤의 키워드가 지문에서 들려야 그 뒤에 답이 나온다. 키워드 문제 중 이유나 원인을 묻는 것들은 주로 결과를 키워드로 주므로 보기 중에 어떤 원인이 등장하는지를 확인해야 한다.

문제의 키워드 customers가 언급된 our customers are satisfied에서 고객들이 만족하고 있다고 언급하고, we can deliver it as a finished product to your home and office에서 가정과 사무실까지 완제품으로 배달해 준다고 나오므로 정답은 (C)이다. 지문의 finished product는 보기 (C)의 complete product로 paraphrasing되었다.

STEP 2 함정 유형 및 오답 패턴

(A) It offers reasonable prices. ▶ **big sale**에서 연상한 오답이다.
(B) Its products are easy to assemble. ▶ **assembly**가 지문에서 언급됐지만 지문의 **"we can deliver it as a finished product"**와 일치하지 않으므로 정답이 될 수 없다.
(C) It provides a complete product. ▶ 정답
(D) There is no delivery charge. ▶ **deliver**에서 **delivery**를 연상한 오답이다.

94 키워드 문제는 키워드 기준 앞뒤 문장에 답이 나온다. ▶ Web site

STEP 1 **Web site**는 주로 담화 후반부에 목적/방법의 표현과 함께 위치한다.

키워드 Web site 앞의 To place ~ products에서 Web site를 방문하는 이유/목적을 언급하므로, Web site에서 찾을 수 있는 것은 (B)가 된다.

STEP 2 함정 유형 및 오답 패턴

(A) A special offer ▶ **big sale**에서 연상한 오답이다.
(B) A list of products ▶ 정답
(C) A coupon ▶ **Web site**에서 연상한 오답이다.
(D) Contact information

어휘 celebrate 기념하다 anniversary 기념일 up to ~까지 original 원래의 manufacture 제조하다 complicated 복잡한 assembly 조립 be satisfied with ~에 만족하다 place an order 주문하다 various 다양한 last 계속되다

Questions 95-97 refer to the following talk and diagram.

Welcome to Del Bone China. I'm Paul Sanders from public relations. I'll be leading your tour today and show you how we produce Del Bone China's **95** dishware. Before entering the factory, you'll watch a video which shows the basic production process which includes choosing soils, working the clay, making various figurations, and drying the pottery. Then, you'll visit the factory and watch the remainder of the process. This will also give you an opportunity to experience ceramic making firsthand. You can draw your own design, then we will bake and glaze them, and you'll receive **96** them at the end of the tour as souvenirs. Because all areas contain some **97** proprietary information, photography is prohibited, so please turn off your mobile phones. Now, let's move to the audiovisual room to watch the video.

95–D

97–A, C

Audiovisual room → Baking and Glazing room → Testing room → Packaging room

95. Where is the talk taking place?
(A) At an art museum (B) **At a factory**
(C) At a retail store (D) At a travel agency

장소 / 상
└, 직업/장소는 거의 첫 문장에 서 언급된다.

96. Look at the graphic. Where will the listeners get souvenirs?
(A) Audiovisual room (B) Baking and Glazing room
(C) Testing room (D) **Packaging room**

시각 자료 / 키워드 souvenirs
└, 키워드 기준으로 앞뒤를 듣자.

97. Why should the listeners turn off their mobile phone?
(A) They will likely break.
(B) The system is likely to be affected.
(C) The area needs to stay silent.
(D) **Some information needs to be kept confidential.**

요청/하/키워드 mobile phone
└, 후반부의 please ~ / you should ~의 말에 집중하자.

Del Bone China에 오신 것을 환영합니다. 저는 홍보부의 Paul Sanders입니다. 오늘 제가 견학을 진행할 것이며 Del Bone China의 접시 제작 과정을 보여드리겠습니다. 공장에 들어가기 전에, 여러분은 기본적인 생산 과정을 보여주는 비디오를 시청하게 될 겁니다. 여기에는 토양 선별, 점토 반죽, 다양한 형상 제작과 건조 과정이 포함돼 있습니다. 그런 다음 공장을 방문하셔서 나머지 과정을 보시게 될 겁니다. 이를 통해 도자기 제작을 직접 체험해 볼 수 있는 기회를 드릴 겁니다. 여러분이 도자기 위에 자신만의 도안을 그리시고 나면 저희가 도자기를 굽고 유약을 바릅니다. 견학이 끝난 후 여러분은 기념품으로 그것을 받게 될 겁니다. 모든 구역이 일부 특허권이 있기 때문에 사진 촬영은 금지됩니다. 그러니 핸드폰을 꺼 주십시오. 이제, 시청각실로 이동하여 비디오를 시청하시죠.

95. 담화가 진행되는 장소는 어디인가?
(A) 미술 박물관에서
(B) **공장에서**
(C) 소매점에서
(D) 여행사에서

96. 시각 자료를 보시오. 청자들은 어디에서 기념품을 받을 것인가?
(A) 시청각실
(B) 굽기 및 유약실
(C) 테스트실
(D) **포장실**

97. 화자들은 왜 핸드폰을 꺼야 하는가?
(A) 그것들은 깨지기 쉽다.
(B) 시스템이 영향을 받기 쉽다.
(C) 그 구역에서는 조용히 해야 한다.
(D) **일부 정보는 기밀을 유지해야 한다.**

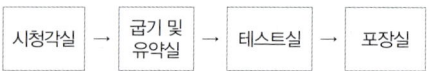

95 직업/장소는 첫 두 줄의 대명사(I/You/We), 장소 부사(here/this+장소 명사)에서 나온다. ▶ 대화 장소

STEP 1 지문 유형에 따라 직업과 장소를 나타내는 표현이 정해져 있으므로 꼭 알아두자. 첫 두 줄에서 **our, your, this, here**의 표현과 함께 들리는 장소/직업 명사가 정답이 된다.

대화 장소를 묻는 문제로, 첫 문장에서 파악해야 한다. 지문의 Welcome to Del Bone China에서 회사 이름을 알 수 있고, I'll be leading your tour today로 오늘 투어를 안내할 것이라고 하면서, Before entering the factory에서 그릇 공장의 견학에 관한 내용임을 알 수 있으므로, 장소는 공장인 (B) At a factory이다.

STEP 2 함정 유형 및 오답 패턴

(A) At an art museum
(B) At a factory ▶정답
(C) At a retail store
(D) At a travel agency ▶**tour**에서 **travel**을 연상한 오답이다.

96 시각 자료 문제에서 (A)-(D)의 보기는 대화에서 들리지 않는다.

STEP 1 시각 자료의 장소 문제는 관련된 전치사를 잘 들어야 한다.

tour의 일정 설명 중 souvenirs가 언급된, you'll receive them at the end of the tour as souvenirs에서 지문에 함께 나와 있는 표는 견학 순서를 의미한다. 또 청자들이 도자기에 그림을 그리고 굽고 유약을 바르고 견학 마지막에(at the end of the tour) 기념품으로 그 도자기를 받을 수 있음이 언급되어 있다. 따라서 정답은 마지막 장소인 (D) Packaging room이다.

97 Why 관련 질문은 대화에서 그대로 반복된 후 원인에 대한 정답이 나온다.

STEP 1 Why 뒤의 키워드가 지문에서 들려야 그 뒤에 답이 나온다.

Why 뒤의 키워드 turn off와 mobile phone을 통해 핸드폰 사용의 금지 원인을 묻는 문제이다. 지문의 Because all areas contain some proprietary information, photography is prohibited를 통해 특정 상품의 저작권 때문에 사진 촬영이 금지된다는 언급이 있으므로 정답은 (D)이다.

– 담화 중에서 들리는 단어는 구체적이지만 답은 항상 포괄적인 단어로 **paraphrasing**된다.
proprietary → (D) confidential

STEP 2 함정 유형 및 오답 패턴

(A) They will likely break. ▶**mobile phone**에서 연상한 오답이다.
(B) The system is likely to be affected.
(C) The area needs to stay silent. ▶**mobile phone**에서 연상한 오답이다.
(D) The information needs to be kept confidential. ▶정답

어휘 Bone China 본차이나(뼛가루를 섞어 만든 고급 도자기류) public relations 홍보(부) dishware 접시류 soil 흙, 토양 work the clay 점토를 반죽하다 figuration 성형, 형체 부여 remainder 나머지 firsthand 직접 glaze 유약을 칠하다 souvenir 기념품 proprietary 등록[전매] 상표가 붙은 photography 사진 촬영 prohibit 금지하다 audiovisual room 시청각실

Questions 98-100 refer to the following instructions and floor plan.

As you may know, we've received some complaints from the sales
98 department. They wanted to expedite the order process, especially
during weekends, so, today, we'll discuss the reorganization of our
warehouse. As usual, each of you spend eight minutes locating and
packing the goods you need. But if we add some shelving units
99 between the order station and employee lounge, I think we'll be able to
save some time, and that's what everyone has requested. Now, I'd like
to ask some of you to work a few extra hours today. If you're willing to
100 volunteer for this, please come by my office after this meeting.

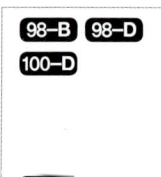

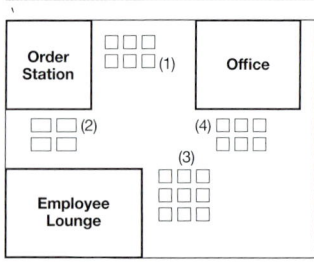

98. Why is the change being made?
(A) To address complaints ~~from customers~~
(B) To get more ~~feedback~~
(C) To improve the order fulfillment process
(D) To check for ~~errors~~

변경 이유 / 상
ㄴ. 전반부의 현재시제에 집중하
자.

99. Look at the graphic. Where is the place being described?
(A) Area 1   **(B) Area 2**
(C) Area 3   (D) Area 4

시각 자료 / the place
ㄴ. 시각 자료의 보기에서 언급되
지 않은 부분에 집중하자.

100. Where should the interested listeners go?
(A) To the ~~employee lounge~~   **(B) To the office**
(C) To the meeting room   (D) To the ~~sales department~~

interested 청자 / 요청 / 하 /
장소
ㄴ. 후반부의 please ~ / you
should ~의 말에 집중하자.

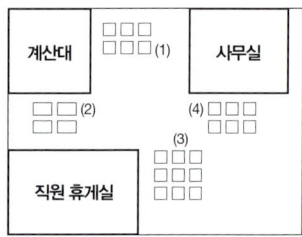

아시겠지만 저희가 영업부한테서 몇 가지 불만사항을 받았
습니다. 주문 과정을 신속히 처리하기를 바라고 있었더라고
요. 특히 주말 동안에요. 그래서 오늘은 저희 창고의 재배치
를 논의해 보려고 합니다. 평소에 여러분들 각자가 필요로 하
는 제품을 찾고 포장까지 하는 데 8분이 소요됩니다. 하지만
계산대와 직원 휴게실 사이에 선반을 추가 설치하면, 시간을
절약할 수 있다고 생각합니다. 그리고 그게 모든 분들이 요청

한 것이기도 하고요. 지금, 여러분 중 몇몇이 오늘 추가로 근무
해 주길 요청드립니다. 이 업무를 자발적으로 도와주시려는 분
들은 이 회의가 끝난 후 제 사무실에 들러 주시기 바랍니다.

98. 왜 변화가 일어나고 있는가?
(A) 고객의 불만사항을 처리하기 위하여
(B) 더 많은 피드백을 받기 위하여
(C) 주문 이행 절차를 향상시키기 위하여
(D) 오류 점검을 위하여

99. 시각 자료를 보시오. 설명되고 있는 장소는 어디인가?
(A) 1번 구역   **(B) 2번 구역**
(C) 3번 구역   (D) 4번 구역

100. 관심 있는 청자들은 어디로 가야 하는가?
(A) 직원 휴게실로   **(B) 사무실로**
(C) 회의실로   (D) 영업부로

98 변경 사항 문제는 전반부의 과거시제 표현에 주의하자.

STEP 1 전반부의 과거시제 언급을 통해 문제점을 제시하고 이것이 변경의 이유가 된다.

왜 변화가 생기려고 하는가의 원인을 묻는 질문이다. 지문의 we've received some complaints from the sales department. They wanted to expedite the order process에서 영업부가 주문 처리 과정이 신속히 되지 않음에 많은 불만을 제기하고 있고, 이러한 문제점을 해결하기 위해 we'll discuss the reorganization of our warehouse로 창고의 재배치가 논의될 것임을 알 수 있다. 따라서 정답은 주문 처리 과정을 향상하기 위한 것임을 알 수 있다. 정답은 (C) To improve the order fulfillment process이다.

STEP 2 함정 유형 및 오답 패턴

(A) To address complaints from customers ▶ complaints의 주체가 다르다.
(B) To get more feedback ▶ complaints에서 feedbacks를 연상한 오답이다.
(C) To improve the order fulfillment process ▶ 정답
(D) To check for errors ▶ complaints에서 errors를 연상한 오답이다.

99 시각 자료 문제에서 (A) – (D)의 보기는 대화에서 들리지 않는다.

STEP 1 보기에 나온 장소는 들리지 않으므로 그 외의 부분을 기준으로 정답을 파악해야 한다. 따라서 구체적인 장소나 수식 어구를 들어야 한다.

지문의 "if we add some shelving units between the order station and employee lounge"를 통해 문제 해결을 위하여 계산대와 직원 휴게실 중간 장소에 선반을 놓을 것임을 언급하고 있으므로 (B)가 정답이다.
– 〈But/However〉의 역접 또는 반전을 의미하는 표현 뒤에 결정적인 답의 단서가 나오므로 주의하자!

100 요청/제안 문제는 하단에 위치하며 please가 대세이다.

STEP 1 PART 4 요청과 제안은 화자(Speaker)가 청자들(Listeners)에게 지시하는 것으로 정답과 관련된 내용이 지문 후반부에 등장한다. If you ~, please ~.의 제안 표현을 자주 사용하므로 알아두자.

지문 하단부의 "If you're willing to volunteer for this, please come by my office"에서 이 일을 도와주고 싶으면, 화자의 사무실에 들르라고 요청하고 있으므로, 청자가 가야 할 곳은 (B) To the office임을 알 수 있다.

STEP 2 함정 유형 및 오답 패턴

(A) To the employee lounge ▶ 지문에서 언급되었지만 화자 방문 장소는 아니다.
(B) To the office ▶ 정답
(C) To the meeting room
(D) To the sales department ▶ 지문에서 언급되었지만 화자 방문 장소는 아니다.

어휘 complaint 불평 sales department 영업부 expedite 신속히 처리하다 reorganization 재편성 warehouse 창고 as usual 평상시처럼, 평소에 locate ~의 정확한 위치를 찾아내다 goods 상품 add 추가하다 shelving unit 선반 order station 계산대 employee lounge 직원 휴게실 request 요청하다 volunteer 자원봉사하다 come by 들르다

101 HSBC Bank / is not / responsible (for any ────────) (arising out of the use of a local
　　　　주어　　　동사　　　보어　　전치사구　　　　　　　(분사: 빈칸 수식)
Internet service provider or caused by any browser software) (during an online transaction
　　　　　　　　　　　　　　　　　　　　　　　　　　　　　　　(전치사구)
or electronic transfer).

> 전치사 다음에는 명사가 와야 한다.
> for any + ────────

STEP 1　빈칸은 전치사 **for**의 목적어로서, 형용사 **any**의 수식을 받는 명사 자리이다.
보기 중 (C) lose는 동사, (D) lost는 분사이므로 오답이다.

STEP 2　본래 품사 우선의 원칙 : 명사 〉 동명사(-ing)
명사 자리에 동명사와 명사가 있을 시 본래 품사 우선의 원칙에 의해 명사가 우선된다. 따라서 정답은 (A) losses(손실)이다.

STEP 3　예외적으로 명사 자리에 -ing가 정답이 되는 패턴

동명사에서 명사로 굳어진 -ing형 명사 (명사 취급)	❶ 기존의 명사가 없어서 대신하는 경우
	❷ 명사 형태 자체가 -ing인 경우 e.g. planning(기획), pricing(가격 책정)
	❸ 복합명사인 경우 e.g. accounting department(회계부서)
일반 동명사(또는 현재분사) (동명사 특징 적용)	❹ 동명사를 목적어로 취하는 동사 e.g. consider(고려하다), avoid(피하다)
	❺ [전치사+동명사]의 숙어 e.g. be committed to -ing(~에 헌신/전념하다)
	❻ 사람이나 사물 등 대상을 의미하지 않고 행위를 의미하는 경우

해석　HSBC Bank는 온라인 거래 혹은 전자 이체를 하는 동안 지역 인터넷 서비스 제공업체 이용이나 브라우저 소프트웨어에 의해 발생한 손실에 대해서는 책임지지 않습니다.
어휘　be responsible for ~에 책임을 지다　electronic transfer 전자 이체
정답　(A)

---

102 ──────── / is retiring (at the end of the year), / so / the chance (that a position will open)
　　　　주어　　　　동사1　　　　　　　　　　　　　접속사　주어2　　　　(동격의 명사절)
/ is minimal.
　동사2

> 주어 자리의 명사는 동사와의 수일치를 파악하자.
> ──────── + is retiring

STEP 1　주어 자리의 명사는 동사와의 수일치를 확인하자.
(C) Any other는 형용사이므로 오답이고, 동사가 is인 단수이므로 복수 동사를 받는 (A) Few는 오답이다.

STEP 2　긍정문의 **anyone**은 '누구든지'의 의미이다.
(B) No one, (D) Anyone 모두 단수이므로 구조적으로 답이 될 수 있지만 No one은 부정문, Anyone은 긍정문으로 파악해야 하는데, 결과를 나타내는 so 절 이하의 내용과 어울리는 것을 찾아야 한다. '그래서 직책이 공석이 될 가능성이 아주 적다'의 minimal과 부합하는 것은 '은퇴하는 사람이 없다'의 부정의 의미를 나타내는 (B) No one이다.

해석　연말에 어느 누구도 은퇴하지 않을 거라서, 공석이 발생할 확률은 아주 적다.
어휘　retire 은퇴하다　minimal 아주 적은, 최소한의
정답　(B)

103 Only qualified researchers / will be granted / ———— (for the use of secondary data)
　　　　　주어　　　　　　　　　동사　　　　　목적어　　　　　　전치사구
(obtained from the National Health Service).
(분사: 명사 data 수식)

> **4형식 동사의 수동태 뒤에는 또 하나의 목적어가 올 수 있다.**
> will be granted + ———— + (전치사구)

STEP 1 〈본동사 개수=접속사 개수+1〉의 공식을 기억하라.
보기 중 본동사로 볼 수 있는 (A), (B)가 있으므로 문장의 본동사와 접속사 갯수를 먼저 확인하자. 본동사는 will be granted이고, 접속사가 없으므로 본동사로 봐야 하는 (A) permit, (B) is permitted는 오답이다.

STEP 2 시험에 나오는 4형식 동사는 '주다' 동사와 award, grant이다.
동사 grant는 4형식 타동사로 두 가지 수동태 패턴을 나타낼 수 있다.
* 〈grant+사람(researchers)+사물(permission)〉의 수동태형
① 사람(researchers)+will be granted+사물(permission)
② 사물(permission)+will be granted to+사람(researchers)
주어가 사람이므로 will be granted 뒤에 사물 명사가 와야 한다. 정답은 (D) permission.

해석 자격을 갖춘 연구원들만이 국민 건강 보험에서 받은 2차 자료의 사용을 허가 받을 것이다.
어휘 qualified 자격을 갖춘　obtain 획득하다
정답 (D)

---

104 A bunch of customers / have complained / that / there is / an ———— rattling noise
　　　주어　　　　　　　　　동사1　　　　　접속사　동사2　　　　　　주어2
(coming from the front driver's side) / once / the window / is down.
　　　　형용사구　　　　　　　　　　　　접속사　　주어3　　　동사3

> **종류 형용사는 부사의 수식을 받지 않는다.**
> an ———— rattling noise

STEP 1 관사+부사+일반 형용사+명사 vs. 관사+형용사+종류 형용사+명사
빈칸은 관사와 명사 사이 자리이므로 동사원형인 (D) annoy는 오답이다. 일반적으로 형용사 앞에는 부사가 오는데, 형용사 rattling은 noise(소음)의 종류를 나타내어, rattling noise은 '자동차에서 발생되는 잡음'이라는 복합명사로 취급된다. 따라서 빈칸은 rattling이 아니라 명사 noise를 수식하는 형용사가 필요한 자리이다.

STEP 2 감정동사의 분사는 사람을 수식하면 과거분사, 사물을 수식하면 -ing이다.
annoy는 감정동사이므로 수식하는 대상에 따라서 분사 형태가 달라진다. 사물 명사 noise를 수식하는 자리이므로, (A) annoying이 정답이다.

STEP 3 암기해야 하는 감정동사 list

please/delight 기쁘게 하다	excite/interest 흥미롭게 하다
amuse 놀라게 하다	charm 사로잡다
satisfy 만족시키다	fascinate/attract 매료시키다
disappoint 실망시키다	exhaust 지치게 하다
depress 낙담하게 하다	confuse 혼란스럽게 하다

해석 일단 창문이 열려 있으면 앞 운전석 옆쪽에서 나는 짜증스러운 덜덜거리는 잡음이 있다고 고객 다수가 불평을 하고 있다.
어휘 a bunch of 다수의　window is down 창문이 열려 있다
정답 (A)

105

Women / account for / half of the world's population / and / represent /
　주어　　　동사1　　　　　목적어1　　　　　　　　접속사1　동사2
the ──────── purchasing decision makers, / so / even cosmetic brands
　목적어2　　　　　　　　　　　　　　　　　접속사2　　　　주어3
(for men) / need to appeal to / both the targeted men and their wives.
　　　　　　　동사3　　　　　　　　　　목적어3

> 수량형용사는 the 다음에 사용하지 않는다.
> 관사(the) + ──────── + 명사(purchasing decision makers)

STEP 1 　관사와 명사 사이에는 형용사가 필요하다.

빈칸은 purchasing decision makers(구매 의사 결정자들)라는 명사를 수식하는 형용사 자리이다. 따라서 명사인 (B) plenty는 오답이다. (A) most는 수량형용사로 복수명사를 받지만, 관사 다음에 위치하지 않으므로 오답이다. 명사 앞에서 수식하는 certain은 구체적인 정보 없이 사람이나 사물을 언급하는 경우에 사용하므로, 정관사 the를 동반하지 않는다. 따라서 정답은 (D) primary(주된, 주요한)이다.

STEP 2 　most의 네 가지 출제 포인트

① the most + 형용사/부사: 최상급　　② the most + 명사: many, much의 최상급
③ 부분대명사: most of + 특정 명사　　④ 일반 형용사: most + 명사 '대부분의'

해석 여성이 세계 인구의 절반을 차지하고 주요 구매 의사 결정자를 대표하기 때문에, 남성용 화장품 브랜드조차 목표 고객인 남성과 그들의 아내 둘 다에게 어필해야 한다.
어휘 account for 점하다, 차지하다　appeal to ~에 호소하다, 흥미를 일으키다
정답 (D)

106

(──────── her consistent efforts, achievements, and a higher-educational background), Jade
　　　　　전치사구　　　　　　　　　　　　　　　　　　　　　　　　　　　　　　　주어
/ will rapidly move up / (from an entry-level position to the marketing manager within five years).
　　　　동사　　　　　　　　　　　전치사구

> 뒤에 있는 명사가 전치사를 결정한다.　──────── her consistent efforts

STEP 1 　뒤에 있는 명사가 전치사를 결정한다.

빈칸은 명사와 어울려 부사 역할을 해야 할 전치사가 필요한 자리이다. 전치사는 뒤에 오는 명사에 따라 결정된다는 점을 유의하자. 빈칸 뒤의 명사가 일반 명사 efforts이다.

STEP 2

전치사 (A) Since는 과거 시점 명사를, (C) Among은 복수명사를 받는다. (D) Upon은 '~하자마자'의 시간 표현을 나타내는 경우에 사용되므로 오답이다. 정답은 '~을 고려해 볼 때'의 (B) Given이다. given은 과거분사로 생각하기 쉽지만, 전치사나 접속사의 역할을 할 수 있음을 알아두자.

STEP 3 　주의해야 하는 분사형 전치사

1. following ~ 후에	6. barring 어떤 일이 발생하지 않으면
2. including ~을 포함하여	7. pending ~이 발생할 때까지
3. excluding ~을 제외하고	8. given/considering ~을 고려하여 / ~을 고려하면
4. notwithstanding ~에도 불구하고	9. beginning/starting ~부터
5. regarding/concerning ~에 관하여	

해석 Jade의 지속적인 노력, 업적과 높은 학벌을 고려해 볼 때, 그녀는 5년 내로 신입 직책에서 마케팅 관리자까지 빠르게 승진할 것이다.
어휘 consistent 지속적인　move up 승진하다, 출세하다　entry-level 입문의, 신입의
정답 (B)

107

(—————— found in his field), Chester Guzman's vast knowledge
　　　　　분사구문　　　　　　　　　　　　　주어
(of international trade) / gives / him / a unique perspective and a great reputation.
　형용사구　　　　　　　동사　간접목적어　　　　　　직접목적어

> 분사구문 앞에 위치할 수 있는 품사는 접속사 혹은 부사이다.
> —————— + p.p.(found) +전치사구(in his field), + 완전한 문장

STEP 1 분사구문의 부사구 앞에 위치하는 품사는 부사절 접속사 혹은 부사이다.

빈칸 뒤는 과거분사 found로 시작하는 분사구문이므로, 해당 자리에는 부사절 접속사나 부사가 위치해야 한다. (A) Less는 형용사나 부사와 어울려 비교급을 나타내므로 오답이고, (B) Enough는 부사일 경우 형용사나 부사 뒤에서 수식하므로 구조상 오답이다. (C) Apart는 '(거리, 시간상으로) 떨어져'의 부사로 문장의 끝이나, 동사 뒤에 위치하므로 오답이다. 따라서 정답은 (D) Seldom이다.

STEP 2 빈도부사는 조동사 뒤, 본동사 앞에 위치한다.

원래 문장 〈접속사 + it was + seldom + found in his field〉에서 분사구문의 형태가 된 것으로, 빈도부사의 위치를 확인하자.

> 해석: Chester Guzman은 자기 분야인 국제 무역에서 참 드물지만 국제 무역에 관한 방대한 지식으로 독특한 관점과 대단한 평점을 받고 있다.
> 어휘 seldom found 드문   vast 방대한   perspective 관점
> 정답 (D)

108

—————— / the following location / not work best (for you),
　　　　　　　주어　　　　　　　　　동사　　　　전치사구
notify / one of our managers / so / alternative arrangements / can be made.
동사2　　　　목적어　　　　　　접속사　　　　주어3　　　　　　　동사3

> 접속사 다음에는 주어+동사가 위치한다.
> —————— +명사 + not + 동사원형

STEP 1 〈본동사 개수 = 접속사 개수+1〉

보기 중 접속사가 있을 경우, 문장의 본동사와 접속사의 개수를 파악하자. 문장의 본동사는 work, notify, can be made 이렇게 3개이고 접속사는 so이므로 빈칸 자리에는 접속사가 위치하는 게 일반적이다.

STEP 2 단수 주어+동사원형-s/-es

주어가 location 단수이면 〈동사원형-s/-es〉가 오는데, 동사원형인 work가 왔다는 점을 파악해야 한다. 따라서 빈칸에 접속사 (A) When, (B) If가 위치할 수 없다.

STEP 3 가정법 미래에서 if가 생략되면 〈should+명사+동사원형〉의 구조가 된다.

원래 If the following location should not work best for you의 가정법 미래에서 if가 생략돼 도치된 구문이다. 따라서 정답은 (D) Should이다. (C) As well as의 경우 문두에 위치하지 않는다.

if 생략 도치
가정법 미래: If+주어+should+동사원형 → Should+주어+동사원형 ~
가정법 과거: If+주어+과거동사 → Did+주어+동사원형
가정법 과거완료: If+주어+had p.p. → Had+주어+p.p.

> 해석 다음 위치가 귀하에게 적합하지 않다면, 차선책을 마련해 드릴 수 있도록 저희 관리자에게 알려 주세요.
> 어휘 work 작동하다   notify 고시하다, 알려 주다   alternative arrangement 차선책
> 정답 (D)

109

> Southland / will host / the Global Trading Forum (next year), / although /
> 주어   동사   목적어   시간 부사구   접속사
> it / has ────── alternated (between Otago and Cantebury).
> 주어2 동사2   전치사구

기대치의 반대를 의미하는 although
완전한 문장, although + 주어 + has ────── + alternated

STEP 1 부사 어휘 문제는 부사 뒤 수식 대상을 먼저 파악해야 한다.
보기가 다 부사이고, 빈칸 뒤에 alternated가 있으므로 이를 수식하는 부사 어휘를 찾는 문제이다. (C) nearly는 '완전한·완성된 대상'을 수식하므로 오답이다.

STEP 2 기대치의 반대를 의미하는 although의 접속사절을 파악하자.
'비록 ~일지라도'의 접속사 although는 주절과 종속절의 의미가 반대·대조이다. 주절이 〈특정 지역+will host〉이고, although 이하의 절은 〈has alternated+특정 장소들〉이므로, '현재 특정 장소에서 이뤄지고 있지만, 향후에 다른 장소에서 열릴 것이다'의 의미가 적절하다. 빈칸에는 지금까지 일어나고 있는 일 등을 나타내는 의미의 부사가 필요하며, 보기 중 부합하는 것은 '전통적으로'의 (A) traditionally이다.

STEP 3 반대 의미의 부사 어휘
positively(긍정적으로) vs. negatively(부정적으로) exceptionally(예외적으로) vs. generally(일반적으로)

> **해석** 전통적으로 Otago와 Cantebury에서 국제 무역 포럼이 번갈아가며 진행되고는 있지만, 내년에는 Southland에서 개최할 예정이다.
> **어휘** alternate 번갈아 나오게 만들다
> **정답** (A)

110

> Holiday Inn / has ────── / (from a single motel to a multi-national hotel franchise)
> 주어   동사   전치사구
> (with well over 400 locations in operation worldwide).
> 전치사구

has p.p.는 능동태이다.
has + ────── + 전치사구

STEP 1 자동사+전치사구
빈칸은 has p.p.의 능동태로, 전치사구가 뒤에 바로 위치하고 있으므로 자동사의 어휘를 찾아야 하는 문제이다. 보기 중 (A) planned, (B) established, (C) furthered는 타동사이므로 구조상 오답이다. 따라서 정답은 자동사인 (D) evolved이다.

STEP 2 주의해야 하는 자동사

merge	합병하다
proceed	(특정 방향으로) 나아가다, 진행되다
reply, respond	답변하다
register, sign up	등록하다
emerge	드러나다, 나타나다
comply	준수하다

> **해석** Holiday Inn은 단일 모텔에서 전 세계 400여 곳 이상에서 운영되고 있는 다국적 호텔 프랜차이즈로 발전했다.
> **어휘** multi-national 다국적인 in operation 운영 중인 plan 기획하다 further ~을 성공시키다 evolve 발달하다, 진전하다
> **정답** (D)

111

Now that / our technical support team / has taken / all the necessary steps, we / ─────── / that
　　접속사　　　　주에　　　　　　　동사　　　　　목적에　　　　주어2　동사2　접속사2
/ there will be / no more technical issues (preventing our customers from shopping online).
　　동사3　　　　　　　　　　주어3　　　　　　　　　　　　　　형용사구

객관적인 근거를 가지고 '바란다'의 expect
주어(we) + ─────── + 목적어절(that there will be ~)

STEP 1 동사 어휘 문제는 빈칸 뒤 목적어의 유무를 파악하자.
동사 어휘 문제는 빈칸 뒤 목적어의 유무를 통해 자/타동사 여부를 파악하자. 뒤에 명사절 접속사 that이 있으므로 빈칸은 타동사 어휘 자리이다. 보기 모두 타동사 어휘이므로, 답이 될 수 있다.

STEP 2 〈now that+원인, 결과〉의 구조를 알아두자.
now that은 원인을 이끄는 접속사이다. now that 원인의 절에서 필요한 모든 조치를 취했다고 하는 객관적인 근거가 제시되고 있으므로, 결과에 해당하는 주절에서는 더 이상의 문제가 발생하지 않을 것이라 '예상한다'의 (C) expect가 정답이된다. (B) estimate은 '추정하다'의 의미로 가치나 크기, 속도, 비용 등을 예측한다는 뜻이어서 답이 될 수 없다. 또한 근거가 제시된 상황에서는 (A) suppose(추정하다), (D) guess(추측하다)를 쓸 이유가 없다.

해석 저희 기술지원팀이 필요한 모든 조치를 취했으므로, 고객님들의 온라인 쇼핑을 방해하는 기술적인 문제가 더 이상 발생하지 않을 거라고 예상합니다.
어휘 take 취하다 step 조치 prevent A from B A가 B하는 걸 막다, 방해하다
정답 (C)

112

─────── two factories (in London) and one (in Sydney) / have been closed,
　　　　　　　　　　　　　　주에　　　　　　　　　　　　　　　　　　동사1
the Melbourne facility / will remain / open.
　　　주어2　　　　　　　동사2　　　보어

두 개의 완전한 문장을 연결하는 부사절의 접속사
─────── + 완전한 문장, 완전한 문장.

STEP 1 〈본동사 개수 = 접속사 개수+1〉
보기에 접속사가 있을 때는 문장의 본동사 및 접속사의 개수를 미리 파악하자. 본동사가 have been closed, will remain 2개이므로, 빈칸은 접속사 자리이다. 따라서 전치사나 부사인 (A) Besides는 오답이다. (B) Rather than은 등위접속사의 구조를 취하므로, 문두에 위치하지 않는다.

STEP 2 접속사를 선택할 때는 동사들의 발생 순서를 확인하라.
〈───+주어+have p.p., 주어+will 동사원형〉의 시제에서 (D) Before는 답이 될 수 없다. 따라서 정답은 (C) Although이다.

STEP 3 접속사를 기준으로 보는 발생 순서와 논리

주절	접속사	종속절
(사건) 발생 (더 과거)	before	(사건) 발생 (더 미래)
(사건) 발생 (더 미래)	after	(사건) 발생 (더 과거)

해석 런던에 위치한 공장 두 곳과 시드니에 위치한 공장 한 곳을 폐쇄하기는 했지만, 멜버른의 시설은 운영될 예정이다.
어휘 facility 시설
정답 (C)

113 ─────── (among the reasons) (BAP World / is / the premier operating system available)
　　　　　　전치사구　　(관계부사 why가 생략된 형용사절 : 주어1+동사1+보어)
is / the fact (that it's open-source software),
동사2 주어2　　(동격의 명사절: 주어3+동사3+보어3)
(meaning that / anyone / can change or modify / the source code).
부사구:　접속사　　주어4　　　동사4　　　　　　　목적어4

> 보어의 강조로 문두 위치 시 도치가 된다.
> ─────── + 동사(is) + 주어(the fact)

STEP 1　명사로 쓰인 many는 복수를 나타낸다.
문장의 맨 앞 자리는 주어로 명사 자리라고 생각하기 쉽지만, 보기 모두를 형용사로 봐야 하므로 해당 문장의 구조를 다시 파악해야 한다. 보기 중 many나 chief는 명사로도 가능하지만, many는 복수를 나타내므로 단수인 is와 어울리지 못해서 오답이고, chief가 명사일 땐 사람 명사이므로 단수면 관사가 동반되어야 한다.

STEP 2　보어의 강조로 문두 위치 시 주어와 동사가 바뀐다.
따라서 빈칸은 형용사 자리로 봐야 하고, 이를 가능하게 하는 구조는 형용사인 보어가 강조되어 도치가 된 문장이다. 해당 문장의 구조를 나눠보면 첫 번째 is는 BAP World의 동사이므로, 두 번째 is가 빈칸과 어울리는 동사이다. among은 '~ 중에서'의 부분을 의미하는 전치사로 빈칸에는 '이유들 중 주된'의 뜻을 나타내는 (C) Chief가 정답이다.

> **해석** BAP World가 사용 가능한 최고 운영 체제라는 이유 가운데 주된 건 그것이 공개 소스 소프트웨어라는 사실이며, 이는 누구라도 소스 코드를 변경하거나 수정할 수 있다는 걸 의미한다.
> **어휘** premier 최고의, 제1의　modify 수정하다
> **정답** (C)

114　(According to the recent marketing research), (only) half (of U.S. households)
　　　　　전치사구　　　　　　　　　　　　　　　　주어
/ read / ─────── of their advertising mail.
동사　　　　　　목적어

> all of the + 복수/불가산명사
> ─────── of their +불가산명사(mail)

STEP 1　부분대명사는 of 이하의 수를 파악해야 한다.
of 이하의 명사가 불가산명사 mail이므로 보기 중 복수 명사를 받아야 하는 (A) each, (B) few는 오답이다. (C) everything은 of 이하의 부분 전치사구를 받지 않는다. 따라서 정답은 (D) all이다.

STEP 2　부분대명사의 출제 패턴
① one/each of the+복수명사+단수동사
② some/all of the+복수명사/불가산명사
③ few/several/many+복수명사+복수동사
④ little/much+불가산명사+단수동사

> **해석** 최근 마케팅 연구에 따르면, 미국 가구의 절반만이 광고성 메일을 전부 읽는다.
> **어휘** household 가구
> **정답** (D)

115 Jeffrey Lambert / ─────── / the weekly sales meeting (this morning), but
주어　　　　　　　　　　　목적어　　　　　　시간 부사구　접속사
he / had / a scheduling conflict.
주어2 동사2　목적어2

would have p.p.는 과거 사실의 반대를 의미한다.
주어 + ─────── + 목적어(the weekly sales meeting)

STEP 1　시제 일치를 생각하자.
빈칸은 주어 Jeffrey Lambert의 동사 자리이고, 빈칸 뒤 목적어가 있으므로 능동태가 와야 한다. this morning 외에는 특별한 시간 부사가 없기 때문에 but 이하의 과거시제 had와 빈칸의 동사 시제는 일치해야 한다. 따라서 현재시제 (C) wants to attend와 미래를 나타내는 (A) should attend는 오답이다.

STEP 2　〈조동사+have p.p.〉의 의미를 알아두자.
〈조동사+have p.p.〉는 다음과 같은 특별한 의미를 나타내므로 정리해 두자.
① should+have p.p. ~했었어야 했는데 (과거에 대한 유감이나 후회)
② must+have p.p. ~했었음에 틀림없다 (과거 사실에 대한 강한 추측)
③ would+have p.p. ~했었을 텐데 (과거 사실의 반대)
but을 기준으로 앞뒤 절의 내용이 역접이 되어야 하므로 scheduling conflict(일정상의 충돌)과 반대가 될 수 있는 내용은 '참석할 수 있었을 텐데 하지만, 일정상의 충돌이 있었다'의 가정법 (D) would have attended가 정답이다.

해석　Jeffrey Lambert는 오늘 아침 주간 영업 회의에 참가했었을 텐데 하지만 일정이 겹쳤다.
어휘　weekly 주마다의, 주 1회의　scheduling 일정 관리　conflict 갈등, 충돌
정답　(D)

---

116 The board of directors / will not move / (to the next stage of the project)
주어　　　　　　　　동사1　　　　　전치사구
─────── those (opposing it) / number / more than 100 shareholders.
　　　　　　주어2　 (형용사구)　　동사2　　　　　　목적어2

두 개의 완전한 문장을 연결하는 부사절의 접속사
완전한 문장 + ─────── + 완전한 문장

STEP 1　2개의 완전한 문장이 위치하면 이를 연결하는 부사절 접속사가 필요하다.
(D) depending on은 전치사이므로 오답이고, (C) whether는 명사절을 이끄는 접속사이므로 오답이다.

STEP 2　시간/조건의 부사절은 현재가 미래를 대신한다.
주절의 시제가 will not move의 미래시제인데, 부사절 안의 시제가 현재인 number이므로 시제 일치 예외에 해당하는 조건의 부사절 접속사 (A) if가 정답이다.

시간·조건 부사절의 미래는 현재가, 미래완료는 현재완료가 대신한다.

종속절	주절
시간/조건 부사절 접속사 +주어+동사(현재시제) when/while/as/before/after/if	주어 + 동사(미래시제) will+동사원형

해석　만약 그 프로젝트에 반대하는 주주가 100명이 넘는다면 이사회는 프로젝트 다음 단계로 이동하지 않을 것이다.
어휘　oppose 반대하다　number (수가) 모두 ~가 되다　shareholder 주주
정답　(A)

117 (In a competitive insurance market), most customers / are more ─────
　　　　　　전치사구　　　　　　　　　　　주어　　　　　동사(비교급)
(in which services they choose and which company they would like to purchase
　　　　　　　　　　　　　　　A and B 구조
those products or solutions from.)

보어 자리의 형용사 어휘는 주어를 확인하자.
most customers are + more ─────

STEP 1 　사람 명사와 어울리는 형용사 어휘를 찾아라.
빈칸은 사람 주어인 customers와 어울리는 형용사 어휘가 들어갈 자리이다. 보기 중 (C) rigorous는 시스템이나 절차, 시험이 엄격함을 나타내므로 오답이다. (B) punctual(정해진 시간에=on time)은 시간의 개념을 의미하므로 오답이다.

STEP 2 　빈칸 뒤의 전치사 in과 어울릴 수 있는 형용사를 확인하라.
'대부분의 고객들이 choose(선택하다)에 있어서 더욱 ~하다'로 전치사 in과 어울리고 사람의 성향을 의미할 수 있는 '(선택, 구매 등에 있어서) 신중하거나 까다로운'의 (D) selective가 정답이다. (A) dominant는 어떤 것이 상대적으로 우세하거나 강하다는 의미를 나타내지만 주어인 고객들이 어떤 행위에서 우세하다는 논리는 성립되지 않는다.

> **해석** 경쟁이 치열한 보험 시장에서, 대부분의 고객들은 어떤 서비스를 선택할지 그리고 어떤 회사의 상품이나 해결책을 구매할 것인지에 대해 더 신중하고 까다롭다.
> **어휘** competitive 경쟁이 치열한　selective 까다로운, 신중한
> **정답** (D)

---

118 The new capital city / was ───── (by chief architect Andrew Evans)
　　　　　　주어　　　　　동사　　　　　　　　전치사+명사1
(educated at Cornell University), (/ and / his assistant Rudy Ferguson).
　　　형용사구　　　　　　　　　접속사　　　　　　명사2

수동태의 동사 어휘 문제는 주어와의 관계를 먼저 파악하자.
주어(The new capital city)+was ───── +by
+사람(chief architect Andrew Evans)

STEP 1 　수동태가 될 수 없는 자동사는 오답이다.
해당 문장을 능동태로 바꾸면, Chief architect Andrew Evans ───── the new capital city이므로, 자동사인 (B) proceeded는 오답이다.

STEP 2 　동사의 쓰임을 확인하라.
빈칸 뒤에 행위의 주체를 의미하는 by를 통해 건축가가 그 도시를 계획했다는 의미로 정답은 (A) planned이다. (C) involved는 〈involve+doing sth〉 또는 〈involve 사람 in (doing) sth〉의 구조로 쓰이므로 수동태가 되면 주어가 사람이 되어야 하므로 오답이다. (D) supposed는 타동사로 '(확실치는 않지만) 그렇게 생각한다'는 추정을 의미하며, 주로 (that)절을 받는다. 참고로 〈be supposed to do〉는 예정을 의미하기도 한다.

> **해석** Cornell University에서 교육 받은 Andrew Evans와 그의 조수 Rudy Ferguson이 신 수도를 계획하였다.
> **어휘** assistant 조수　proceed 계속 진행하다　involve 수반하다, 포함하다　suppose 추정하다
> **정답** (A)

119 Lloyd's Distance Learning Course / is / (by far) the most ———— (we / have seen)
　　　주어　　　　　　동사　　　　　보어　　　　　　　(주어2 / 동사2)
and / offers / innovative e-learning classes and degree programs
접속사 동사3　　　　목적어3
(through a digital learning platform).
전치사구

> **명사가 생략된 최상급**
> 주어+be동사+the most 형용사 (명사)

STEP 1 최상급 뒤에 주어와 동격이 될 수 있는 명사 course가 생략된 것이다.
구조적으로 빈칸은 명사 자리이다. 하지만 보기 중에 명사인 (B) detail과 (C) details가 들어가게 되면 주어인 course와 동격이 될 수 없으므로 오답이다. 즉, 최상급 뒤에 명사가 생략되어 형용사가 들어가야 한다.

STEP 2 과거분사 형용사 vs. 현재분사 형용사
타동사의 분사 형용사는 뒤에 명사를 수식할 경우 90% 이상이 과거분사 형용사가 답이 된다는 것을 알아두자. 그리고 현재분사 형용사가 답이 되는 경우는 주로 자동사나 ing 형태로 굳어진 경우이다. (A) detailed는 과거분사에서 굳어진 형용사로 세부적인 내용을 담고 있다는 의미의 형용사로 정답이 된다. 여기서 (D) detailing은 불가산명사이며 decorations의 의미로 답이 될 수 없다.

빈출 분사형 형용사

finished 완성된	designated 지정된	accomplished 뛰어난	complicated 복잡한
damaged 파손된	talented 재능 있는	dedicated 헌신적인	existing 기존의
detailed 상세한	estimated 추정된	unbiased 편견이 없는	missing 잃어버린
limited 제한된	opposing 반대의	demanding 까다로운	challenging 어려운

해석 Lloyd Distance Learning Course(원격 교육 강좌)는 지금껏 본 것 중에 단연코 가장 상세하며 디지털 방식의 학습 플랫폼을 통해 획기적인 이러닝 수업과 학위 수여 프로그램을 제공합니다.
어휘 distance learning 원격 교육　by far 단연코(최상급의 강조)　innovative 혁신적인
정답 (A)

120 Our Richmond office / is located / (slightly) (─────── the Golden
　　　　　주어　　　　　　동사　　　　부사　　　　　　부사구
Cinema on 23 Winspear Avenue).

뒤에 오는 명사가 전치사를 결정한다.
is located + ─────── + 장소 명사

STEP 1　빈칸 뒤의 명사가 장소 명사이므로 전치사 역시 장소 전치사가 필요하다.
(B) over의 경우 기간 명사를 받아 '~ 동안에'의 시간을 나타내므로 오답이다.

STEP 2　장소 전치사 **past/across/opposite** + 장소 명사
(A) across, (C) opposite는 '~의 건너편에'의 의미로 장소 명사를 받는 전치사이지만, 빈칸 앞의 정도의 차이를 나타내는 slightly(약간)와 어울리지 않으므로 오답이다. 따라서 정답은 '~을 지나서'의 (D) past이다.

해석 저희 Richmond 사무실은 Winspear Avenue 23번지 Golden Cinema를 약간 지나서 있습니다.
어휘 slightly 약간
정답 (D)

---

121 The agenda (of this meeting) / is / to discuss / what / we / need to
　　　　　주어　　　　　　전치사구　　동사1　　보어　명사절 접속사 주어2 동사2
know about (─────── to promote the new product) (on social media).
　　　　　　 about의 목적어구　　　　　　　　　　　　　　 전치사구

전치사 about 다음에는 명사/명사구/명사절이 위치한다.
about + ─────── + to부정사구

STEP 1　전치사 about 다음에는 명사/명사구/명사절이 위치한다.
보기 중 명사인 (A) decision은 가산명사이므로 관사 없이 단수 형태를 쓸 수 없으므로 오답이다. (B) try는 동사이므로 전치사 다음에 올 수 없다. 남은 보기로 미뤄 접속사가 필요함을 알 수 있고, (D) after는 부사절을 이끄는 접속사이므로 to부정사구를 받을 수 없다. 따라서 정답은 (C) how이다.

STEP 2　명사절을 이끄는 접속사 뒤에 주어가 없다면 **to부정사**
명사절 접속사인 how/when/where 다음에 to부정사가 와서 명사구가 됨을 알아두자. how to do는 '~하는 방법'이다.

해석 이번 회의 안건은 소셜 미디어에서 신제품 홍보 방법과 관련해 우리가 알아야 하는 것을 논의하는 것이다.
어휘 agenda 안건
정답 (C)

122 (During the summer), we / ship / packages (with frozen gel packs)
　　　　　　　　　전치사구　　　　주어　동사　목적어　　　　　전치사구
(to prevent dairy and meat products / and / other ─────── items (from deteriorating).)
부사적 용법: 동사 수식　prevent의 목적어　접속사　prevent의 목적어　　　　　　전치사구

> 동사 prevent+명사1(dairy and meat products) and 명사2(other ─────── items)

STEP 1　타동사 prevent(막다)의 목적어인 명사를 수식하는 형용사 찾기 문제이다.

prevent A from B(A가 B하지 못하게 막다)의 구문에서, 목적어인 명사 item을 수식하는 형용사 어휘를 찾는 문제이다. prevent의 첫 번째 목적어는 '유제품과 고기 제품'이므로, items를 수식하는 적절한 형용사 어휘는 '상하기 쉬운'의 (B) perishable이다. (A) plentiful은 '양적으로 풍부한, 많은'의 의미이므로 의미상 맞지 않는다. (C) spoiled는 사람을 수식하여 '버릇없는'의 의미로 해석하므로 의미상 오답이다. (D) adverse는 '좋지 않은, 호의적이지 않은'의 의미로 from deteriorating과 의미상 어울리지 않는다.

해석 여름 동안, 저희는 유제품, 육류 제품과 다른 부패하기 쉬운 제품이 상하지 않도록 아이스 팩을 넣어 물건을 배송해 드립니다.
어휘 frozen gel pack 아이스팩　dairy 유제품의　deteriorate 악화되다, 더 나빠지다
정답 (B)

123　If / you / can schedule / a meeting (─────── 9:00 tomorrow morning),
　　　접속사 주어　　동사1　　　목적어　　　전치사구
our director / will rearrange / his flight (to be in attendance).
　주어2　　　　　동사2　　　　　목적어2　　to부정사의 부사적 용법

> 전치사는 숙어가 답을 결정한다.
> schedule A (a meeting) ─────── B (9:00 tomorrow morning)

STEP 1　뒤에 오는 명사가 전치사를 결정한다.

빈칸 뒤의 명사는 9:00 tomorrow morning의 시각 명사이므로, 월/연도와 어울리는 전치사 (D) in은 오답이다. (B) to는 시간 명사와 쓰이는 경우, from A to B의 구조에서 사용해야 한다. 따라서 해당 문장에서는 오답이다.

STEP 2　전치사 at과 for를 구분하라.

일반적으로 시각 명사는 (A) at과 어울리지만, 내일 아침 9시에 회의를 잡는 행위가 일어나는 게 아니므로 주절과 논리가 맞지 않는다. (C) for의 경우, 동사 schedule은 schedule A for B(A를 B로 예정하다, 일정을 잡다)의 구조로 쓰이는데 회의 시간을 9시로 잡는다는 의미가 되므로 정답이다. 따라서 정답은 (C) for이다.

동사+목적어+전치사

acquaint A with B A가 B에 대해서 알게 하다	include A with B A를 B에 포함시키다
attribute A to B A를 B의 탓으로 돌리다	brief A on B A에게 B를 요약해 주다
replace A with B A를 B로 교체하다	compare A with B A와 B를 비교하다
prevent A from B A가 B를 못하게 하다	transfer A to B A를 B로 이동시키다

해석 내일 오전 9시로 회의 일정을 잡으실 수 있으면, 저희 국장님이 참석하실 수 있게 비행편을 다시 잡을 것입니다.
어휘 rearrange 재조정하다　be in attendance 참석하다
정답 (C)

124 CIBC Bank / offers / more sophisticated online banking systems
　　　　주어　　　동사　　　　　　　목적어
(to help / our clients / run their businesses more ───────).
　동사　　목적어　　　　목적어보어 (to부정사의 부사적 용법)

> **부사는 명사를 제외한 모든 것을 수식한다.**
> run their businesses + more ───────

STEP 1　부사 어휘 문제는 수식하는 대상을 확인하자.
빈칸은 부사가 들어갈 자리로 빈칸의 부사 어휘는 run their businesses(사업체를 운영하다)를 수식한다.

STEP 2　동사를 수식하는 부사는 주제별로 암기해 두자.
(A) broadly는 '대략적으로'의 의미로 내용상 세부사항보다는 큰 골자의 주요 내용을 언급하는 경우에 사용한다. (B) greatly는 정도를 나타내는 부사로, 증감을 나타내는 동사와 정도를 표현할 수 있는 경우에 사용하므로 해당 문장처럼 상태를 나타내는 경우에는 사용하지 않는다. (D) potentially(잠재적으로)는 의미상 어울리지 않는다. 따라서 사업체를 '효율적으로' 운영·경영하다의 의미가 적절하므로 정답은 (C) efficiently이다.

> 해석　CIBC Bank는 고객님들이 사업을 더 효율적으로 운영하시도록 도움을 드리고자 더 정교하고 수준 높은 온라인 뱅킹 시스템을 제공해 드립니다.
> 어휘　sophisticated 정교한, 수준 높은
> 정답　(C)

125　The decision (about whether the factory / can reopen) / will be ───────
　　　　　주어　　　　전치사　명사절 접속사　주어2　　　동사2　　　동사1
(until / the Ministry / has carried out / a thorough investigation of this risk).
　부사절 접속사　주어3　　　동사3　　　　　목적어3

> **수동태의 동사 어휘 문제는 주어와의 관계를 먼저 파악하자.**
> 주어(The decision) + will be ───────

STEP 1　수동태의 동사 어휘는 주어를 먼저 파악하자.
주어가 The decision이므로 능동태 문장에서 will ─────── + the decision의 형태가 될 것임을 예상하자. 따라서 사람 명사를 목적어로 바로 받는 (C) informed와 자동사인 (D) agreed는 오답이다. (B) resolved는 목적어 '문제'에 해당하는 issues, problems를 받는 것에 주의하자. 따라서 정답은 (A) deferred이다.

STEP 2　사람 명사를 목적어로 받는 타동사

[통보하다/알리다 + 사람 목적어]

advise 조언하다	assure 장담하다, 확언하다
inform 알리다	warn 경고하다
remind 상기시키다	convince 확신시키다
notify 통보하다	persuade 설득하다

> 해석　공장 운영이 재개될 수 있을지 여부에 관한 결정은 내각이 이 위험성에 대한 조사를 철저히 이행할 때까지 보류될 것이다.
> 어휘　carry out 실행하다　thorough 철저한　investigation 조사　defer 미루다, 연기하다
> 정답　(A)

126 (At Molson Coors Brewing Company), we / do ─────── (we can)
　　　　　　전치사구　　　　　　　　　주어 동사　　　　　형용사절
(to help / our employees / achieve their full potential).
to부정사　　help의 목적어　　　목적보어

타동사 뒤에는 목적어가 필요하다.
do + ─────── + we can

STEP 1　빈칸은 타동사 do의 목적어 자리로 명사가 온다.
문장의 본동사가 do이고, 빈칸 뒤의 we can은 빈칸에 들어갈 명사를 수식하는 형용사절이다. 목적격 관계대명사 that이 생략된 것으로 문장에는 더 이상의 본동사나 접속사가 필요하지 않음에 주의하자. 따라서 접속사인 (A) so, (D) whichever는 오답이다.

STEP 2　those는 앞 명사를 다시 받는 대명사이다.
대명사인 (B) those는 앞 명사를 다시 받는 것으로 복수형을 나타낸다. 빈칸 앞 문장에서 다시 받을 수 있는 복수형 명사가 없으므로 오답이다. 따라서 정답은 (C) everything이다.

> **해석**　Molson Coors Brewing Company에서 저희는 직원들이 자신들의 잠재력을 최대한 발휘하도록 도울 수 있게 저희가 할 수 있는 모든 것을 하고 있습니다.
> **어휘**　brewing company 양조회사　potential 잠재력
> **정답**　(C)

127　Debra Mason, (a widely recognized ─────── (on Northwestern Asian
　　　　　주어　　　　　동격관계　　　　　　　　　　　　전치사구
cultural history and art)), / was / a curator of the Toronto Museum.
　　　　　　　　　　　　　　　　동사　　　　보어

〈관사+부사+형용사+명사〉의 구조를 알아두자.
a widely recognized + ───────

STEP 1　관사 끝에는 명사가 와야 한다.
빈칸은 관사 a와 어울리는 명사 자리여야 하므로 형용사 (B) authoritative와 준동사 (C) authorizing은 오답이다.

STEP 2　사람 명사와 사물 명사
(A) authority는 '권위자'로 사람 명사를 (D) authorization은 '허가'의 사물 명사이므로 앞뒤 관계에 따라서 명사를 판단해야 한다. 빈칸의 위치는 주어인 Debra Mason과 동격 관계에 해당하므로 사람 명사에 대한 설명을 하고 있어야 한다. 따라서 정답은 (A) authority가 된다.

> **해석**　북서 아시아 문화사 및 예술에서 널리 알려진 권위자 Debra Mason 씨는 Toronto Museum 큐레이터였다.
> **어휘**　recognized 인정된, 알려진　Northwestern 북서의
> **정답**　(A)

128 ———— member / is assigned / a task / depends on / the speciality
　　　접속사(주어겸2) 주어1　　　동사1　　목적어1　　동사2　　　목적어2
(required for a project.)
수식어구

본동사 개수 = 접속사 개수+1
──────── 명사 is assigned ~ / depends on ~

STEP 1　보기 중 접속사가 있을 경우 〈본동사 개수=접속사 개수+1〉의 공식을 확인하자.
문장의 본동사가 is, depends로 2개인데, 접속사가 없으므로 빈칸은 접속사 자리이다. 본동사 depends의 주어에 해당하는 명사절을 이끌면서 동시에 빈칸 뒤 명사를 수식할 수 있는 건 의문형용사 (A) Which이다. (B) Each, (C) Any, (D) Some은 형용사 역할은 하지만, 접속사 역할은 하지 않음을 주의하자.

STEP 2　의문형용사 which/what+(소유격이나 관사가 없는) 명사
① [의문형용사+(소유격이나 관사가 없는) 명사+동사 ~]: which/what이 의문형용사로 쓰일 때는 수식받는 명사를 포함한 문장이 완전하다.
② [의문형용사+(소유격이나 관사가 없는) 명사+to부정사]
③ 의문형용사 뒤에는 소유격, 관사, 대명사 등이 올 수 없다.

해석 어떤 구성원이 업무를 할당받는 지는 프로젝트에서 요구되는 전문성에 달려 있다.
어휘 assign 할당하다　speciality 전문성
정답 (A)

129　Recent studies (from the University of California) / indicate / that / the ————
　　　　주어1　　　　　　전치사구　　　　　　　　동사1　목적절 접속사　주어2
(of visual aids) to a presentation / can provide / the presenter (with a lot of advantages).
　전치사구　　　　　　　　　　　　　　동사2　　　　　목적어2　　　　　전치사구

명사 어휘는 관련 동사를 파악하자.
the ──────── ~ to a presentation can provide

STEP 1　명사 어휘는 관련 동사/전치사를 확인하자.
provide(제공하다)의 주어이자 to a presentation에 어울리는 적절한 명사 어휘를 찾는 문제이다. '발표에 대한 시각적 자료의 ———이 연사들에게 많은 이점을 제공할 수 있다'의 문맥상 어울리는 것은 '추가'의 (B) addition이다. (A) feature(기능)는 can provide의 주체로는 가능하지만, 제공되는 advantages와 그 의미가 유사하므로 답이 될 수 없고, (C) pictures나 (D) tool은 visual aids와 일치하거나 구체적인 종류에 해당하는 부분으로 그 의미가 중복이 되어 올 수 없다.

해석 University of California에서 실시한 최근 연구에 따르면, 프레젠테이션에 시각 보조 자료의 추가는 발표자에게 많은 이점을 제공할 수 있다.
어휘 indicate 나타내다, 보여주다　visual aid 시각 보조 자료
정답 (B)

130 (─────── poorly / the customer / may be treating / them), customer service
부사   주어   동사   목적어   주어2
representatives / are required to treat / customers (with professionalism).
              동사2   목적어2   전치사구

> **However + 형용사/부사 + 주어 + 동사**
> ─────── + 부사 + 주어 + 동사

STEP 1   보기에 접속사가 하나 이상 있으면 〈본동사 개수=접속사 개수+1〉의 공식을 확인하자.

문장의 본동사가 may be treating, are required로 두개인데, 접속사가 없으므로 빈칸의 자리는 접속사이다. 따라서 단순 부사인 (B) Seldom과 (D) Rather는 오답이다.

STEP 2   however + 형용사/부사 + 주어 + 동사

문장 구조상 빈칸부터 them까지 부사절로 봐야 하므로 (A) Although를 생각하기 쉽다. 하지만 접속사 뒤에 바로 부사 poorly가 오고 이후 주어와 동사의 구조가 오므로 부사를 강조할 수 있는 접속사 (C) However가 정답이다.

STEP 3   However의 두 가지 용법

however는 시험에 두 가지 유형으로 출제된다.
1. 복합관계부사로 양보절을 이끄는 접속사로 쓰인다.
2. 접속부사로 문장에서 부사 역할을 하며 마침표로 끝난 앞 문장과 역접 관계를 나타내는 의미로 쓰인다.

> **해석** 고객이 고객 서비스 담당자들을 함부로 대할지라도, 고객 서비스 담당자들은 전문성을 갖고 고객들을 대해야 한다.
> **어휘** poorly 형편 없이   be required to do ~해야 한다   professionalism 전문성
> **정답** (C)

Questions 131-134 refer to the following instructions.

Why don't you install A Programmable Thermostat?

Save money and energy by installing Homeassistant, our new programmable thermostat, to control heating and air conditioning. This programmable thermostat can save more than 40% of your energy bill by turning on only during the daytime, and automatically shutting off when the desired temperature has been reached. And you can program it **to** — 131 — your home's **temperature** when you are away **and raise** it at a specific time.

The process of programming this thermostat is quite simple and does not consume a lot of time. **Begin** by pushing the home button of the device and — 132 — long press any blank section of the screen for a few seconds. Select the Choose Option to display the CHOOSE screen and the **selection menu will pop up**. — 133 —. When you're finished, press the OK button **to save your selection**. Your — 134 — will be applied immediately.

131. (A) show
 (B) lower
 (C) see
 (D) review

타동사 어휘
ㄴ your home's temperature를 목적어로 받는 적절한 타동사 어휘를 찾자.

132. (A) simple
 (B) simply
 (C) simpled
 (D) simpler

부사 + 완전한 문장 (명령문)
ㄴ 완전한 문장에 추가될 수 있는 품사는 부사이다.

133. **(A) Using the drop down arrow, you can select your preferences.**
 (B) Before setting your device, check for any missing items.
 (C) You can return it within 14 days of purchase.
 (D) Press the red button on the left to see how much energy it has saved.

문맥 추가 문제
ㄴ 빈칸 문장의 앞뒤 문장을 확인하자.

134. **(A) settings**
 (B) savings
 (C) screen
 (D) device

명사 어휘
ㄴ be applied(적용되다)와 어울리는 명사 어휘를 찾자.

문제 131-134는 다음 설명서를 참조하시오.

자동 온도 조절 장치를 설치해 보시죠.

프로그램 작동이 가능한 신형 자동 온도 조절 장치 Homeassistant를 설치해 냉난방을 조절하여 비용과 에너지를 절약하세요. 이 프로그램 작동이 가능한 자동 온도 조절 장치는 낮에만 켰다가 희망 온도에 도달하면 자동으로 차단되면서 에너지 요금을 40퍼센트 이상 절약할 수 있습니다. 그리고 외출하실 때 집안 온도를 낮추고 특정 시간에 온도를 올릴 수 있게 프로그램을 설정하실 수 있습니다.

이 자동 온도 조절 장치 프로그래밍 과정은 아주 단순하고 시간도 오래 걸리지 않습니다. 장치의 전원 버튼을 누르시고 화면의 빈 부분을 몇 초 간만 그냥 길게 누르십시오. 선택키를 누르시면 선택 화면이 나타나고 선택 메뉴가 나올 것입니다. 드롭 다운 화살표를 이용해서 원하시는 항목을 선택하십시오. 다 끝나면 OK 버튼을 눌러 선택한 내용을 저장하십시오. 변경하신 설정이 즉시 적용될 것입니다.

> 어휘 programmable 프로그램 작동이 가능한 thermostat 온도 조절 장치
> save 절약하다 shut off (전원 등을) 차단하다 blank 빈 pop up 쑥 나타나다 apply 적용하다

동사 어휘
131 타동사 어휘는 목적어를 확인하자.

STEP 1 빈칸 뒤의 temperature(온도)를 목적어로 받을 수 있는 적절한 의미의 타동사 어휘가 필요하다.

STEP 2 바로 뒤 and 이하 문장에서 '특정한 시간에 온도를 높이다'의 의미가 온다.
따라서 빈칸에는 온도 조절에 대한 언급으로 의미가 연결되어야 하므로, 온도를 '낮추다'를 의미하는 동사 (B) lower가 정답이다.

부사 어휘
132 완전한 문장에 추가될 수 있는 품사는 부사이다.

STEP 1 빈칸 앞에 and가 있다.
빈칸 이하의 구문과 연결되는 것은 앞에 나온 Begin으로 시작하는 명령문이다.

STEP 2 〈명령문+and+_____+명령문〉 구조를 파악한다.
〈완전한 문장 and _____ 완전한 문장〉 구조이므로 빈칸에 들어갈 적절한 품사는 부사이다. 따라서 정답은 (B) simply(간단히, 그저)이다.

문맥 추가 문제
133 문맥 추가 문제는 빈칸 앞뒤의 내용과 연결되는 보기의 키워드를 찾아야 한다.

STEP 1 문맥을 추가하는 문제는 빈칸 위아래에서 답을 결정하는 단어를 확보한다.

장치 프로그래밍 과정을 안내하는 안내문으로, 바로 앞 문장에서 키를 선택하라(select)고 하고, 뒤 문장에서 '선택을 저장하려면 확인 버튼을 누르시오'의 언급이 있으므로, 빈칸에는 select의 과정이 언급되는 (A)가 정답이다.
(A) 드롭 다운 화살표를 이용해 원하시는 항목을 선택하십시오.
(B) 장치를 설정하기 전에, 누락된 물품이 있는지 확인하십시오. → **확인이 필요한 물품에 대한 언급이 없으므로 오답이다.**
(C) 구매 후 14일 이내로 반품하실 수 있습니다. → **구매 정책 언급 후에 오는 것이 적절하다.**
(D) 에너지를 얼마나 절약했는지 확인하시려면 왼쪽의 빨간 버튼을 누르십시오.

> **어휘** drop down arrow 드롭 다운 화살표   preference 선호(하는) 것   missing 분실된   return 반품하다

명사 어휘
134 명사 어휘는 관련 동사를 파악하자.

STEP 1 빈칸은 소유격 your 뒤의 명사 자리이다.

명사 자리로 will be applied의 주어 역할을 할 적절한 명사 어휘를 찾는 문제이다.

STEP 2 동사의 성질을 파악한다.

바로 앞 문장에서 프로그래밍 설정 방법을 알려주고 있으므로, 뒤에는 '귀하의 설정이 즉시 적용될 것입니다'의 내용이 나와야 한다. 동사 apply의 수동형에서 적용되는 대상은 '설정'의 (A) settings이다.

Questions 135-138 refer to the following notice.

July is high season in Hawaii, so we recommend you make a reservation at your earliest convenience. Hotel **accommodations** here are very — **135** —. Reservations will be required with a deposit of $200. This amount will be charged to your credit card upon booking the reservation. Cancellations made more than seven days prior to your scheduled arrival date — **136** — in full.

However, if the reservation is canceled within one week of arrival, it will result in a full charge of the entire — **137** — of your stay booked. — **138** —.

135. (A) restricted
 (B) difficult
 (C) confirmed
 (D) limited

136. **(A) will be refunded**
 (B) will not be refunded
 (C) are refunding
 (D) had been refunded

137. (A) room
 (B) degree
 (C) length
 (D) week

138. (A) Also, our new facilities will make your future stays with us even more enjoyable.
 (B) This policy applies to early departure as well.
 (C) In fact, we will soon open more hotels in July.
 (D) Thank you for leaving a review of your stay at our hotel.

문제 135-138은 다음 안내문을 참조하시오.

7월은 하와이에서 성수기입니다. 그래서 가급적 빨리 예약하시길 추천합니다. 이곳 호텔 객실 수는 매우 제한적입니다. 예약하실 때에는 보증금 200달러가 필요합니다. 이 금액은 예약하자마자 귀하의 신용카드에 청구될 것입니다. 도착 예정일 7일 이전에 취소하시면 전액 환불해 드릴 것입니다.

하지만 도착 7일 이내에 예약을 취소하신다면, 예약하신 숙박 기간의 전액 요금이 부과됩니다. 해당 정책은 조기 퇴실에도 적용됩니다.

> **어휘** recommend 추천하다 reservation 예약 at your earliest convenience 가급적 빨리 require 필요하다, 필요로 하다 deposit 보증금 charge 청구하다 cancellation 취소 prior to ~에 앞서 entire 전체의

형용사 어휘
135 형용사에 어울리는 명사를 파악하자.

STEP 1 빈칸은 주격 보어 자리이다.

주어인 hotel accommodations를 설명하는 적절한 형용사 어휘를 묻는 문제이다.

STEP 2 주어와 어울리는 형용사를 찾아라.

앞 문장에서 가급적 빨리 예약을 해야 한다는 것과 그 이유에 해당하는 내용이 이어지고 있으므로 (D) limited(한정된, 부족한)가 가장 적절하다. '제한된'의 의미로 (A) restricted도 가능하지만, restricted는 '할 수 있는 일의 범위 등이 제한된'의 의미로 사용되며, limited는 '수량이 제한된'의 의미이다. 해당 지문에서는 숙박 시설의 수가 제한된다는 의미로 봐야 하므로 정답은 (D)가 된다.

> **어휘** restricted 제한된 confirmed 확인된, 확정된

동사 시제
136 동사 시제는 앞뒤 문장의 시제를 파악하라.

STEP 1 빈칸은 주어 뒤에 들어갈 본동사의 형태를 묻는 문제이다.

STEP 2 빈칸 앞의 내용이 미래이다.

빈칸 앞까지 앞으로 일어날 미래의 내용(예약 후 취소)을 가정하고 있으므로 미래시제가 나와야 한다. 해당하는 보기는 (A) will be refunded와 (B) will not be refunded이다. 빈칸 뒤의 문장 내용이 '도착 7일 이내에 취소를 하면 요금이 전액 부과될 것이다'라고 했으므로 해당 문장은 반대 내용이 나와야 한다. 따라서 '환불해 줄 것이다'의 긍정의 의미 (A) will be refunded가 정답이다.

> **어휘** refund 환불하다

명사 어휘
137 of+명사의 수식을 받는 앞의 명사는 of 뒤 명사를 잘 파악하자.

STEP 1 빈칸 뒤 of 전치사는 앞뒤 명사를 잘 파악해야 한다.

your stay(귀하의 체류)와 어울리는 것은 '기간, 시간'의 (C) length이다.

STEP 2 오답 확인

(D) week 역시 시간을 나타내므로 답이 될 수도 있겠지만, 이렇게 되면 '귀하가 체류하는 전체 주'의 의미로, 예약 기간에 상관없이 예약한 주 전체에 대해 금액이 부과된다는 의미가 되므로 부적절하다.

> 어휘 degree (온도, 각도 단위의) 도 length 길이, 시간

문맥 추가 문제
138 문맥 추가 문제는 빈칸 앞뒤의 내용과 연결되는 보기의 키워드를 찾아야 한다.

STEP 1 보기의 **this**/소유격은 바로 앞 문장에서 파악할 수 있다.

바로 앞 문장에서 취소에 대한 유의사항이 언급되고 있으므로, 빈칸의 문장에도 취소와 관련된 주의사항이 언급되어야 한다.

STEP 2 보기 중에 키워드를 확인하라.

(A)는 also를 통해 앞에 내용과 유사한 성격의 내용이 나와야 하는데, 신규 시설(new facilities)를 언급하고 있으므로 오답이다. (C)의 경우 전반부에서 '호텔 객실 수가 제한되어 있다'는 언급이 이미 있으므로 more hotels의 표현을 말하기에는 부적절하다. (D)의 Thank you for a review가 언급되려면 호텔을 이용한 후기가 나와야 하므로 이 역시 오답이다. 해당 지문은 호텔 예약에 관한 공지문으로 빈칸 앞 문장에 나온 기간별 취소 요금과 관련된 정책 내용과 어울리는 것은 "해당 조항은 조기 퇴실에도 적용됩니다."의 (B)가 가장 적절하다.

(A) 또 저희의 새 시설들이 여러분이 더욱 더 즐겁게 머물 수 있도록 할 것입니다.
(B) 해당 정책은 조기 퇴실에도 적용됩니다.
(C) 사실, 저희는 7월에 곧 더 많은 호텔들을 오픈할 예정입니다.
(D) 저희 호텔 숙박 후기를 남겨 주셔서 감사합니다.

Questions 139-142 refer to the following notice.

Notice: Shipping Fragile Items

Thank you for using Florida Logistics. **Our mission** — **139** — the best and most reliable **service** to all customers. We always handle all our shipments with care and caution, but we do not guarantee special handling for packages even marked "Fragile." Therefore, it is your responsibility to make sure that your contents are protected from any damage that may be caused during the delivery. When you ship your items, we do not recommend using old boxes but new ones. Old and used **ones** do not offer their — **140** — **rigidity** and adequate protection. In case you use a used box, any labels on it should be removed and any damage such as puncture and tears should be checked. — **141** — may result in damage to the contents. And please remember that it is important to use internal cushioning for items that are fragile. — **142** —. This way, all items **are separated** from each other, so your items will be safe from bumps, vibrations and shocks of any kind.

이러한 방법은 상품을 분리시킨다.

---

139. (A) provides 일반적인 사실, 습관, 반복
(B) is provided
(C) is providing 현재의 일시적인 상황
(D) is to provide be to부정사 → 예정, 가능, 의무

동사 형태
ㄴ, 전반부에서 our mission/ goal 등의 언급은 목적이나 목표를 말하므로 미래시제를 의미하는 to부정사를 이용해 표현한다.

140. (A) creative
(B) original
(C) ready
(D) various

형용사 어휘
ㄴ, 명사 rigidity(강도)를 수식하는 적절한 형용사 어휘를 찾자.

141. (A) Most
(B) Neither 둘 다 아닌(부정)
(C) Others
(D) These punctures and tears

대명사
ㄴ, 대명사 문제는 앞에 언급된 대상과 일치해야 함을 주의하자.

142. (A) Doing this is not advisable.
(B) We can purchase insurance for one single item.
(C) To do so, wrap them individually.
(D) Customers will learn that it is quite unsuitable.

문맥 추가문제
ㄴ, 빈칸 문장의 앞뒤를 확인하자.

문제 139-142는 다음 안내문을 참조하시오.

공지: 깨지기 쉬운 상품 배송

Florida Logistics를 이용해 주셔서 감사합니다. 저희의 임무는 모든 고객분들께 최상의 신뢰할 수 있는 서비스를 제공하는 것입니다. 저희는 항상 주의를 기울여 조심스럽게 배송품을 다루지만 "깨지기 쉬운"이라고 표시된 배송품을 특별 취급하지 않습니다. 그렇기에, 배송 동안 발생할 수 있는 손상에 내용물이 보호되는지 확인하는 건 고객님의 책임입니다. 물품을 배송하실 때 오래된 박스 말고 새 박스 사용을 추천합니다. 오래된 중고 박스는 원래의 강도가 없고 제대로 보호할 수가 없습니다. 사용된 박스를 이용하실 경우에는 상자 위 라벨을 제거하시고 구멍과 찢어진 곳 같은 손상을 확인하셔야 합니다. 이러한 것이 내용물에 손상을 입힐 수도 있습니다. 그리고 깨지기 쉬운 물품들에게는 내부 완충재를 사용하는 게 중요하다는 점을 기억해 주시기 바랍니다. 그럴 수 있게 개별 포장해 주시기 바랍니다. 이런 식으로 하면 모든 상품들이 서로 분리되어 고객님의 상품이 충돌, 진동 그리고 어떤 종류의 충격에도 안전할 것입니다.

어휘 fragile 부서지기 쉬운, 깨지기 쉬운 logistics 물류, 택배 reliable 신뢰할 만한, 믿을 만한 handle 처리하다, 다루다 shipment 배송 guarantee 보장하다 special handling 특별 취급 responsibility 책임 protect 보호하다 recommend 추천하다 rigidity 단단함 adequate 충분한, 적절한 puncture 구멍 tear 찢어진 곳 bump 부딪힘

동사 형태
139 동사 자리는 수 ⇨ 태 ⇨ 시제를 생각하자.

STEP 1 빈칸은 주어 뒤에 들어갈 본동사의 형태를 묻는 문제이다.

STEP 2 빈칸 뒤에 목적어 the ~ service가 있으므로 능동태가 필요하다.

그러므로 수동태인 (B) is provided는 탈락이다. 특정 단체의 mission(임무, 목적)을 언급하는 것이므로 앞으로 달성하고자 하는 것들에 대한 의미가 필요하다. 따라서 <예정, 가능, 의무>를 나타내는 be to 용법인 (D) is to provide가 정답이다.

STEP 3 현재 발생하고 있는 것은 현재시제가 아니다.

(A) provides의 현재 시제는 일반적 사실, 습관, 반복을 나타내는 경우 사용하며, 특히 반복되는 업무와 그와 관련된 규칙이 과거에도, 현재에도 그리고 앞으로도 그럴 거라는 의미로 쓴다. 따라서 앞으로 달성해야 할 미래의 의미가 필요한 상황에서는 언급이 부적절하고, 현재진행형 (C) is providing은 현재의 일시적인 상황을 나타낸다.

형용사 어휘
140 어휘 문제는 해석상 말이 되는 것이 답이 아니다.

STEP 1 빈칸은 명사 rigidity(강도, 단단함)를 수식하는 형용사 어휘 찾기 문제이다.

STEP 2 빈칸 위아래에서 문맥을 연결할 수 있는 객관적인 근거 단어가 확보되는 것을 답으로 선택한다.

빈칸 앞뒤만 보면 보기의 대부분이 해석상 말이 된다. 하지만 말이 되는 것이 답이 아니다. 문장의 주어 'old and used ones(오래되고 사용감 있는 것들)는 their(그들의) ~한 rigidity(강도)를 제공하지 못한다'고 언급하므로 '기존의/원래의 강도'를 말하는 (B) original이 정답이다. (D) various(다양한)는 복수명사를 수식하고, '준비가 된'의 (C) ready는 명사 rigidity(강도, 단단함)와 의미상 어울리지 않는다. 또 (A) creative(창의적인) 역시 의미상 어울리지 않는다.

대명사
141 대명사란 앞에 있는 명사를 대신 받은 것이다.

STEP 1 PART 6에서 대명사는 바로 앞 문장에서 확인할 수 있어야 한다.
punctures and tears(구멍과 찢어진 곳)을 다시 받아야 하므로 지시대명사인 (D) these가 정답이다.

STEP 2 오답 분석
(B) Neither는 '둘다 아닌'으로 부정의 의미를 나타내므로 오답이고, (C) Others는 '나머지들'의 의미로 앞에 대상들이 one/some으로 언급된 후 그 외의 것들을 언급할 때 사용하므로 해당 문장에서는 오답이다. (A) Most의 경우 '대부분'으로 앞선 대상이 전체가 되어 그 중 일부분을 나타낼 때 사용하므로 앞명사를 그대로 다시 받을 수는 없다.

STEP 3 most의 네가지 출제 포인트
① the most+형용사/부사 : 최상급
② the most+명사 : many, much의 최상급
③ 부분대명사 : most of the+명사
④ 일반 형용사 : most+명사 '대부분의'

문맥 추가 문제
142 문맥 추가문제는 빈칸 앞뒤의 내용과 연결되는 보기의 키워드를 찾아야 한다.

STEP 1 This way가 답을 푸는 핵심이다.
바로 앞 문장에서 주의사항을 언급하고 있고, 빈칸 뒤의 문장에서 'this way(이러한 방법으로) 귀하의 제품들이 ~로 부터 안전하게 될 것이다'라는 의미가 오므로 빈칸에는 this way(이러한 방법으로)를 구체적으로 나타내는 내용이 와야 한다. 따라서 (C) 이렇게 하기 위해 그것들을 개별 포장하시기 바랍니다가 정답이 된다.

STEP 2 오답 분석
(A)의 경우 this가 앞 문장을 받을 수는 있지만, not advisable(권할 만한, 바람직하지 않은)의 의미가 맞지 않으므로 오답이다.

(A) 이렇게 하는 것은 권하지 않습니다.
(B) 저희는 하나의 단일 품목에 대한 보험을 구입할 수 있습니다.
(C) 그럴 수 있게 개별 포장해 주시기 바랍니다.
(D) 고객 분들은 그것이 매우 부적합하다는 것을 알게 될 것입니다.

> 어휘 advisable 권할 만한, 바람직한 wrap 포장하다 individually 개별적으로 unsuitable 적합하지 않은

Questions 143-146 refer to the following e-mail.

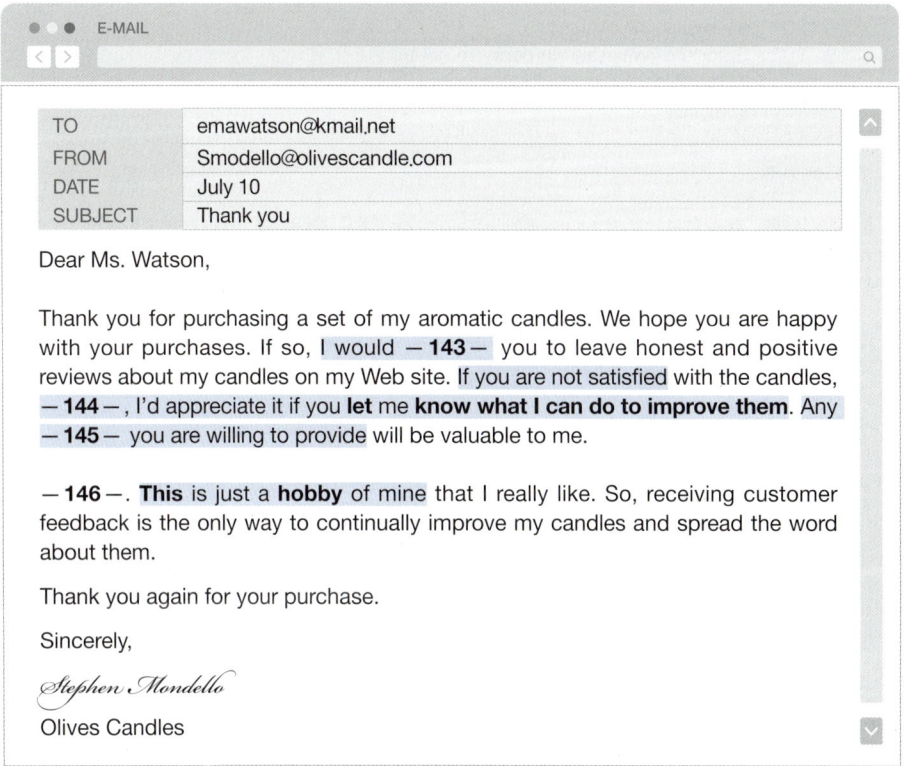

143. (A) like asking
(B) like to ask
(C) have liked to ask
(D) have liked asking

144. (A) in the meantime
(B) however
(C) such as
(D) therefore

145. (A) proof
(B) ingredients
(C) request
(D) feedback

146. (A) All the candles can be purchased from retail stores in the area.
(B) I regret that there was a mistake in shipping your order.
(C) In order to fulfil customized orders, I have a variety of candles in stock.
(D) As you may know from my Web site, I am not a corporate seller.

문제 143-146은 다음 이메일을 참조하시오.

수신	emawatson@kmail.net
발신	Smodello@olivescandle.com
날짜	7월 10일
제목	감사합니다

Watson 씨께

제 향초 세트를 구매해 주셔서 감사합니다. 구매에 만족하셨길 바랍니다. 그러시다면, 제 웹사이트에 향초에 대한 솔직하고 긍정적인 고객평을 남겨주시길 바랍니다. 하지만 향초가 만족스럽지 않으시다면, 개선을 위해 제가 할 수 있는 것을 알려주시면 감사하겠습니다. 제시하시는 어떠한 피드백도 제게는 소중할 것입니다.

웹사이트에서 아실 수 있듯이, 저는 기업 판매자가 아닙니다. 이건 그냥 제가 정말 좋아하는 제 취미입니다. 그래서, 고객들의 의견을 받는 것이 제가 계속해서 저의 양초를 개선하고 입소문을 낼 수 있는 유일한 방법입니다.

구매에 다시 한 번 감사드립니다.

Stephen Mondello 올림
Olives Candles

> **어휘** aromatic 향이 좋은 honest 정직한, 솔직한 satisfy 만족시키다 appreciate ~을 감사하다
> improve 개선하다 valuable 소중한, 귀중한 continually 계속해서 spread the word 입소문을 내다

143
동사 형태
would + like to 동사원형 (~하고 싶다)

STEP 1 would 뒤에 오는 like의 적절한 동사 형태를 묻는 문제이다.

STEP 2 감정의 상태를 나타내는 동사는 would 뒤에 완료나 진행형 시제를 쓰지 않는다.
(C) have liked to ask, (D) have liked asking은 오답. 정답은 '~하고 싶다'의 would like to 동사원형의 (B)가 정답이다. (A) like asking의 경우, 동사 like가 동명사를 목적어로 받을 때는 동명사의 행위를 좋아한다는 의미이다. (A) like asking은 '만약 그렇다면, 나는 물어보는 것을 좋아한다'는 의미가 되므로 답이 될 수 없다.

STEP 3 **would have p.p.는 가정법 과거완료를 나타낸다.**
가정법은 화자가 있는 그대로 말하지 않고, 반대로 가정하거나 일어날 수 없는 일을 가정/의심/희망/요구하는 화법이다. 주로 종속절이 If로 시작하지만, 주절의 동사가 would have p.p.로 나타나면 가정법 과거완료를 의미함을 알아두자.

접속부사 어휘
144 접속부사는 빈칸 앞뒤의 관계를 설명해야 답이 나온다.

STEP 1　빈칸 앞뒤에 완전한 문장이 위치한다.
따라서 빈칸에는 이를 연결하는 적절한 의미의 접속부사가 필요하다.

STEP 2　접속부사가 빈칸 앞뒤 문장을 적절히 연결하는지 확인한다.
먼저 전치사 (C) such as는 오답이다. '구매품에 대해 만족하지 않으시면'의 빈칸 앞 문장과 '제가 문제점을 향상시키기 위해 무엇을 해야 할지 알려주시면 감사하겠습니다'의 뒤 문장이 대조를 의미한다. 따라서 '그러나'의 (B) however가 정답이다. (A) in the meantime(그러는 동안에)은 두 가지 시점으로 사건에 대해 언급하면서 한 가지 일이 일어나는 동안 다른 일이 일어났다는 의미를 나타내므로 해당 문장에서는 오답이다. (D) therefore는 원인의 절에 대한 결과를 나타내므로 역시 오답이다.

명사 어휘
145 어휘 문제는 빈칸 위아래에서 문맥을 연결할 수 있는 객관적인 근거가 확보되는 것을 답으로 선택한다.

STEP 1　you are willing to provide의 수식을 받는 명사를 찾는다.
빈칸 뒤의 you are ~ to provide(귀하가 제공할)가 빈칸을 수식하면서 '귀하가 제공할 _____은 제게 소중한 것입니다'의 의미가 된다. 앞 문장에 '제품을 향상시키기 위해 할 수 있는 걸 알려 주면 감사하겠다'가 나오는데 이를 받는 적절한 명사 어휘는 '피드백, 조언'의 (D) feedback이다. (A) proof는 '증거', (B) ingredients는 '재료', (C) request는 '요청, 요구'를 나타냄을 알아두자.

문맥 추가 문제
146 문맥 추가 문제는 연결어들을 확인해야 한다.

STEP 1　문맥 추가 문제에서 확인해야 하는 연결어들을 알아두자.
① 접속사, 접속부사, 전치사
② 지시대명사, 지시형용사, 수량대명사, 인칭대명사
빈칸의 뒤의 문장 This is just a hobby of mine을 받을 수 있는 앞 문장으로 바람직한 것은 '나는 기업 판매자가 아니다'이다. 그래야 뒤의 '이것은 그냥 내 취미이다'와 연결돼 문맥이 자연스러우므로 정답은 (D)이다.

STEP 2　오답 분석
(A)는 상품의 판매처를 언급하지만, 뒤 문장의 This is ~ 이하와 어울리지 않으므로 오답이고, (B)는 배송 실수에 대해 사과하는 내용으로 지문의 처음에서 나오는 것이 일반적이다. (C)는 주문에 대한 제품의 재고를 언급하므로 광고 지문에서 언급될 만한 내용임을 알아두자.

(A) 모든 양초는 지역 소매 상점에서 구매하실 수 있습니다.
(B) 주문 배송에 실수가 있어 유감스럽습니다.
(C) 맞춤형 주문을 이행하기 위해서 다양한 양초를 재고로 가지고 있습니다.
(D) 웹사이트에서 아실 수 있듯이, 저는 기업 판매자가 아닙니다.

> **어휘** customized 개개인의 요구에 맞춘

Questions 147-148 refer to the following Webpage.

http://www.sudburybroadcasting.co.og

| Main | About us | Offers | Events | Contact |

Sudbury Broadcasting's Culture

Our organization culture at Sudbury Broadcasting is mission based. All our employees have a common objective of fertilizing viewers' minds through truthful and fascinating programs.

147 a variety of backgrounds → multiple backgrounds

In order to reflect our audiences who belong to diverse ethnic groups, we actively recruit employees from a **variety** of backgrounds. Sudbury Broadcasting's devotion to its diversity can be also seen in our **Mars Groups**. These groups, made of employees from all different levels of the social groups, have regular **brainstorming sessions** so as to enhance not only productivity but a **148** brainstorming sessions → creative solutions

Sudbury Broadcasting provides a wide range of chances for career development and helps keep people motivated and inspired.

오답 함정 148-B
문제의 키워드 Mars Groups가 아닌 Sudbury Broadcasting이 제공하는 것이다.

---

147. What is suggested about Sudbury Broadcasting's workers?
(A) They are all highly experienced in a field.
(B) They do not mind working overtime.
(C) They have multiple backgrounds.
(D) They need to regularly attend a training course.

사실인 것을 찾는 문제
└ Sudbury Broadcasting's workers가 키워드이다.

148. What is a purpose of Sudbury Broadcasting's Mars Groups?
(A) To raise funds for the community
(B) To offer a wide range of career opportunities
(C) To provide creative solutions
(D) To encourage work-life balance

키워드 Mars Groups
└ 키워드 앞뒤에서 정답의 근거를 찾자.

문제 147-148은 다음 웹페이지를 참조하세요.

```
http://www.sudburybroadcasting.co.og
```

| 메인 | 회사 관련 | 제안 | 행사 | 연락처 |

Sudbury Broadcasting사의 문화

저희 Sudbury Broadcasting의 조직 문화는 업무를 기반으로 합니다. 저희 전 직원은 진실하고 매력적인 프로그램으로 시청자의 마음을 풍요롭게 하자는 공통된 목표를 갖고 있습니다.

다양한 민족에 속하는 저희 청취자들을 반영하고자, 저희는 적극적으로 다양한 배경의 직원들을 채용하고 있습니다. Sudbury Broadcasting의 다양성을 추구하고자 하는 헌신적인 모습은 Mars Groups에서도 찾아보실 수 있습니다. 서로 각기 다른 사회적 계층 출신의 직원들로 구성되어 있는 이 단체는 생산성뿐만 아니라 효율성 역시 강화시키고자 정기적인 브레인스토밍 시간을 가지고 있습니다.

Sudbury Broadcasting은 경력 개발을 위한 광범위한 기회를 제공하며 사람들이 자극을 받고 영감을 받을 수 있도록 돕고 있습니다.

어휘 mission-based 업무를 기반으로 하는 objective 목표 fertilize 풍요롭게 하다 truthful 진실한
fascinating 매력적인 reflect 반영하다 belong to ~에 속하다 diverse 다양한 actively 적극적으로
recruit 모집하다, 채용하다 devotion 헌신 diversity 다양성 regular 정기적인
brainstorming 브레인스토밍, 창조적 집단 사고(원가에 대해 여러 사람들이 동시에 자유롭게 자기 생각을 제시하는 방법)
session 시간 so as to+do ~하기 위하여 career development 경력 개발 motivated 자극을 받은
inspired 영감을 받은

---

147. Sudbury Broadcasting 직원들에 관하여 언급된 것은 무엇인가?
(A) 그들 모두 분야에서 꽤 경력이 많다.
(B) 그들은 초과 근무하는 것을 꺼려하지 않는다.
(C) 그들은 다양한 배경(성장 환경)을 갖고 있다.
(D) 그들은 정기적으로 연수에 참가해야 한다.

STEP 1 사실인 것을 찾는 문제는 보기의 키워드를 먼저 정리한 후 본문을 검색한다.

질문의 키워드 Sudbury Broadcasting's workers와 관련된 내용을 지문에서 찾아 보기와 대조하는 문제이다. 지문의 In order to reflect our audiences who belong to diverse ethnic groups, we actively recruit employees from a variety of backgrounds에서 시청자들의 다양한 민족성을 반영하고자 다양한 계층의 직원들을 채용하고 있다고 언급되어 있다. 지문의 a variety of backgrounds는 보기의 multiple backgrounds로 paraphrasing되었으므로 정답은 (C)이다.

STEP 2 오답 분석

지문의 These groups, made of employees from all different levels of the social groups, have regular brainstorming sessions에서 직원들은 주기적으로 연수가 아닌 브레인스토밍 시간을 갖고 있음이 언급되어 있으므로 (D)는 오답이다.

148. Sudbury Broadcasting의 Mars Group의 목적은 무엇인가?
(A) 지역사회 기금 모으기
(B) 경력을 쌓을 수 있는 광범위한 기회 제공하기
(C) 창의적인 해결책 제공하기
(D) 일과 생활의 균형을 격려하기

STEP 1 답은 항상 키워드 옆에 있다

질문의 키워드 Mars Groups와 관련된 내용을 지문에서 찾아 보기와 대조하는 문제이다. 지문의 Theses groups, ~ all different levels of the social groups와 have regular brainstorming sessions so as to enhance not only productivity but also efficiency에서 Sudbury Broadcasting 직원들로 구성된 Mars Groups이 생산성과 효율성을 높이고자 주기적으로 브레인스토밍을 하고 있음이 언급되어 있다. 따라서 정답은 창의적인 해결책을 제공하기 위해서라는 (C)이다.

STEP 2 오답 분석

Sudbury Broadcasting provides a wide range of chances for career development에서 Mars Groups가 아닌 Sudbury Broadcasting이 경력 개발에 대한 기회를 제공하고 있으므로 (B)는 오답이다. (A)와 (D)는 지문에서 언급된 내용이 아니다.

Questions 149-150 refer to the following text message chain.

Alton Baldwin   10:21 A.M.
Janice, when do you think you can get here? The job applicants have already arrived. We should **start job interviews** in ten minutes.

Janice Bailey   10:22 A.M.
I apologize! The tunnel is still closed. Our taxi had no choice but to take a detour. We should get there in 20 minutes. **Could you** go ahead and **start without us**?

Alton Baldwin   10:23 A.M.
All right. We will be meeting Gregg Mclaughlin first.

Janice Bailey   10:24 A.M.
Sure. He is the one I talked about who has some experience at another beverage firm.

Alton Baldwin   10:25 A.M.
Yeah. **I am so surprised** that our firm needs to employ more workers to keep up with orders. **It's growing so fast**.

Janice Bailey   10:25 A.M.
Same here! I'll get there as soon as possible.

149. What does Ms. Bailey want Mr. Baldwin to do?
(A) Publicize an open position
(B) Deal with some orders
(C) Speak to a job applicant
(D) Put off a job interview

150. At 10:25 A.M., what does Ms. Bailey mean when she writes, "Same here!"?
(A) She has reviewed the applications.
(B) She has already talked with Mr. Mclaughlin.
(C) She wants the man to arrive as soon as possible.
(D) She is also excited by the firm's rapid growth.

문제 149-150은 다음 문자 메시지 대화를 참조하세요.

Alton Baldwin 오전 10:21
Janice 씨, 여기에 언제쯤 도착하실 것 같나요? 지원자들은 이미 도착해 있습니다. 저희 10분 후에 면접을 시작해야 합니다.

Janice Bailey 오전 10:22
죄송합니다! 터널이 여전히 폐쇄돼 있어요. 저희가 탄 택시가 우회할 수밖에 없었습니다. 저희는 그곳에 20분 후에 거기 도착하겠어요. 저희 없이 먼저 시작해 주시겠어요?

Alton Baldwin 오전 10:23
알겠습니다. 먼저 저희가 Gregg Mclaughlin을 만나겠습니다.

Janice Bailey 오전 10:24
알겠습니다. 그 사람이 제가 다른 음료 회사에서 근무한 경험이 있다고 말한 사람입니다.

Alton Baldwin 오전 10:25
네, 저희 회사가 주문량을 맞추려 더 많은 직원들을 채용해야 한다는 게 정말 놀랍네요. 회사가 진짜 빠르게 성장하고 있어요.

Janice Bailey 오전 10:25
저도 마찬가지입니다! 최대한 빨리 거기 도착하겠습니다.

어휘 job applicant 취업 지원자   apologize 사과하다   tunnel 터널   have no choice but to+do ~할 수 밖에 없다   go ahead 앞서가다   experience 경험   beverage 음료   firm 회사   keep up with 쫓아가다, 따라가다   Same here! 저도 마찬가지입니다!

---

149. Bailey 씨는 Baldwin 씨가 무엇을 하기를 원하는가?
(A) 공석 발표
(B) 주문 처리
(C) 지원자와 대화
(D) 취업 면접 연기

STEP 1   온라인 채팅은 등장 인물들의 담당 업무와 진행되는 일의 상황을 파악해야 한다.

Baldwin 씨가 무엇을 하기를 Bailey 씨가 원하는 지 찾는 문제이다. Bailey 씨의 Could you go ahead and start without us?에서 그녀 없이 먼저 시작해 달라고 부탁하고 있다. 해당 대사에서는 정확한 업무를 알 수 없기 때문에, Baldwin 씨의 대사를 확인해야 한다. Baldwin 씨의 The job applicants have already arrived. We should start job interviews in ten minutes.에서 지원자들과 면접을 진행해야 되는 게 언급되어 있다. 그러므로 Baldwin 씨에게 지원자와 대화를 시작하라는 (C)가 정답이다.

STEP 2   오답 분석

(B)의 orders는 지문에 언급이 되어 있지만 our firm needs to employ more workers to keep up with orders에서 Bailey 씨가 Baldwin 씨에게 요청한 것이 아니라 직원 채용 이유에 해당하므로 오답이다.
We should start job interviews in ten minutes에서 job interviews가 언급되었지만 미루는 것이 아니라 시작하는 것이므로 (D) 또한 오답이다.

150. 오전 10시 25분에 Bailey 씨가 "Same here!"라고 적었을 때 의미하는 것은 무엇인가?

(A) 그녀는 지원서를 검토했다.
(B) 그녀는 이미 Mclaughlin 씨와 이야기를 나누었다.
(C) 그녀는 그 남자가 가능한 한 빨리 도착하기를 바란다.
(D) 그녀도 회사의 빠른 성장에 아주 신나하고 있다.

STEP 1 온라인 채팅에서 '의도' 문제는 위아래 연결어가 있거나 전체적인 상황을 포괄적으로 묘사하는 것이 답이다.

바로 앞 문장 I am so surprised that our firm needs to employ more workers to keep up with orders. It's growing so fast.에서 회사가 빠르게 성장하여 직원들을 채용하고 있음에 놀람을 표현하고 있다. 이에 대해 Same here로 응답하고 있으므로 Baldwin 씨의 생각에 동감하고 있음을 알 수 있다. 따라서 정답은 (D)이다.

STEP 2 오답 분석

Same here는 '나도 마찬가지이다, 나도 그래'의 표현으로 다른 사람의 생각에 동감 혹은 동의를 나타낸다는 것을 알아두자. 나머지 (A), (B)는 알 수 없는 내용이고, (C)는 Bailey 자신이 원하는 내용이라 오답이다.

Questions 151-152 refer to the following flyer.

Immediate Shipping

151 Web site → online
total cost → quote

Do you need your package delivered as soon as possible? We expedite any delivery of items you need to send urgently anywhere in the nation. Just contact us at any time 24 hours a day, and your package will be picked up and processed on the same day. By visiting our **Web site, the total cost** of your delivery request can be calculated. However, keep in mind that the calculated cost is only valid for the day it is estimated. On request, a specific code will be provided, which can be used to check the status of your shipment such as its current location and arrival time.

152 status of your shipment
→ track of a package's progress

오답 함정 151-A
within a day가 맞다. 2-5일이 걸리는 것이 아니므로 within a week은 오답이다.

151. What is mentioned in the flyer?
(A) Packages can be delivered within a week.
(B) Discounted prices are available for loyal customers.
(C) The quote can be provided online.
(D) A text message is automatically sent upon request.

사실인 것을 찾는 문제
└ 정답은 항상 paraphrasing된다.

152. Why is the specific code issued?
(A) To adjust a shipping schedule
(B) To keep track of a package's progress
(C) To verify shipping insurance
(D) To pay for a delivery service

specific code / 발행 이유
└ 키워드 specific code를 지문에서 찾자.

문제 151-152는 다음 전단지를 참조하세요.

즉각적인 배송

귀하의 소포가 가능한 한 빨리 배달되어야 하나요? 저희는 귀하께서 전국 어디든 급히 보내야 하는 물건은 뭐든 신속하게 배달해 드립니다. 24시간 아무 때나 연락주시면 물건을 받아 금일 내로 처리해 드립니다. 웹사이트를 방문하셔서, 총 출고 비용을 계산하실 수 있습니다. 하지만, 계산된 요금은 견적서를 낸 당일에만 유효함을 명심하십시오. 신청하시자마자, 특정 코드가 제공되며 이것으로 현재 위치와 도착 시간 같은 배송 상태를 확인하실 수 있습니다.

어휘 immediate 즉각적인 package 소포, 포장물 expedite 더 신속히 처리하다 urgently 급히
pick up 가지러 가다 process 처리하다 request 출고 납품 요청서 calculate 계산하다 valid 유효한
estimate 추정하다 on request 신청하는 대로 status 상태 shipment 수송(품)

---

151. 전단지에서 언급된 것은 무엇인가?
(A) 물건은 일주일 내로 배송될 수 있다.
(B) 단골 고객들에게는 할인 가격으로 이용할 수 있다.
(C) 견적서는 온라인으로 제공될 수 있다.
(D) 요청하자마자 문자 메시지가 자동으로 발송된다.

STEP 1 답은 항상 paraphrasing된다.

문제의 키워드는 flyer로 이 flyer의 내용과 일치하는 보기를 찾는 문제이다. 먼저 보기를 분석하고 답의 위치를 확보하자. 첫 번째 문제이므로 전반부를 확인해 정답을 파악하자. 지문의 By visiting our Web site, the total cost of your delivery request can be calculated.에서 웹사이트를 방문해 총 출고 비용을 계산할 수 있음이 언급되어 있다. total cost는 quote로 Web site는 online으로 paraphrasing된 (C)가 정답이다.

STEP 2 오답 분석

your package will be picked up and processed on the same day에서 물건은 당일에 배송된다고 했으므로 (A)의 within a week는 오답이다.
(D) upon request는 언급이 되어 있지만 On request, a specific code will be provided.에서 문자 메시지가 아니라 특정 코드가 제공되는 것이므로 오답이다.

---

152. 왜 특정 코드가 발행되는가?
(A) 배송 일정을 조정하기 위해서
(B) 소포 진행 상태를 추적하기 위해서
(C) 운송 보험을 증명하기 위해서
(D) 배송 서비스 비용을 지불하기 위해서

STEP 1 본문은 구체적이고 답은 항상 포괄적이다.

문제의 키워드는 why와 specific code issued로 특정 코드가 발행되는 이유를 찾아야 한다. 본문의 내용이 보기에 포괄적으로 언급되어 있기 때문에 이를 구체적으로 받을 수 있는 내용을 지문에서 찾는다. a specific code will be provided, which can be used to check the status of your shipment such as its current location and arrival time에서 code로 현재 위치와 도착 시간 같은 배송 상태를 확인할 수 있음이 언급되어 있다. 지문의 the status of your shipment such as its current location and arrival time은 package's progress로 paraphrasing되었으므로 정답은 (B)이다.

STEP 2 오답 분석

(D) pay와 유사 단어로 cost가 본문에 등장하지만 the total cost of your delivery request can be calculated로 배달 서비스와는 관련이 없고 예상 비용과 관련된 내용을 언급하고 있으므로 오답이다.

Questions 153-155 refer to the following booklet.

Ruislip-R2Q!
Your lifelong electric device

Thank you for purchasing Ruislip-R2Q, the nation's best rechargeable electric toothbrush. To maintain your device in its best condition, clean your R2Q right after using it by running the part of its head under clear water. — [1] —. Every week, disassemble your R2Q and clean the under parts as instructed in the user handbook. Please be advised that the **brush** should be **replaced** with a **new** one **every other week**. — [2] —.

> **153** brush → A new part every other week → regularly

The lithium-ion battery installed in the device makes Ruislip-R2Q last much longer than any other electric products on the current market. — [3] —. You can charge your device any time you wish, but it is best for the battery to recharge your R2Q after it has fully discharged. Please keep in mind that only the charger that comes with your device should be used. Using other chargers from the third party may cause **unexpected malfunctions** not covered by the warranty. — [4] —. Check our Web site for more details : www.ruislipr2q.net/product.info

> **155** "This rechargeable battery ~"

> **154** other chargers from the third party → other brands' battery chargers

---

153. What is suggested about the Ruislip-R2Q?
(A) It does ~~not~~ need to be cleaned ~~often~~.
(B) **A new part is regularly required.**
(C) ~~Some parts~~ should be changed ~~every week~~.
(D) It can be purchased ~~only online~~.

키워드 Ruislip-R2Q
ㄴ, 보기를 먼저 정리 후 지문 검색을 하자.

154. According to the booklet, what should users do with their devices to prevent malfunctions?
(A) Bring them to a designated store when it is broken.
(B) Go to a Web site to request a repair service.
(C) **Avoid using other brands' battery chargers.**
(D) Recharge them after it has fully discharged.

요구 사항 / 하
ㄴ, 요구 사항은 지문의 하단부에 집중하자.

155. In which of the positions marked [1], [2], [3], and [4] does the following sentence best belong?

"This rechargeable battery will last longer than one year, if you perform complete draining every month."

(A) [1]
(B) [2]
(C) **[3]**
(D) [4]

문맥 추가 문제
ㄴ, 문장의 지시대명사, 연결어 등을 확인하자.

문제 153-155는 다음 소책자를 참조하세요.

Ruislip-R2Q!
당신이 평생 소장할 전기기기

국내 최고의 충전용 전동칫솔 Ruislip-R2Q를 구입해 주셔서 감사합니다. 기기를 최상의 상태로 유지하기 위해서, R2Q를 사용 즉시 깨끗한 물로 헤드 부분을 작동시켜 청소해 주십시오. — [1] —. 매주, R2Q를 분해하시고 사용자 안내책자에 명시되어 있는 것처럼 하부 부품을 청소하십시오. 솔은 격주로 새로운 솔로 교체해 주십시오. — [2] —.

거기에 설치되어 있는 리튬이온 배터리 덕분에 Ruislip-R2Q는 현재 시장에 출시되어 있는 다른 어떤 전기 제품보다도 훨씬 더 오래 지속됩니다. — [3] —. 언제든지 원하실 때 충전할 수 있습니다만, 완전히 방전된 후에 R2Q를 재충전하는 게 배터리에게 가장 좋습니다. 기기에 포함되어 있는 충전기만 사용해야 하는 걸 명심해 주십시오. 타사의 충전기를 사용하면 보증서로 처리되지 않는 예상치 못한 고장을 야기할 수 있습니다. — [4] —. 자세한 내용은 웹사이트 www.ruislipr2q.net/product.info를 확인해 주십시오.

어휘 electric 전기의 device 기기, 장치 purchase 구매하다 rechargeable 재충전되는 maintain 유지하다
run 작동하다, 기능하다 disassemble 분해하다 replace 대체하다 every other week 격주로
lithium-ion 리튬이온 last 계속되다 current 현재의 charge 충전하다 charger 충전기 third party 제3자
unexpected 예기치 않은 malfunction 고장 cover 다루다, 포함시키다 warranty 품질 보증서

---

153. Ruislip-R2Q에 관하여 언급된 것은 무엇인가?

(A) 자주 청소할 필요가 없다.
(B) 주기적으로 새로운 부품이 요구된다.
(C) 매주 일부 부품을 바꿔야 한다.
(D) 온라인으로만 구매할 수 있다.

STEP 1 보기 문장 중에 한 단어 오류를 찾아라.

문제의 키워드는 Ruislip-R2Q이지만 지문 전체가 해당 제품에 관한 이야기를 하고 있으므로 보기를 정리하여 오류 부분을 찾아 오답을 소거한 후 정답을 찾아야 한다. clean your R2Q right after using it에서 사용 즉시 청소해야 하는 게 언급되어 있으므로 (A)와 (C)는 오답이다. Check our Web site for more details에서 (D)의 online이 언급이 되어 있지만 purchased의 언급이 없으므로 오답이다. Please be advised that the brush should be replaced with a new one every other week.에서 솔 부분은 격주로 교체해야 하는 것이 언급되어 있으므로 정답은 (B)이다.

154. 소책자에 따르면 사용자들은 고장을 예방하기 위해 기기로 무엇을 해야 하는가?

(A) 고장이 나면 지정점에 가져가기
(B) 웹사이트에 가서 수리 서비스 요청하기
(C) 다른 브랜드의 배터리 충전기 사용 피하기
(D) 완전 방전 후에 재충전하기

STEP 1   요구 사항은 답이 지문의 하단부에 있다.

해당 본문은 제품 관련 정보를 안내하는 것으로, 지문의 후반부에 요청 사항이 등장함을 추측할 수 있다. please의 명령문/you should/we want you/if you want/명령문의 표현들을 알아야 정답을 파악할 수 있다. Please keep in mind that only the charger that comes with your device should be used. Using other chargers from the third party may cause unexpected malfunctions에서 예상치 못한 고장을 막기 위해서는 제품에 포함되어 있는 충전기만을 사용해야 함이 언급되어 있으므로 정답은 (C)이다.

STEP 2   오답 분석

(D) after it has fully discharged는 언급되어 있지만 it is best for the battery to recharge your R2Q after it has fully discharged는 고장 방지와 관련이 없으므로 오답이다.

---

155. [1], [2], [3], [4]로 표시된 자리 중에서 다음 문장이 들어가기에 가장 알맞은 위치는 어디인가?

"매달 완전 방전이 된다면 이 재충전 가능한 배터리는 1년 이상 갈 것입니다."

(A) [1]
(B) [2]
(C) [3]
(D) [4]

STEP 1   문맥 추가 문제는 지시형용사, 지시대명사, 부사들이 답을 연결한다.

문맥 추가 문제는 질문에 제시된 문장의 문맥 상 가장 알맞은 자리를 찾는 것이므로 질문을 정확히 확인해야 한다. 추가할 문장의 키워드는 This rechargeable battery와 last longer로 이것과 관련된 내용을 찾아야 한다. [3]번 바로 앞 문장인 The lithium-ion battery ~ last much longer than any other electric products on the current market에서 리튬이온 배터리를 설치하여 얻을 수 있는 장점을 언급하고 있다. 그러므로 그 배터리와 관련하여 추가적인 장점을 이야기하는 것이 적절하므로 정답은 (C)이다.

Questions 156-157 refer to the following advertisement.

156. Who most likely released the advertisement?
(A) A clothing manufacturer
(B) A property developer
(C) A business owner
(D) A well-known accountant

157. What is indicated about Borough Apparel?
(A) It opens seven days a week.
(B) It is located in the downtown area.
(C) It offers a regular sales promotion.
(D) It operates only one store.

문제 156-157은 다음 광고를 참조하세요.

Borough Apparel

도시 중심부에 있는 저희 본점의 모든 상품들이 지금 세일 중입니다!
Borough Apparel이 다음 시즌 상품으로 모든 제품을 교체하고 있습니다.
모든 여름 상품이 재고 정리 세일 중입니다!
독특한 디자인 액세서리와 의류를 할인된 가격으로 구매하실 수 있습니다.
모든 제품은 30~60% 할인가로 구매하실 수 있습니다.
8월 15일부터 9월 1일까지
영업 시간 : 월요일부터 토요일까지 오전 11시부터 오후 8시까지
일요일은 닫습니다.
저희 상점은 Borough Street 324에 있는 고층 건물 1층에 위치해 있습니다.
웹사이트를 확인하세요. www.boroughapparel.com

어휘 borough 자치구 apparel 의류 on sale 판매되는, 할인 중인 replace 대체하다, 대신하다
clearance sale 재고 정리 세일 high-rise building 고층 건물 located ~에 위치한

---

156. 누가 광고를 냈을 것 같은가?
(A) 의류 제조업체   (B) 부동산 개발업자
(C) 사업주   (D) 유명한 회계사

STEP1 본문 중에 구체적인 단서들을 모아서 포괄적인 답을 찾는다.

지문에서 Borough Apparel과 All items at our main store in the center of the city are on sale now!를 통해 Borough Apparel사에서 전 상품을 세일하고 있음을 알 수 있다. 그러므로 해당 광고를 발표한 사람은 해당 기업을 운영하고 있는 사업주임을 알 수 있으므로 정답은 (C)이다.

STEP2 오답 분석

(A) manufacturer에 관한 언급이 없으므로 오답이다. 나머지 (B), (D)도 지문에서 언급되지 않았다.

---

157. Borough Apparel에 관하여 명시된 것은 무엇인가?
(A) 일주일 내내 영업한다.
(B) 도심에 위치해 있다.
(C) 정기적으로 세일 판촉 행사를 한다.
(D) 한 곳의 상점만 운영한다.

STEP1 보기 문장 중에 한 단어 오류를 찾아라.

보기 중에 오답인 문장은 한 단어씩 오류를 포함하고 있으므로 대략적인 내용으로 답을 찾는 것이 아니라 꼼꼼하게 정보를 처리하는 것이 중요하다. 지문의 our main store in the center of the city에서 도심에 주요 상점이 있다고 언급하고 있으므로 정답은 (B)이다.

STEP2 오답 분석

(A) 지문의 Closed on Sundays.에서 일요일은 휴일인 것을 언급하고 있다.
(C) sales promotion에 관한 지문이지만 regular(정기적)인지는 언급되지 않았다.
(D) 지문의 main store(본점)로 지점이 하나 이상임을 유추할 수 있으므로 오답이다.

Questions 158-160 refer to the following letter.

E-MAIL

Flora Mckinney
Valerie Supplies Inc.
Churchill Avenue
Watson Town, Regina EQ2 R12

Dear Ms. Mckinney, 받는 사람 : You

160 "~ this is ~"

Your final issue of *Luis Weekly* was sent to you last week. However, we have not received your signed renewal contract yet. —[1]—. Over the last four years, *Luis Weekly* has become well-known as a reliable authority in the areas of **fishing equipment, camping news, and the best outdoor activities**. —[2]—. Without 158 it, the value of your business can increase by subscribing to **our publication** for £25. —[3]—. Enclosed is a special **offer** for **30 percent off** the yearly subscription rate, which is **only valid for the next 4 weeks**. You would not want to miss a chance to acquire the latest information which should be essential to your business! Don't miss this great offer. —[4]—.

Sincerely,

159 only valid for the next 4 weeks
→ a limited period of time

Lawrence C. Payne 보내는 사람 : I

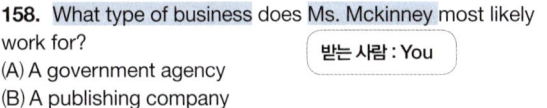

Subscription Renewal Services

오답 함정 159-D
상품권이 아닌 할인 쿠폰을 제공한다고 언급하고 있으므로 오답이다.

158. What type of business does Ms. Mckinney most likely work for?

받는 사람 : You

(A) A government agency
(B) A publishing company
(C) A leisure goods store
(D) A car rental company

받는 사람 you / 직업
└ "your business"

보내는 사람 : I

159. According to the letter, what does Mr. Payne offer?

(A) ~~A free guide~~ for outdoor activities
(B) A discount for a limited period of time
(C) A complimentary copy of a magazine
(D) ~~A gift voucher~~ for future purchases

보내는 사람 I / 제공
└ 지문에서 제공한다(offer)는 표현을 찾자.

160. In which of positions marked [1], [2], [3], and [4] does the following sentence best belong?

"We believe that this is not intentional determination, but oversight."

(A) [1]
(B) [2]
(C) [3]
(D) [4]

문맥 추가 문제
└ 문장의 지시대명사, 연결어 등을 확인하자. 주어진 문장에서 "this"와 oversight가 무엇인지 파악하자.

문제 158-160은 다음 편지를 참조하세요.

Flora Mckinney
Valerie Supplies Inc.
Churchill Avenue
Watson Town, Regina EQ2 R12

Mckinney 씨에게

〈Luis Weekly〉 마지막 호가 지난주에 귀하에게 발송되었습니다. 하지만 저희는 아직 귀하가 서명하신 갱신 계약서를 받지 못했습니다. — [1] —. 지난 4년 동안, 〈Luis Weekly〉는 낚시 장비, 캠핑 소식과 최고의 야외 활동 분야에서 신뢰할 만한 권위로 잘 알려져 있습니다. — [2] —. 의심할 여지없이, 저희 출판물을 25파운드로 구독하심으로써 귀하의 사업적 가치가 증가할 수 있습니다. — [3] —. 연간 구독료를 30퍼센트 할인해 드리는 특별 할인권을 동봉합니다. 이것은 다음 4주 동안만 유효합니다. 귀하의 사업에 꼭 필요한 최신 정보를 받아 보실 수 있는 기회를 놓치지 않으시겠죠! 이러한 좋은 제안을 놓치지 마십시오. — [4] —.

Lawrence C. Payne 올림
구독 갱신 서비스

어휘 issue 호, 발행물　renewal contract 갱신 계약서　be well-known as ~로 잘 알려져 있다　reliable 믿을 수 있는　authority 권위, 권력　subscribe 구독하다　publication 출판물　enclosed 동봉된　subscription rate 구독료　valid 유효한　essential 필수적인

---

158. Mckinney 씨는 어떤 사업에서 근무하고 있을 것 같은가?
(A) 정부기관
(B) 출판사
(C) 레저 용품 가게
(D) 차량 렌탈 회사

STEP 1　I/You/제3자를 확인하고 각각의 직업을 파악하라.
발신자 Payne 씨가 수신자인 Mckinney 씨에게 보내는 이메일이다. Mckinney 씨는 대명사 You로 언급되며 지문 전반부에서 직업을 알 수 있다. Luis Weekly has become well-known as a reliable authority in the areas of fishing equipment, camping news, and the best outdoor activities.와 the value of your business can increase에서 낚시 장비, 캠핑과 야외 활동으로 유명한 〈Luis Weekly〉 구독으로 Mckinney 씨의 사업 가치가 증가할 수 있다고 언급되어 있다. 그러므로 Mckinney 씨의 사업이 주간지의 주제와 관련이 있으므로 정답은 (C)이다.

STEP 2　오답 분석
(B)는 발신자 Mr. Payne이 근무하는 곳이므로 오답이다.

159. 편지에 따르면, Payne 씨는 무엇을 제공하고 있는가?

(A) 야외 활동 무료 가이드
(B) 기간 한정 할인권
(C) 잡지 무료 증정본
(D) 향후 구매 건에 관한 상품권

STEP 1   사람 이름은 항상 중요한 키워드이다.

지문의 키워드인 Mr. Payne과 관련된 내용을 지문에서 찾아, 보기와 대조하는 문제이다. 지문의 Enclosed is a special offer for 30 percent off the yearly subscription rate, which is only valid for the next 4 weeks.에서 발신자인 Payne 씨는 4주간 주간지의 연간 구독료를 할인해 주는 특별 할인을 제공하고 있으므로 정답은 (B)이다.

STEP 2   오답 분석

(A) outdoor activities는 언급되었지만 지문의 Luis Weekly has beocme well-known as a reliable authority in the areas of fishing equipment, camping news, and the best outdoor activities.에서 주간지가 유명한 이유로 나왔으므로 오답이다.

---

160. [1], [2], [3], [4]로 표시된 자리 중에서 다음 문장이 들어가기에 가장 알맞은 위치는 어디인가?
"저희는 이것이 의도적인 결정이 아니라 실수라고 생각합니다."

(A) [1]
(B) [2]
(C) [3]
(D) [4]

STEP 1   문맥 추가 문제는 위아래 문맥을 연결해 주는 논리의 근거를 확보해야 한다.

문맥 추가 문제는 질문에 제시된 문장의 문맥상 가장 알맞은 자리를 찾는 것이므로 질문을 정확히 이해해야 한다. 질문의 키워드는 this와 oversight(실수)로 어떤 행위가 의도적인 것이 아니라 실수일 것임을 말하고 있으므로 이와 관련된 행위를 찾아야 한다. [1]번 바로 앞 문장인 Your final issue of Luis Weekly was sent to you last week. However, we have not received your signed renewal contract yet.에서 구독 기간의 마지막 호가 발송되었지만 계약 갱신서는 받지 못했다고 언급하고 있다. 그러므로 계약 갱신서를 보내지 않은 행위에 대한 이유를 추측하는 것이 가장 적절하므로 정답은 (A)이다.

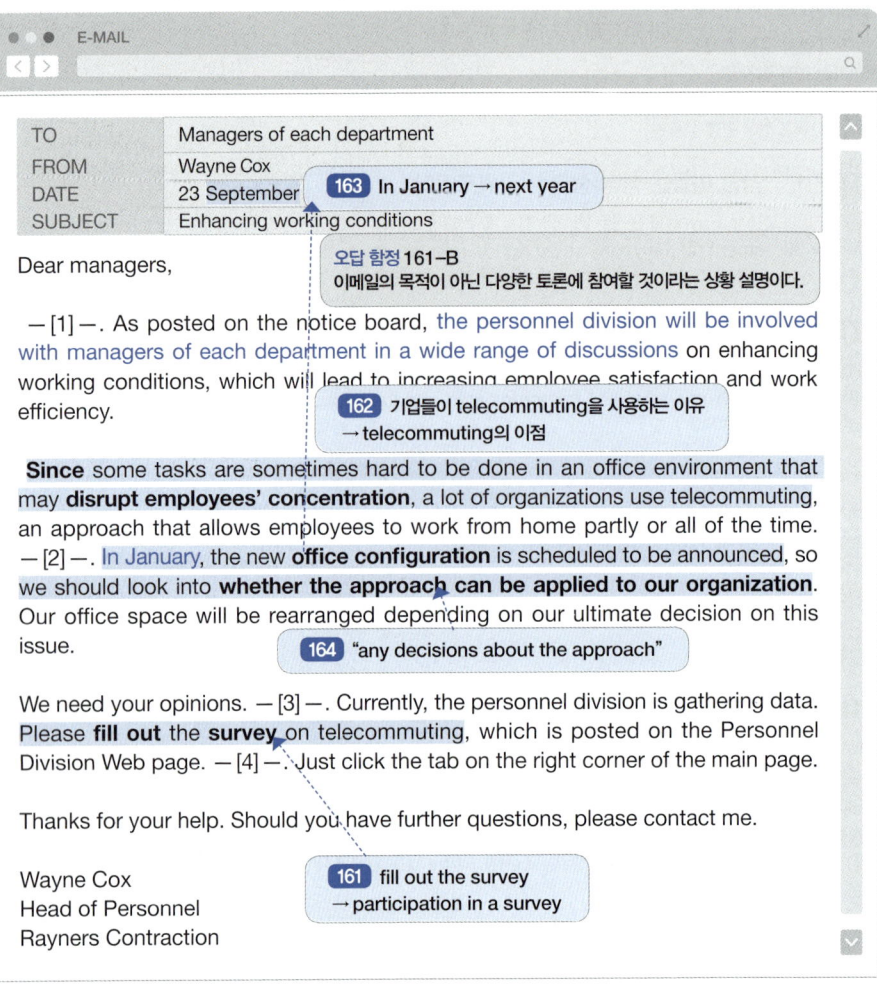

161. What is the purpose of the e-mail?
(A) To announce new employee policies
(B) To remind staff of an upcoming meeting
(C) To ask for participation in a survey
(D) To increase employee satisfaction

162. What is stated as an advantage of telecommuting?
(A) It provides more room for employees.
(B) It can help staff work without distraction.
(C) It lowers overall operating expenses.
(D) It is an environmentally friendly approach.

163. What does the organization plan to do next year?
(A) Redesign a Web page   (B) Recruit a new personnel manager
(C) Carry out its restructuring   **(D) Adjust the layout of the office**

164. In which of the positions marked [1], [2], [3], and [4] does the following sentence best belong?

"Be advised that any decisions about the approach have not been made yet."

(A) [1]   (B) [2]   **(C) [3]**   (D) [4]

> 문맥 추가 문제
> ↳ 문장의 지시대명사, 연결어 등을 확인하자. 주어진 문장의 "the approach"를 파악하자.

문제 161-164는 다음 이메일을 참조하세요.

수신	각 부서 담당자
발신	Wayne Cox
날짜	9월 23일
제목	근무 환경 개선

관리자분들께

— [1] —. 게시판에 공지된 바와 같이, 인사부는 각 부서의 관리자들과 근무 환경 개선에 관련해 광범위한 논의에 참여할 예정입니다. 이로 인해 직원 만족도와 업무 효율성을 향상시키게 될 것입니다.

직원들의 집중을 방해할 수 있는 사무실 환경에서는 몇몇 업무를 마무리하는 게 간혹 어렵기 때문에, 많은 회사가 재택근무를 활용합니다. 바로 직원들이 집에서 일부 시간이나 전체 시간 동안 근무하도록 하는 방법입니다. — [2] —. 1월에 새 사무실 배치가 발표될 예정입니다. 그래서 저희는 재택근무가 저희 회사에도 적용될 수 있는지 조사해야 합니다. 사무실 공간은 이 안건에 대한 우리의 최종 결정에 따라 재배치될 것입니다.

여러분의 의견이 필요합니다. — [3] —. 현재, 인사부가 자료를 수집하고 있습니다. 인사부 웹페이지에 게시되어 있는 재택근무에 대한 설문조사를 작성해 주세요. — [4] —. 메인 페이지 오른쪽 모서리 탭을 클릭하시면 됩니다.

도움에 감사드리며, 추가 질문이 있으면, 저에게 연락주시기 바랍니다.

Wayne Cox
인사부장
Rayners Contraction

어휘 involve 수반하다, 참여시키다   disrupt 방해하다   concentration 집중   organization 조직, 단체, 기구, 회사
telecommuting 재택근무   approach 접근법, 처리 방법, 다가가다   configuration 배열, 배치
look into ~을 조사하다   rearrange 재배치하다

---

161. 이메일의 목적은 무엇인가?
(A) 신입직원 정책 발표하기
(B) 직원들에게 다가오는 회의 상기시키기
(C) 설문조사 참여 요청하기
(D) 직원 만족도 높이기

STEP1 목적은 처음 2~3줄에 답이 있을 확률이 90%이며 하단부 요구 사항에 답이 있을 확률은 10%이다.

목적을 묻는 문제로 보통 지문의 전반부에서 정답을 찾아야 하지만, 지문의 상단부에서 목적이 아닌 상황을 설명하고 있다. 이런 경우에는 지문의 후반부에서 정답을 찾아야 함을 유의하자. 지문의 하단부 Please fill out the survey on telecommuting에서 재택근무에 대한 설문조사지를 작성해 달라는 이메일의 목적을 알 수 있다. 따라서 정답은 (C)이다.

STEP2   오답 분석

(B) 인사부는 근무 환경 개선과 관련하여 다양한 토론에 참여할 것이라는 상황을 설명하고 있으므로 오답이다.
(D) 직원들의 만족도를 높이기 위한 것은 이메일의 목적이 아닌 토론회의 참가로 야기할 수 있는 결과이므로 오답이다.

---

162. 재택근무의 장점으로 언급된 것은 무엇인가?

(A) 직원들에게 더 많은 공간을 제공한다.
(B) 방해 받지 않고 직원들이 일하게 도울 수 있다.
(C) 전반적인 운영비용을 낮춘다.
(D) 환경 친화적인 방식이다.

STEP1   답은 항상 키워드 옆에 있다.

문제의 키워드는 telecommuting으로 재택근무의 장점을 묻고 있다. 지문 중 Since some tasks are sometimes hard to be done in an office environment that may disrupt employees' concentration, a lot of organizations use telecommuting에서 telecommuting을 사용하는 이유로 직원들의 집중을 방해하는 사무실 환경을 언급하고 있다. 따라서 telecommuting의 장점은 직원들의 집중을 방해하지 않는 환경 제공인 것을 알 수 있으므로 정답은 (B)이다. 나머지는 지문에서 언급되지 않았다.

> 어휘 distraction 주의 산만, 마음을 산만하게 하는 것   lower 낮추다

---

163. 회사는 내년에 무엇을 할 계획인가?

(A) 웹 페이지 재디자인
(B) 새로운 인사부장 채용
(C) 구조조정 실시
(D) 사무실 배치 조정

STEP1   키워드 옆에 답이 없는 경우는 또 다른 키워드를 남긴다.

문제의 next year를 키워드로 잡아야 한다. 지문의 In January, the new office configuration is scheduled to be announced에서 1월에 새로운 사무실 배치가 발표될 예정이라고 언급하고 있다. 이메일은 9월에 쓰였으므로 1월은 내년을 의미한다. 따라서 정답은 (D)이다.

STEP2   오답 분석

(A)의 Web page가 언급되어 있지만 재디자인한다는 언급은 없었고, (B)의 인사부장이 언급되어 있지만 새로 채용한다는 언급 역시 없었다.

---

164. [1], [2], [3], [4]로 표시된 자리 중 다음 문장이 들어가기에 가장 알맞은 위치는 어디인가?
"그 방법에 관련해서 아직 결정된 것이 없음을 숙지하세요."
(A) [1]   (B) [2]   **(C) [3]**   (D) [4]

STEP1   '문맥' 추가 문제는 위치와 연결어가 관건이다.

문맥 추가 문제는 해석상 말이 되는 위치가 답은 아니다. 따라서, 문장이 들어가기 위해서는 해당 위치 위아래로 연결어가 확보되는 것이 관건이다. 주어진 문장은 "decision about the approach"를 알 수 있는 문장 뒤에 위치되어야 한다. —[3]— 앞의 마지막 문장에서 "our ultimate decision"을 언급하고 있으며, 그 바로 앞 문장 so we should look into whether the approach can be applied to our organization에서 재택근무가 회사에 적용될 수 있는지에 대한 조사인지 알 수 있다. 따라서 정답은 (C) [3]이다.

Questions 165-168 refer to the following article.

Halifax Factory to Open

(Brockley, June 21) — Canadian appliance manufacturer, Halifax announced its plan to start operating a fourth production plant in Brighten, UK, in October. It will open the facility on Peckham Rye Avenue in Brockley. — [1] —.

"Since there are a lot of experienced and skilled workers living in the region, the town is the best place to open a new factory," said HR director, Isabelle Theron. She added, "We are happy with our current plants in Brighten and are thrilled to expand into this area, getting friendly support from the town." — [2] —.

The Ontario-based appliance manufacturer also built a plant close to the town of Portland in Australia. — [3] —. Moreover, it has another plan to contract a factory in Indonesia next quarter. Its management is considering cities such as Medan and Cirebon. — [4] —.

165. What benefit of the new location does Ms. Theron mention?
(A) The population growth
(B) The plentiful labor force
(C) The cheap building rental fee
(D) The government support

166. Where is Halifax's headquarters?
(A) In Cirebon
(B) In Ontario
(C) In Brighten
(D) In Brockley

167. According to the article, what does the firm plan to do in the near future?
(A) Close a plant in Brighten
(B) Attract more infrastructure investment
(C) Expand into Indonesia
(D) Acquire another company

168. In which of the positions marked [1], [2], [3], and [4] does the following sentence best belong?

"The other plants are in the cities of Haxton, Camden, and Algate."

(A) [1]
(B) [2]
(C) [3]
(D) [4]

문제 165-168은 다음 기사를 참조하세요.

Halifax 공장 개장

(Brockley, 6월 21일) – 캐나다 가전제품 제조업체 Halifax사가 10월에 영국 Brighten에 네 번째 생산 공장의 가동을 시작한다는 계획을 발표했다. Halifax사는 Brockley에 위치한 Peckham Rye Avenue에서 그 시설을 개장할 예정이다. – [1] –.

"그 지역에 경험이 풍부하고 숙련된 작업자들이 많이 거주하고 있기 때문에, 그곳이 신규 생산 시설을 개장하기에 최적의 장소입니다."라고 지사장 Isabelle Theron 씨가 말했다. "저희는 Brighten에서 저희가 세운 사회 기반 시설을 유지할 수 있기를 기대하며 우호적인 지지를 받으면서 이 지역으로 확장 진출하게 되어 무척 기쁩니다."라고 덧붙여 언급했다. – [2] –.

Ontario를 기반으로 한 이 가전제품 제조업체는 호주 Portland 지역과 가까운 곳에 공장을 설립하기도 했다. – [3] –. 게다가, 다음 분기에는 인도네시아에 있는 공장과 계약하려는 다른 계획도 있다. 경영진은 Medan과 Cirebon 같은 도시를 염두에 두고 있다. – [4] –.

어휘 appliance 가전제품 manufacturer 제조사 production plant 생산 공장 facility 시설 manufacturing facility 생산 시설[공장] regional director 지사장 infrastructure facilities 사회 기반 시설 expand 확대하다, 확장하다 friendly 친절한, 우호적인 based ~에 기반을 둔 contract 계약하다 management 경영(진), 관리(진)

---

165. Theron 씨는 신규 장소의 어떤 이점을 언급하고 있는가?

(A) 인구 성장
(B) 풍부한 노동력
(C) 저렴한 건물 임대료
(D) 정부 지원

STEP 1 사람 이름은 항상 중요한 키워드이다.

질문의 키워드인 Ms. Theron과 관련된 내용을 지문에서 찾아 보기와 대조하는 문제이다. 두 번째 단락 Isabelle Theron의 말을 인용하는 부분 Since there are a lot of experienced and skilled workers living in the region, the town is the best place to open a new manufacturing facility에서 신규 공장 설립 장소(new location)는 경력 기술자들이 많이 거주하고 있다는 장점을 언급하고 있으므로 정답은 (B)이다.

STEP 2 오답 분석

(D)에 나온 support가 지문에 getting friendly support from the town에 언급되기는 했지만 정부의 지원은 아니므로 오답이다.

166. Halifax사의 본사는 어디에 있는가?

(A) Cirebon에
(B) Ontario에
(C) Brighten에
(D) Brockley에

STEP 1 답은 항상 paraprasing된다.

headquarters의 키워드에 관해 일치하는 보기를 찾는 문제로, 지문에 headquarters의 언급은 없지만 이와 유사한 -based가 있으므로 이를 기준으로 보기와 일치하는 것을 찾아야 한다. 지문의 The Ontario-based appliance manufacturer에서 가전제품 제조업체인 Halifax가 Ontario에 본사를 두고 있음이 언급되어 있으므로 정답은 (B)이다.

STEP 2 오답 분석

(C) Brighten은 언급되어 있지만 지문의 its plan to start operating a fourth production plant in Brighten에서 본사가 아닌 네 번째 공장이 개설될 예정이라고 언급되어 있으므로 오답이다. (A) Cirebon은 내년 분기에 공장을 계약할 인도네시아의 도시 중 하나이므로 역시 오답이다.

---

167. 기사에 따르면 회사는 조만간 무엇을 하기로 계획하고 있는가?

(A) Brighten 공장 폐쇄
(B) 더 많은 사회 간접 자본 투자 유치
(C) 인도네시아로 진출
(D) 다른 회사 인수

STEP 1 답은 항상 paraphrasing된다.

질문의 키워드로 near future라는 포괄적인 단어가 언급되었으므로 지문에는 구체적인 단어를 이용했을 확률이 높다. 지문의 it has another plan to contract a factory in Indonesia next quarter에서 다음 분기에는 인도네시아에 있는 공장과 계약을 맺을 계획이 있음이 언급되어 있으므로 정답은 (C)이다. 다른 내용은 본문에서 언급되지 않아 오답이다.

---

168. [1], [2], [3], [4]로 표시된 자리 중에서 다음 문장이 들어가기에 가장 알맞은 위치는 어디인가?

"다른 공장들은 Haxton시, Camden시와 Algate시에 있습니다."

(A) [1]
(B) [2]
(C) [3]
(D) [4]

STEP 1 문맥 추가 문제는 지시형용사, 지시대명사, 부사들이 답을 연결한다.

문맥 추가 문제는 질문에 제시된 문장의 문맥 상 가장 알맞은 자리를 찾는 것이므로 질문을 정확히 확인해야 한다. 질문의 The others는 부정대명사로 구체적인 대상을 언급한 뒤에 사용할 수 있고 이 구체적인 장소와 더불어 지명도 함께 나옴을 추리할 수 있다. 그러므로 (A) [1]이 정답이 된다.

STEP 2 오답 분석

[4] 앞에는 추후 미래 계획에 대한 내용을 서술하면서 미래시제를 사용하였다. 그러므로 질문의 현재시제와는 어울릴 수 없으므로 오답이다.

Questions 169-171 refer to the following schedule of events.

The Headstone Global Publishing Expo

11-13 October,
Perivale Convention Center, Montreal

Schedule for Thursday, 13 October

The Winds of Change in the Digital Era
1:00 P.M. – 2:00 P.M. Lecture Hall 301
오답 함정 169-A
debate는 interactive activities가 아니다.
Debate on whether digital media promotes or degrades literacy hosted by Benny Cross.

Beginner Course in Visual Design
2:15 P.M. – 3:15 P.M. Graphic Images Auditorium
169 hands-on experience
→ interactive activities
Terri Anderson and Killi Ball, experts in visual design, will address useful skills and trainees will gain hands-on experience of what they have learned.

Workshop on E-Publishing
3:30 P.M. – 4:30 P.M. Latimer Center
170 purchase ~ on the Web site
→ are provided through a Web site
Publishing and advertising e-publications including audio books online. After and before the workshop, attendees will be able to purchase all **accompanying materials on the Web site**.
Presenters: Jancie Bailey, Chief Editor of Canons Books Ltd., and Willard Curtis, Head of Marketing at Canons Books Ltd.

Considering Readers' Views
4:45 P.M. – 6:15 P.M. Hall G1
In order to publicize her new book, "Considering Reader's Views", through a book-signing event, writer Nancy Cole participates in the Headstone Global Publishing Expo to talk about her new topic, answer questions and autograph her books.

- Keep in mind that since the number of seats is limited, **arrive** early before the programs you intend to attend start to secure a seat. Reservat **171** arrive → come or any programs. Please be advised that video recordings are prohibited while photos are allowed. 오답 함정 171-A
  사진은 허용된다고 언급하고 있다.
- Purchasing a daily pass for $ 9.50 is required to attend the scheduled programs.
- Refreshments and meals can be purchased at snack bars across Perivale Convention Center. Visit our Web site at www.hgpe_events.com/inf.hotels. for information about accommodations.

169. Where will publishing expo visitors be able to attend interactive activities?
(A) In Lecture Hall 301
(B) In the Graphic Images Auditorium
(C) In the Latimer Center
(D) In Hall G1

키워드 interactive activities
└ 지문에서는 유사 어휘로 언급된다.

170. What is stated about accompanying supplies for the workshop?
(A) They must be ordered in advance.
(B) They are offered in limited numbers for free.
(C) They are provided through a Web site.
(D) They can be bought at the venue.

키워드 accompanying supplies
└ 키워드 앞뒤에서 정답의 근거를 찾자.

171. What are publishing expo visitors asked to do?
(A) Avoid taking photos   **(B) Come early for programs**
(C) Bring their own lunch   (D) Prepare questions before programs

방문객 / 요청받은 것 / 하단부
└ 하단부 Keep in mind that ~를 확인하자.

문제 169-171은 다음 행사 일정표를 참조하세요.

Headstone 세계 출판 박람회
10월 11-13일
몬트리올 Perivale Convention Center

10월 13일 목요일 일정

디지털 시대의 변화의 바람
오후 1시 - 오후 2시 Lecture Hall 301
Benny Cross가 진행하는 디지털 미디어가 읽고 쓰는 능력을 촉진 또는 저하시키는가에 대한 토론

시각 디자인 초급 과정
오후 2시 15분 - 오후 3시 15분 Graphic Images Auditorium
시각 디자인 전문가 Terri Anderson 씨와 Killi Ball 씨가 유용한 기술에 대해 강연하고 수강생들은 학습한 내용을 실제로 체험할 수 있습니다.

전자 출판 워크숍
오후 3시 30분 - 오후 4시 30분 Latimer Center
온라인 오디오 책을 포함한 전자 출판물의 발행과 광고. 참석자는 워크숍 전후에 웹사이트에서 모든 첨부 자료를 구매하실 수 있습니다.
발표자: Canons Books Ltd. 편집장 Janice Bailey, Canons Books Ltd. 마케팅 책임자 Willard Curtis

독자 의견 고려하기
오후 4시 45분 - 오후 6시 15분 Hall G1
책 사인회로 신간 〈독자 의견 고려하기〉를 홍보하기 위해서, Nancy Cole 작가가 Headstone 세계 출판 박람회에 참가하여 새로운 주제에 대해 이야기하고, 질문에 답하고 책에 사인합니다.

- 좌석 수가 한정되어 있기 때문에 좌석 확보를 위해 참석하시려는 프로그램 시작 전에 일찍 도착하시기 바랍니다. 프로그램은 예약하실 수 없습니다. 사진은 허용되지만 동영상 촬영이 금지된다는 것을 숙지하시기 바랍니다.
- 예정된 프로그램에 참석하시기 위해 9달러 50센트짜리 일일패스를 구매하셔야 합니다.
- 다과와 식사는 Perivale Convention Center 맞은편에 위치한 스낵바에서 구매하실 수 있습니다. 숙박 시설에 대한 정보가 필요하시면 저희 웹사이트 www.hgpe_events.com/inf.hotels.를 방문해 주시기 바랍니다.

어휘 debate 토론 degrade ~을 저하시키다 hand-on 직접 해 보는 accompanying 동봉의, 첨부의 publicize 알리다, 홍보하다 participate in ~에 참가하다 autograph 사인, 사인을 해주다 require 필요로 하다 accommodations 숙소, 숙박 시설

169. 출판 박람회 방문객들은 어디에서 상호적인 활동에 참가할 수 있을 것인가?
(A) Lecture Hall 301에서
(B) Graphic Images Auditorium에서
(C) Latimer Center에서
(D) Hall G1에서

STEP1 답은 항상 paraphrasing된다.

본문의 답에 해당하는 단어와 정답은 항상 유사 어휘로 전환하여 제시된다. interactive activities란 상호작용을 통해 실제로 직접 경험해 보는 체험 활동을 뜻한다. 따라서 두 번째 일정인 시각 디자인 초급 과정을 보면 시각 디자인 관련 강연을 들은 후 직접 실습을 해보는(hands-on experience) 시간을 가지므로 interactive activities라고 말할 수 있다. 따라서 이런 상호작용이 일어나는 (B)가 정답이다.

STEP2 오답 분석

(A) 장소에서 발생되는 debate와 (D) 장소에서 발생되는 answer questions를 보고 interactive라고 생각할 수 있으나 배운 것을 토대로 실제로 직접 경험하는 상호작용 활동(interactive activities)은 아니므로 정답이 될 수 없다.

170. 워크숍용 첨부 자료에 대해 언급된 것은 무엇인가?
(A) 미리 주문해야 한다.
(B) 무료로 한정된 수량이 제공된다.
(C) 웹사이트에서 제공된다.
(D) 현장에서 구입할 수 있다.

STEP1 답은 항상 키워드 옆에 있다.

질문의 키워드 accompanying supplies를 지문에서 찾아야 한다. 지문의 중반부 attendees will be able to purchase all accompanying materials on the Web site에서 첨부 자료는 웹사이트에서 구입할 수 있다고 언급하고 있으므로 정답은 (C)이다.

STEP2 오답 분석

(A)는 지문의 early를 보기의 in advance로 연상시킨 오답으로 일찍 오라고 했지 미리 주문하라는 언급은 없다.
(D) at the venue에서 구입할 수 있다는 언급은 없으므로 오답이다.

171. 출판 박람회 방문객들이 요청받은 것은 무엇인가?
(A) 사진 촬영 피하기
(B) 프로그램을 위해 일찍 오기
(C) 본인의 점심 지참하기
(D) 프로그램 전에 질문 준비하기

STEP1 요구 사항은 답이 지문의 하단부에 있다.

방문객들에 대한 요청사항을 묻는 질문으로 지문의 하단부에서 be advised/please/make sure/명령문과 같은 표현을 찾아야 한다. 지문에서 Keep in mind that ~, arrive early에서 일찍 도착하라고 언급하고 있으므로 정답은 (B)이다.

STEP2 오답 분석

(A) 지문 while photos are allowed에서 사진은 허용된다고 언급하므로 오답이다.
(D) 지문에서 questions는 언급되지만 준비해야 한다는 언급은 없다.

Questions 172-175 refer to the following online chat session.

Xavier Parker 11:02 A.M.
Hello, all. It is time for us to begin thinking about the department meeting on Thursday. Our sales have been continuously decreasing. I would like us to consider looking at new ways.

Tamra Pansy 11:03 A.M.
Right. What do you think we should do?

Xavier Parker 11:04 A.M.
As the demand for cleaning products doesn't seem to be strong as it used to be, it could be a good move for us to expand Wilda Supplies with additional items.

Rhea Maura 11:05 A.M.
There has always been a high demand for small fancy electronics. Let's look into it.

Twila Vonda 11:06 A.M.
I believe that is a good idea. And, probably we should consider toasters.

Tamra Pansy 11:07 A.M.
I can't agree with that more. Electronics such as Blue-tooth speakers and coffee makers can be possible options.

Xavier Parker 11:08 A.M.
Great ideas, everyone. These ideas should be presented at the meeting. Please research more details about manufacturers and estimates and have those included in the presentation each of you will make. I'll need that information later in order to prepare a preliminary budget proposal for the board.

Twila Vonda 11:09 A.M.
No problem.

Xavier Parker 11:10 A.M.
If you have any concerns or questions, please inform me. I'll forward everyone some guidelines by fax.

172. What kind of goods does Wilda Supplies currently sell?
(A) Cleaning supplies   (B) Household appliances
(C) Business machines   (D) Office appliances

키워드 Wilda Supplies
ㄴ. 키워드 앞뒤에서 정답의 근거를 찾자.

173. At 11:02 A.M., what does Mr. Parker mean when he writes, "I would like us to consider looking at new ways"?
(A) **The firm should carry a wider range of products.**
(B) The event should address various topics.
(C) The firm has to relocate its main office.
(D) The event should be postponed to another day.

화자 의도 파악 문제
ㄴ. 해당 위치의 위아래 문맥을 파악하자.

174. What will Ms. Vonda most likely do next?
(A) Draft a proposal
(B) Fax a document to Ms. Pansy
(C) **Collect some information**
(D) Have a budget approved

Ms. Vonda / 할 일
ㄴ. 상대방 대사의 권유,
제안 표현 "Please ~"에 정답이 있다.

175. What will Mr. Parker give to the board?
(A) Suggestions for new sales guidelines
(B) **More information regarding manufacturers**
(C) An invoice of recent orders
(D) A proposal for updating equipment

Mr. Parker / 미래 / the board
ㄴ. Parker 씨의 대사에 집중하자.

문제 172-175는 다음 온라인 대화 메시지를 참조하세요.

Xavier Parker [오전 11:02]
여러분, 안녕하세요. 저희가 목요일 부서회의와 관련해 생각해 볼 시간입니다. 저희 판매량이 계속해서 감소하고 있습니다. 저는 우리가 새로운 시각으로 보는 걸 고려하면 좋겠습니다.

Tamra Pansy [오전 11:03]
맞습니다. 저희가 뭘 해야 한다고 생각하세요?

Xavier Parker [오전 11:04]
청소용품 수요량이 옛날처럼 높지 않아 보여서, 저희가 상품을 추가하여 Wilda Supplies를 확장하는 게 좋은 조치일거라 생각합니다.

Rhea Maura [오전 11:05]
소형 고급 전자제품에 대한 수요는 늘 높았습니다. 그걸 한번 조사해 봅시다.

Twila Vonda [오전 11:06]
좋은 생각인 것 같습니다. 그리고 아마 토스터기도 생각해 봐야 할 것 같습니다.

Tamra Pansy [오전 11:07]
그것에 전적으로 동의합니다. 블루투스 스피커와 커피메이커 같은 가전제품이 가능한 선택 사항이 될 수도 있습니다.

Xavier Parker [오전 11:08]
모두들 좋은 생각입니다. 이 아이디어들이 회의에서 발표되어야 합니다. 제조업체와 견적서에 관해 더 자세히 조사해 주시고 각자가 하실 발표에 그 내용들을 포함해 주십시오. 제가 추후에 이사회에 제출할 예비 예산안을 준비하려면 그 정보가 필요하겠네요.

Twila Vonda [오전 11:09]
네, 알겠습니다.

Xavier Parker [오전 11:10]
기타 문의 사항이 있으시면, 저에게 연락 주십시오. 모두에게 팩스로 일부 가이드라인을 전달해 드리겠습니다.

어휘 continuously 계속해서　demand 수요　move 조치, 행동　expand 확장하다　additional 추가적인　look into ~을 살펴보다, 조사하다　present 발표하다　research 연구하다　manufacturer 제조사　estimate 견적서　preliminary 예비의　budget proposal 예산안　board 이사회　forward 전달하다

---

172. Wilda Supplies는 현재 어떤 상품을 판매하고 있는가?
(A) 청소용품
(B) 가전제품
(C) 사무기기
(D) 사무용품

STEP 1 답은 항상 키워드 옆에 있다

문제의 키워드인 Wilda Supplies가 언급된 문장 근처에서 정답을 파악하자. 지문의 As the demand for cleaning products doesn't seem to be strong as it used to be, it could be a good move for us to expand Wilda Supplies with additional items.에서 청소용품의 수요가 높지 않기 때문에 상품을 추가하여 Wilda Supplies를 확장하자고 제안하고 있으므로 해당 회사가 청소용품을 판매하고 있음을 알 수 있다. 정답은 (A)이다.

---

173. 오전 11시 2분에 Parker 씨가 "I would like us to consider looking at new ways(저는 우리가 새로운 시각으로 보는 걸 고려하면 좋겠습니다)"라고 적었을 때 의미하는 것은 무엇인가?
(A) 회사가 더 광범위한 제품을 취급해야 한다.
(B) 행사가 다양한 주제를 다뤄야 한다.
(C) 회사가 본사를 이전해야 한다.
(D) 행사가 다른 날로 연기되어야 한다.

STEP 1 온라인 채팅의 '의도' 문제는 위아래 연결어가 있거나 전체적인 상황을 포괄적으로 묘사하는 것이 답이다.

바로 앞 문장인 Our sales have been continuously decreasing.에서 매출이 계속해서 감소하고 있다고 언급하고 뒤이어 I would like us to consider looking at new ways로 말하고 있다. 그 다음 Parker 씨의 대사 expand Wilda Supplies with additional items와 같이 제품 추가로 문제점을 극복하자는 의도를 파악할 수 있으므로 정답은 (A)이다.

STEP 2 오답 분석

본문 중에 (B) event로 paraphrasing 될 수 있는 것은 department meeting으로 언급은 되어 있으나 It is time for us to begin thinking about the department meeting on Thursday. Our sales have been continuously decreasing.을 보면 주제는 판매량 부진 해결책 단 하나이므로 오답이다.

---

174. Vonda 씨는 다음에 무엇을 할 것 같은가?
(A) 제안서 초안 작성
(B) Pansy 씨에게 팩스로 서류 발송
(C) 일부 자료 수집
(D) 예산 승인

STEP 1 미래의 계획은 상대방 대사에서 권유/제안으로 답이 제시되기도 한다.

문제의 키워드인 Ms. Vonda가 다음에 무엇을 해야 하는지를 묻는 문제로 미래 사실은 지문의 하단부 상대방 대사에서 ask, require, suggest, need 등의 동사를 사용해 상대방에게 요청하는 표현으로 답이 제시된다. Parker 씨의 대사인 Please research more details about manufacturers and estimates에서 제조업체와 견적을 자세히 조사해 달라하고 요청하고 있으며 그 다음에 Vonda 씨가 No problem.이라 대답하며 긍정적인 의도를 내비치고 있다. 그러므로 정답은 (C)이다.

STEP 2   오답 분석

(B) 지문의 forward everyone some guidelines by fax가 fax a document로 paraphrasing되었으나 주체가 다르므로 오답이다.
(D) budget도 언급되었지만 Parker 씨의 대사인 I'll need that information later in order to prepare a preliminary budget proposal for the board.를 보면 Vonda 씨가 해야 할 일이 아닌, Parker 씨가 해야 할 일이므로 답이 될 수 없다.

---

175. Parker 씨는 이사회에 무엇을 줄 것인가?
(A) 신규 판매 가이드라인 제안서
(B) 제조업체 관련 추가 정보
(C) 최근 주문 청구서
(D) 장비 업데이트 제안서

STEP 1   온라인 채팅은 등장 인물들의 담당 업무와 진행되는 일의 상황을 파악해야 한다.

문제의 키워드인 Mr. Parker 씨의 대사에서 정답을 찾을 수 있으며 그가 이사회에 무엇을 줄 것인지 묻는 문제이다. 지문 중 Parker 씨의 대사에서 Please research more details about manufacturers and estimates와 I'll need that information later in order to prepare a preliminary budget proposal for the board에서 Vonda 씨에게 제조업체와 견적에 관해 자세히 조사를 부탁하면서 해당 정보는 이사회에 제출할 예산안 준비에 필요함을 언급하고 있다. 그러므로 정답은 (B)이다.

STEP 2   오답 분석

(A) guideline이 Parker 씨의 지문에 나오기는 했지만 판매량과 관련되지도, 이사회에 낼 내용이 아니므로 오답이다. 나머지 (C), (D)는 언급되지 않았다.

Questions 176-180 refer to the following Web page and e-mail.

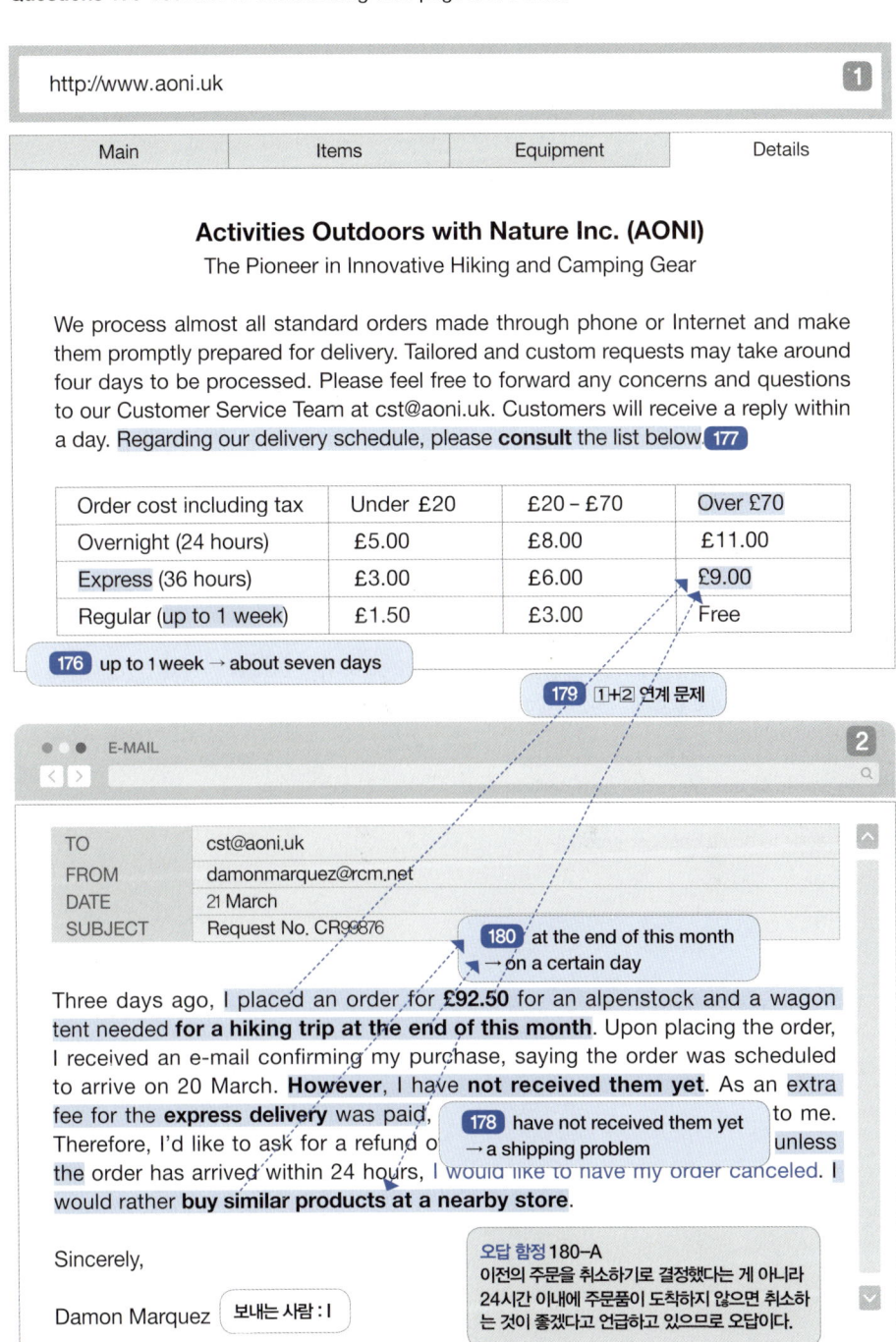

http://www.aoni.uk

| Main | Items | Equipment | Details |

Activities Outdoors with Nature Inc. (AONI)
The Pioneer in Innovative Hiking and Camping Gear

We process almost all standard orders made through phone or Internet and make them promptly prepared for delivery. Tailored and custom requests may take around four days to be processed. Please feel free to forward any concerns and questions to our Customer Service Team at cst@aoni.uk. Customers will receive a reply within a day. Regarding our delivery schedule, please **consult** the list below.

Order cost including tax	Under £20	£20 – £70	Over £70
Overnight (24 hours)	£5.00	£8.00	£11.00
Express (36 hours)	£3.00	£6.00	£9.00
Regular (**up to 1 week**)	£1.50	£3.00	Free

E-MAIL

TO	cst@aoni.uk
FROM	damonmarquez@rcm.net
DATE	21 March
SUBJECT	Request No. CR99876

Three days ago, I placed an order for £92.50 for an alpenstock and a wagon tent needed **for a hiking trip at the end of this month**. Upon placing the order, I received an e-mail confirming my purchase, saying the order was scheduled to arrive on 20 March. **However, I have not received them yet**. As an extra fee for the **express delivery** was paid, have not received them yet to me. Therefore, I'd like to ask for a refund o unless the order has arrived within 24 hours, I would like to have my order canceled. I would rather **buy similar products at a nearby store**.

Sincerely,

Damon Marquez

176. In the Web page, what is suggested about the AONI's delivery?
(A) Regular delivery is ~~free~~ for orders under £20.
(B) Some delivered orders can take about seven days to arrive.
(C) The delivery charge depends on the total numbers of items.
(D) Tailored orders are not entitled to regular shipping.

177. In the Web page, the word "consult" in paragraph 1, line 5, is closest in meaning to
(A) advise
(B) refer to
(C) discuss
(D) ask

178. Why has the e-mail been written?
(A) To ~~expedite~~ a delivery date
(B) To report a shipping problem
(C) To cancel an order ~~immediately~~
(D) To ~~ask about~~ an order status

179. How much did Mr. Marquez pay for shipping?
(A) £5.00
(B) £8.00
(C) £9.00
(D) £11.00

180. According to the e-mail, why might Mr. Marquez choose to visit a nearby store?
(A) He ~~decided~~ to cancel the previous order.
(B) He wants to use his order on a certain day.
(C) He intends to get a refund in full.
(D) He needs to buy a cheaper product.

문제 176-180은 다음 웹페이지와 이메일을 참조하세요.

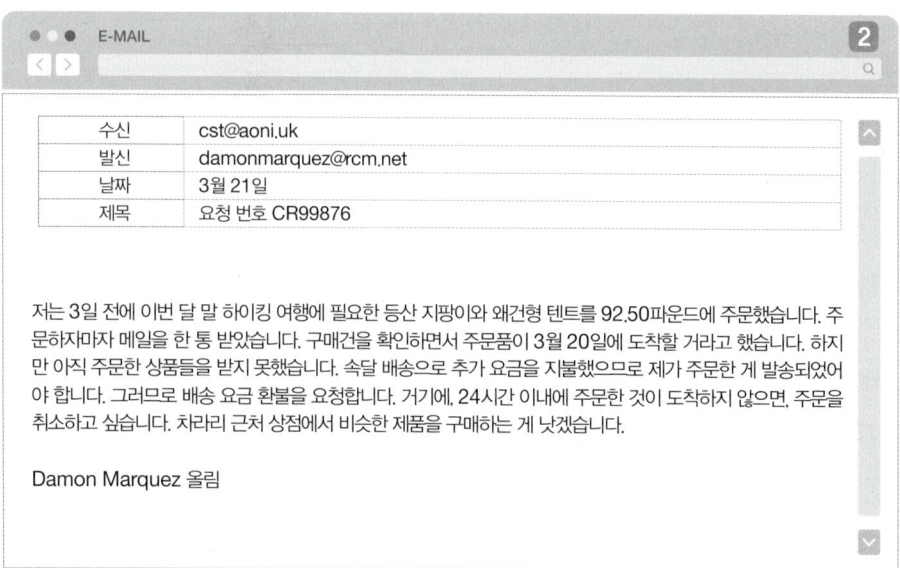

어휘 gear 장비 | process 처리하다 | promptly 즉시 | tailored 맞춤의 | reply 대답하다, 대답 | regarding ~에 관하여, 대하여 | consult 참고하다 | alpenstock 등산 지팡이 | wagon tent 왜건형 텐트 | ask 요청하다 | refund 환불 | would rather ~하는 게 더 낫겠다

176. 웹페이지에서 AONI의 배송에 관해 언급된 것은 무엇인가?
(A) 20파운드 이하 주문에 대해 일반 배송은 무료이다.
(B) 일부 배송 주문품은 도착까지 약 일주일 정도 소요될 수 있다.
(C) 배송 비용은 총 물품 수에 따라 다르다.
(D) 맞춤 주문은 일반 배송이 불가능하다.

STEP1 '사실'인 것을 찾는 문제는 보기의 키워드를 먼저 정리한 후 본문을 검색한다.

질문의 키워드 AONI's delivery에 관련된 내용을 지문에서 찾아 보기와 대조하는 문제이다. 배송에 대한 내용은 표를 통해 확인할 수 있다. 배송 종류 중 일반 배송은 일주일까지 소요된다는 사실을 표를 통해 알 수 있으므로 (B)가 정답이다.

STEP2 오답 분석

(A) 20파운드 미만 주문에 관한 일반 배송은 무료가 아닌 1.5파운드라고 언급되어 있다.
(C) 배송 비용은 총 상품의 수가 아닌 주문 금액(order cost including tax)에 따라 다르다고 언급되어 있다.
(D) 맞춤 주문의 일반 배송이 불가능하다는 언급은 없다.

177. 웹페이지에서 첫 번째 문단 다섯 번째 줄의 "consult" 의미와 가장 가까운 것은?
(A) 조언하다
(B) 참조하다
(C) 토론하다
(D) 묻다

STEP1 동의어는 문맥상 대체할 수 있는 단어를 찾는 것이다.

단순히 consult와 같은 의미를 찾는 것이 아니라 해당 문장에서 그 의미를 바꾸어 쓸 수 있는 대체어를 찾아야 한다. 해당 문장에서 consult는 밑에 리스트를 "참조하라"는 의미이므로 (B) refer to가 정답이다.

178. 이메일은 왜 작성되었나?
(A) 배송일을 신속히 처리하기 위해
(B) 배송 문제를 알리기 위해
(C) 주문을 바로 취소하기 위해
(D) 주문 상태에 대해 문의하기 위해

STEP1 but, however, unfortunately 등 역접 뒤에 답이 있다.

이메일이 쓰인 목적에 대해 묻는 문제이다. 역접 구조의 앞 부분에는 상황 설명이 있고 결론이 뒤에 온다. 이메일 상단부에 3일 전에 물품을 주문했다는 상황 설명에 이어 However, I have not received them yet이라고 배송에 문제가 있음을 언급하고 있다. 따라서 배송에 문제가 있음을 알리기 위함이라는 (B)가 정답이다.

STEP2 오답 분석

(A) 배송일이 이미 지난 사항에 대한 문제를 언급하고 있으므로 오답이다.
(C) cancel an order의 언급이 있지만 immediately가 아닌 24시간 내에 도착하지 않으면 이라는 단서를 달았기 때문에 오답이다.
(D) 두 번째 지문의 I received an e-mail ~ 20 March에서 Marquez 씨는 이미 이메일로 배송 상태를 확인한 것으로 오답이다.

179. Marquez 씨가 배송비로 지불한 금액은 얼마인가?
(A) 5파운드
(B) 8파운드
(C) 9파운드
(D) 11파운드

STEP1　5문제 중 반드시 한 문제 이상은 두 문서를 동시에 이용해야 답이 나온다.

두 번째 지문인 Marquez 씨가 작성한 이메일에서 I placed an order for £92.50라는 언급으로 92.50파운드의 주문을 했다는 것과 As an extra fee for the express delivery was paid를 통해 express delivery를 신청했다는 것을 알 수 있다. 첫 번째 지문의 표를 통해 주문 금액이 70파운드 이상일 때 express 배송 비용은 9파운드인 것을 알 수 있으므로 정답은 (C)이다.

---

180. 이메일에 따르면 왜 Marquez 씨는 근처 상점을 방문하기로 결정할 수도 있는가?
(A) 그는 이전의 주문을 취소하기로 결정했다.
(B) 그는 특정한 날에 그의 주문품을 이용하길 원한다.
(C) 그는 전부 환불 받을 생각이다.
(D) 그는 더 저렴한 상품을 구매해야 한다.

STEP1　답은 항상 키워드 옆에 있다.

질문의 키워드 visit a nearby store를 두 번째 지문 "I would rather buy similar products at a nearby store.에서 찾을 수 있다. "24시간 이내에 주문이 도착하지 않는다면 차라리 근처 상점에서 비슷한 제품을 구매하겠다"고 하고 있으며, 지문의 상단부 "I placed an order for £92.50 for an alpenstock and a wagon tent needed for a hiking trip at the end of this month."에서 이번 달 말에 하이킹 여행에 필요한 상품을 주문했다고 언급하고 있다. 특정한 날에 그의 주문품을 이용하길 원하기 때문에 근처 상점을 방문할 수도 있을 것임을 알 수 있으므로 정답은 (B)이다.

STEP2　오답 분석

(A) cancel the previous order의 언급은 있지만 취소를 결정했다는 것은 아니므로 오답이다. (C) refund의 언급은 있지만 in full이 아닌 delivery charge의 환불을 요청하였고 근처 상점을 방문하는 이유도 아니므로 오답이다. (D)는 지문에서 언급되지 않았다.

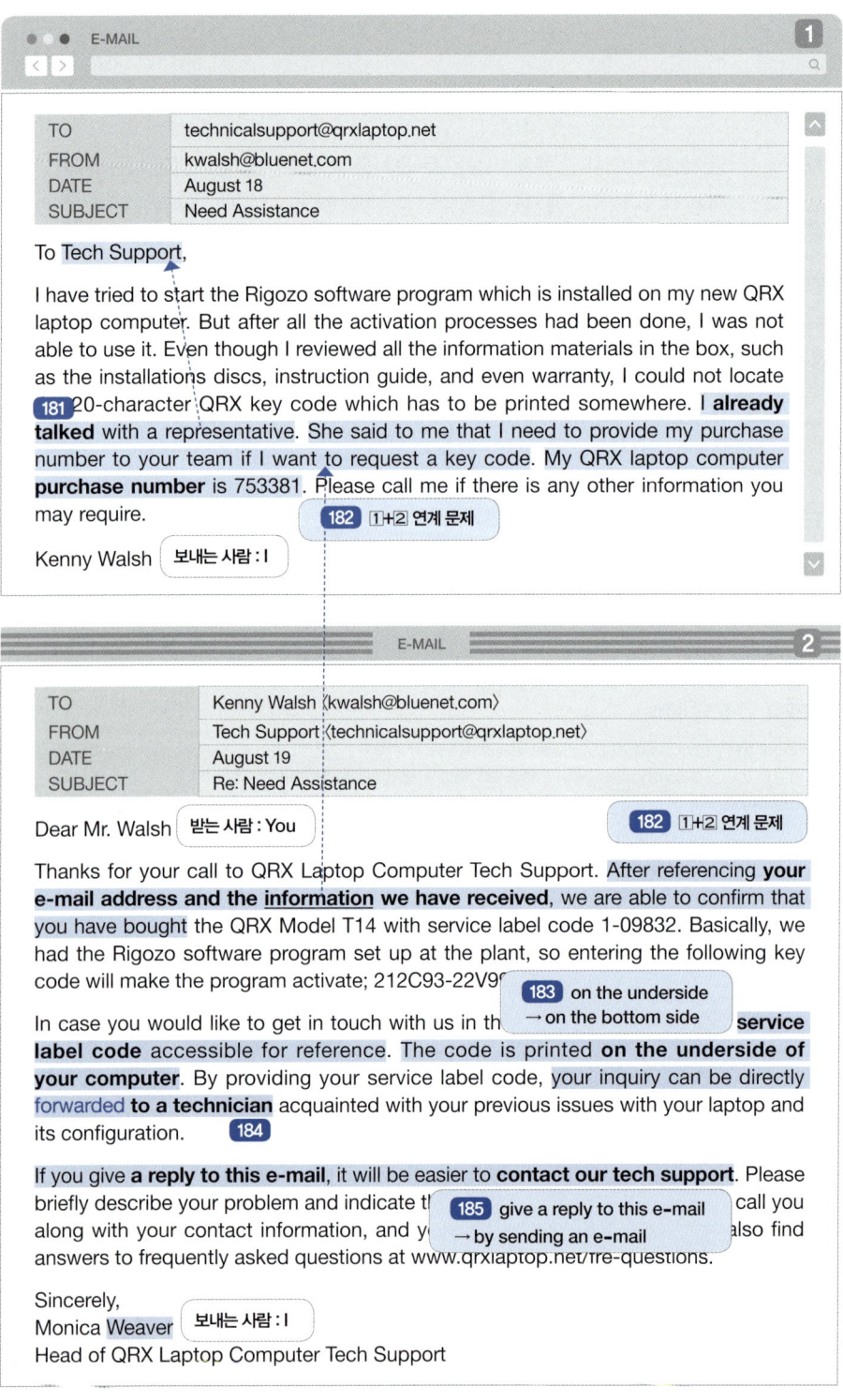

[1]의 보내는 사람 : I

181. What did Mr. Walsh do before writing his August 18 e-mail?
(A) He provided a purchase number.
(B) He changed his computer configurations.
(C) He called to get technical support.
(D) He reviewed answers to previously asked questions.

Mr. Walsh / 과거
└ 지문 [1] "I already ~" 부분에 집중하자.

[2]의 보내는 사람 : I

182. How did Ms. Weaver verify Mr. Walsh's purchase?
(A) By checking a key code previously provided
(B) By using a purchase number and contact information
(C) By inputting a product key number
(D) By reaching the software program company

Ms. Weaver / verify Mr. Walsh's purchase
└ "information we have received"가 무엇인지 지문 [1]에서 확인하자.

[2]의 받는 사람 : You

183. Where can Mr. Walsh find his service label code?
(A) On the bottom side of his computer
(B) Inside the laptop's warranty statement
(C) Attached to the computer's battery part
(D) On the front cover of the instruction guide

키워드 service label code: 지문 [2]
└ 키워드 앞뒤에서 답을 찾자.

184. In the second e-mail, the word "forwarded" in paragraph 2, line 4, is closest in meaning to
(A) secured
(B) routed
(C) located
(D) advanced

동의어 찾기 문제
└ 단어를 기준으로 앞뒤 문장을 확인하자.

185. How does Ms. Weaver suggest that Mr. Walsh contact a representative if he has an issue with his item?
(A) By leaving a question on the QRX Web site
(B) By registering for a membership program
(C) By making a phone call
(D) By sending an e-mail

Ms. Weaver / contact a representative: 지문 [2]
└ 권유/제안 표현에 집중하자.

문제 181-185는 다음 이메일들을 참고하세요.

1

수신	technicalsupport@qrxlaptop.net
발신	kwalsh@bluenet.com
날짜	8월 18일
제목	도움 필요

기술 지원팀에게

제가 새로 구매한 QRX 노트북에 설치되어 있는 Rigozo 소프트웨어 프로그램을 실행하려고 해 봤습니다. 하지만 모든 활성화 과정이 끝난 후에도, 저는 그것을 사용할 수 없었습니다. 박스 안에 담겨 있던 설치 디스크, 사용 안내서와 심지어 품질 보증서 같은 정보 자료들을 전부 검토했는데도, 어딘가에 인쇄돼 있어야 하는 20자리 QRX 키 코드를 찾을 수가 없었습니다. 저는 벌써 직원분과 통화했습니다. 그 분이 키 코드를 요청하려면 기술 지원팀에 구매 번호를 제공해야 한다고 이야기하더군요. 제 QRX 노트북 구매 번호는 753381입니다. 다른 정보가 필요하시면 저에게 연락 주십시오.

Kenny Walsh

2

수신	Kenny Walsh 〈kwalsh@bluenet.com〉
발신	Tech Support 〈technicalsupport@qrxlaptop.net〉
날짜	8월 19일
제목	답장: 도움 필요

Walsh 씨께

QRX 노트북 기술 지원팀으로 전화 주셔서 감사합니다. 저희가 받은 귀하의 이메일 주소와 정보를 참고하여, 서비스 라벨 코드가 1-09832인 QRX 모델 T14를 구매하셨음을 확인할 수 있었습니다. 기본적으로 Rigozo 소프트웨어 프로그램은 공장에서 설치가 됩니다. 그래서 다음 키 코드를 입력하시면 프로그램이 활성화될 것입니다. 21C93-22V99-45R87-1WCT

추후에 저희와 연락하고자 하는 경우에 대비하여, 서비스 라벨 코드를 참고용으로 이용할 수 있도록 해두십시오. 그 코드는 귀하의 컴퓨터 아랫면에 인쇄되어 있습니다. 서비스 라벨 코드를 제공함으로써, 귀하의 문의는 노트북과 시스템 구성과 관련해 이전 문제를 잘 알고 있는 기술자에게 바로 전달될 수 있습니다.

이 이메일에 답장을 하신다면, 저희 기술 지원팀과 더 쉽게 연락하실 수 있습니다. 간단하게 문제점을 기술해 주시고 연락처와 함께 저희가 전화드려도 되는 편하신 시간대와 서비스 라벨 코드를 명시해 주십시오. www.qrxlaptop.net/fre-questions에서 자주 묻는 질문에 대한 대답을 찾아보실 수도 있습니다.

Monica Weaver 올림
QRX 노트북 컴퓨터 기술 지원팀 대표

어휘 tech support 기술 지원팀 activation process 활성화 프로세스 material 자료 installation 설치 instruction guide 설명서 warranty 품질 보증서 locate ~의 정확한 위치를 찾아내다 character 문자 representative 직원 require 요구하다 reference 참고 표시를 하다 confirm 확인해 주다 set up 설치하다 plant 공장 following 다음의 activate 활성화시키다 accessible 접근이 가능한 for reference 참고로 underside 밑면(아랫면) inquiry 질문, 문의 forward 보내다 acquainted with ~를 알고 있는 previous 이전의 configuration 환경 설정 briefly 간단히, 잠시 describe 서술하다 indicate 나타내다

181. Walsh 씨는 8월 18일 이메일 작성 전에 무엇을 하였는가?
(A) 그는 구매 번호를 제공했다.
(B) 그는 컴퓨터 환경 설정을 변경하였다.
(C) 그는 기술 지원을 받으려고 전화했다.
(D) 그는 이전 질문에 대한 답변을 검토했다.

STEP 1   문제가 주는 힌트나 지문 내 답에 영향을 주는 모든 요소들을 이용한다.

문제의 키워드는 Mr. Walsh이므로 발신자인 첫 번째 지문에서 답을 찾자. Walsh가 발신자인 첫 번째 지문의 "I already talked with a representative"를 통해 이미 직원과 이야기했다고 언급하고 있다. 해당 이메일은 기술 지원팀으로 작성한 것이므로 기술 지원을 받으려고 연락을 했었다는 (C)가 정답이다.

STEP 2   오답 분석

구매 번호는 메일을 쓰고 있는 18일 현재에 제공하고 있으므로 (A)는 오답이다. configuration을 언급하고 있는 사람은 Weaver 씨이며 바꿨다는 내용도 없으므로 (B) 역시 오답이다. 이전에 다른 사람들이 했던 질문들의 답을 찾아보라는 주체자 Weaver 씨로 (D)도 답이 될 수 없다.

---

182. Weaver 씨는 Walsh 씨의 구매를 어떻게 확인했는가?
(A) 이전에 받은 키 코드를 확인해서
(B) 구매 번호와 연락처를 사용해서
(C) 제품 키 번호를 입력해서
(D) 소프트웨어 프로그램 회사에 연락해서

STEP 1   5문제 중 반드시 한 문제 이상은 두 문서를 동시에 이용해야 답이 나온다. – 문제의 키워드와 보기의 내용이 각각 다른 문서에 나오는 경우는 두 문서를 동시에 파악해야 한다.

문제의 키워드인 Weaver 씨는 두 번째 지문에서 확인할 수 있으므로, 먼저 두 번째 지문을 파악해야 한다. After referencing your e-mail address and the information we have received, we are able to confirm that you have bought에서 Walsh 씨가 제공한 이메일 주소와 자료를 확인함으로써 제품을 구매했음을 확인하였다. 하지만, information이 무엇을 나타낼지는 첫 번째 지문에서 정답을 찾아야 한다. 첫 번째 지문의 I need to provide my purchase number to your team if I want to request a key code. My QRX laptop computer purchase number is 753381.에서 Walsh 씨가 노트북 구매 번호를 제공했음을 알 수 있으므로 정답은 (B)이다.

STEP 2   오답 분석

(A)의 key code와 (C)의 key number는 첫 번째 지문에 언급이 되어 있으나, 지문에서는 I could not locate the 20-character QRX key code로 제공(혹은 입력)했다는 언급이 없으므로 오답이다. 첫 번째 지문의 To Tech Support를 통해 (D)의 software program company가 아니라 해당 회사 기술 지원팀에 Weaver 씨가 아니라 Walsh 씨가 연락했음을 알 수 있으므로 오답이다.

---

183. Walsh 씨는 서비스 라벨 코드를 어디에서 찾을 수 있는가?
(A) 컴퓨터 바닥면에서
(B) 노트북 품질 보증서 내부에서
(C) 컴퓨터 배터리 부품에 부착되어서
(D) 설명서 앞표지에서

STEP 1   답은 항상 키워드 옆에 있다.

문제의 키워드 service label code는 두 번째 지문에서 언급되므로 두 번째 문서에 답이 있음을 알 수 있다. 지문의 please keep the service label code accessible for reference. The code is printed on the underside of your computer를 통해 서비스 라벨 코드가 컴퓨터 아랫면에 인쇄되어 있음을 알 수 있으므로 정답은 (A)이다.

STEP 2   오답 분석

(B)의 warranty는 첫 번째 문서에 등장하지만, I reviewed all the information materials in the box, such as the installations disc, instruction guide, and even warranty로 Walsh 씨가 키 코드를 찾기 위해 살펴 보았으므로 오답이고 나머지는 보기는 언급이 없다.

---

184. 두 번째 이메일에서, 두 번째 문단 네 번째 줄의 "forwarded"와 의미가 가장 가까운 것은?
(A) 확보된
(B) 전송된
(C) 찾은
(D) 증진된

STEP 1   동의어는 문맥상 대체할 수 있는 단어를 찾는 것이다.

따라서 주어진 문장에서 나타내는 뜻과 동일한 의미의 단어를 정답으로 한다. your inquiry can be directly forwarded to a technician에서 "귀하의 문의사항은 기술자에게 전달될 수 있습니다"의 의미를 나타내야 하므로 보기 중 '전송된'의 (B)가 동일한 의미가 된다.

---

185. 제품에 문제가 있을 경우, Walsh 씨가 직원과 어떻게 연락하라고 Weaver 씨가 제안하고 있는가?
(A) QRX 웹사이트에 질문 남기기
(B) 멤버십 프로그램에 등록하기
(C) 전화하기
(D) 이메일 보내기

STEP 1   추후 연락처 / 연락 방법 / 지원 방법 등은 지문의 하단부에 답이 있다.

문제 중 contact a representative가 키워드이다. Walsh 씨의 문의사항에 답변을 한 후에 추가 연락 방법에 대해서 언급하므로 지문 후반부를 확인해야 한다. If you give a reply to this e-mail, it will be easier to contact our tech support.에서 기술자와 연락하려면, 해당 이메일에 답장을 해달라고 요청하고 있으므로 정답은 (D)이다.

STEP 2   오답 분석

(A)의 Web site는 언급되어 있지만 You can also find answers to frequently asked questions at www.qrxlaptop.net/fre-questions으로 leave a question과 일치하지 않으므로 오답이다. (C)의 make a phone call은 두 번째 지문 후반부에 contact로 paraphrasing되었지만 주체가 다르므로 적절치 않다.

Questions 186-190 refer to the following leaflet, comment, and e-mail.

Learn Business From the Best in Dubai

The International Dubai Business College (IDBC) can be found in Dubai's **business district**. **This college** provides a wide range of highly informative courses targeted at those who intend to pursue a **master's degree**. **Students** may explore the city and extend business networks while courses in economics, domestic and global sales and marketing, and finance are offered. There are also sessions only for those who intend to pursue a master's degree, involving improving résumés and other relevant materials. Hundreds of students receive help from the college in obtaining acceptance into master's degree courses around the world every year. The college features many highly distinguished lecturers who have expert knowledge in each of their areas, such as Marvin West, General Manager of **Hongkong Financial Consulting**, and others at the Hongkong University Business (HUB). Please check our Web site at www.idbc.programs.org to find out more about our excellent course offerings and faculty, or to register.

---

www.idbc.programs.org/comments

| Main | Courses | Comments | Contact Info. |

Evangeline Gwen
November 11

At the moment, I am studying at a business college in Washington. I took one of the business courses at IDBC since I was not able to complete any prerequisite study after acquiring my bachelor's degree. During my stay there, even though the public transportation was not convenient, I had no choice but to **commute from the suburb area** due to the incredibly high rent in the area around IDBC. I think there should have been **students housing** or other affordable **accommodation** options. The classes were excellent. **My instructor** was Marvin West. **His classes** were **rather fast paced**, but he covered many subjects in the seven-week course. You could keep up with the course by studying a lot of reading materials provided by IDBC. His commitment to his class was very impressive, and was helpful for me to get ready for joining a master's degree course.

E-MAIL

FROM	fwells@idbc.org
TO	evangelinegwen@skynetmail.com
DATE	16 December
SUBJECT	Your comments

Dear Ms. Gwen 받는 사람: You

190 ③+② 연계 문제
your suggestion → ② 지문에서 확인!

Thanks for your comments. Many students have voiced the specific issue you indicated. According to **your suggestion**, we plan to complement it. Those who intend to take courses with IDBC from the beginning of February will receive this new advantage. Please tell anyone willing to take a course with us about this.

Sincerely,

Frederick Wells 보내는 사람: I

---

186. For whom is the leaflet intended?
(A) Students who want to improve their résumés for employment
(B) Lecturers willing to change their career path
(C) People planning to receive further education
(D) Business experts who intend to join an educational institution

전단지 / For whom
ㄴ 지문의 전반부에 집중하자.

187. What is suggested about students studying at IDBC?
(A) There are internship opportunities for them.
(B) Employment assistance service is available for them.
(C) They go through a busy area to attend their classes.
(D) They can receive financial support.

students studying at IDBC: 지문 ①+②
ㄴ Gwen: 지문 ②의 I

② 의 보내는 사람: I

188. What does Ms. Gwen mention about her instructor?
(A) He graduated from a business school in Washington.
(B) He provided various reading materials.
(C) He presented a lot of examples.
(D) He rushed through his classes.

Ms. Gwen / her instructor
ㄴ Gwen이 작성한 지문 ②의 "my instructor"에 집중하자.

② 의 제 3자

189. Where does Ms. Gwen's lecturer work when he is not giving lessons?
(A) At the International Dubai Business College
(B) At Hongkong Financial Consulting
(C) At Horace Union Bank
(D) At a company in Dubai's business district

Ms. Gwen's lecturer
ㄴ Marvin West: 지문 ①, ② 를 같이 봐야 풀 수 있다.

190. How will IDBC be dealing with Ms. Gwen's complaint?
(A) By making a dormitory for students
(B) By providing shuttle bus service
(C) By extending the length of courses
(D) By recruiting additional faculty

Ms. Gwen's complaint: 지문 ②
ㄴ 두 지문을 연계해서 풀어야 한다.

문제 186-190은 다음 전단지, 후기와 이메일을 참조하세요.

두바이 최고의 기관에서 비즈니스를 배우세요

국제 두바이 경영대학(IDBC)은 두바이 상업지 중심에 위치해 있습니다. 이 대학교는 석사 학위 취득에 목표를 둔 학생들을 대상으로 광범위하고 꽤 유익한 수업을 제공합니다. 학생들은 도시를 탐험하며 사업적 인맥을 늘릴 수 있습니다. 경제학, 국내 및 국외 영업과 마케팅, 재무 같은 다양한 콘텐츠 기반 강의를 제공합니다. 이력서와 다른 관련 자료의 개선을 포함해 석사 학위 취득을 목표로 하는 분들만을 위한 수업 역시 마련되어 있습니다. 매년 수백 명의 학생들은 전 세계 석사 과정 입학에서 이 학교의 도움을 받고 있습니다. 이 대학의 특색은 Hongkong Financial Consulting 총책임자인 Marvin West와 Horace Union Bank(HUB) 총재인 Brian White 같이 각 분야에서 전문 지식을 갖춘 여러 저명한 강연자들이 있다는 점입니다. 훌륭한 수업 과정 제공과 교수진에 관해 자세한 사항을 알아보시거나 등록을 하시려면 웹사이트 www.idbc_programs.org를 확인해 주세요.

---

www.idbc.programs.org/comments

| 메인 | 과정 | 후기 | 연락처 |

Evangeline Gwen
11월 11일

현재, 저는 워싱턴에 위치한 한 경영대학원에서 공부하고 있습니다. 제가 학사 학위를 취득한 후에 필수 과목을 어느 것도 끝내지 못하여 IDBC에서 경영학 수업 과정 중 하나를 들었습니다.

제가 그곳에서 머무는 동안, 대중교통은 불편했지만 IDBC 주변 지역의 엄청나게 비싼 집세 때문에 저는 교외에서 통학할 수밖에 없었습니다. 저는 학생 기숙사나 다른 저렴한 숙박 시설이 있었어야 하지 않나 생각합니다. 수업은 아주 훌륭했습니다. 제 선생님은 Marvin West 씨였습니다. 그 분의 수업은 다소 빠르게 진행됐지만 7주 과정 동안 여러 주제를 다루었습니다. 그렇지만 저는 IDBC에서 제공하는 많은 읽기 자료를 공부하여 수업을 따라갈 수 있었습니다. 수업에 대한 선생님의 헌신적인 모습이 매우 인상적이었고, 제 석사 과정 입학 준비에 도움이 되었습니다.

감사합니다.

E-MAIL

발신	fwells@idbc.org
수신	evangelinegwen@skynetmail.com
날짜	12월 16일
제목	귀하의 후기

Gwen 씨께

후기를 작성해 주셔서 감사합니다. 많은 학생들이 귀하께서 언급하신 특정 문제를 표명해 오고 있습니다. 귀하의 제안에 따라서, 저희는 그 문제를 보완할 계획입니다. 2월 초부터 IDBC에서 수업을 듣고자 하는 분들은 이러한 신규 혜택들을 받게 되실 겁니다. 저희 학교에서 수업을 들으시려는 분들에게 이 이야기를 해 주십시오.

Frederic Wells 올림

어휘 business district 상업 지역 a wide range of 광범위한 informative 유익한 targeted 목표가 된 intend to+do ~할 작정이다 pursue 추구하다 master's degree 석사 학위 explore 탐구하다 extend 확장하다 résumé 이력서 relevant 관련 있는 obtain 얻다 acceptance 가입 허가 feature 특징으로 삼다 distinguished 유명한 faculty 교수진 prerequisite 전제 조건(의) bachelor's degree 학사 학위 have no choice but to+do ~할 수 밖에 없다 housing 주택 affordable 가격이 알맞은 fast paced 빠른 cover 다루다 keep up with 쫓아가다, 따라가다 commitment 헌신 voice 말로 표하다 specific 특정한, 구체적인 indicate 나타내다 complement 보완하다

186. 전단지는 누구를 대상으로 하고 있는가?
(A) 취업을 위해 이력서를 개선시키고 싶어 하는 학생들
(B) 진로를 변경하고자 하는 강연자들
(C) 추가 교육을 받으려고 계획하는 사람들
(D) 교육 기관에 입사하려고 하는 사업 전문가들

STEP 1   지문의 대상은 첫 부분에 주로 위치한다.

문제의 키워드인 leaflet은 첫 번째 지문의 유형으로, 지문의 전반부에서 전단지의 독자가 누구인지를 파악해야 한다. 지문의 This college provides ~ pursue a master's degree에서 경영대학의 수업 과정을 소개하고 있다. 그러므로 전단지는 국제 두바이 경영대학에서 석사 학위 과정을 준비하고 싶은 사람들을 대상으로 작성되었음을 알 수 있으므로 정답은 (C)이다.

STEP 2   오답 분석

(A) improving résumés는 언급되었지만 지문 those who intend to pursue a master's degree involving improving resumes에서 취업이 아닌 석사 학위 취득이 목표이므로 답이 될 수 없다. (B) lecturers는 언급되었지만 career path는 언급되지 않았으므로 답이 될 수 없다. (D) experts는 지문에서 lecturers who have expert knowledge로 paraphrasing되어 있지만, lecturers who have expert knowledge in each of their areas, such as Marvin West, General Manager of Hongkong Financial Consulting, and Brian White, President of Horace Union Bank (HUB)로 교육 기관이 아닌 경영과 관련 있는 분야에서 종사하고 있는 사람들이며, 이 사람들이 리플릿의 독자는 아니므로 오답이다.

187. IDBC에서 공부 중인 학생들에 관하여 언급된 것은 무엇인가?
(A) 그들에게 인턴쉽 기회가 있다.
(B) 그들은 취업 지원 서비스를 이용할 수 있다.
(C) 그들은 수업에 참석하고자 분주한 지역을 지나간다.
(D) 그들은 재정적인 원조를 받을 수 있다.

STEP 1   특정인과 관련한 사실 확인 문제는 해당 지문과 연계 지문을 동시에 봐야 한다.

문제의 키워드인 students studying at IDBC는 두 번째 지문에서 Evangeline Gwen으로 등장하며 그 사람이 언급한 것을 묻는 문제이다. Gwen이 작성한 후기에서 정답을 파악해야 하지만 두 번째 지문으로 보기 중에서 정답을 확인할 수 없다. 전반부 문제이므로 첫 번째 지문과 연계하여 정답을 파악해야 한다. 첫 번째 지문의 The International Dubai Business College (IDBC) can be found in the center of Dubai's business district에서 IDBC는 상업지 중심에 위치하고 있음이 언급되어 있다. 두 번째 지문의 even though the public transportation was not convenient, I had no choice but to commute from the suburb area에서 교통편이 불편했지만 교외에서 학교를 통학했음을 알 수 있다. 그러므로 Gwen이 통과해야 하는 business district는 busy area로 paraphrasing되었으므로 정답은 (C)이다. 나머지 내용은 지문에서 언급된 바 없다.

188. Gwen 씨가 자신의 선생님에 관하여 무엇을 언급하는가?
(A) 그는 워싱턴에 위치한 경영 대학원을 졸업했다.
(B) 그는 다양한 읽기 자료를 제공했다.
(C) 그는 많은 예시들을 제시하였다.
(D) 그는 수업을 빠르게 진행했다.

STEP 1 특정 명사가 지칭하는 대상을 확인하라.

문제의 키워드는 Ms. Gwen과 her instructor로 해당 등장 인물이 모두 나오는 지문인 두 번째 문서에서 정답을 파악하자. 키워드인 Ms. Gwen은 두 번째 지문 작성자로 대명사 I로 언급되므로 her instructor가 아닌 my instructor가 언급된 부분을 찾아 정답을 파악해야 한다. 지문의 My instructor was Marvin West. His classes were rather fast paced, but he covered many subjects in the seven-week course.에서 그녀의 선생님인 Marvin West의 수업이 빠르게 진행됐다고 언급되어 있으므로 정답은 (D)이다.

STEP 2 오답 분석

(A) a business school in Washington은 언급되었지만 West 씨가 아닌 Gwen 씨가 그곳에서 공부하고 있으므로 답이 될 수 없다. (B) reading materials는 언급되었지만 지문의 a lot of reading materials provided by IDBC에서 제공 주체가 다르므로 오답이다. (C)의 내용은 지문에서는 파악할 수 없다.

---

189. Gwen 씨의 선생님은 강의를 하지 않을 때 어디에서 근무하는가?
(A) 국제 두바이 경영대학에서
(B) Hongkong Financial Consulting에서
(C) Horace Union Bank에서
(D) 두바이 상업 지역에 위치한 회사에서

STEP 1 특정인과 관련한 사실 확인 문제는 해당 지문과 연계 지문을 동시에 봐야 한다.

문제의 키워드인 Ms. Gwen's lecturer는 두 번째 지문의 My instructor was Marvin West.에서 언급되어 있지만 해당 문장 이후에 정답이 될 수 있는 키워드는 존재하지 않는다. 선생님의 이름은 첫 번째 지문에도 언급되어 있으므로 두 번째 지문과 첫 번째 지문을 연계하여 답을 찾는 문제가 된다. 우선, Gwen의 선생님이 Marvin West임을 찾았으므로 첫 번째 지문의 The college features ~ such as Marvin West, General Manager of Hongkong Financial Consulting에서 West 씨가 Hongkong Financial Consulting 총책임자임이 언급되어 있다. 그러므로 그가 수업을 진행하지 않는 동안에는 Hongkong Financial Consulting에서 근무함을 알 수 있으므로 정답은 (B)이다. (C) Horace Union Bank는 Brian White가 근무하는 곳이므로 오답이다.

---

190. IDBC는 Gwen 씨의 불만사항을 어떻게 해결할 예정인가?
(A) 학생 전용 기숙사를 건축함으로써
(B) 셔틀 버스 서비스를 제공함으로써
(C) 수업 시간을 연장함으로써
(D) 교수진을 추가 채용함으로써

STEP 1 마지막 문제의 답은 주로 세 번째 문서에 등장한다.

문제의 키워드는 IDBC / dealing with / Gwen's complaint로 먼저 Gwen이 등장하는 두 번째 지문에서 언급한 불만사항이 무엇인지 파악하자. 두 번째 지문의 there should have been students housing or other affordable accommodation options에서 학생들이 거주할 수 있는 시설이 부족함을 언급하고 있다. IDBC에서 이러한 문제를 어떻게 해결할지는 Gwen에게 보내는 이메일인 세 번째 지문에서 확인할 수 있다. 지문의 According to your suggestion, we plan to complement it.에서 해당 시설을 보완할 계획임을 언급하고 있으므로 IDBC에서 기숙사 시설을 보완할 것임을 알 수 있다. 그러므로 정답은 (A)이다. 나머지 내용들은 지문에서 언급된 것들이 아니므로 오답이다.

Questions 191-196 refer to the following advertisement, form, and letter.

Looking for Full-time Assistant Chef

The Highgate Bistro is a well established [restaurant] since 1934. We are looking for an assistant cook to arrange **salad and appetizer items** under the direction of the main chef. More than one year of relevant **cooking experience** is required and a **six-month apprenticeship** has to have been filled in a high-profile establishment. A high level of ability to [prepare modern] but also traditional style cuisine is required for the ideal candidate.

To apply, visit www.highgatebistro.net/recruitment.

---

www.highgatebistro.net/recruitment/assistant_chef/apply

Name: Amber Ward   **E-mail:** a-ward33@skye-mail.net   **Phone:** 421.265.3898

Attachment (1): Résumé (√)   **Attachment (2):** Reference list (√)

Related Education: Bachelor's degree in Culinary Arts at Goldhawk National University

Current Employer: Chiswick Restaurant

Position: Assistant Chef (Length of Employment: Seven months)

Previous Employer: Vacation Inn

Position: Apprentice (Length of Employment: Three years)

Previous Employer: Clapham Café

Title: Cook (Length of Employment: Four months)

Cover letter: I would like to fill the position of assistant chef at the Highgate Bistro. I am currently working as an assistant chef for a restaurant that serves traditional style meals. Because the restaurant has neglected to fill the [modern-style menu items], I am taking care of **almost all items** on the menu. I served an **apprenticeship at the well-known Vacation Inn**, working closely with distinguished chef Linda Williams. On top of these, I am capable of creating new innovative recipes as Hazle Washington (my instructor and mentor **at Goldhawk National University**) can confirm. Moreover, I won the Great in Creative Award for my East Asian-style seafood recipe, which is served at the moment at the cafeteria in **Goldhawk National University**.

Submit Application

GOLDHAWK NATIONAL UNIVERSITY
Department of Culinary Arts

Trevor Vega
Highgate Bistro
2678 Highgate Avenue
Putney, London 32Q1 2N1

Dear Mr. Vega, 받는 사람 : You

This is in reference to Amber Ward's application for employment at Highgate Bistro. As Ms. Washington is away on holiday this semester, she wanted me to assume her role for a while. Ms. Ward, who completed our course in the top three of her class, proved her excellent culinary skills and showed strong initiative to be taught. She was recognized by well-known Chef Sherri Wade, who helped Ms. Ward finish her four-month internship successfully. I am sure that Ms. Ward will be an invaluable addition to your organization.

195 ③+② 연계 문제
또 다른 키워드 four-month internship

Sincerely,

Horace Warner   보내는 사람 : I
Horace Warner
Head Instructor of Culinary Arts Department

---

191. What is suggested about the assistant chef position?
(A) It includes working on some weekends.
(B) It requires cooking a limited range of food.
(C) It is a six-month contract job.
(D) It involves training apprentices.

키워드 assistant chef position
→ 키워드 앞뒤에서 정답의 근거를 찾자.

192. What is indicated about Ms. Ward?   ②의 보내는 사람 : I
(A) Some of her recipes have been published in a publication.
(B) She led a class on cooking East Asian seafood at a university.
(C) She has already applied at a few establishments.
(D) Her qualifications seem to meet the requirements for the job.

Ms. Ward: 지문 ② / 지문 ①
→ 보기의 키워드를 정리한 후 오답을 소거하자.

193. Who most likely is Ms. Washington?   ②의 제3자
(A) A culinary instructor   (B) A cafeteria owner
(C) A celebrity chef   (D) A head teacher

Ms. Washington: 지문 ②
→ "Washington (my instructor and mentor)"

194. What is true about Goldhawk National University?
(A) A renowned chef is invited every semester as a guest lecturer.
(B) Culinary awards are given to its students.
(C) Cooking seminars are provided for free.
(D) A new chef for its cafeteria will be hired.

Goldhawk National University : 지문 ②
→ 보기의 키워드를 정리한 후 본문을 검색한다.

195. Where did Ms. Wade most likely finish her internship?
(A) At Highgate Bistro   ③의 제3자
(B) At Clapham Café
(C) At Vacation Inn
(D) At Chiswick Restaurant

키워드 Ms. Wade / internship
→ 지문 ②, ③과 또 다른 키워드 four-month에 주의하자.

문제 191-195는 다음 광고, 양식, 편지를 참조하세요.

정규직 보조 요리사 구인 ①

Highgate Bistro는 1934년 이후로 Golders Green 지역에서 영업 중인 상당히 정평이 난 음식점입니다. 저희는 선임 주방장 지휘 아래 샐러드와 애피타이저 품목을 마련할 보조 요리사를 구하고 있습니다. 1년 이상 요리 관련 경력이 필요하며 세간의 이목을 끄는 기관에서 6개월 견습 기간이 채워져야 합니다. 새로운 스타일의 요리뿐 아니라 전통적인 스타일의 요리를 만들어 낼 높은 수준의 능력이 이상적인 지원자에게 필요합니다.

지원하시려면 www.highgatebistro.net/recruitment를 방문해 주세요.

---

www.highgatebistro.net/recruitment/assistant_chef/apply ②

이름: Amber Ward   **이메일**: a-ward33@skye-mail.net   **전화**: 421.265.3898

첨부파일 (1): 이력서 (√)   **첨부파일 (2)**: 추천서 (√)

관련 교육: Goldhawk National University 조리학 학사 학위

현재 직장: Chiswick Restaurant

직위: 보조 요리사 (채용 기간: 7개월)

전 직장: Vacation Inn

직위: 수습 (채용 기간: 3년)

전 직장: Clapham Café

직위: 요리사 (채용 기간: 4개월)

자기 소개서: Highgate Bistro 보조 요리사 자리에 입사하고 싶습니다. 저는 현재 전통 스타일의 식사 요리를 만드는 레스토랑에서 보조 요리사로 일하고 있습니다. 현재 일하고 있는 레스토랑은 주방장 자리를 비워둔 상태이기 때문에 메뉴에 있는 거의 모든 음식을 제가 책임지고 있습니다. 잘 알려진 Vacation Inn에서 유명한 주방장 Linda Williams 씨와 긴밀히 일하면서 견습생으로 있었습니다. 이 외에도, 저의 교수님이자 멘토이신 Goldhawk National University의 Hazle Washington 씨가 확인해 주듯이 저는 새롭고 획기적인 요리법을 개발할 수 있습니다. 게다가, 저의 동아시아 스타일의 해산물 요리법으로 Creative Award에서 Great상을 수상하기도 했습니다. 그 요리법은 현재 Goldhawk National University의 구내식당에서 제공되고 있습니다.

[지원서 제출]

GOLDHAWK NATIONAL UNIVERSITY
조리학과

Trevor Vega
Highgate Bistro
2678 Highgate Avenue
Putney, London 32Q1 2N1

Vega 씨께

이것은 Amber Ward 씨의 Highgate Bistro 채용 지원에 대한 추천서입니다. Washington 씨가 이번 학기에 휴가 중이라서, Washington 씨가 잠시 자신의 업무를 제가 맡아 주길 원했습니다. Ward 씨는 자기 반에서 상위 3등 안에 들며 코스를 마쳤고, 자신의 훌륭한 요리 기술을 증명했으며 배우고자 하는 강한 의지를 보여주었습니다. Ward 씨는 유명한 요리사 Sherri Wade 씨에게 인정을 받았는데요, Sherri Wade 씨는 Ward 씨가 4개월간의 인턴직을 성공적으로 마치는 데 도움을 준 분입니다. Ward 씨가 귀하의 조직에 귀중한 보탬이 될 것을 확신합니다.

Horace Warner

Horace Warner 올림
조리학과 주임 교수

어휘 established 인정받는, 입증된   eatery 음식점   arrange 마련하다, 준비하다
under the direction of ~의 지휘 아래   apprenticeship 수습 기간   high-profile 눈에 띄는
establishment 시설, 기관   cuisine 요리법, 요리   neglect 방치하다   distinguished 유명한
be capable of ~할 수 있다   at the moment 현재   be away on holiday 휴가 중이다   initiative 진취성

---

191. 보조 요리사 직에 대해 언급된 것은 무엇인가?

(A) 일부 주말 근무가 포함되어 있다.
(B) 한정된 분야의 음식을 요리하는 게 필요하다.
(C) 6개월 계약직이다.
(D) 견습생 교육을 포함한다.

STEP1 정답은 항상 키워드 옆에 있다.

질문의 키워드 assistant chef position에 관해 나와 있는 첫 번째 지문을 확인하자. 첫 번째 지문의 "We are looking for an assistant cook to arrange salad and appetizer items"에서 샐러드와 애피타이저를 만들 보조 요리사를 구하고 있다고 언급하고 있으므로 한정된 분야의 음식을 요리하는 것이 필요하다는 (B)가 정답이다. 지문의 salad and appetizer items가 보기의 a limited range of food로 paraphrasing되었다.

STEP2 오답 분석

(D) 지문에 apprenticeship의 언급은 있지만 견습생을 교육하는 것이 보조 요리사 직에 포함되었다고는 언급되어 있지 않으므로 오답이다.

192. Ward 씨에 대해 명시된 내용은 무엇인가?
(A) 그녀의 요리법 일부가 출판물로 출간되었다.
(B) 그녀는 대학에서 동아시아 해산물 요리 관련 수업을 했다.
(C) 그녀는 이미 몇몇 기관에 지원해 있는 상태이다.
(D) 그녀의 자격은 일자리 필요 조건에 맞는 것처럼 보인다.

STEP1 두 문시를 동시에 이용하는 연계 문제 - 한 지문으로만 답을 찾으려 하지 말고 구체적인 정보들을 모아서 포괄적인 답을 찾는다.

Ward 씨가 작성한 자기소개서의 "Related Education: Bachelor's degree ~ University"와 "I am taking care of almost all items ~ chef Linda Williams에서 Ward 씨는 Goldhawk Naional University에서 조리학사를 취득했으며, 과거에 유명한 Vacation Inn에서 명성 높은 셰프의 지도 하에 견습생활을 보냈음을 언급하고 있다. 첫 번째 지문의 "We are looking for ~ a high-profile establishment"에서 Highgate Bistro에서 채용하려는 자격 요건에 Ward 씨가 적합하다는 것을 알 수 있다. 따라서 정답은 (D)이다.

STEP2 오답 분석
(A) her recipe가 언급되지만 출판물로 출간된 것은 알 수 없으므로 오답이다.
(B) East Asian seafood가 언급되지만 그녀가 관련 수업을 진행했다는 언급은 없으므로 오답이다.
(C) 다른 곳에서 근무한 것을 알 수 있지만 현재 다른 곳에 지원해 놓은 상태인지는 알 수 없으므로 오답이다.

193. Washington 씨는 누구일 것 같은가?
(A) 요리 강사
(B) 구내식당 주인
(C) 유명 요리사
(D) 교장

STEP1 문제에 키워드가 있으면 해당 지문에서 검색된 키워드 위주로 정보를 연결한다.

질문의 키워드 Ms. Washington을 찾는다. 두 번째 지문 하단부 "Hazle Washington (my instructor and mentor at Goldhawk National University)"에서 Washington 씨가 Ward 씨의 교수님인 것을 언급하고 있다. 두 번째 지문의 상단부 "Related Education: Bachelor's degree in Culinary Arts at Goldhawk National University"에서 Ward 씨가 조리학을 전공했다는 것을 알 수 있으므로 Washington 씨는 조리학과 교수인 것을 유추할 수 있다. 따라서 정답은 (A)이다.

194. Goldhawk National University에 대해 사실인 것은 무엇인가?

(A) 유명한 요리사가 초청 강사로 매학기 초청된다.
(B) 요리상이 재학생에게 수여된다.
(C) 요리 세미나가 무료로 제공된다.
(D) 구내식당에서 일할 새로운 요리사가 고용될 것이다.

STEP1 '사실'인 것을 찾는 문제는 보기의 키워드를 먼저 정리한 후 본문을 검색한다.

보기의 키워드를 (A) chef as a guest lecturer (B) Culinary awards, students (C) Cooking seminars, free (D) new chef, cafeteria, hired로 정리한 후 본문을 검색하자.
두 번째 지문 "I won the Great in Creative Award ~, which is served at the moment at the cafeteria in Goldhawk National University"에서 요리법으로 상을 수상했고 해당 요리법은 Ward가 다닌 Goldhawk National University 구내식당에서 현재 제공되고 있다는 언급을 통해 Goldhawk National University에서 열리는 요리 대회의 상이 재학생에게 수여된다는 것을 알 수 있으므로 정답은 (B)이다.

STEP2 오답 분석

(A), (C)는 본문에서 언급되지 않았으므로 알 수 없다.
(D) cafeteria는 언급되었지만 새로운 요리사를 고용한다는 언급은 없으므로 오답이다.

---

195. Wade 씨는 어디에서 인턴십을 마쳤던 것 같은가?

(A) Highgate Bistro에서
(B) Clapham Café에서
(C) Vacation Inn에서
(D) Chiswick Restaurant에서

STEP1 두 문서를 동시에 이용하는 연계 문제 유형 - 해당 위치를 검색하면 답이 없고 그 위치에 또 다른 키워드를 남기므로 다른 문서에서 해당 키워드를 찾아야 한다.

문제의 키워드 Wade를 찾는다. 세 번째 지문 "She was recognized by well-known Chef Sherri Wade, who helped Ms. Ward finish her four-month internship successfully."에서 Sherri Wade 씨가 Ward 씨의 4개월 인턴직을 성공적으로 마칠 수 있도록 도움을 주었다고 언급하고 있다. 두 번째 지문에서 Ward 씨가 4개월 동안 근무한 곳은 Clapham Café이므로 Wade 씨가 인턴십을 마쳤던 곳은 Clapham Café라고 유추할 수 있다. 따라서 정답은 (B)이다.

STEP2 오답 분석

(A)는 Ward 씨가 지원서를 낸 곳이고, (C)는 Ward 씨가 과거에 일했던 곳, (D)는 Ward 씨가 현재 일하는 곳이다.

Questions 196-200 refer to the following leaflet and e-mails.

Roger Roofing Materials

Over the past few decades, builders and roofers have chosen Roger Roofing Materials for their roofing work including placing and replacing roof panels. Here are some of our best-selling items.

Bertie PRX 22: Without any screws, installed with durable clips. Please note that this model should be placed by a skilled professional because aligning the panels tends to be challenging.
Carey PRX 31: Best choice for properties whose roofs are steeply sloped. Smooth rainfall drainage is ensured by its slick surface.
Madge PRX01: Sturdy, less time-consuming installation, with a choice of 20 appealing shades.
Marcie PRX12: Quite similar to Madge PRX01, yet with only four shade options (blue, red, green, yellow). In addition, wave patterns are imprinted in it.

Please check out our latest brochure for more pricing information and specifications. Send us an e-mail at customerservice@rogerroofing.net or call us at 220-2235-6654 for any inquiry about our service and products.

〔196〕 online calculator → online tool
can be different depending on roof panel products. Our online calculator is available at www.@rogerroofing.net/overlapdegree to find out the appropriate number of roof panels for your property. Just type the name of the model you would like to purchase with the size of your roof surface.

E-MAIL

TO	customerservice@rogerroofing.net
FROM	malloyalisa@lourdesbuildingservice.org
DATE	November 19
SUBJECT	Purchase order

〔198〕 2+1 연계 지문 ern,
〔197〕 whether the shade ~ heating up → possibility of retaining heat

I recently submitted an order, #339013, which includes some of your roof panels in dark gray. One of my clients called me to ask a question about **whether the shade could lead to his** gradually-sloped, east-facing rooftop **heating up** in the afternoon, especially during the summer. I informed him that theoretically, bright shades tend to reflect heat a bit better and are definitely not bad choices for warmer climate regions. Is it possible to **give me some advice** as I believe you may have experienced similar issues in the past? He has no intention to switch, and wants to stick to the shade if possible.

In addition, I heard that you run a **Web site** containing d〔200〕 2+3 연계 문제 **instructions**. I am worried as it is the first time for me to install this type of panel using the screws provided, so I would like to have the information downloaded. Could 〔198-A〕 e me the link to the instruction page?

오답 함정 198-A, B, D
지문에 있는 오류를 검색하여
보기를 제거하자.

Thank you,
Malloy Alisa   보내는 사람 : I

E-MAIL

TO	malloyalisa@lourdesbuildingservice.org
FROM	bernardowood@rogerroofing.net
DATE	November 19
SUBJECT	Re: Purchase order

Dear Ms. Alisa, [받는 사람: You]

Thank you for your inquiry about our product and service. In order to reflect sunlight and avoid heat gain, the roof panels are finished with a special coating material. There are se??? ???? ??? ?? ?? ?? ??? ?? ???? ???? ilar shades. But we have not [199 provide another model → prepare a different product] us far. Still, we are certainly happy to **provide another model** if the client wants to change his mind. **Please just inform** me no later than tomorrow.

As for the Web page you mentioned, **as the manufacturers of the particular models have up-to-date and accurate information** about their products and service, we encourage customers to talk with them directly. So **only** the lists of **contact information** for each manufacturer are **now available** on **our Web site**.

Best Regards,
Bernardo Wood

[보내는 사람: I]

[200 2+3 연계 문제]
the Web page you mentioned → a Web site containing detailed installation instructions

196. According to the leaflet, how can consumers decide how many panels to purchase?
(A) By taking advantage of an online tool
(B) By contacting a roofing specialist
(C) By e-mailing a request form
(D) By downloading a special software program

decide / how many panels to purchase
└ 지문의 후반부에서 결정 방법을 찾자.

197. What aspect of the roof panels does Ms. Alisa want to learn more about?
(A) Their life compared to other models
(B) **Their possibility of retaining heat**
(C) Their capability to resist moisture
(D) Their popularity among consumers in a region

Ms. Alisa: 지문 2
└ "give me some advice"

[2의 보내는 사람: I]

198. What kind of roof panel did Ms. Alisa most likely purchase for her client?
(A) Bertie PRX 22   (B) Carey PRX 31
(C) **Madge PRX01**   (D) Marcie PRX12

지문 1, 2 연계 문제
└ 지문 1, 2에서 오답 근거를 찾자.

199. According to Mr. Wood, why would Ms. Alisa need to contact him again on November 20?
(A) To confirm the status of delivery
(B) To receive a refund
(C) To visit a manufacturer
(D) **To prepare a different product**

[3의 보내는 사람: I]

Mr. Wood: 지문 3
└ 시간 관련 표현 "tomorrow"에 정답의 근거가 있다.

200. What is indicated about the installation instructions?
(A) They clearly ~~show~~ additional equipment to use.
(B) **They used to be on Roger Roofing's Web site.**
(C) Ms. Alisa ~~has lost~~ her copy of them.
(D) Roger Roofing ~~will send~~ them to Ms. Alisa by e-mail.

키워드 installation instructions: 지문 2
└ 또 다른 키워드 a Web site는 지문 3에서 확인하자.

문제 196-200은 다음 전단지와 이메일들을 참조하세요.

Roger Roofing Materials

지난 수십 년 이상 건축업자와 지붕 수리업자들이 지붕 판 설치와 교체를 포함한 지붕 공사에 Roger Roofing Materials를 선택했습니다. 여기 가장 잘 팔리는 자사 상품이 있습니다.

Bertie PRX 22: 나사 없이 내구성 있는 클립으로 설치됩니다. 이 모델은 판을 맞추는 게 어렵기 때문에 숙련된 전문가가 설치해야 한다는 것을 유의하시기 바랍니다.
Carey PRX 31: 지붕이 가파르게 경사진 건물에 가장 적합한 선택입니다. 매끄러운 표면으로 순조로운 빗물 배수를 보장합니다.
Madge PRX01: 튼튼하고, 설치하는데 시간이 덜 소요되며 매력적인 20개의 색조 선택이 가능합니다.
Marcie PRX12: Madge PRX01과 매우 유사합니다. 하지만 색조는 4가지(파랑, 빨강, 초록, 노랑)만 선택할 수 있습니다. 거기에, 물결무늬가 새겨져 있습니다.

더 많은 가격 정보와 설명서가 필요하시면 저희 최신 책자를 확인해 주시기 바랍니다. 서비스와 제품 관련 문의는 customerservice@rogerroofing.net으로 이메일을 보내주시거나 220-2235-6654로 전화주시기 바랍니다.

겹침의 정도는 지붕 판 제품에 따라 달라질 수 있음을 숙지하시기 바랍니다. 여러분의 건물에 맞는 적절한 지붕 판의 수를 알려면 www.@rogerroofing.net/overlapdegree에서 저희 온라인 계산기를 이용하실 수 있습니다. 귀하의 지붕 표면 치수와 구매하시고 싶은 모델의 이름만 입력하시면 됩니다.

수신	customerservice@rogerroofing.net
발신	malloyalisa@lourdesbuildingservice.org
날짜	11월 19일
제목	구입 주문

담당자분께

저는 최근에 #339013의 주문서를 냈습니다. 거기에 짙은 회색의 지붕 판 일부가 포함되어 있습니다. 제 고객 중 한 분이 전화하셔서 특히 여름철 오후에 지붕 판의 색상이 경사가 완만한 동향 지붕을 더 뜨겁게 할 수 있는 건 아닌지 문의했습니다. 저는 이론상으로 밝은 색상이 열을 더 잘 반사하는 경향이 있으며 따뜻한 기후의 지역에서 분명히 나쁘지 않은 선택이라고 말했습니다. 과거에 귀사가 비슷한 문제를 경험했을 것 같기에 조언을 좀 해 주실 수 있나요? 고객 분이 바꿀 의도는 없어요. 그래서 가능하다면 그 색상을 고수하고 싶어 하십니다.

거기에, 귀사에서 상세한 설치 설명서가 있는 웹 사이트를 운영한다고 들었습니다. 제가 제공된 나사를 사용해 이런 종류의 판을 설치하는 것이 처음이라서 걱정됩니다. 그래서 정보를 다운로드 받고 싶습니다. 설명 페이지 링크를 알려 주시겠어요?

감사합니다.

Malloy Alisa 올림

수신	malloyalisa@lourdesbuildingservice.org
발신	bernardowood@rogerroofing.net
날짜	11월 19일
제목	답신: 구입 주문

Alisa 씨께

저희 제품과 서비스에 문의해 주셔서 감사합니다. 햇빛을 반사하고 열 올림을 피하기 위해, 지붕 판은 특수 코팅 재료로 마감됩니다. 이 지역에 비슷한 색조의 같은 판을 사용한 집이 몇 채 있습니다. 그렇지만, 지금까지 내부 열 올림에 대한 항의를 받은 적이 없습니다. 그래도, 만약 고객이 마음을 바꾸고 싶어 하신다면, 저희는 기꺼이 다른 모델을 제공할 것입니다. 늦어도 내일까지는 알려주시기 바랍니다.

언급하신 웹페이지에 관해 말씀드리자면, 특정 모델 제조사가 자사의 제품과 서비스에 대해 최신의 정확한 정보를 가지고 있기 때문에 저희는 고객님들이 그들과 직접 이야기하는 것을 권장합니다. 그래서 현재 각 제조사에 대한 연락처 목록만 저희 웹사이트에서 이용하실 수 있습니다.

안녕히 계세요.

Bernardo Wood 올림

어휘 builder 건축업자, 건축회사 | roofing work 지붕 공사 | screw 나사 | durable 내구성 있는
align 일직선으로 하다, 정렬시키다 | steeply 가파르게 | drainage 배수 | slick 매끄러운 | appealing 매력적인, 흥미로운
shade 색조 | specification 설명서 | east-facing 동향의 | theoretically 이론상으로 | stick to 고수하다 | reflect 반사하다

---

196. 전단지에 따르면, 고객들이 판을 얼마나 구입해야 하는지 어떻게 결정할 수 있는가?
(A) 온라인 도구를 활용해서
(B) 지붕 공사 전문가에게 연락해서
(C) 요청서를 이메일로 보내서
(D) 특별 소프트웨어 프로그램을 다운로드 해서

STEP1 추후 연락처/연락 방법/지원 방법 등은 지문의 하단부에 정답이 있다.

질문의 키워드 how can consumers decide how many panels를 확인하자. 첫 번째 지문 "Our online calculator is available at www.@rogerroofing.net/overlapdegree to find out the appropriate number of roof panels for your property."에서 지붕 판의 적절한 개수를 확인할 수 있는 사이트를 이용할 수 있음을 언급하고 있으므로 정답은 (A)이다. 나머지 보기의 내용은 언급되지 않았다.

197. Alisa 씨가 더 많이 알고 싶은 지붕 판의 특징은 무엇인가?
(A) 다른 모델과 비교한 제품의 수명
(B) 열 유지의 가능성
(C) 수분 저항력
(D) 지역 내 소비자간 인기

STEP1　문제에 키워드가 있으면 해당 지문에서 검색된 키워드 위주로 정보를 연결한다.

Alisa 씨가 작성한 두 번째 지문 "One of my clients called me to ask a question about whether the shade could lead to his gradually-sloped, east-facing rooftop heating up"에서 고객이 지붕 판의 색상이 지붕을 뜨겁게 할 수 있는지 문의했다고 언급하고 있으며 "Is it possible to give me some advice"에서 조언을 줄 수 있냐고 묻고 있으므로 Alisa 씨는 지붕 판의 열 유지 가능성에 대해 알고 싶어 한다는 것을 알 수 있다. 따라서 정답은 (B)이다.

STEP2　오답 분석

(D) region은 언급되었지만 소비자의 인기에 대한 언급은 없으므로 오답이다.

---

198. Alisa 씨가 그녀의 고객을 위해 어떤 지붕 판을 구매했을 것 같은가?
(A) Bertie PRX 22
(B) Carey PRX 31
(C) Madge PRX01
(D) Marcie PRX12

STEP1　두 문서를 동시에 이용하는 연계 문제 유형 - 문제가 주는 힌트나 지문 내 답에 영향을 주는 모든 요소들을 이용한다.

Alisa 씨가 작성한 두 번째 지문 "includes some of your roof panels in dark gray"에서 어두운 회색의 지붕 판을 구매했다고 언급하였으므로 blue, red, green, yellow 색상만 있는 (D) Marcie PRX12는 오답이다. "One of my clients ~ his gradually-sloped"를 통해 고객의 지붕이 동쪽으로 완만하다는 것을 알 수 있으므로 가파르게 경사진 지붕에 최적이라는 (B) Carey PRX 31도 오답인 것을 알 수 있다. 또 지문 하단부에서 "panel using the screws provided,"를 통해 나사를 필요로 하는 지붕판임을 알 수 있으므로 나사를 필요로 하지 않는 (A) Bertie PRX 22 또한 오답임을 알 수 있으므로 정답은 (C)이다.

199. Wood 씨에 따르면, 왜 Alisa씨는 11월 20일에 다시 그에게 연락할 필요가 있겠는가?

(A) 배송 상태를 확인하기 위해
(B) 환불 받기 위해
(C) 제조사를 방문하기 위해
(D) 다른 제품을 준비하기 위해

STEP1 문제에 키워드가 있으면 해당 지문에서 검색된 키워드 위주로 정보를 연결한다.

문제의 키워드 Ms. Alisa, contact, November 20을 확인하자. contact와 관련된 표현을 지문에서 찾는다. Wood 씨가 작성한 세 번째 지문 "we are certainly happy to provide another model if the client wants to change his mind. Please just inform me no later than tomorrow"에서 고객이 마음을 바꾼다면 다른 모델을 제공할 것임으로 내일까지 알려달라고 언급하고 있다. 따라서 Alisa 씨가 Wood 씨에게 11월 20일에 다시 연락할 필요가 있는 이유는 Wood 씨가 다른 제품을 준비하기 위해서라는 것을 알 수 있으므로 정답은 (D)이다.

200. 설치 설명서에 대해 명시된 것은 무엇인가?

(A) 사용할 추가 장비를 알기 쉽게 보여준다.
(B) Roger Roofing 웹사이트에 있었다.
(C) Alisa 씨는 설치 설명서 복사본을 잃어버렸다.
(D) Roger Roofing은 이메일로 Alisa 씨에게 설치 설명서를 보낼 것이다.

STEP1 두 문서를 동시에 이용하는 연계 문제 유형 – 문제의 키워드 옆에 답이 없다면 또 다른 키워드를 남긴다.

문제의 키워드 installation instructions를 확인하자. Alisa 씨가 작성한 두 번째 지문 하단부 "I heard that you run a Web site containing detailed installation instructions."에서 Roger Roofing Materials가 설치 설명서를 제공하는 웹사이트를 운영하고 있다는 걸 들었다고 언급하고 있다. 세 번째 지문의 "As for the Web page you mentioned, ~. So only the lists of contact information for each manufacturer are now available on our Web site."를 통해 최신의 정확한 정보는 제조사가 가지고 있기 때문에 현재는 제조사의 연락처 목록만을 제공한다고 언급하고 있으므로 Roger Roofing Materials사의 웹사이트에서 과거에는 정보를 제공하였지만 현재는 정보를 제공하고 있지 않음을 알 수 있으므로 정답은 (B)이다.

TEST 3

LISTENING TEST

In the Listening test, you will be asked to demonstrate how well you understand spoken English. The entire Listening test will last approximately 45 minutes. There are four parts, and directions are given for each part. You must mark your answers on the separate answer sheet. Do not write your answers in your test book.

PART 1

Directions: For each question in this part, you will hear four statements about a picture in your test book. When you hear the statements, you must select the one statement that best describes what you see in the picture. Then find the number of the question on your answer sheet and mark your answer. The statements will not be printed in your test book and will be spoken only one time.

Statement (B), "They're having a meeting," is the best description of the picture, so you should select answer (B) and mark it on your answer sheet.

1.

2.

3.

4.

5.

6.

GO ON TO THE NEXT PAGE

PART 2

Directions: You will hear a question or statement and three responses spoken in English. They will not be printed in your test book and will be spoken only one time. Select the best response to the question or statement and mark the letter (A), (B), or (C) on your answer sheet.

7. Mark your answer on your answer sheet.
8. Mark your answer on your answer sheet.
9. Mark your answer on your answer sheet.
10. Mark your answer on your answer sheet.
11. Mark your answer on your answer sheet.
12. Mark your answer on your answer sheet.
13. Mark your answer on your answer sheet.
14. Mark your answer on your answer sheet.
15. Mark your answer on your answer sheet.
16. Mark your answer on your answer sheet.
17. Mark your answer on your answer sheet.
18. Mark your answer on your answer sheet.
19. Mark your answer on your answer sheet.
20. Mark your answer on your answer sheet.
21. Mark your answer on your answer sheet.
22. Mark your answer on your answer sheet.
23. Mark your answer on your answer sheet.
24. Mark your answer on your answer sheet.
25. Mark your answer on your answer sheet.
26. Mark your answer on your answer sheet.
27. Mark your answer on your answer sheet.
28. Mark your answer on your answer sheet.
29. Mark your answer on your answer sheet.
30. Mark your answer on your answer sheet.
31. Mark your answer on your answer sheet.

PART 3

Directions: You will hear some conversations between two or more people. You will be asked to answer three questions about what the speakers say in each conversation. Select the best response to each question and mark the letter (A), (B), (C), or (D) on your answer sheet. The conversations will not be printed in your test book and will be spoken only one time.

32. What is the main topic of the conversation?
(A) Reviewing market trends
(B) Taking a job training
(C) Going to a conference
(D) Renting office space

33. What is the man concerned about?
(A) The office size
(B) The deadline
(C) The market conditions
(D) The location

34. What will the woman do next?
(A) Consult a book
(B) Refer to the Web site
(C) Send a report
(D) E-mail some information

35. Where do the speakers work?
(A) At a law firm
(B) At a design firm
(C) At an advertising agency
(D) At a water manufacturer

36. Why does the man say, "I can ask Morin to update me later"?
(A) He wants to update the policy.
(B) He needs to process the work later.
(C) He plans not to attend an event.
(D) He disagrees with a request.

37. What will the man do next?
(A) Inform his coworkers
(B) Contact his client
(C) Send a sample
(D) Print a design

GO ON TO THE NEXT PAGE

38. Why did the women travel to Hong Kong?
(A) To negotiate a merger
(B) To get new business
(C) To take some time off
(D) To deliver some merchandise

39. What does Kate say about the trip?
(A) She had some problems during her presentation.
(B) She just helped her coworker do them.
(C) She has lots of overseas experience.
(D) She had a good time with her family.

40. What is the man working on?
(A) A sales report
(B) Presentation materials
(C) A product sample
(D) A project proposal

---

41. What is the conversation mainly about?
(A) A budget for advertising
(B) A proposal for new business
(C) An upcoming sale
(D) Accounting procedures

42. What does the man mean when he says, "They want to reduce it by 20% for other ads instead"?
(A) A total amount of budget has been changed.
(B) A new advertising method should be added.
(C) A plan should be revised.
(D) A report has some errors.

43. What does the man say he will do next?
(A) Review some documents
(B) Replace a file
(C) Contact another agency
(D) Reserve a meeting room

---

44. What will take place at the end of June?
(A) A department meeting
(B) A repair of a heating system
(C) Computer maintenance
(D) Implementation of a revised company policy

45. What should the employees be aware of?
(A) They have to bring warmer clothing.
(B) They should turn off their computers when they leave.
(C) They need to return the laptop computers to the company.
(D) They will not be able to work on a weekend.

46. What is the man asked to do?
(A) Return his computer
(B) Write an e-mail
(C) Ask for an estimate
(D) Submit a vacation request

---

47. Where do the speakers most likely work?
(A) At a restaurant
(B) At a hotel
(C) At a medical clinic
(D) At a fish market

48. According to the man, what do customers like about the business?
(A) The quality of the service
(B) The convenient location
(C) The reasonable prices
(D) The business hours

49. What does the woman mean when she says, "Seaweed is well known as being good for your health"?
(A) She hopes to change her business.
(B) She has some concerns about the man's health.
(C) She wants to use a certain ingredient.
(D) She is about to explain nutritious food.

50. According to the man, what is the problem?
(A) A machine is not working properly.
(B) A meeting is canceled.
(C) A book has an error.
(D) Sales are disappointing.

51. According to Sarah, what will most likely change at the business?
(A) A printing machine
(B) A version of book
(C) A launching date
(D) A safety procedure

52. What will the man do next?
(A) Arrange for a meeting
(B) Ask for investment
(C) Schedule a consultation
(D) Report to the management

53. According to the woman, what happened last week?
(A) She posted a job opening.
(B) She applied to be a volunteer.
(C) She provided some documents for a job.
(D) She developed a new Web site.

54. Who most likely is the man?
(A) A job applicant
(B) A business consultant
(C) A personnel manager
(D) A real estate agent

55. What does the man imply when he says, "That's interesting."?
(A) He wants to hear more about the woman's experience.
(B) He agrees to take an interview.
(C) He enjoyed the discussion about a job trend.
(D) He accepts the woman's suggestion.

56. What is the purpose of the man's visit?
(A) To review an estimate
(B) To inspect safety standards
(C) To conduct an interview
(D) To pick up an ID card

57. What does the man agree to do?
(A) Sign up for an event
(B) Provide contact information
(C) Perform a regular checkup
(D) Show his identification

58. What will Dr. Nunez most likely do next?
(A) She will cancel an appointment.
(B) She will get back to a meeting.
(C) She will take the man to her office.
(D) She will lead an inspection.

GO ON TO THE NEXT PAGE

	Monday	Tuesday	Wednesday	Thursday
9-10			Staff meeting	
10-11	Team building			
11-12		Directors' meeting		Survey Day
13-14				

Documents Folder		
Title	Date	Size
Palcon's strategy	2015-11-07	32KB
Employee schedule	2015-11-02	92KB
Payroll records	2015-11-04	120KB
Sales projections	2015-11-03	2.2GB

59. According to the woman, what did the business do?
(A) It replaced some equipment.
(B) It hired new employees.
(C) It changed safety policies.
(D) It had a meeting with a client.

60. Look at the graphic. On which day will the workshop be held?
(A) Monday
(B) Tuesday
(C) Wednesday
(D) Thursday

61. What is suggested about Mom's Sandwich?
(A) It offers reasonable prices.
(B) It is located nearby.
(C) It has only one menu item.
(D) It owns its own farm.

62. Look at the graphic. What file is the man suggesting?
(A) Palcon's strategy
(B) Employee schedule
(C) Payroll records
(D) Sales projections

63. How will the woman help the man?
(A) By forwarding an e-mail
(B) By printing a document
(C) By calling a colleague
(D) By fixing a computer

64. What will the man do next?
(A) Go to the office
(B) Have a meeting
(C) Have lunch
(D) Park his car

Title	Date checked out	Date due
The Unicorn, Book 7	October 1	October 5
The Temperature of Love	October 2	October 5
Her Name is Matilda	October 3	October 8

Day 1 only	Members $85 Non-members $100
Day 2 only	Members $110 Non-members $125
Both days	Members $160 Non-members $170

65. What did the business recently do?
(A) Hire more employees
(B) Purchase some software
(C) Check the inventory
(D) Inspect the system

66. According to the woman, how can users find the due date?
(A) By reading a text message
(B) By calling a business
(C) By visiting a business
(D) By checking their e-mails

67. Look at the graphic. When is the conversation taking place?
(A) October 1
(B) October 2
(C) October 5
(D) October 8

68. What problem does the woman mention?
(A) A contract has expired.
(B) A Web site is not working.
(C) A demand for registration is higher.
(D) Research has some errors.

69. Look at the graphic. How much will the woman most likely pay?
(A) $85
(B) $100
(C) $110
(D) $125

70. What does the man ask the woman to provide?
(A) The number of attendees
(B) Her membership number
(C) Identification information
(D) A deposit

GO ON TO THE NEXT PAGE

PART 4

Directions: You will hear some talks given by a single speaker. You will be asked to answer three questions about what the speaker says in each talk. Select the best response to each question and mark the letter (A), (B), (C), or (D) on your answer sheet. The talks will not be printed in your test book and will be spoken only one time.

71. What kind of event will take place next month?
(A) A conference
(B) A concert
(C) A festival
(D) A sports match

72. Why won't Main Street be available during a particular time?
(A) The road will be resurfaced.
(B) The sewage system will be fixed.
(C) The road will be blocked by snow.
(D) The site will be inspected.

73. When will the last bus of the day arrive at Carlisle Stadium?
(A) 11:00
(B) 11:20
(C) 11:40
(D) 12:00

74. What did Rachel's company do last month?
(A) It gathered customer reviews.
(B) It received an award.
(C) It expanded its office.
(D) It announced a merger.

75. What does Mr. Powell want to do?
(A) Have a meeting with a business
(B) Expand to an international market
(C) Visit a fair in France
(D) Give a woman some advice

76. Why does the speaker say, "He'll be at his desk for the rest of the week"?
(A) To recommend a suitable meeting time
(B) To suggest changing a meeting time
(C) To complain about some tasks
(D) To indicate that he will work

77. What kind of department do the listeners work for?
(A) Advertising
(B) Accounting
(C) Sales
(D) Research

78. What does the speaker say has recently changed?
(A) A payday
(B) A meeting location
(C) A survey
(D) A hiring process

79. What does the speaker imply when she says, "The 30th is always a busy day at our company"?
(A) To encourage employees
(B) To delay the date
(C) To ask for overtime
(D) To explain an excuse

80. What is the speaker mainly talking about?
(A) A job interview
(B) A flower shop
(C) A new chef
(D) A business opening

81. What does the speaker tell the listeners to do?
(A) Order some samples
(B) Decorate the business
(C) Put on their uniforms
(D) Review their uniforms

82. Why did Cathy Paluza make some samples?
(A) To get some opinions from staff
(B) To collect some money
(C) To offer them for free
(D) To try them on

83. By whom is the handbook used?
(A) Journalists
(B) Teachers
(C) Engineers
(D) Business owners

84. What did the speaker recently receive?
(A) Complaints
(B) Handbooks
(C) Sketches
(D) Samples

85. Why does the speaker say, "The handouts are in your folder"?
(A) To arrange something properly
(B) To correct some errors
(C) To make his coworker surprised
(D) To ask for some assistance

86. What industry do the listeners most likely work in?
(A) Accounting
(B) Electronics
(C) Engineering
(D) Logistics

87. What does the speaker imply when she says, "But look at these numbers"?
(A) Sales are higher than expected.
(B) A different promotion is necessary.
(C) Some figures must be corrected.
(D) A location for the event will not be spacious.

88. What does the speaker ask the listeners about?
(A) What to bring
(B) Who to invite for the event
(C) When the event should be held
(D) How to get to the convention

GO ON TO THE NEXT PAGE

```
|          | MAIN STREET      |          |
|----------|------------------|----------|
|          | Parking C        |          |
| Parking A| Ontario Arena    | Parking B|
|          | Parking D        |          |
|          | Elliot Avenue    |          |
```

Seminars	Place
Interpersonal and Analytical Skills	Diamond Hall
Planning and Writing a Blog	Emerald Hall
Information and IT Literacy	Sapphire Hall
Effective Negotiation	Prestigious Room

89. According to the speaker, what happened yesterday?
(A) A concert
(B) A festival
(C) A competition
(D) Construction

90. What will the interested listeners most likely do next?
(A) Visit a Web site
(B) Get a signature
(C) Call a program
(D) Use public transportation

91. Look at the graphic. Which parking area will be closed?
(A) Parking area A
(B) Parking area B
(C) Parking area C
(D) Parking area D

92. Where do the listeners work?
(A) At a conference center
(B) At a restaurant
(C) At a newspaper
(D) At a hotel

93. Look at the graphic. Which session has been changed?
(A) Interpersonal and Analytical Skills
(B) Planning and Writing a Blog
(C) Information and IT Literacy
(D) Effective Negotiation

94. What will the employees do this week?
(A) Give out some sweets
(B) Distribute some vouchers
(C) Apply a discount
(D) Conduct a survey

Fityou Shoes	
25% Discount until This Weekend!	
Sale Item	**Store Location**
Sandals	Peterborough
Sneakers	Kingston
Ankle boots	Rochester
High tops	Kitchener

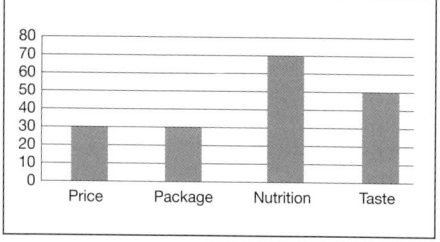

95. Why is Fityou Shoes having a sale?
(A) To celebrate a new season
(B) To make room for stock
(C) To attract more tourists
(D) To close the store

96. Look at the graphic. At which store location is the announcement being made?
(A) Peterborough
(B) Kingston
(C) Rochester
(D) Kitchener

97. Why should listeners visit a Web site?
(A) To shop for more items
(B) To check for job openings
(C) To participate in a survey
(D) To become a member

98. What product does the company sell?
(A) Glasses
(B) Shoes
(C) A drink
(D) A cereal

99. Look at the graphic. Which feature will the company begin to work on?
(A) Price
(B) Package
(C) Nutrition
(D) Taste

100. What will the listeners do next?
(A) Sign up for a workshop
(B) Submit their preferences
(C) Work on brainstorming
(D) Return to the office

This is the end of the Listening test. Turn to Part 5 in your test book.

READING TEST

In the Reading test, you will read a variety of texts and answer several different types of reading comprehension questions. The entire Reading test will last 75 minutes. There are three parts, and directions are given for each part. You are encouraged to answer as many questions as possible within the time allowed.

You must mark your answers on the separate answer sheet. Do not write your answers in your test book.

PART 5

Directions: A word or phrase is missing in each of the sentences below. Four answer choices are given below each sentence. Select the best answer to complete the sentence. Then mark the letter (A), (B), (C), or (D) on your answer sheet.

101. At the company's tenth year celebration, Shane's Italian Cuisine will provide ------- which consists of various Italian menus offered at the restaurant.
(A) cater
(B) catering
(C) caters
(D) catered

102. After the president of the company had passed away, his son, the ------- living relative of the president, inherited his properties.
(A) sheer
(B) stark
(C) select
(D) sole

103. The number of customers who visited the store has increased tremendously ------- the unprecedented sale it has offered for a limited time.
(A) since
(B) though
(C) during
(D) while

104. The change in the firm's board committee ------- better working conditions for the employees as the members of the board have decided to shorten working hours and raise wages.
(A) promising
(B) promises
(C) will be promised
(D) would have promised

105. ------- the firm to avoid bankruptcy, the workers did their best in united efforts but they could not evade the crisis.
(A) Onto
(B) Until
(C) For
(D) Forward

106. As the marketing department has been augmented, Raymond Spencer has been transferred to the new section ------- his former division.
(A) in
(B) from
(C) across
(D) of

107. After years of hard work and successful results in important contracts, Kristi now has ------- over her colleagues and superiors.
(A) authority
(B) consequence
(C) significance
(D) reaction

108. The lounge may be ------- by anyone with a small entrance fee but the lack of information about the place holds people back from using the service.
(A) informed
(B) accessed
(C) prevented
(D) advanced

109. We are one of the leading companies in furniture manufacturing, ------- it took us ten years to get where we are now.
(A) since
(B) before
(C) even though
(D) instead

110. Before funding the project, the corporation sent experts to have the proposed product ------- to estimate its potential value and verify compliance with the national standards.
(A) invested
(B) assessed
(C) conducted
(D) developed

111. The regulars of Isaac Design who spend more than $20,000 a year will be ------- of any upcoming fashion shows with invitations.
(A) notified
(B) regulated
(C) announced
(D) determined

112. Most of the customers of our mattress store decide to buy the product that they ------- comfortable after lying on it for a short time.
(A) find
(B) stay
(C) relax
(D) spend

GO ON TO THE NEXT PAGE

113. Paul Academy, a non-profit online organization, is dedicated to making their program -------- to children who live in inadequate conditions by allowing them to receive quality online learning experiences.
(A) educates
(B) educate
(C) educational
(D) educationally

114. Jacob's sales records have been steadily ------- since he entered the company; this phenomenon answers the question of why companies think highly of experienced workers.
(A) improve
(B) improves
(C) improving
(D) improvement

115. In large companies like -------, it is nearly impossible to get to know every single employee, so it is normal to pass by strangers.
(A) us
(B) our
(C) ours
(D) we

116. The president of the charity organization, Eduseed, visits the school he has built in Burma ------- to restock the supplies that have run out.
(A) shortly
(B) deeply
(C) finely
(D) regularly

117. Quality, reputation, and service are usually given high priority by many business owners ------- these are easy for the customers to inspect.
(A) when
(B) so that
(C) as if
(D) since

118. Ms. Greenhill, ------- vehicle had been destroyed in a bad accident, had to take public transportation until she could afford a new car.
(A) who
(B) whom
(C) whoever
(D) whose

119. We ensure that our newly released automated sprinklers and mowers are much faster than those ------- by hand.
(A) accepted
(B) operated
(C) publicized
(D) intensified

120. Once you get to Highway No. 65 which leads ------- to the city center, it will take less than half an hour from the airport to our office.
(A) straightened
(B) straightening
(C) straighten
(D) straight

121. It will take months to negotiate the ------- to the urban development issues in downtown Chicago since most building owners voted against it.
(A) occasion
(B) resolution
(C) impression
(D) situation

122. The texts and images in the brochure have been provided ------- of the Tourism Administration Department.
(A) courtesy
(B) courteous
(C) courteously
(D) courteousness

123. Only after realizing the importance of satisfying the local customers, Jessie, the owner of Jess Cafe ------- on serving various Asian foods has developed a localized menu.
(A) focused
(B) to focus
(C) is focused
(D) focus

124. ------- given above, any claims for refund will be rejected, as the customer is accountable for all damages to the product after purchase.
(A) As
(B) While
(C) After
(D) For

125. Due to their modest stipend, anyone usually working under twenty hours a week is ------- from the income tax.
(A) subject
(B) operated
(C) built
(D) exempt

126. The Green Belt Action, in which construction of buildings and destruction of nature are strictly prohibited, is part of an effort to preserve more ------- for wildlife to dwell and reproduce in.
(A) benefit
(B) space
(C) project
(D) journey

127. Ms. Lewis is ------- that Timothy, under her supervision, will smoothly carry out orders assigned to him.
(A) designated
(B) remembered
(C) important
(D) confident

128. The shareholders hurriedly disposed of their shares ------- they would sink in price once the corruption in their firm received coverage.
(A) as for
(B) meanwhile
(C) for example
(D) because

129. The critics highly praised the seemingly profound film, admiring its unique filming techniques and original methods of plot unfolding, while the audience reviews suggest -------.
(A) otherwise
(B) in contrast
(C) instead
(D) on the contrary

130. Mr. Rogers ------- the proposals, but he has no other choice but to decline them due to the financial burden they will bring him.
(A) appeals
(B) focuses
(C) relates
(D) endorses

GO ON TO THE NEXT PAGE

PART 6

Directions: Read the texts that follow. A word, phrase, or sentence is missing in parts of each text. Four answer choices for each question are given below the text. Select the best answer to complete the text. Then mark the letter (A), (B), (C), or (D) on your answer sheet.

Questions 131-134 refer to the following e-mail.

E-MAIL

FROM	williamr_thomas@abcsprts.com
TO	jamesburns@kaum.net
DATE	June 23
SUBJECT	Scale barbecue grills

Dear Mr. Burns,

We have received your message and checked your record. It states that you ordered three barbecue grills (model no. SCT-250) through our TV home shopping channel on June 17 and they were scheduled to arrive June 22. We are sorry to hear that you have not yet received — 131 —. Usually it takes no more than three or four days to deliver items.

— 132 —. According to this information, your grills should arrive on June 23. If you do not receive your order by then, please — 133 — us.

We apologize for the inconvenience this has caused you. Obviously, it does not happen very often. I want to emphasize that this situation is very — 134 —.

Thank you.

William R. Thomas
ABC Sports International

131. (A) ones
(B) it
(C) some
(D) them

132. (A) Visit our store to purchase an additional item.
(B) Thank you for your feedback.
(C) We were able to track your order.
(D) Unfortunately, the items you ordered are not available at the moment.

133. (A) contacting
(B) contacted
(C) contact
(D) contacts

134. (A) interesting
(B) similar
(C) impossible
(D) unusual

Questions 135-138 refer to the following customer review.

I bought some fabrics at Trago's Textile Inc. last week. When I first called to ask some of the options they offered, the representative was very knowledgable and helpful. So, I ordered some printed cotton and linen in bulk over the phone. Unfortunately, I probably — 135 — here for fabric anymore. The workers at the warehouse apparently didn't care about the — 136 — of the fabric they loaded onto my truck. Some of it was damaged and stained. — 137 —. They did let me replace some of the fabric there, but I had to return to their store with the damaged ones. Next time I will find a place that will let me — 138 — my own fabric. And I strongly recommend that you avoid doing business with Trago's Textile.

Mary T. Barra

135. (A) did not shop
(B) will not be shopping
(C) may not have shopped
(D) could not have shopped

136. (A) category
(B) width
(C) price
(D) quality

137. (A) There was a long line of waiting for a refund.
(B) I couldn't carry them by myself.
(C) They recommended a repair shop.
(D) About half of what I got looked used.

138. (A) design
(B) choose
(C) provide
(D) cut

GO ON TO THE NEXT PAGE

Questions 139-142 refer to the following letter.

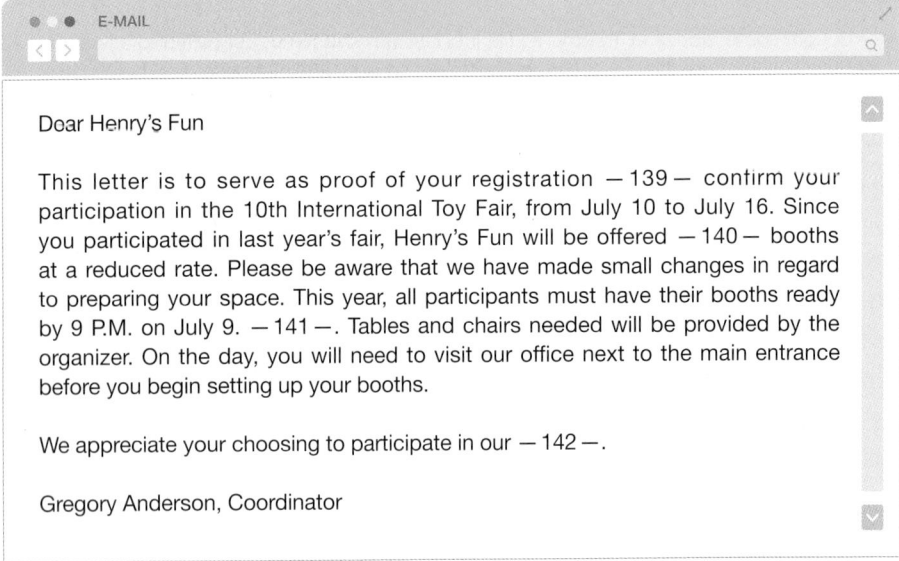

Dear Henry's Fun

This letter is to serve as proof of your registration — 139 — confirm your participation in the 10th International Toy Fair, from July 10 to July 16. Since you participated in last year's fair, Henry's Fun will be offered — 140 — booths at a reduced rate. Please be aware that we have made small changes in regard to preparing your space. This year, all participants must have their booths ready by 9 P.M. on July 9. — 141 —. Tables and chairs needed will be provided by the organizer. On the day, you will need to visit our office next to the main entrance before you begin setting up your booths.

We appreciate your choosing to participate in our — 142 —.

Gregory Anderson, Coordinator

139. (A) rather than
(B) therefore
(C) and also
(D) in case

140. (A) rent
(B) rents
(C) renting
(D) rental

141. (A) The final schedule will be posted on our Web site.
(B) All trash and packing materials should also be removed by that time.
(C) The Rex Toy will be located next to our office.
(D) The number of participants has increased over the last ten years.

142. (A) contest
(B) event
(C) research
(D) course

Questions 143-146 refer to the following article.

Jackson City
Educational Committee Approved Funds

Special community programs with advanced technology — 143 — to the local residents of Jackson City. On Wednesday, the Jackson City Council announced that its "Local Hi-Tech Program" proposal was approved by the board of the City Education Committee. — 144 —.

Each community library in the city will be allotted $1,000,000 for the purchase of tablet computers. Library users will be allowed to take home the tablets — 145 — of the time for library programs, but they will be available only — 146 — its opening hours.

143. (A) came
(B) were coming
(C) are coming
(D) come

144. (A) Residents are looking forward to the final decision.
(B) The tablets will be donated by local businesses.
(C) The vote took place on Tuesday, August 10.
(D) Nevertheless, the programs will be the same as previous ones.

145. (A) none
(B) many
(C) all
(D) some

146. (A) at
(B) to
(C) for
(D) during

GO ON TO THE NEXT PAGE

PART 7

Directions: In this part you will read a selection of texts, such as magazine and newspaper articles, e-mails, and instant messages. Each text or set of texts is followed by several questions. Select the best answer for each question and mark the letter (A), (B), (C), or (D) on your answer sheet.

Questions 147-148 refer to the following information.

Odessa Culinary Institute Guidelines
for filling out a purchase order request

* List product codes if available, and describe the item or items in detail.
* Tick the box marked "No substitutes" if a specific brand is needed, and provide a clear reason in the vicinal space.
* Indicate the name of the supplier including the contact information or Web address.
* Order requests with no signature will not be processed, so submit the signed form to the purchasing department.
* Thoroughly look through your expense report.

Once the order has been filled, the expense of the purchase will be allocated to your divisional budget.

147. According to the information, what detail must be provided in every request?
(A) A signature
(B) A supplier's contact information
(C) A product code
(D) A reason for requesting a particular brand

148. What is suggested about the Odessa Culinary Institute's purchasing department?
(A) It has information on local suppliers.
(B) It requires budget reports from every division.
(C) It searches for less expensive items for divisions.
(D) It provides funding to each division's budget.

Questions 149-150 refer to the following notice.

Modern Beauty Apparel

※ Item Return Requests

- Within five days of purchase, customers may return clothes for store credit only. All returns must be accompanied by original receipts.

- Clothes must be in an unused and unworn condition with the attached tags when they are returned.

- Sales of clothes at reduced prices are final. Customer requests for returns or refunds will not be accepted.

149. What is the main reason the notice has been posted?
(A) To announce a sales event
(B) To inform customers of a policy
(C) To publicize a recent relocation
(D) To promote a new product

150. What is mentioned about products to be returned?
(A) No receipt is required for some clothes.
(B) Cash refunds may be given to some customers.
(C) The store resells them at discounted prices.
(D) They cannot be returned after a certain period.

GO ON TO THE NEXT PAGE

Questions 151-152 refers to the following article.

BERMONDSEY TOWN, August 11- The council of Bermondsey Town is currently looking through proposals from commercial property developers for establishing a business district on a 31,000-square-meter parcel of land to the north of town.
The business district is to be located in proximity to Highway R21, on the land where some Bermondsey Town companies once operated, such as Anerley Automobile Manufacturer, Charing Furniture, Inc., and Penge Appliance. The facilities will use integrated cutting-edge energy-efficient systems. The town also has a plan to build residential apartment complexes in the vicinity of the site within three years.

"We are excited about this chance to draw new businesses to our town," said town council member Virgil Valdez. "The business district will be in an excellent location, close to various dining establishments and accommodations, as well as a major transportation system. Once the intial stage of the design is done, space will be divided based on occupants' needs," he added. Since the region's train station, situated just fifteen kilometers away in Northolt, was expanded, most of the development plans in Bermondsey Town have been expedited.

151. What is indicated about the northern area of Bermondsey Town?
(A) There was once a train station there.
(B) It has been a residential district.
(C) Vehicles used to be produced there.
(D) An appliance business will start its operations there.

152. What aspect of the business district is NOT stated?
(A) The closest major transportation system
(B) Its vicinity to some dining businesses
(C) Its energy-saving building technology
(D) The total number of complexes to be constructed

Questions 153-154 refer to the following text message chain.

Clare Tamika 11:02 A.M.
One of the tenants from the apartment complex at 2642 Sudbury Hill called to inform me that she would like to move out at the beginning of June, but her lease is supposed to end at the end of July.

Lorene Miranda 11:03 A.M.
In that case, according to the lease agreement, tenants wanting to move out before the lease ends have to pay a penalty for the early leave. However, if they can find new tenants right away, occasionally some landlords may waive the penalty. Why don't you contact the landlord and ask whether they intend to grant an exemption?

Clare Tamika 11:04 A.M.
Since there are some people currently looking for rental properties in the town on our list, it could be worth trying that.

Lorene Miranda 11:05 A.M.
Absolutely, you shouldn't have difficulty finding new tenants as the Sudbury Hill apartment is a very popular one. Keep me informed of the progress.

Clare Tamika 11:07 A.M.
Okay. I will keep in touch.

153. What is the tenant most likely trying to do?
(A) Request a maintenance service
(B) Make the early termination of a lease
(C) Put a property on the market
(D) Move to a different apartment nearby

154. At 11:04 A.M., what does Ms. Tamika most likely mean when she writes, "It could be worth trying that"?
(A) She intends to contact the landlord.
(B) She is aware that a penalty should be charged.
(C) She wants to let the tenant know her responsibility.
(D) She will persuade the landlord to renovate the property.

Questions 155-157 refer to the following e-mail.

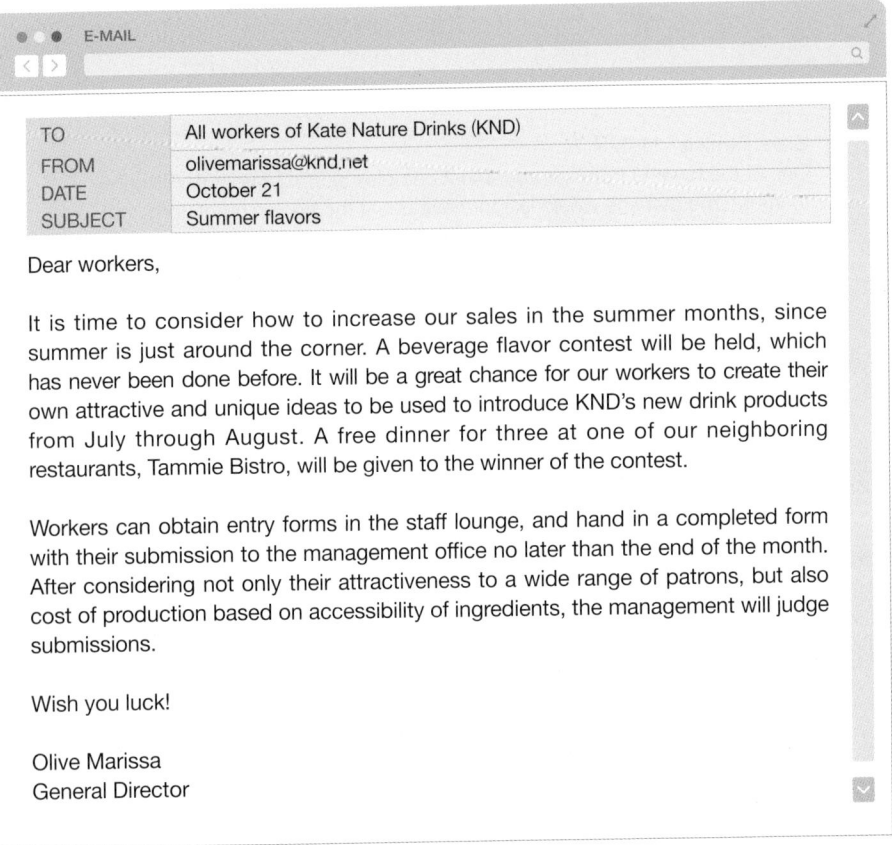

TO: All workers of Kate Nature Drinks (KND)
FROM: olivemarissa@knd.net
DATE: October 21
SUBJECT: Summer flavors

Dear workers,

It is time to consider how to increase our sales in the summer months, since summer is just around the corner. A beverage flavor contest will be held, which has never been done before. It will be a great chance for our workers to create their own attractive and unique ideas to be used to introduce KND's new drink products from July through August. A free dinner for three at one of our neighboring restaurants, Tammie Bistro, will be given to the winner of the contest.

Workers can obtain entry forms in the staff lounge, and hand in a completed form with their submission to the management office no later than the end of the month. After considering not only their attractiveness to a wide range of patrons, but also cost of production based on accessibility of ingredients, the management will judge submissions.

Wish you luck!

Olive Marissa
General Director

155. What is the main purpose of the e-mail?
(A) To report a recent increase in drink sales
(B) To announce a new production policy
(C) To introduce a new competition
(D) To encourage employees to sample new beverage products

156. What is suggested about Tammie Bistro?
(A) It is only open during summer months.
(B) It is located relatively close to the drink company.
(C) It has recently introduced a new menu item.
(D) It uses seasonal ingredients for its menu.

157. What is NOT stated as a feature of great beverage products?
(A) They should have appealing packaging.
(B) They should be affordable to produce.
(C) They should use materials that are not difficult to acquire.
(D) They should be loved by a broad range of customers.

Questions 158-160 refer to the following flyer.

Could you use a holiday?
Come to Birds' Hill!
Several-time Winner of Travel Advice's
"Must-Visit Holiday Spot"

What Birds' Hill offers!
The beautiful nature! Experience the great views with plenty of wildlife throughout Sloane Forest. You can enjoy hiking and biking along approximately 20km of trails around the area. Our experienced guides can help you explore the beauty of the area's nature or you can wander on your own.

We also have indoor and outdoor sport facilities where you can play various sports such as football, baseball, tennis, and basketball. Come to our game room and enjoy chess and card games. By registering, you can rent a boat on the lake or experience a horse back ride when the weather is nice.

You can spend the evening reading and unwinding at our modern, relaxing library if you would like to have some quiet time. From the latest best sellers to classic literature, every visitor will be happy with our wide selection. A variety of movies are available, which you can check out and watch at your own place.

With the exception of guided tours, our daily package includes all services and activities provided at Birds' Hill. Please feel free to contact us for further price information.

158. What most likely is Birds' Hill?
(A) A sports facility
(B) A public park
(C) A wildlife preserve
(D) A holiday resort

159. What is suggested about Birds' Hill?
(A) It offers sport lessons for free.
(B) It is run by a nonprofit organization.
(C) It has received awards more than one time.
(D) It has recently opened a movie theater.

160. Why do the visitors probably pay an additional fee?
(A) To ride a horse
(B) To rent a bicycle
(C) To get a guide
(D) To use a boat

GO ON TO THE NEXT PAGE

Questions 161-163 refer to the following e-mail.

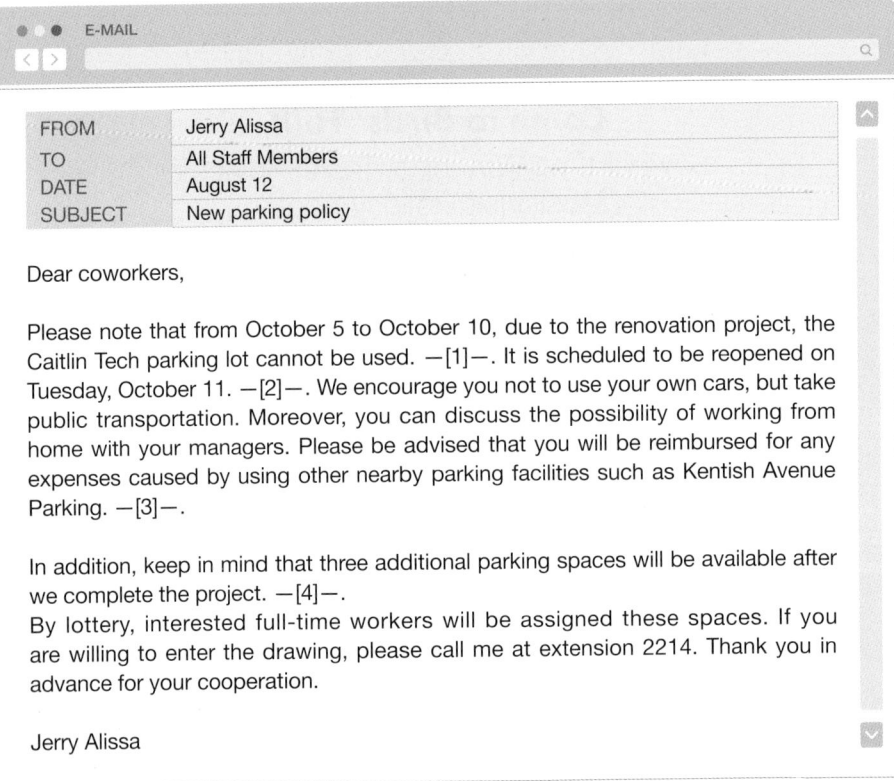

FROM: Jerry Alissa
TO: All Staff Members
DATE: August 12
SUBJECT: New parking policy

Dear coworkers,

Please note that from October 5 to October 10, due to the renovation project, the Caitlin Tech parking lot cannot be used. —[1]—. It is scheduled to be reopened on Tuesday, October 11. —[2]—. We encourage you not to use your own cars, but take public transportation. Moreover, you can discuss the possibility of working from home with your managers. Please be advised that you will be reimbursed for any expenses caused by using other nearby parking facilities such as Kentish Avenue Parking. —[3]—.

In addition, keep in mind that three additional parking spaces will be available after we complete the project. —[4]—.
By lottery, interested full-time workers will be assigned these spaces. If you are willing to enter the drawing, please call me at extension 2214. Thank you in advance for your cooperation.

Jerry Alissa

---

161. According to the e-mail, what can workers talk about with their supervisors?
(A) The reimbursement for parking expenses
(B) Participating in a lottery drawing for a parking space
(C) The likelihood of telecommuting
(D) Finding nearby parking facilities

162. What is indicated about Kentish Avenue Parking?
(A) It is owned by Caitlin Tech.
(B) It will be reopened on October 11.
(C) It has lately been renovated.
(D) It is available for a fee.

163. In which of the positions marked [1], [2], [3], and [4] does the following sentence best belong?

"We plan to resurface and reseal the parking lot, and install a new fence."

(A) [1]
(B) [2]
(C) [3]
(D) [4]

Questions 164-167 refer to the following article.

The Communication Fair Plans Announced by Pauline

SOUTHFIELD (23. July)- Pauline, one of the leading conglomerates in the communication industry, announced yesterday that they are not going to introduce its newest mobile phone lines at this quarter's two-day-long Southfield Communication Fair in October. —[1]—.

The fair has been generally considered one of the most integral events of this quarter for the communication industry, in which the country's leading companies hold well-prepared presentations to boast about their latest collections. The fair has brought in much media attention and been popular among industry personnel. These days, however, interest of the general public has not been as strong as it used to be. —[2]—.

The CEO of Pauline, Rhonda Webb, clearly said at the press conference in the main office that the determination to skip this quarter's presentation at the fair does not reflect that Pauline will give up participating in the event. —[3]—. "We will have no public presentation, but there will be business-related meetings with our retail dealers and distribution partners," Webb added. "In order to publicize our latest mobile phones and services, we will intentionally expose the public to them not only through social media but also through our main Web site during the fair."

Ms. Webb replied, when asked about the new marketing strategy, that Pauline aims to increase interest in its new items and services through giving information to present users before launching them to the public. Moreover, by forgoing showing off its new items and services at the fair, Pauline will be able to avoid being rated by consumers in comparison to its competitors. "People will enjoy the new line of Pauline's products on its own merits." Webb insisted. —[4]—.

164. According to the article, what will Pauline do during the Communication Fair?
(A) Hold a press conference
(B) Film a presentation to post on its Web site
(C) Use the Internet to promote new products
(D) Collaborate with other companies in presentations

165. In the article, the word "integral" in paragraph 2, line 2, is closest in meaning to
(A) complete
(B) incorporated
(C) significant
(D) installed

166. What is the main reason Pauline intends to use the new strategy?
(A) It is looking for a site for the next quarter's fair.
(B) Its marketing budget has been cut.
(C) Its new products and services are not ready yet.
(D) It is reluctant to be evaluated against other companies.

167. In which of the positions marked [1], [2], [3], and [4] does the following sentence best belong?

"Professionals in the industry, hence, did not seem surprised at Pauline's announcement."

(A) [1]
(B) [2]
(C) [3]
(D) [4]

GO ON TO THE NEXT PAGE

Questions 168-171 refer to the following information.

Amersham Communication, Ltd.
Weekly Discussion

In the business world, having a meeting with coworkers or clients can be a good approach to getting jobs properly done. However, it is important to use staff members' time in the most productive way. In order to help to find the most efficient way to accomplish that goal, here are a few questions to consider.

"What is the main reason for having a meeting?"
There must be a clear purpose of a meeting that could lead employees to reach an agreement on a common issue, to improve their business abilities, and to find out better ways to achieve their accomplishments. But holding a meeting only to address non-urgent updates should be avoided.

"When is the most appropriate time to meet?"
It is natural to put off a meeting when important data and figures are not ready or an essential person is not able to attend. However, the meeting should not be called off if doing so is not unavoidably necessary.

"Are there any other alternatives for how to reach the goal?"
E-mail can be an excellent way to be debriefed on information or report updates. If only a few team members are required to attend a meeting, it would be better to hold an informal small gathering at a location every member can easily access.

"What will occur if the meeting does not take place?"
Prior to calling off or rescheduling the meeting, it is important to think about what would happen. What could be missed? Would the cancellation provoke any issues among other participants or managers? You have to check whether there is enough information for members to have the task completed or find a better solution if they suggest that the meeting is not necessary.

168. What is the information about?
(A) What the best way to make a speech is
(B) How customer satisfaction can be increased
(C) Why more employees need to be hired
(D) How employees can work more efficiently

169. What is mentioned as an ideal reason to schedule a meeting?
(A) To deliver general information
(B) To help employees make a decision
(C) To hold a training session for new hires
(D) To promote positive relationships among employees

170. The word "essential", in paragraph 3, line 2, is closest in meaning to
(A) fundamental
(B) intrinsic
(C) critical
(D) simple

171. According to the information, how should information be reported?
(A) By contacting employees by telephone
(B) By e-mailing employees messages
(C) By sending letters to staff members
(D) By publishing a weekly newsletter

GO ON TO THE NEXT PAGE

Questions 172-175 refer to the following online chat discussion.

Jillian Araceli 1:12 P.M.
Good afternoon, everyone. Is there any news on the Fulham Community Park proposal we submitted last week?

Tammy Woods 1:13 P.M.
I contacted Ms. Fulham yesterday. She told me that the final decision was to be made by Tuesday, but I haven't heard from her yet.

Jillian Araceli 1:14 P.M.
That's sooner than expected. Although the soil has been prepared, unless the flowers and plants are ordered by today, they won't arrive in time for the deadline she asked.

Maggie Wilson 1:15 P.M.
We've already put in the order. We placed it this afternoon.

Jillian Araceli 1:15 P.M.
That's not really good. If we are not awarded the contract, we are required to pay for them even though they are not necessary any more. Do we have enough time to cancel the order before they are shipped to us?

Maggie Wilson 1:16 P.M.
I believe they may choose us again as they contracted us last year. Let me see.

Jillian Araceli 1:17 P.M.
Tammy, could you call Ms. Fulham and check how it is going?

Maggie Wilson 1:17 P.M.
No need to worry. We can call off the order by this evening with no cancellation fee.

Tammy Woods 1:18 P.M.
I think we should, Jillian. I just talked with Mr. Kim on the phone. He told me they closed the deal, but Ms. Fulham chose to work with Richmond Family.

Jillian Araceli 1:19 P.M.
That's a shame. But let's not be disappointed. There should be better jobs waiting for us.

172. What type of industry do the people most likely work in?
(A) News media
(B) Landscaping
(C) Business consulting
(D) Career development

173. At 1:16 P.M., what does Ms. Wilson mean she will do when she says, "Let me see"?
(A) Pay for shipment
(B) Draft an estimate
(C) Check a schedule
(D) Call off a delivery

174. Why did Mr. Kim contact Ms. woods?
(A) To order more supplies
(B) To notify her that another company won the contract
(C) To inform her that Ms. Fulham is not available
(D) To let her know about an extra fee

175. What will Ms. Wilson most likely do next?
(A) Revise a proposal
(B) Contact Ms. Fulham to thank her
(C) Withdraw an order
(D) Call a managerial meeting

GO ON TO THE NEXT PAGE

Questions 176-180 refer to the following e-mails.

E-MAIL

TO	employees@inezhightech.net
FROM	cvazquez@inezhightech.net
DATE	October 21
SUBJECT	Software system improvement

Dear Coworkers,

Our company computers will have a software system improvement on Thursday, October 28, beginning at 3 P.M. All the computers including laptop computers linked to the main network system are subject to this improvement. Particularly, employees in the Sales and Marketing, Personnel, and Accounting Divisions should be more careful since the update programs for the improvement process will probably have an impact on their computers.

You should save any crucial data and files as all programs are scheduled to be automatically restarted while the improvement process is being carried out. For those using a computer linked to the company network system, please be advised that the improvement process can probably result in the loss of information on your computer. Therefore, we suggest that you refer to the time table and schedule your work accordingly so as not to be adversely affected by the process next Thursday afternoon. For employees taking a day off on the day, the improvement process will be carried out when you come back to work.

Cecilia Vazquez

E-MAIL

TO	jterry@inezhightech.net
FROM	avaughn@inezhightech.net
DATE	October 22
SUBJECT	Checks to vendors

Dear Ms. Terry,

This is to inform you about a potential issue sending next week's checks to our subcontractors. The process is normally scheduled to be carried out every Thursday. In consideration of Ms. Vazquez's e-mail I received yesterday, the time of issuing next week's checks is required to be adjusted for the process to be done smoothly. I am supposed to be away next Tuesday and Wednesday to participate in an accounting workshop. I will be able to do the task next Friday one day later than usual. Instead, it may be possible to do the task on Monday, October 25. Yet, some of the subcontractor payments will not be sent on time anyway. Please inform me of how I should proceed, and I will follow with your advice.

Shaun Vaughn

176. Why has the first e-mail been written?
(A) To prepare workers for a possible system performance problem
(B) To recommend that workers update their work
(C) To suggest a solution to a scheduling conflict
(D) To inform workers of a way to set up a software program

177. In what division does Ms. Vazquez most likely work?
(A) Sales and Marketing
(B) Accounting
(C) Tech support
(D) Personnel

178. What most likely is the reason Mr. Vaughn intends to reschedule a job?
(A) He wants to adjust the time of issuing checks.
(B) He received a prompt payment request from subcontractors.
(C) He wants to avoid losing data.
(D) His laptop is not working properly.

179. According to Mr. Vaughn, what could be an alternative date for the job to be rescheduled?
(A) October 21
(B) October 22
(C) October 28
(D) October 29

180. What is Mr. Vaughn planning to do on October 26?
(A) Attend a training session
(B) Issue a check to subcontractors
(C) Install a new software system
(D) Leave for his holiday

GO ON TO THE NEXT PAGE

Questions 181-185 refer to the following e-mails.

E-MAIL

TO	All our present customers
FROM	marketing@inezpublication.com.ca
DATE	Friday, 21 October
SUBJECT	Final Chance! These Copies Won't Be Printed Again!

Dear Valued Customer,

Here is surprising news for you! Once again it's time to hold our clearance sale on various collections of Inez Publication's books. All the copies in the sale will go out of print, so do not miss this great opportunity to acquire excellent books that can make your life more pleasant. Our Yearly Sale Pamphlet will soon be mailed to you, but by visiting our Web site, you can check out the list of collections on sale sooner. Placing an order through our Web site is recommended in order to purchase the copies you would like before they are out of stock. All purchases will be delivered for free until next week, and if more than four books are ordered, we will gift-wrap your books with no charge. Take advantage of this special chance!

Lauren Stone
Inez Publication Sales Director

Notice: This e-mail is being sent to you since you have purchased publications from Inez Publication. If our information about sales is not necessary for you anymore, just respond to this e-mail with the subject "No Subscription."

E-MAIL

Dear Mr. Schultz,

We appreciate your purchase. The below products will be delivered within 4-7 business days through the TRO Mail Service. Please be advised that no refund for any item will be issued.

Placed Order: 24 Oct 1:15 P.M.

Item No.	Quantity	Book title	Price per unit	Total
32118	1	Photo Shoot Text Book: With Various Skills	$11.50	$11.50
44312	1	Contemporary Photograph Collection	$9.00	$9.00
98031	1	The Photography Software for Amateurs	$15.50	$15.50
		Gift Packing		$6.00
		Delivery Fee		-
		Total		$42.00

181. What is the reason customers would use the online pamphlet rather than the print pamphlet?
(A) To be exempt from shipping fee
(B) To look through a wider range of books
(C) To search for books earlier
(D) To acquire a revised price list

182. What is suggested about Mr. Schultz?
(A) He is running his own business.
(B) He has collected a wide selection of photographs.
(C) He needed some books for his photography course.
(D) He has ordered some items from Inez Publication before.

183. What is most likely true about the items ordered?
(A) All of them are non-refundable.
(B) One of them will not be delivered in October.
(C) Some of them are rare books.
(D) Most of them will be available in an electronic version.

184. What should Mr. Schultz have done to get an additional benefit from the special offer?
(A) Use the online order system
(B) Obtain a student discount coupon
(C) Order more publications
(D) Submit his order before October

185. What is NOT suggested about Inez Publication?
(A) It can deliver books abroad.
(B) It holds a clearance sale each year.
(C) It keeps track of every customer's purchase record.
(D) It carries publications about photography.

GO ON TO THE NEXT PAGE

Questions 186-190 refer to the following notice, advertisement, and e-mail.

TO	All LCG Fitness Trainers
FROM	Stacey Carroll
DATE	September 18
SUBJECT	Promotional offer

Dear Fitness trainers,

As mentioned earlier, we are planning to offer students the 30 percent summer discount on an annual basis if they register during the first two weeks of November since a lot of Loughton College students are expected to be in the city during the winter season. In addition, LCG Fitness is thinking about offering two different types of special rates to new members and those who want to continue their membership during the upcoming winter (From Nov 1 to Dec 1).

Before the final decision on the two possible offers is made, we are soliciting our staff's opinions. One would be a family discount option. If a current LCG member's family member (age over 17) registers for membership, they will be eligible for a 20 percent reduced rate.

The other option would be to let Diamond-level members' friends or acquaintances use LCG's facilities for free from 9 A.M. to 2 P.M. on Tuesdays and Wednesdays. They would be allowed to use the whole gym, including the swimming pool. But, the badminton courts would be restricted to our current members in order to avoid worsening the already long wait.

Please consider these possible options and reply by October 10 with the one which you believe could be more beneficial for our members as well as us.

Thanks for your assistance in advance.

Stacey Carroll
Head of Marketing
LCG Fitness Center

Winter Special Offers
Welcome Loughton College students!

Register between November 1 and December 10 to take advantage of a 30% discount on your winter membership at any level and receive a complimentary plastic water bottle.

Work out with a friend or an acquaintance every Tuesday and Wednesday: Starting on November 1, all Diamond- and Crystal-level members are allowed to invite a friend or an acquaintance with no additional charge on Tuesdays and Wednesdays. In order to use LCG's facilities, they have to sign in and present their valid ID at the reception desk.

LCG Fitness Center

E-MAIL

TO	Kerry Bush ⟨kerrybush@lcgfitnesscenter.net⟩
FROM	Joann Bradley ⟨joannbradley@lcgfitnesscenter.net⟩
DATE	December 11
SUBJECT	Re: The number of the new members

Kerry,

I appreciate you forwarding the report as usual. I was excited about the number of both Diamond- and Crystal-level members, which all rose by 13 percent after we had begun the winter promotion.

Most of them are from Loughton College and have registered for Diamond- memberships. This means that we should consider planning to launch another promotional offer for students when the spring semester starts. It is said that the gym in the college is scheduled to be refurbished during the following year. So, many students are going to search for alternative places to work out. Since other fitness facilities which can be deemed our competitors are several kilometers away from the college, if we provide shuttles for students to get to and from our center, they will be more likely to come to LCG Fitness Center.

I will keep you informed. Thank you.

Joann Bradley,
Sales Director
LCG Fitness Center

---

186. What is the main reason the notice has been written?
(A) To report a schedule change
(B) To recognize employees for their hard work
(C) To publicize a new discounted rate
(D) To ask employees for suggestions

187. What is indicated about the badminton courts?
(A) They are scheduled to be refurbished soon.
(B) They are located near the main building.
(C) They are in high demand in the center.
(D) They used to be a swimming pool.

188. What aspect of the promotional offer for the students has changed since September?
(A) The discount percentage for students has been reduced.
(B) The registration period for the promotional offer was lengthened.
(C) Students do not need to pay their membership fee monthly.
(D) Students can try the fitness facilities twice a month for free.

189. What is suggested about LCG Fitness Center?
(A) Fee discounts are available to every family member.
(B) It stays open late on Tuesdays and Wednesdays.
(C) Students are permitted to invite their friends and acquaintances.
(D) Crystal-level members can obtain plastic bottles when they sign up.

190. According to the e-mail, what will most likely happen at Loughton College?
(A) The community will be allowed to use its gym for a nominal fee.
(B) The fitness facility for students will be remodeled.
(C) Additional fitness trainers will be recruited.
(D) The new semester will start in the winter.

GO ON TO THE NEXT PAGE

Questions 191-195 refer to the following leaflet, course description, and phone message.

A new class at Renaissance Art Glass (RAG)
Creating Unique Colorful Stained Glass
Instructor: Barbara Brown
Price: £115

The class will be held for five successive Wednesday nights, from 7:00 P.M. to 10:00 P.M., beginning on September 9. It requires no previous experience, but registration is limited only to our current members of the community's arts associations.

Familiarize yourself with the basic level of making stained-glass artworks and take one of those you have made with you. Designing, glass-cutting, color selection, framing, and more will be included in the subjects of each class. You can design your own style or simply select from among a variety of sample patterns.

Those who registered for the class can buy materials for about £155 from RAG. Please be advised that they are available as required over the five-week period to make sure that attendees purchase the appropriate tools and supplies for each of their projects and also have the cost of the materials spread out. Similar tools and supplies are available elsewhere, but attendees should realize that quality is not the same. Using the best supplies makes the end outcome different.

Unique Colorful
Stained Glass

Subjects	Week	Tools and Supplies
Workroom Safety; Orientation and learning and practicing "glass-cutting" techniques and skills	1	glass cutter, cutting oil, protective goggles and industrial gloves, pliers, and ruler with metal edge
Designing patterns and glass or selecting from samples	2	glass, several pieces of thick paper, a pair of scissors, and color pens
Shaping your own style through grinding and cutting glass	3	industrial gloves, protective goggles
Applying enamel to glass panel according to the patterns you have created or chosen	4	enamel paint, enamel brushes, utility knife
Coating and framing	5	coating compound, frame

Please note that for students who need more time and an instructor's tips, the workroom at RAG is open on Friday from 11 A.M. to 5 P.M. In case you need time with an instructor after these hours, you are required to contact us in advance or be ready to work on your own in the workroom.

INCOMING MESSAGE

Received by: Alton Baldwin
Time: Tuesday, 1:00 P.M.
For: Barbara Brown

☐ Fax   ☑ Telephone   ☐ Office Visit

MESSAGE:
Brett Adams who is attending your class has called. He said he has his own brushes, so he is wondering whether the brushes are okay for the purpose of the class. I informed him that you would call him back to talk about it in detail. Please contact him at 233-5542.

191. What is indicated about the tools and supplies needed for RAG's new class?
(A) They are getting cheaper these days.
(B) They are not required to be brought all at once.
(C) They are not available in other supply stores.
(D) They will be distributed by the class instructor.

192. In the leaflet, the word "realize" in paragraph 3, line 5, is closest in meaning to
(A) sell
(B) cash
(C) know
(D) achieve

193. What does the course description imply?
(A) Attendees can leave their opinion after their class.
(B) RAG recently renovated its workroom.
(C) Attendees can get help even outside class hours.
(D) A class has been rescheduled to another day.

194. What is indicated about Mr. Adams?
(A) He has purchased all the tools and supplies.
(B) He is a member of a local association.
(C) He had to miss the orientation.
(D) He has supplied materials to RAG.

195. To which class session does the phone message most likely refer?
(A) Week 2
(B) Week 3
(C) Week 4
(D) Week 5

GO ON TO THE NEXT PAGE

Questions 196-200 refer to the following e-mails and quote.

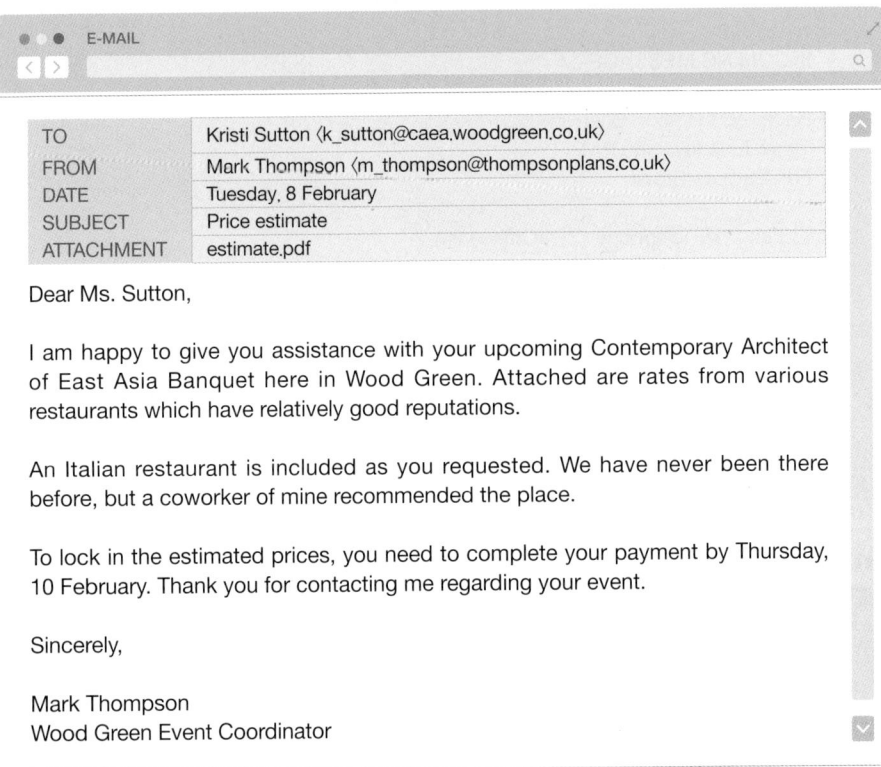

TO	Kristi Sutton ⟨k_sutton@caea.woodgreen.co.uk⟩
FROM	Mark Thompson ⟨m_thompson@thompsonplans.co.uk⟩
DATE	Tuesday, 8 February
SUBJECT	Price estimate
ATTACHMENT	estimate.pdf

Dear Ms. Sutton,

I am happy to give you assistance with your upcoming Contemporary Architect of East Asia Banquet here in Wood Green. Attached are rates from various restaurants which have relatively good reputations.

An Italian restaurant is included as you requested. We have never been there before, but a coworker of mine recommended the place.

To lock in the estimated prices, you need to complete your payment by Thursday, 10 February. Thank you for contacting me regarding your event.

Sincerely,

Mark Thompson
Wood Green Event Coordinator

Rate Estimate for Dining Options

Banquet type: *Six courses*
Date of Event: *15 May*

Prepared for: *Contemporary Architect of East Asia Banquet*
Number of Diners: *30*

* All listed prices below include the meal, beverages, tax, and tips.

Restaurant	Total cost	Price per diner	Type of Cuisine	Special features
Elm Cuisine	£660	£22	Chinese	Its outdoor patio seating area is available
Abbey House	£810	£27	Middle Eastern	Its catering menu is fully-customizable
Benessere Paranzo	£930	£31	Italian	Up to 35 seats available in its private banquet hall
Seafood Castle	£1,110	£37	Japanese	Provides live classic music
All Saints Table	£1,230	£41	Steak and Salad	Public transportation within walking distance

E-MAIL

TO	Mark Thompson ⟨m_thompson@thompsonplans.co.uk⟩
FROM	Kristi Sutton ⟨k_sutton@caea.woodgreen.co.uk⟩
DATE	Thursday, 10 February
RE	Payment

Dear Mr. Thompson,

We deeply appreciate your excellent help in arranging the banquet. Today, I have paid the full amount through your Web site. The fully-customizable menu is appealing, but we are more conscious about a location which should be conveniently accessible to the area's transportation.

Since the location has been decided, we now need your recommendation for a printer for the invitation. Also, the decorations have to be discussed, but we will be able to talk about them at the next meeting on 20 February. At the meeting, it will be really helpful if you give us advice on finalizing the design of the event and selecting an appropriate photographer.

Sincerely,

Kristi Sutton

196. What is suggested about Mr. Thompson?
(A) He is running his own travel agency.
(B) He is a restaurant manager.
(C) He used to have an Italian restaurant.
(D) He is involved in arranging a banquet.

197. What restaurant did Mr. Thompson list based on Ms. Sutton's request?
(A) Abbey House
(B) Elm Cuisine
(C) Benessere Paranzo
(D) Seafood Castle

198. What is indicated about Abbey House?
(A) Its price is the most affordable available.
(B) It can provide musical entertainment for free.
(C) Its menu items can be personalized.
(D) It has a separate dining area for a special event.

199. How much most likely has Ms. Sutton paid?
(A) £660
(B) £930
(C) £1,110
(D) £1,230

200. According to the second e-mail, what will Ms. Sutton most likely do next?
(A) Buy some office equipment
(B) Submit a print order
(C) Search for the photographers
(D) Create the design

GO ON TO THE NEXT PAGE

TEST 3
해설

정답 TEST 3

01. (A)	41. (A)	81. (C)	121. (B)	161. (C)
02. (D)	42. (C)	82. (A)	122. (A)	162. (D)
03. (A)	43. (A)	83. (D)	123. (A)	163. (A)
04. (B)	44. (C)	84. (A)	124. (A)	164. (C)
05. (A)	45. (D)	85. (D)	125. (D)	165. (C)
06. (C)	46. (B)	86. (B)	126. (B)	166. (D)
07. (A)	47. (A)	87. (A)	127. (D)	167. (B)
08. (B)	48. (C)	88. (C)	128. (D)	168. (D)
09. (A)	49. (C)	89. (C)	129. (A)	169. (B)
10. (C)	50. (D)	90. (A)	130. (D)	170. (C)
11. (B)	51. (B)	91. (C)	131. (D)	171. (B)
12. (A)	52. (C)	92. (D)	132. (C)	172. (B)
13. (C)	53. (C)	93. (C)	133. (C)	173. (C)
14. (A)	54. (C)	94. (A)	134. (D)	174. (B)
15. (A)	55. (A)	95. (B)	135. (B)	175. (C)
16. (B)	56. (C)	96. (B)	136. (D)	176. (A)
17. (B)	57. (D)	97. (D)	137. (D)	177. (C)
18. (A)	58. (B)	98. (D)	138. (B)	178. (C)
19. (A)	59. (A)	99. (C)	139. (C)	179. (D)
20. (C)	60. (C)	100. (C)	140. (D)	180. (A)
21. (B)	61. (B)	101. (B)	141. (B)	181. (C)
22. (A)	62. (D)	102. (D)	142. (B)	182. (D)
23. (B)	63. (A)	103. (C)	143. (C)	183. (A)
24. (C)	64. (C)	104. (B)	144. (C)	184. (C)
25. (A)	65. (B)	105. (C)	145. (D)	185. (A)
26. (B)	66. (A)	106. (B)	146. (D)	186. (D)
27. (B)	67. (C)	107. (A)	147. (A)	187. (C)
28. (B)	68. (B)	108. (B)	148. (B)	188. (B)
29. (A)	69. (A)	109. (C)	149. (B)	189. (D)
30. (C)	70. (C)	110. (B)	150. (D)	190. (B)
31. (C)	71. (D)	111. (A)	151. (C)	191. (B)
32. (D)	72. (A)	112. (A)	152. (D)	192. (C)
33. (A)	73. (D)	113. (C)	153. (B)	193. (C)
34. (D)	74. (B)	114. (C)	154. (A)	194. (B)
35. (B)	75. (A)	115. (C)	155. (C)	195. (C)
36. (C)	76. (D)	116. (D)	156. (B)	196. (D)
37. (A)	77. (B)	117. (D)	157. (A)	197. (C)
38. (B)	78. (A)	118. (D)	158. (B)	198. (C)
39. (A)	79. (D)	119. (B)	159. (C)	199. (D)
40. (B)	80. (D)	120. (D)	160. (C)	200. (B)

1

(A) A woman is examining some items.
(B) A woman is trying on a jacket.
(C) A man is purchasing some merchandise.
(D) A man is labeling some clothes.

[해석]
(A) 여자가 물건들을 살펴보고 있다.
(B) 여자가 재킷을 입어 보고 있다.
(C) 남자가 상품을 구매하고 있다.
(D) 남자가 옷에 라벨을 붙이고 있다.

어휘   examine 살펴보다   try on 입어 보다   merchandise 상품   label 라벨을 붙이다

01 식당, 쇼핑센터, 시장, 가게 등 일상 생활 관련 장소가 출제된다.

마트 사진은 '살펴보다(examine, study, inspect, look at)', 카트(cart)가 주로 답이 된다.

STEP 1 사진 분석
❶ 2인 사진
❷ 여자가 물건을 살펴보고 있다.
❸ 여자는 스카프를 두르고 있다.
❹ 남자는 물건을 들고 있다.

STEP 2 사진에 보이지 않는 단어가 들리면 바로 소거한다.
(A) **A woman is examining some items.** ▶ 정답
(B) A woman is ~~trying on~~ a jacket.
▶ 여자는 재킷을 이미 입고 있다.
(C) A man is ~~purchasing~~ some merchandise.
▶ 남자가 물건을 사고 있지는 않다.
(D) A man is ~~labeling~~ some ~~clothes~~.
▶ 남자가 라벨을 붙이고 있지 않다.

STEP 3 소거법 POINT
1. 사진에서 보이지 않는 명사, 동사가 들리면 모두 오답이다.
2. 남녀 2인 사진 → 남녀 주어에 따른 동작, 상태를 파악하자.
3. 다수 사람 사진 → 주어의 단복수에 맞는 동사를 파악하자.

2

(A) A man is drinking from a bottle.
(B) A man is stocking shelves with some beverages.
(C) There are some seating areas in the room.
(D) There are vending machines side by side in the lounge.

[해석]
(A) 남자가 병으로 음료를 마시고 있다.
(B) 남자가 음료수를 선반에 채우고 있다.
(C) 방 안에 앉을 자리들이 있다.
(D) 휴게실에 자판기들이 나란히 있다.

> 어휘 stock 채우다 beverage 음료(수) seating area 앉을 자리 vending machine 자판기
> side by side 나란히

02 사람이 있더라도 배경이 부각되는 경우 사물의 상태를 위주로 듣는다.

▶ 사람이 등장해도 반드시 사람을 묘사한 것이 정답은 아니다.
▶ 가끔 사진에서 제일 먼저 알아볼 수 있는 행위를 묘사한 것이 정답이 되기도 하지만, 생각하지 못한 내용의 묘사가 정답으로 출제되어 당황할 수 있다.

STEP 1　사진 분석
❶ 1인 사진
❷ 남자가 자판기를 이용하고 있다.
❸ 자판기들이 여러 대 놓여 있다.

STEP 2　사진에 보이지 않는 단어가 들리면 바로 소거한다.
(A) A man is ~~drinking from a bottle~~.
▶ 마시고 있는 동작이 보이지 않는다.
(B) A man is ~~stocking shelves~~ with some beverages.
▶ 물건을 채우는 사람은 보이지 않는다.
(C) There are ~~some seating areas~~ in the room.
▶ 앉을 자리가 없다.
(D) There are vending machines side by side in the lounge. ▶ 정답

STEP 3　사람+사물 사진의 소거 POINT
1. 주어가 사람인지 사물인지 파악하면서 동사를 들어야 한다.
2. 사람이 주어인 경우, 주어의 동작과 상태를 파악하면서 듣는다.
3. 사물이 주어인 경우, 사물의 위치와 상태를 파악하며 듣는다.

3

(A) A man is using some laboratory equipment.
(B) A man is taking off his glove with the other hand.
(C) They're clearing off a table.
(D) They're writing something down on a notepad.

[해석]
(A) 남자가 실험 도구를 사용하고 있다.
(B) 남자가 다른 손으로 그의 장갑을 벗고 있다.
(C) 사람들이 테이블을 치우고 있다.
(D) 사람들이 메모장에 무언가를 쓰고 있다.

어휘	laboratory equipment 실험 도구 take off 벗다 clear off 치우다

03 2인 사람의 공통 행위와 각자의 행위를 파악하라.

▶ 보통 2인의 공통 행위가 정답이 되지만 각각의 행위를 묘사하는 정답이 출제되기도 한다.

STEP 1   사진 분석
❶ 2인 사진
❷ 남자가 실험 도구를 사용하고 있다.
❸ 남자는 장갑을 끼고 있다.
❹ 여자는 메모장을 들고 무언가를 쓰고 있다.
❺ 여자와 남자 모두 안경과 실험복을 착용하고 있다.

STEP 2   사진에 보이지 않는 단어가 들리면 바로 소거한다.
(A) **A man is using some laboratory equipment.** ▶ 정답
(B) A man is taking off his glove with the other hand.
▶ 남자는 장갑을 착용하고 있는 상태다.
(C) They're clearing off a table.
▶ 테이블을 치우는 사람들은 없다.
(D) They're writing something down on a notepad.
▶ 여자가 무언가를 쓰고 있다.

STEP 3   2인 사람 사진의 POINT
1. 2인 사진은 〈공통점 → 구체적인 세부 사항〉 순으로 시선 처리를 해야 한다.
2. 주로 왼쪽에서 오른쪽으로 시선을 이동한다.
3. 두 사람이 주고받는 사물이 주어가 되는 경우 주로 진행형 수동태로 묘사된다.
4. 주어가 사물인 경우에는 주변 사물의 상태를 판단한다.

사진 유형	정답의 빈출 순위
2인 사진이 나왔을 경우	① 두 사람이 함께 하는 공통 행위와 상황 묘사 ② 1인 또는 2인의 구체적인 동작 묘사 ③ 사람들의 외모, 외형과 관련된 상태 묘사 ④ 두 사람 사이에 있는 사물의 움직임이나 상태 묘사 ⑤ 주변(장소)의 상황이나 사물

4

(A) The drawers of the chest have been left open.
(B) There are cabinets above a computer monitor.
(C) Curtains have been closed in front of a window.
(D) All of the bookshelves are filled with documents.

[해석]
(A) 서랍장의 서랍들이 모두 열려 있다.
(B) 컴퓨터 모니터 위에 보관장이 있다.
(C) 커튼이 창문 앞에 쳐져 있다.
(D) 모든 책장이 서류로 채워져 있다.

| 어휘 | chest 서랍장, 상자　be filled with ~로 채워져 있다 |

04 사물의 위치는 마지막 〈전치사+명사〉를 통해 파악하자.

▶ 사람이 없는 사물 위주의 사진은 명사들의 위치나 주변 배경에 대해 묘사한다.
▶ 장소 묘사는 〈전치사+명사〉로 나타내는데, PART 1에서의 〈전치사+명사〉는 문장 맨 끝에 위치하므로 보기에서 들리는 명사가 맞는 것이라고 해도 끝까지 내용을 들어야만 정답 여부를 파악할 수 있다.

STEP 1 사진 분석
❶ 실내 사물 사진
❷ 창문의 커튼이 젖혀져 있다.
❸ 선반에 물건이 드문드문 있다.

STEP 2 사진에 보이지 않는 단어가 들리면 바로 소거한다.

(A) The drawers of the chest have been left ~~open~~.
▶ 모든 서랍은 닫혀 있다.
(B) There are cabinets above a computer monitor. ▶ 정답
(C) Curtains have been ~~closed~~ in front of a window.
▶ 커튼은 젖혀져 있다.
(D) ~~All~~ of the bookshelves are filled with documents.
▶ 모든 선반이 서류로 채워져 있지는 않다.

STEP 3 위치를 나타내는 전치사 정리

in front of: 앞에 사물의 앞쪽에 위치해 있거나 사물의 앞쪽을 향해 있다는 의미로 사용한다.
There is a truck in front of the building. 건물 앞에 트럭이 한 대 있다.
on: 위에
There are some books on the shelves. 선반 위에 책들이 놓여 있다
beside: 옆에 = next to, close to, by
단순히 사람, 사물이 가장 근접해 있다는 사실만 전달
A man is walking beside the bicycles. 한 남자가 자전거 옆을 걸어가고 있다.
over: (공간을 두고) 위에, ~에 걸쳐
There is a bridge over the river. 강 위에 다리가 있다.
He is carrying a bag over his shoulder. 남자가 가방을 어깨에 메고 있다.
above: something 어떤 사물보다 더 위에 위치해 있을 때
There is a picture above the fireplace. 벽난로 위에 그림이 걸려 있다
under: 아래
There are cabinets under the counter. 작업대 아래 수납장이 있다.
through: 한쪽에서 다른 한쪽으로 통과하고 있는, 가로지른
Light is shining through the window. 햇빛이 창문을 통해 비치고 있다.
at: 어떤 사물과 가장 가깝게 위치해 있을 때.
일반적으로 뒤에 나온 사물 명사와 한 지점에 있다는 것을 의미하며, 해당 사물을 이용하는 모습을 나타낼 때 쓰인다.
A man is standing at the copier. 남자가 복사기 앞에 서 있다.
against: ~에 대해, 옆에 수직으로 된 면에 기대거나 옆에 있을 때 사용한다.
There are two beds against the wall. 벽 쪽으로 침대 두 개가 있다.
A ladder is leaning against the building. 사다리가 건물에 기대어 있다.
along: shore(물가), street(거리), railway(철길) 등을 따라서 있는 사물, 사람의 움직임을 묘사
A man is walking along the shore. 한 남자가 물가를 따라서 걷고 있다.

(A) Boards are propped against the wall.
(B) All the doors have been closed.
(C) A ladder is being placed on the floor.
(D) A floor is being polished with a brush.

[해석]
(A) 판자들이 벽에 기대어 있다.
(B) 방의 문들이 모두 닫혀 있다.
(C) 사다리가 바닥 위에 세워지고 있다.
(D) 솔을 가지고 바닥을 닦고 있는 중이다.

어휘 be propped against ~에 기대어 있다   polish 윤이 나게 닦다

05 사람이 없는 사진에서 두 가지 오답을 기억하라.

▶ 사물 사진의 소거 포인트
1. 사람 명사가 들리면 오답이다.
2. 〈be being p.p.〉는 거의가 오답이다.

STEP 1 사진 분석
❶ 실내 사물 사진
❷ 사다리가 있다.
❸ 문짝들이 벽에 기대어 있다.
❹ 바닥에 몇 가지 물건들이 놓여 있다.

STEP 2 사진에 보이지 않는 단어가 들리면 바로 소거한다.

(A) Boards are propped against the wall. ▶ 정답
(B) All the doors have been closed.
 ▶ 방문이 닫혀 있지 않다.
(C) A ladder is being placed on the floor.
 ▶ 사다리를 놓고 있는 사람이 없다.
(D) A floor is being polished with a brush.
 ▶ 바닥을 닦는 사람이 없다.

STEP 3 사물 사진의 소거 POINT
1. 가장 부각되는 사물의 위치나 상태, 주변의 사물, 배경을 확인하라.
❶ 가장 부각이 되는 사물의 위치 및 상태를 확인한다.
❷ 주변 사물을 확인한다.
❸ 장소 및 배경을 확인한다.
❹ 사람이 없는 사진에 사람 명사가 나오면 오답이니 바로 소거한다.
❺ 사진에 없는 사물을 언급한 오답에 주의한다.

2. 〈be being p.p.〉는 오답이다.
- 〈사물 주어+be being p.p.〉는 '사람이 사물을 가지고 동작을 진행하고 있다'의 의미이므로, 사람이 없는 사진에서는 오답이다.
- [예외] display(진열하다)의 경우 상태의 지속을 나타내어 사람이 없더라도 진행형 수동태를 쓸 수 있다.
  e.g. Some items are being displayed. 물건이 진열되고 있다.

6

(A) Billboards are being posted along a building.
(B) Some stairs have been divided by a handrail.
(C) Some people are descending some stairs.
(D) Some people are crossing a street.

[해석]
(A) 광고판들이 건물을 따라 배치되고 있다.
(B) 계단이 난간으로 나뉘어 있다.
(C) 몇몇 사람들이 계단 아래로 내려가고 있다.
(D) 몇몇 사람들이 길을 건너고 있다.

어휘 billboard 광고판 post 배치하다, 게시하다 handrail 난간 descend 내려가다 cross 건너다

06 사람과 사물이 혼합되어 있는 사진

▶ 〈사람+사물〉 사진에서 사물 주어로 시작하는 경우 진행형 수동태의 〈be being p.p.〉를 사용할 확률이 높다.
▶ 사물 주어+be being p.p. = 사람이 사물을 ~ing 중이다

STEP 1 사진 분석
❶ 사람+사물 사진
❷ 사람들이 계단을 이용하여 내려가고 있다.
❸ 건물에 간판이 걸려 있다.

STEP 2 사진에 보이지 않는 단어가 들리면 바로 소거한다.
(A) Billboards are being posted along a building.
▶ 광고판을 배치하고 있는 사람은 보이지 않는다.
(B) Some stairs have been divided by a handrail.
▶ 계단이 난간으로 나뉘어 있지 않다.
(C) Some people are descending some stairs. ▶ 정답
(D) Some people are crossing a street.
▶ 길을 건너는 사람은 보이지 않는다.

STEP 3 사람과 사물이 혼합되어 있는 사진의 POINT
1. 사람의 비중과 배경의 비중을 판단한다.
2. 사진 속 장소와 주변 사물의 위치 및 상태를 확인한다.
3. 사진에서 부각되는 사물의 특징과 관련 단어들을 암기해 두어야 한다.
4. 사람의 동작과 무관한 동사를 사용한 오답에 주의한다.
5. 사진에 없는 사물을 언급한 오답에 주의한다.

07. When is *Eddie*, the newest movie, coming out?
(A) There is a schedule on the Web site.
▶ When 의문문에 장소로 답변하는 응답
(B) Its ~~setting~~ was in Berlin. ▶ 연상 어휘x
(C) He's ~~coming~~ today. ▶ 동일 어휘x

07. 최신 영화 〈Eddie〉는 언제 개봉되나요?
(A) 웹사이트에 일정표가 있습니다.
(B) 그것의 배경은 베를린이었습니다.
(C) 그는 오늘 옵니다.

---

08. Why has the flight been delayed for over an hour?
(A) It ~~takes about three hours~~ to arrive in Rio de Janeiro.
▶ How long 의문문 응답
(B) Should we take a train instead? ▶ 방법을 묻는 반문
(C) A taxi to the ~~airport~~. ▶ 연상 어휘x

08. 항공편이 왜 한 시간 넘게 지연되나요?
(A) 리우데자네이로에 도착하는 데 약 3시간이 걸립니다.
(B) 대신 기차를 타야 할까요?
(C) 공항으로 가는 택시요.

---

09. What do you usually do on the weekend mornings?
(A) I go to the Yardly Boulevard for brunch.
▶ 무엇을 하는지에 대한 구체적인 응답
(B) I ~~usually~~ work the evening shift. ▶ 동일 어휘x
(C) ~~No~~, today isn't a national holiday. ▶ Yes/No 오류

09. 당신은 주말 아침에 보통 무엇을 하세요?
(A) 저는 브런치 먹으러 Yardly Boulevard에 갑니다.
(B) 저는 보통 저녁조로 근무합니다.
(C) 아니요, 오늘은 국경일이 아닙니다.

---

10. Sophia Ping will be the main singer for this jazz festival, won't she?
(A) In the ~~concert hall~~. ▶ 연상 어휘x
(B) The sound effects were very ~~fantastic~~. ▶ How 의문문 응답
(C) Yes, I'm really looking forward to it.
▶ 부가의문에 Yes와 함께 맞장구 하는 응답

10. Sophia Ping 씨가 이번 재즈 축제의 주요 가수가 될 것입니다, 그렇지 않나요?
(A) 콘서트 홀에서요.
(B) 음향 효과가 아주 환상적이었어요.
(C) 네, 저는 정말 그것을 고대하고 있어요.

---

11. The initiative of Palcon Industries should be discussed.
(A) ~~To reduce~~ the air pollution. ▶ Why 의문문 응답
(B) I'm free tomorrow afternoon. ▶ 동의의 응답
(C) It ~~was~~ going well. ▶ 시제 오류

11. Palcon Industries의 계획이 논의되어야 합니다.
(A) 대기 오염을 줄이기 위해서요.
(B) 저는 내일 오후 시간이 됩니다.
(C) 그것은 잘 진행되었습니다.

---

12. What's the weather like in Sao Paulo at this time of year?
(A) It's like early spring in Korea. ▶ 날씨를 설명하는 응답
(B) I visited there ~~to go sightseeing~~. ▶ Why 의문문 응답
(C) It's ~~based on~~ the daily routine. ▶ How 의문문 응답

12. 상파울루의 이맘때 날씨는 어떤가요?
(A) 한국의 초봄과 같아요.
(B) 저는 관광하러 그곳에 방문했어요.
(C) 그건 일상 업무에 기반을 두고 있습니다.

---

13. I can't handle this new drilling machine.
(A) It is helpful ~~to dig a hole~~. ▶ 연상 어휘x
(B) I think it's ~~in the warehouse~~.
▶ Where 의문문 응답/연상 어휘x
(C) When are you available for me to stop by?
▶ 다음 행동 제시

13. 저는 이 새 시추기를 다룰 수가 없어요.
(A) 그건 구멍을 파는 데 도움이 됩니다.
(B) 저는 그게 창고에 있다고 생각해요.
(C) 제가 언제 들를까요?

14. Where are the packaging tools?
(A) I don't work on this team. ▶ '모르겠다'의 표현
(B) A large box. ▶ **What** 의문문 응답/연상 어휘x
(C) It costs 1,000 yuan. ▶ **How much is it?**의 응답

14. 포장 도구가 어디에 있나요?
(A) 저는 이 팀에서 근무하지 않는데요.
(B) 큰 상자요.
(C) 1,000 위안이에요.

---

15. Would it be better to alter the length of this uniform?
(A) I think it fits well. ▶ 우회적 응답
(B) Fill out a form. ▶ 유사 발음x
(C) It comes in red and black. ▶ 연상 어휘x

15. 이 유니폼의 길이를 바꾸는 것이 더 나을까요?
(A) 저는 그게 잘 맞는 것 같은데요.
(B) 양식을 작성해 주세요.
(C) 그건 빨간색과 검정색이 있어요.

---

16. Why didn't Molly leave for New York yesterday?
(A) For sightseeing. ▶ 연상 어휘x
(B) She had a scheduling conflict. ▶ 구체적 이유의 응답
(C) It's an exciting place. ▶ 연상 어휘x/**How** 의문문 응답

16. 왜 Molly는 어제 뉴욕으로 안 떠났나요?
(A) 관광하러요.
(B) 그녀는 일정이 겹쳤어요.
(C) 흥미로운 곳이에요.

---

17. I got the results of the survey conducted by the focus group.
(A) They have focused on that. ▶ 유사 발음x
(B) That was quick. ▶ 평서문에 대한 맞장구 응답
(C) It is applied to a group rate. ▶ 동일 어휘x

17. 저는 포커스 그룹이 실시한 설문조사 결과를 받았어요.
(A) 그들은 그것에 중점을 두었어요.
(B) 빨리 됐네요.
(C) 그건 단체 요금에 적용돼요.

---

18. Isn't your store closed for this holiday?
(A) No, we are open all year round.
▶ **No**와 함께 추가 설명하는 응답
(B) In the storage folder. ▶ **Where** 의문문 응답
(C) The grand opening was September 1.
▶ 연상 어휘x/**When** 의문문 응답

18. 댁의 상점은 이번 휴가 때문에 문을 닫지 않나요?
(A) 아니요, 저희는 일 년 내내 문을 엽니다.
(B) 저장 폴더에요.
(C) 개점일은 9월 1일이었습니다.

---

19. I'll have my car fixed by the mechanic today.
(A) I'll give you a ride to work then. ▶ 다음 행동 제시
(B) The machine is easy to assemble. ▶ 연상 어휘x
(C) He can't fax it. ▶ 유사 발음x

19. 저는 오늘 제 차를 수리공한테 수리 맡길 겁니다.
(A) 그럼 제가 직장까지 태워다 줄게요.
(B) 그 기계는 조립하기 쉬워요.
(C) 그는 그것을 팩스로 보낼 수 없어요.

---

20. Marc, you're going to attend the conference next month, right?
(A) A flight attendant. ▶ 유사 발음x
(B) Refer to the product list. ▶ **What** 의문문 응답
(C) No, my request was denied.
▶ **No**와 함께 추가 설명하는 응답

20. Marc 씨, 당신이 다음 달 회의에 참석하죠, 그렇죠?
(A) 비행기 승무원이요.
(B) 제품 목록을 참조하세요.
(C) 아니요, 제 요청이 거부되었어요.

21. Why didn't you meet the contractor this afternoon?
(A) ~~Right next to~~ the post office. ▶ **Where** 의문문 응답
(B) We found a better contractor. ▶ 이유의 응답
(C) ~~That's a good plan.~~ ▶ 권유/제안 응답

21. 왜 당신은 오늘 오후에 계약자와 만나지 않았나요?
(A) 우체국 바로 옆이요.
(B) 저희가 더 좋은 계약자를 찾았어요.
(C) 좋은 계획이네요.

---

22. I don't know how to operate this electronic lecture desk.
(A) Jenny used it last class. ▶ '모르겠다'의 표현
(B) ~~That would be great.~~ ▶ 권유/제안 응답
(C) To increase the efficiency of the ~~lecture~~.
▶ 동일 어휘x/**Why** 의문문 응답

22. 저는 이 전자 교탁을 어떻게 조작하는지 몰라요.
(A) Jenny가 지난 수업에서 그것을 사용했어요.
(B) 그거 좋겠군요.
(C) 강의의 효율을 높이기 위해서요.

---

23. I am surprised at the traffic in this part of the city.
(A) That ~~was~~ a good idea. ▶ 주어 오류/**How** 의문문 응답
(B) It will be worse during rush hour. ▶ 미래 상황 제시
(C) ~~He~~ was disappointed with that road. ▶ 주어 오류

23. 저는 시내 이 지역 교통량에 놀랐어요.
(A) 그건 좋은 생각이었어요.
(B) 출퇴근 시간대에는 더 심할 거예요.
(C) 그는 그 도로에 실망했어요.

---

24. What benefits do I receive if I get a membership to your supermarket?
(A) ~~Within~~ five business days. ▶ **When** 의문문 응답
(B) A wide range of ~~fresh produce~~.
▶ 연상 어휘x
(C) Here are some guidelines. ▶ 우회적 응답

24. 제가 당신 슈퍼마켓의 회원이 되면 어떤 혜택을 받나요?
(A) 영업일 5일 이내요.
(B) 다양하고 신선한 농산물이요.
(C) 여기에 설명 지침이 있습니다.

---

25. Wasn't he awarded the prize last month?
(A) You mean our business partner? ▶ 사실 확인 반문
(B) ~~A discounted price~~. ▶ 유사 발음x
(C) It ~~will~~ be held ~~in the Plaza Hotel~~.
▶ 시제 오류/**Where** 의문문 응답

25. 그는 지난 달 상을 받지 않았나요?
(A) 우리 사업 협력자를 말씀하시는 건가요?
(B) 할인 가격이요.
(C) 그건 Plaza Hotel에서 열릴 거예요.

---

26. Do you think we should ask another vendor for office furniture?
(A) Some ~~chairs and desks~~. ▶ 연상 어휘x
(B) I haven't heard any complaints. ▶ 우회적 응답
(C) It ~~rose by 15%~~. ▶ **How much** 응답

26. 저희가 다른 판매 회사에 사무용 가구를 요청해야 한다고 생각하세요?
(A) 의자와 책상 몇 개요.
(B) 저는 어떤 불만도 듣지 못했어요.
(C) 그게 15퍼센트 올랐어요.

27. How many copies of the reports for the shareholders' meeting should I prepare?
(A) ~~Colorful images~~, please. ▶ 연상 어휘x/**What** 의문문 응답
(B) I thought Rachel was making those. ▶ 우회적 응답
(C) ~~For~~ a higher ~~stock~~ price. ▶ **Why** 의문문 응답/연상 어휘x

27. 제가 주주회의를 위해 보고서를 몇 부나 준비해야 할까요?
(A) 다채로운 이미지로 주세요.
(B) 저는 Rachel이 그것들을 만들고 있다고 생각했어요.
(C) 더 높은 주가를 위해서요.

---

28. Make sure to leave your belongings at the front desk.
(A) The ~~2 P.M.~~ tour. ▶ **When** 의문문 응답
(B) Don't worry, I will. ▶ **'I will'** 응답
(C) It ~~belongs~~ to you. ▶ 유사 발음x

28. 소지품을 안내데스크에 두셔야 합니다.
(A) 오후 2시 관광이요.
(B) 걱정하지 마세요, 그럴게요.
(C) 그건 당신 거예요.

---

29. Do you know who was nominated public relations manager of Colinsworth?
(A) We're still looking to fill the position. ▶ '결정된 바 없다' 응답
(B) This facility is open for the ~~public~~. ▶ 동일 어휘x
(C) No, ~~she~~ is in charge of it. ▶ 주어 오류

29. 누가 Colinsworth 홍보 담당자로 임명되었는지 아세요?
(A) 저희는 그 자리를 여전히 구하고 있어요.
(B) 이 시설은 대중들에게 개방돼 있어요.
(C) 아니요, 그녀가 담당하고 있어요.

---

30. Please send the marketing files to our client by 2 P.M.
(A) In a ~~filing cabinet~~. ▶ **Where** 의문문 응답/연상 어휘x
(B) The ~~market~~ is closer. ▶ 연상 어휘x
(C) I'll mark that on my scheduler. ▶ 다음 행동 제시

30. 오후 2시까지 저희 고객에게 마케팅 파일을 발송해 주세요.
(A) 문서 보관함 안에요.
(B) 시장이 더 가까워요.
(C) 제 스케줄러에 적어 둘게요.

---

31. I don't want to eat at the French restaurant.
(A) Oh, I'm going to get ~~take-out~~.
▶ 연상 어휘x/**Which** 의문문 응답
(B) ~~A lunch~~ with some colleagues.
▶ **What** 의문문 응답/연상 어휘x
(C) But, I heard a new chef is there now. ▶ **But+추가 설명**

31. 저는 프랑스 음식점에서 먹고 싶지 않아요.
(A) 오, 저는 포장해 갈 거예요.
(B) 몇몇 동료들과 점심 식사요.
(C) 하지만, 거기에 새로 온 요리사가 있다고 들었어요.

07 [When 의문문] 출처나 위치로 답변하는 I don't know 유형의 최신 경향 문제

[질문 분석] When is *Eddie*, the newest movie, coming out?
'영화는 언제 개봉되나요?'의 미래 시점을 묻는 질문이다.

[보기 분석]
(A) There is a schedule on the Web site. ▶ 정답
'영화가 언제 개봉되나요?'의 미래 시점을 묻는 When 의문문에 모르겠다는 유형의 답변이다. "웹사이트에 일정표가 있습니다"라고 해당 정보를 확인할 수 있는 장소나 출처로 답하는 정답이다. When 의문문에 장소로 답변하는 것이 최신 경향 문제임을 유의하자.

(B) Its setting was in Berlin. ❹ 연상 어휘 오류
movie에 대한 연상 어휘로 setting을 언급한 오답이다.

(C) He's coming today. ❹ 동일 어휘 오류
질문의 coming을 반복한 오답이다. 응답의 He/She는 질문에서 특정한 사람이 언급되어야 답할 수 있음을 주의한다. 질문의 *Eddie*는 최신 영화 제목이다.

08 안 좋은 상황에 대안을 제시하는 반문 답변

[질문 분석] Why has the flight been delayed for over an hour?
'왜 항공편이 지연되었는지' 이유를 묻는 Why 의문문으로 Why / flight / delayed가 질문의 의도를 알 수 있는 키워드이다.

[보기 분석]
(A) It takes about three hours to arrive in Rio de Janeiro. ❷ 다른 의문사에 대한 답변
도착하는 데 3시간 걸린다는 답변은 기간, 소요 시간을 묻는 How long ~?에 대한 응답이다.

(B) Should we take a train instead? ▶ 정답
항공편이 지연된 이유를 묻는 Why 의문문에 방법을 물으며 반문으로 답변하는 정답이다. 반문으로 답변할 때는 앞으로의 행동에 관한 질문이나 방법을 알기 위한 질문, 상황 판단을 위한 질문으로 한다는 것을 유의하자.

(C) A taxi to the airport. ❹ 연상 어휘 오류
flight에 대한 연상 어휘로 airport를 언급한 오답이다.

09 〈What+조동사〉 질문은 본동사에서 답이 결정된다.

[질문 분석] What do you usually do on the weekend mornings?
What 질문은 명사나 동사에서 답이 나오므로 〈What+조동사〉 질문은 그 다음의 동사를 잘 듣자. What / you / do가 질문의 의도를 알 수 있는 키워드이다.

[보기 분석]
(A) I go to the Yardly Boulevard for brunch. ▶ 정답
"주말 아침에 보통 무엇을 하시나요?"의 질문에 "브런치를 먹으러 Yardly Boulevard에 갑니다"라고 무엇을 하는지 구체적으로 응답하고 있다.

(B) I usually work the evening shift. ❹ 동일 어휘 오류
질문에 나온 usually를 반복 사용한 오답이다. 언제 일을 하는지를 묻는 When ~?에 대한 응답이 될 수 있다.

(C) No, today isn't a national holiday. ❶ Yes/No 오류
What 의문문에 Yes/No로 응답할 수 없다. 〈What+조동사+주어+동사〉는 본동사와 관련된 대답을 찾아야 함을 유의하자.

10 [부정/부가의문문] 긍정이면 Yes, 부정이면 No로 답한다.

[질문 분석] **Sophia Ping will be the main singer for this jazz festival, won't she?**
Sophia Ping / will be / main singer가 질문의 의도를 알 수 있는 키워드로 그녀가 메인 가수인지를 확인하는 부가의문문이다.

[보기 분석]
(A) In the concert hall. ❹ 연상 어휘 오류
질문의 jazz festival에서 연상할 수 있는 concert hall을 이용한 오답으로 Where 의문문에 대한 답이 된다.

(B) The sound effects were very fantastic. ❷ 다른 의문사에 대한 답변
상태를 의미하는 형용사(fantastic) 답변은 주로 상대방의 의견이나 상태를 묻는 How was ~?에 대한 응답으로 주로 출제된다. 또 singer에서 연상할 수 있는 sound를 이용한 오답임을 주의하자.

(C) Yes, I'm really looking forward to it. ▶ 정답
부가의문문은 Yes와 함께 근거, 동의, 맞장구, 다음 행동을 제시하는 응답을 한다. "Sophia Ping 씨가 메인 가수이죠, 그렇지 않나요?"에 대한 부가의문문에 대해 "네, 저는 그것을 고대하고 있어요."라고 맞장구를 치고 있는 정답이다.

11 평서문의 should는 제안이나 의무를 의미한다.

[질문 분석] **The initiative of Palcon Industries should be discussed.**
The initiative / should / (be) discussed가 질문의 의도를 알 수 있는 키워드이다.
평서문에 대한 답변으로 동의 내용을 구체적으로 대답하거나 동의의 이유, 의견, 추가 설명을 하는 것이 답이 됨을 유의하자.

[보기 분석]
(A) To reduce the air pollution. ❷ 다른 의문사에 대한 답변
to부정사 답변은 목적이나 이유를 설명하는 것으로 Why 의문문에 대한 응답이다.

(B) I'm free tomorrow afternoon. ▶ 정답
'계획이 논의되어야 한다'는 평서문에 "내일 오후 시간이 됩니다"의 답변은 논의를 해야겠다는 평서문에 대한 동의의 응답이다.

(C) It was going well. ❺ 시제 오류
질문과 답변의 시제는 일치해야 한다. 질문의 시제는 미래이고, 응답은 과거이므로 오답이다.

12 What 뒤에 나오는 명사가 답을 결정한다.

[질문 분석] **What's the weather like in Sao Paulo at this time of year?**
What's / weather가 질문의 의도를 알 수 있는 키워드이다. 의문사 what은 다른 의문사와 달리 what만으로는 답을 판단할 수 없으므로 명사나 동사까지 듣는 습관을 가지자.

[보기 분석]
(A) It's like early spring in Korea. ▶ 정답
"한국의 초봄과 같다"고 날씨를 설명하고 있는 정답이다.

(B) I visited there to go sightseeing. ❷ 다른 의문문에 대한 답변
to go sightseeing은 '이유, 목적'을 나타내는 어구로 Why did you visit ~?에 대한 응답이다.

(C) It's based on the daily routine. ❷ 다른 의문문에 대한 답변
"그것은 일상 업무를 기반으로 합니다"의 수단이나 방법을 의미하는 응답으로 How 의문문의 응답이 되어야 한다.

13 문제를 해결하기 위한 다음 행동에 대한 반문 답변

[질문 분석] **I can't handle this new drilling machine.**
I can't handle이 질문의 의도를 알 수 있는 키워드이다. 문제 상황을 말하는 평서문에 대해 '내가 ~해 주겠다'나 '너는 ~해야 한다', '미래 상황'과 같은 다음 행동을 제시하는 응답이 정답이 됨을 유의하자.

[보기 분석]
(A) It is helpful to dig a hole. ❹ 연상 어휘 오류
질문의 drilling machine으로 연상한 오답이다.

(B) I think it's in the warehouse. ❷ 다른 의문사에 대한 답변
machine에서 warehouse를 연상한 오답으로, Where 의문문에 대한 응답이다.

(C) When are you available for me to stop by? ▶ 정답
'시추기를 다룰 수 없다'는 문제를 제기하는 평서문에 "제가 언제 들를까요?"라고 문제를 해결하기 위한 다음 행동을 제시하는 정답이다.

14 '모르겠다'는 표현은 정답일 확률이 높다.

[질문 분석] **Where are the packaging tools?**
포장 도구가 어디에 있는지 묻는 Where 의문문이다. Where / are / tools가 질문의 의도를 알 수 있는 키워드이다.

[보기 분석]
(A) I don't work on this team. ▶ 정답
I don't know만이 '모르겠다'의 표현이 아니라, '내 담당이 아니다' 역시 일종의 '모르겠다'로 정답 가능성이 높은 표현이다. '포장 도구가 어디에 있느냐'는 질문에 '이 팀에서 일하지 않는다'는 응답으로 '모르겠다'는 정답이다.

(B) A large box. ❹ 연상 어휘 오류
질문의 packaging에서 box를 연상한 오답이다. 명사를 이용한 답변은 What 의문문의 응답이 됨을 알아두자.

(C) It costs 1,000 yuan. ❷ 다른 의문사에 대한 답변
가격을 묻는 How much is it?에 대한 응답이다.

15 [Do동사/Be동사/조동사] Yes/No가 없는 간접 상황으로 답변하기

[질문 분석] Would it be better to alter the length of this uniform?
Would it / be better / to alter가 키워드인 조동사 의문문이다. 조동사 의문문에서 Yes/No가 없는 경우에는 다음 행동을 제시하거나, 간접적으로 상황을 설명해 준다.

[보기 분석]
(A) I think it fits well. ▶ 정답
"유니폼의 길이를 바꾸는 게 더 나을까요"라는 질문에 "잘 맞는 것 같아요"라고 No를 대신하며 간접적으로 상황을 설명하는 정답이다.

(B) Fill out a form. ❹ 유사 발음 오류
질문의 uniform에서 보기의 form으로 유사 발음을 이용한 오답임을 유의하자.

(C) It comes in red and black. ❹ 연상 어휘 오류
질문의 uniform에서 색깔인 red and black을 연상한 어휘 오류이다.

16 Why didn't ~?는 부정적인 상황을 이유로 답한다.

[질문 분석] Why didn't Molly leave for New York yesterday?
Why didn't ~ leave가 질문의 키워드이다. 부정적 상황에 대한 이유를 묻는 질문에 부정적인 내용으로 주로 답한다.

[보기 분석]
(A) For sightseeing. ❹ 연상 어휘 오류
질문의 New York에서 sightseeing을 연상한 오답이다. 이유로 답했지만 '왜 떠나지 않았나요?'라는 질문의 답변으로 적절하지 않다.

(B) She had a scheduling conflict. ▶ 정답
"왜 Molly가 뉴욕으로 떠나지 않았나요?" 질문에 "그녀는 일정이 겹쳤어요(scheduling conflict)"라는 부정적인 상황을 이유로 든 정답이다.

부정적인 상황을 나타내는 대표 단어
busy(바쁜)   work late(늦게까지 일하다)   had a meeting(회의가 있었다)   traffic jam(교통정체) bad weather(안 좋은 날씨)   out of ink(잉크가 없는)

(C) It's an exciting place. ❷ 다른 의문사에 대한 답변
형용사 exciting을 이용한 응답은 How 의문문에 대한 답변이다. 질문의 New York에서 exciting place를 연상한 오답임을 주의하자.

17 평서문은 동의/맞장구로 답한다.

[질문 분석] **I got the results of the survey conducted by the focus group.**
I / got / the results가 질문의 의도를 알 수 있는 키워드이다. 평서문에 대한 답변 중 가장 많은 비중을 차지하는 건 동의, 맞장구이다.

[보기 분석]
(A) They have focused on that. ❹ 유사 발음 오류
질문의 focus와 보기 focused의 유사 발음을 이용한 오답이다. 응답의 They는 질문에서 특정한 사람, 사물이 언급되어야 답할 수 있음을 주의하자.

(B) **That was quick.** ▶ 정답
'설문조사 결과를 받았다'는 평서문에 "빨리 됐네요"라고 맞장구로 답하는 정답이다.

(C) It is applied to a group rate. ❹ 동일 어휘 오류
질문의 group을 반복한 오답이다. How/What 의문문의 응답이다.

18 유사 발음과 연상 어휘를 조심하라.

[질문 분석] **Isn't your store closed for this holiday?**
사실 확인을 하는 부정의문문이다. 상대의 질문에 대해 긍정의 Yes, 혹은 부정의 No로 먼저 대답하고, 그 뒤에 자신이 하고 싶은 말을 한다.

[보기 분석]
(A) **No, we are open all year round.** ▶ 정답
"휴가 때문에 문을 닫지 않나요?"라는 질문에 부정의 No로 먼저 대답한 뒤, "일 년 내내 문을 엽니다"라고 추가 설명하는 정답이다.

(B) In the storage folder. ❷ 다른 의문사에 대한 답변
장소에 대한 응답으로 Where 의문문에 대한 답변이다.

(C) The grand opening was September 1. ❹ 연상 어휘 오류
질문의 closed에 대한 연상 어휘로 opening을 언급한 오답으로, When 의문문에 대한 응답이기도 하다.

19 문제 상황에 대한 대안 제시

[질문 분석] **I'll have my car fixed by the mechanic today.**
I'll / have / car / fixed가 질문의 의도를 알 수 있는 키워드이다. have는 사역동사로 차를 고치게 할 것이란 의미가 된다. 답변은 다음 행동을 제시하는 표현으로 한다. 다음 행동을 제시하는 표현에는 Let's ~, You should ~, I will ~ 등이 있다.

[보기 분석]
(A) **I'll give you a ride to work then.** ▶ 정답
"오늘 제 차 수리를 맡길 거예요" 평서문에 "제가 직장까지 태워다 줄게요"라고 다음 행동을 제시하는 정답이다.

(B) The machine is easy to assemble. ❹ 연상 어휘 오류
질문의 mechanic에 대한 연상 어휘로 machine을 언급한 오답이다.

(C) He can't fax it. ❹ 유사 발음 오류
질문의 fixed에 대한 유사 발음으로 fax를 언급한 오답이다.

20 최근의 부가의문문은 right으로 끝난다.

[질문 분석] **Marc, you're going to attend the conference next month, right?**
right으로 끝나는 문장은 부가의문문으로 사실 여부를 확인해 주어야 한다.

[보기 분석]
(A) A flight attendant. ❹ 유사 발음 오류
질문의 attend에 대한 유사 발음으로 attendant를 언급한 오답이다. 명사 답변은 What 의문문의 응답임을 유의하자.

(B) Refer to the product list. ❷ 다른 의문사에 대한 답변
What 의문문이나 How do I know ~?에 대한 응답이다.

(C) No, my request was denied. ▶ 정답
다음 달 회의에 참석하느냐고 묻는 질문에 No라고 부정으로 답하는 정답이다.

21 특정 행위를 하지 않는 이유를 설명한다.

[질문 분석] **Why didn't you meet the contractor this afternoon?**
Why / didn't you / meet이 질문의 의도를 알 수 있는 키워드이다. Why 의문문은 Yes나 No로 답할 수 없으며 주로 이유나 변명의 표현들이 정답이다.

[보기 분석]
(A) Right next to the post office. ❷ 다른 의문사에 대한 답변
장소로 Where 의문문에 대한 응답이다.

(B) We found a better contractor. ▶ 정답
'왜 계약자와 만나지 않았냐'는 질문에 "더 좋은 계약자를 찾았어요"라고 이유를 답하는 정답이다.

(C) That's a good plan. ❷ 다른 의문사에 대한 답변
"좋은 계획이네요"라는 긍정적인 답변으로 권유/제안의문문에 대한 응답이다.

22 '나는 모른다'는 우회적인 답변

[질문 분석] **I don't know how to operate this electronic lecture desk.**
don't know / how / operate가 질문의 의도를 알 수 있는 키워드로 어떻게 조작하는지 모른다는 말이다. 평서문에서 부정적인 답변의 경우 '나도 모른다'거나 '나도 반대'라는 의미가 답이 된다는 것을 유의하자.

[보기 분석]
(A) Jenny used it last class. ▶ 정답
"Jenny가 지난 수업에서 그것을 사용했어요"라고 하며, 이전에 사용한 사람에게 가서 물어보라는 의도의 답변이다. 즉, 나도 알지 못한다는 의미의 답변이 된다.

(B) That would be great. ❷ 다른 의문사에 대한 답변
"그거 좋겠군요"라는 긍정적인 응답으로 권유/제안의문문에 대한 답변이다.

(C) To increase the efficiency of the lecture. ❹ 동일 어휘 반복
질문의 lecture를 반복 이용한 오답으로, Why 의문문에 대한 답변이다.

23 상대의 의견에 동의하며 부연 설명을 한다.

[질문 분석] I am surprised at the traffic in this part of the city.
I / surprised / traffic이 질문의 의도를 알 수 있는 키워드이다. 평서문에 대한 응답으로 미래 상황을 제시할 수 있다.

[보기 분석]
(A) That was a good idea. ❺ 시제 오류
질문의 시제는 현재인데, 응답은 과거로 시제가 일치하지 않아서 오답이다. How was it?에 대한 응답이다.

(B) It will be worse during rush hour. ▶ 정답
"시내의 교통량에 놀랐다"는 평서문에 "출퇴근 시간대에는 더 심할 거예요"라고 추가 부연 설명하는 정답이다.

(C) He was disappointed with that road. ❸ 주어 오류
응답의 He/She는 질문에서 특정한 사람이 언급되어야 답할 수 있음을 주의하자.

24 간접적인 상황 설명과 회피성 답을 주의하라.

[질문 분석] What benefits do I receive if I get a membership to your supermarket?
What benefits / I / receive가 질문의 의도를 알 수 있는 키워드로 혜택을 묻는 질문이다.

[보기 분석]
(A) Within five business days. ❷ 다른 의문사에 대한 답변
영업일 5일 이내라는 기간에 대한 응답으로 When 의문문의 답변이다.

(B) A wide range of fresh produce. ❹ 연상 어휘 오류
혜택이 아닌 질문의 supermarket에서 연상할 수 있는 판매 물품(fresh produce)으로 답변하고 있으므로 오답이다.

(C) Here are some guidelines. ▶ 정답
'어떤 혜택을 받을 수 있는지' 묻는 질문에 "여기에 설명 지침이 있습니다"라고 간접적으로 응답하는 정답이다.

25 사실 확인을 위한 반문

[질문 분석] Wasn't he awarded the prize last month?
Wasn't he awarded가 질문의 의도를 알 수 있는 키워드로 사실 확인을 하는 Be동사 의문문이다.

[보기 분석]
(A) You mean our business partner? ▶ 정답
"우리의 사업 협력자를 말씀하시는 건가요?"로 질문의 he가 사업 협력자를 말하는지 사실 확인을 위해 반문으로 답하고 있는 정답이다.
반문으로 대답하는 경우는 다음의 4가지로 ① 의문사를 이용한 추가 세부 정보에 대한 질문 ② 사실 확인을 위한 반문 ③ 다음 상황을 판단하기 위한 질문 ④ 방법을 묻는 질문이다.

(B) A discounted price. ❹ 유사 발음 오류
질문의 prize에서 price의 유사 발음을 이용한 오답이다.

(C) It will be held in the Plaza Hotel. ❺ 시제 오류
질문과 답변의 시제는 일치하는 것이 원칙이다. 질문의 시제는 과거이고, 응답은 미래이므로 오답이다. Where 의문문에 대한 답변이다.

26 Do you know / think + 평서문 ~?

[질문 분석] **Do you think we should ask another vendor for office furniture?**
[Do you think/know] 뒤의 내용을 잘 듣고 답을 찾아야 한다. we should ask another vendor가 질문의 의도를 알수 있는 키워드이다.

[보기 분석]
(A) Some chairs and desks. ❹ 연상 어휘 오류
질문의 furniture에 대한 연상 어휘 오답이다. 명사를 이용한 답변은 What 의문문 응답인 것을 주의하자. What should I order?의 질문에 대한 응답이다.

(B) I haven't heard any complaints. ▶ 정답
'다른 판매 회사에 요청해야 하나요'라는 질문에 "어떤 불만도 듣지 못했는데요"라고 응답하며 다른 판매 회사에 요청하지 않아도 된다고 우회적으로 답변하고 있다.

(C) It rose by 15%. ❷ 다른 의문사에 대한 답변
15퍼센트 올랐다는 답변으로 How much ~? 질문에 대한 응답이다.

27 최신 유형 I thought을 주의하라.

[질문 분석] **How many copies of the reports for the shareholders' meeting should I prepare?**
How many copies / should I prepare가 질문의 의도를 알 수 있는 키워드로 '몇 부나 준비해야 하는지' 묻는 How many 의문문이다.

[보기 분석]
(A) Colorful images, please. ❹ 연상 어휘 오류
질문의 copies를 colorful images로 연상한 어휘 오류로 What 의문문의 응답이다.

(B) I thought Rachel was making those. ▶ 정답
'몇 부나 준비해야 하는지'에 대한 How many 의문문에 I thought를 이용한 답변으로 "Rachel이 만들고 있는 줄 알았다"고 우회적으로 말하는 정답이다. I thought은 '~인 줄 알았는데 아니다'라는 가정의 의미로 최근에 자주 출제되는 표현이다.

(C) For a higher stock price. ❷ 다른 의문사에 대한 답변
이유에 대한 답변으로 Why 의문문에 대한 응답이다. 질문의 shareholders에서 stock을 연상한 어휘 오류이다.

28 상대의 조언이나 요청에 대한 답변

[질문 분석] **Make sure to leave your belongings at the front desk.**
leave your belongings가 질문의 의도를 알 수 있는 키워드로 요청의 평서문이다. 평서문에 대한 답으로 '내가 하겠다, 내가 알아보겠다' 등의 I will ~은 대표적인 답변임을 유의하자.

[보기 분석]
(A) The 2 P.M. tour. ❷ 다른 의문사에 대한 답변
시간 답변으로 When 의문문의 응답이다.

(B) **Don't worry, I will.** ▶ 정답
"소지품을 안내데스크에 두어야 합니다"라는 요청에 "그러겠다"고 I will로 답한 정답이다.

(C) It belongs to you. ❹ 유사 발음 오류
질문의 belongings를 belongs로 유사 발음을 이용한 오답이다. 혼동을 주기 위한 유사 의미나 유사 발음을 주의하자.

29 **Do you know + 의문사 ~?는 의문사가 답을 결정한다.**

[질문 분석] **Do you know who was nominated public relations manager of Colinsworth?**
간접의문문은 중간에 들리는 의문사 이하를 잘 듣고 답을 찾자. who is nominated / manager가 질문의 의도를 알 수 있는 키워드이다.

[보기 분석]
(A) **We're still looking to fill the position.** ▶ 정답
'누가 담당자로 임명되었는지' 묻는 Who 의문문에 '여전히 찾고 있다'며 아직 결정나지 않았다고 답하는 정답이다. Who 의문문에서 '들은 바가 없다, 결정된 바 없다, 모른다'는 빈출 정답 표현인 것을 알아두자.

(B) This facility is open for the public. ❹ 동일 어휘 반복
질문의 public을 반복한 오답이다. Who is the facility open for?에 대한 응답이다.

(C) No, she is in charge of if. ❸ 주어 오류
Do you know에 대해 No라고 부정으로 답하고 있는 것 같지만, 응답의 he/she는 질문에서 특정한 사람이 언급되어야 답할 수 있으므로 오답이다.

30 언제 하겠다는 우회적인 답변

[질문 분석] Please send the marketing files to our client by 2 P.M.
Please / send / files가 핵심 키워드로 상대방에게 요청하는 의미의 평서문이다.

[보기 분석]

(A) In a filing cabinet. ❷ 다른 의문사에 대한 답변
장소 답변으로 Where 의문문에 대한 응답이다. 질문의 files에 대한 연상 어휘로 a filing cabinet을 언급한 오답이다.

(B) The market is closer. ❹ 연상 어휘 오류
질문의 client에 대한 연상 어휘로 market을 언급한 오답이다.

(C) I'll mark that on my scheduler. ▶ 정답
'2시까지 파일을 전송해 달라'는 요청에 "제 스케줄러에 적어 두겠습니다"로 제안 및 수락의 응답을 간접적으로 제시한 정답이다.

31 상대 의견에 반박을 의미하는 but

[질문 분석] I don't want to eat at the French restaurant.
'먹고 싶지 않다'는 부정의 평서문이다. 답변에서 but의 등장은 가장 최신 유형인 것을 알아두자. but을 이용한 응답은 의문사보다는 조동사 의문문의 답으로 등장하며 사실을 확인해 주기 위한 Yes/No 뒤에서 추가 설명을 할 때 쓰인다. Yes/No의 대답 뒤에서 '그러나, 하지만'으로 반전을 나타낸다.

[보기 분석]

(A) Oh, I'm going to get take-out. ❹ 연상 어휘 오류
질문의 restaurant에서 take-out을 연상한 오답이다. 하나를 선택해야 하는 Which 의문문의 응답이기도 하다.

(B) A lunch with some colleagues. ❷ 다른 의문사에 대한 답변
명사 답변은 What 의문문의 응답임을 유의하자. 질문의 eat에서 a lunch를 연상한 오답이다.

(C) But, I heard a new chef is there now. ▶ 정답
"프랑스 음식점에서 먹고 싶지 않다"는 평서문에 but을 이용한 답변으로 but 뒤에서 "하지만, 거기에 새로 온 요리사가 있다고 들었다"라고 추가 설명하고 있는 정답이다.

Questions 32-34 refer to the following conversation.

M   Hello, Melissa. This is Marcus from Delvin Telecommunications. I was told that you called me yesterday. I'm sorry I was out of the office for a conference.   **32-C**
W   Hello, Marcus. I was calling because a suite of offices that you're apt to like is **32** on the market. It's located on Stockton Avenue and can accommodate up to 50 people. I think it could be perfect for you.   **32-A**
M   Umm, actually the number of our employees is 40, so that would be bigger **33** than we need.
W   I know, but during our last conversation you mentioned your company might expand. I think it would be better for you to get a more spacious office.
M   You're right. When can I see the property? I'm available for this afternoon.
W   How about 4 P.M.? For your reference, I'll send a copy of the floor plan and **34** the address of the property.   **34-C**

32. What is the main topic of the conversation?
(A) Reviewing market ~~trends~~
(B) Taking a job training
(C) ~~Going to a conference~~
(D) Renting office space

주제 / 상
ㄴ. 첫 대사에 집중하자.

33. What is the man concerned about?
(A) The office size
(B) The deadline
(C) The market conditions
(D) ~~The location~~

남 / 우려하는 것
ㄴ. but, actually, however에 집중하자.

34. What will the woman do next?
(A) Consult a ~~book~~
(B) Refer to the Web site
(C) Send a ~~report~~
(D) Email some information

여 / 미래 / 하
ㄴ. 여자의 말 I'll에 집중하자.

남 안녕하세요, Melissa 씨. 저는 Delvin Telecommunications의 Marcus입니다. 어제 저에게 전화 주셨다는 이야기 들었습니다. 죄송합니다. 제가 학회 때문에 출장을 가 있었습니다.
여 안녕하세요, Marcus 씨. 당신이 좋아할 만한 스위트룸 구조의 사무실이 시장에 나와서 전화 드렸습니다. 그 사무실은 Stockton Avenue에 위치해 있고 50명까지 수용할 수 있습니다. 거기가 Marcus 씨께 딱이라는 생각이 듭니다.
남 음, 사실 현재 직원 수가 40명이라서 그곳이 저희가 필요로 하는 것보다는 더 크겠네요.
여 알죠. 그런데 지난 번 대화에서 회사가 확장될 수도 있다고 언급하셨잖아요. 제 생각에는 더 넓은 사무실을 구하시는 게 더 나을 것 같아요.
남 맞습니다. 언제쯤 그 사무실을 볼 수 있을까요? 저는 오늘 오후에 시간이 있습니다.
여 오후 4시 어떠세요? 참고하실 수 있게 제가 평면도 사본과 건물 주소를 보내드리겠습니다.

32. 대화의 주제는 무엇인가?
(A) 시장 트렌드 검토
(B) 직무 교육 받기
(C) 학회에 가기
(D) 사무 공간 임대

33. 남자는 무엇을 염려하고 있는가?
(A) 사무실 크기
(B) 마감일
(C) 시장 상황
(D) 위치

34. 여자는 다음에 무엇을 할 예정인가?
(A) 도서 참고
(B) 웹사이트 언급
(C) 보고서 전송
(D) 일부 정보의 이메일 전송

32 주제나 목적을 묻는 문제는 처음 두 줄에 답이 있다.

STEP 1 대화의 주제를 묻는 문제는 대화를 처음부터 끝까지 다 듣고 나서 답을 고르기보다 우선 보기의 내용을 파악한 다음 대화의 앞부분을 들으면서 답을 결정해야 한다.

지문의 "I was calling because a suite of offices that you're apt to like is on the market."에서 여자는 시장에 나온 사무실 때문에 연락을 했다고 언급하고 있다. 그러므로 정답은 (D) Renting office space이다.

STEP 2 함정 유형 및 오답 패턴

(A) Reviewing market trends
▶ market은 지문에서 언급되었지만, 트렌드가 아닌 해당 건물에 관한 대화가 주를 이루고 있으므로 오답이다.
(B) Taking a job training
(C) Going to a conference ▶ 남자가 전화를 받지 못한 이유에 해당하므로 오답이다.
(D) Renting office space ▶ 정답

33 문제점과 걱정은 본인의 입으로 직접 얘기한다.

STEP 1 상대편 화자가 질문을 던지면, 담당 화자가 그에 대한 응답으로 문제점을 언급한다.

남자가 걱정하고 있는 것을 묻는 문제로, 남자의 대사에 집중해야 한다. 여자는 "It's located ~ can accommodate up to 50 people"에서 해당 장소가 최대 50명을 수용할 수 있다고 언급하고, 다음 남자 대사인 "actually the number of our employees is 40, so that would be bigger than we need"에서 직원 수가 40명뿐이므로, 해당 사무실은 클 것 같다는 남자의 우려를 표현하고 있다. 그러므로 남자가 염려하고 있는 것은 (A) The office size이다.

STEP 2 함정 유형 및 오답 패턴

(A) **The office size** ▶ 정답
(B) The deadline
(C) The market conditions ▶ 여자의 대사에서 언급되었으므로 오답이다.
(D) The location

34 미래 정보는 대화 후반부에 나오는 I'll ~이 정답이다.

STEP 1 다음 행위(미래 정보)를 묻는 문제는 주로 당사자의 대사에서 정답을 알 수 있다.

여자의 미래는 여자의 대사에서 등장하며, 지문의 "I'll send a copy of the floor plan and the address of the property"에서 여자는 남자에게 건물 평면도 사본과 건물 주소를 보내겠다고 언급하고 있다. 그러므로 정답은 (D) Email some information이다. 지문의 구체적인 단어 floor plan과 address는 포괄적인 어휘 information으로 paraphrasing되었다.

STEP 2 함정 유형 및 오답 패턴

(A) Consult a book ▶ copy에서 book을 연상한 오답이다.
(B) Refer to the Web site
(C) Send a report ▶ 여자가 남자에게 보내주는 것은 floor plan과 address이므로 오답이다.
(D) **Email some information** ▶ 정답

어휘 out of the office 외근 중인 conference 회의, 학회 suite 스위트룸(연결된 몇 개의 방으로 이루어진 공간) be apt to do ~하는 경향이 있다 on the market 시장에 나와 있는 accommodate ~을 수용하다 up to ~까지 the number of ~의 수 expand 확대하다, 확장하다 spacious 널찍한 property 재산, 부동산, 건물 reference 참고, 참조 floor plan 평면도

Questions 35-37 refer to the following conversation.

W Hi, Thomas. I've just received a call from our client, Colide Waters. **35** They want us to change the packaging design for their new mineral waters. So can you work on the revisions right away? I know it's not a lot of time, but they'd like to see something by tomorrow.
M I was just leaving for the annual packaging fair in Liverpool. Well, **36** I can ask Morin to update me later. Can you tell me what exactly they want to change?
W Sure, here's the request. They want simpler packaging.
M Okay, I'll just email it to my team. **37**
W Perfect. Thank you for helping me.

35-D

35. Where do the speakers work?
(A) At a law firm
(B) At a design firm
(C) At an advertising agency
(D) At a water ~~manufacturer~~

직업 / 상
ㄴ. we와 관련된 언급에 집중하자.

36. Why does the man say, "I can ask Morin to update me later"?
(A) He wants to ~~update~~ the policy.
(B) He needs to process the work ~~later~~.
(C) He plans not to attend an event.
(D) He disagrees with a ~~request~~.

남 / 화자 의도 파악
ㄴ. 화자 의도와 같은 뜻의 보기는 제거한다.

37. What will the man do next?
(A) Inform his coworkers
(B) ~~Contact~~ his client
(C) Send a ~~sample~~
(D) ~~Print~~ a design

남 / 미래 / 하
ㄴ. 남자의 말 I'll에 집중하자.

여 안녕하세요, Thomas 씨. 저희 고객인 Colide Waters 사에서 온 전화를 막 받았습니다. 그쪽에서 신규 미네랄 워터 상품의 포장 디자인을 저희가 변경해 주기를 원합니다. 그래서, 지금 바로 그 수정 작업을 진행해 주겠어요? 시간이 많지 않은 건 알고 있지만, 그들이 내일까지 보기를 원해서요.
남 제가 방금 Liverpool에서 열리는 연례 포장 박람회에 가려고 떠나려던 참이었거든요. 음, Morin 씨에게 제가 나중에 최신 소식을 알려 달라고 요청하겠습니다. 그들이 바꾸고 싶은 게 정확히 뭔지 말해 주시겠어요?
여 네. 여기 요청서예요. 그들은 더 단순한 포장을 원하네요.
남 알겠습니다. 제 부서 직원들에게 그걸 이메일로 보내겠습니다.
여 좋습니다. 도와주셔서 감사합니다.

35. 화자들은 어디에서 근무하는가?
(A) 법률 사무소에서
(B) 디자인 회사에서
(C) 광고업체에서
(D) 생수 제조업체에서

36. 남자는 왜 "I can ask Morin to update me later(Morin 씨에게 제가 나중에 최신 소식을 알려 달라고 요청하겠습니다)"라고 말하는가?
(A) 그는 정책을 갱신하기를 원한다.
(B) 그는 그 업무를 나중에 처리해야 한다.
(C) 그는 행사에 불참할 계획이다.
(D) 그는 요청서 내용에 동의하지 않는다.

37. 남자는 다음에 무엇을 할 예정인가?
(A) 동료에게 공지
(B) 고객에게 연락
(C) 샘플 전송
(D) 디자인 인쇄

35 직업과 장소는 전반부에서 힌트가 나온다.

STEP 1 첫 두 줄에서 our/your/this/here와 함께 들리는 장소/직업 명사가 정답이다.

화자들의 근무지를 묻는 문제로, 여자의 대사 "They want us to change the packaging design for their new mineral waters."에서 화자들의 고객이 포장 디자인 변경을 요청했다. 따라서 화자들이 근무하는 회사는 (B) At a design firm이다.

STEP 2 함정 유형 및 오답 패턴

client로 연상할 수 있는 장소는 보기 중 법률 사무소, 광고업체, 생수 제조업체에 해당된다. 따라서 **change the packaging design**에서 화자들의 근무지가 결정되었다.

(A) At a law firm
(B) At a design firm ▶정답
(C) At an advertising agency
(D) At a water manufacturer ▶포장 디자인 변경을 요청한 주체로 오답이다.

36 " "의 화자 의도와 같은 뜻의 보기는 제거한다.

STEP 1 화자 의도 파악 문제는 " "의 표면적 의미가 정답과 바로 연결되지 않는 것이 특징이다.

바로 앞 문장에서 남자가 "I was just leaving for the annual packaging fair in Liverpool."에서 남자가 Liverpool로 떠날 계획을 말하고, "제가 Morin 씨에게 나중에 최신 소식을 알려 달라고 요청하겠습니다."라고 하므로, 남자의 본래 계획인 연례 포장 박람회에 불참할 것임을 유추할 수 있으므로 정답은 (C)이다.

STEP 2 함정 유형 및 오답 패턴

(A) He wants to update the policy. ▶반복 어휘 **update**는 오답이다.
(B) He needs to process the work later. ▶반복 어휘 **later**는 오답이다.
(C) He plans not to attend an event. ▶정답
(D) He disagrees with a request. ▶**ask**와 유사 어휘인 **request**는 오답이다.

37 미래 정보는 대화 후반부에 나오는 I'll ~이 정답이다.

STEP 1 다음 행위(미래 정보)를 묻는 문제는 주로 당사자의 대사에서 정답을 알 수 있다.

남자의 미래는 남자의 대사에서 등장하며, 지문의 "I'll just email it to my team"에서 남자는 부서 직원들에게 고객인 Colide Waters사의 요청서를 전송할 것이라고 언급했다. 그러므로 정답은 (A) Inform his workers이다.

STEP 2 함정 유형 및 오답 패턴

(A) Inform his coworkers ▶정답
(B) Contact his client ▶고객한테서 벌써 연락이 왔으므로 오답이다.
(C) Send a sample ▶남자가 직원들에게 전송하는 것은 **sample**이 아닌 **request**이므로 오답이다.
(D) Print a design ▶**design**은 언급되었지만, 고객이 디자인 변경을 원하므로 오답이다.

어휘 packaging 포장 revision 수정 사항 right away 즉각, 곧바로 fair 박람회 update 갱신하다 exactly 정확히, 꼭 request 요청 사항, 요청서

Questions 38-40 refer to the following conversation with three speakers.

M Julie and Kate, I was looking forward to seeing you both. How was your trip to Hong Kong?
W1 Hi, Shane. It was good. Can you believe it? We made ten contracts **[38]** during the expo.
M Wow, that's great. Kate, you joined our company last month. Wasn't it your first trip for an international expo?
W2 Yes, and I made several mistakes during the demonstrations **[39]** because it was not that easy for me to present in front of many people. Thankfully, Julie helped me a lot. Anyway, I think it was a good opportunity to learn about our business.
M Actually, I'm working on some guides for new employees on how to **[40]** present our products effectively. You can take one on your next trip.
W1 That sounds great, Shane.

→ 38-C
→ 38-A
→ 39-B
→ 40-A 40-D

38. Why did the women travel to Hong Kong?
(A) To negotiate a merger
(B) To get new business
(C) To ~~take some time off~~
(D) To deliver some merchandise

여 / Hong Kong / 출장
이유 / 상
ㄴ. 여자의 말, 과거시제에 집중하자.

39. What does Kate say about the trip?
(A) She had some problems during her presentation.
(B) She just ~~helped her coworker do them~~.
(C) She has ~~lots of overseas experience~~.
(D) She had a good time with her family.

키워드 Kate / trip
ㄴ. 키워드 앞뒤에 집중하자.

40. What is the man working on?
(A) A sales ~~report~~
(B) Presentation materials
(C) A product ~~sample~~
(D) A project ~~proposal~~

남 / working on / 하
ㄴ. 후반부 남자의 말에 집중하자.

남 Julie 씨, Kate 씨, 두 분 모두 뵙기 고대했습니다. 홍콩 출장은 어떠셨나요?
여1 안녕하세요, Shane 씨. 좋았습니다. 믿어지세요? 저희가 박람회 기간 동안 계약을 10건이나 체결했습니다.
남 와우, 정말 잘하셨네요. Kate 씨, 지난달에 우리 회사에 입사했죠. 국제 박람회로는 첫 번째 출장 아니었나요?
여2 네, 많은 사람들 앞에서 발표하는 게 저에겐 그렇게 쉽지 않았기 때문에, 시연하는 동안 실수가 좀 있었습니다. 감사하게도, Julie 씨가 저를 많이 도와주셨습니다. 어쨌든, 우리 사업에 대해 배울 수 있는 좋은 기회였다고 생각합니다.
남 사실, 제가 신입사원들을 위해 우리 제품을 효과적으로 발표하는 방법에 관한 안내서를 작업하고 있어요. 다음 출장 때 하나 가져가실 수 있을 것입니다.
여1 정말 훌륭하네요, Shane 씨.

38. 여자들은 왜 홍콩을 방문했는가?
(A) 합병을 협상하기 위하여
(B) 신규 사업을 확보하기 위하여
(C) 휴식을 갖기 위하여
(D) 몇몇 상품을 배달하기 위하여

39. Kate가 출장에 관하여 언급하는 것은 무엇인가?
(A) 그녀가 발표를 진행하는 동안에 문제가 좀 있었다.
(B) 그녀는 동료가 그것들을 할 수 있도록 도왔다.
(C) 그녀는 해외 경험이 많다.
(D) 그녀는 가족들과 좋은 시간을 보냈다.

40. 남자는 어떤 작업을 하고 있는가?
(A) 매출 보고서
(B) 발표 자료
(C) 제품 샘플
(D) 프로젝트 제안서

38 Why 문제는 대화에서 그대로 반복된 후 원인에 대한 답이 나온다.

STEP 1   why 뒤의 키워드가 담화에서 들려야 그 뒤에 답이 나온다.

why 뒤의 키워드는 travel to Hong Kong이며 여자들이 홍콩에 방문한 이유를 묻는 문제로, 여자들의 대사에 정답이 있다. 첫 번째 여자의 대사 "We made ten contracts during the expo."에서 남자가 홍콩 출장이 어땠는지를 묻는 질문에, 박람회 동안 10개 계약을 체결했다고 언급했다. 즉, 여성들이 새로운 사업을 진행하고자 홍콩에 방문했음을 알 수 있으므로 정답은 (B) To get new business이다.

STEP 2   함정 유형 및 오답 패턴

(A) To negotiate a merger ▶ **contract**에서 연상한 오답이다.
(B) To get new business ▶ 정답
(C) To take some time off ▶ **trip**에서 연상한 오답이다.
(D) To deliver some merchandise

39 3인 대화 – 두 번째 문제는 주로 사람의 이름을 특정하여 질문한다. ▶Kate, trip

STEP 1   특정 사람 이름이 나오면, 화자들 중 누구에 해당하는지 주의하여 듣자.

남자의 대사인 "Kate, you joined our company last month. Wasn't it your first trip for an international expo?"에서 Kate에게 첫 번째 출장에 대하여 묻고 있고 상대방인 Kate의 대사 "Yes, and I made several mistakes during the demonstrations"에서 발표를 하는 동안 실수를 저질렀다고 언급했으므로 정답은 발표하는 동안 문제가 있었다는 (A)이다.

STEP 2   함정 유형 및 오답 패턴

(A) She had some problems during her presentation. ▶ 정답
(B) She just helped her coworker do them. ▶ **Kate**가 아닌 **Julie**가 한 일이므로 오답이다.
(C) She has lots of overseas experience. ▶ **Hong Kong**에서 **overseas**를 연상한 오답이다.
(D) She had a good time with her family.

40 문제에 남자가 언급되면 남자의 대사에 답이 나온다.

STEP 1   남자에 대해 물어보면 남자 대사에 답이 있다.

남자가 현재 작업하고 있는 업무가 무엇인지 묻는 질문으로, 남자의 대사에 정답이 있다. 남자의 대사 "I'm working on some guides for new employees on how to present our products effectively"에서 신입사원들이 자사 제품을 효율적으로 발표할 수 있게 하는 안내서를 작업하고 있다고 언급했다. 즉, 해당 자료는 발표 자료이므로 정답은 (B) Presentation materials이다.

STEP 2   함정 유형 및 오답 패턴

(A) A sales report ▶ **guides**에서 **report**를 연상한 오답이다.
(B) Presentation materials ▶ 정답
(C) A product sample ▶ 지문에서 **products**는 언급되었지만, **sample**에 관한 언급은 없으므로 오답이다.
(D) A project proposal ▶ **guides**에서 **proposals**를 연상한 오답이다.

어휘   look forward to Ving ~을 고대하다   make a contract 계약을 맺다   expo 박람회   make a mistake 실수하다   demonstration (시범) 설명, 시연   present 보여주다, 진행하다   work on ~을 마련하다, 작업하다   guide 안내서, 가이드   effectively 효과적으로

Questions 41-43 refer to the following conversation.

W   Kevin, have you finished the proposal for Alloy's Apparel?
M   Well, I got a call from the manager yesterday, and he told me they
    41 wanted to increase the budget for social media.
W   Hmm... they must believe that's more efficient. What about the
    42 monthly budget? Do they want to increase it?
M   No, they want to reduce it by 20% for other ads instead. So today
    43 I have to review all the reports from our agencies and reallocate
    funds.

41-B

42-B
42-D **43-C**

41. What is the conversation mainly about?
(A) **A budget for advertising**
(B) A proposal for ~~new business~~
(C) An upcoming sale
(D) Accounting procedures

주제 / 상
ㄴ. 첫 번째 대사에 집중하자.

42. What does the man mean when he says,
"They want to reduce it by 20% for other ads instead"?
(A) A total amount of budget has been ~~changed~~.
(B) A new ~~advertising~~ method should be added.
(C) **A plan should be revised.**
(D) A report has some ~~errors~~.

남 / 화자 의도 파악
ㄴ. 앞뒤 문맥에 집중하자.

43. What does the man say he will do next?
(A) **Review some documents**
(B) Replace a file
(C) ~~Contact~~ another agency
(D) Reserve a meeting room

남 / 미래 / 하
ㄴ. 남자의 I have to ~의 표현에 집중하자.

여   Kevin 씨, Alloy's Apparel사에 낼 제안서 다 완성하셨나요?
남   저기, 제가 매니저한테서 어제 전화를 받았는데, 그 분이 말하기를 거기가 소셜 미디어에 예산을 늘리고 싶어한다고 합니다.
여   음... 그들은 그것이 더 효율적이라고 믿는 게 틀림없군요. 월례 예산은 어떤가요? 그들이 그것을 늘리고 싶어 하나요?
남   아니요, 대신 그들은 다른 광고 예산을 20% 줄이는 걸 원하고 있습니다. 그래서 제가 오늘 우리 에이전시의 모든 보고서를 검토하고 자금을 재분배해야 합니다.

41. 대화는 무엇에 관한 것인가?
(A) **광고 예산**
(B) 신규 사업 제안서
(C) 곧 있을 판매
(D) 회계 절차

42. 남자가 "They want to reduce it by 20% for other ads instead(대신 그들은 다른 광고 예산을 20% 줄이는 걸 원하고 있습니다)"라고 말한 의도는 무엇인가?
(A) 예산 총액이 변경되었다.
(B) 신규 광고 기법이 추가되어야 한다.
(C) **계획이 수정되어야 한다.**
(D) 보고서에 일부 오류가 있다.

43. 남자는 다음에 무엇을 할 것이라고 말하는가?
(A) **일부 문서 검토**
(B) 파일 교체
(C) 다른 에이전시와 연락
(D) 회의실 예약

41 주제나 목적을 묻는 문제는 처음 두 줄에 답이 있다.

STEP 1 주제를 묻는 문제는 대화를 처음부터 끝까지 다 듣고 나서 답을 고르기보다 우선 보기의 내용을 파악한 다음 대화의 앞부분을 들으면서 답을 결정해야 한다.

남자의 대사 "I got a call from the manager yesterday and he told me they wanted to increase the budget for social media"에서 매니저로부터 고객인 Alloy's Apparel사가 예산을 늘리고 싶어 한다는 전화를 받았다고 언급하였으므로 대화의 주제는 (A) A budget for advertising이다.

STEP 2 함정 유형 및 오답 패턴

(A) **A budget for advertising** ▶정답
(B) A proposal for ~~new business~~
▶지문에서 **proposal**은 언급되었지만, **new business**에 관한 언급은 없으므로 오답이다.
(C) An upcoming sale
(D) Accounting procedures

42 " "로 표시되는 화자 의도와 같은 뜻의 보기는 제거한다.

STEP 1 문제에 주어진 " "의 앞뒤 문맥을 듣고 포괄적으로 묘사한 것이 정답이 된다. " "에 있는 동일한 단어가 있거나 주어진 " "와 같은 의미의 보기는 오히려 답이 될 확률이 적다.

앞 문장 "Do they want to increase it?"에서 월별 예산을 증가하여 일을 해결할 것인지 물어보았고 기준 문장은 "No"로 시작한다. 즉, 앞의 내용과 반대되는 내용이 따라올 것이며 다음 문장인 "So today I have to review all the reports from our agencies and reallocate funds."에서 이 문제를 해결하기 위해 각 기관의 보고서를 검토해야 한다고 언급했다. 즉, Alloy's Apparel사는 남자가 생각했던 대로 일이 처리되지 않아 새로운 계획을 세워 처리할 것이라는 남자의 의도를 파악할 수 있다. 그러므로 정답은 (C)이다.

STEP 2 함정 유형 및 오답 패턴

(A) A total amount of budget has been changed. ▶**budget**이 반복되었으나 총액이 바뀌어야 하는 건 아니다.
(B) A new advertising method should be added. ▶유사 어휘 **add**는 오답이다.
(C) **A plan should be revised.** ▶정답
(D) A report has some errors. ▶**report**는 언급되었으나, **errors**는 언급되지 않았다.

43 미래 정보는 대화 후반부에 나오는 I'll ~ 등의 표현이 정답이다.

STEP 1 다음 행위(미래 정보)를 묻는 문제는 주로 당사자의 대사에 정답이 있다.

남자의 미래는 남자의 대사에서 등장하며, 지문의 "I have to review all the reports from our agencies and reallocate funds"에서 모든 기관의 보고서를 검토해야 함을 언급하였으므로 정답은 (A) Review some documents이다.

STEP 2 함정 유형 및 오답 패턴

(A) **Review some documents** ▶정답
(B) Replace a file
(C) Contact another agency ▶**agency**는 언급되었지만, 연락이 아닌 여러 기관의 보고서를 검토를 해야 하므로 오답이다.
(D) Reserve a meeting room

어휘 proposal 제안서 budget 예산 efficient 능률적인, 효율적인 monthly 매월의 review 검토하다 agency 대리점, 기관 reallocate 재분배하다

Questions 44-46 refer to the following conversation.

W   Hi, Peter. I heard from today's department meeting that there will be
44 maintenance on our computer system during the last weekend of
June.
M   Really? So, what do we need to do for the maintenance?
W   This time the operating system will be updated. So all the
45 employees won't be able to work from Friday night to Sunday
46 afternoon on that weekend. Can you send an e-mail to remind the
rest of our team?
M   Sure. I'll take care of that.

44-A
44-B

44. What will take place at the end of June?
(A) A department meeting
(B) A repair of a heating system
(C) Computer maintenance
(D) Implementation of a revised company policy

키워드 the end of June
ㄴ, 키워드 앞뒤에 집중하자.

45. What should the employees be aware of?
(A) They have to bring warmer clothing.
(B) They should turn off their computers when they leave.
(C) They need to return the laptop computers to the company.
(D) They will not be able to work on a weekend.

키워드 employees / 요청 사항
ㄴ, 명령문, should ~의 문장에
집중하자.

46. What is the man asked to do?
(A) Return his computer
(B) Write an e-mail
(C) Ask for an estimate
(D) Submit a vacation request

남 / 요청받은 것 / 하
ㄴ, 여자의 요청/제안의 표현에
집중하자.

여 안녕하세요, Peter 씨. 오늘 부서회의에서 6월 마지막 주말
동안 우리 컴퓨터 시스템 점검이 있을 예정이라는 소식을 들
었습니다.
남 정말요? 그러면 저희는 점검할 때 무엇을 해야 하나요?
여 이번에는 운영 체제가 업데이트될 예정입니다. 그래서 전 직
원들은 해당 주말 금요일 저녁부터 일요일 오후까지 근무가
불가능할 겁니다. 부서 나머지 직원들이 알 수 있도록 이메
일을 보내주시겠어요?
남 그러죠. 제가 처리하겠습니다.

44. 6월 말에 무엇이 일어날 예정인가?
(A) 부서 회의
(B) 난방 시스템 수리
(C) 컴퓨터 점검
(D) 개정된 회사 정책 실시

45. 직원들은 무엇을 알고 있어야 하는가?
(A) 그들은 더 따뜻한 옷을 가져와야 한다.
(B) 그들은 퇴근 시에 컴퓨터를 꺼야 한다.
(C) 그들은 회사에 노트북을 반납해야 한다.
(D) 그들은 주말에 근무를 할 수 없을 것이다.

46. 남자는 무엇을 하라고 요청받는가?
(A) 컴퓨터 반납
(B) 이메일 작성
(C) 견적서 요청
(D) 휴가 신청서 제출

44 키워드 문제는 키워드 기준 앞뒤 문장에 답이 나온다. ▶ the end of June

STEP 1 특정 키워드에 대해 묻는 문제는 반드시 담화 중 해당 키워드 앞뒤에서 답이 들린다. 일반적으로는 키워드 뒤에 답이 들리지만 최근에는 키워드 앞에 미리 답이 나오는 경우가 있다.

문제의 키워드는 the end of June으로, 지문의 "there will be maintenance on our computer system during the last weekend of June"에서 6월 마지막 주말에 컴퓨터 점검이 있을 거라고 언급되어 있으므로 정답은 (C) Computer maintenance이다.

STEP 2 함정 유형 및 오답 패턴

(A) A department meeting ▶ 부서 회의는 오늘 진행되었으므로 오답이다.
(B) A repair of a heating system ▶ computer system에서 system을 반복한 오답이다.
(C) Computer maintenance ▶ 정답
(D) Implementation of a revised company policy
▶ 회사에서 실시 예정인 것은 개정 정책이 아닌 컴퓨터 시스템 점검이므로 오답이다.

45 답의 위치를 예측하면서 보기에 집중하라. ▶ employees

STEP 1 답은 순서대로 대화상에 배치되기 때문에 문제의 위치에 따라 해당 보기에 집중하여 듣는다. 보기에 있는 단어나 관련 단어가 들리는지 최대한 집중하자.

문제의 키워드는 employees로, 직원들이 알고 있어야 하는 것이 무엇인지를 묻는 문제이다. 지문의 "So all the employees won't be able to work from Friday night to Sunday afternoon on that weekend."에서 컴퓨터 업데이트 때문에 금요일 저녁부터 일요일 오후까지 근무가 불가능하다고 언급하고 있다. 그러므로 정답은 (D)이다.

STEP 2 함정 유형 및 오답 패턴

(A) They have to bring warmer clothing.
(B) They should turn off their computers when they leave.
▶ 지문에서 computers는 언급되었지만, turn off와 관련된 내용은 언급되지 않았으므로 오답이다.
(C) They need to return the laptop computers to the company.
▶ computers에서 laptop computers를 연상한 오답이다.
(D) They will not be able to work on a weekend. ▶ 정답

46 수동태 문제는 상대방의 You로 시작하는 대사에서 답이 나온다.

STEP 1 제안, 요구 사항이나 미래 일정은 후반부에 답이 있으며, 간접적으로 '~을 하겠다'고 제안하거나 '~을 하세요'라고 권유 또는 제안하는 표현에 집중해야 한다.

여자의 마지막 대사 "Can you send an e-mail to remind the rest of our team?"에서 남자에게 컴퓨터 업데이트로 발생하는 상황을 다른 직원들에게 이메일로 알려 달라고 요청하고 있다. 그러므로 남자가 요청받은 것은 (B) Write an e-mail이다.

STEP 2 함정 유형 및 오답 패턴

(A) Return his computer ▶ 컴퓨터 반납이 아닌 컴퓨터 업데이트에 대해 이야기 나누고 있으므로 오답이다.
(B) Write an e-mail ▶ 정답
(C) Ask for an estimate ▶ 남자에게 요청한 건 견적서가 아니라 이메일 발송이다.
(D) Submit a vacation request

어휘 maintenance 유지, 보수, 점검   operating system 운영 체제   update 최신의 것으로 하다
remind 상기시키다, 다시 한 번 알려주다   rest 다른 사람들, 나머지

Questions 47-49 refer to the following conversation.

W Hi, Daniel. We're doing fairly well since we opened two months ago, don't you think?
M Yeah. I've already found several good reviews online. They are **47** satisfied with our seafood and very reasonable prices. Nobody can **48** beat our prices.
W Right. And the view from the seats is fantastic as well. But, I think we should think about the next step at this point. What do you think will make our business more profitable in the next season?   **48-B**
M Do you have any ideas?
W Well, why don't we add a new menu? You know, seaweed is well **49** known as being good for your health.   **49-B**
M That sounds good. I'll call and consult with our vendors in the fish   **47-D**
market right away.

47. Where do the speakers most likely work?
(A) **At a restaurant**   (B) At a hotel
(C) At a medical clinic   (D) At a ~~fish market~~

직업 / 상
ㄴ. 대화 전반부의 we / our의 표현에 집중하자.

48. According to the man, what do customers like about the business?
(A) The quality of the service
(B) The ~~convenient~~ location
(C) **The reasonable prices**
(D) The business hours

키워드 customers / like
ㄴ. 3인칭 대명사 they의 언급에 집중하자.

49. What does the woman mean when she says, "Seaweed is well known as being good for your health"?
(A) She hopes to ~~change her business~~.
(B) She has some concerns about the man's ~~health~~.
(C) **She wants to use a certain ingredient.**
(D) She is about to explain nutritious food.

여 / 화자 의도 파악
ㄴ. 화자 의도와 같은 뜻의 보기는 제거한다.

여 안녕하세요, Daniel 씨. 두 달 전에 개업한 이래로 상당히 잘 진행되고 있습니다. 그렇지 않아요?
남 네. 벌써 온라인에서 몇몇 좋은 후기들을 발견했습니다. 그들은 우리의 해산물과 매우 저렴한 가격에 만족하고 있네요. 어느 누구도 저희 가격과 경쟁할 수는 없습니다.
여 맞아요. 그리고 좌석에 앉아 바라보는 풍경 또한 훌륭합니다. 하지만, 우리는 이 시점에서 다음 단계를 생각해 봐야 할 것 같아요. 다음 시즌에 더 많은 이익을 낼 수 있게 할 제품이 무엇이라고 생각하세요?
남 무슨 좋은 생각이라도 있으세요?
여 음, 새로운 메뉴를 추가하는 것이 어떨까요? 저기, 미역이 건강에 좋기로 유명하잖아요.
남 좋은 생각입니다. 지금 바로 어시장 판매상에게 전화를 걸어 이야기해 보겠습니다.

47. 화자들은 어디에서 근무할 것 같은가?
(A) **식당에서**   (B) 호텔에서
(C) 병원에서   (D) 어시장에서

48. 남자의 말에 따르면, 고객들은 그 회사의 무엇을 좋아하는가?
(A) 서비스 품질
(B) 편리한 위치
(C) **합리적인 가격**
(D) 영업 시간

49. 여자가 "Seaweed is well known as being good for your health(미역이 건강에 좋기로 유명하잖아요)"라고 말한 의도는 무엇인가?
(A) 그녀의 업종을 변경하기를 바란다.
(B) 그녀는 남자의 건강을 걱정하고 있다.
(C) **그녀는 특정 재료를 사용하길 원한다.**
(D) 그녀는 영양가 있는 식품을 막 설명하려고 한다.

47 직업과 장소는 전반부에서 힌트가 나온다.

STEP 1 대화 상단부 **our/your/this/here** 표현과 함께 들리는 장소/직업 명사가 정답이다.

지문의 "They are satisfied with our seafood and very reasonable prices."에서 화자들이 해산물을 판매하는 곳에서 화자들이 근무하고 있으므로 정답은 (A) At a restaurant이다.

STEP 2 함정 유형 및 오답 패턴

(A) **At a restaurant** ▶ 정답
(B) At a hotel
(C) At a medical clinic
(D) At a fish market ▶ 지문 후반부에서 언급되지만, 이는 남자가 전화할 판매상이 있는 곳이므로 오답이다.

48 문제에 제시된 사람 및 회사 이름은 3인칭 대명사로 표현된다.

STEP 1 고유명사나 일반명사가 대화의 처음에 언급된 후 3인칭 대명사(**he/she/they/it**)로 반복해서 언급된다.

고객들이 좋아하는 것이 무엇인지를 묻는 문제로, 남자의 대사에서 정답을 파악해야 한다. 지문의 "I've already found several good reviews online. They are satisfied with our seafood and very reasonable prices."에서 후기를 남긴 고객들 즉, they는 합리적인 가격에 판매되는 요리를 매우 마음에 들어 한다고 언급되어 있다. 그러므로 정답은 (C) The reasonable prices이다.

STEP 2 함정 유형 및 오답 패턴

(A) The quality of the service
(B) The convenient location ▶ **point**에서 **location**을 연상한 오답이다.
(C) **The reasonable prices** ▶ 정답
(D) The business hours

49 " "로 표시되는 화자 의도와 같은 뜻의 보기는 제거한다.

STEP 1 " "의 앞뒤 문맥을 듣고 포괄적으로 묘사한 것이 정답이 된다. 화자의 의도로 주어진 " "에 있는 동일한 단어가 보기에 있거나 주어진 " "와 같은 의미의 보기는 오히려 답이 될 확률이 적다.

앞 문장인 "Why don't we add a new menu?"에서 새로운 메뉴를 추가하는 것이 어떤지 제안하면서, 구체적인 재료인 미역을 추천하고 있다. 즉, 여성은 신 메뉴에 미역을 사용하고 싶다는 의도를 내비치고 있으므로 정답은 (C)이다.

STEP 2 함정 유형 및 오답 패턴

(A) She hopes to change her business.
▶ 지문의 "Why don't we add a new menu?"에서 여성은 신 메뉴를 추가하고 싶다고 언급하고 있으므로 오답이다.
(B) She has some concerns about the man's ~~health~~. ▶ **health**를 반복 사용한 오답이다.
(C) **She wants to use a certain ingredient.** ▶ 정답
(D) She is about to explain nutritious food.
▶ **Seaweed**와 **good for your health**가 **nutritious food**와 같은 의미이므로 오답이다.

어휘 fairly 상당히, 꽤 review 논평, 비평 reasonable 합리적인 beat 이기다, 더 낫다 view 시야, 풍경 profitable 수익성이 있는 seaweed 미역 consult with ~와 협의하다 vendor 행상인, 판매 회사 fish market 어시장 right away 즉각

Questions 50-52 refer to the following conversation with three speakers.

M   Thank you for coming here, Sarah and Merriam. As you all know, **50** our book sales have been decreasing over the past year. I'd like to discuss the issue and try to come up with solutions. Sarah, do you have an idea for how to increase our sales?
W1 Well, how about publishing e-book versions? With the popularity of **51** affordable tablets, there has been a demand for e-books.
W2 That's true. We're still publishing only printed versions of books. Other local publishing competitors have launched e-books through their Web sites.
W1 It will cost a lot to create electronic versions of all the printed books, but we'll be able to continue reproducing them at no extra charge.
M   I like the idea. I'll make some arrangements and ask for a **52** consultation.

50–C
51–A
52–A 52–B

50. According to the man, what is the problem?
(A) A machine is not working properly.
(B) A meeting is canceled.
(C) A book has an ~~error~~.
(D) Sales are disappointing.

남 / 문제
ㄴ. 남자의 첫 번째 대사에 집중하자.

51. According to Sarah, what will most likely change at the business?
(A) A ~~printing machine~~
(B) A version of book
(C) A launching date
(D) A safety procedure

Sarah / 변경될 것
ㄴ. Sarah의 대사에 집중하자.

52. What will the man do next?
(A) Arrange for ~~a meeting~~
(B) Ask for ~~investment~~
(C) Schedule a consultation
(D) Report to the management

남 / 미래 / 하
ㄴ. 남자의 말 중 I'll ~에 집중하자.

남   Sarah 씨, Merriam 씨, 여기 와 주셔서 감사합니다. 모두 아시다시피, 저희 도서 판매량이 지난 일 년 동안 감소하고 있습니다. 그 문제를 논의하여 해결책을 내고 싶습니다. Sarah 씨, 판매량 증가와 관련해 좋은 생각 있으세요?
여1 글쎄요, 전자책 버전을 출판하는 건 어떤가요? 적정한 가격대 태블릿들의 인기로, 전자책에 대한 수요가 계속 있습니다.
여2 사실입니다. 저희가 아직도 인쇄판으로만 도서를 출판하고 있습니다. 다른 현지 경쟁 출판업체는 자사 웹사이트를 통해 전자책을 출시하였습니다.
여1 모든 인쇄 출판물들의 전자책 버전을 만드는 데는 비용이 많이 들겠지만, 추가 비용 없이 출판물들을 재생산할 수 있을 겁니다.
남   아이디어가 마음에 드네요. 제가 준비를 하여 상담을 요청하겠습니다.

50. 남자의 말에 따르면, 문제점은 무엇인가?
(A) 기계가 제대로 작동하지 않는다.
(B) 회의가 취소되었다.
(C) 도서에 오류가 있다.
(D) 판매량이 실망스럽다.

51. Sarah 씨에 따르면, 회사에서 무엇이 변경될 것 같은가?
(A) 인쇄기기
(B) 책의 버전
(C) 출시 날짜
(D) 안전 절차

52. 남자는 다음에 무엇을 할 것인가?
(A) 회의 준비하기
(B) 투자 요청하기
(C) 상담 일정 잡기
(D) 경영진에게 보고하기

50 문제점과 걱정은 본인의 입으로 직접 얘기한다.

STEP 1 문제점을 묻는 문제는 대개 첫 대사와 두 번째 대사에 정답이 있다.

남자가 언급한 문제점이 무엇인지 묻는 문제로, 남자의 대사에 집중해야 한다. 지문의 "our book sales have been decreasing over the past year"에서 도서 판매량이 감소하고 있다고 언급하고 있으므로 정답은 (D)이다.

STEP 2 함정 유형 및 오답 패턴

(A) A machine is not working properly.
(B) A meeting is canceled.
(C) A book has an error. ▶지문에서 book은 언급되었지만, error에 관한 언급은 없다.
(D) **Sales are disappointing.** ▶정답

51 3인 대화에서 두 번째 문제는 주로 사람의 이름을 특정하여 질문한다.

STEP 1 문제점이나 걱정, 제안은 한 사람이 하는 경우가 주로 출제되므로, **the man/woman**의 단수 화자 혹은 특정 사람의 이름을 이용한 질문을 한다.

남자가 문제 제기에 이어, Sarah를 언급하면서 의견을 묻고 있으므로, 그 다음에 말하는 여자가 Sarah임을 알 수 있다. "how about publishing e-book versions?"에서 전자책 버전을 출판하는 것이 어떤지 제안하고 있으므로, 책의 출판 버전이 바뀔 것임을 알 수 있다. 따라서 정답은 (B) A version of book이다.

STEP 2 함정 유형 및 오답 패턴

(A) A printing machine ▶publish에서 print를 연상한 오답이다.
(B) **A version of book** ▶정답
(C) A launching date
(D) A safety procedure

52 미래 정보는 대화 후반부에 나오는 I'll ~이 정답이다.

STEP 1 다음 행위(미래 정보)를 묻는 문제는 주로 당사자의 대사에서 정답을 알 수 있다.

남자의 미래는 남자의 대사에서 등장하며, 지문의 "I'll make some arrangements and ask for a consultation."에서 해당 아이디어들을 정리해 상담을 요청하겠다고 언급되어 있다. 그러므로 정답은 (C) Schedule a consultation이다.

STEP 2 함정 유형 및 오답 패턴

(A) Arrange for ~~a meeting~~ ▶회의가 아닌 아이디어를 정리한다고 했으므로 오답이다.
(B) Ask for ~~investment~~ ▶투자가 아닌 상담을 요청할 것이므로 오답이다.
(C) **Schedule a consultation** ▶정답
(D) Report to the management

어휘 come up with (아이디어 등을) 내놓다, 제안하다 affordable (가격이) 알맞은 demand 요구
local 지역의, 현지의 competitor 경쟁사, 경쟁자 launch 출시하다 reproduce 복사하다, 복제하다, 재생산하다
at no extra charge 추가 비용 없이 make an arrangement 준비하다 consultation 협의, 상의, 상담

Questions 53-55 refer to the following conversation.

W Hello, this is Ashlee Rice calling. Last week, I applied for the online marketer position. I was wondering when my application will be reviewed. [53-B]
M Hello, Ms. Rice. I'm sorry we're scheduled to accept applications until today. Then we'll proceed to the next step. But if you don't mind, can you tell about yourself now?
W Well, I'm majoring in business management and I have one semester left before graduation.
M Hmm... but as you probably know, you need some prior work experience.
W Sure. I had several jobs while I was studying. I've already completed two internship programs. The first one was in Canada, and the other one was at your company last year.
M Oh, that's interesting. What kind of work did you do in Canada?

53. According to the woman, what happened last week?
(A) She posted a job opening.
(B) She applied to be a volunteer.
(C) **She provided some documents for a job.**
(D) She developed a new Web site.

여 / 키워드 last week / 상
└ 과거시제에 집중하자.

54. Who most likely is the man?
(A) A job applicant
(B) A business consultant
(C) **A personnel manager**
(D) A real estate agent

남 / 직업 / 상
└ 남자의 대사에 집중하자.

55. What does the man imply when he says, "That's interesting"?
(A) **He wants to hear more about the woman's experience.**
(B) He agrees to take an interview.
(C) He enjoyed the discussion about a job trend.
(D) He accepts the woman's suggestion.

남 / 화자 의도 파악
└ 앞뒤 문맥에 집중하자.

여 안녕하세요, Ashlee Rice라고 합니다. 지난주에 제가 온라인 마케터 직에 지원을 했습니다. 언제 제 지원서가 검토될지 궁금해서요.
남 안녕하세요, Rice 씨. 죄송하지만 저희가 오늘까지 지원서를 받을 예정입니다. 그리고 나서 다음 단계를 진행할 예정이고요. 하지만, 괜찮다면 지금 본인에 대해서 설명해 주시겠어요?
여 어, 저는 경영관리 전공으로 졸업까지 한 학기가 남았습니다.
남 음... 하지만 아시다시피, 이전 근무 경력이 필요합니다.
여 물론이죠. 저는 학업을 하는 동안 여러 가지 일을 했습니다. 이미 두 개의 인턴쉽 프로그램을 수료했고요. 첫 번째는 캐나다에서, 나머지 하나는 작년 귀사에서 했습니다.
남 오, 흥미롭군요. 캐나다에서는 어떤 일을 하셨나요?

53. 여자의 말에 따르면, 지난주에 무슨 일이 있었는가?
(A) 그녀는 구직 공고를 게시하였다.
(B) 그녀는 자원봉사를 신청하였다.
(C) **그녀는 입사 서류를 제공하였다.**
(D) 그녀는 새로운 웹사이트를 개발하였다.

54. 남자는 누구일 것 같은가?
(A) 구직자   (B) 사업 컨설턴트
(C) **인사부장**   (D) 부동산 중개업자

55. 남자가 "That's interesting(흥미롭군요)"이라고 말한 의도는 무엇인가?
(A) **그는 여자의 경험에 관하여 더 듣기를 원한다.**
(B) 그는 인터뷰를 진행하기로 동의한다.
(C) 그는 취업 동향 관련 토론을 즐겼다.
(D) 그는 여자의 제안을 수락한다.

53 키워드 문제는 키워드 기준 앞뒤 문장에 답이 나온다. ▶ last week

STEP 1 키워드에 대해 묻는 문제는 반드시 담화 중 해당 키워드 앞뒤에서 답이 들린다. 일반적으로 키워드 뒤에 답이 들리지만 최근에는 키워드 앞에 미리 답이 나오는 경우가 있다.

문제의 키워드는 last week로, 지문의 "Last week, I applied for the online marketer position"에서 여자가 온라인 마케터 직에 지원했음이 언급되어 있다. 즉, 여성이 입사 지원을 했으며, 해당 과정에서 서류를 제출했으므로 정답은 (C)이다.

STEP 2 함정 유형 및 오답 패턴

(A) She posted a job opening. ▶ apply for에서 job opening을 연상한 오답이다.
(B) She applied to be a volunteer. ▶ 자원봉사자가 아닌 online marketer position에 지원했으므로 오답이다.
(C) She provided some documents for a job. ▶ 정답
(D) She developed a new Web site.

54 직업과 장소는 전반부에 답에 대한 힌트가 나온다.

STEP 1 전반부에 특정 직업과 명사가 언급되며, **our/your/this/here** 표현과 함께 들리는 장소/직업 명사가 정답이 된다.

남자의 직업을 묻는 문제로, 남자의 대사에 집중한다. 지문의 "I'm sorry we're scheduled to accept applications until today."에서 남자는 입사지원서와 관련된 일을 하고 있음이 언급되어 있다. 즉, 남자는 인사 관계자이므로 정답은 (C) A personnel manager이다.

STEP 2 함정 유형 및 오답 패턴

(A) A job applicant ▶ 남성이 아닌, 여성의 현재 상태를 나타내므로 오답이다.
(B) A business consultant
(C) A personnel manager ▶ 정답
(D) A real estate agent

55 " "의 화자 의도 파악 문제는 해당 위치에서 연결어를 확보하자.

STEP 1 문맥 문제는 앞 사람의 말에 대해 답변/반응을 하는 것이 대부분이므로, 앞 사람의 대사에서 들리는 '특정 단어'를 포함하거나 관련된 보기가 정답이 된다. 특히 해당 위치의 연결어가 있다면 긍정/부정의 의미로 정답을 구분해야 한다.

앞 문장인 "I've already completed two internship programs. ~ the other one was at your company last year"에서 여자는 인턴십과 관련된 경험에 대해 간단하게 설명하고 있다. 뒤 문장인 "What kind of work did you do in Canada?"에서 남자가 여자의 해당 경험에 관심을 보이고 있으므로 정답은 (A)이다.

STEP 2 함정 유형 및 오답 패턴

(A) He wants to hear more about the woman's experience. ▶ 정답
(B) He agrees to take an interview.
(C) He enjoyed the discussion about a job trend. ▶ 취업 동향이 아닌 여자의 인턴십 경험 대해서 이야기 나누고 있으므로 오답이다.
(D) He accepts the woman's suggestion.

어휘 be scheduled to do ~할 예정이다   proceed 진행하다   if you don't mind 괜찮으시다면
major in ~을 전공하다   prior 사전의   work experience 업무 경력   complete 완료하다, 끝마치다

Questions 56-58 refer to the following conversation with three speakers.

W1 Good morning. May I help you?
M   Hi, my name is Darrell O'Brien, and I'm a reporter from *Hamilton Monthly Review*. **56** I'm supposed to interview Dr. Nunez at 10:00.   **56–A**
W1 OK, but she is in a meeting at the moment. **57** Can I see your identification? I just need to check all the visitors' appointments.
M   Sure, here it is.
W1 Her meeting will be finished soon. Oh, here she is now. Dr. Nunez, this is Darrell O'Brien, your 10:00 appointment.   **58–A**
W2 Hi, Mr. O'Brien. Thanks for coming. I'm so sorry, **58** but I need a few more minutes to wrap up the meeting. Jane, could you take him to my office?   **58–C**

56. What is the purpose of the man's visit?
(A) To ~~review~~ an estimate
(B) To inspect safety standards
(C) To conduct an interview
(D) To ~~pick up an ID card~~

목적 / 남자의 방문 / 상
ㄴ, 첫 번째 대사에 집중하자.

57. What does the man agree to do?
(A) ~~Sign up for~~ an event
(B) Provide ~~contact information~~
(C) Perform a regular checkup
(D) Show his identification

남 / 동의
ㄴ, 여자 대사에 대한 남자의 동의에 집중하자.

58. What will Dr. Nunez most likely do next?
(A) She will ~~cancel an appointment~~.
(B) She will get back to a meeting.
(C) ~~She will take the man to her office~~.
(D) She will lead an inspection.

키워드 Dr. Nunez / 미래 / 하
ㄴ, 3인칭 대명사와 함께 미래시제에 집중하자.

여1 안녕하세요. 무엇을 도와드릴까요?
남   안녕하세요. 저는 Darrell O'Brien이고요, Hamilton Monthly Review 기자입니다. 10시에 Nunez 박사님을 인터뷰하기로 되어 있습니다.
여1 알겠습니다. 그런데 선생님이 현재 회의 중입니다. 신분증을 보여주시겠어요? 제가 모든 방문객들의 약속을 확인해야 합니다.
남   물론이죠. 여기 있습니다.
여1 회의는 금방 끝날 것입니다. 오, 지금 여기에 오시네요, Nunez 박사님. 이 분은 10시에 약속이 잡혀 있는 Darrell O'Brien 씨입니다.
여2 안녕하세요, O'Brien 씨. 와 주셔서 감사합니다. 죄송하지만, 회의를 마무리하려면 시간이 조금 더 필요합니다. Jane 씨, 제 사무실까지 이 분 좀 모셔다 드릴래요?

56. 남자의 방문 목적은 무엇인가?
(A) 견적서 검토
(B) 안전 기준 점검
(C) 인터뷰 실시
(D) 신분증 수령

57. 남자는 무엇을 하기로 동의하는가?
(A) 행사 신청
(B) 연락처 제공
(C) 정기 점검 실시
(D) 본인 신분증 제시

58. Nunez 씨는 다음에 무엇을 할 것 같은가?
(A) 그녀는 약속을 취소할 것이다.
(B) 그녀는 회의를 하러 다시 돌아갈 것이다.
(C) 그녀는 남자를 자기 사무실까지 데려다 줄 것이다.
(D) 그녀는 점검을 진두지휘할 것이다.

56 3인 대화 – 첫 번째 문제는 주로 3인의 직업 혹은 대화 주제를 묻는다.

STEP 1   주제나 목적을 묻는 문제는 주로 대화의 시작 부분에서 등장한다.

남자의 방문 목적을 묻는 문제로, 남자의 대사에 집중해야 한다. 지문의 "I'm supposed to interview Dr. Nunez at 10:00."에서 남자는 Nunez 박사와 인터뷰를 진행할 예정이라고 언급하고 있으므로 정답은 (C) To conduct an interview가 정답이다.

STEP 2   함정 유형 및 오답 패턴

(A) To review an estimate   ▶interview와 유사 발음인 review는 오답이다.
(B) To inspect safety standards
(C) To conduct an interview   ▶정답
(D) To pick up an ID card   ▶지문에서 여자가 ID card (identification)를 보여 달라고 요청하기는 하지만, ID card를 찾으로 온 게 남자의 방문 목적이 아니므로 오답이다.

57 동의 문제는 앞선 화자의 대화에 대한 수락의 표현에서 확인하자.

STEP 1   남자의 동의는 앞선 여자의 대화에서 답을 찾자.

여자1의 대사 "Can I see your identification?"에서 신분증을 제시해 달라고 요청하자 다음 남자의 대사 "Sure, here it is."에서 남자가 여자의 요청에 응하고 있다. 즉, 남자가 동의한 행동은 (D) Show his identification이다.

STEP 2   함정 유형 및 오답 패턴

(A) Sign up for an event   ▶event(지문의 interview)에 대한 언급은 있지만 sign up for에 대한 언급은 없으므로 오답이다.
(B) Provide contact information   ▶연락처가 아닌 신분증을 제시하므로 오답이다.
(C) Perform a regular checkup
(D) Show his identification   ▶정답

58 3인 대화 – 미래의 일정이나 제안이 마지막 문제로 등장한다.

STEP 1   앞으로 일어날 일의 순서를 묻는 문제는 I'll ~ /Let's ~에서 처음 들리는 동사가 정답이다.

Nunez 씨의 미래는 Nunez 씨의 대사에서 답이 나온다. 지문의 "but I need a few more minutes to wrap up the meeting"에서 회의를 마무리 짓느라 시간이 필요하다고 언급하였으므로 정답은 (B)이다.

STEP 2   함정 유형 및 오답 패턴

(A) She will cancel an appointment.   ▶회의를 마무리 지어야 한다고 언급했지만 취소하겠다는 내용은 없으므로 오답이다.
(B) She will get back to a meeting.   ▶정답
(C) She will take the man to her office.   ▶Nunez 선생님이 아닌 다른 여자 Jane이 해야 할 일이므로 오답이다.
(D) She will lead an inspection.

어휘   be supposed to do ~하기로 되어 있다   at this moment 지금, 현재   identification 신분증   appointment 약속   wrap up 마무리 짓다

Questions 59-61 refer to the following conversation and calendar.

W   Hi, Samuel. You know, we recently installed new spinning and weaving machines at our factory. For safety reasons, we need to have a safety training workshop. I'm wondering when the workshop could be held.
M   Let's check this week's calendar. Well, how about this day? There will be a staff meeting, so all of our floor employees will already be gathered.
W   In addition, because it will be in the morning, we'd better provide them with breakfast.
M   That sounds good. Also, I'd like to recommend the Mom's Sandwich next to our factory. It offers a variety of sandwiches and beverages which taste more delicious than at nearby stores.
W   All right. Then, I'll ask Kendra to email the workshop notice to all employees and call the store to place an order.

59-B
59-C
60
61-C

	Monday	Tuesday	Wednesday	Thursday
9-10			Staff meeting	
10-11	Team building			
11-12		Directors' meeting		Survey day
13-14				

59. According to the woman, what did the business do?
(A) It replaced some equipment. (B) It hired new employees.
(C) It changed safety policies. (D) It had a meeting with a client.

여 / 키워드 business / 상
ㄴ. 첫 번째 대사의 과거시제에
집중하자.

60. Look at the graphic. On which day will the workshop be held?
(A) Monday (B) Tuesday
(C) Wednesday (D) Thursday

시각 자료 / workshop
ㄴ. 시각 자료에서 주어진 보기
외의 것을 확인하자.

61. What is suggested about Mom's Sandwich?
(A) It offers reasonable prices. **(B) It is located nearby.**
(C) It has only one menu item. (D) It owns its own farm.

키워드 / Mom's Sandwich / 하
ㄴ. 3인칭 대명사에 집중하자.

여 안녕하세요, Samuel 씨. 저기, 최근에 우리 공장에 새 방적기를 설치했습니다. 안전상 이유로, 우리가 안전 교육 워크숍을 진행해야 하잖아요. 언제 워크숍이 열릴 수 있을지 궁금합니다.
남 이번 주 달력 좀 확인해 봅시다. 어, 이 날은 어떤가요? 직원회의가 있을 거라서, 우리 층의 전 직원들이 이미 모여 있을 겁니다.
여 게다가, 회의가 아침에 진행될 거니까 직원들에게 아침 식사를 제공하는 게 좋겠어요.
남 좋은 생각입니다. 또 우리 공장 옆에 위치한 Mom's Sandwich 가게를 추천하고 싶습니다. 거기가 다양한 샌드위치와 음료수를 제공하는데 근처 가게보다 더 맛있어요.
여 알겠습니다. 그러면, 제가 Kendra 씨에게 워크숍 관련 공고문을 이메일로 전 직원에게 발송하라고 요청하고, 가게에 연락해서 주문하겠습니다.

	월요일	화요일	수요일	목요일
9-10			직원회의	
10-11	팀 빌딩			
11-12		부서장 회의		설문조사 날
13-14				

59. 여자의 말에 따르면, 기업에서 무엇을 했는가?
(A) 일부 장비를 교체했다. (B) 신입사원을 채용했다.
(C) 안전 정책을 변경했다. (D) 고객과 회의를 했다.

60. 시각자료를 보시오. 어느 요일에 워크숍이 열릴 예정인가?
(A) 월요일 (B) 화요일
(C) 수요일 (D) 목요일

61. Mom's Sandwich에 관하여 언급된 것은 무엇인가?
(A) 합리적인 가격에 판매한다. **(B) 근처에 위치해 있다.**
(C) 메뉴가 한 가지뿐이다. (D) 자체 농장을 소유하고 있다.

59 과거에 관한 질문은 대화의 전반부에 있다.

STEP 1 답은 순서대로 대화상에 배치되므로 문제의 위치에 따라 해당 보기에 집중하여 듣는다.

과거에 관한 질문은 대화의 전반부에 위치하므로, 여자의 첫 번째 대사의 과거시제 언급에서 답을 찾을 수 있다. "we recently installed new spinning and weaving machines at our factory"에서 신형 방적기를 설치했다고 언급 했으므로 정답은 (A)이다.

STEP 2 함정 유형 및 오답 패턴

(A) **It replaced some equipment.** ▶정답
(B) It hired new employees. ▶new를 반복한 오답이다.
(C) It changed safety policies. ▶지문에서 safety는 언급되었지만, policies에 대한 언급이 없으므로 오답이다.
(D) It had a meeting with a client.
▶지문의 workshop은 meeting으로 paraphrasing될 수 있지만, clients에 관한 언급은 없으므로 오답이다.

60 시각 자료 관련 보기 내용이 대화에 나오지 않는다.

STEP 1 시각 자료 문제는 보기가 대화에서 언급되지 않는다.

워크숍이 진행될 요일을 묻는 문제로, 남자의 대사 "how about this day? There will be a staff meeting, so all of our floor employees will already be gathered"와 여자의 대사 "it will be in the morning"에서 남자가 제안한 요일에는 오전에 직원회의가 있는 게 언급되어 있으므로 정답은 (C) Wednesday이다.

61 키워드 문제는 키워드 기준 앞뒤 문장에 답이 나온다. ▶ Mom's Sandwich

STEP 1 특정 키워드에 대해 묻는 문제는 반드시 담화 중 해당 키워드 앞뒤에서 답이 들린다. 일반적으로는 키워드 뒤에 답이 들리지만 최근에는 키워드 앞에 미리 답이 나오는 경우가 있다.

문제의 키워드는 Mom's Sandwich로, 지문의 "I'd like to recommend the Mom's Sandwich next to our factory"에서 화자들이 근무하고 있는 공장 옆에 위치해 있음이 언급되어 있다. 그러므로 정답은 (B)이다. 지문의 구체적인 어휘인 next to는 보기의 포괄적인 어휘 nearby로 paraphrasing되었다.

STEP 2 함정 유형 및 오답 패턴

(A) It offers reasonable prices.
(B) **It is located nearby.** ▶정답
(C) It has only one menu item.
▶a variety of sandwiches and beverages를 제공한다고 언급되어 있으므로 오답이다.
(D) It owns its own farm. ▶지문에 나오지 않은 내용이다.

어휘 install 설치하다 spinning and weaving machine 방적기 safety 안전 wonder 궁금해 하다 a variety of 다양한 nearby 인근의 notice 공지문, 안내문 place an order 주문하다

Questions 62-64 refer to the following conversation and screenshot.

M   Hey, Melissa. I've been trying to send a file, but my computer can't access the Internet for some reason.
W   Really? That's strange. Mine is working properly. Well, would you like me to send it instead?
M   I'd really appreciate that. Here, it's on this memory card. It was made on November 3.
W   All right. Let me see. I found it. To whom do you want to send it?
M   All of our marketing employees including Mr. Song, the team director.
W   Okay. By the way, I'm going to the Romario Italian Restaurant which is located on Northern Boulevard for lunch. Would you like to join me?
M   I'd love to.

Documents Folder

Title	Date	Size
Palcon's strategy	2015-11-07	32KB
Employee schedule	2015-11-02	92KB
Payroll records	2015-11-04	120KB
Sales projections	2015-11-03	2.2GB

62. Look at the graphic. What file is the man suggesting?
(A) Palcon's strategy
(B) Employee schedule
(C) Payroll records
(D) Sales projections

63. How will the woman help the man?
(A) By forwarding an e-mail
(B) By printing a document
(C) By calling a colleague
(D) By fixing a computer

64. What will the man do next?
(A) Go to the office
(B) Have a meeting
(C) Have lunch
(D) Park his car

시각 자료 / 남 / 파일 이름
ㄴ. 시각 자료에서 주어진 보기 외의 것을 확인하자.

여 / 도울 방법
ㄴ. 여자의 말에서 권유/제안의 표현에 집중하자.

남자 / 미래 / 하
ㄴ. 후반부 미래시제에 집중하자.

남 안녕하세요, Melissa 씨. 제가 파일을 보내려고 하는데, 어떤 이유인지 제 컴퓨터가 인터넷에 접속할 수가 없네요.
여 정말요? 이상하네요. 제 컴퓨터는 제대로 작동하거든요. 그럼, 제가 대신 보내드릴까요?
남 정말 감사합니다. 여기, 파일이 이 메모리카드에 있습니다. 11월 3일에 작성된 것입니다.
여 알겠습니다. 어디 보자. 찾았어요. 누구에게 보내고 싶으세요?
남 부서 책임자인 Song 씨를 포함해 마케팅팀 전 직원들에게요.
여 알겠습니다. 참, 전 Northern Boulevard에 있는 Romario Italian Restaurant 갈 건데요, 함께 가시겠어요?
남 네, 좋습니다.

서류 폴더		
제목	날짜	크기
Palcon의 전략	2015-11-07	32KB
직원 일정	2015-11-02	92KB
급여 기록	2015-11-04	120KB
매출 예상	2015-11-03	2.2GB

62. 시각 자료를 보시오. 남자가 언급하는 파일은 무엇인가?
(A) Palcon의 전략
(B) 직원 일정
(C) 급여 기록
(D) 매출 예상

63. 여자는 남자를 어떻게 도와줄 것인가?
(A) 이메일을 전송해서
(B) 서류를 인쇄해서
(C) 동료에게 연락해서
(D) 컴퓨터를 수리해서

64. 남자는 다음에 무엇을 할 예정인가?
(A) 사무실 출근
(B) 회의 참가
(C) 점심 식사
(D) 주차

62 시각 자료 문제에서 (A) – (D)의 보기는 대화에서 들리지 않는다.

STEP 1   시각 자료 문제는 보기가 대화에서 언급되지 않는다.

대화 중에 시각 자료와 매칭되는 내용이 정답이 됨을 주의하자. 남자가 말하고 있는 파일의 이름이 무엇인지 묻는 문제로, "I've been trying to send a file"에서 파일을 언급하고, 이후 남자의 대사 "It was made on November 3rd."에서 11월 3일에 작성되었다고 언급하였으므로 이에 해당되는 날짜의 파일 제목은 (D) Sales projections이다.

63 문제에서 man/woman/speakers를 확인하라.

STEP 1   문제에서 여자에 대해 물어보면 여자 대사에 답이 있다.

여자가 남자를 어떻게 도울 것인가에 대한 문제는 여자의 대사 중 제안하는 표현으로 언급되는 것이 일반적이다. 따라서 앞선 남자의 말에서 문제가 제기되어 이를 해결하기 위한 여자의 제안 표현이 언급될 수 있음을 생각해 두자. 남자의 첫 번째 말 "I've been trying to send a file, but ~"에서 파일을 보내려고 했지만, 못 보냈다는 문제 제기에 대해 "Would you like me to send it instead?"로 남자 대신 자신이 보내줄까라고 묻고 있으므로 파일을 전송해서 도와줄 것을 알 수 있다. 정답은 (A).

STEP 2   함정 유형 및 오답 패턴

(A) **By forwarding an e-mail**　▶정답
(B) By printing a document　▶지문의 **file**에서 **document**를 연상하지만, 인쇄가 아닌 발송을 해주겠다고 하므로 오답이다.
(C) By calling a colleague
(D) By fixing a computer　▶컴퓨터에 문제가 있음은 언급되었지만, fix에 대한 언급은 없으므로 오답이다.

64 미래 정보는 대화 후반부에 나오는 I'll ~ 유형이 정답이다.

STEP 1   다음 행위(미래 정보)를 묻는 문제는 주로 당사자의 대사 중 I'll ~에서 정답을 알 수 있다. 그런데 고난도의 문제들에서는 상대방의 제안이나 요청을 수락함으로써 그것을 하겠다는 의미가 되므로 상대가 제안하는 내용이나 요청하는 내용을 잘 들어야 한다.

남자의 미래 정보는 남자의 마지막 대사에서 확인하는 것이 일반적이나, 남자의 말이 "I'd love to."의 수락하는 내용이므로 앞선 여자의 말에서 제안을 하고 있음을 알 수 있다. 따라서 여자의 마지막 대사 "I'm going to the Romario Italian Restaurant which is located on Northern Boulevard for lunch. Would you like to join me?"에서 여자는 점심을 먹으러 갈 예정이라는 말과 함께 같이 가겠냐고 묻고 있고, 남자가 마지막 대사 "I'd love to."에서 긍정의 대답을 하고 있으므로 정답은 (C) Have lunch이다.

STEP 2   함정 유형 및 오답 패턴

(A) Go to the office　▶남자는 식당에 갈 것이므로 오답이다.
(B) Have a meeting　▶식당에 가는 이유는 점심 식사 때문이므로 오답이다.
(C) **Have lunch**　▶정답
(D) Park his car

어휘　access 접속하다　properly 제대로, 적절히　appreciate 고마워하다　director 책임자, 관리자

Questions 65-67 refer to the following conversation and spreadsheet.

M Linda, how's the new inventory management software working out? **65-C**
65 It has been almost a month since the committee approved your request to buy it.
W It's nice. The software facilitates managing books which are checked out in our library. Each time books are removed, it can also
66 calculate the due date and inform users of it by text message. **66-D**
M So, with this new software, we can update the status of books for both our librarians and users, right?
W Exactly. And I can search for a status just by entering keywords in a spreadsheet. For example, look what happens when I type "due."
67 See? **Two items** are due to be returned today.

Title	Date checked out	Date due
The Unicorn, Book 7	October 1	October 5
The Temperature of Love	October 2	October 5
Her Name is Matilda	October 3	October 8

65. What did the business recently do?
(A) Hire more employees (B) **Purchase some software**
(C) Check the inventory (D) Inspect the system

66. According to the woman, how can users find the due date?
(A) **By reading a text message** (B) By calling a business
(C) By visiting a business (D) By checking their e-mails

67. Look at the graphic. When is the conversation taking place?
(A) October 1 (B) October 2
(C) **October 5** (D) October 8

65 과거에 관한 질문은 대화의 전반부에 정답이 위치한다.

STEP 1   과거에 관한 질문은 대화의 전반부를 잘 들어야 한다.

기업에서 최근에 한 것이 무엇인지 묻는 문제로, 지문의 "how's the new inventory management software working out? It has been almost a month since the committee approved your request to buy it"에서 대략 한 달 전에 신규 재고 관리 소프트웨어를 구매하였음이 언급되었으므로 정답은 (B) Purchase some software이다.

STEP 2   함정 유형 및 오답 패턴

(A) Hire more employees
(B) Purchase some software ▶ 정답
(C) Check the inventory
▶ inventory 언급은 있지만, 확인이 아닌 작동이 제대로 되는지를 묻고 있으므로 시제 불일치 오답이다.
(D) Inspect the system
▶ 재고 관리 소프트웨어(system)에 관한 언급은 있지만, inspect에 관한 언급은 없으므로 오답이다.

66 키워드 문제는 키워드 기준 앞뒤 문장에 답이 나온다. ▶ due date

STEP 1   특정 키워드에 대해 묻는 문제는 반드시 담화 중 해당 키워드 앞뒤에서 답이 들린다. 일반적으로는 키워드 뒤에 답이 들리지만 최근에는 키워드 앞에 미리 답이 나오는 경우가 있다.

문제의 키워드는 due date로, 지문의 "it can also calculate the due date and inform users of it by text message"에서 문자 메시지로 마감일을 계산하여 사용자에게 알려 줄 수 있다는 신규 소프트웨어의 특징을 언급하고 있다. 그러므로 사용자들은 (A) By reading a text message로 마감일을 확인할 수 있다.

STEP 2   함정 유형 및 오답 패턴

(A) By reading a text message ▶ 정답
(B) By calling a business
(C) By visiting a business
(D) By checking their e-mails ▶ 확인 대상은 이메일이 아닌 문자 메시지이므로 오답이다.

67 시각 자료 문제에서 (A) – (D)의 보기는 대화에서 들리지 않는다.

STEP 1   시각 자료 문제는 보기가 대화에서 언급되지 않는다.

대화가 일어나고 있는 날짜를 묻는 문제로, 지문의 "look what happens when I type "due." See? Two items are due to be returned today"에서 여자가 '반납'이라는 단어를 입력하면, 오늘 두 권이 반납되어야 한다고 나타난다고 언급하고 있다. 즉, 오늘 반납해야 할 도서가 두 권 있는 날짜는 October 5로 정답은 (C)이다.

어휘   inventory management 재고 관리   work out 잘 풀리다, 좋게 진행되다   committee 위원회   approve 승인하다   facilitate 가능하게 하다, 용이하게 하다   check out 대출하다   remove 옮기다, 이동하다   calculate 계산하다, 산출하다   inform A of B A에게 B를 알리다   status 상황   type 타자 치다, 입력하다   due 지불 기일이 된, ~하기로 예정된

Questions 68-70 refer to the following conversation and price list.

M Thank you for calling Lyndhurst Institute. How may I help you?
W Hello, I'm Dr. Samantha Fanulli from Durittle Veterinary Clinic. I want to register for next week's veterinary research conference, but I haven't been able to access your Web site since this morning.
M I'm sorry for the inconvenience, Dr. Fanulli. Due to unexpected demand, our Web site is down. So I can take your registration over the phone. Will you be attending the conference for both days?
W No. I'm just interested in the first day.
M All right. Well, if you are a member of Lyndhurst Institute, you can save on the registration fee. If you want to become a member, I can process your application right now. Just give me your name and contact information.
W Sounds perfect. I'll do that.

Day 1 only	Members $85 Non-members $100
Day 2 only	Members $110 Non-members $125
Both days	Members $160 Non-members $170

68. What problem does the woman mention?
(A) A contract has expired.
(B) A Web site is not working.
(C) A demand for registration is higher.
(D) Research has some errors.

69. Look at the graphic. How much will the woman most likely pay?
(A) $85
(B) $100
(C) $110
(D) $125

70. What does the man ask the woman to provide?
(A) The number of attendees
(B) Her membership number
(C) Identification information
(D) A deposit

68 문제점과 걱정은 본인의 입으로 직접 얘기한다.

STEP 1   문제점을 묻는 문제는 첫 대사와 두 번째 대사에 정답이 있다.

여자가 언급한 문제점이 무엇인지 묻는 문제로, 여자의 대사에 집중해야 한다. 여자의 대사 "I want to register for next week's veterinary research conference, but I haven't been able to access your Web site since this morning."에서 여성은 컨퍼런스 신청을 원하지만, 웹사이트에 접속이 불가능하다고 언급하고 있다. 즉, 여성이 겪고 있는 문제는 (B) A Web site is not working.이다.

STEP 2   함정 유형 및 오답 패턴

(A) A contract has expired.
(B) A Web site is not working. ▶정답
(C) A demand for registration is higher.   ▶해당 보기는 여자가 아닌 남자가 언급하고 있는 문제점이므로 오답이다.
(D) Research has some errors.   ▶research 언급은 있지만, 여자는 웹사이트 접속에 문제가 있으므로 오답이다.

69 표, 전단지 등의 시각 자료는 정보의 맞음과 틀림을 찾는 유형의 문제이다.

STEP 1   정보를 제공하는 표, 전단지 등의 시각 자료는 자료와 대화 내용의 일치를 묻는다.

여자가 지불할 금액이 얼마인지 묻는 문제이다. 여자의 대사 "I'm just interested in the first day."와 남자의 대사 "if you are a member of Lyndhurst Institute, you can save on the registration fee"를 통해, 여자는 첫째 날에만 참가를 원하며, 남자는 회원 가입을 추천하였다. 또 마지막 여자의 대사 "Sounds perfect."에서 회원 가입에 긍정적인 대답을 하고 있다. 즉, 여자는 회원가로 첫째 날 참가에 해당하는 금액을 지불할 것이므로 정답은 (A) $85이다.

70 요청과 제안 문제의 힌트는 대화 후반부에 you로 언급된다.

STEP 1   요청과 제안은 상대방에게 하는 것이므로 '~해라' 식의 표현이 답이 된다.

남자가 여자에게 제공해 달라고 한 것을 묻는 문제로 남자의 대사에 집중해야 한다. 남자의 대사 "Just give me your name and contact information."에서 이름과 연락처를 달라고 요청하고 있다. 즉, 여성이 남성에게 제공해야 하는 것은 (C) Identification information이다. 지문의 구체적인 어휘 name and contact information은 포괄적인 어휘 identification information으로 paraphrasing되었다.

STEP 2   함정 유형 및 오답 패턴

(A) The number of attendees
(B) Her membership number   ▶member에서 연상된 오답이다.
(C) Identification information ▶정답
(D) A deposit   ▶registration fee에서 연상된 오답이다.

어휘   institute 기관   veterinary 수의과의   veterinary clinic 동물병원   conference 총회, 학회   access 접속하다   inconvenience 불편   due to ~ 때문에   unexpected 예기치 않은, 뜻밖의   demand 수요, 요구   save 구하다, 절약하다   process 처리하다   contact information 연락처

Questions 71-73 refer to the following talk.

As you know, one of the biggest events in Carlisle, the Fifth Soccer Match, will be held at Carlisle Stadium at the beginning of next month. As a part of preparation for the event, there will be road resurfacing work and marching band practice until the end of this month. Therefore, Main Street where the construction will take place, will be blocked from nine to noon every morning for two weeks. To reduce any inconvenience for citizens, the Transport Authority will provide shuttle buses which stop at the subway stations between City Hall and Carlisle Stadium. The buses will come every 10 minutes, with the last one departing at 11:40, and will take 20 minutes to get to the stadium. For more information about the bus schedule and other events, visit www.carlisle.go.kr.

71–A,B,C

73–C

71. What kind of event will take place next month?
(A) A ~~conference~~
(B) A ~~concert~~
(C) A ~~festival~~
(D) A sports match

행사 / next month / 상
ㄴ. 첫 번째 대사에 집중하자.

72. Why won't Main Street be available during a particular time?
(A) The road will be resurfaced.
(B) ~~The sewage system will be fixed~~.
(C) The road will be blocked ~~by snow~~.
(D) The site will be inspected.

키워드 Main Street / 사용 못하는 이유
ㄴ. 키워드 기준 앞뒤를 확인하자.

73. When will the last bus of the day arrive at Carlisle Stadium?
(A) 11:00
(B) 11:20
(C) 11:40
(D) 12:00

키워드 last bus / 미래 / 하
ㄴ. 후반부 숫자 표현에 집중하자.

아시다시피, Carlisle에서 가장 큰 행사 중 하나인, 제 5회 축구 경기가 다음 달 초 Carlisle Stadium에서 열릴 예정입니다. 행사 준비의 일환으로 이번 달 말까지 도로 재포장 작업과 행군악대의 연습이 진행될 예정입니다. 그러므로 공사가 진행될 Main Street는 2주 동안 매일 아침 9시부터 정오까지 통행이 차단됩니다. 시민들에게 미치는 불편을 줄이고자 교통 당국은 시청과 Carlisle Stadium 사이 지하철역에 정차하는 셔틀 버스를 제공할 예정입니다. 버스는 매 10분 간격으로 오게 되며, 마지막 버스는 11시 40분에 출발하여 경기장에 도착하는 데 20분이 소요됩니다. 버스 운행 시간표와 다른 행사 관련하여 자세한 정보를 보시려면, www.carlisle.go.kr.를 방문해 주십시오.

71. 다음 달에 어떤 종류의 행사가 열릴 것인가?
(A) 학회
(B) 콘서트
(C) 축제
(D) 스포츠 경기

72. 왜 Main Street는 특정 시간 동안 이용할 수 없을 것인가?
(A) 도로가 재포장될 예정이다.
(B) 하수 시스템이 수리될 예정이다.
(C) 도로가 눈 때문에 폐쇄될 예정이다.
(D) 현장을 조사할 예정이다.

73. 마지막 버스는 Carlisle Stadium에 언제 도착할 예정인가?
(A) 11시
(B) 11시 20분
(C) 11시 40분
(D) 12시

71 키워드 문제는 키워드 기준 앞뒤 문장에 답이 나온다. ▶next month

STEP 1 특정 키워드에 대해 묻는 문제는 반드시 지문 중 해당 키워드 앞뒤에서 답이 들린다. 일반적으로 키워드 뒤에 답이 들리지만 최근에는 키워드 앞에 미리 답이 나오는 경우가 있다.

the Fifth Soccer Match, will be held at Carlisle Stadium at the beginning of next month에서 키워드 next month에 Carlisle Stadium에서 축구 경기가 열리는 게 언급되어 있다. 지문의 Soccer Match는 보기 (D)의 A sports match로 paraphrasing되었다.

STEP 2 함정 유형 및 오답 패턴

(A) A conference
(B) A concert
(C) A festival
(D) A sports match ▶정답

72 Why 관련 질문은 대화에서 그대로 반복된 후 원인에 대한 정답이 나온다.

STEP 1 Why 뒤의 키워드가 지문에서 들려야 그 뒤에 답이 나온다.

Why 뒤의 키워드 won't ~ be available을 통해 이용이 제한되는 원인을 묻는 문제이다. 지문의 there will be a road resurfacing work와 Main Street ~ will be blocked를 통해 Main Street 도로가 재포장 작업으로 폐쇄 예정임이 언급되어 있다. 그러므로 정답은 (A)이다.

STEP 2 함정 유형 및 오답 패턴

(A) The road will be resurfaced. ▶정답
(B) The sewage system will be fixed. ▶**blocked**의 이유로 연상할 수 있는 오답이다.
(C) The road will be blocked by snow. ▶폐쇄 원인이 날씨 때문이 아니므로 오답이다.
(D) The site will be inspected.

73 보기 모두 날짜이거나 요일, 장소인 경우 난도가 높아진다. ▶last bus

STEP 1 문제의 보기 4개가 모두 시간이나 장소일 때, 지문에서는 2개 이상의 시간이나 장소가 언급되므로, 난도가 높아진다.

The buses will come every 10 minutes, with the last one departing at 11:40, and will take 20 minutes to get to the stadium에서 마지막 버스는 11시 40분에 출발하며 장소까지 도착하는 데 20분이 소요됨이 언급되어 있다. 그러므로 정답은 (D)이다.

STEP 2 함정 유형 및 오답 패턴

(A) 11:00
(B) 11:20
(C) 11:40 ▶마지막 버스의 출발 시간이므로 오답이다.
(D) 12:00 ▶정답

어휘 match 경기, 시합 stadium 경기장 resurfacing 재포장 marching 행진 block 차단하다
Transport Authority 교통 당국 depart 떠나다

Questions 74-76 refer to the following telephone message.

Rachel, it's Mario. I heard that your company won an international **74** award for your new variety of sparkling red wine, Rosso Spumante, in Rome last month. Congratulations! As you know, our store has a plan to expand the drink product lines which we carry. So my supervisor, **Mr. Powell**, is interested in your wines, especially **75** the sparkling wine varieties, and he would like to have a meeting with you soon. He will be at the International Wine Fair in France **76** until next Tuesday. From the following day, he will be at his desk for the rest of the week. So please let me know when you will be available. I'm looking forward to seeing you soon.

74-C, D　75-B
75-D　76-A, B
75-C

74. What did Rachel's company do last month?
(A) It gathered customer reviews.
(B) It received an award.
(C) It expanded its office.
(D) It announced a merger.

키워드 last month / 상
↳ 키워드 앞뒤 문장에 집중하자.

75. What does Mr. Powell want to do?
(A) Have a meeting with a business
(B) Expand to an international market
(C) Visit a fair in France
(D) Give a woman some advice

키워드 Mr. Powell
↳ 키워드 앞뒤 문장에 집중하여 듣자.

76. Why does the speaker say, "He'll be at his desk for the rest of the week"?
(A) To recommend a suitable meeting time
(B) To suggest changing a meeting time
(C) To complain about some tasks
(D) To indicate that he will work

화자 의도 파악
↳ 앞뒤 문맥 파악에 집중하자.

Rachel 씨, Mario입니다. 지난 달 로마에서 귀사의 신규 스파클링 레드 와인, Rosso Spumante가 국제적인 상을 받았다는 소식을 들었습니다. 축하드립니다! 당신도 알고 있듯이, 저희 상점이 현재 취급하고 있는 음료 상품 라인을 확대할 계획이 있습니다. 그래서 제 상사인 Powell 씨가 귀사의 와인, 특히 여러 스파클링 와인 제품에 관심이 있어서 조만간 당신과 회의를 하고 싶어 합니다. Powell 씨는 다음 주 화요일까지 프랑스에서 열리는 국제 와인 박람회에 참가할 예정입니다. 그 다음 날부터 그 주 나머지 시간 동안 근무할 예정이고요. 그러니 제게 Rachel 씨가 언제 시간이 되는지 알려주십시오. 곧 만나 뵙기를 고대합니다.

74. Rachel 씨의 회사는 지난 달에 무엇을 했는가?
(A) 고객 후기를 수집했다.
(B) 상을 받았다.
(C) 사무실을 확장하였다.
(D) 합병을 발표하였다.

75. Powell 씨는 무엇을 하고 싶어 하는가?
(A) 업체와 회의하기
(B) 해외 시장으로 확장하기
(C) 프랑스 박람회 방문하기
(D) 여자에게 조언하기

76. 화자가 왜 "He'll be at his desk for the rest of the week(그는 그 주의 나머지 시간 동안 근무할 예정이고요)"라고 말하는가?
(A) 적절한 회의 시간을 추천하기 위해서
(B) 회의 시간 변경을 제안하기 위해서
(C) 업무에 대해 항의하기 위해서
(D) 그가 근무할 것이라는 걸 알리기 위해서

74 과거에 관한 문제는 전반부에서 언급한다. ▶last month

STEP 1 첫 번째 문제의 키워드가 과거 관련한 것일 경우, 담화의 전반부 과거시제 표현에서 답을 찾자.

문제의 키워드는 last month로, 지문의 "your company won an international award for your new variety of sparkling red wine, Rosso Spumante, in Rome last month"에서 지난 달 새로운 레드 와인 제품으로 국제적인 상을 받았다고 언급되어 있으므로 (B)가 정답이다.

STEP 2 함정 유형 및 오답 패턴

(A) It gathered customer reviews.
(B) It received an award. ▶정답
(C) It expanded its office. ▶Mario의 가게에서 drink product lines를 확장한다고 언급되어 있으므로 오답이다.
(D) It announced a merger. ▶expand에서 merger를 연상한 오답이다.

75 문제에 제시된 사람 및 회사 이름은 3인칭 대명사로 표현된다. ▶Mr. Powell

STEP 1 고유명사나 일반명사가 대화의 처음에 언급된 후, 3인칭 대명사(he/she/it/they)로 반복해서 언급된다.

문제의 키워드는 Mr. Powell로, 지문의 "my supervisor, Mr. Powell, is interested in your wines, especially the sparkling wine varieties, and he would like to have a meeting with you soon"에서 그는 화자인 Mario의 상사이며, 와인 품종을 늘리고자 Rachel 씨와 회의를 진행하고 싶다고 언급되어 있으므로 정답은 (A)이다.

STEP 2 함정 유형 및 오답 패턴

(A) Have a meeting with a business ▶정답
(B) Expand to an international market
 ▶Powell 씨는 drink product lines를 확장한다고 언급되어 있으므로 오답이다.
(C) Visit a fair in France ▶원하는 것이 아니라 이미 예정되어 있는 일이므로 오답이다.
(D) Give a woman some advice

76 " "의 화자 의도 파악 문제는 포괄적으로 설명한 보기가 정답이다.

STEP 1 화자 의도 파악 문제 표현은 주로 앞뒤 문맥을 연결하는 역할을 하므로, 주변 문맥을 파악해야만 정확한 의미와 화자의 의도를 이해할 수 있다.

앞 문장인 "He will be at the International Wine Fair in France until next Tuesday"에서 상사인 Powell 씨가 화요일까지 출장을 간다는 사실을 언급하고 있다. 기준 문장은 "From the following day"로 그 다음 날부터 시작한다. 즉, 화요일 다음날인 수요일부터 그가 근무할 것임을 강조하고 있으므로 정답은 (D)이다.

STEP 2 함정 유형 및 오답 패턴

(A) To recommend a suitable meeting time ▶meeting은 언급되었지만 적당한 시간을 제안하고 있지 않다.
(B) To suggest changing a meeting time ▶역시 meeting에 대한 언급은 있으나 시간 변경에 대한 언급은 없다.
(C) To complain about some tasks
(D) To indicate that he will work ▶정답

어휘 international 국제적인 variety 품종, 종류 expand 확대하다 carry (가게에서 품목을) 취급하다
supervisor 감독관, 상사 following day 다음 날 rest 나머지 available 시간이 있는
look forward to Ving ~을 기대하다

Questions 77-79 refer to the following speech.

First of all, let me thank you all for coming here today. Today is the second day of the new employee orientation session, and **I'll be giving** you some useful **information about** working in the **accounting** department. Then, after the lunch break, I'll introduce each mentor, all of whom are senior employees. During the meeting, they will give you a tour of the company's facilities, including the employee lounges and fitness center. Before I forget, I want to tell you something. We've **recently changed** the payroll policy. The original paydays were on the 15th and 30th, but **the 30th is always a busy day at our company**. So we decided to **move the dates** to the 1st and 15th. Also, at the end of the today, I'll give you survey forms so that we can collect your feedback about our orientation. Please fill them out and submit them in the box on the desk outside of this room. Now, let's get started.

77. What kind of department do the listeners work for?
(A) Advertising   **(B) Accounting**
(C) Sales   (D) Research

청자 / 직업 / 상
└ 담화 첫 두 문장에 집중하자.

78. What does the speaker say has recently changed?
(A) A payday
(B) A meeting location
(C) A survey
(D) A hiring process

키워드 recently changed
└ 키워드 앞뒤 문장에 집중하자.

79. What does the speaker imply when she says, "The 30th is always a busy day at our company"?
(A) To encourage employees
(B) To delay the date
(C) To ask for overtime
(D) To explain an excuse

화자 의도 파악
└ 앞뒤 문맥 파악이 중요하다.

우선, 오늘 이곳에 와 주셔서 감사하다는 말씀드리겠습니다. 오늘은 신입사원 오리엔테이션의 둘째 날이고 저는 회계부 근무와 관련해 몇 가지 유용한 정보를 드리고자 합니다. 그러고 나서 점심 식사 후에, 저는 각각의 멘토를 소개해 드릴 것이며, 이분들은 모두 선배 직원들입니다. 만남의 시간 동안 그분들이 여러분에게 직원 휴게실과 헬스장을 포함한 회사 시설을 견학시켜 드릴 것입니다. 제가 잊기 전에, 여러분들에게 말씀드릴 것이 있습니다. 급여 정책이 최근에 변경되었습니다. 본래 급여 지급일은 15일과 30일이었지만 저희 회사에서 30일은 늘 바쁩니다. 그래서 저희는 해당 날짜를 1일과 15일로 옮기기로 결정했습니다. 또, 오늘 마지막에는 저희 오리엔테이션과 관련한 여러분의 의견을 수집하고자 설문지를 배부해 드릴 겁니다. 작성하시고 이 방 밖의 책상 위에 있는 상자에 넣어 주십시오. 자, 시작해 봅시다.

77. 청자들은 어떤 부서에서 근무하는가?
(A) 광고부   **(B) 회계부**
(C) 영업부   (D) 연구부

78. 화자는 최근에 무엇이 변경되었다고 말하는가?
(A) 급여 지불일
(B) 회의 장소
(C) 설문조사
(D) 채용 과정

79. 화자가 "The 30th is always a busy day at our company(저희 회사에서 30일은 늘 바쁩니다)"라고 말할 때 의미하는 것은 무엇인가?
(A) 직원들을 격려하기 위하여
(B) 날짜를 연기하기 위하여
(C) 초과 근무를 요청하기 위하여
(D) 변명의 이유를 설명하기 위하여

77 직업/장소는 첫 두 줄의 대명사(I/You/We), 장소 부사(here/this+장소 명사)에서 나온다. ▶청자의 직업

STEP 1 첫 두 줄에서 our/your/this/here 표현과 들리는 장소/직업 명사가 정답이다.

청자들의 근무지를 묻는 문제로, 지문의 "I'll be giving you some useful information about working in the accounting department"에서 화자는 회계부서 근무와 관련해 유용한 정보를 알려준다고 언급되어 있다. 그러므로 청자들은 (B) Accounting에서 근무하고 있음을 알 수 있다.

STEP 2 함정 유형 및 오답 패턴

(A) Advertising
(B) Accounting ▶정답
(C) Sales
(D) Research

78 키워드 문제는 키워드 기준 앞뒤 문장에 답이 나온다. ▶recently

STEP 1 특정 키워드에 대해 묻는 문제는 반드시 담화 중 해당 키워드 앞뒤에서 답이 들린다. 일반적으로는 키워드 뒤에 답이 들리지만 최근에는 키워드 앞에 미리 답이 나오는 경우가 있다.

문제의 키워드는 recently로, 지문의 "We've recently changed the payroll policy. ~ So we decided to move the date to the 1st and 15th"에서 급여 지급일을 1일과 15일로 변경했다는 내용이 언급되어 있으므로 정답은 (A) A payday이다.

STEP 2 함정 유형 및 오답 패턴

(A) A payday ▶정답
(B) A meeting ~~location~~ ▶meeting은 언급되었지만, location에 관한 언급은 없으므로 오답이다.
(C) A survey ▶지문에서 언급되었지만, 변경된 것이 아니라 화자가 청자들에게 작성을 요청하는 것이므로 오답이다.
(D) A hiring process

79 " "의 화자 의도 파악 문제는 포괄적으로 설명한 보기가 정답이다.

STEP 1 화자 의도 파악 문제의 표현은 주로 앞뒤 문맥을 연결하는 역할을 하므로, 주변 문맥을 파악해야만 정확한 의미와 화자의 의도를 이해할 수 있다.

앞 문장인 "We've recently changed the payroll policy. The original paydays were on the 15th and 30th"에서 급여 정책을 변경했고 원래 급여 지급일이 15일과 30일이라고 언급하였다. 바로 뒤의 "So we decided to move the date to the 1st and 15th"를 통하여 주어진 문장은 30일을 1일로 변경하는 이유를 언급해야 하므로 정답은 (D)이다.

STEP 2 함정 유형 및 오답 패턴

(A) To encourage employees
(B) To delay the date ▶day와 유사 어휘인 date로 오답이다.
(C) To ask for overtime
(D) To explain an excuse ▶정답

어휘 session 기간, 회기 accounting department 회계부 mentor 멘토 senior 선임의, 선배의
give a tour of 견학(구경)을 시켜 주다 facility 시설, 기관 employee lounge 직원 휴게실
payroll 급여 대상자 명단 payday 급여 지급일 survey form 설문조사지 so that ~할 수 있도록
fill out 작성하다, 응하다

Questions 80-82 refer to the following talk.

Good morning, everyone. First of all, thank you for coming in so early today. As you know, today is our second **restaurant's** grand **80 opening**. So I want all of you to be on the ball and pay attention to everything from A to Z. James, the centerpiece you have placed on each table is enchanting, and I really appreciate it. All of you just got the uniforms Maria ordered. I think they look fine. Before you start **81** working, please change into **them**. Also, Cathy Paluza, head chef from our main restaurant, has developed a new menu for the winter **82** season. She has made some samples and would like to collect your feedback. Please taste them and fill out the survey forms which have been laid on the counter.

81-B
81-D
80-C
81-A 82-B

80. What is the speaker mainly talking about?
(A) A job interview
(B) A flower shop
(C) A ~~new~~ chef
(D) A business opening

주제 / 상
ㄴ. 첫 2줄의 내용에 집중하자.

81. What does the speaker tell the listeners to do?
(A) Order some ~~samples~~
(B) Decorate the business
(C) Put on their uniforms
(D) ~~Review~~ their uniforms

청자에게 요청 사항
ㄴ. please ~에 집중해서 듣자.

82. Why did Cathy Paluza make some samples?
(A) To get some opinions from staff
(B) To collect ~~some money~~
(C) To offer them for free
(D) To try them on

Cathy Paluza / 이유 / 하
ㄴ. 샘플 요리 제작 이유에 집중하자.

모두들, 안녕하세요. 우선, 오늘 아침 이렇게 일찍 와 주셔서 감사드립니다. 아시다시피, 오늘은 저희 두 번째 식당의 개업 식 날입니다. 그래서 여러분 모두 하나부터 열까지 철저하게 준비해 주시고 주의를 기울여 주셨으면 합니다. James 씨, 당신이 각 식탁에 배치한 중앙 장식물은 매우 매혹적이어서 대단히 감사드립니다. 여러분 모두 Maria 씨가 주문한 유니폼을 막 받았습니다. 보기 좋은 것 같습니다. 여러분이 근무를 시작하기 전에 그 옷으로 갈아 입어 주십시오. 또, 저희 본점 요리장인 Cathy Paluza 씨가 겨울 시즌을 맞이해 새로운 메뉴를 개발했습니다. 그 분이 몇몇 샘플 요리를 만들었고 여러분들의 피드백을 받고 싶어 합니다. 그것들을 맛보시고 계산대 위에 놓여 있는 설문지를 작성해 주십시오.

80. 화자는 무엇에 관하여 말하고 있는가?
(A) 입사 면접
(B) 꽃집
(C) 새로운 주방장
(D) 개업

81. 화자는 청자들에게 무엇을 하라고 말하는가?
(A) 샘플 주문
(B) 가게 장식
(C) 유니폼 착용
(D) 유니폼 논평

82. Cathy Paluza 씨는 왜 샘플 요리를 만들었는가?
(A) 직원들의 의견을 얻고자
(B) 돈을 걷고자
(C) 무료로 그것들을 제공하고자
(D) 그것들을 착용해 보고자

80 첫 두 줄 안에 주제/목적이 나온다.

STEP 1 주제나 목적을 묻는 문제는 지문의 시작 부분에서 90% 이상 등장한다.

간단한 인사 뒤에 "today is our second restaurant's grand opening"에서 오늘은 두 번째 식당의 개업일이라고 언급하였다. 그러므로 정답은 (D) A business opening이다.

STEP 2 함정 유형 및 오답 패턴

(A) A job interview
(B) A flower shop
(C) A new chef ▶후반부에 chef가 언급되지만 new에 대한 언급은 없으므로 오답이다.
(D) A business opening ▶정답

81 요청/제안 문제는 보통 하단에 위치하며 please가 대세이다.

STEP 1 (If you ~,) please ~의 제안 표현을 자주 사용하므로 알아두자.

"All of you just got the uniforms Maria ordered. I think they look fine. Before you start working, please change into them."에서 Maria 씨가 주문한 유니폼을 착용하라고 요청하고 있으므로 정답은 (C) Put on their uniforms이다.

STEP 2 함정 유형 및 오답 패턴

(A) Order some samples ▶order의 언급은 있지만 samples가 아닌 uniform을 주문했다.
(B) Decorate the business ▶이미 일어난 일이므로 오답이다.
(C) Put on their uniforms ▶정답
(D) Review their uniforms ▶지문에 유니폼은 언급되었지만, review에 관한 언급은 없으므로 오답이다.

82 Why 관련 질문은 대화에서 그대로 반복된 후 원인에 대한 정답이 나온다.

STEP 1 Why 뒤의 키워드가 지문에서 들려야 그 뒤에 답이 나온다.

why 뒤의 키워드 make some samples를 통해 Cathy Paluza가 샘플 요리를 만든 이유를 묻는 문제로, 지문의 "She has made some samples and would like to collect your feedback"에서 직원들의 의견을 수집하고자 샘플 요리를 만들었음을 언급하고 있다. 따라서 정답은 (A) To get some opinions from staff이다.

STEP 2 함정 유형 및 오답 패턴

(A) To get some opinions from staff ▶정답
(B) To collect some money ▶collect는 언급되었지만, 모으는 대상은 your feedbacks이므로 오답이다.
(C) To offer them for free
(D) To try them on ▶샘플 요리 제작의 이유가 아닌 유니폼 착용에 대한 설명이므로 오답이다.

어휘 first of all 우선   grand opening 개장, 개점   be on the ball 일이 어떻게 돌아가는지 훤히 알다, 사정을 꿰고 있다   from A to Z 하나부터 열까지 모두   centerpiece 중앙부 장식   place 놓다, 설치하다, 배치하다   enchanting 황홀케 하는, 고혹적인   appreciate 고마워하다   counter 계산대

Questions 83-85 refer to the following talk.

> Good morning, everyone. My coworker Collins and I've been asked **[83]** to talk to you about the **handbooks** for our all-in-one **systems for smaller businesses**. I was told that **we've recently received** phone **[84]** calls from users who say that the set-up instructions are rather **confusing** and **don't match** the **sketches**. What I'd like to do today is to make some suggestions on how we can make our **handbooks** more user friendly. For your convenience, I've prepared some **[85] handouts** with the **details** for you to refer to. **Collins**, the handouts are in your folder. After the presentation, I'd like you to share your ideas.

83-C
84-C
84-B
85-A

83. By whom is the handbook used?
(A) Journalists
(B) Teachers
(C) Engineers
(D) Business owners

handbook / 대상자 / 상
└ 전치사 for에 집중하자.

84. What did the speaker recently receive?
(A) Complaints
(B) ~~Handbooks~~
(C) ~~Sketches~~
(D) Samples

키워드 recently receive
└ 키워드 앞뒤 문장에 집중하자.

85. Why does the speaker say, "The handouts are in your folder"?
(A) To arrange something properly
(B) To correct some errors
(C) To make his coworker surprised
(D) To ask for some assistance

화자 의도 파악
└ 앞뒤 문맥 파악에 집중하자.

모두 안녕하세요. 저와 동료 Collins 씨는 소규모 사업체용 통합형 시스템 사용 설명서에 관해 여러분께 얘기해 달라는 부탁을 받았습니다. 제가 듣기론 우리 회사가 설치 설명서가 다소 헷갈리고 그림과 일치하지 않는다고 말씀하시는 사용자분들로부터 최근에 전화를 받았다네요. 저는 오늘 어떻게 우리 사용 설명서를 더 사용자 친화적이게 만들 수 있는가에 대해 몇 가지 제안을 하고 싶습니다. 여러분의 편의를 위하여, 저는 여러분이 참조하실 수 있는 세부사항을 담은 몇 가지 인쇄물을 준비했습니다. Collins 씨, 그 인쇄물들이 당신 폴더 안에 있습니다. 발표 후에, 여러분의 생각을 공유해 주십시오.

83. 사용 설명서는 누가 사용하는가?
(A) 기자
(B) 교사
(C) 기술자
(D) 사업주

84. 화자는 최근에 무엇을 받았는가?
(A) 불만사항
(B) 안내서
(C) 스케치
(D) 샘플

85. 화자는 왜 "The handouts are in your folder(그 인쇄물들이 당신 폴더 안에 있습니다)"라고 말하는가?
(A) 뭔가를 적절히 준비하기 위하여
(B) 일부 오류를 수정하기 위하여
(C) 동료를 놀라게 해주기 위하여
(D) 도움을 요청하기 위하여

83 첫 두 줄 안에 담화의 대상이 언급된다.

STEP 1   담화의 대상은 담화의 전반부 직업 명사와 **you** 관련 표현에 집중하자.

지문에서 언급하는 handbook(설명서)을 쓰는 대상이 누구인지 묻는 문제이다. 지문의 "I've been asked to talk to you about the handbooks for our all-in-one systems for smaller businesses"에서 안내책자는 소규모 기업에서 사용하고 있는 통합형 시스템에 관한 내용을 다루고 있음이 언급되어 있다. 그러므로 해당 책자를 쓰는 대상자는 (D) Business owners이다.

STEP 2   함정 유형 및 오답 패턴

(A) Journalists
(B) Teachers
(C) Engineers ▶system을 통해 engineers를 연상한 오답이다.
(D) Business owners ▶정답

84 키워드 문제는 키워드 기준 앞뒤 문장에 답이 나온다. ▶recently receive

STEP 1   특정 키워드에 대해 묻는 문제는 반드시 담화 중 해당 키워드 앞뒤에서 답이 들린다. 일반적으로는 키워드 뒤에 답이 들리지만 최근에는 키워드 앞에 미리 답이 나오는 경우가 있다.

문제의 키워드는 recently receive로, 지문의 "we've recently received phone calls from users who say that the set-up instructions are rather confusing and don't match the sketches"에서 사용자로부터 설치 과정이 헷갈리고, 그림과 내용이 일치하지 않는다는 전화를 받았음이 언급되어 문제점을 나타냄을 알 수 있다. 해당 내용을 포괄적으로 받을 수 있는 (A) Complaints가 정답이다.

STEP 2   함정유형 및 오답패턴

(A) Complaints ▶정답
(B) Handbooks ▶화자가 아닌 기업 대표들이 소유하고 있는 것으로 오답이다.
(C) Sketches ▶전화를 받은 내용에 해당하므로 오답이다.
(D) Samples

85 " "의 화자 의도 파악 문제는 포괄적으로 설명한 보기가 정답이다.

STEP 1   화자 의도 파악 문제의 표현은 주로 앞뒤 문맥을 연결하는 역할을 하므로, 주변 문맥을 파악해야만 정확한 의미와 화자의 의도를 이해할 수 있다.

바로 앞 문장인 "I've prepared some handouts with the details for you to refer to"에서 화자는 청자들이 참조할 수 있는 세부사항이 담긴 인쇄물을 준비하였다고 언급하며, 기준 문장은 Collins로 시작한다. 즉, 화자가 Collins 씨에게 해당 인쇄물을 폴더에서 꺼내달라고 도움을 요청하고 있으므로 정답은 (D) To ask for some assistance이다.

STEP 2   함정 유형 및 오답 패턴

(A) To arrange something properly
(B) To correct some errors ▶handout을 통해 errors를 연상한 오답이다.
(C) To make his coworker surprised
(D) To ask for some assistance ▶정답

어휘   handbook 안내서, 설명서   all-in-one system 통합형 시스템(올인원 시스템)   set-up 구성, 설치   instruction 설명, 지시   confusing 혼란스러운, 헷갈리는   match 맞다, 일치하다   make a suggestion 제안하다, 생각을 말하다   user friendly 사용자 친화적인   convenience 편의, 편리   refer to ~을 언급하다, 참조하다   handout 인쇄물, 유인물

Questions 86-88 refer to an excerpt from a meeting.

The first agenda for today's meeting is an update on sales for
86 our new line of **video game consoles**. Since introducing them
only two weeks ago, I've been surprised that the sales have been
dramatically increasing. As you know, we have applied a promotion
offering an extra flash memory card for a limited time. To be honest,
87 I didn't have much confidence that this **promotion** would be
helpful, but look at these numbers. So, as indicated, we'll definitely
be continuing this promotion until the end of the year. The other
item on the agenda is that our 10th annual company picnic will be
postponed. According to the weather forecast, there will be rain
next Friday when the outdoor picnic was to be held in Kensington
88 Park. What do you think of the **5th of May** for the picnic?

87-B
87-C
87-D

86. What **industry** do the **listeners** most likely **work in**?
(A) Accounting
(B) Electronics
(C) Engineering
(D) Logistics

청자 / 직업 / 상
ㄴ. 첫 두 줄에 집중하자.

87. What does the speaker imply when she says,
"But look at these numbers"?
(A) Sales are higher than expected.
(B) A ~~different~~ promotion is necessary.
(C) Some ~~figures~~ must be corrected.
(D) A location for the event will not be ~~spacious~~.

화자 의도 파악
ㄴ. 앞뒤 문맥 파악에 집중하자.

88. What does the **speaker ask the listeners about**?
(A) What to bring
(B) Who to invite for the event
(C) When the event should be held
(D) How to get to the ~~convention~~

문의사항 / 하
ㄴ. 의문문에 집중하여 듣자.

오늘 회의의 첫 번째 안건은 자사의 신형 비디오 게임기 라인의 판매량과 관련된 최신 소식입니다. 2주 전에 해당 제품을 출시한 이래로, 저는 판매량이 급격히 증가한 것에 매우 놀랐습니다. 여러분들도 아시다시피, 저희는 기간 한정으로 추가 플래시 메모리카드를 제공하는 홍보 행사를 적용했습니다. 솔직히 말하자면, 저는 해당 홍보 행사가 이렇게 도움이 되리라고는 확신하지 못했습니다. 그렇지만 이 숫자를 보십시오. 여기 나온 바와 같이, 우리는 이 홍보 행사를 올해 말까지 계속해서 진행할 예정입니다. 그리고 다른 안건은 제10회 연례 회사 야유회가 연기될 거라는 것입니다. 일기 예보에 따르면, Kensington Park에서 야외 야유회가 진행되기로 한 다음 주 금요일에 비가 내릴 겁니다. 5월 5일에 야유회를 가는 것에 대해 어떻게 생각하시는지요?

86. 청자들은 어느 업계에서 근무할 것 같은가?
(A) 회계
(B) 전자 기술
(C) 공학
(D) 물류 관리

87. 화자가 "But look at these numbers(하지만 이 숫자를 보십시오)"라고 말할 때 의미하는 것은 무엇인가?
(A) 판매량이 예상보다 높다.
(B) 다른 홍보 활동이 필요하다.
(C) 일부 수치가 수정되어야 한다.
(D) 행사 장소는 넓지 않을 것이다.

88. 화자는 청자들에게 무엇에 관해 묻고 있는가?
(A) 무엇을 가져와야 할지
(B) 행사에 누구를 초대할지
(C) 언제 행사를 열어야 할지
(D) 컨벤션에 어떻게 가야 할지

86 직업/장소는 첫 두 줄의 대명사(I/You/We), 장소 부사(here/this+장소 명사)에서 나온다. ▶청자의 직업

STEP 1   첫 두 줄에서 our/your/this/here 표현과 함께 들리는 장소/직업 명사가 정답이 된다.

청자들의 근무지를 묻는 문제로, 지문의 "The first agenda for today's meeting is an update on sales for our new line of video game consoles."에서 청자들은 비디오 게임기 관련 회사에 다니고 있음이 언급되어 있으므로 정답은 (B) Electronics이다. 지문의 구체적인 단어 video game consoles가 포괄적인 단어인 Electronics로 paraphrasing되었다.

STEP 2   함정 유형 및 오답 패턴

(A) Accounting
(B) Electronics ▶정답
(C) Engineering
(D) Logistics

87 " "의 화자 의도 파악 문제는 해당 위치에서 위아래 연결어를 확보하자.

STEP 1   전체 문맥상 의미를 파악하는 문제로, 앞뒤 문맥을 파악하여 포괄적인 정답을 찾아야 한다. 정답 위치의 연결어가 있다면 긍정/부정의 의미로 정답을 구분해야 한다.

앞 문장인 "To be honest, I didn't have much confidence that this promotion would be helpful"에서 해당 홍보 행사가 이렇게 많은 도움이 되리라 자신하지 못했다는 화자의 솔직한 의견을 내비치고 있다. 다음 문장은 역접의 접속사 but으로 시작하였다. 즉, 해당 홍보가 많은 도움이 되어 예상보다 판매가 높다는 (A)가 정답이다.

STEP 2   함정 유형 및 오답 패턴

(A) Sales are higher than expected. ▶정답
(B) A different promotion is necessary. ▶뒤 문장에서, 기존 행사의 연장이 언급되어 있으므로 오답이다.
(C) Some figures must be corrected. ▶numbers와 동일 어휘인 figures로 오답이다.
(D) A location for the event will not be spacious. ▶행사 장소는 Kensington Park이지만 넓고 좁음에 관한 언급이 없으므로 오답이다.

88 답은 순서대로 배치된다.

STEP 1   ask about은 문의, 질문을 하는 표현으로 담화에서는 의문문 표현에 집중하자.

화자가 문의하는 것이 무엇인지 묻는 문제로 지문의 What do you think of the 5th of May for the picnic?"에서 야유회가 다른 날짜인 5월 5일에 진행하는 것이 어떤지를 묻고 있다. 즉, 화자는 행사 진행 날짜에 대한 청자들의 의견을 묻고 있으므로 정답은 (C)이다.

STEP 2   함정 유형 및 오답 패턴

(A) What to bring ▶picnic에서 연상 가능한 내용이지만, 언급이 없다.
(B) Who to invite for the event
(C) When the event should be held ▶정답
(D) How to get to the convention

어휘   agenda 의제, 안건   update 최신 정보, 소식   video game console 비디오 게임기   extra 추가의   to be honest 솔직히 말하자면   confidence 자신(감)   company picnic 회사 야유회   postpone 연기하다   outdoor 야외의   What do you think of ~? ~에 대해 어떻게 생각하는가?

Questions 89-91 refer to the following broadcast and map.

Now for the Rapid City sports news. **Yesterday** evening, **the championship basketball game** between the Cups and the Bears was fierce and thrilling. As you already know, the Bears won the game, which was for the first time since their team's founding. To celebrate the win and show appreciation to their fans, the Bears will have a big festival in Ontario Arena this Friday. A spokesperson for the Bears said there will be dance performances with team players and a variety of shows for their fans, such as a K-POP Cover Dance. To get a ticket, please **visit** the Bears' **Web site** at www.bearsteam.com and sign up. Also, there is construction for one of the parking areas at the arena so remember that you **can't access Main Street**. Next is today's weather forecast. Over to you, Sharon.

90–B

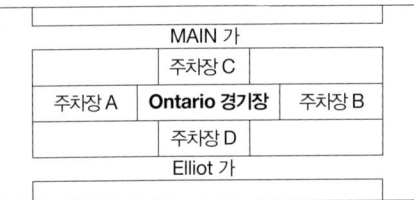

89. According to the speaker, what happened yesterday?
(A) A concert (B) A festival
(C) **A competition** (D) Construction

키워드 yesterday / 상
ㄴ. 키워드 앞뒤 문장에 집중하자.

90. What will the interested listeners most likely do next?
(A) **Visit a Web site** (B) Get a signature
(C) Call a program (D) Use public transportation

청자 / 미래
ㄴ. Please ~ 표현에 집중하자.

91. Look at the graphic. Which parking area will be closed?
(A) Parking area A (B) Parking area B
(C) **Parking area C** (D) Parking area D

시각 자료 / parking area / closed
ㄴ. 거리와 경기장 내용에 집중하자.

89 키워드 문제는 키워드 기준 앞뒤 문장에 답이 나온다. ▶yesterday

STEP 1 특정 키워드에 대해 묻는 문제는 반드시 담화 중 해당 키워드 앞뒤에서 답이 들린다. 일반적으로는 키워드 뒤에 답이 들리지만 최근에는 키워드 앞에 미리 답이 나오는 경우가 있다.

문제의 키워드는 yesterday로, 지문 "Yesterday evening, the championship basketball game between the Cups and the Bears"에서 어제 저녁에 농구 챔피언전 경기가 진행되었음이 언급되었다. 따라서 정답은 (C) A competition이다. 지문의 구체적인 단어 championship basketball game을 포괄적인 어휘 competition으로 paraphrasing하였다.

STEP 2 함정 유형 및 오답 패턴

(A) A concert
(B) A festival
(C) **A competition** ▶정답
(D) Construction

90 미래 관련 문제는 담화의 후반부에 위치한다.

STEP 1 명령문/you will의 표현에 집중하자.

청자가 앞으로 할 일에 관해 묻는 문제로 담화의 후반부, you가 언급된 표현을 찾자. 지문의 "To get a ticket, please visit the Bears' Web site at www.bearsteam.com and sign up."에서 티켓을 구매하려면 즉, 티켓 구매에 관심 있는 사람들은 웹사이트를 방문하라고 언급하고 있다. 그러므로 정답은 (A) Visit a Web site이다.

STEP 2 함정 유형 및 오답 패턴

(A) **Visit a Web site** ▶정답
(B) Get a signature ▶team players에서 signature를 연상한 오답이다.
(C) Call a program
(D) Use public transportation

91 시각 자료 문제에서 (A) – (D)의 보기는 절대 대화에서 들리지 않는다.

STEP 1 보기가 주차장이므로 시각 자료에서 그 외의 부분을 확인하면서 담화를 들어야 한다. 따라서 거리 혹은 장소 전치사에 해당하는 단어를 들어야 한다.

지문의 "there is construction for one of the parking areas at the arena so remember that you can't access Main Street"에서 경기장 주변 주차 구역 중 한 곳이 공사 중이며, 이러한 이유로 Main Street에 접근이 불가능하다고 언급하고 있다. 해당 주차 구역은 Main Street에 근접한 공간이므로 정답은 (C) Parking Area C이다.

어휘 now for 자 이제 ~으로 넘어가겠다 fierce 격렬한 thrilling 황홀한, 아주 신나는 founding 창단 celebrate 기념하다, 축하하다 appreciation 감사 spokesperson 대변인 a variety of 다양한 access 접근하다 Over to you. 다음은 당신 차례입니다.

Questions 92-94 refer to the following talk and schedule.

Good morning, everyone. First, I'd appreciate your hard work. **This is the busiest season of the year and many seminars are being hosted in our hotel**, so I ask all of you to concentrate on operating these smoothly. Before today's shift begins, I'd like to remind you of a change in today's seminar schedule. The Interpersonal and Analytical Skills seminar is going to be held according to schedule. However, the **Sapphire Hall which was reserved for one of today's sessions hasn't been prepared yet.** Also, the number of attendees is lower than the organizer expected, so we've decided to change the room to Ruby Hall. Because it is a last-minute change, please escort attendees for the seminar to the right place. And **as a part of celebrations for the Halloween this week, we will distribute** some candy to the customers who want it.

92 — A
94 — A

Seminars	Place
Interpersonal and Analytical Skills	Diamond Hall
Planning and Writing a Blog	Emerald Hall
Information and IT Literacy	Sapphire Hall
Effective Negotiation	Prestigious Room

92. Where do the listeners work?
(A) At a conference center (B) At a restaurant
(C) At a newspaper **(D) At a hotel**

93. Look at the graphic. Which session has been changed?
(A) Interpersonal and Analytical Skills (B) Planning and Writing a Blog
(C) Information and IT Literacy (D) Effective Negotiation

94. What will the employees do this week?
(A) Give out some sweets (B) Distribute ~~some vouchers~~
(C) Apply a discount (D) Conduct a survey

청자 / 직업 / 상
└ 첫 두 줄에 집중하자.

시각자료 / session / changed
└ 지문에 들리는 장소에 집중하자.

키워드 this week / 미래 / 하
└ 키워드 앞뒤 문장에 집중하자.

여러분, 안녕하세요. 우선, 여러분들의 노고에 감사드립니다. 지금이 한 해 중 가장 바쁜 기간이고 저희 호텔에서 많은 세미나가 진행되고 있으므로 직원들 모두 일이 원활하게 돌아갈 수 있도록 집중해 주시기 부탁드립니다. 오늘 교대 근무를 시작하기 전에, 저는 오늘 세미나 일정과 관련한 변경 사항을 안내해 드리려 합니다. 대인관계와 분석력 세미나는 예정대로 진행될 것입니다. 그러나, 오늘 세션 중 하나로 예약된 Sapphire Hall이 아직 준비가 되지 않았습니다. 또 해당 세션의 참석자 수가 주최 측에서 예상한 것보다 낮아서 저희는 Ruby Hall로 변경하기로 결정했습니다. 막판에 바뀌게 된 것이기 때문에, 세미나 참석자들을 맞는 장소로 모셔다 주시기 바랍니다. 그리고 이번 주 할로윈을 축하하고자, 저희는 희망 고객님들에게 사탕을 나눠드릴 예정입니다.

세미나	장소
대인관계와 분석력	Diamond Hall
기획과 블로그 작성	Emerald Hall
정보와 IT 능력	Sapphire Hall
효과적인 협상법	Prestigious Room

92. 청자들은 어디에서 근무하는가?
(A) 회의장에서 (B) 식당에서
(C) 신문사에서 **(D) 호텔에서**

93. 시각 자료를 보시오. 어떤 강의가 변경되었는가?
(A) 대인관계와 분석력 (B) 기획과 블로그 작성
(C) 정보와 IT 능력 (D) 효과적인 협상법

94. 직원들은 이번 주에 무엇을 할 것인가?
(A) 사탕 나눠 주기 (B) 상품권 배부하기
(C) 할인 적용하기 (D) 설문조사 실시하기

92 직업/장소는 첫 두 줄의 대명사(I/You/We), 장소 부사(here/this + 장소 명사)에서 나온다. ▶청자의 직업/장소

STEP 1 첫 두 줄에서 **our/your/this/here** 표현과 함께 들리는 장소/직업 명사가 정답이다.

청자들의 근무지를 묻는 문제로, 지문의 "This is the busiest season of the year and many seminars are being hosted in our hotel"에서 청자들이 근무하고 있는 호텔에서 많은 세미나가 진행됨을 언급하고 있다. 청자들의 근무지는 (D) At a hotel이다.

STEP 2 함정 유형 및 오답 패턴

(A) At a conference center ▶seminars에서 conference center를 연상한 오답이다.
(B) At a restaurant
(C) At a newspaper
(D) **At a hotel** ▶정답

93 시각 자료 문제에서 (A) – (D)의 보기는 대화에서 들리지 않는다.

STEP 1 보기가 세미나이므로 시각 자료에서 그 외의 부분을 확인하면서 담화를 들어야 한다. 따라서 장소에 해당하는 단어를 들어야 한다.

지문의 "However, the Sapphire Hall which was reserved for one of today's sessions hasn't been prepared yet. Also, the number of attendees is lower than the organizer expected, so we've decided to change the room to Ruby Hall."에서 Sapphire Hall에서 진행하는 강연은 준비가 되지 않았고, 다른 장소에서 진행하기로 결정되었음을 언급하고 있다. 그러므로 (장소가) 변경된 강의는 (C) Information and IT Literacy이다.

94 키워드 문제는 키워드 기준 앞뒤 문장에 답이 나온다. ▶this week

STEP 1 특정 키워드 문제는 담화 중 해당 키워드 앞뒤에서 답이 들린다. 일반적으로 키워드 뒤에 답이 들리지만 최근에는 키워드 앞에 미리 답이 나오는 경우가 있다.

문제의 키워드는 this week로, 지문의 "as a part of celebrations of the Halloween this week, we will distribute some candy to the customers who want it"에서 이번 주에 할로윈을 기념하기 위해 고객들에게 사탕을 나눠 준다고 언급되어 있다. 즉, 지문의 구체적인 어휘 candy를 포괄적인 어휘 sweets로 paraphrasing했으므로 정답은 (A) Give out some sweets이다.

STEP 2 함정 유형 및 오답 패턴

(A) **Give out some sweets** ▶정답
(B) Distribute some vouchers ▶나눠 주는 물품은 vouchers가 아닌 candy이므로 오답이다.
(C) Apply a discount
(D) Conduct a survey

어휘 concentrate on ~에 집중하다 operate 운영하다, 영업하다 shift 교대 근무 remind 상기시키다 interpersonal 대인관계에 관련된 analytical skill 분석력 according to schedule 시간표대로 attendee 참석자 organizer 조직자 last-minute 최후의, 마지막의 celebration 축하, 기념 distribute 분배하다

Questions 95-97 refer to the following announcement and brochure.

Attention, Fityou Shoes store shoppers. It's time to get your shoes at the lowest prices of the year. We'll have a huge selection of shoes in preparation for the new season! So we are going to have a big clearance sale in our four locations. Here, at this store, you'll get 25 percent off on sneakers, including running shoes. But you'll see other different discounted items for each store location in our leaflet. Also, if you get a membership card, you'll receive another 10 percent off. Visit our Web site to become a member of our Fityou Shoes Shopper Program and sign up to start saving and find more information on our shop.

95-D
95-A
97-A

Fityou Shoes
25% Discount until This Weekend!

Sale Item	Store Location
Sandals	Peterborough
Sneakers	Kingston
Ankle boots	Rochester
High tops	Kitchener

95. Why is Fityou Shoes having a sale?
(A) To celebrate a new season
(B) To make room for stock
(C) To attract more tourists
(D) To close the store

96. Look at the graphic. At which store location is the announcement being made?
(A) Peterborough
(B) Kingston
(C) Rochester
(D) Kitchener

97. Why should listeners visit a Web site?
(A) To shop for more items
(B) To check for job openings
(C) To participate in a survey
(D) To become a member

Fityou Shoes / 이유 / 상
└, 첫 두 줄에 집중하자.

시각 자료 / 가게 위치
└, 세일 품목을 집중해 듣자.

청자 / Web site 방문 이유
└, 명령문 앞쪽 표현에 집중하자.

주목해 주십시오, Fityou Shoes 상점 고객 여러분. 올해 최저가로 신발을 구매하실 수 있는 시간입니다. 저희가 신규 시즌을 대비해 다양한 종류의 신발을 구비할 예정입니다. 그래서 저희가 4개 지점에서 대규모 재고 정리 세일을 진행할 겁니다. 여기 이 가게에서는 러닝화를 포함한 스니커즈 상품에 25% 할인을 받으실 수 있습니다. 하지만 전단지에서 각 가게 지점마다 할인 항목이 다르다는 점을 확인하실 수 있습니다. 또 회원카드를 소지하고 계시면, 추가로 10% 할인을 받으실 수 있습니다. 웹사이트를 방문하셔서 Fityou Shoes Shopper Program 회원이 되시고 가입하셔서 절약을 시작하세요. 그리고 가게와 관련된 더 많은 정보를 확인하세요.

Fityou Shoes
이번 주말까지 25% 할인!!

할인 항목	가게 위치
샌들	Peterborough
스니커즈	Kingston
앵클부츠	Rochester
하이탑	Kitchener

95. Fityou Shoes는 왜 세일을 진행하는가?
(A) 신규 시즌을 기념하기 위해서
(B) 물건을 놓을 공간을 만들기 위해서
(C) 더 많은 관광객들을 유치하기 위해서
(D) 가게를 폐업하기 위해서

96. 시각 자료를 보시오. 어떤 가게 지점에서 발표를 하고 있는가?
(A) Peterborough
(B) Kingston
(C) Rochester
(D) Kitchener

97. 왜 청자들은 웹사이트를 방문해야 하는가?
(A) 더 많은 상품을 쇼핑하기 위해서
(B) 구인 공고를 확인하기 위해서
(C) 설문조사에 참가하기 위해서
(D) 회원이 되기 위해서

95 Why 관련 질문은 대화에서 그대로 반복된 후 원인에 대한 정답이 나온다.

STEP 1 Why 뒤의 키워드가 지문에서 들려야 그 뒤에 답이 나온다.

Why 뒤의 키워드 have a sale을 통해 세일을 진행하는 이유를 묻고 있다. 지문의 "We'll have a huge selection of shoes in preparation for the new season! So we are going to have a big clearance sale"에서 신규 시즌을 맞이해 다양한 신발 상품을 할인 판매할 예정임을 언급하고 있다. 즉, 신상품이 들어와야 하는데 재고 상품이 많은 공간을 차지하고 있어 세일을 진행하는 것이므로 정답은 (B) To make room for stock이다.

STEP 2 함정 유형 및 오답 패턴

(A) To celebrate a new season ▶신규 시즌 축하가 아니라 대비이므로 오답이다.
(B) To make room for stock ▶정답
(C) To attract more tourists
(D) To close the store ▶store는 언급되었으나, 폐업 관련 얘기는 없으므로 오답이다.

96 시각 자료 문제에서 (A) – (D)의 보기는 대화에서 들리지 않는다.

STEP 1 보기가 가게 위치이므로 시각 자료에서 그 외의 부분을 확인하면서 담화를 들어야 한다. 따라서 세일 품목에 해당하는 단어를 들어야 한다.

지문의 "Here, at this store, you'll get 25 percent off on sneakers"에서 화자가 발표하고 있는 가게는 스니커즈 항목에서 25% 할인을 진행한다고 언급하고 있다. 즉, 해당 안내방송은 (B) Kingston에서 진행되고 있다.

97 Web site 관련 문제는 주로 담화 후반부에 이유/방법의 표현과 함께 위치한다.

STEP 1 이유를 나타내는 to+동사원형 표현에 집중하자.

Why 뒤의 키워드 visit a Web site를 통해 웹사이트 방문 이유를 묻는 문제이다. 지문의 "Visit our Web site to become a member of our Fityou Shoes Shopper Program and sign up"에서 Fityou Shoes 웹사이트를 방문해 회원 가입을 하라고 언급하고 있으므로 정답은 (D) To become a member이다.

STEP 2 함정 유형 및 오답 패턴

(A) To shop for more items ▶clearance sale을 통해 연상한 오답이다.
(B) To check for job openings
(C) To participate in a survey
(D) To become a member ▶정답

어휘 in preparation for ~의 준비로   clearance sale 재고 정리 세일   location 장소, 위치   leaflet 전단지
sign up 가입하다

Questions 98-100 refer to the following announcement and graph.

[98] Let's begin today's meeting. As you know, **we** have tried to develop a new line of **cereal**. A month ago, we conducted a survey of focus groups to understand their needs. We received a lot of suggestions for developing a new item and have organized the results to show the four most-mentioned topics. So let's take a look at those results now. As you can see, **one [99] feature was most important to the focus group members**. We'd like to focus on that. Most of the people surveyed showed concern about calories, so management has decided to develop a new product with low calories and high protein. So, we will start working on that immediately. [100] Let's **come up with** ideas for the new product. After our discussion, please submit your ideas to Sara in Research and Development.

100-B

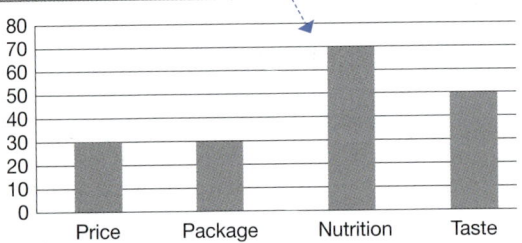

98. What product does the company sell?
(A) Glasses   (B) Shoes
(C) A drink   **(D) A cereal**

판매 제품 / 상
└. 대화의 전반부에 집중하자.

99. Look at the graphic. Which feature will the company begin to work on?
(A) Price   (B) Package
(C) Nutrition   (D) Taste

시각 자료 / will work on
└. 서수, 최상급, 표현에 집중하자.

100. What will the listeners do next?
(A) Sign up for a workshop   (B) Submit ~~their preferences~~
(C) Work on brainstorming (D) Return to the office

청자 / 미래 / 하
└. 미래 표현에 집중하자.

오늘 회의를 시작합시다. 여러분들도 아시다시피, 저희는 새로운 시리얼 상품 라인을 개발하고자 노력해 왔습니다. 한 달 전에, 초점 집단의 요구사항을 이해하고자 설문조사를 실시했습니다. 저희는 신상품 개발과 관련해 많은 제안 내용을 받았고 해당 결과를 정리해 가장 많이 언급되는 4개 항목으로 제시했습니다. 그러면 지금 그 결과를 확인하시죠. 보시다시피, 한 가지 항목이 초점 집단 회원들에게 가장 중요했고, 저희는 그 항목에 중점을 두고 싶습니다. 설문을 한 사람들의 대다수가 칼로리에 염려를 보였고 그래서 경영진은 저칼로리, 고단백질의 신규 상품을 개발하기로 결정했습니다. 그래서 저희는 바로 그 일을 시작할 예정입니다. 신규 상품에 관한 아이디어를 제시해 주세요. 토론이 끝난 후에 연구 개발부서의 Sara 씨에게 그것을 제출해 주십시오.

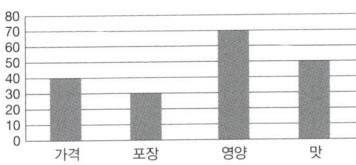

98. 회사가 판매하는 제품은 무엇인가?
(A) 안경   (B) 신발
(C) 음료   **(D) 시리얼**

99. 시각 자료를 보시오. 회사는 어떤 항목을 중심으로 일을 시작할 것인가?
(A) 가격 (B) 포장 **(C) 영양** (D) 맛

100. 청자들은 다음에 무엇을 할 예정인가?
(A) 워크숍 신청   (B) 선호하는 제품 제출
(C) 브레인스토밍   (D) 사무실로 귀환

98 판매 상품/청자의 직업은 첫 두 줄의 대명사(I/You/We), 장소 부사(here/this + 장소 명사)에서 나온다. ▶판매 상품

STEP 1 첫 두 줄에서 **we/you/this** 표현과 함께 들리는 명사에 집중하자.

해당 회사에서 판매하는 제품이 무엇인지 묻는 문제로, 지문의 "we have tried to develop a new line of cereal"에서 화자를 비롯한 청자들은 시리얼 제품 개발과 관련된 회사에서 근무하고 있음을 알 수 있다. 그러므로 해당 회사가 판매하고 있는 제품은 (D) A cereal이다.

STEP 2 함정 유형 및 오답 패턴

(A) Glasses
(B) Shoes
(C) A drink
(D) A cereal ▶정답

99 시각 자료 문제에서 (A) – (D)의 보기는 대화에서 들리지 않는다.

STEP 1 그래프는 대상의 〈비교〉를 위한 것이므로, 주로 서수, 최상급, 수량 표현으로 정답을 파악한다.

지문의 "one feature was most important to the focus group members. We'd like to focus on that"에서 가장 중요하다고 여기는 항목에 대해 집중할 것이라고 했으므로 시각 자료에서 수치가 가장 높은 (C) Nutrition이 정답이다.

100 Let's, next, from now 등의 표현은 마지막 줄에 들리며 미래의 일정을 설명한다.

STEP 1 미래는 후반부 **I will ~** 혹은 **Let's ~** 표현에서 정답이 나온다.

지문의 "Let's come up with ideas for the new product"에서 신규 상품과 관련하여 아이디어를 제시하며, 이러한 과정이 토론에 해당됨을 알 수 있다. 즉, 지문의 구체적인 단어 come up with ideas와 discussion을 포괄적인 어휘 brainstorming으로 paraphrasing하였고, 정답은 (C) Work on brainstorming이다.

STEP 2 함정 유형 및 오답 패턴

(A) Sign up for a workshop
(B) Submit their preferences
▶선호하는 제품이 아닌, 신규 상품에 대한 아이디어를 제출하라고 언급하고 있으므로 오답이다.
(C) Work on brainstorming ▶정답
(D) Return to the office

어휘 conduct a survey 조사하다 focus group 포커스 그룹 needs 요구사항 organize 정리하다 take a look at ~을 보다 focus on ~에 초점을 맞추다 concern 우려, 걱정 management 경영진 protein 단백질 come up with 찾아내다, 내놓다

101 (At the company's tenth year celebration), Shane's Italian Cuisine / will provide /
　　　　　　　전치사구　　　　　　　　　　　　　　주어　　　　　　　　동사1
———————— / which / consists of / various Italian menus / offered (at the restaurant).
목적어1　　주격 관계대명사　동사2　　　　　목적어2　　　　　분사　　　　전치사구

> 동명사는 불가산명사로 대부분 단수 취급한다.
> provide + _____ + (which consists of various Italian menus)

STEP 1　빈칸은 동사 provide의 목적어 자리이다.
따라서 빈칸에 명사가 들어가야 한다. 동사 형태인 (A) cater와 (C) caters는 오답이다. (D) catered는 동사의 과거형 혹은 과거분사 형태로 분사의 경우 수식받는 명사가 있어야 하므로 (D) catered는 오답이다. 보기 중 명사로 쓸 수 있는 것은 동명사인 catering뿐이므로 정답은 (B) catering이다.

STEP 2　동명사 형태의 명사 표현은 불가산명사이다.
명사와 동명사의 뜻이 다른 경우 - 명사는 대부분 가산명사이고, 동명사는 해당 행위에 해당하는 불가산명사이다.

funds/funding	c. 자금 / u. 자금, 제공, 융자
process/processing	c. (일련의) 과정 / u. 처리
house/housing	c. 집 / u. 주거, 숙소
advertisement/advertising	c. 광고 / u. (집합적) 광고, 광고업
seat/seating	c. 좌석 / u. 착석, (집합적) 좌석
market/marketing	c. 시장 / u. 마케팅
plan/planning	c. 계획 / u. 기획

※ 이외에 spending(지출), recycling(재활용) 등이 출제된 적이 있다.

해석 회사 10주년 기념 행사에서, Shane's Italian Cuisine은 식당에서 제공되는 다양한 이탈리아 요리로 구성된 출장 연회를 제공할 예정이다.
어휘　celebration 기념 행사
consist of ~로 구성되다
catering 출장 연회
정답 (B)

---

102 After / the president of the company / had passed away, / his son /,
　　　접속사　　　　　　주어　　　　　　　　　　동사1　　　　주어2
(the ———————— living relative of the president) / inherited / his properties.
　　　　동격　　　　　　　　　　　　　　　　　　　　동사2　　　　목적어2

> 형용사 앞에 형용사가 위치할 수 있다.
> the + _____ + living relative (of the president)

STEP 1　빈칸은 living relative를 수식하는 자리이다.
빈칸은 형용사 living을 수식하는 자리이고, 주절의 동사 inherited가 있기 때문에 본동사 형태인 (C) select는 오답이다.

STEP 2　종류 형용사는 부사의 수식을 받지 않는다.
형용사는 명사의 성질이나 상태를 나타내는 일반 형용사와 명사의 종류를 나타내는 종류 형용사로 크게 나뉜다. 부사는 성질이나 상태의 정도를 수식할 수 있지만, 종류를 수식하지는 않으므로 종류 형용사를 수식하지 않음을 주의하자.
빈칸 뒤 living relative는 '살아 있는 친척'의 의미로 이때의 living은 친척의 생/사를 나타내는 종류 형용사로 봐야 하기 때문에 빈칸에는 부사가 아닌 형용사가 와서 명사 relative를 수식해야 한다. 따라서 유산을 상속 받은 대상이 그의 아들뿐이었다는 '유일한'의 의미를 지닌 (D) sole이 정답이다. (A) sheer는 '순전한'의 의미로 크기, 정도, 양에 해당되는 명사를 강조하는 형용사이고, (B) stark는 부정적인 의미를 내포하며 주로 경치나 상태(상황)를 묘사할 때 사용해서 친척을 수식하기에는 무리가 있으므로 오답이다.

STEP 3　형용사의 어순 : 명사 앞에 오는 수식 형용사의 위치 순서

형용사의 어순								
수량	의견	크기	성질/모양	new/old	색깔	재료	소속/목적/종류	+ 명사
서수→기수	주관적 형용사	사실 (객관적 형용사)						

해석 회사 대표가 사망한 이후에, 사장의 유일하게 남은 친족인 아들이 그의 재산을 상속받았다
어휘 pass away 사망하다   relative 친척   inherit 상속 받다   stark 삭막한, 황량한
정답 (D)

---

103 The number of customers / (who visited the store) / has increased /
주어   주격 관계대명사절   동사
tremendously / ──────── the unprecedented sale / it has offered / (for a limited time).
부사   명사   목적격 관계대명사절 전치사구
                 (that 생략)

for은 일정 기간 상태 지속 vs. during은 특정 기간 동안 행위 발생
──────── + the unprecedented sale

STEP 1 동사의 개수 = 접속사/관계사 + 1
문장에 동사가 3개, 접속사나 관계사는 who, sale과 it has offered 사이에 생략된 목적격 관계대명사 that이므로, 더 이상의 접속사는 필요하지 않다. 이미 완전한 문장에 명사를 추가할 때 명사의 자리를 만들어 주는 품사는 전치사이므로 보기 중 부사절 접속사인 (B) though와 (D) while은 오답이다.

STEP 2 unprecedented sale을 받을 수 있는 시간-기간 전치사를 선택해야 한다.
(A) since가 전치사로 쓰일 때는 뒤에 과거 특정 시점을 나타내는 명사가 와야 하므로 오답이다.
(C) during은 특정 기간 명사를 받아 '그때' 발생하는 일을 의미하므로 정답이 된다.

해석 가게를 방문한 고객의 수는 한정된 시간 동안 제공되는 전례 없는 세일 기간 중에 엄청나게 증가했다.
어휘 tremendously 엄청나게   unprecedented 전례가 없는 **정답** (C)

---

104 The change / (in the firm's board committee) / ──────── / better working conditions /
   주어   전치사구   동사   목적어1
(for the employees) / as / the members of the board / have decided to shorten /
 전치사구   접속사   주어2   동사2
working hours / and / raise wages.
 목적어2 decided to에 연결되는 병렬 구조의 등위접속사 and+동사+목적어

하나의 문장에는 반드시 본동사가 하나 있어야 한다.
The change + ──────── + better working conditions

STEP 1 [전치사+명사]구를 먼저 제거한 후 구조를 분석한다.
접속사는 as이며 〈본동사 개수= 접속사 개수+1〉이므로 빈칸은 본동사 자리이다. 따라서 보기 중에 본동사의 형태가 아닌 (A) promising은 오답이다.

STEP 2 종속절의 시제로 주절의 시제를 파악해야 한다.
종속절의 시제는 현재완료시제로 as와 함께 어떤 일이 발생하게 되는 원인이나 이유를 설명하고 있다. (D) would have promised에서 would have p.p.는 가정법 과거완료로 과거 사실의 반대를 의미하기에 오답이다.
주절이 미래의 결과를 나타내고자 한다면 미래형을 쓸 수 있지만 동사 promise는 3형식 혹은 4형식 동사로 쓰이며, 3형식 수동태의 경우 목적어를 취하지 못한다. 또, 4형식의 경우 〈promise + 사람 + 사물〉의 구조로 쓰기 때문에, 수동태 문장 주어 자리에는 사물에 해당되는 change가 올 수 없으므로 (C) will be promised는 오답이다. 따라서 as절의 원인으로 현재의 결과를 나타내는 (B) promises가 정답이다.

해석 이사회 구성원들이 근무시간 단축과 임금 인상을 결정함에 따라, 회사 운영 위원회에서 나온 변화는 직원들에게 더 나은 근무 환경을 약속하고 있다.
어휘 board committee 운영위원회   wage 임금 **정답** (B)

105

―――― / the firm / to avoid bankruptcy, / the workers / did / their best / (in united
　　　　　명사　　　to부정사구　　　　　　주어　　동사　　목적어　　전치사구
efforts) / but / they / could not evade / the crisis.
　　　　접속사 주어2　　　동사2　　　　목적어2

> 뒤에 있는 명사가 전치사를 결정한다.
> _____ + the firm

STEP 1　'―― + 명사, 완전한 문장'에서 ――+명사는 부사구가 되어야 한다.
(D) Forward는 부사로 빈칸 뒤의 명사를 받을 수 없으므로 오답이다. 나머지 보기 모두 전치사이므로, 의미와 구조상 적절한 것을 찾아야 한다.

STEP 2　전치사를 선택할 때 뒤에 나오는 명사의 종류를 확인하라.
(A) Onto는 '~ 위로, ~ 쪽으로'라는 의미를 가지며, 뒤에는 장소 명사가 오고 주로 이동을 나타내는 동사와 함께 쓰인다. 하지만 빈칸 뒤 to부정사의 동사 avoid는 이동을 나타내지 못하므로 오답이다. (B) Until은 시점 명사와 쓰이므로 오답이다.

STEP 3　to부정사와 명사와의 논리 관계를 따져라.
빈칸 뒤에 나온 firm은 to부정사의 행위인 파산을 예방하려는 주체이다. 따라서 to부정사의 의미상 주어를 나타낼 수 있는 전치사 (C) For가 정답이다.

> 해석　회사가 파산을 막을 수 있게, 직원들은 협력하여 최선을 다했지만 그 위기를 막을 수는 없었다.
> 어휘　bankruptcy 파산　in united efforts 일치 협력하여　evade 모면하다, 피하다
> 정답　(C)

106

As / the marketing department / has been augmented/, Raymond Spencer /
접속사　　　　주어　　　　　　　　동사　　　　　　　　　주어2
has been transferred / (to the new section) / ―――――― his former division.
　　동사2　　　　　　　전치사구　　　　　　　　　　목적어

> 전치사는 숙어가 답을 결정한다.
> transferred + to the new section + _____ his former division

STEP 1　완전한 문장+to 명사+ ____ +명사
빈칸은 완전한 문장 뒤에 위치하여 추가적으로 명사를 받을 수 있는 전치사 자리이다. 동사는 has been transferred이며 빈칸 앞뒤 형용사 new와 former을 통해 이전 장소에서 새로운 장소(끝점)로 옮겨갔음을 알 수 있다. 시작점인 his former division을 받을 수 있는 전치사 (B) from이 정답이다. 'transfer from A to B'는 'A에서 B로 옮기다, 이동시키다'임을 알아두자.

STEP 2　오답 분석
(A) in은 장소나 특정 공간 내에 존재하거나 포함되어 있다는 의미를 가지고 있으므로, 현재 Raymond Spencer가 신규 부서로 옮겨간 지금 사용하기에는 부적절하므로 오답이다. (C) across는 업종 혹은 기준점이 되는 장소가 나와야 하므로 오답이다. (D) of는 동격, 부분, 구성 요소를 나타내며 주로 of 앞에 위치한 명사보다 뒤의 명사의 범위가 더 커야 한다. 하지만 section과 division 모두 동일하게 '부서'를 나타내므로 오답이다.

> 해석　마케팅 부서는 인원을 늘리고 있기 때문에, Raymond Spencer는 이전 부서에서 신규 부서로 전근을 갔다.
> 어휘　augment 늘리다, 증가시키다　former 이전의, 옛날의
> 정답　(B)

107 (After years of hard work and successful results in important contracts),
　　　　　　　　　　　　　전치사구
Kristi / now / has / ─────── / (over her colleagues and superiors).
주어　　부사　동사　　목적어　　　　　　　전치사구

[명사 + 전치사] 짝(pair) 찾기
has + _____ + over her colleagues and superiors

STEP 1 빈칸은 타동사 has의 목적어 자리로 뒤의 전치사 over와 짝을 이뤄야 한다.
(B) consequence, (C) significance는 동사 have와는 어울리나, 전치사 over가 아닌 for와 짝을 이루어 '~에 대해 영향(의의)를 미치다(가지다)'의 뜻이므로 오답이다. (D) reaction은 주로 동사 experience, bring, cause와 어울리며 전치사 to, in, against와 쓰여 뒤에 상황 혹은 사건에 대한 명사가 오므로 오답이다. (A) authority는 '권한'이라는 의미로 동사 have와 전치사 on, of, over와 쓰이며 뒤에 영향을 받는 사람 명사를 목적어로 받으므로 정답이다.

STEP 2 전치사와 짝을 이루는 명사

전치사 + 명사 + 전치사		
in combination with ~와 결합하여 in comparison with ~와 비교해 볼 때 by means of ~의 도움으로, ~을 써서 in conjunction with ~와 함께 in compliance with ~에 따라 in observance of ~을 기념하여	with the exception of ~은 제외하고 in charge of ~을 맡아서 in accordance with ~에 부합되게 at the rate of ~의 비율로 in addition to ~에 더해 in response to ~에 응하여	in view of ~을 고려해서 on behalf of ~ 대신에 as a result of ~의 결과로 in excess of ~을 초과하여

2. 명사 + 전치사		
advance in ~에서의 진보 effect/impact on ~에 끼치는 영향/충격 commitment to ~에의 헌신 proximity to ~에 가까움 question about/concerning ~에 관한 질문	demand/request/call for ~에 대한 요구 emphasis on ~의 강조 concern with ~와의 관계 alternative to ~의 대안	exposure to ~로의 노출 concern about/for/over ~에 대한 걱정 dedication to ~에 헌신 regret for ~에 대한 유감 access to ~으로의 접근

3. 전치사 + 명사		
under construction 건설 중인 for free 무료로 in advance 미리 on schedule 예정대로	beyond repair 수리할 수 없을 정도의 without a doubt 의심의 여지 없이 upon request 신청에 의해	in third 3등으로 in writing 서면으로 in duplicate 2통으로 in place 제자리에

해석 수년간 열심히 일하고 중요 계약에서 성공적인 결과를 낸 이후 Kristi는 현재 동료와 선배들에 대해 지휘권을 갖고 있다.
어휘 contract 계약　colleague 동료　superior 상사
정답 (A)

108 The lounge / may be ─────── / (by anyone with a small entrance fee) / but /
　　　　주어　　 동사 1　　　　　　　　　전치사구　　　　　　　　 접속사
the lack of information / (about the place) / holds / people back / (from using the service).
　　주어2　　　　　　 전치사구　　　　 동사2　　목적어2　　　　 전치사구

문장 중의 답 근거 단어를 찾아 연결하여 답을 찾는다.
The lounge + may be _____ + by anyone with a small entrance fee

STEP 1 어휘 문제는 해석에 의존해하면 안 된다.
해당 문장은 수동태로 빈칸 뒤에 다른 목적어가 보이지 않는다. 3형식 타동사의 과거분사형이 들어가야 하며 의미와 구조상 적절한 어휘를 선택하는 문제이다.

STEP 2 수동태를 능동태로 바꾸어 문제를 풀자.
능동태 문장은 Anyone with a small entrance fee may _____ the lounge ~로, (A) informed는 목적어 자리에 사람 명사가 와야 하므로 오답이다. (C) prevented는 〈prevent A from B〉의 구조로 'A가 B하는 것을 막다, 예방하다'의 의미로, 목적어에 사람 명사와 사물 명사 모두 올 수 있지만, 해당 문장의 주어인 '입장료를 낸 누구나'와 목적어인 '휴게실'을 연결하지 못하므로 오답이다. (D) advanced는 자동사의 경우 수동태 문장을 취할 수 없고, 타동사로 '선불금을 주다'에 해당하는 의미라면 목적어에는 돈에 해당하는 명사가, '제기하다'의 의미라면 아이디어, 이론, 계획에 해당하는 명사가 와야 하지만 해당 문장에서는 자타동사 의미가 적절하지 못하므로 오답이다.

STEP 3 뒤의 전치사구와의 관계를 따져 정답을 파악해야 한다.
전치사구 with a small entrance fee(입장료를 내고)와 어울리는 것은 '접근하다'의 (B) accessed뿐이다.

> **해석** 얼마 안 되는 입장료를 지불하면 누구든지 휴게실을 입장할 수 있지만 장소에 대한 정보가 부족한 사람들은 서비스 사용에서 제지를 받는다.
> **어휘** hold back ~을 저지하다, 제지하다 inform 알려주다 access 접근하다, 이용하다　　**정답** (B)

---

109 We / are / one of the leading companies / (in furniture manufacturing)
　　 주어 / 동사　　 주격 보어　　　　　　　　　 전치사구
────── / it / took / us / ten years / to get where we are now.
접속사　 가주어　동사2　 목적어1　 목적어2　　　 진주어

기대치의 반대를 의미하는 even though
~ leading companies + _____ it took us ten years to get where we are now

STEP 1 빈칸은 두 개의 완전한 문장을 연결하는 부사절 접속사 자리이다.
주절의 사실에 대해 상반되는 상황을 언급하는 종속절을 받을 수 있는 (C) even though가 정답이다.

STEP 2 오답 분석
시간 부사절 접속사인 (A) since는 과거 특정한 시점에서부터 발생한 일이 현재까지 영향을 미칠 때 사용한다. 혹은 원인을 나타내는 경우 because와 동의어이다. 시간 부사절 접속사 (B) before는 주절의 시제가 종속절의 시제보다 앞서야 하므로 오답이다. 부사인 (D) instead는 문장을 연결할 수 없으므로 답이 될 수 없다.

STEP 3 even though/although vs. but - 역접의 but과 구분하라.

| 놀랍거나 기대치와 다른 내용 + even though/although + 사실, 기대치 |
| 사실, 기대 + but + 사실과 다른 내용을 추가하거나 추측, 예상하는 내용 |

although의 경우 but과 유사한 의미로 쓰일 순 있지만 주로 주절에서 언급한 내용의 파급력이나 효과를 경감시키고자 할 때 쓴다.
You can use my adapter although I'm not sure it is compatible with yours.

> **해석** 지금 저희가 있는 곳까지 오는 데 10년이 걸렸지만 저희는 가구 제조업체에서 일류 기업 중 하나입니다.
> **어휘** leading 선도하는　　**정답** (C)

110 (Before funding the project), / the corporation / sent / experts / to have / the proposed product
　　　　전치사구　　　　　　　　주어　　　　동사　　목적어　to부정사구1　　　목적어
/ ─────── / to estimate its potential value and verify compliance / (with the national standards).
　목적격 보어　　to부정사구2　　　　　　　　　　　　　　　　　　　　　　　　　전치사구

> 사역동사 have의 목적어와 목적보어의 관계를 확인하라.
> have + the proposed product + _____

STEP 1　빈칸은 명사 the proposed product를 설명하는 목적격 보어 자리이다.
빈칸은 사역동사 have의 목적격 보어 자리로 목적어 the proposed product를 설명해 주는 동사원형 혹은 과거분사형이 들어가야 한다. 보기 모두 과거분사(형용사)이므로 명사 the proposed product와의 관계가 수동인 적절한 어휘를 찾아야 한다.

STEP 2　proposed product를 목적어로 받을 수 있는 동사를 찾자.
5형식의 경우 목적격 보어가 능동이면 목적어가 목적격 보어의 행위를 하는 주동의 관계로 볼 수 있다. 하지만 과거분사는 동사와 목적어의 관계로 봐야 하며 목적어 the proposed product를 받을 수 있는 동사(보기의 과거분사)인지 확인해야 한다. (A) invested는 '투자하다'로 목적어에 투자하는 대상인 주식, 자산, 물건에 해당되는 명사를, (C) conducted는 '안내하다, 지휘하다, ~을 하다'의 의미로 특정 활동 혹은 공연에 해당되는 명사를 받으므로 목적어 product를 받을 수 없다. 문장 맨 앞 전치사구 Before funding the project는 자금 투자 이전 상태를 나타내기 때문에 물건을 개발했다는 의미의 (D) developed와 상충하므로 정답은 (B) assessed이다.

해석　프로젝트에 자금을 지원하기 전에, 그 기업은 기획 제품의 잠재적 가치를 추산하고 국가 기준을 준수하고 있는지 입증하고자 전문가들을 보내 기획 제품을 평가받게 했다.
어휘　estimate 추산하다　verify 검증하다　compliance with ~의 준수　assess 평가하다, 사정하다
정답　(B)

111　The regulars of Isaac Design / who spend more than $20,000 a year
　　　　　주어　　　　　　　　주격관계대명사절
/ will be ─────── of / any upcoming fashion shows / (with invitations).
　동사　　　　　　　　　　　　목적어　　　　　　　전치사구

> 반드시 출제되는 [통보하다/알리다+사람 목적어]
> The regulars + will be + _____ of any upcoming fashion shows ~

STEP 1　보기가 모두 과거분사인 수동태 문제이다.
보기 모두 과거분사로, 해당 문제가 수동태임을 알 수 있으며, 뒤의 전치사 of와 어울리는 적절한 어휘를 고르는 문제이다.

STEP 2　수동태는 능동태로 바꾸어서 푼다.
능동태 문장으로 바꾸면, People will ____ the regular of Isaac Design ~ of any upcoming fashion show ~로, 목적어인 사람 명사 the regulars(단골들)를 받을 수 있는 동사의 p.p를 골라야 한다. (B) regulated는 '규제하다, 조절하다'의 의미를 지닌 타동사로 뒤에 활동이나 과정에 해당되는 명사를 목적어로, (C) announced는 주로 that절을 받는다. announce가 목적어에 사람 명사를 받을 경우 '(도착을 알리기 위해) 이름을 말하다, 부르다'의 의미를 갖지만 뒤의 전치사구와 호응하지 못하므로 오답이다. (D) determined는 결정을 내린 사실 혹은 결론에 해당되는 명사가 와야 하므로 오답이다. 통보하다/알리다류의 동사 notify는 뒤에 〈사람 + of + 사물〉 혹은 〈사람 + that절〉을 받는다. 해당 문장은 수동태로 사람 명사가 주어 자리로 이동하였고, of 뒤에 사물명사가 왔으므로 정답은 (A) notified이다.

해석　Isaac Design에서 1년에 20,000달러 이상을 소비하는 단골들은 초대장과 함께 향후 패션쇼를 공지 받을 것입니다.
어휘　regular 단골　upcoming 다가오는, 향후의
정답　(A)

112 Most of the customers / (of our mattress store) / decide / to buy the product
주어　　　　　전치사구　　　　동사　　　목적어
/ that they ──────── comfortable / (after lying on it for a short time).
목적격 관계대명사절　　　　　　　전치사구

접속사를 통해 동사의 갯수가 결정된다.
that they _____ comfortable

STEP 1　문장의 빈칸에 들어갈 동사 어휘를 선택하는 문제이다.
문장의 접속사/관계사는 that이고, 본동사로 decide가 있고 〈본동사 개수＝접속사 개수＋1〉이므로 빈칸은 동사 자리가 되어야 한다.

STEP 2　관계대명사 that 뒤에 주어가 있으므로 목적격 관계대명사이다.
빈칸 뒤 형용사 comfortable은 목적격 관계대명사 that절의 선행사 product의 상태를 설명하기 때문에 5형식 동사인 (A) find가 정답이다. (C) relax는 '휴식을 취하다'의 자동사로, 목적어를 취할 수 없고 형용사가 아닌 부사가 동사를 수식해 주므로 오답이다. (B) stay는 1형식 동사의 경우, 뒤에 형용사가 아닌 부사가 동사를 수식하며, 2형식의 경우 '~한 상태로 유지하다'의 의미로 지속적인 상태를 나타낸다. 하지만 뒤의 전치사구인 '잠시 누워 본 후에'를 통해 주어가 편안함을 느끼는 것은 일시적 상태를 가리키므로 오답이다. (D) spend는 주로 〈spend sth on sth〉 혹은 〈spend 시간/돈 Ving〉의 구조로 출제되므로 오답이다.

해석　저희 매트리스 가게의 대다수 고객은 잠깐 매트리스에 누워 본 후 자신들이 편안하다고 생각하는 제품을 사기로 결정합니다.
어휘　lie 눕다
정답　(A)

---

113 Paul Academy, / a non-profit online organization, / is dedicated / to making /
　　　　주어　　　　　　　　동격　　　　　　　　　동사　　　　전치사구
their program / ──────── / (to children) / (who live in inadequate conditions)
making의 목적어　　　　　　　　전치사구　　　　주격관계대명사절
(by allowing them to receive quality online learning experiences.)
　동명사구

부사로 해석된다고 부사가 답이 되는 것은 아니다.
making + their program + _____

STEP 1　동사 make는 3형식과 5형식으로 모두 사용 가능하다.
3형식 동사인 경우 목적어 뒤에 오는 빈칸은 부사가 들어갈 자리이지만 (D) educationally는 동작이나 행위가 아닌 상태를 수식하기 때문에 동사구 혹은 문장 전체를 수식하지 못한다. 그러므로 해당 문제에서 make는 5형식 동사로 봐야 한다.

STEP 2　5형식 동사인 경우 목적격 보어로 명사나 형용사가 가능하다.
목적격 보어에는 명사가 들어가 목적어와 동격을 이루거나 형용사가 들어가 목적어를 수식해야 하므로 정답은 형용사인 (C) educational이다. (A) educates와 (B) educate는 동사 형태이므로 오답이다.

해석　비영리 온라인 기업인 Paul Academy는 부적절한 환경에서 생활하는 아이들이 양질의 온라인 교육 경험을 받을 수 있게 함으로써 그 아이들에게 자사의 프로그램이 교육적인 내용이 되도록 헌신하고 있다.
어휘　non-profit 비영리의　dedicate ~에 헌신하다　inadequate 부적합한
정답　(C)

114

Jacob's sales records / have been (steadily) ─────── / since / he / entered / the company;
　　주어　　　　　　　동사1　　　　　　　　　　　　　접속사 주어2　동사2　목적어2
/ this phenomenon / answers / the question (of why companies think highly of
　　주어3　　　　　동사3　　　목적어3　　the question을 수식하는 전치사+명사절
experienced workers).

> **현재완료진행형은 과거부터 지금까지의 지속적인 상태를 나타낸다.**
> Jacob's sales records have been steadily _____ + since 완전한 문장

STEP 1 빈칸의 자리 파악이 가장 중요하다.
빈칸 앞에 have been이 있으므로 본동사 (A) improve, (B) improves는 정답이 아니다. (D) improvement가 들어가게 되면 해당 문장은 2형식으로 주어인 sales records와 주격 보어 자리가 동격을 이뤄야 하므로 (D) 또한 오답이다.

STEP 2 부사 steadily와 접속사 since
빈칸 뒤 접속사 since는 과거 특정한 시점에서부터 발생한 일이 현재까지 영향을 미칠 때 사용한다. 세미콜론(;) 앞의 본동사는 have been으로 현재완료시제이며 주어인 판매 실적이 꾸준히 증가하고 있다는 지속적인 상태를 나타내 주어야 하므로 정답은 (C) improving이다.

> **해석** Jacob의 영업 실적은 그가 회사에 입사한 이후로 꾸준히 상승하고 있다. 이 현상이야말로 회사가 왜 경력자들을 높이 평가하는가라는 질문에 대한 답변이다.
> **어휘** sales record 영업 실적 steadily 꾸준히 phenomenon 현상 think highly of ~을 높이 평가하다
> **정답** (C)

115

(In large companies like ────), / it / is / nearly impossible /
　전치사구　　　　　명사　　　　가주어 동사1　주격보어
to get to know every single employee, / so / it / is / normal / to pass by / strangers.
　　진주어　　　　　　　　　　　　접속사 가주어2 동사2 주격보어2 진주어2 to pass by의 목적어

> **소유대명사는 생략된 명사를 찾아야 답이 나온다.**
> In large companies like _____

STEP 1 전치사 like 뒤에 올 수 있는 품사는 명사이다.
빈칸은 전치사 like의 목적어 자리로 명사가 들어가야 하기 때문에 형용사 역할을 하는 소유격 대명사 (B) our는 오답이다. 주격 대명사 (D) we는 주어 자리에 위치해야 하므로 답이 될 수 없다. 전치사 like는 앞에 위치한 명사에 대해 구체적인 예시를 들어주므로 사람을 나타내는 목적격 관계대명사 (A) us는 답이 될 수 없다. 대기업의 구체적인 예시로 자기네 회사를 들고 있으므로 (C) ours (= our large company)가 정답이다.

STEP 2 다른 인칭대명사와 함께 비교해야 하는 소유대명사
소유대명사는 문장 내에서 주어, 목적어, 보어 자리에 쓰일 수 있다. 따라서 다른 인칭대명사들과의 쓰임과 문맥에서의 의미 차이를 구분하기 위해서는 문장 내에서 어떤 명사를 지칭하는지 정확하게 찾아야 한다.

만점학습 - 소유대명사 뒤에는 명사가 오지 않는다.
All the hiring procedures are handled by ──── affiliated agency. (we/our/ours/ourselves)
전치사 뒤에 명사가 와야 한다는 생각에 명사로 쓰이는 소유대명사나 재귀대명사를 선택하지 않도록 한다. 좀 더 멀리 보라. 뒤에 오는 명사 어구(affiliated agency)를 수식하는 소유격 our가 정답이다.

> **해석** 우리 같은 대기업에서는 개개 직원 모두를 아는 게 거의 불가능하기 때문에 낯선 직원들을 스쳐 지나가는 게 일반적이다.
> **어휘** nearly 거의 get to know 알게 되다
> **정답** (C)

116 The president of the charity organization, / Eduseed, / visits / the school /
　　　　　주어　　　　　　　　　동격　　　동사　　목적어
(he has built in Burma) / ─────── / to restock the supplies / (that have run out).
목적격 관계대명사절(that 생략)　　to부정사구　　　　　　　　(주격 관계대명사절)

> 현재시제와 함께 출제되는 빈도부사
> ~ visits the school he has built in Burma + _____

STEP 1　빈칸 앞은 완전한 문장이므로 빈칸은 부사 자리이다.

STEP 2　해당 문장의 본동사 visits는 현재시제이다.
to부정사는 동사의 목적을 나타내고 주절의 시제는 현재시제이기 때문에 동사의 행위가 일상적, 주기적, 반복적임을 나타내는 부사 (D) regularly가 정답이다. (A) shortly는 soon의 의미를 가지며 주로 미래시제와 쓰인다. (B) deeply는 '(아래로, 안으로) 깊이'의 의미로, 형용사와 부사만 수식할 수 있는 부사이다. (C) finely는 '잘게, 정교하게'라는 의미로 주로 cut, craft 같이 '만들다', '잘라내다'의 의미를 가진 동사를 수식하므로 오답이다.

> 해석　자선단체 Eduseed의 대표는 부족한 용품들을 보충해 주고자 자신이 버마에 지은 학교를 주기적으로 방문한다.
> 어휘　restock 다시 채우다, 보충하다　　run out 다 떨어지다　　정답 (D)

---

117 Quality, reputation and service / are usually given / high priority / (by many business
　　　　　주어　　　　　　　　　동사　　　　　　목적어　　　　　전치사구
owners) / ─────── / these / are / easy / (for the customers) / to inspect.
　　　　　　　　　　　주어2　동사2　주격 보어　의미상 주어　　to부정사구

> 빈출 접속사 because/since vs. so that
> 완전한 문장 + _____ + 완전한 문장

STEP 1　빈칸은 두 개의 완전한 문장을 연결할 수 있는 부사절의 접속사 자리이다.
보기 모두 부사절 접속사로 의미와 구조상 가장 적절한 어휘를 찾아야 한다. 가정법 표현인 (C) as if절 뒤에 현재시제를 쓰면 가정법이 아니라 추측의 의미를 갖는다. 그러므로 주절의 일반적인 사실과 종속절의 불확실한 내용이 호응하지 못하므로 오답이다.

STEP 2　주절과 종속절의 관계를 따져라.
빈칸 뒤의 절이 주절(결과)에 대한 원인을 나타내므로 정답은 (D) since이다. (B) so that의 경우 주절에는 원인에 해당되는 내용이, 종속절에는 결과에 해당하는 내용이 나와야 하므로 오답이다. (A) when은 시간 부사절 접속사로 내용상 부적절하다.

STEP 3　※ because/since vs. so that

주절의 동사	접속사	종속절의 동사
(결과) 종속절보다 미래	because, since	(원인) 주절보다 먼저(과거)
(원인) 종속절보다 먼저(과거)	so that	(결과) 주절보다 미래
(과정) 종속절보다 먼저(과거)	in order that	(목적) 주절보다 미래

※ since vs. as vs. because
① since와 as는 because에 비해 이유보다는 결과에 더 중심을 두고 말하는 것으로 특히, since의 경우 그 이유가 이미 알려진 사실일 때 쓰인다.
② since는 because보다 좀 더 formal한 표현이다.
③ since절은 주로 주절 앞에서 쓰이며, 주절 뒤에 쓰일 때는 since 앞에 콤마를 쓴다. (since절이 먼저 쓰이더라도 주절 앞에 콤마를 쓴다.)

> 해석　품질, 평판과 서비스는 고객들이 쉽게 살펴볼 수 있기에 많은 경영주들은 이 항목에 우선순위를 두고 있다.
> 어휘　priority 우선순위　inspect 점검하다　　정답 (D)

118 Ms. Greenhill, / ─────── vehicle / had been destroyed / (in a bad accident),
　　　　주어1　　　　　　주어2　　　　　동사2　　　　　　전치사구
had to take / public transportation / until / she / could afford / a new car.
　동사1　　　　　목적어1　　　　접속사　주어3　　동사3　　　목적어3

> 관계대명사 중에 whose는 유일하게 완전한 문장을 받는다.
> _____ vehicle + had been destroyed

STEP 1 문장에 접속사 또는 관계사가 필요하다.
해당 문장에는 동사가 3개(had been destroyed, had to take, could afford)로 관계사 혹은 접속사가 2개 필요하다. 접속사는 until밖에 보이지 않으므로 빈칸에 접속사/관계사가 들어가야 한다.

STEP 2 관계대명사 whose는 예외적으로 완전한 문장을 받는다.
빈칸 뒤 동사 vehicle had been destroyed는 타동사의 수동태로 해당 문장은 완전하기 때문에 정답은 (D) whose이다. 원래 문장을 풀어보면 whose vehicle = Ms. Greenhill's vehicle이다. 그러므로 불완전한 문장을 받는 관계대명사 (A) who, (B) whom, 복합관계대명사인 (C) whoever는 오답이다.

> **해석** Greenhill 씨의 차량이 심각한 사고로 파손되어 그녀는 새로 차량을 구매할 수 있게 될 때까지 대중교통을 타야만 했다.
> **어휘** destroy 파손시키다　public transportation 대중교통　afford ~할 능력이 되다　　**정답** (D)

---

119 We / ensure / that / our newly released automated sprinklers and mowers /
　　　주어1　동사1　접속사　　　　　　　　　주어2
are / much faster than those ─────── / (by hand).
동사2　　　주격 보어　　　　　　　전치사구

> [those who + 동사] vs. [those + 분사] vs. [only those + 전명구]
> those + _____ + by hand

STEP 1 문장의 구조를 파악하라.
대명사 those는 뒤에서 형용사의 수식을 받는다(후치 수식). 복수명사인 those는 sprinklers and mowers를 나타내며 보기 모두 과거분사이므로 동사와 목적어 관계로 생각해야 한다. 즉, 해당 명사를 목적어로 취할 수 있는 동사가 정답이다. (A) accepted는 주로 목적어에 제의(offer)나 초대(invitation), 사임(resignation), 사과(apology), 조언(advice)에 해당하는 명사가 오므로 오답이다.

STEP 2 비교 대상이 되는 것을 찾는다.
비교 대상은 newly released automated sprinklers and mowers와 those 이하이다. newly와 상반되는 형용사의 의미를 가져야 하므로 수동으로(by hand) '작동하는'의 의미를 가진 (B) operated가 정답이다. (C) publicized는 '알리다, 광고하다'의 뜻으로 목적어 자리에 주로 공고문이나 정보에 해당되는 명사가 오며, (D) intensified는 타동사의 경우 목적어에 증가하는 대상에 해당되는 명사가 온다. 하지만 (C)와 (D) 둘 다 뒤의 전치사구와 어울리지 못하므로 오답이다.

STEP 3 those의 다양한 출제 패턴

① those who + 불완전한 문장(복수동사)	사람을 받는 관계대명사 who
② those + (who+be동사) + 분사	관계대명사가 생략된 -ing/-ed 분사
③ Those + 전치사 + 명사 + 동사 + 목적어	[with + 명사]의 전치사구 수식을 받는 those
④ 전치사 + those who ~ + 동사 + 목적어	for, except, with
⑤ 부사 + those (전치사구/who ~) + 동사 + 목적어	주로 only의 수식을 받는다.
⑥ those + 복수명사 → 지시형용사	지시형용사로 쓰여 뒤에 복수 명사를 받는다. e.g. those applicants who

> **해석** 저희가 새롭게 출시한 자동 스프링클러와 잔디 깎는 기계는 수동으로 작동되는 제품보다 훨씬 더 빠르다고 확신합니다.
> **어휘** ensure 확신하다　by hand 수동으로　　**정답** (B)

120 Once / you / get to / Highway No. 65 / (which leads ────── to the city center),
　　　　접속사　주어　동사1　　목적어　　　　주격 관계대명사절
/ it / will take / less than half an hour / (from the airport to our office).
주어2　동사2　　　목적어2　　　　　　　전치사구

> **부사는 명사를 제외한 모든 것을 수식한다.**
> Highway No. 65 + which leads + ────── + to the city center

STEP 1　빈칸은 동사와 전치사구 사이에서 동사를 수식하는 부사 자리이다.
보기 중 부사는 (D) straight뿐이다.

STEP 2　동사와 전치사구 사이에 형용사가 들어갈 수 없다.
명사를 수식하는 형용사는 명사 앞에 쓰이므로 분사 형태인 (A) straightened와 (B) straightening은 답이 될 수 없다. 콤마 앞 문장에 접속사가 2개(once, which) 있으므로 전체 동사는 3개가 있어야 한다. 동사는 get, leads, will take가 있으므로, 본동사 형태인 (C) straighten 역시 오답이다.

> 해석　일단 시내 중심부로 쭉 연결되는 65번 고속도로에 진입하면, 공항에서 저희 사무실까지 30분도 안 걸릴 겁니다.
> 어휘　get to the highway 고속도로를 타다　straighten 똑바르게 되게 하다　straight 곧장, 쭉
> 정답　(D)

---

121 It / will take / months / to negotiate the ────── / (to the urban development
　　　가주어 동사1　　목적어　　진주어　　　　　　　　　　전치사구
issue in downtown Chicago) / since / most building owners / voted (against it).
　　　　　　　　　　　　　　접속사　　　주어2　　　　　　동사2　　전치사구

> **타동사 어휘는 어울리는 명사를 확인하자.**
> negotiate + the ────── to the urban development issue

STEP 1　빈칸은 동사 negotiate의 목적어 자리이다.
동사 negotiate는 주로 목적어에 '계약/거래/조약' 등의 명사가 위치하므로 빈칸에는 협상의 주체가 들어가야 한다. 따라서 정답은 (B)이다.

STEP 2　오답 분석
(A) occasion은 가산명사의 경우 '때, 시기', 불가산명사의 경우 일이 발생한 '원인, 문제'를 나타낸다. 해당 문장의 경우 도시 개발 문제의 원인은 협상·해결이 불가능하므로 오답이다. (C) impression은 전치사 to가 아닌 of와 함께 사물·사람에 대한 인상을 나타낸다. (D) situation은 주로 '(종합적인) 상황, 환경'을 나타내므로 건물주들이 반대하는 일부 문제와 상충하므로 오답이다.

> 해석　대부분의 건물주들이 반대 투표했기 때문에 시카고 도심의 도시 개발 문제 해결책은 협상까지 수개월이 걸릴 것이다.
> 어휘　negotiate 협상하다　urban 도시의　vote against 반대표를 던지다　resolution 결의안, 해결
> 정답　(B)

122 The texts and images / (in the brochure) / have been provided / ─────── /
　　　　주어　　　　　　　전치사구　　　　　　동사
(of the Tourism Administration Department).
　　　　　　전치사구

> **두 단어 이상의 전치사구를 확인하라**
> have been provided + _____ of someone

STEP 1　수동태로 완전한 문장이며 〈by+주어(행위자)〉는 보통 생략이 가능하다.
타동사 provide가 수동태로 쓰인 완전한 문장이다. 빈칸은 완전한 문장과 전치사 of 사이에 위치해 있다. 형용사는 혼자 쓰일 수 없으므로 (B) courteous는 오답이다.

STEP 2　**by courtesy of** ~에서 **by**는 생략될 수 있다.
by courtesy of ~는 '~의 허가에 따라서, ~ 덕분에'의 의미로 전치사 by는 생략이 가능하다. 따라서 by가 생략된 형태로 정답은 명사 (A) courtesy이다. (C) courteously는 부사로 오답이다. (D) courteousness는 '예의 바름, 공손함'을 의미한다.

> **해석** 관광 관리부서의 허가로 책자에 있는 본문과 사진이 제공되었다.
> **어휘** courtesy 공손함, 정중함　courteous 공손한, 정중한
> **정답** (A)

---

123 (Only after realizing the importance of satisfying the local customers,) / Jessie, / the owner of
　　　　　　　　　　　　　　　분사구문　　　　　　　　　　　　　　　　　　주어　　　동격
Jess Cafe / ─────── (on serving various Asian foods) / has developed / a localized menu.
　　　　　　　　　　　　　　전치사구　　　　　　　　　　　　　동사　　　　　　목적어

> **본동사와 준동사를 구분하라.**
> 주어 + _____ + 동사 + 목적어

STEP 1　하나의 문장에는 반드시 동사가 하나 있어야 한다.
문장은 주어 Jessie와 동사 has developed로 구성되어 있으므로 본동사 형태인 (C) is focused와 (D) focus는 오답이다.

STEP 2　전치사 **on**을 받으면서 앞의 명사를 수식할 수 있는 준동사를 선택하라.
전치사 on과 함께 앞의 명사 the owner of Jess Cafe를 수식할 수 있는 분사 (A) focused가 정답이다.

STEP 3　**to**부정사는 주로 '계획, 노력, 목적, 의도, 시간' 등의 명사를 수식한다.
빈출 〈명사+to부정사〉

ability to do ~할 수 있는 능력	attempt to do ~하려는 시도
effort to do ~하려는 노력	right to do ~할 권리
opportunity[chance] to do ~할 기회	way to do ~하는 방법
decision to do ~하겠다는 결정	willingness to do ~하려는 의지
time to do ~할 시간	plan to do ~할 계획
authority to do ~할 수 있는 권한	proposal to do ~하겠다는 제안

> **해석** 지역 고객을 만족시키는 것의 중요성을 깨달은 후에야, 다양한 아시아 음식 제공에 중점을 둔 Jess Cafe 소유주 Jessie 씨는 현지화된 메뉴를 개발했다.
> **어휘** local 지역의　localize 현지화하다
> **정답** (A)

124 (────── given above), / any claims / (for refund) / will be rejected / as /
분사구문　　　　　주어　　　　전치사구　　　　동사　　　접속사
the customer / is accountable for / all damages / (to the product after purchase).
　주어2　　　　　동사2　　　　　목적어2　　　　　전치사구

> 접속사 뒤에 주어+be동사가 생략된 〈접속사 + 분사구문〉
> _____ given, 완전한 문장

STEP 1 빈칸에 들어갈 품사를 결정하라.
보기에는 전치사와 접속사뿐이다. 빈칸 뒤에는 명사가 없이 given이라는 분사가 나오고 있다. 그러므로 뒤에 명사를 받아야 하는 전치사 (D) For는 바로 오답이다.

STEP 2 주어+be동사가 생략된 분사구문을 받을 수 있는 부사절 접속사 자리
(B) While은 '~하는 동안'을 의미하는 시간 부사절 접속사와 '~인 반면에'를 의미하는 양보 부사절 접속사로 쓰인다. (C) After는 '~한 후에'를 의미하는 시간 부사절 접속사이므로 적절하지 않다. (A) As는 '~대로, ~듯이'를 의미하는 부사절 접속사로 as given above는 '위와 같이'라는 의미로 자주 쓰이는 표현이므로 알아두자.

> 해석 위와 같이, 구매 후 제품에 발생한 손상은 고객님께서 책임지시는 것이므로 환불 요청은 거절됩니다.
> 어휘 claim 청구, 신청   be accountable for ~에 책임이 있다
> 정답 (A)

125 (Due to their modest stipend), / anyone / usually / working / (under twenty hours a week)
　　　　　전치사구　　　　　　주어　　부사　　분사　　　　　전치사구
/ is / ────── / (from the income tax).
　동사　　　　　　　　전치사구

> be동사 + 형용사 vs. 과거분사
> 주어 + be동사 + _____ + 전치사구(from the income tax)

STEP 1 be동사 뒤에 오는 빈칸은 주어의 상태를 설명하는 주격 보어 자리이다.
빈칸 뒤의 전치사 from과 함께 주어 anyone의 상태를 설명할 수 있는 적절한 형용사 어휘를 골라야 한다. 따라서 전치사 from과 함께 '~로부터 면제되다'를 뜻하는 형용사 (D) exempt가 정답이다. (A) subject는 형용사로 〈be subject to+명사〉의 형태로 쓰여 '~에 영향 받기 쉬운, (법규 등을) 지켜야 하는, (벌금 등을) 내야 하는'의 의미이므로 오답이다.

STEP 2 사물 명사를 받는 타동사의 수동태
주어가 능동적으로 행위를 하는 능동태와 주어가 다른 것에 의해 해당 행위를 받거나 당하는 수동태(be+p.p.)가 있다. (B) operated는 operate의 과거분사(p.p.) 형태이고, operate가 타동사일 때는 '(공장 따위를) 운영하다'를 의미한다. (C) built는 build의 과거, 과거분사로 build가 타동사일 때 '~을 건설하다'를 의미하여 수동태로 쓰일 때는 주어가 사람으로 오지 않기에 오답이다.

> 해석 많지 않은 월급 때문에, 보통 주 20시간 이하로 근무하는 사람은 소득세를 면제받는다.
> 어휘 modest stipend 많지 않은 봉급   income tax 소득세
> 정답 (D)

126 The Green Belt Action, / in which / construction of buildings and destruction of nature
　　　　주어　　　　　　관계부사　　　　　　　　　　　주어2
　　/ are strictly prohibited, / is / part of an effort / to preserve more ─────── / for wildlife
　　　　동사2　　　　　　동사1　　주격 보어　　　to부정사구　　　　　　　　　　의미상 주어
　　/ to dwell and reproduce in.
　　　to부정사구

> **명사를 받는 동사와 명사를 수식하는 어구를 확인하라.**
> preserve + more _____ + (for wildlife) + to부정사

STEP 1 〈타동사+형용사+명사〉
빈칸에는 to부정사 preserve의 목적어로 보존의 대상이 될 수 있는 명사가 와야 한다.

STEP 2 명사를 수식하는 to부정사
빈칸 뒤 to부정사의 수식을 받을 수 있는 적절한 명사 어휘를 골라야 한다. 거주하고 번식할 수 있는 '장소'를 나타내므로 정답은 (B) space이다. (A) benefit은 '혜택, 이득, 보조금'을 (C) project는 '계획, 과제, 목표'를, (D) journey는 '(특히 멀리 가는) 여행, 여정'을 의미하므로 오답이다.

> 해석 건물 건축과 자연 파괴가 엄격히 금지되는 Green Blet Action(그린 벨트 조치)은 야생동물이 거주하고 번식할 수 있는 더 많은 공간을 보존하기 위한 노력의 일환이다.
> 어휘 prohibit 금지하다　preserve 보존하다　dwell 거주하다　reproduce 번식하다
> 정답 (B)

---

127 Ms. Lewis / is / ─────── / that / Timothy, / (under her supervision), /
　　　　주어　　동사　　　　　　　접속사　주어2　　　전치사구
　　will smoothly carry out / orders / assigned (to him).
　　　　　동사2　　　　　　목적어2　　분사　　전치사구

> **be동사 + 형용사 + that절**
> 주어 + be동사 + _____ + that절

STEP 1 be동사 뒤에 오는 빈칸은 주어의 상태를 설명하고 that절을 받는 주격 보어 자리
'Lewis 씨는 Timothy 씨가 맡겨진 지시 업무를 순조롭게 수행할 거라고 확신한다'는 의미로 '자신감 있는, 확신하는'을 의미하는 (D) confident가 정답이다.

STEP 2 that절을 받는 동사의 쓰임
(A) designated는 타동사의 수동태 형태로 that절을 받지 않고 be designated sth이나 be designated as/for sth의 형태로 주로 쓰이므로 오답이다. (B) remembered는 능동태로 쓰일 때 that절을 받을 수 있으므로 오답이다. (C) 형용사 important가 that절을 받는 경우는 it is important that ~의 형태로 쓰일 경우이다.

STEP 3 빈출 〈be동사+형용사+that절〉

be aware that ~라는 것을 알다	be clear/obvious that ~라는 게 분명하다
be sure/confident/convinced that ~라는 걸 확신하다	be appropriate that ~인 게 적절하다
be optimistic/positive that ~에 낙관적이다/긍정적이다	be essential that ~가 필수적이다
be natural that ~가 당연하다	be important that ~가 중요하다
be possible/true that ~가 가능하다/사실이다	be inevitable that ~는 피할 수 없다
	be likely/unlikely that ~일 것 같다/같지 않다

> 해석 Lewis 씨는 자신의 감독 하에 Timothy 씨가 맡겨진 지시 업무를 순조롭게 수행할 거라고 확신한다.
> 어휘 supervision 감독　order 명령, 지시　assign 맡기다, 배정하다
> 정답 (D)

128 The shareholders / hurriedly disposed of / their shares / ─────── /
주어　　　　　동사　　　　　목적어
they / would sink / (in price) / once / the corruption / (in their firm) / received / coverage.
주어2　동사2　　전치사구　접속사　　주어3　　　전치사구　　　동사3　　목적어3

본동사 개수=접속사 개수+1
주어 + 동사 + _____ + 주어 + 동사

STEP 1 문장에 본동사가 3개이므로 접속사가 2개 필요하다.
본동사는 disposed of, would sink, received로 3개이고 접속사는 once 1개 뿐이다. (A) as for는 전치사, (B) meanwhile과 (C) for example은 접속부사 이므로 오답이다. 따라서 정답은 (D) because이다.

STEP 2 접속부사는 접속사가 아니라 부사다.

1. 화제 전환: (in the) meantime 그 동안   meanwhile 한편   by the way 그런데
2. 실례 설명: for example/for instance 예로   in particular/specifically 특히
3. 그렇지 않으면: otherwise
   ① The bank will renew the contract unless notified otherwise.
      달리 언급되지 않는다면 은행은 그 계약을 갱신할 것이다.
   ② They won although expected otherwise. 그렇지 않을 거라고 기대했는데 그들이 우승했다.
   ③ This is only the traditional area in the otherwise modern city.
      그 외에는 현대적인 도시에서 이곳이 유일하게 전통적인 지역이다.
4. 추가: besides/furthermore/moreover/above all/in addition/as well 게다가
5. 순서: then/thereafter 그러고 나서, 그때에
6. 선택/포기: instead/alternatively 그 대신
7. 똑같이, 비슷하게: likewise
8. 결과: accordingly/consequently/hence/therefore/thus/as a result/finally 그러므로, 마침내
9. 양보: nonetheless/nevertheless/however ~에도 불구하고 (기대치 반대)

해석 일단 기업의 부정부패가 보도되면 주식 가격이 떨어질 것이기 때문에 주주들은 서둘러 자기네 주식을 처분했다.
어휘 dispose of 처분하다   share 주식   once 일단 ~하면   coverage 언론 보도   receive coverage 보도되다
정답 (D)

---

129 The critics / highly praised / the seemingly profound film,
주어　　　　　동사　　　　　　목적어
/ admiringits unique filming techniques and original methods of plot unfolding,
분사구문
/ while / the audience reviews / suggest / ─────── .
접속사　　　주어2　　　　　동사2

suggest / indicate / instruct + otherwise
주어 + 타동사 + 부사

STEP 1 타동사 suggest 뒤에 부사가 나오는 경우
suggest는 타동사로 뒤에 목적어가 나와야 하지만 보기는 모두 부사나 전치사구(부사)이다. (B) in contrast는 '~와는 대조적으로'라는 의미로 뒤에 전치사 to나 with를 취한다. (D) on the contrary는 '반대로, 대조적으로'라는 의미의 접속부사이므로 오답이다. (C) instead는 부사이지만 '대신에, 그것보다는'의 의미이므로 오답이다.

STEP 2 Otherwise의 쓰임을 알아두자

(A) otherwise가 일반 부사로 쓰일 때는 '다른 방법으로, 그밖에 달리'를 의미하며, ⟨~ say/think/decide/suggest/indicate + otherwise⟩의 형태로는 '~이 그렇지 않다고 말하다/생각하다/결정하다/시사하다/암시하다'를 의미한다. 따라서 정답은 (A)이다.

그밖에 otherwise의 출제 포인트
1. unless otherwise noted / unless instructed otherwise 언급되거나 지시하지 않는다면
2. 예외: ⟨관사 + otherwise + 형용사+ 명사⟩
e.g. an otherwise happy life 그밖의 점에서는 행복한 생활

> **해석** 비평가들은 독특한 영화 기법과 독창적인 이야기 전개 방식에 감탄하며 겉보기에 심오해 보이는 그 영화를 무척 칭찬했지만 관객들의 후기는 그렇지 않음을 시사한다.
> **어휘** unfolding 전개, 펴기
> **정답** (A)

---

130 Mr. Rogers / ─────── / the proposals, / but / he / has / no other choice
but to decline them / (due to the financial burden) / (they will bring him).

답을 결정하는 논리 근거를 찾아라.
주어 + _____ + 목적어(the proposals)

STEP 1 접속사 but이 있으므로 빈칸은 목적어(the proposals)를 받는 타동사 자리이다.

(A) appeals는 토익에서 자동사로 전치사 to를 동반한다. (B) focuses도 자동사로 전치사 on을 동반한다. (C) relates는 일반적으로 전치사 to와 함께 자동사로 쓰이며, 타동사로도 relate A to B의 형태로 쓰일 수 있다.

STEP 2 답의 근거는 역접의 but이 가지고 있다.

but 뒤에 문장의 핵심이 되는 단어는 decline이다. 그렇다면 앞 문장의 동사는 제안을 받아들이거나 승인 등의 의미를 가져야 한다. (D) endorses는 '공식적으로 지지를 하거나 승인을 한다'는 의미로 정답이다.

빈출 ⟨자동사+전치사⟩

concentrate on ~에 집중하다	go through 겪다	deal with 다루다
care for 돌보다	benefit from ~로부터 이익을 얻다	refrain from 그만두다
succeed in 성공하다	enroll in 등록하다	focus on 집중하다
check in 체크인하다	differ in 다르다	rely on 의지하다
interfere with 간섭하다	wait for 기다리다	look into/through 조사하다
talk about 논의하다	contend with (문제/상황과) 씨름하다	apologize to 사과하다
consist of ~로 구성되다	compete with 경쟁하다	listen to 듣다
object to 반대하다	lay off 해고하다	look for 찾다

> **해석** Roger 씨는 그 제안서를 지지하지만 그것이 그에게 가져올 재정적인 부담 때문에 그 제안서를 거절할 수밖에 없다.
> **어휘** have no other choice but to+do ~하지 않을 수 없다   appeal 호소하다
> **정답** (D)

Questions 131-134 refer to the following e-mail.

FROM	williamr_thomas@abcsprts.com
TO	jamesburns@kaum.net
DATE	June 23
SUBJECT	Scale barbecue grills

Dear Mr. Burns,

[주제: 상대방의 메시지에 대한 답- 상대방의 요청에 대한 해결 제시]

We have received your message and checked your record. It states that you ordered **three barbecue grills** (model no. SCT-250) through our TV home shopping channel on June 17 and they were scheduled to arrive June 22. We are sorry to hear that you have not yet received — **131** —. Usually it takes no more than three or four days to deliver items.

— **132** —. According to **this information**, your grills should arrive on June 23. If you do not receive your order by then, please — **133** — us. [동사]

We apologize for the inconvenience this has caused you. Obviously, it does not happen very often. I want to emphasize that **this situation** is very — **134** —. [주어] [보어]

Thank you.

William R. Thomas
ABC Sports International

---

131. (A) ones 부정대명사
    (B) it 단수
    (C) some 일부
    (D) them Three barbeque grills

대명사
ㄴ. 앞 문장의 무엇을 다시 받는지 확인하자.

132. (A) ~~Visit our store~~ to purchase an additional item.
    (B) ~~Thank you~~ for your feedback.
    (C) We were able to track your order.
    (D) Unfortunately, the items you ordered are ~~not available at the moment~~.

문맥 추가 문제
ㄴ. 빈칸 앞뒤 문장을 확인하자.

133. (A) contacting
    (B) contacted
    (C) contact
    (D) contacts

동사 자리
ㄴ. 하나의 문장에는 반드시 동사가 하나 있어야 한다.

134. (A) interesting
    (B) similar
    (C) impossible
    (D) unusual It does not happen very often.

형용사 어휘
ㄴ. This situation이 의미하는 것이 무엇인지 앞 지문에서 찾자.

문제 131-134는 다음 이메일을 참조하시오.

발신	williamr_thomas@abcsprts.com
수신	jamesburns@kaum.net
날짜	6월 23일
제목	Scale 바베큐 그릴

Burns 씨께

저희가 귀하의 메시지를 받고 귀하의 기록을 확인했습니다. 기록에는 귀하가 6월 17일에 저희 TV 홈쇼핑 채널을 통해 바베큐 그릴(모델 번호 SCT-250)을 세 개 주문하셨고, 그것들이 6월 22일에 도착할 예정이라고 나와 있습니다. 귀하께서 그것들을 아직 받지 못하셨다는 얘기를 들어 유감입니다. 보통 물건을 배송하는 데 3-4일 이상은 걸리지 않습니다.

저희가 귀하의 주문을 추적할 수 있었습니다. 이 정보에 의하면, 귀하의 그릴은 6월 23일에 도착할 겁니다. 그때까지 주문품을 받지 못하시면, 저희에게 연락해 주시기 바랍니다.

이 일로 귀하께 불편을 드린 점 사과드립니다. 분명히, 이건 잘 일어나지 않는 일입니다. 이 상황이 매우 흔치 않은 일임을 강조하고 싶습니다.

감사합니다.

William R. Thomas 올림
ABC Sports International

어휘 state 언급하다, 명시하다 be scheduled to do ~할 예정이다 usually 보통, 대개 take (시간이) 걸리다 apologize for ~에 대해 사과하다 cause 야기하다 obviously 명백히 emphasize 강조하다

대명사
131 대명사는 앞에 있는 명사를 다시 받은 것이다.

STEP 1 빈칸 앞의 어떤 명사를 받아야 하는지를 먼저 확인하자.

내용상 대명사가 받는 것이 three barbecue grills이므로 (B) it은 단수를 받는 대명사로 오답이다. (C) some은 일부만을 나타내야 하므로 주문품을 다 받지 못했다는 내용이 전개되어야 하는 상황에서는 오답이다. (A) ones의 경우 부정대명사로 앞 명사를 다시 받는 것이 아니라, 앞 명사와 같은 종류의 다른 대상을 나타내므로 해당 문제에서는 사용할 수 없음을 주의하자. 따라서 정답은 (D) them이다.

문맥 추가 문제

132 문맥 추가 문제는 빈칸 앞뒤의 내용과 연결되는 보기의 키워드를 찾아야 한다.

STEP 1 문맥 추가 문제에서는 빈칸 앞뒤에 언급된 지시형용사나 대명사를 주의한다.

빈칸 뒤의 〈지시형용사+명사〉 this information을 나타낼 수 있는 적절한 의미의 문장을 찾아야 한다.
this information 이후에 주문품의 도착 일정을 알려주고 있으므로 information은 주문품에 관한 내용임을 알 수 있다. 따라서 보기 중 '귀하의 주문을 추적할 수 있었다'의 (C)가 정답으로 빈칸 뒤의 문장을 자연스럽게 연결할 수 있다. 보기 중 (A)는 제품의 추가 구입에 관한 안내를, (B)는 고객 설문 조사에서 할 수 있는 내용이고, (D)는 제품 주문 시 나올 수 있는 내용임을 알아두자.

(A) 추가 제품을 구매하시려면 저희 상점을 방문하시기 바랍니다.
(B) 귀하의 의견에 감사드립니다.
(C) 저희가 귀하의 주문을 추적할 수 있었습니다.
(D) 유감스럽게도, 귀하께서 주문하신 제품들은 현재 구매하실 수 없습니다.

> 어휘 track 추적하다 at the moment 현재

동사 자리

133 하나의 문장에는 반드시 동사가 하나 있어야 한다.

STEP 1 빈칸은 문장의 본동사 자리이다.

if절에 do not receive가 있으므로, 본동사가 하나 더 필요한 문장임을 알 수 있다.

STEP 2 주어가 빠진 명령문이다.

빈칸 자리는 주어 없이 동사가 와야 하는 명령문의 동사 자리이며 이때는 동사원형이 필요하다. 따라서 정답은 (C) contact이다.

형용사 어휘

134 논리적으로 전체 지문을 연결하는 답을 찾는다.

STEP 1 보어 자리에 들어갈 적절한 형용사 어휘를 찾는 문제이다.

보기 모두가 답이 될 수 있으므로, this situation이 가리키는 것이 무엇인지 확인해 봐야 한다.
지문 상단부에서 주문품이 아직 도착하지 않은 상황에 대한 언급을 하고 있고, it does not happen very often을 통해 이러한 일은 거의 일어나지 않는다고 하고 있다. 따라서 this situation은 unusual(이례적인, 흔치 않은) 일임을 알 수 있다. 정답은 (D)이다. (C) impossible(불가능한)은 일어날 수 없거나 할 수 없는 것 혹은 다룰 수 없는 상황을 언급할 때 사용함을 유의하자.

Questions 135-138 refer to the following customer review.

I bought some fabrics at Trago's Textile Inc. last week. When I first called to ask some of the options they offered, the representative was very knowledgeable and helpful. So, I ordered some printed cotton and linen in bulk over the phone. Unfortunately, I probably —135— here for fabric anymore. The workers at the warehouse apparently didn't care about the —136— of the fabric they loaded onto my truck. Some of it was damaged and stained. —137—. They did let me replace some of the fabric there, but I had to return to their store with the damaged ones. Next time I will find a place that will let me —138— my own fabric. And I strongly recommend that you avoid doing business with Trago's Textile.

주문품의 문제
Mary T. Barra

---

135. (A) did not shop
 (B) will not be shopping
 (C) may not have shopped
 (D) could not have shopped

136. (A) category
 (B) width
 (C) price
 (D) quality

137. (A) There was a ~~long line of waiting~~ for a refund.
 (B) I couldn't ~~carry them~~ by myself.
 (C) They recommended ~~a repair shop~~.
 (D) About half of what I got looked used.

138. (A) design
 (B) choose
 (C) provide
 (D) cut

문제 135-138은 다음의 고객 평가를 참조하시오.

저는 지난 주에 Trago's Textile Inc.에서 몇 가지 천들을 구입했습니다. 처음 그 회사에서 제공하는 선택 사항들에 대해 문의하려고 전화했을 때, 직원은 매우 해박했고, 도움이 되었습니다. 그래서 저는 전화로 인쇄된 면직물과 린넨을 대량으로 주문했습니다. 유감스럽게도 저는 아마도 여기서는 더 이상 직물을 구입하지 않을 것 같습니다. 그곳 창고 직원들은 제 트럭에 실었던 그 직물의 품질에 관해서는 확실히 신경을 쓰지 않았습니다. 그것들 중 일부는 손상되었고 얼룩져 있었습니다. 제가 받은 것들 중 약 절반은 사용했던 것처럼 보였습니다. 그들은 그곳에서 그 직물 중 일부를 교체해 줬지만, 저는 그 파손된 것들을 그들 상점까지 다시 가져가 주어야만 했습니다. 다음에는 저만의 직물을 선택할 수 있도록 하는 곳을 찾을 것입니다. 그리고 저는 여러분이 Trago's Textile과 거래하는 것을 피하라고 강력히 권해드리는 바입니다.

Mary T. Barra

> **어휘** textile 직물, 옷감 option 선택 사항 representative 직원 knowledgeable 아는 것이 많은, helpful 도움이 되는 printed 인쇄된 in bulk 대량으로 over the phone 전화로 apparently 명백히 care about 신경을 쓰다 load 싣다 damaged 손상된, 파손된 stained 얼룩이 진 replace 교체하다 do business with ~와 거래하다

135 동사 시제
동사의 시제는 접속사와 또 다른 동사를 주의한다.

STEP 1   PART 6의 시제 문제는 앞뒤 문장의 시제를 파악한 후 판단해야 한다.

바로 앞 문장 So, I ordered ~에서 주문했다는 과거를 언급한 후, Unfortunately라는 반전을 나타내는 표현이 위치하고 그 이후의 문장에서 불만사항에 대한 언급이 나오고 있다. 따라서 빈칸의 자리는 '더 이상 구매하지 않을 것이다'의 미래시제가 와야 한다. 정답은 (B) will not be shopping이다. (D) could not have shopped는 가정법 과거완료의 시제 형태로 과거 사실의 반대를 나타내고, (C) may not have shopped는 과거에 대한 추측을 나타냄을 주의하자.

136 명사 어휘
어휘 문제는 해석상 말이 되는 것이 답이 아니다.

STEP 1   빈칸 위아래에서 문맥을 연결할 수 있는 객관적인 근거 단어를 확보하자.

빈칸 앞뒤만 보면 보기의 대부분이 해석상 말이 된다. 하지만 말이 되는 것이 답이 아니다.
care about(~에 신경을 쓰다, 관심을 가지다)의 목적어로 들어갈 적절한 명사 어휘를 찾는 문제인데 바로 뒤 문장에서 '일부 천들이 손상되고 얼룩이 져 있었다'로 천의 품질에 대한 문제를 제기하고 있는 상황이다. '천의 품질에 대해 신경 쓰지 않았다'로 (D) quality가 정답이다. (A) category는 '범주', (B) width는 '폭, 너비' (C) price는 '가격'의 뜻이다.

문맥 추가 문제

137 빈칸 위아래에서 답을 결정하는 단어를 확보한다.

STEP 1 문맥 문제는 보기의 키워드를 먼저 정리한 후에 해당 위치에서 키워드들을 검색해야 한다.

주문품에 대한 문제를 제기하는 상황이며, 바로 앞 문장에서 some of it으로 주문품들 중 일부에 대한 언급을 하고 있다. 해당 문장에는 그 주문품들의 나머지에 대해 또 다른 문제를 언급하는 (D)가 정답이다.

(A) 환불을 하기 위한 대기 줄이 길었습니다. → **상점 방문에 대한 언급 이후에 위치해야 적절하다.**
(B) 저는 그것들을 혼자서 운반할 수 없었습니다. → **주문품 품질에 관해 언급하고 있으므로 운반에 대한 (B)는 오답이다.**
(C) 그들이 수선 가게를 추천했습니다. → **빈칸 뒤에서 교환한다는 것을 알 수 있으므로 수선 가게에 대한 언급은 적절하지 않다.**
(D) 제가 받은 것들 중 약 절반은 사용했던 것처럼 보였습니다.

동사 어휘

138 전체 지문에 대한 이해력이 있어야 한다.

STEP 1 my own fabric을 목적어로 받는 타동사 어휘를 찾는 문제이다.

보기만 보면 모두 답이 되는 것처럼 보인다. 그렇기 때문에 반드시 전체 문맥에서 목적어나 상황, 시점들을 이해해야 문제가 해결된다.
앞 내용에서 물건을 주문했던 상점에 대한 불만사항으로 창고 직원이 하자가 있는 물건을 실어서 교환을 하고 다시 가게에 갖다 주어야 했다고 말하고 있다. 따라서 '다음에는(next time) 내가 직물을 직접 고를 수 있도록 하는 곳을 찾을 것이다'라는 내용이 나와야 한다. 정답은 '고르다'의 (B)이다.

Questions 139-142 refer to the following letter.

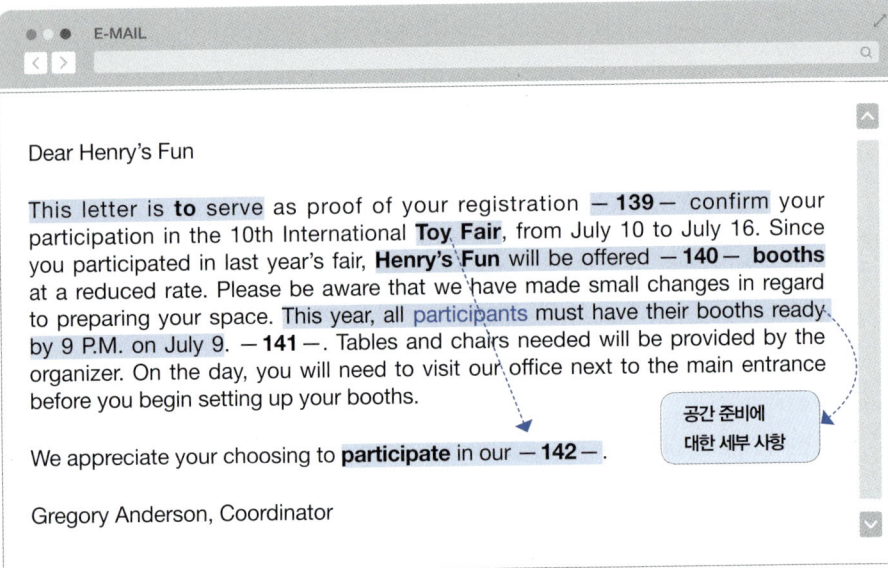

Dear Henry's Fun

This letter is **to serve** as proof of your registration — **139** — confirm your participation in the 10th International **Toy Fair**, from July 10 to July 16. Since you participated in last year's fair, **Henry's Fun** will be offered — **140** — **booths** at a reduced rate. Please be aware that we have made small changes in regard to preparing your space. This year, all participants must have their booths ready by 9 P.M. on July 9. — **141** —. Tables and chairs needed will be provided by the organizer. On the day, you will need to visit our office next to the main entrance before you begin setting up your booths.

We appreciate your choosing to **participate** in our — **142** —.

Gregory Anderson, Coordinator

139. (A) rather than ~보다는 오히려
     (B) therefore 접속부사
     (C) and also 그리고 또한
     (D) in case 접속사

140. (A) rent
     (B) rents
     (C) renting 수식 받는 명사가 분사의 의미상 주어가 되며 능동과 진행의 의미
     (D) rental

141. (A) The final schedule will be posted on our Web site.
     (B) All trash and packing materials should also be removed by that time.
     (C) The Rex Toy will be located next to our office.
     (D) The number of participants has increased over the last ten years.

142. (A) contest
     (B) event
     (C) research
     (D) course

문제 139-142는 다음 편지를 참조하시오.

Henry's Fun사에게

이 편지는 7월 10일부터 16일까지 열리는 제 10회 국제 장난감 박람회에 귀사의 등록을 입증하고, 또 귀사의 참가를 확정하기 위한 것입니다. 귀사는 작년 박람회에 참가하셨기 때문에, Henry's Fun사는 할인된 가격으로 임대 부스를 제공받을 것입니다. 공간 준비에 있어 몇 가지 작은 변화가 있음을 확인하시기 바랍니다. 올해에는 모든 참가사들이 7월 9일 오후 9시까지 자신들의 부스를 준비해야 합니다. 모든 쓰레기와 포장 자재 역시 그때까지 치워야 합니다. 필요한 테이블과 의자는 주최측에서 제공할 것입니다. 당일에 귀사의 부스 설치를 시작하기 전에 정문 옆에 있는 저희 사무실을 방문하셔야 할 겁니다.

저희 행사에 참가하기로 선택해 주셔서 감사드립니다.

Gregory Anderson 올림
진행자

어휘 serve as ~로서 역할을 하다 registration 등록 confirm 확인하다 participation in ~에 참가 fair 박람회 organizer 주최자 set up 설치하다

접속사 어휘
139 등위접속사는 앞뒤 문장에서 동일한 부분이 생략된다.

STEP 1 주어 없이 동사원형을 바로 받을 수 있는 연결어를 파악하자.

빈칸 뒤 동사원형 confirm을 바로 연결할 수 있는 품사가 필요하므로, 해당 자리에는 등위접속사가 필요하다. 따라서 〈주어+동사〉의 절을 이끄는 부사절 접속사 (D) in case는 오답이다. (B) therefore는 접속부사로 동사원형을 바로 연결할 수 없음에 주의하자.
보기 중 등위접속사는 (A) rather than(~보다는 오히려)과 (C) and also(그리고 또한)가 있다. 구조상 빈칸 앞의 to serve와 confirm을 연결하여 편지의 목적을 나열하는 상황임을 주의하자. 따라서 '이 편지는 귀사의 등록을 입증하고, 귀사의 참가를 확정하기 위한 것입니다'의 의미가 되어야 하므로, '그리고 또한'의 (C) and also가 정답이다.

형용사 문제
140 〈형용사 vs. 분사〉, 형용사가 우선한다.

STEP 1 빈칸은 형용사 자리로 보기에 형용사와 분사가 둘 다 있으면 형용사가 우선한다.

빈칸에는 뒤의 명사 booths를 수식해 주는 형용사가 들어가야 한다. 따라서 정답은 (D) rental(임대의)이다. rent는 '집세', '세 놓다'의 명사, 동사로 쓰이므로 (A), (B)는 오답이다.

STEP 2 명사를 수식하는 품사를 선택하는 요령

① 형용사		→ 명사의 상태나 크기, 종류, 색깔 등을 의미하는 일반적인 형용사이다.
② 과거분사	+ 명사	→ 명사가 분사의 의미상 목적어가 되어 수동이나 완료를 의미한다.
③ 현재분사		→ 명사가 분사의 의미상 주어가 되며, 능동과 진행을 의미한다.
④ 명사		→ 복합명사로 명사의 유형이나 종류를 보여주며, 관사나 복수형을 쓸 수 없다.

문맥 추가 문제
141 문맥 추가 문제는 빈칸 위아래에서 답을 결정하는 단어를 확보한다.

STEP 1 문맥 추가 문제는 보기의 키워드를 먼저 정리한 후에 해당 위치에서 키워드들을 검색해야 한다.

바로 앞 문장에서 '7월 9일 오후 9시까지 부스를 준비해야만 한다'고 언급하고, 부스를 준비하는 내용의 연장선으로 그 시간까지(by that time) 쓰레기와 포장 자재 역시(also) 치워야 한다는 내용이 나와야 가장 적절하므로 (B)가 정답이다. 참가자 수의 증가에 대해 언급하는 (D), Rex Toy의 위치에 관한 (C)는 오답이다. (A) 최종 일정(final schedule)이 앞에서 언급된 시간과 연결될 수는 있지만, 올해부터 해야 하는 사실을 언급하고 있으므로 변경이나 최종 일정과는 무관한 내용이어서 답이 될 수 없다.

(A) 최종 일정은 웹사이트에 게시될 예정입니다.
(B) 모든 쓰레기와 포장 자재 역시 그때까지 치워야 합니다.
(C) The Rex Toy사는 저희 사무실 옆에 위치하게 될 겁니다.
(D) 참가자 수는 지난 10년 동안 증가해 왔습니다.

명사 어휘
142 지문 중에 구체적인 단어들을 모아 동의어나 포괄적인 답을 찾는다.

STEP 1 빈칸 위아래에서 근거가 되는 단어의 동의어나 포괄적인 단어가 답이 된다.

빈칸은 '우리의 _____ 에 참가하기로 선택해 줘서 고맙다'는 끝인사에 해당하는 내용이고, 첫 문장에서 International Toy Fair에 대한 참가를 확정짓는 편지라는 것을 언급하고 있으므로, Fair(박람회)를 다시 받는 포괄적인 단어 (B) event(행사)가 정답이다.
(A) contest는 두 사람 이상이 경쟁하는 경기나 상황을 나타내고, (C) research는 '연구 조사'를 뜻하므로 오답이다. (D) course는 '어떤 일이 일어나는 기간'을 나타내므로 fair를 다시 받을 수 없음에 주의하자.

Questions 143-146 refer to the following article.

Jackson City
Educational Committee Approved Funds

> 자금 승인으로 프로그램을 진행할 수 있음을 알리는 내용

Special community programs with advanced technology — **143** — to the local residents of Jackson City. On Wednesday, the Jackson City Council announced that its "Local Hi-Tech Program" proposal was approved by the board of the City Education Committee. — **144** —.

Each community library in the city will be allotted $1,000,000 for the purchase of tablet computers. Library users will be allowed to take home the tablets — **145** — **of the time** for library programs, but they will be available only — **146** — its opening hours. 불가산명사 기간 명사

---

143. (A) came
(B) were coming
(C) are coming
(D) come

동사 시제
ㄴ. 다른 동사의 시제와 전체 지문의 시제를 파악하자.

144. (A) Residents are looking forward to the ~~final decision~~.
(B) The tablets ~~will be donated~~ by local businesses.
(C) The vote took place on Tuesday, August 10.
(D) Nevertheless, the programs will be the same as previous ones.

문맥 추가 문제
ㄴ. 빈칸 위 아래에서 답을 결정하는 단어를 확보한다.

145. (A) none 부정
(B) many 복수명사
(C) all
(D) some

대명사
ㄴ. of 이하를 받는 부분대명사로 적절한 어휘를 찾는다.

146. (A) at +시점
(B) to +이동, 방향성
(C) for +수사
(D) during +기간

전치사 어휘
ㄴ. 빈칸 뒤의 명사에 따라 전치사가 결정된다.

문제 143-146은 다음 기사를 참조하시오.

Jackson 시 교육 위원회, 지금 승인

앞선 기술과 결합한 특별 지역사회 프로그램이 Jackson 시 지역 주민들에게 옵니다. 수요일에 Jackson 시의회가 "지역 하이테크 프로그램" 제안서를 시 교육 위원회가 승인했다고 발표했습니다. 그 투표는 8월 10일 화요일에 실시되었습니다.

시에 있는 각 지역사회 도서관은 태블릿 컴퓨터 구입용으로 백만 달러를 할당받을 것입니다. 도서관 이용자들은 도서관 프로그램 일부 시간에 그 태블릿을 집으로 가져갈 수 있습니다. 하지만, 도서관 운영 시간 동안에만 이용이 가능할 것입니다.

> 어휘 advanced 선진의, 앞선 announce 발표하다 approve 승인하다 board 위원회 committee 위원회 allot 할당하다 available 구할 수 있는

동사 시제
143 동사의 시제는 다른 동사들의 시제를 파악한다.

STEP 1 전체 지문의 시점이 과거인지 미래인지 확인한다.

문장의 본동사가 없으므로 빈칸은 본동사 자리가 된다. 주어가 programs인데, 빈칸 다음의 문장에서 프로그램 제안서가 승인되었다(was approved)라고 했으므로, 프로그램은 앞으로 진행될 것임을 알 수 있다. 따라서 가까운 미래를 나타내는 왕래발착동사 come의 현재진행형 (C) are coming이 정답이다.

문맥 추가 문제
144 빈칸 위 아래에서 답을 결정하는 단어를 확보한다.

STEP 1 문맥 추가 문제는 보기의 키워드를 먼저 정리한 후 해당 위치에서 키워드를 검색해야 한다.

빈칸 바로 앞 문장에서 시 교육 위원회가 제안서를 승인했다고 하므로 이와 연결되는 내용은 '그 투표는 8월 10일 화요일에 실시되었다.'의 (C)가 정답이다.
(A)의 경우 final decision을 고대한다는 내용인데, 이미 결정난 상황에서는 어울리지 않고, (B)는 빈칸 앞 문장의 제안서 승인에 관한 내용이므로 어울리지 않다. 두 번째 단락 프로그램의 구체적인 설명에서 언급되어야 하는 내용으로 오답이다. (D)의 경우 previous ones로 언급될 수 있는 대상이 없으므로 오답이다.

(A) 주민들은 최종 결정을 고대하는 중이다.
(B) 태블릿은 지역 사업체가 기부할 것이다.
(C) 그 투표는 8월 10일 화요일에 실시되었다.
(D) 그럼에도 불구하고, 그 프로그램은 지난번의 것들과 같을 것이다.

대명사

145 one of, most of, all of ~는 of 뒤에 나오는 명사가 답을 결정한다.

STEP 1   빈칸은 **of** 이하 명사의 부분을 나타내는 부분대명사 자리이다.

부분대명사는 of 이하의 명사와 어울려야 한다. of 이하의 명사가 the time이란 불가산명사이므로 복수명사를 나타내는 (B) many는 탈락이다. 나머지 보기는 구조상으로는 위치할 수 있지만, 의미상 '프로그램 기간 중 일부 시간 동안 태블릿을 집으로 가져갈 수 있다'가 되어야 하므로 '일부, 몇몇의'의 뜻인 (D) some이 정답이다.
(A) none은 '아무도 아닌'의 부정을 나타내고, (C) all은 모든 시간을 나타내어 답으로 가능하지만, 뒤의 only ~ its opening hours의 내용에서 특정 시간대에서만 이용 가능하다는 표현이 언급되므로 all을 사용하기는 어렵다.

전치사 어휘

146 뒤에 있는 명사가 전치사를 결정한다.

STEP 1   전치사 관련 어휘 문제는 빈칸 뒤 명사를 파악하자.

빈칸 뒤 명사는 its opening hours라는 특정 기간 명사이므로 보기 중 이를 받을 수 있는 것은 (D) during이다. (C) for도 기간 명사를 받을 수 있지만, 일정 기간 상태의 지속을 나타내므로 주로 수사와 함께 오는 것이 일반적임을 주의하자. (A) at은 시점 명사를 받고, (B) to는 이동, 방향성을 나타내는 전치사이므로 기간 명사와 어울리지 않음을 주의하자.

Questions 147-148 refer to the following information.

Odessa Culinary Institute Guidelines for filling out a purchase order request

* List product codes if available, and describe the item or items in detail.
* Tick the box marked "No substitutes" if a specific brand is needed, and provide a clear reason in the vicinal space.
* Indicate the name of the supplier including the contact information or Web address.
* Order requests with no signature will not be processed, so submit the signed form to the purchasing department.
* Thoroughly look through your expens[...]

   147 will not be processed
   → must be provided

Once the order has been filled, the expense of the purchase will be allocated to your divisional budget.

   148-D the expense of the purchase → funding

오답 함정 147-B,C,D
모든 요청 시에 필수적으로
제공해야 하는 것은 아니다.

147. According to the information, what detail must be provided in every request?
(A) A signature
(B) A supplier's contact information
(C) A product code
(D) A reason for requesting a particular brand

must be provided / request
└. 키워드 관련 표현을 지문에서 찾자. not be processed

148. What is suggested about the Odessa Culinary Institute's purchasing department?
(A) It has information on local suppliers.
(B) It requires budget reports from every division.
(C) It searches for less expensive items for divisions.
(D) It provides funding to each division's budget.

키워드 purchasing department
└. 문제와 보기의 키워드를 정리한 후 본문을 검색하자.

문제 147-148은 다음 안내문을 참조하세요.

구매 요청서 작성에 관한 Odessa Culinary Institute 가이드라인

* 가능하다면 제품 바코드를 명시하시고 해당 제품을 자세히 설명해 주십시오.
* 특정 브랜드 제품이 필요하시면 "대체품 없음"이라고 표시된 박스에 체크 표시를 해 주시고 근처 공간에 분명한 이유를 제공해 주십시오.
* 연락처나 웹주소를 포함한 공급업체의 이름을 표기해 주십시오.
* 서명이 없는 주문서는 처리되지 않으니 서명한 양식을 구매부서로 제출하십시오.
* 지출 품의서를 철저히 검토해 주십시오.

주문서가 작성되면, 구매 비용이 부서 예산에 할당될 예정입니다.

어휘 culinary 요리의, 음식의 fill out 기재하다 purchase order 구입 주문 request 요청서 list 작성하다, 열거하다 product code 제품 바코드 in detail 상세하게 tick 체크 표시하다 mark 표시하다 substitute 대체품 vicinal 인근의 indicate 나타내다, 보여주다 process 처리하다 thoroughly 철저히, 철두철미하게 look through 검토하다 expense report 지출 품의서 once 일단 ~하면 allocate 할당하다 divisional 부서의

---

147. 안내문에 따르면, 모든 요청서에 기입해야 하는 세부사항은 무엇인가?

(A) 서명
(B) 공급업체 연락처
(C) 제품 바코드
(D) 특정 브랜드 제품 요청 이유

STEP 1   답은 항상 키워드 옆에 있다.

질문의 키워드 must be provided in every request와 관련된 내용을 지문에서 찾아 보기와 대조하는 문제이다. 지문의 'Order requests with no signature will not be processed'에서 서명이 없는 주문 요청은 처리되지 않는다고 언급하고 있으므로 모든 요청 시 의무적으로 제공해야 하는 것은 서명인 것을 알 수 있다. 따라서 정답은 (A)이다.

STEP 2   오답 분석

(B) 지문의 Indicate the name of the supplier including the contact information or Web address.에서 연락처나 웹주소를 포함한 공급업체의 이름을 표기해 달라고 언급하고 있지만 선택 사항이므로 필수적으로 제공해야 하는 것은 아니므로 오답이다.
(C) 지문의 List product codes if available에서 가능하면 제품 바코드를 명시하라고 언급하고 있으므로 모든 요청 시 기입해야 하는 것은 아니므로 오답이다.
(D) 지문의 'if a specific brand is needed'에서 특정 브랜드 제품이 필요하다면 분명한 이유를 제공해 달라고 언급하고 있으므로 모든 요청 시 기입해야 하는 것은 아니므로 오답이다.

---

148. Odessa Culinary Institute의 구매부서에 관하여 언급된 것은 무엇인가?

(A) 지역 공급업체에 관한 정보를 갖고 있다.
(B) 모든 부서로부터 예산 보고서를 요구한다.
(C) 저렴한 부서 물품을 찾는다.
(D) 각 부서의 예산에 자금을 제공한다.

STEP 1   사실인 것을 찾는 문제는 보기의 키워드를 먼저 정리한 후 본문을 검색한다.

질문의 키워드인 purchasing department와 관련된 내용을 지문에서 찾자. so submit the signed form to the purchasing department에서 구매부서에 요청서를 제출하므로, 구매부서에서 이러한 요청서를 관리하고 운영하는 곳임을 알 수 있다. 지문의 'the expense of the purchase will be allocated to your divisional budget'에서 구매 비용이 부서 예산에 할당될 것이라고 언급하고 있다. 따라서 구매부서는 각 부서의 예산에 자금을 제공하는 것을 알 수 있으므로 정답은 (D)이다.

Questions 149-150 refers to the following notice.

Modern Beauty Apparel

Item Return Requests

- **Within five days of purchase,** customers may return clothes for store credit only. All returns must be accompanied by original receipts.

- Clothes must be in an unused and unworn condition with the attached tags when they are returned.

- Sales of clothes at reduced prices are final. Customer requests for returns or refunds will not be accepted.

---

149. What is the main reason the notice has been posted?
(A) To announce a sales event
(B) To inform customers of a policy
(C) To publicize a recent relocation
(D) To promote a new product

150. What is mentioned about products to be returned?
(A) No receipt is required for some clothes.
(B) Cash refunds may be given to some customers.
(C) The store resells them at discounted prices.
(D) They cannot be returned after a certain period.

문제 149-150은 다음 공지문을 참조하세요.

Modern Beauty Apparel

*제품 반품 요청서

- 구매 5일 이내에 고객들은 상점 적립금으로만 제품을 반품하실 수 있습니다. 모든 반품은 원본 영수증이 있어야 합니다.
- 의류 상품은 반품 시 택이 달려 있어야 하며 사용도 착용도 하지 않은 상태여야만 합니다.
- 할인 가격의 의류 판매가 마지막입니다. 고객님들의 반품 또는 환불 요청은 받지 않습니다.

어휘 return request 반품 요청서 within ~ 이내에 store credit 가게 적립금 original 원래의, 본래의 accompany 동반하다 attach 붙이다, 첨부하다

---

149. 공지문이 게시된 주요 이유는 무엇인가?
(A) 할인 행사 발표
(B) 고객에게 정책 공지
(C) 최근 이전 공지
(D) 신상품 홍보

STEP 1 목적은 처음 두 줄에 90% 답이 있다.

공지가 게시된 주요 이유를 묻는 문제이다. 지문의 'Item Return Requests'에서 제품 반품 요청에 관해 언급하고 있고 이어서 반품 정책에 대한 세부사항을 언급하고 있으므로 고객에게 정책을 알리기 위해 게시되었다는 (B)가 정답이다.

STEP 2 답은 항상 paraphrasing된다.

item return requests가 an policy로 paraphrasing되었다.

---

150. 반품 제품에 관하여 언급된 것은 무엇인가?
(A) 일부 의류는 영수증이 필요 없다.
(B) 현금 환불은 일부 고객들에게만 가능할 것이다.
(C) 가게는 할인된 가격에 그것들을 재판매한다.
(D) 그것들은 특정 기간 이후에는 반품이 불가능하다.

STEP 1 '사실'인 것을 찾는 문제는 보기의 키워드를 먼저 정리한 후 본문을 검색한다.

보기의 키워드를 먼저 (A) No receipt (B) Cash refunds (C) resells (D) cannot, a certain period로 정리한다. 지문의 Within five days of purchase, customers may return clothes for store credit only.에서 구매 5일 이내에 가게 적립금으로 제품을 반품해 드린다고 언급하고 있으므로 특정 기간 이후에는 반품이 불가하다는 (D)가 정답이다. within five days of purchase가 a certain period로 paraphrasing되었다.

STEP 2 보기 문장 중에 한 단어 오류를 찾아라.

(A)는 All returns must be accompanied by original receipts.에서 반품 시 영수증이 있어야 한다고 언급하고 있으므로 오답이다.
(B)는 for store credit only에서 가게 적립금으로만 반품해 드린다고 언급하고 있으므로 오답이다.
(C)는 resells의 언급이 없으므로 재판매하는지는 알 수 없다.

Questions 151-152 refers to the following article.

BERMONDSEY TOWN, August 11- The council of Bermondsey Town is currently looking through proposals from commercial property developers for establishing a business district on a 31,000-square-meter parcel of land to the north of town. The business district is to be located in proximity to Highway R21, on the land where some Bermondsey Town companies once operated, such as Anerley Automobile Manufacturer, Charing Furniture, Inc., and Penge Appli 152–C The facilities will use integrated cutting-edge energy-efficient systems. The town also has a plan to build residential apartment complexes in the vicinity of the site within three years.

"We are excited about this chance to draw new businesses to our town," said town council member Virgil Valdez. "The business district will be in an excellent loc 152–B close to various dining establishments and accommodations, as well as a major transportation system. Once the intial stage of the design is done, space will be divided based on 152–A nts' needs," he added. Since the region's train station, situated just fifteen kilometers away in Northolt, was expanded, most of the development plans in Bermondsey Town have been expedited.

> **151** Automobile Manufacturer
> → Vehicles used to be produced

오답 함정 152–A, B, C
지문에서 언급된 보기를 제거하자.

151. What is indicated about the northern area of Bermondsey Town?
(A) There was once a train station there.
(B) It has been a residential district.
(C) Vehicles used to be produced there.
(D) An appliance business will start its operations there.

사실인 것을 찾는 문제는 문제 L. northern area of Bermondsey Town이 키워드다.

152. What aspect of the business district is NOT stated?
(A) The closest major transportation system
(B) Its vicinity to some dining businesses
(C) Its energy-saving building technology
(D) The total number of complexes to be constructed

aspect / NOT
L. NOT question은 소거법을 이용하자.

문제 151-152는 다음 기사를 참조하세요.

BERMONDSEY TOWN, 8월 11일 -
Bermondsey Town 의회는 현재 마을 북쪽 지역의 31,000 제곱미터 부지에 상업 지역 설립을 위한 상업 부지 개발자들이 제출한 제안서를 검토하고 있습니다.

상업 지구는 과거 Anerley Automobile Manufacturer, Charing Furniture, Inc.와 Penge Appliance 같이 Bermondsey Town의 기업이 한때 운영했던 지역인 Highway R21 인근에 위치할 예정입니다. 해당 시설은 최첨단 에너지 효율 통합 시스템을 사용할 예정입니다. 마을은 또 3년 이내에 해당 부지 근처에 주거형 아파트 복합건물을 건설할 계획을 갖고 있습니다.

"저희는 우리 마을에 새로운 사업체들을 끌어올 수 있는 이번 기회에 대해 굉장히 기뻐하고 있습니다." 라고 시 의회 의원 Virgil Valdez 씨가 말했습니다. "상업 지구는 굉장히 멋진 장소에 위치할 것이며 주요 교통 시설뿐만 아니라 다양한 음식점, 숙박 시설과 가까이 있을 것입니다. 디자인 초기 단계가 마무리되면, 공간은 거주자의 수요에 맞추어 배분될 것입니다."라고 그가 덧붙였습니다. Northolt에서 15킬로미터 떨어져 있는 곳에 위치한 기차역이 확장된 이후, 대부분의 Bermondsey Town 개발 계획이 가속화되고 있습니다.

어휘 council 의회 look through 검토하다 commercial property 상업 용지 business district 상업 지역 square-meter 제곱미터 parcel (땅의) 구획 in proximity to ~에 근접하여 operate 가동하다, 운영하다 facility 시설 integrate 통합시키다 cutting-edge 최첨단의 energy-efficient 에너지 효율적인 residential 거주하기 좋은, 거주자의 complex 복합건물 vicinity 부근, 인근 draw 끌다 dining establishment 음식점 accommodation 숙박 시설 occupant 사용자, 입주자 situate 위치시키다

---

151. Bermondsey Town의 북쪽 지역에 관하여 명시된 것은 무엇인가?
(A) 과거에 기차역이 있었다.
(B) 그곳은 거주 지역이었다.
(C) 그곳에서 차량이 생산되곤 했다.
(D) 가전제품 업체가 그곳에서 운영을 시작할 예정이다.

STEP 1 키워드 옆에 답이 없는 경우는 또 다른 키워드를 남긴다.

키워드 the northern area를 확인하자. 지문의 The council ~ to the north of town에서 마을의 북쪽 지역에 상업 지역 설립 제안서를 검토하고 있다고 언급하고 있다. The business district is to be located in proximity to Highway R21, on the land where some Bermondsey Town companies once operated, such as Anerley Automobile Manufacturer에서 마을의 북쪽 지역에 설립하고자 하는 상업 지구는 Highway R21 인근에 위치할 예정이라고 하였고, Highway R21은 한때 Anerley Automobile Manufacturer(자동차 제조업체)가 거기서 운영했다고 언급하고 있으므로 마을의 북쪽 지역은 한때 차량이 생산되었던 곳임을 알 수 있다. 따라서 정답은 (C)이다.

STEP 2 오답 분석

(A) the region's train station, situated just fifteen kilometers away in Northolt에서 그 지역의 기차역이 15킬로미터 떨어져 있는 곳에 위치해 있다고 언급하고 있으며, 과거에 기차역이 존재했는지는 알 수 없다.
(B) The town also has a plan to build residential apartment complexes in the vicinity of the site에서 a residential district가 언급되어 있지만, 마을이 해당 부지 근처에 주거형 아파트 복합 건물을 '지을 계획을 갖고 있다'는 언급을 하고 있으므로 해당 지역이 거주 지역이었는지는 알 수 없다.
(D) 한때 Penge Appliance가 운영되었던 지역이라고 언급하고 있다. 가전제품 업체가 그곳에서 운영을 시작할지는 알 수 없다.

152. 상업 지구의 어떤 측면이 언급되지 않았는가?
(A) 가장 가까운 주요 교통 시설
(B) 인근의 음식점
(C) 에너지 절약 건설 기술
(D) 건설 예정인 복합건물의 총 수

STEP 1 NOT Question은 소거법을 이용한다.

언급되지 않는 것을 묻는 문제로 지문에서 언급된 것을 보기와 대조해 소거한 후 정답을 남긴다.
(A) the region's train station, situated just fifteen kilometers away.에서 그 지역의 기차역이 15킬로미터 떨어져 있는 곳에 위치해 있다고 언급하고 있다.
(B) The business district will ~, close to various dining establishments에서 상업 지구는 식당과 가깝다고 언급하고 있다.
(C) The facilities will use integrated cutting-edge energy-efficient systems.에서 시설은 통합적 최첨단 에너지 효율 시스템을 이용할 것이라고 언급하고 있다.
(D) 지문에서 complexes의 언급은 있지만 건설 예정인 복합건물의 수는 언급되지 않으므로 알 수 없다. 따라서 정답은 (D)이다.

Questions 153-154 refer to the following text message chain.

Clare Tamika 11:02 A.M.
One of the tenants from the apartment complex at 2642 Sudbury Hill called to inform me that she would like to **move out** at the beginning of June, **but her lease is supposed to end at the end of July**.

Lorene Miranda 11:03 A.M.
In that case, according to the lease agreement, tenants wanting to move out before the lease ends have to pay a penalty for the early leave. However, if they can find new tenants right away, occasionally some landlords may waive the penalty. **Why don't you contact the landlord and ask whether they intend to grant an exemption**?

Clare Tamika 11:04 A.M.
Since there are some people currently looking for rental properties in the town on our list, it could be worth trying that.

Lorene Miranda 11:05 A.M.
Absolutely, you shouldn't have difficulty finding new tenants as the Sudbury Hill apartment is a very popular one. Keep me informed of the progress.

Clare Tamika 11:07 A.M.
Okay. I will keep in touch.

---

153. What is the tenant most likely trying to do?
(A) Request a maintenance service
(B) Make the early termination of a lease
(C) Put a property on the market
(D) Move to a different apartment nearby

154. At 11:04 A.M., what does Ms. Tamika most likely mean when she writes, "It could be worth trying that"?
(A) She intends to contact the landlord.
(B) She is aware that a penalty should be charged.
(C) She wants to let the tenant know her responsibility.
(D) She will persuade the landlord to renovate the property.

문제 153-154는 다음 문자 메시지를 참조하세요.

Clare Tamika (오전 11:02)
Sudbury Hill 2642의 아파트 단지에 살고 있는 한 세입자가 6월 초에 이사를 가고 싶다고 저에게 전화를 해왔어요. 그런데 그녀의 임대 계약 기간이 7월 말에 끝나는 걸로 되어 있네요.

Lorene Miranda (오전 11:03)
그런 경우에는, 임대 계약에 따라서 임대 계약 기간이 끝나기 전에 이사 가고 싶은 세입자는 조기 퇴실에 대한 위약금을 납부해야 합니다. 하지만, 새 세입자를 바로 찾을 수 있으면, 가끔가다 보면 일부 임대주들이 그 수수료를 면제해 줄 수도 있지요. 임대주에게 연락해서 면제해 줄 생각이 있는지 물어보시죠.

Clare Tamika (오전 11:04)
저희 명단에 있는 동네 임대 부동산을 찾고 있는 사람들이 몇명 있으니까 한번 해 볼 만할 것 같습니다.

Lorene Miranda (오전 11:05)
맞습니다. Sudbury Hill 아파트가 아주 인기가 많아서 새 세입자를 찾는 데 힘들지 않을 거예요. 어떻게 진행되는지 저한테도 알려 주세요.

Clare Tamika (오전 11:07)
알겠습니다. 연락드리겠습니다.

어휘 tenant 세입자 complex 복합건물 inform 알리다 be supposed to+do ~하기로 되어 있다
lease agreement 임대 계약 penalty 위약금 occasionally 가끔 waive 포기하다, 면제하다
intend to+do ~할 작정이다, ~하려고 생각하다 grant an exemption 면제해 주다 property 재산, 소유물, 부동산
worth ~의 가치가 있는 keep A informed of B A에게 B를 계속 알려주다 keep in touch 연락하다

153. 세입자는 무엇을 하려고 노력하고 있는 것 같은가?
(A) 관리 서비스 요청하기
(B) 임대 계약 기간 조기 종결하기
(C) 시장에 부동산 내놓기
(D) 근처 다른 아파트로 이사하기

STEP 1 답은 항상 키워드 옆에 있다.
키워드 tenant를 확인하자. 지문의 One of the tenants ~ she would like to move out at the beginning of June, but her lease is supposed to end at the end of July에서 6월 초에 이사 가길 원하고 그녀의 임대 계약은 7월 말에 끝난다고 언급하고 있으므로 세입자는 임대 계약을 조기 종결하려고 하고 있다는 걸 알 수 있다. 따라서 정답은 (B)이다.

STEP 2 오답 분석
(D) move는 언급되었지만 a different apartment nearby의 언급은 없으므로 근처 아파트로 이사 가길 원하는지는 알 수 없다.

154. 오전 11시 4분에 Tamika 씨가 "It could be worth trying that(한번 해 볼 만할 것 같습니다)"라고 적었을 때 의미하는 것은 무엇인가?

(A) 그녀는 집주인과 연락할 생각이다.
(B) 그녀는 위약금이 부과될 것임을 알고 있다.
(C) 그녀는 세입자에게 의무를 알려주고 싶어 한다.
(D) 그녀는 집주인을 설득해서 건물을 보수하도록 할 것이다.

STEP 1 온라인 채팅의 '의도' 문제는 위아래 연결어가 있거나 전체적인 상황을 포괄적으로 묘사하는 것이 답이다.

앞의 Miranda 씨의 Why don't you contact the landlord and ask whether they intend to grant an exemption?이라는 제안에 Tamika 씨가 Since ~, it could be worth trying that이라고 응답하고 있다. 주어진 문장에서 that은 Miranda 씨가 제안한 contact the landlord인 것을 알 수 있고 집주인과 연락하는 것이 어떠냐는 제안에 시도해 볼 만하다고 긍정적으로 답하고 있으므로 Tamika 씨는 집주인과 연락할 의향이 있다는 것을 알 수 있다. 따라서 정답은 (A)이다.

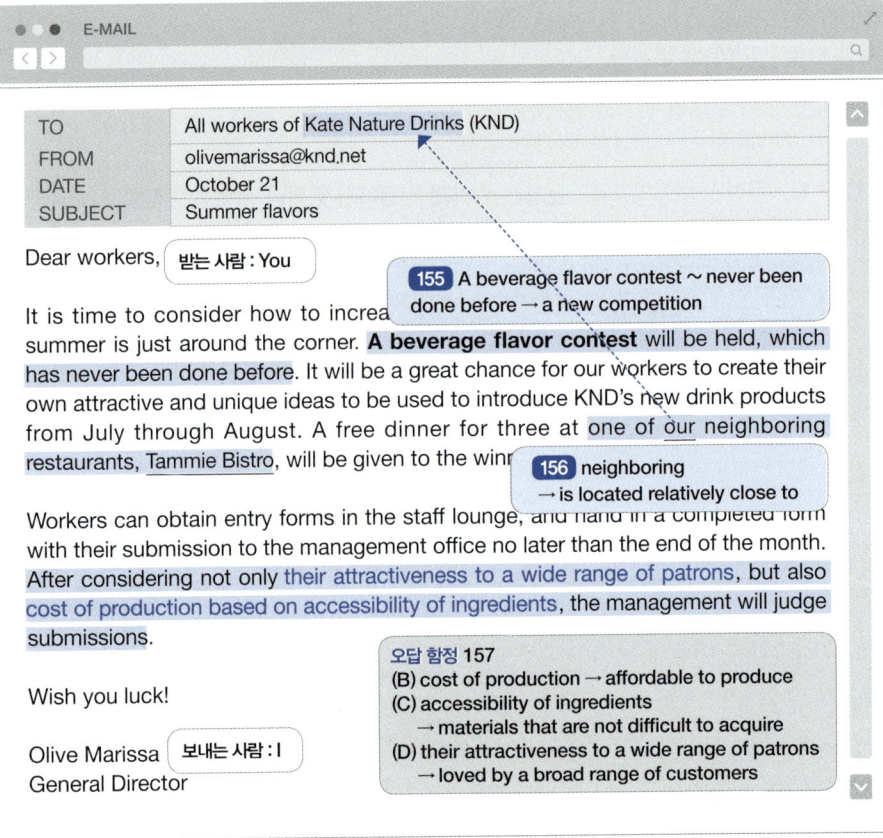

155. What is the main purpose of the e-mail?
(A) To report a recent increase in drink sales
(B) To announce a new production policy
(C) To introduce a new competition
(D) To encourage employees to sample new beverage products

156. What is suggested about Tammie Bistro?
(A) It is only open during summer months.
(B) It is located relatively close to the drink company.
(C) It has recently introduced a new menu item.
(D) It uses seasonal ingredients for its menu.

157. What is NOT stated as a feature of great beverage products?
(A) They should have appealing packaging.
(B) They should be affordable to produce.
(C) They should use materials that are not difficult to acquire.
(D) They should be loved by a broad range of customers.

문제 155-157은 다음 이메일을 참조하세요.

수신	Kate Nature Drinks (KND) 전 직원
발신	olivemarissa@knd.net
날짜	10월 21일
제목	여름의 맛

직원 여러분들께

여름이 곧 코앞이라 하계 판매량을 어떻게 늘릴지 생각할 시기입니다. 음료수 콘테스트가 열릴 예정이고, 이는 이전에는 열린 적이 없던 것입니다. 콘테스트는 7월부터 8월까지 판매될 KND 신규 음료수 제품 출시에 이용될 수 있게 자신만의 매력적이고 독특한 아이디어들을 저희 직원들이 창출할 수 있는 아주 좋은 기회가 될 것입니다. 콘테스트 우승자는 우리 회사 인근 식당 중 한 곳인 Tammie Bistro의 3인 무료 식사권을 받으실 수 있습니다.

직원분들은 직원 휴게실에서 참가 신청서를 가져가실 수 있습니다. 늦어도 이번 달 말까지 운영 사무실로 제출물과 함께 작성 완료된 문서를 제출해 주십시오. 다양한 소비자들을 매료시키는 점과 재료 구매 용이성을 기반한 상품 가격을 고려하여 경영진이 제출물을 심사할 것입니다.

행운을 빕니다!

Olive Marissa 올림
총괄 이사

어휘 just around the corner 임박하여　beverage 음료　flavor 풍미, 맛　unique 독특한, 독창적인
obtain 얻다, 구하다　entry form 참가 신청서　staff lounge 직원 휴게실　hand in 제출하다
submission 제출물　management office 운영 사무실　attractiveness 끌어당기는 힘
a wide range of 광범위한, 다양한　patron 고객　accessibility 접근 (가능성), 접근하기 쉬움　ingredient 재료

---

155. 이메일의 주요 목적은 무엇인가?
(A) 음료 판매량의 최근 증가 보고
(B) 신규 생산 정책 발표
(C) 신규 경연대회 소개
(D) 직원들에게 신규 음료 제품 시음 촉구

STEP 1　목적은 처음 두 줄에 90% 답이 있다.

목적은 본문의 상단부를 확인하자. 지문의 A beverage flavor contest will be held, which has never been done before.에서 전에 열린 적 없는 음료 콘테스트가 열릴 것이라고 언급하고 있으므로 이메일의 목적은 새로운 대회를 알리기 위해서라는 것을 알 수 있다. 정답은 (C).

STEP 2　답은 항상 paraphrasing된다.

지문의 A beverage flavor contest, ~never been done before가 보기에서 a new competition으로 paraphrasing되었다.

156. Tammie Bistro에 관하여 언급된 것은 무엇인가?
(A) 하절기 동안에만 운영한다.
(B) 음료 회사와 비교적 가까운 곳에 위치해 있다.
(C) 최근에 신규 메뉴를 출시했다.
(D) 메뉴에 계절 식재료를 사용한다.

STEP 1   답은 항상 키워드 옆에 있다.

질문의 키워드 Tammie Bistro를 지문에서 찾자. 지문의 at one of our neighboring restaurants, Tammie Bistro에서 Tammie Bistro가 회사 근처 식당이라고 언급하고 있다.

STEP 2   our는 보낸 이와 받는 이를 포함한다.

이메일은 회사의 임원인 Olive Marissa 씨가 Kate Nature Drinks사의 모든 직원들에게 보낸 것 이므로 our는 Kate Nature Drinks사를 의미하는 것을 알 수 있다. 따라서 음료회사에 비교적 가까이 위치해 있다는 (B)가 정답이다.

---

157. 맛있는 음료 제품의 특징으로 언급되지 <u>않은</u> 것은 무엇인가?
(A) 포장이 매력적이어야 한다.
(B) 제품이 생산하기에 값이 적당해야 하다.
(C) 제품은 구매하기 어렵지 않은 재료를 사용해야 한다.
(D) 제품은 다양한 소비자들에게 사랑을 받아야 한다.

STEP 1   NOT Question은 소거법을 이용한다.

NOT Question은 문제의 키워드를 확인하고 보기의 키워드를 정리한 후 본문의 내용과 보기의 내용을 비교하여 언급된 것을 소거하고 정답을 남긴다.
문제의 키워드 a feature of great beverage products를 확인하자. 지문의 After considering not only their attractiveness ~, the management will judge submissions에서 (B) affordable to produce, (C) materials that are not difficult to acquire, (D) be loved by a broad range of customers가 모두 언급되어 있다. 따라서 언급되지 않은 (A)가 정답이다.

STEP 2   답은 항상 paraphrasing된다.

(B) cost of production → affordable to produce
(C) accessibility of ingredients → materials that are not difficult to acquire
(D) attractiveness to a wide range of patrons → be loved by a broad range of customers

Questions 158-160 refer to the following flyer.

Could you use a holiday?
Come to Birds' Hill!
Several-time Winner of Travel Advice's
"   oliday Spot"

What Birds' Hill offers!
The beautiful nature! Experience the great views with plenty of wildlife throughout Sloane Fo... You can enjoy **hiking and biking along approximately 20km of trails** around the area. Our experienced guides can help you explore **the beauty of the area's nature** or you can wander on your own.

We also have indoor and outdoor **sport facilities** such as football, baseball, tennis, and basketball. Come to our game room and enjoy chess and card games. By registering, you can rent a boat on the lake or experience a horse back ride when the weather is nice.

You can spend the evening reading and unwinding at our modern, relaxing library if you would like to have some quiet time. From the latest best sellers to classic literature, every visitor will be happy with our wide selection. A variety of movies are available, which you can check out and watch at your own place.

With the exception of guided tours, our daily package includes all services and activities provided at Birds' Hill. Please feel free to contact us for further price information.

---

158. What most likely is Birds' Hill?
(A) A sports facility
(B) A public park
(C) A wildlife preserve
(D) A holiday resort

159. What is suggested about Birds' Hill?
(A) It offers sport lessons for free.
(B) It is run by a nonprofit organization.
(C) It has received awards more than one time.
(D) It has recently opened a movie theater.

160. Why do the visitors probably pay an additional fee?
(A) To ride a horse
(B) To rent a bicycle
(C) To get a guide
(D) To use a boat

문제 158-160은 다음 전단지를 참조하세요.

휴가가 필요하세요?
Birds' Hill로 오세요!
Travel Advice의 "무조건 방문해야 할 휴양지" 부분 다수 수상

Birds' Hill에서 제공해 드립니다!
아름다운 자연! Sloane Forest 도처에서 다양한 야생동물과 함께 멋진 풍경을 경험해 보세요. 부근의 약 20킬로미터의 산책로를 따라서 하이킹과 자전거 타기를 즐기실 수 있습니다. 경험 많은 저희 가이드가 지역의 아름다운 자연을 탐험하도록 도와드릴 수도 있고 아니면 여러분 혼자서 돌아다니실 수도 있습니다.

저희는 또 축구, 야구, 테니스, 농구 같은 다양한 스포츠를 할 수 있는 실내외 스포츠 시설을 갖추고 있습니다. 저희 오락실에 방문하셔서 체스와 카드 게임을 즐기세요. 등록을 하시게 되면, 날씨가 좋을 때 호수에서 탈 수 있는 배를 대여하거나 승마 체험을 하실 수도 있습니다.

조용히 시간을 보내고 싶으시면 저희의 현대적이면서도 편안한 분위기의 도서관에서 책을 읽거나 긴장을 풀면서 저녁 시간을 보내실 수도 있습니다. 최근 베스트셀러부터 고전문학까지, 저희의 다양한 도서 선택에 모든 방문객들이 만족하실 겁니다. 다양한 영화도 감상하실 수 있는데, 대여하셔서 여러분이 지내시는 곳에서 보실 수도 있습니다.

가이드와의 관광을 제외하고, 저희 일일 패키지에는 Birds' Hill에서 제공하는 모든 서비스와 활동이 포함돼 있습니다. 가격과 관련된 자세한 내용에 대해서는 편하게 연락 주십시오.

어휘 several-time 여러 번의 spot 장소 throughout 도처에 plenty of 많은 approximately 대략
trail 산책로 wander 돌아다니다 facility 시설 unwind 긴장을 풀다 relaxing 마음을 느긋하게 해 주는
classic literature 고전문학 a variety of 여러 가지의 check out 대출 받다 exception 제외
feel free to+do 편하게 ~하다

---

158. Birds' Hill은 무엇일 것 같은가?
(A) 스포츠 시설
(B) 공원
(C) 야생동물 보호시설
(D) 휴양지

STEP 1 본문 중에 구체적인 단서들을 모아서 포괄적인 답을 찾는다.

상단부의 You can enjoy hiking and biking along approximately 20km of trails around the area. Our experienced guides can help you explore the beauty of the area's nature or you can wander on your own.에서 "20킬로미터의 산책로"를 따라 하이킹과 자전거 타기를 즐길 수 있다는 언급과 함께 가이드가 '지역의 아름다운 자연'을 탐험하도록 돕는다고 언급하고 있다. 또, We also have indoor and outdoor sport facilities ~ 에서 실내와 실외에 '스포츠 시설'을 갖추고 있다고 언급하고 있으므로 Birds' Hill은 공원인 것임을 유추할 수 있다. 따라서 정답은 (B)이다.

159. Birds' Hill과 관련하여 언급된 것은 무엇인가?

(A) 무료로 스포츠 강습을 제공한다.
(B) 비영리 기구에서 운영한다.
(C) 한 번 이상 수상했다.
(D) 최근에 영화관을 개관했다.

STEP 1 '사실'인 것을 찾는 문제는 보기의 키워드를 먼저 정리한 후 본문을 검색한다.

보기의 키워드를 (A) sport lessons (B) nonprofit organization (C) awards (D) opened a movie theater로 정리한 후 본문을 검색하자. 지문의 Several-time Winner에서 여러 번 상을 수상했다는 것을 언급하고 있다. 따라서 여러 번 상을 수상했다는 (C)가 정답이다.

STEP 2 오답 분석

sport facilities는 있지만 무료 강습의 내용은 없어서 (A)는 오답이다. (B)는 아예 언급 자체가 안 되었고, 영화도 볼 수는 있지만 최근에 영화관을 개장했는지는 알 수 없으므로 (D) 역시 오답이다.

---

160. 방문객들은 왜 추가 비용을 지불할 수도 있는가?

(A) 승마를 하기 위해서
(B) 자전거를 대여하기 위해서
(C) 여행 가이드를 받기 위해서
(D) 보트를 사용하기 위해서

STEP 1 답은 항상 키워드 옆에 있다.

문제의 키워드 an additional fee를 확인하자. 지문의 With the exception of guided tours, our daily package includes all services and activities provided at Birds' Hill.에서 가이드와의 여행을 제외하고 일일 패키지는 모든 서비스와 활동을 포함하고 있다고 언급하고 있으므로 추가 요금이 발생하는 이유는 가이드와의 여행임을 유추할 수 있다. 따라서 정답은 (C)이다.

STEP 2 오답 분석

(A) ride a horse와 (D) use a boat는 등록하면 이용할 수 있다는 언급만이 있으므로 추가 요금이 발생하는지는 알 수 없다.

Questions 161-163 refer to the following e-mail.

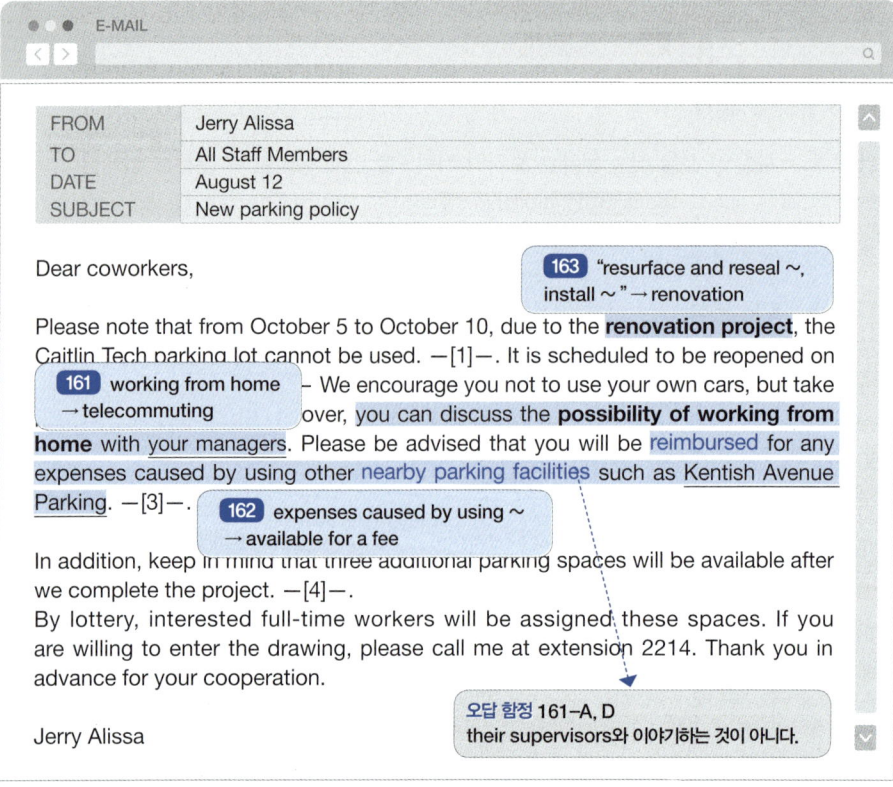

161. According to the e-mail, what can workers talk about with their supervisors?
(A) The reimbursement for parking expenses
(B) Participating in a lottery drawing for a parking space
(C) The likelihood of telecommuting
(D) Finding nearby parking facilities

162. What is indicated about Kentish Avenue Parking?
(A) It is owned by Caitlin Tech.
(B) It will be reopened on October 11.
(C) It has lately been renovated.
(D) It is available for a fee.

163. In which of the positions marked [1], [2], [3], and [4] does the following sentence best belong?

"We plan to resurface and reseal the parking lot, and install a new fence."
(A) [1]
(B) [2]
(C) [3]
(D) [4]

문제 161-163은 다음 이메일을 참조하세요.

발신	Jerry Alissa
수신	전 직원
날짜	8월 12일
제목	신규 주차 정책

직원 여러분들께

10월 5일부터 10일까지는 보수공사 때문에, Caitlin Tech 주차장을 사용하실 수 없음을 알려드립니다. — [1] —. 10월 11일 화요일에 재개장할 예정입니다. — [2] —. 저희는 여러분들이 자차를 사용하지 않고 대중교통을 이용하시기를 권장합니다. 거기에 덧붙여, 여러분들은 관리자들과 재택근무가 가능한가에 대해서 논의할 수 있습니다. Kentish Avenue Parking 같은 다른 인근 주차 시설 이용으로 발생한 비용은 지원해 드립니다. — [3] —.

덧붙여 말씀드리자면, 보수공사가 끝난 후에는 추가로 주차 공간 세 곳을 이용하실 수 있습니다. — [4] —. 추첨을 통하여, 관심 있는 정규직 직원분들에게 이 공간을 배정해 드릴 예정입니다. 추첨에 참가하시고 싶으시면, 내선번호 2214로 저에게 연락 주십시오. 협조에 미리 감사 인사드립니다.

Jerry Alissa 올림

어휘 note 주목하다　due to ~ 때문에　renovation 수선, 수리　parking lot 주차장
public transportation 대중교통　moreover 게다가　reimburse 배상하다, 변제하다　expense 비용
lottery 복권, 복권 추첨　full-time 상근의, 정규직의　assign 배정하다　drawing 추첨, 제비뽑기
extension 내선번호　cooperation 협력

---

161. 이메일에 따르면, 직원들은 관리자와 무엇에 관하여 이야기를 나눌 수 있는가?
(A) 주차 비용 배상
(B) 주차 공간 배정 추첨 참가
(C) 재택근무 가능성
(D) 근처 주차 시설 물색

STEP 1 답은 항상 키워드 옆에 있다.

질문의 키워드 their supervisors를 확인하자. 지문의 you can discuss the possibility of working from home with your managers에서 your managers를 통해 키워드 their supervisors를 확인할 수 있다. 직원들은 그들의 관리자와 재택근무 가능성에 관하여 논할 수 있다고 언급하고 있으므로 정답은 (C)이다.

STEP 2 답은 항상 **paraphrasing**된다.

지문의 working from home이 보기의 telecommuting으로 paraphrasing되었다. (A) The reimbursement for parking expenses와 (D) nearby parking facilities의 언급은 있지만 상사와 이야기하는 내용은 아니므로 오답이다.

162. Kentish Avenue Parking에 관하여 명시된 것은 무엇인가?
(A) Caitlin Tech가 소유하고 있다.
(B) 10월 11일에 재개장할 예정이다.
(C) 최근에 보수공사를 했다.
(D) 비용을 내면 이용이 가능하다.

STEP 1 답은 항상 키워드 옆에 있다.

질문의 키워드 Kentish Avenue Parking을 확인하자. 지문의 any expenses caused by using other nearby parking facilities such as Kentish Avenue Parking에서 Kentish Avenue Parking 같은 인근에 위치한 주차 시설을 이용해서 발생하는 비용에 대해 언급하고 있다. 따라서 Kentish Avenue Parking은 요금을 내면 이용 가능하다는 것을 알 수 있으므로 정답은 (D)이다.

---

163. [1], [2], [3], [4]로 표시된 자리 중에서 다음 문장이 들어가기에 가장 알맞은 위치는 어디인가?
"저희는 주차장을 재포장하고 봉하고서 새 담장을 설치할 예정입니다."

(A) [1]
(B) [2]
(C) [3]
(D) [4]

STEP 1 문맥 추가 문제는 위아래 문맥을 연결해 주는 논리의 근거를 확보해야 한다.

주어진 문장 "We plan to resurface and reseal the parking lot, and install a new fence."는 주차장 보수공사 프로젝트에 대한 세부사항이다. [1]의 앞 지문 due to the renovation project, the Caitlin Tech parking lot cannot be used에서 보수공사 때문에 Caitlin Tech 주차장은 사용할 수 없다고 언급하고 있으므로, 주차장 보수에 대한 세부사항은 보수공사에 대해 언급한 뒤인 [1]에 위치해야 한다. 따라서 정답은 (A)이다.

Questions 164-167 refer to the following article.

The Communication Fair Plans Announced by Pauline

SOUTHFIELD (23. July)- Pauline, one of the leading conglomerates in the communication industry, announced yesterday that they are not going to introduce its newest mobile phone lines at this quarter's two-day-long Southfield Communication Fair in October. —[1]—.

The fair has been generally considered one of the most integral events this quarter for the communication industry, in which the country's leading companies hold well-prepared presentations to boast about their latest collections. The fair has brought in much media attention and been popular among personnel. These days, however, interest of the general public has not been as strong as it used to be. —[2]—.

The CEO of Pauline, Rhonda Webb, clearly said at the press conference in the main office that the determination to skip this quarter's presentation at the fair does not reflect that Pauline will give up participating in the event. —[3]—. "We will have no public presentation, but there will be through social media, with our retailers. Use the Internet partners," Webb added. "**In order to publicize our latest mobile phones and services**, we will intentionally expose the public to them not only through social media but also through our main Web site during the fair."

Ms. Webb replied, when asked about the new marketing strategy, that Pauline aims to increase interest in its new items and services through giving information to present users before launching them to the public. Moreover, by forgoing showing off its new items and services at the fair, Pauline will be able to **avoid being rated by consumers in comparison to its competitors**. "People will enjoy the new items on its own —[4]—.

---

164. According to the article, what will Pauline do during the Communication Fair?
(A) Hold a press conference
(B) Film a presentation to post on its Web site
(C) **Use the Internet to promote new products**
(D) Collaborate with other companies in presentations

165. In the article, the word "integral" in paragraph 2, line2, is closest in meaning to
(A) complete
(B) incorporated
(C) **significant**
(D) installed

166. What is the main reason Pauline intends to use the new strategy?
(A) It is looking for a site for the next quarter's fair.
(B) Its marketing budget has been cut.
(C) Its new products and services are not ready yet.
(D) It is reluctant to be evaluated against other companies.

키워드 use the new strategy
ㄴ. 문제와 보기의 키워드를 정리한 후 본문에서 검색하자.

167. In which of the positions marked [1], [2], [3], and [4] does the following sentence best belong?
"Professionals in the industry, hence, did not seem surprised at Pauline's announcement."
(A) [1]   (B) [2]
(C) [3]   (D) [4]

문맥 추가 문제
ㄴ. 문장의 지시대명사, 연결어 등을 확인하자. "hence"

문제 164-167은 다음 기사를 참조하세요.

Pauline사가 발표한 커뮤니케이션 박람회 계획

SOUTHFIELD (7월 23일) – 정보산업에서 유망 대기업 중 한 곳인 Pauline사가 어제 이번 분기 10월에 이틀 동안 진행되는 Southfield 커뮤니케이션 박람회에 자사의 신규 휴대폰 상품 라인을 내놓지 않겠다고 발표했습니다. — [1] —.

해당 박람회는 일반적으로 이번 분기 정보산업에서 가장 중요한 행사 중 하나로 간주되며 여기서 국내 유망 기업들이 만반의 준비로 프레젠테이션을 열어 자사의 최신 제품들을 자랑합니다. 박람회는 많은 언론의 관심을 받았고 관련 산업 직원들의 인기를 한 몸에 받아 왔습니다. 하지만 최근 대중들의 관심은 과거만큼 강하지는 않습니다. — [2] —.

Pauline사 최고경영자 Rhonda Webb 씨는 본사에서 열린 기자회견에서 이번 분기 박람회에서 발표를 생략하겠다는 결정이 행사 참가 포기를 나타내는 건 아니라고 분명히 했습니다. — [3] —. "저희가 공개적으로 발표를 하지는 않겠지만 자사 소매업자와 배급 업체와의 사업 관련 회의는 진행될 예정입니다."라고 Webb 씨가 덧붙였습니다. "자사의 최신 휴대폰과 서비스를 홍보하기 위해, 저희는 박람회 기간 동안 소셜 미디어뿐만 아니라 저희 주요 웹사이트를 통하여 대중들에게 의도적으로 제품을 노출시킬 것입니다."

신규 마케팅 전략에 관하여 질문을 받자 Webb 씨는 Pauline사는 대중들에게 출시 전에 현재 사용자들에게 관련 정보를 제공하면서 자사의 신규 제품과 서비스에 대한 관심을 끌어올리는 걸 목표로 하고 있다고 응답하였습니다. 게다가, 박람회에서 신규 제품과 서비스를 내보이는 걸 포기함으로써 Pauline사는 경쟁사 제품과 비교하여 소비자들에게 평가 받는 걸 피할 수 있을 것입니다. "사람들은 Pauline사의 신제품 라인의 장점을 온전히 그 자체로 즐기실 수 있습니다."라고 Webb 씨가 강력히 주장했습니다. — [4] —.

어휘 conglomerate 복합기업, 대기업   quarter 분기   integral 필수적인   boast 뽐내다, 자랑하다   personnel 직원들   general public 일반 대중   press conference 기자회견   main office 본사   skip 건너뛰다, 생략하다   reflect 나타내다, 반영하다   give up 포기하다   retail dealer 소매업자   distribution 분배, 배급   publicize 알리다, 광고하다   intentionally 의도적으로   expose 드러내다   aim 목표하다   present 현재의   launch 출시하다   forgo 포기하다   show off 과시하다   rate 평가하다   in comparison to ~와 비교하여   competitor 경쟁자

164. 기사에 따르면, 커뮤니케이션 박람회 기간 동안 Pauline사는 무엇을 할 예정인가?
(A) 기자 회견 진행
(B) 자사 웹사이트에 게시하게 발표 녹화
(C) 신규 제품 홍보를 위해 인터넷 활용
(D) 발표에서 다른 회사와 합작

STEP 1 답은 항상 키워드 옆에 있다.

질문의 키워드 Pauline do during the Communication Fair를 찾자. 지문의 The CEO of Pauline이 언급한 대사 "In order to publicize our latest mobile phones and services, we will intentionally expose the public to them not only through social media but also through our main Web site during the fair."에서 최신 휴대폰과 서비스를 홍보하기 위해, 박람회 기간 동안 소셜 미디어와 웹사이트를 통해 제품을 대중들에게 노출시킬 거라고 언급하고 있다. 따라서 박람회 기간 동안에 Pauline사는 신제품을 홍보하기 위해 인터넷을 사용할 것이라는 것을 알 수 있으므로 정답은 (C)이다.

STEP 2. 오답 분석

기자 회견은 이미 열었으므로 (A)는 오답이며, 발표 자체를 아예 하지 않으므로 (B), (D) 역시 오답이다.

---

165. 기사에서, 두 번째 단락 두 번째 줄의 "integral"과 의미가 가장 가까운 것은?
(A) 완전한   (B) 통합된
(C) 중요한   (D) 설치된

STEP 1 동의어는 문맥상 대체할 수 있는 단어를 찾는 것이다.

단순히 integral과 같은 의미를 찾는 것이 아니라 해당 문장에서 그 의미를 바꾸어 쓸 수 있는 단어를 찾아야 한다. 박람회는 가장 '중요한' 행사 중 하나로 간주돼 왔다는 문맥으로 보기 중 해당 문장에서 integral과 대체할 수 있는 것은 '중요한'을 의미하는 (C) significant이다. 따라서 정답은 (C)이다.

---

166. Pauline사가 신규 전략을 사용하려고 하는 주요 이유는 무엇인가?
(A) 다음 분기 박람회 장소를 찾고 있다.
(B) 마케팅 예산이 감축되었다.
(C) 신규 제품과 서비스가 아직 준비되지 않았다.
(D) 다른 회사와 비교돼 평가받는 것을 꺼려한다.

STEP 1 답은 항상 paraphrasing된다.

질문의 키워드 new strategy를 보기에서 찾자. Ms. Webb replied, when asked about the new marketing strategy에서 신규 마케팅 전략에 대해 Webb 씨가 대답했다고 언급하고 있고, by forgoing showing off our new items and services at the fair, Pauline will be able to avoid being rated by consumers in comparison to its competitors.에서 박람회에서 신제품과 서비스를 보여주는 것을 하지 않음으로써 Pauline사는 소비자들에게 다른 경쟁사 제품과 비교하여 평가받는 것을 피할 수 있을 것이라고 언급하고 있다. 따라서 Pauline사가 새로운 전략을 사용하려는 주된 이유는 다른 회사와 비교되는 걸 꺼리기 때문이라는 것을 알 수 있으므로 정답은 (D)이다. 지문의 avoid being rated가 보기의 reluctant to be evaluated로 paraphrasing됐다.

---

167. [1], [2], [3], [4]로 표시된 자리 중에서 다음 문장이 들어가기에 가장 알맞은 위치는 어디인가?
"이런 이유로, 그 분야 전문가들은 Pauline사의 발표에 놀라지 않은 것처럼 보입니다."
(A) [1]   **(B) [2]**
(C) [3]   (D) [4]

STEP 1 '문맥' 추가 문제는 위치와 연결어가 관건이다.

문장이 들어가기 위해서는 해당 위치 위아래로 연결어가 확보되는 것이 관건이다. 비즈니스 문서는 한 가지 정보를 한번에 같이 언급하므로 문단별로 주제어를 확보하고 관련 주제에 맞는 위치에 문장을 추가한다.
주어진 문장에서 hence가 의미하는 '이유'가 언급된 부분을 찾아야 한다. [2] 앞 문장 however, interest of the general public has not been as strong as it used to be에서 과거만큼 대중들의 관심이 강하지 않다는 언급을 하고 있다. hence가 의미하는 것은 바로 이 내용이므로 주어진 문장이 들어갈 적절한 위치는 [2]이다. 따라서 정답은 (B)이다.

Questions 168-171 refer to the following information.

Amersham Communication, Ltd.
Weekly Discussion

In the business world, having a me— **168** efficient way to accomplish an be a good approach to getting jobs properly that goal → work more efficiently to use staff members' time in the most productive way. In order to help to find the **most efficient way to accomplish that goal**, here are a few questions to consider.

"What is the main reason for having a meeting?"
There must be a clear purpose of a meeting that could **lead employees to reach an agreement on a common issue**, to improve their business abilities, and to find out

169 reach an agreement on a common issue → make a decision lishments. But holding a meeting only to address ed.

"When is the most appropriate time to meet?"   **170**
It is natural to put off a meeting when **important data and figures** are not ready **or an essential person** is not able to attend. However, the meeting should not be called off if doing so is not unavoidably necessary.

"Are there any other alternatives for how to reach the goal?"
E-mail can be an excellent **way to be debriefed on information or report** updates. If only a few team members are req **171** be debriefed → be reported be better to hold an informal small gathering at a lo————————————————cess.

"What will occur if the meeting does not take place?"
Prior to calling off or rescheduling the meeting, it is important to think about what would happen. What could be missed? Would the cancellation provoke any issues among other participants or managers? You have to check whether there is enough information for members to have the task completed or find a better solution if they suggest that the meeting is not necessary.

168. What is the information about?
(A) What the best way to make a speech is
(B) How customer satisfaction can be increased
(C) Why more employees need to be hired
(D) How employees can work more efficiently

목적은 처음 두 줄에 답이 있다.
ㄴ, 상단을 확인하자.

169. What is mentioned as an ideal reason to schedule a meeting?
(A) To ~~deliver~~ general ~~information~~
(B) To help employees make a decision
(C) To hold a ~~training session~~ for new hires
(D) To promote positive ~~relationships~~ among ~~employees~~

키워드 reason to schedule a meeting
ㄴ, 지문에서 키워드 검색 후 보기와 일치하는 것을 찾자.

170. The word "essential", in paragraph 3, line 2, is closest in meaning to
(A) fundamental   (B) intrinsic
(C) critical   (D) simple

동의어 찾기 문제
ㄴ, 단어를 기준으로 앞뒤 문장을 확인하자.

171. According to the information, how should information be reported?
(A) By contacting employees by telephone
(B) By e-mailing employees messages
(C) By sending letters to staff members
(D) By publishing a weekly newsletter

> How should / be reported
> └ 방법을 언급하는 way를 찾자.

문제 168-171은 다음 안내문을 참조하세요.

Amersham Communication, Ltd.
주간 토론

사업 세계에서, 동료 혹은 고객들과의 회의는 업무를 적절히 마무리 지을 수 있는 좋은 접근법일 수 있습니다. 하지만, 직원들의 시간을 가장 생산적인 방법으로 활용하는 게 중요합니다. 그 목표를 달성할 수 있는 가장 효율적인 방법을 찾는 데 도움이 되도록, 여기 생각해 볼 질문들이 몇 가지 있습니다.

"회의를 하는 주요 이유는 무엇인가?"
직원들이 공통 문제에 대한 합의에 도달하고, 영업 능력을 개선시키고 성과 달성의 더 나은 방법을 찾을 수 있도록 이끌 수 있는 회의의 분명한 목적이 있어야만 합니다. 하지만 급하지 않는 안건만을 다루는 회의는 지양되어야 합니다.

"만나는 시간은 언제가 가장 적절한가?"
중요 자료와 수치가 준비되지 않았거나 중요한 직원이 참석할 수 없을 때는 회의를 연기하는 게 당연합니다. 하지만, 회의는 불가피하게 필요하지 않다면 연기되어서는 안 됩니다.

"목표 달성의 다른 대안은 있는가?"
이메일은 정보 혹은 보고서 업데이트에 관하여 보고를 듣는 최적의 방법일 수 있습니다. 몇몇 직원들만 회의에 참석해야 한다면, 전 직원들이 쉽게 접근할 수 있는 공간에서 비공식적으로 조촐히 모임을 갖는 것이 더 좋습니다.

"회의가 진행되지 않을 경우 어떤 일이 일어나는가?"
회의를 연기하거나 일정 재조정 전에 어떤 일이 발생할 것인지 생각해 보는 게 중요합니다. 무엇을 놓칠 수 있을까? 회의 취소가 다른 참석자들이나 관리자들 사이에 문제를 일으키진 않을까? 직원들이 회의가 필요하지 않다고 제안하면, 여러분은 그들이 업무를 마무리하거나 더 나은 해결책을 찾기에 필요한 정보가 충분한지 확인해야 합니다.

어휘 approach 접근 properly 적절히 productive 생산적인 efficient 능률적인 accomplish 성취하다 reach an agreement 합의에 도달하다 common 흔한, 공통의 address 다루다, 처리하다 urgent 긴급한 appropriate 적절한 put off 연기하다 figure 수치 call off 중지하다, 취소하다 debrief 보고를 듣다 cancellation 취소 provoke 유발하다

---

168. 안내문은 무엇에 관한 것인가?
(A) 연설을 하는 최고의 방법이 무엇인가
(B) 고객 만족도가 어떻게 증가될 수 있는가
(C) 왜 더 많은 직원들이 고용되어야 하는가
(D) 직원들이 어떻게 더 효율적으로 근무할 수 있는가

STEP 1 목적은 처음 두 줄에 90% 답이 있다.

지문의 종류가 information이고, 주제나 목적을 묻는 문제이다. 지문의 상단 In order to help to find the most efficient way to accomplish that goal, here are a few questions to consider.에서 목표 달성에 가장 효율적인 방법을 찾는 데 도움이 되기 위해 고려해야 하는 몇 가지 질문이 안내문에 있다고 언급하고 있으므로 안내문은 직원들이 어떻게 더 효율적으로 근무할 수 있는가에 관한 것임을 알 수 있다. 따라서 정답은 (D)이다.

STEP 2 　답은 항상 paraphrasing된다.

지문의 the most efficient way to accomplish the goal이 보기의 work more efficiently로 paraphrasing된 것을 알 수 있다.

---

169. 회의 일정을 잡아야 하는 이상적인 이유로 언급된 것은 무엇인가?
(A) 일반적인 정보를 전달하기 위하여
(B) 직원들이 결정을 내릴 수 있도록 돕기 위하여
(C) 신입직원들을 위한 연수회를 열기 위하여
(D) 직원들 간의 긍정적인 관계를 고취시키기 위하여

STEP 1 　답은 항상 키워드 옆에 있다.

질문의 키워드 an ideal reason to schedule a meeting을 확인하자. 보기의 키워드를 (A) deliver, information (B) help, make a decision (C) training session (D) relationship, employees로 정리한 후 질문의 키워드를 지문에서 검색한다. 지문의 There must be a clear purpose of a meeting that could lead employees to reach an agreement on a common issue에서 회의의 목적은 직원들이 공통 사안에 대한 합의에 도달할 수 있도록 해야 한다고 언급하고 있다. 따라서 회의 일정을 잡는 이유로 직원들의 결정을 돕기 위해서라는 것을 알 수 있으므로 정답은 (B)이다.

STEP 2 　답은 항상 paraphrasing된다.

지문의 reach an agreement on a common issue가 보기의 make a decision으로 paraphrasing되었다.

---

170. 세 번째 단락 두 번째 줄의 "essential"과 의미가 가장 가까운 것은?
(A) 근본적인
(B) 본질적인
(C) 중요한
(D) 단순한

STEP 1 　동의어 찾기 문제는 진짜 동의어를 찾는 것이 아니다.

동의어 찾기 문제에서 보기의 대부분은 실제 동의어들이다. 단순히 같은 뜻을 찾는 것이 아니라 본문의 문맥에 어울리는 단어로 교체하는 것이 핵심이다. 해당 문장 It is natural to put off a meeting when important data and figures are not ready or an essential person is not able to attend.에서 중요한 자료와 수치가 준비되지 않거나 '매우 중요한' 사람이 참석하지 않았을 때 회의가 연기되는 것은 당연하다는 문맥이므로 '대단히 중요한, 중대한'을 의미하는 (C) critical이 정답이다.

---

171. 안내문에 따르면, 정보는 어떻게 보고되어야 하는가?
(A) 전화로 직원들과 연락해서
(B) 직원들에게 메시지를 이메일로 전달해서
(C) 직원들에게 편지를 발송해서
(D) 주간 소식지를 출간해서

STEP 1 　답은 항상 키워드 옆에 있다.

질문의 키워드 how, be reported를 확인하자. 지문의 E-mail can be an excellent way to be debriefed on information or report updates.에서 이메일은 정보나 보고서 업데이트에 관해 보고 받을 수 있는 아주 좋은 방법일 수 있다고 언급하고 있다. 따라서 보고 받을 수 있는 방법으로 이메일로 메시지를 보낸다는 (B)가 정답이다.

STEP 2 　오답 분석

(A), (C), (D) 보기 모두 언급되지 않은 내용이므로 오답이다.

Questions 172-175 refer to the following online chat discussion.

Jillian Araceli 1:12 P.M.
Good afternoon, everyone. Is there any news on the Fulham Community Park proposal we submitted last week?

Tammy Woods 1:13 P.M.
I contacted Ms. Fulham yesterday. She told me that the final decision was to be made by Tuesday, but I haven't heard from her yet.

Jillian Araceli 1:14 P.M.
That's sooner than expected. Although the soil has been prepared, unless the flowers and plants are ordered by today, they won't arrive in time for the deadline she asked.

[172] soil, flower, plants → Landscaping

Maggie Wilson 1:15 P.M.
We've already put in the order. We placed it this afternoon.

Jillian Araceli 1:15 P.M.
That's not really good. If we are not awarded the contract, we are required to pay for them even though they are not necessary any more. Do we have enough time to cancel the order before they are shipped to us?

[173]

Maggie Wilson 1:16 P.M.
I believe they may choose us again as they contracted us last year. Let me see.

Jillian Araceli 1:17 P.M.
Tammy, could you call Ms. Fulham and check how it is going?

Maggie Wilson 1:17 P.M.
No need to worry. We can call off the order by this evening with no cancellation fee.

[175] call off the order → withdraw an order

Tammy Woods 1:18 P.M.
I think we should, Jillian. I just talked with Mr. Kim on the phone. He told me they closed the deal, but Ms. Fulham chose to work with Richmond Family.

Jillian Araceli 1:19 P.M.
That's a shame. But let's not be disappointed. There should be better jobs waiting for us.

[174] Ms. Fulham chose to work with Richmond Family → another company won the contract

172. What type of industry do the people most likely work in?
(A) News media
(B) Landscaping
(C) Business consulting
(D) Career development

people / 직업
ㄴ. 메시지에 언급되는 직업 관련 표현을 확인하자.

173. At 1:16 P.M., what does Ms. Wilson mean she will do when she says, "Let me see"?
(A) Pay for ~~shipment~~
(B) Draft an ~~estimate~~
(C) Check a schedule
(D) Call off a delivery

화자 의도 파악 문제
ㄴ. 해당 위치의 위아래 문맥을 파악하자.

174. Why did Mr. Kim contact Ms. woods?
(A) ~~To order~~ more supplies
(B) To notify her that another company won the contract
(C) To inform her that ~~Ms. Fulham is not available~~
(D) To let her know about ~~an extra fee~~

키워드 Mr. Kim
ㄴ. 지문에서 키워드 검색 후 보기와 일치하는 것을 찾자.

175. What will Ms. Wilson most likely do next?
(A) ~~Revise~~ a proposal
(B) ~~Contact~~ Ms. Fulham to thank her
(C) Withdraw an order
(D) ~~Call~~ a managerial meeting

Ms. Wilson / 미래 / 하
ㄴ. 지문의 하단부에서 Wilson 씨가 앞으로 할 일을 찾자.

문제 172-175는 다음 온라인 대화 메시지를 참조하세요.

Jillian Araceli (오후 1:12)
안녕하세요, 모두들. 저희가 지난주에 제출했던 Fulham Community Park 제안서와 관련해 무슨 소식 있나요?

Tammy Woods (오후 1:13)
제가 어제 Fulham 씨와 연락했거든요. 그 분이 제게 화요일까지 최종 결정이 날 거라고 말했지만 그녀로부터 아직 어떠한 소식도 듣지 못했습니다.

Jillian Araceli (오후 1:14)
예상보다는 빠르군요. 토양은 마련되었지만 오늘까지 꽃과 식물을 주문하지 않으면, 그 분이 요청한 마감일에 도착하지 않을 겁니다.

Maggie Wilson (오후 1:15)
벌써 주문했습니다. 오늘 오후에 주문했어요.

Jillian Araceli (오후 1:15)
그거 별로인데요. 우리가 계약을 따내지 않으면, 그 물건이 더 이상 필요하지 않는데도 우리가 비용을 지불해야 합니다. 우리한테 배송되기 전에 주문 취소할 시간이 충분한가요?

Maggie Wilson (오후 1:16)
작년에 저희와 계약했기 때문에 다시 저희를 선정할 거라고 생각합니다. 제가 한번 볼게요.

Jillian Araceli (오후 1:17)
Tammy 씨, Fulham 씨에게 연락해서 어떻게 진행되고 있는지 확인해 주실래요?

Maggie Wilson (오후 1:17)
걱정하실 필요 없어요. 오늘 저녁까지는 취소 수수료 없이 주문 취소할 수 있습니다.

Tammy Woods (오후 1:18)
그렇게 해야겠네요, Jillian 씨. 방금 Kim 씨와 전화 통화했습니다. Kim 씨는 그들이 계약을 성사시켰다고 말했는데, Fulham 씨가 Richmond Family와 일하기로 정했답니다.

Jillian Araceli (오후 1:19)
유감입니다. 하지만 실망하지 맙시다. 우리를 기다리는 더 나은 일들이 있을 것입니다.

어휘 community 지역사회 soil 토양 unless ~하지 않는다면 in time 시간에 맞춰 put in the order 주문하다 award the contract 계약을 주다 ship 배송하다 call off 철수시키다, 취소하다 cancellation fee 해약금, 취소 요금 close the deal 계약을 성사시키다 That's a shame. 유감이다.

172. 사람들이 종사하고 있을 것 같은 산업은 무엇인가?
(A) 뉴스 미디어
(B) 조경업
(C) 경영 자문
(D) 경력 개발

STEP 1 본문 중의 구체적인 단서들을 모아서 포괄적인 답을 찾는다.

직종을 묻는 문제이다. 지문의 Although the soil has been prepared, unless the flowers and plants are ordered by today에서 soil, flowers, plants의 구체적인 단서로 보아 사람들이 일하는 곳이 조경 관련 회사임을 유추할 수 있다. 따라서 정답은 (B)이다.

173. 오후 1시 16분에 Wilson 씨가 "Let me see(제가 한번 볼게요)"라고 말할 때 무엇을 하겠다고 의미하는가?
(A) 배송료 지불
(B) 견적서 초안 작성
(C) 일정 확인
(D) 배달 취소

STEP 1 온라인 채팅의 '의도' 문제는 위아래 연결어가 있거나 전체적인 상황을 포괄적으로 묘사하는 것이 답이다.

Araceli 씨의 Do we have enough time to cancel the order before they are shipped to us? 질문에 대해 Wilson 씨가 Let me see라고 응답하고 있으므로 Wilson 씨는 주문을 취소할 충분한 시간이 있는지 일정을 확인할 것임을 알 수 있다. 따라서 정답은 (C)이다.

---

174. Kim 씨는 왜 Woods 씨와 연락하였는가?
(A) 더 많은 물건을 주문하기 위해
(B) 그녀에게 다른 회사가 계약을 따냈음을 알리기 위해
(C) 그녀에게 Fulham 씨가 시간이 없다는 것을 알리기 위해
(D) 그녀에게 추가 비용에 대해서 알려주기 위해

STEP 1 답은 항상 키워드 옆에 있다.

Woods씨가 작성한 메시지 I just talked with Mr. Kim on the phone. He told me they closed the deal, but Ms. Fulham chose to work with Richmond Family.에서 Kim 씨와 통화를 했는데, 그들은 계약을 성사했고, Fulham 씨가 Richmond Family와 일하기로 했다고 언급하고 있다. 따라서 Kim 씨는 다른 회사가 계약을 체결했다는 것을 알리기 위해 Woods 씨와 연락했음을 알 수 있다. 따라서 정답은 (B)이다.

STEP 2 오답 분석

(C) Ms. Fulham is not available은 Fulham 씨가 시간이 없다는 의미로 오답이다.

---

175. Wilson 씨는 다음에 무엇을 할 것 같은가?
(A) 제안서 수정
(B) 감사를 표하고자 Fulham 씨와 연락
(C) 주문 철회
(D) 경영회의 소집

STEP 1 본문은 구체적이고 답은 항상 포괄적이다.

Wilson 씨가 앞으로 할 일을 묻는 문제이다. Wilson 씨의 메시지 We can call off the order by this evening with no cancellation fee.에서 오늘 저녁까지 주문을 취소할 수 있다고 언급하고 있고, 이어 Woods 씨의 대사 I Just talked with Mr. Kim on the phone. He told me they closed the deal, but Ms. Fulham chose to work with Richmond Family.에서 Fulham 씨와 계약이 성사되지 않았음을 언급하고 있으므로 Wilson 씨는 물품 주문을 철회할 것임을 유추할 수 있다. 따라서 정답은 (C)이다.

STEP 2 오답 분석

제안서를 이미 낸 상황이므로 다시 수정한다는 (A)는 오답이다. (B), (D)는 언급된 바 없으므로 역시 오답이다.

Questions 176-180 refer to the following e-mails.

E-MAIL

TO	employees@inezhightech.net
FROM	cvazquez@inezhightech.net
DATE	October 21
SUBJECT	Software system improvement

Dear Coworkers,

Our company computers will have a **software system improvement** on Thursday, October 28, beginning at 3 P.M. All the computers including laptop computers linked to the main network system are subject to this improvement. Particularly, employees in the Sales and Marketing, Personnel, and Accounting Divisions should be more careful since the update programs for the improvement process will probably have an impact on their computers.

You should save any crucial data and files as all programs are scheduled to be automatically restarted while the improvement process is being carried out. For those using a computer linked to the company network, please be extra mindful that the **improvement process** can probably **result in the loss of information on your computer**. Therefore, **we suggest** that you refer to the time table and schedule your work accordingly **so as not to be adversely affected by the process** next Thursday afternoon. For employees taking a day off on the day, the improvement process will be carried out later.

Cecilia Vazquez

E-MAIL

TO	jterry@inezhightech.net
FROM	avaughn@inezhightech.net
DATE	October 22
SUBJECT	Checks to vendors

Dear Ms. Terry,

This is to inform you about a potential issue sending next week's checks to our subcontractors. The process is normally scheduled to be carried out every Thursday. In consideration of **Ms. Vazquez's e-mail** I received yesterday, the time of issuing next week's checks **is required to be adjusted for the process to** be done smoothly. I am supposed to be away next Tuesday and Wednesday to participate in an accounting workshop. **I will be able to do the task next Friday** one day later than usual. Instead, **it may be possible** to do the task on **Monday, October 25**. Yet, some of the subcontractor payments will not be sent on time anyway. Please inform me of how I should proceed, and I will follow with your advice.

Shaun Vaughn

176. Why has the first e-mail been written?
(A) To prepare workers for a possible system performance problem
(B) To recommend that workers update their work
(C) To suggest a solution to a ~~scheduling conflict~~
(D) To inform workers of ~~a way to set up~~ a software program

177. In what division does Ms. Vazquez most likely work?
(A) Sales and Marketing
(B) Accounting
(C) Tech support
(D) Personnel

178. What most likely is the reason Mr. Vaughn intends to reschedule a job?
(A) He wants to adjust the time of issuing checks.
(B) He received a prompt payment request from subcontractors.
(C) He wants to avoid losing data.
(D) His laptop is not working properly.

179. According to Mr. Vaughn, what could be an alternative date for the job to be rescheduled?
(A) October 21
(B) October 22
(C) October 28
(D) October 29

180. What is Mr. Vaughn planning to do on October 26?
(A) Attend a training session
(B) Issue a check to subcontractors
(C) Install a new software system
(D) Leave for his holiday

문제 176-180은 다음 이메일들을 참조하세요.

수신	employees@inezhightech.net
발신	cvazquez@inezhightech.net
날짜	10월 21일
제목	소프트웨어 시스템 개선

직원분들께

10월 28일 목요일 오후 3시부터 저희 회사 컴퓨터 소프트웨어 시스템 개선 작업이 있을 것입니다. 노트북 컴퓨터를 포함해서 메인 네트워크 시스템에 연결된 모든 컴퓨터가 이번 개선의 대상이 됩니다. 특히, 영업 마케팅부와 인사부 그리고 회계부의 직원분들은 개선 과정을 위한 업데이트 프로그램이 컴퓨터에 영향을 줄 것이기 때문에 더욱 조심해야 합니다.

소프트웨어 개선 작업이 진행되는 동안 모든 프로그램이 자동적으로 재시작될 것이므로 여러분들은 중요한 자료와 파일을 저장해야 합니다. 회사 네트워크 시스템과 연결된 컴퓨터를 사용하는 분들은 개선 과정 중에 컴퓨터에 있는 정보가 손실될 수도 있음을 유념하시기 바랍니다. 그러므로, 다음 주 목요일 오후에 개선 과정으로 불리하게 영향받지 않도록 시간표를 참조하셔서 업무 일정을 잡으시길 제안드립니다. 그날 쉬는 직원 분들의 경우에는, 출근하시는 때에 개선 과정이 진행될 것입니다.

Cecilia Vazquez 올림

수신	jterry@inezhightech.net
발신	avaughn@inezhightech.net
날짜	10월 22일
제목	업체 지급 수표

Terry 씨에게

저희 협력업체에게 다음 주 수표 발송 관련 잠정적인 문제를 알려드리고자 합니다. 해당 작업은 보통 매주 목요일로 일정이 잡혀 있습니다. 어제 받은 Vazquez 씨의 이메일을 고려해, 일이 순조롭게 처리되도록 다음 주 수표 발행 시간이 조정되어야 합니다. 저는 다음 주 화요일과 수요일에 회계 워크숍 참석으로 출장을 갈 예정입니다. 평소보다 하루 늦게인 다음 주 금요일에 업무를 처리할 수 있을 것 같습니다. 대신 10월 25일 월요일에 그 업무를 할 수 있을 지도 모릅니다. 하지만, 어찌됐든 일부 협력업체의 지불금을 제 시간에 보내드릴 수는 없겠습니다. 제가 이 일을 어떻게 처리할지 알려 주시면 그 조언에 따라 일을 처리하겠습니다.

Shaun Vaughn 올림

어휘 be subject to ~의 대상이다   process 과정   have an impact on ~에 영향을 주다   save 저장하다
crucial 중대한, 결정적인   result in 결과적으로 ~을 야기하다   adversely 불리하게   potential 잠재적인
issue 문제, 주제   subcontractor 협력업체   carry out 수행하다   in consideration of ~을 고려해 볼 때
adjust 조정하다   payment 지불   proceed ~을 계속하다

176. 왜 첫 번째 이메일이 쓰여졌는가?
(A) 직원들이 시스템 실행에 생길 법한 문제에 대비하도록 하기 위해
(B) 직원들이 업무를 업데이트하도록 권장하기 위해
(C) 일정이 겹치는 것에 대한 해결책을 제시하기 위해
(D) 직원들에게 소프트웨어 프로그램 설치법을 알려 주기 위해

STEP 1 목적은 처음 2~3줄에 답이 있을 확률이 90%이며 하단부 요구 사항에 답이 있을 확률은 10%이다.

지문 앞 부분의 상황 설명이 길어 목적이 나타나지 않는 경우에는 뒤에서 요구나 부탁의 표현을 찾는다. 첫 번째 이메일의 상단부에 소프트웨어 시스템 개선 작업이 있을 거라는 상황 설명을 하고 있다. 지문의 하단부 we suggest that you refer to the time table and schedule your work accordingly so as not to be adversely affected by the process next Thursday afternoon에서 이 과정에서 악영향을 받지 않도록 시간표를 참조하여 일정을 잡으라고 제안하고 있다. 따라서 이메일이 쓰인 이유는 시스템 실행에서 생길 법한 문제를 직원들이 대비하도록 하기 위해서라는 것을 알수 있으므로 정답은 (A)이다.

STEP 2 오답 분석

(C) schedule은 언급되지만 scheduling conflict의 해결책을 제시하는 것은 아니므로 오답이다.
(D) software는 언급되지만 설치 방법을 알리고자 하는 것은 아니므로 오답이다.

---

177. Vazquez 씨는 어떤 부서에서 근무할 것 같은가?
(A) 영업 마케팅
(B) 회계
(C) 기술 지원
(D) 인사

STEP 1 본문 중에 구체적인 단서들을 모아서 포괄적인 답을 찾는다.

문제의 키워드 Vazquez 씨는 첫 번째 이메일을 작성한 사람이다. 지문의 상단부 Our company computers will have a software system improvement에서 직원들에게 회사 컴퓨터의 소프트웨어 시스템이 개선될 것이라고 알리고 있으므로 컴퓨터 소프트웨어 시스템과 관련된 기술 지원부에서 근무할 것임을 유추할 수 있다. 따라서 정답은 (C)이다.

STEP 2 오답 분석

(A), (B), (D)는 개선 과정이 컴퓨터에 영향을 줄 수 있으므로 특히 주의하라고 언급한 부서이므로 오답이다.

---

178. Vaughn 씨가 업무 일정을 조정하려고 하는 이유는 무엇일 것 같은가?
(A) 그는 수표 발행 시간 조정을 원한다.
(B) 그는 협력업체에서 즉각적인 지불 요청서를 받았다.
(C) 그는 데이터 손실을 피하고 싶어 한다.
(D) 그의 노트북이 제대로 작동하지 않는다.

STEP 1 두 문서를 동시에 이용하는 연계 문제 유형 – 5문제 중 반드시 한 문제 이상은 두 문서를 동시에 이용해야 답이 나온다.

문제의 키워드 reason Mr. Vaughn ~ to reschedule을 확인하자. Vaughn 씨가 쓴 두 번째 지문의 In consideration of Ms. Vazquez's e-mail ~ , the time of issuing next week's checks is required to be adjusted를 통해 Vazquez 씨의 이메일을 고려해 볼 때, 평상시 목요일에 진행되는 수표 발행 시간이 조정되어야 한다는 언급으로 일정의 재조정이 필요함을 말하고 있다.

STEP 2 키워드 옆에 답이 없는 경우, 또 다른 키워드를 남긴다.

첫 번째 지문 Our company computers will have a software system improvement on Thursday에서 목요일에 소프트웨어 시스템 개선이 있을 것이라고 언급하고 있으며 the improvement process can probably result in the loss of information on your computer에서 이 과정에서 컴퓨터에 있는 정보가 손실될 수도 있음을 알리고 있으므로 업무 일정을 조정한 이유로 데이터 손실을 피하고 싶어서라는 것을 유추할 수 있다. 따라서 정답은 (C)이다.

---

179. Vaughn 씨의 말에 따르면, 업무 일정이 재조정되는 다른 가능한 날짜는 언제인가?
(A) 10월 21일
(B) 10월 22일
(C) 10월 28일
(D) 10월 29일

STEP 1 가격/비용/날짜 등을 묻는 문제는 본문에서 모든 정보를 찾아서 순서대로 배열한 후에 최종 답을 찾는다.

문제의 키워드 alternative date for the job을 확인하자. Vaughn 씨가 작성한 이메일인 두 번째 지문에서 I will be able to do the task next Friday one day later than usual.을 통해 평소보다 하루 늦게인 다음 주 금요일에 업무를 할 수 있음을 언급하고 있다. 해당 이메일은 10월 22일에 보내졌고, it may be possible to do the task on Monday, October 25에서 10월 25일이 월요일인 것을 알 수 있으므로 다음 주 금요일은 10월 29일이다. 따라서 정답은 (D)이다.

---

180. Vaughn 씨는 10월 26일 무엇을 하려고 계획하고 있는가?
(A) 연수회 참석
(B) 협력업체에 지불 수표 발행
(C) 신규 소프트웨어 시스템 설치
(D) 휴가 출발

STEP 1 키워드 옆에 답이 없는 경우는 또 다른 키워드를 남긴다.

키워드 10월 26일이 언제인지 파악하자. Vaughn 씨가 보낸 이메일은 10월 22일 작성되었으며 it may be possible to do the task on Monday, October 25에서 10월 25일은 월요일이라고 언급하고 있으므로 10월 26일은 다음 주 화요일이다. 이메일 중반부에 I am supposed to be away next Tuesday and Wednesday to participate in an accounting workshop.에서 다음 주 화요일과 수요일에 회계 워크숍에 참석할 것이라고 언급하고 있다. 따라서 Vaughn 씨가 10월 26일에 계획하는 것은 연수회에 참석하는 것임을 알 수 있으므로 정답은 (A)이다.

STEP 2 답은 항상 **paraphrasing**된다.

지문의 an accounting workshop이 보기의 a training session으로 paraphrasing되었다.

STEP 3 오답 분석

(B) 협력업체에 수표 발행은 다음 주 금요일인 10월 29일이나 10월 25일 월요일이라고 언급하고 있으므로 오답이다.

Questions 181-185 refer to the following e-mails.

E-MAIL

TO: All our present customers
FROM: marketing@inezpublication
DATE: Friday, 21 October
SUBJECT: Final Chance! These Co[pies]

Dear Valued Customer,

Here is surprising news for you! Once again it's time to hold our clearance sale on various collections of Inez Publication's books. All the copies in the sale will go out of stock soon. This is a great opportunity to acquire excellent books that can make your collection more complete. Our Yearly Sale Pamphlet will soon be mailed to you, **but by visiting our Web site**, you **can check** out the **list of collections** on sale **sooner**. Placing an order through our Web site is recommended in order to purchase the copies you would like before they are out of stock. All purchases will be delivered for free until next week, and if **more than four books** are ordered, we will **gift-wrap** your books with no charge. Take advantage of this special chance!

Lauren Stone
Inez Publication Sales Director

Notice: This e-mail is being sent to you since you have purchased publications from Inez Publication. If our information about sales is not necessary for you anymore, just respond to this e-mail with the subject "No Subscription."

E-MAIL

Dear Mr. **Schultz**,

We appreciate your purchase. The below products will be delivered within 4-7 business days through the TRO Mail Service. **Please be advised that no refund for any item will be issued.**

Placed Order: 24 Oct 1:15 P.M.

Item No.	Quantity	Book title	Price per unit	Total
32118	1	Photo Shoot Text Book: With Various Skills	$11.50	$11.50
44312	1	Contemporary Photograph Collection	$9.00	$9.00
98031	1	The Photography Software for Amateurs	$15.50	$15.50
		Gift Packing		$6.00
		Delivery Fee		-
		Total		$42.00

181. What is the reason customers would use the online pamphlet rather than the print pamphlet?
(A) To be exempt from shipping fee
(B) To look through a wider range of books
(C) To search for books earlier
(D) To acquire a revised price list

182. What is suggested about Mr. Schultz?
(A) He is running his own business.
(B) He has collected a wide selection of photographs.
(C) He needed some books for his photography course.
(D) He has ordered some items from Inez Publication before.

183. What is most likely true about the items ordered?
(A) All of them are non-refundable.
(B) One of them will not be delivered in October.
(C) Some of them are rare books.
(D) Most of them will be available in an electronic version.

184. What should Mr. Schultz have done to get an additional benefit from the special offer?
(A) Use the online order system
(B) Obtain a student discount coupon
(C) Order more publications
(D) Submit his order before October

185. What is NOT suggested about Inez Publication?
(A) It can deliver books abroad.
(B) It holds a clearance sale each year.
(C) It keeps track of every customer's purchase record.
(D) It carries publications about photography.

문제 181-185는 다음 이메일들을 참조하세요.

1

수신	기존 고객분 모두
발신	marketing@inezpublication.com.ca
날짜	10월 21일 금요일
제목	마지막 기회! 이 출판물들은 더 이상 인쇄되지 않습니다!

소중한 고객님들께

여러분들께 놀라운 소식이 있습니다! 한 번 더 Inez Publication에서 나온 다양한 도서들의 재고 정리 세일을 진행합니다. 판매되는 모든 도서들은 절판될 예정이니 여러분의 인생을 더 즐겁게 만들 수 있는 우수 도서의 이 멋진 구매 기회를 놓치지 마십시오. 저희 연간 세일 팸플릿이 곧 여러분께 발송될 예정이지만, 웹사이트를 방문하셔서 할인 중인 제품 목록을 더 빨리 확인하실 수도 있습니다. 도서가 품절되기 전에 원하시는 책을 구매하실 수 있게 웹사이트를 통한 주문을 추천합니다. 모든 구매 제품은 다음 주까지 무료로 배송될 예정이며 4권 이상 주문하시면, 무료로 선물 포장해 드립니다. 이 특별한 기회를 이용해 보세요!

Lauren Stone 올림
Inez Publication 영업부장

주의 : 귀하께서 Inez Publication에서 출간된 책을 구매하셨기에 해당 이메일이 발송됐습니다. 판매와 관련된 저희 정보가 더 이상 필요하지 않으시면, 제목에 "구독 안 함"이라고 적으셔서 답장 보내 주십시오.

2

Schultz 씨에게

구매해 주셔서 감사합니다. 아래 상품은 TRO 택배사를 통해 영업일 4-7일 이내로 배달될 예정입니다. 어떤 상품도 환불이 불가능하다는 점을 명심해 주십시오.

제품 주문 : 10월 24일 오후 1시 15분

제품 번호	수량	책 제목	할인 전 단가	총액
32118	1	다양한 기술과 함께하는 사진 찍기 교과서	11달러 50센트	11달러 50센트
44312	1	현대 사진 컬렉션	9달러	9달러
98031	1	아마추어를 위한 사진 소프트웨어	15달러 50센트	15달러 50센트
		선물 포장		6달러
		배달료		-
		총액		42달러

어휘 copy 원고, 복사본 once again 한 번 더 out of print 절판된 acquire 습득하다, 얻다 pleasant 즐거운 yearly 매년 있는, 일 년에 한 번씩 있는 place an order 주문하다 in order to+do ~하기 위하여 purchase 구매(품) out of stock 품절된 for free 무료로 gift-wrap 선물용 포장하다 with no charge 요금 없이 take advantage of ~을 이용하다 appreciate 고마워하다 business days 영업일, 평일 issue 발행하다 price per unit 할인 전의 단가

181. 고객들이 인쇄용 팸플릿보다 온라인 팸플릿을 사용할 이유는 무엇인가?
(A) 배송료를 면제받기 위해
(B) 더 광범위한 도서를 검토하기 위해
(C) 책을 더 빨리 찾기 위해
(D) 수정된 가격표를 획득하기 위해

STEP 1 답은 항상 키워드 옆에 있다.

문제의 키워드 reason, use the online pamphlet을 확인하고 키워드와 관련된 내용을 지문에서 검색하자. 첫 번째 지문의 Our Yearly Sale Pamphlet will soon be mailed to you, but by visiting our Web site, you can check out the list of collections on sale sooner.에서 연간 판매 팸플릿이 곧 배송될 것이지만, 웹사이트를 방문하면 더 빨리 판매 제품 목록을 확인할 수 있다고 언급하고 있다. 따라서 인쇄 팸플릿보다 온라인 팸플릿을 사용할 이유는 도서를 더 빨리 찾아보기 위해서임을 알 수 있으므로 정답은 (C)이다.

STEP 2 오답 분석

다양한 분야의 책을 갖추기는 했지만 그것을 검토하는 것이 목적이 아니라서 (B) To look through a wider range of books는 오답이다.

---

182. Schultz 씨에 관하여 언급된 것은 무엇인가?
(A) 그는 개인 사업을 운영하고 있다.
(B) 그는 다양한 사진을 수집해 왔다.
(C) 그는 자신의 사진 강좌에 쓸 책이 몇 권 필요했다.
(D) 그는 이전에 Inez Publication에서 나온 몇몇 물품을 주문한 적이 있다.

STEP 1 두 문서를 동시에 이용하는 연계 문제 유형 - 본문 중에 구체적인 단서들을 모아서 포괄적인 답을 찾는다.

두 번째 지문을 통해 Schultz 씨는 도서를 할인 구매했음을 확인할 수 있다. 도서 재고 정리 세일을 진행한다는 안내 메일인 첫 번째 지문의 This e-mail is being sent to you since you have purchased publications from Inez Publication.에서 Inez Publication에서 책을 구매했기 때문에 해당 이메일이 보내진다라고 언급하고 있으므로 Schultz 씨는 Inez Publication에서 이전에 도서를 주문한 적이 있다는 것을 알 수 있다. 따라서 정답은 (D)이다.

STEP 2 오답 분석

Schultz 씨가 구입한 책이 모두 사진 관련된 것이기는 하지만 (B)와 (C)의 내용을 알 수는 없으므로 오답이다.

---

183. 주문 제품에 관하여 사실일 것 같은 것은 무엇인가?
(A) 제품 모두 환불이 불가능하다.
(B) 제품 중 한 개는 10월에 배송되지 않을 것이다.
(C) 제품 중 일부는 희귀 도서이다.
(D) 제품 대다수는 전자책 버전으로도 이용할 수 있을 것이다.

STEP 1 '사실'인 것을 찾는 문제는 보기의 키워드를 먼저 정리한 후 본문을 검색한다.

두 번째 지문의 Please be advised that no refund for any item will be issued.에서 어떤 상품도 환불이 불가능하다고 언급하고 있다. 따라서 주문 제품 모두 환불이 불가능하다는 것을 알 수 있으므로 정답은 (A)이다.

STEP 2 오답 분석

(B) 10월 21일에 작성된 첫 번째 이메일에서 All purchases will be delivered for free until next week를 통해 모든 구매는 10월 이내에 배송될 것임을 알 수 있다. 두 번째 이메일 Placed Order : 24 Oct 1:15 P.M.을 통해 Schultz 씨가 10월 24일에 주문했다는 것을 알 수 있고, The below products will be delivered within 4-7 business days에서 영업일 4-7일 이내에 배달될 예정이라고 언급하고 있으므로 모든 상품은 10월 이내에 배송될 것임을 알 수 있다.

184. 특별 할인에서 추가 혜택을 받으려면 Schultz 씨는 무엇을 했어야 했는가?
(A) 온라인 주문 시스템 이용
(B) 학생 할인 쿠폰 획득
(C) 더 많은 출간물 주문
(D) 10월 전에 주문서 제출

STEP 1 두 문서를 동시에 이용하는 연계 문제 유형 – 한 문서가 할인이나 멤버십 자격 조건 등을 보여 주면 나머지 문서에서 특정 인물의 조건과 연계해서 답을 찾아야 한다.

키워드 an additional benefit을 확인하자. 첫 번째 지문 if more than four books are ordered, we will gift-wrap your books with no charge에서 네 권 이상 구매하면, 무료로 선물 포장을 해 준다는 언급이 있다. 두 번째 지문의 표를 통해 Schultz 씨가 세 권을 주문했음을 알 수 있으므로 추가 혜택을 받기 위해서는 책을 한 권 더 주문했어야 한다는 것을 알 수 있다. 따라서 Schultz 씨가 추가 혜택을 받기 위해 했어야 하는 것은 더 많은 책을 주문해야 한다의 (C)가 정답이다.

STEP 2 오답 분석

온라인을 통해서 판매 중인 책을 더 빨리 확인할 수 있으므로 (A)는 오답이다. (B), (D)는 지문에서 언급되지 않았으므로 역시 오답이다.

185. Inez Publication에 관하여 언급되지 <u>않은</u> 것은 무엇인가?
(A) 해외로 도서 배송이 가능하다.
(B) 매년 재고 정리 세일을 진행한다.
(C) 모든 고객들의 구매 기록을 파악하고 있다.
(D) 사진 관련 도서를 취급한다.

STEP 1   NOT Question은 소거법을 이용한다.

(B) 첫 번째 지문의 Once again it's time to hold our clearance sale에서 한 번 더 Inez Publication의 재고 정리 세일을 진행한다는 언급과 함께 Our Yearly Sale Pamphlet ~을 통해 연간 재고 정리 세일을 진행한다는 것을 알 수 있다. (C) 첫 번째 지문에서 기존 구입 고객 모두에게 보내지는 이메일이라는 것을 통해 모든 고객들의 구매 기록을 파악하고 있음을 알 수 있다. (D) Schultz 씨의 도서 구매 목록을 통해 사진 관련 도서를 취급함을 알 수 있다. 따라서 언급이 없는 (A)가 정답이다.

Questions 186-190 refer to the following notice, advertisement, and e-mail.

TO	All LCG Fitness Trainers
FROM	Stacey Carroll
DATE	September 18
SUBJECT	Promotional offer

Dear Fitness trainers,

As mentioned earlier, we are planning to **offer students the 30 percent** summer discount on an annual basis if they register during the first two weeks of November since a lot of Loughton College students are expected to be in the city during the winter season. In addition, LCG Fitness is thinking about offering two different types of special rates to new members and those who want to continue their membership during the upcoming winter (From Nov 1 to Dec 1).

Before the final decision on the two possible offers is made, we are soliciting our staff's opinions. One would be a family discount option. If a current LCG member's family member (age over 17) registers for membership, they will be eligible for a 20 percent reduced rate.

The other option would be to let Diamond-level members' friends or acquaintances use LCG's facilities for free from 9 A.M. to 2 P.M. on Tuesdays and Wednesdays. They would be allowed to use the whole gym, including the swimming pool. But, the badminton courts would be restricted to our current members in order to avoid worsening **the already long wait**.

Please consider these possible options and **reply** by October 10 with the one which [...] embers as well as us.

Thanks for your assistance in advance.

Stacey Carroll
Head of Marketing
LCG Fitness Center

Winter Special Offers

Welcome Loughton College students!

Register between November 1 and December 10 to take advantage of a 30% discount on your winter membership at **any level** and receive a complimentary **plastic water bottle.**

Work out with a friend or an acquaintance every Tuesday and Wednesday:

Starting on November 1, all Diamond- and Crystal-level members are allowed to invite a friend or an acquaintance with no additional charge on Tuesdays and Wednesdays. In order to use LCG's facilities, they have to sign in and present their valid ID at the reception desk.

LCG Fitness Center

E-MAIL

TO	Kerry Bush <kerrybush@lcgfitnesscenter.net>
FROM	Joann Bradley <joannbradley@lcgfitnesscenter.net>
DATE	December 11
SUBJECT	Re: The number of the new members

Kerry,

I appreciate you forwarding the report as usual. I was excited about the number of both Diamond- and Crystal-level members, which all rose by 13 percent after we had begun the winter promotion.

Most of them are from Loughton College and have registered for Diamond- memberships. This means that we should consider planning to launch another promotional offer for students when the spring semester starts. It is said that the gym in the college is scheduled to be refurbished during the following year. So, many students are going to search for other fitness facilities which can be deemed ou... competitors are several kilometers away from the college, if we provide shuttles for students to get to and from our center, they will be more likely to come to LCG Fitness Center.

190 be refurbished → be remodeled

I will keep you informed. Thank you.

Joann Bradley,
Sales Director
LCG Fitness Center

---

186. What is the main reason the notice has been written?
(A) To report a schedule change
(B) To recognize employees for their hard work
(C) To publicize a new discounted rate
(D) To ask employees for suggestions

목적 / 하단부 요구 사항에 답이 있을 확률 10%
ㄴ. 지문 ① 하단부 요청 표현, Please ~에 주목하자.

187. What is indicated about the badminton courts?
(A) They are scheduled to be refurbished soon.
(B) They are located near the main building.
(C) They are in high demand in the center.
(D) They used to be a swimming pool.

badminton courts: 지문 ①
ㄴ. 문제와 보기의 키워드를 정리한 후 본문에서 검색하자.

188. What aspect of the promotional offer for the students has changed since September?
(A) The discount percentage for students has been reduced.
(B) The registration period for the promotional offer was lengthened.
(C) Students do not need to pay their membership fee monthly.
(D) Students can try the fitness facilities twice a month for free.

promotional offer / students / since September
ㄴ. 지문 ①, ②의 세부사항을 연계해서 비교하자.

189. What is suggested about LCG Fitness Center?
(A) Fee discounts are available to every family member.
(B) It stays open late on Tuesdays and Wednesdays.
(C) Students are permitted to invite their friends and acquaintances.
(D) Crystal-level members can obtain plastic bottles when they sign up.

LCG Fitness Center
ㄴ. 지문 ②에 집중하자.

190. According to the e-mail, what will most likely happen at Loughton College?
(A) The community will be allowed to use its gym for a nominal fee.
(B) The fitness facility for students will be remodeled.
(C) Additional fitness trainers will be recruited.
(D) The new semester will start in the winter.

Loughton College / 미래: 지문 ③
└ "is scheduled to ~"

문제 186–190은 다음 공지문, 광고문, 이메일을 참조하세요.

수신	LCG Fitness 트레이너 모두
발신	Stacey Carroll
날짜	9월 18일
제목	프로모션 행사

헬스장 트레이너 분들께

이전에 언급했듯이, 많은 Loughton College 학생들이 겨울 동안 시내에 머물 것으로 예상되므로 저희는 11월 첫 2주 동안 학생들이 등록하게 되면 등록하는 학생들에게 매년 30퍼센트 여름 할인을 제공할 계획입니다. 게다가 LCG Fitness는 신규 회원과 다가오는 겨울 동안(11월 1일부터 12월 1일까지) 멤버십 연장을 원하는 회원에게 두 가지 다른 종류의 특별 요금을 제공할까 생각 중입니다.

두 가지 가능한 제안에 대해 최종 결정이 내려지기 전에, 저희는 직원들의 의견을 얻으려고 합니다. 하나는 가족 할인입니다. 현재 LCG 회원의 가족 구성원(17세 이상)이 회원권을 신청하시면, 20% 할인된 가격을 제공받으실 수 있습니다.

나머지 하나는 화요일과 수요일 오전 9시부터 오후 2시까지 Diamond 레벨 회원분들의 친구 혹은 지인이 LCG 시설을 무료로 이용하게 하는 것입니다. 그들은 수영장을 포함하여 체육관 전체 시설을 이용하실 수 있습니다. 하지만, 배드민턴장은 안 그래도 긴 대기 시간이 더 악화되는 걸 방지하고자 기존 회원에 한해 이용이 제한됩니다.

이 가능한 선택사항에 대하여 생각해 보시고 10월 10일까지 저희뿐만 아니라 저희 회원분들에게도 더 이득이 되는 것들을 정해서 답변해 주십시오.

도와주셔서 미리 감사합니다.

Stacey Carroll 올림
LCG Fitness Center 마케팅 부장

겨울 특별 할인

Loughton College 학생 여러분 환영합니다!

11월 1일부터 12월 10일까지 등록하셔서 겨울 회원권 어느 레벨이든 30퍼센트 할인된 가격으로 이용하시고 무료로 플라스틱 물병도 받으세요.

화요일과 수요일마다 친구 혹은 지인과 함께 운동하세요.

11월 1일을 시작으로 Diamond와 Crystal 레벨 회원들은 모두 화요일과 수요일에 추가 비용 없이 친구 혹은 지인을 데려오실 수 있습니다. LCG 시설을 이용하시려면, 그 분들이 접수처에서 서명하시고 현재 사용하고 있는 유효한 신분증을 제시해야 합니다.

LCG Fitness Center

수신	Kerry Bush 〈kerrybush@lcgfitnesscenter.net〉
발신	Joann Bradley 〈joannbradley@lcgfitnesscenter.net〉
날짜	12월 11일
제목	답장: 신규 회원수

Kerry 씨에게

평상시처럼 보고서를 전달해 주셔서 감사합니다. 저희가 겨울 판촉 행사를 시작하고 나서 Diamond와 Crystal 레벨 모두 회원 수가 13%까지 증가해서 매우 기뻤습니다.

대다수는 Loughton College에서 온 사람들로 Diamond 멤버십에 등록했습니다. 이는 봄 학기가 시작할 때 학생들을 위한 다른 프로모션 행사 출시 계획을 고려해 봐야 한다는 의미입니다. 그 대학교 체육관이 내년에 보수공사를 진행할 예정이라고 하더군요. 그래서 많은 학생들이 운동할 수 있는 다른 대안 장소를 물색할 것입니다. 저희의 경쟁사로 간주될 수 있는 다른 운동 시설이 대학교에서 수 킬로미터 떨어져 있기 때문에, 우리가 학생들에게 센터에 왔다 갔다 할 수 있도록 셔틀버스를 제공하면, 학생들이 LCG Fitness Center에 더 많이 올 것 같습니다.

계속 연락드리겠습니다. 감사합니다.

Joann Bradley 올림
LCG Fitness Center 영업 부장

어휘 on an annual basis 매년   continue 연장하다   solicit 얻으려고 하다, 요청하다
family member 가족 구성원   register for ~에 등록하다   membership 회원   be eligible for ~할 자격이 있다
acquaintance 지인   facility 시설   restrict 제한하다   beneficial 유익한, 이로운   complimentary 무료의
work out 운동하다   additional charge 추가 요금   sign in 서명하고 들어가다   promotion 홍보   launch 개시하다
refurbish 재단장하다   search for ~을 찾다   deem ~로 여기다

186. 공지문이 작성된 주요 이유는 무엇인가?
(A) 일정 변경 안내
(B) 직원들의 노고 인정
(C) 신규 할인 가격 홍보
(D) 직원들에게 제안 요청

STEP 1 이유나 목적은 처음 2~3줄에 답이 있을 확률이 90%, 하단부에 답이 있을 확률은 10%이다.

비즈니스 문서의 목적은 항상 상단부에 답이 있어야 한다. 그렇지만 상황 설명이 길거나 처음 보내는 편지의 경우에 종종 지문 하단부에 본론이 나온다. 따라서 목적이 하단부에 있는 경우 요구 사항이나 부탁, 제안 등의 표현으로 제시된다. 첫 번째 지문 하단부에서 Please consider these possible options and reply by October 10 with the one ~을 통해 선택 사항에 대해 생각해 보고 10월 10일까지 알려달라고 요청하고 있다. 공지문은 LCG Fitness Center 마케팅 부장이 피트니스 센터 트레이너들에게 작성한 것이므로 공지문이 작성된 이유는 직원들에게 의견을 구하기 위해서라는 것을 알 수 있다. 따라서 정답은 (D)이다.

STEP 2 오답 분석

(A), (B)는 언급되지 않은 사항이므로 오답이다. 지문에서 reduced rate가 언급되었지만 a new discounted rate(신규 할인 가격)을 알리는 것이 공지문이 쓰여진 이유는 아니므로 (C)는 오답이다.

187. 배드민턴장에 관해 명시된 것은 무엇인가?
(A) 곧 재단장할 예정이다.
(B) 본관 근처에 위치해 있다.
(C) 피트니스 센터에서 수요가 높다.
(D) 예전에는 수영장이었다.

STEP 1 답은 항상 키워드 옆에 있다.

문제의 키워드 badminton courts를 확인하자. 첫 번째 지문 the badminton courts would be restricted to our current member in order to avoid worsening the already long wait에서 배드민턴장은 이미 오래 대기해야 하는 걸 겪고 있는 상황이고, 그게 더 악화되는 걸 피하기 위해 현재 회원에게만 사용을 제한할 것이라는 언급을 통해 배드민턴장이 피트니스 센터에서 수요가 많다는 것을 알 수 있다. 따라서 정답은 (C)이다.

STEP 2 답은 항상 **paraphrasing**된다.

지문의 the already long wait이 보기의 in high demand로 paraphrasing되었다. (D) 배드민턴장이 과거에 수영장이었다는 언급은 없으므로 오답이다.

---

188. 9월 이후로 학생들에게 제공되는 프로모션 행사에서 어떤 면이 변경되었는가?
(A) 학생들에게 제공되는 할인 퍼센티지가 감소했다.
(B) 프로모션 행사 등록 기간이 연장되었다.
(C) 학생들은 회비를 매달 납부하지 않아도 된다.
(D) 학생들은 무료로 한 달에 두 번 헬스장을 이용할 수 있다.

STEP 1 두 문서를 동시에 이용하는 연계 문제 유형 - 본문 중에 구체적인 단서들을 모아서 포괄적인 답을 찾는다.

질문의 키워드 promotional offer for the students has changed since September를 확인하자. 지문에서 9월 이후 학생들에게 제공되는 프로모션 행사의 변경 사항을 찾아야 한다. 첫 번째 지문에서 공지문이 9월에 쓰였다는 것을 알 수 있고, 첫 번째 지문의 we are planning to offer students the 30 percent summer discount on an annual basis if they register during the first two weeks of November를 통해 학생들에게 11월 첫 2주 동안 등록을 하면 30퍼센트 여름 할인을 제공할 계획이라는 언급을 하고 있지만, 광고문인 두 번째 지문 Welcome Loughton College students!. Register between November 1 and December 10 to take advantage of a 30% discount에서 할인 기간이 11월 1일부터 12월 10일까지인 것을 언급하고 있다. 따라서, 두 지문을 통해 학생들을 위한 할인 행사에서 9월 이후로 변경된 것은 기간이 연장된 것이므로 정답은 (B)이다.

STEP 2 오답 분석

(A) 학생들을 위한 discount percentage는 30%로 동일하다. (D) Diamond 레벨 회원의 친구나 지인들이 화요일과 수요일에 추가 요금 없이 이용할 수 있으므로 오답이다.

189. LCG Fitness Center에 관하여 언급된 것은 무엇인가?
(A) 요금 할인은 모든 가족 구성원들에게 적용된다.
(B) 화요일과 수요일에는 늦게까지 영업을 한다.
(C) 학생들은 친구들과 지인을 초대해도 된다.
(D) Crystal 레벨 회원들은 등록 시에 플라스틱 물병을 받을 수 있다.

STEP 1　'사실'인 것을 찾는 문제는 보기의 **keyword**를 먼저 정리한 후 본문을 검색한다.

LCG Fitness Center에 대해 묻는 문제이다. 보기를 (A) Fee discounts, every family member (B) stay open late (C) invite, friends and acquaintances (D) plastic bottles, sign up으로 정리한 후 본문을 검색하자. Loughton College 학생들을 위한 광고인 두 번째 지문 Register ~ your winter membership at any level and receive a complimentary plastic water bottle에서 어느 레벨이던지 등록하고 무료 플라스틱 물병을 받으라고 언급하고 있다. 따라서 Crystal 레벨 회원들 역시 등록할 때 플라스틱 물병을 받을 수 있다는 (D)가 정답이다.

STEP 2　오답 분석

(A) 첫 번째 지문의 If a current LCG member's family member (age over 17) registers for membership, they will be eligible for a 20 percent reduced rate.에서 현재 LCG 회원의 17세 이상 가족 구성원이 회원으로 등록하면, 그들이 20% 할인 요금의 대상이 될 것이라고 언급하고 있다. 따라서 모든 가족 구성원이 요금 할인을 받을 수 있다는 (A)는 오답이다.
(B)는 지문에서 언급되지 않았으므로 오답이다.
(C) 두 번째 지문의 all Diamond- and Crystal-level members are allowed to invite a friend or an acquaintance에서 모든 Diamond 등급과 Crystal 등급 회원들이 친구와 지인을 초대하는 것이 허용된다고 언급하고 있으므로 오답이다.

190. 이메일에 따르면, Loughton College에서 무엇이 일어날 것 같은가?
(A) 지역사회가 소액으로 체육관을 이용할 수 있을 것이다.
(B) 학생들을 위한 피트니스 시설이 리모델링될 예정이다.
(C) 헬스장 트레이너들이 추가로 채용할 예정이다.
(D) 신학기는 겨울에 시작될 예정이다.

STEP 1　키워드 옆에 답이 없는 경우는 또 다른 키워드를 남긴다.

질문의 키워드 Loughton College를 확인하자. 세 번째 지문 Most of them are from Loughton College에서 Loughton College를 언급하고 있고, 이어서 It is said that the gym in the college is scheduled to be refurbished during the following year를 통해 대학 내 체육관이 내년에 보수공사가 될 거라고 언급하고 있다. the college는 앞에서 언급한 Loughton College를 의미하므로 정답은 (B)이다.

STEP 2　답은 항상 **paraphrasing**된다.

지문의 the gym, be refurbished가 보기의 the fitness facility, be remodeled로 paraphrasing된 것을 알 수 있다.
(A), (C)는 언급되지 않았으므로 오답이다.
when the spring semester starts에서 봄 학기가 시작할 때 학생들을 위한 다른 프로모션 행사 출시 계획을 고려해 봐야 한다고 언급하고 있으므로 겨울에 신학기가 시작될 거라는 (D)는 오답이다.

Questions 191-195 refer to the following leaflet, course description, and phone message.

A new class at Renaissance Art Glass (RAG)
Creating Unique Colorful Stained Glass
Instructor: Barbara Brown
Price: £115

The class will be held for five successive **Wednesday nights**, from 7 to 9 P.M., beginning on September 9. It requires no previous experience, **but registration is limited only to our current members of the** community's arts associations.

Familiarize yourself with the basic level of making stained glass artworks and take one of those you have made with you. Designing, glass-cutting, color selection, framing, and more will be included in the subjects of each class. You can design your own style or simply select from among a variety of sample patterns.

Those who registered for the class can not bring all of the materials for the five-week period at once. Please be advised that they are available **as required** over the **five-week period** to make sure that attendees purchase the appropriate tools and supplies **for each of their projects** and also have the cost of the materials spread out. Similar tools and supplies are available elsewhere, **but** attendees should **realize** that quality is not the same. Using the best supplies makes the end outcome different.

Unique Colorful
Stained Glass

Subjects	Week	Tools
Workroom Safety; Orientation and learning and practicing "glass-cutting" techniques and skills	1	glass cutter, cutting oil, protective goggles and industrial gloves, pliers, and ruler with metal edge
Designing patterns and glass or selecting from samples	2	glass, several pieces of thick paper, a pair of scissors, and color pens
Shaping your own style through grinding and cutting glass	3	industrial gloves, protective goggles
Applying enamel to glass panel according to the patterns you have created or chosen	4	enamel paint, enamel brushes, utility knife
Coating and framing	5	coating compound, frame

Please note that for students who **need** more time and **an instructor's tips**, the workroom at RAG is open **on Friday** from 11 A.M. to 5 P.M. In case you need time with an instructor, you are required to contact us in advance or be ready to work on your

INCOMING MESSAGE

Received by: Alton Baldwin
Time: Tuesday, 1:00 P.M.
For: Barbara Brown

☐ Fax   ☑ Telephone   ☐ Office Visit

MESSAGE:
Brett **Adams** who is **attending** your **class** has called. He said he has his own brushes, so he is wondering whether the **brushes** are okay for the **purpose of the class**. I informed him that you would talk to him about it in detail. Please contact him at 233-5542.

> 194 1+3 연계 문제
> 또 다른 키워드 : is attending your class

> 195 2+3 연계 문제
> 또 다른 키워드 : brushes

---

191. What is indicated about the tools and supplies needed for RAG's new class?
(A) They are getting ~~cheaper~~ these days.
(B) They are not required to be brought all at once.
(C) They are not available in other supply stores.
(D) They will ~~be distributed by~~ the class instructor.

키워드 tools and supplies / RAG's new class
↳ 지문 ①에 집중하자.

192. In the leaflet, the word "realize" in paragraph 3, line 5, is closest in meaning to
(A) sell
(B) cash
(C) know
(D) achieve

동의어 찾기 문제
↳ 지문 ① 단어를 기준으로 앞뒤 문장을 확인하자.

193. What does the course description imply?
(A) ~~Attendees~~ can leave their opinion after their class.
(B) RAG ~~recently renovated~~ its workroom.
(C) Attendees can get help even outside class hours.
(D) A class has been ~~rescheduled~~ to another day.

the course description:
↳ 지문 ①, ②

194. What is indicated about Mr. Adams?   ③의 제3자
(A) He ~~has purchased~~ all the tools and supplies.
(B) He is a member of a local association.
(C) He ~~had to miss~~ the orientation.
(D) He ~~has supplied materials~~ to RAG.

키워드 Mr. Adams: 지문 ③
↳ 키워드 앞뒤 단서를 이용해 정답을 찾는다.
"is attending your class"
→ 지문 ① "registration"

195. To which class session does the phone message most likely refer?
(A) Week 2
(B) Week 3
(C) Week 4
(D) Week 5

전화 메시지: 지문 ③, "brushes"
→ 지문 ②

문제 191-195는 다음 전단지, 강좌 설명서와 휴대폰 메시지를 참조하세요.

Renaissance Art Glass (RAG) 신규 강좌
독특하고 다채로운 스테인드 글라스 제작
강사 : Barbara Brown
가격 : 115파운드

수업은 9월 9일 시작하여 5주 연속으로 수요일 오후 7시부터 10시까지 진행될 예정입니다. 이전에 해 본 경험은 전혀 필요 없지만 지역사회 예술 협회의 기존 회원들만 등록하실 수 있습니다.

스테인드 글라스 작품 제작 입문 과정으로 익숙해지시고 만드신 작품 중 하나를 가져가십시오. 디자인, 유리 세공, 색상 선택, 구성과 그 외의 것들이 각 수업 주제로 포함될 것입니다. 여러분만의 작품을 디자인하시거나 다양한 샘플 패턴 중에서 그냥 선택하셔도 됩니다.

수업에 등록하신 분들은 RAG에서 약 155파운드로 재료를 구매하실 수 있습니다. 참가자분들이 각 프로젝트에 필요한 적절한 도구와 준비물을 구매하실 수 있도록 5주간 동안 필요한 만큼 구입하실 수 있습니다. 또 재료비를 나누어 낼 수도 있다는 점 명심하시기 바랍니다. 비슷한 도구와 물품은 다른 곳에서도 구매할 수 있지만 품질이 동일하지 않음을 참가자분들이 알고 계셔야 합니다. 최고의 재료를 사용하는 것이 마지막 결과를 다르게 만듭니다.

독특하고 다채로운 스테인드 글라스

주제	주	도구와 준비물
작업실 안전: 오리엔테이션과 유리 세공 기술과 기법 학습 및 연습	1	유리 절단기, 절삭유, 보안경과 공업용 장갑, 펜치, 금속 날이 달린 자
패턴과 유리 디자인 혹은 샘플 선택	2	유리, 두꺼운 종이 여러 장, 가위 1개, 색깔펜
유리 연삭과 절단으로 본인만의 스타일 제작	3	공업용 장갑, 보안경
제작 혹은 선택한 패턴에 맞추어 유리판에 에나멜 바르기	4	에나멜 페인트, 에나멜 붓, 만능 칼
코팅과 액자에 넣기	5	코팅 화합물, 틀

더 많은 시간과 강사의 조언을 필요로 하는 학생들을 위해 RAG 작업실이 금요일 오전 11시부터 오후 5시까지 개방되어 있음을 알고 계십시오. 해당 시간 이후에 강사님과의 시간이 필요할 경우에는, 사전에 저희에게 연락을 주시거나 작업실에서 스스로 작업할 준비를 하시기 바랍니다.

받은 메시지   ③

발신 : Alton Baldwin
시간 : 화요일 오후 1시
수신 : Barbara Brown
☐ 팩스   ☑ 전화   ☐ 사무실 방문

메시지 :
귀하의 수업에 참석하고 있는 Brett Adams 씨가 전화했습니다. 그가 자기가 쓰는 붓이 있으니 수업용으로 사용해도 괜찮은지 궁금해합니다. 저는 귀하가 이 문제에 관하여 그 분께 전화해서 상세하게 이야기해 줄 것이라고 알려주었습니다. 233-5542로 그에게 연락 주십시오.

어휘 stained glass 스테인드 글라스   successive 연속적인, 연이은   previous 이전의   registration 등록
association 협회   familiarize 익숙하게 하다   artwork 예술품   glass-cutting 유리 세공   selection 선발, 선정
spread out (돈을) 분할해 내다   attendee 참석자   appropriate 적절한   elsewhere 다른 곳으로
realize 깨닫다, 알아차리다   outcome 결과   subject 주제, 사안   orientation 오리엔테이션, 예비 교육
grind 절단하다   note 주목하다   workroom 작업실   in detail 상세하게

---

191. RAG의 신규 수업에 필요한 도구와 준비물에 관하여 명시된 것은 무엇인가?
(A) 요즘에 저렴해지고 있다.
(B) 모두를 한 번에 가져올 필요가 없다.
(C) 다른 물품 판매점에서 구입할 수 없다.
(D) 수업 강사가 배부할 예정이다.

STEP 1   답은 항상 키워드 옆에 있다.
키워드 tools and supplies를 확인하자. 첫 번째 지문 they are available as required over the five-week period to make sure that attendees purchase the appropriate tools and supplies for each of their projects에서 참가자들이 각각의 프로젝트를 위해 적절한 도구와 물품을 구매할 수 있게 재료는 5주 기간 동안 필요에 따라서 구할 수 있다고 언급하고 있으므로 각 프로젝트에 맞는 적절한 물품을 가져가야 한다는 것을 알 수 있다. 따라서 도구와 물품은 한꺼번에 가져올 필요가 없다는 (B)가 정답이다.

STEP 2   오답 분석
(A) 준비물이 요즘 저렴해지고 있다는 언급은 없다. (C) Similar tools and supplies are available elsewhere에서 다른 판매점에서도 구입할 수 있다고 언급하고 있다. (D) 수업 강사에 의해 배부될 예정이라는 언급은 없으므로 오답이다.

---

192. 전단지에서, 세 번째 단락 다섯 번째 줄의 "realize"와 의미가 가장 가까운 것은?
(A) 판매하다
(B) 현금으로 바꾸다
(C) 알다
(D) 달성하다

STEP 1   동의어는 문맥상 대체할 수 있는 단어를 찾는 것이다.
보기에서 일차원적으로 같은 의미의 단어를 찾는 것이 아니라 그 단어의 다양한 의미 중에서 본문의 상황에 맞는 의미를 선택해야 한다. 해당 문장에서 realize는 참석자들이 품질이 동일하지 않음을 '알아야' 한다는 의미이므로 '알다'를 뜻하는 (C) know가 정답이다.

193. 강좌 설명서가 내포하고 있는 것은 무엇인가?
(A) 참석자들은 수업 후에 의견을 남길 수 있다.
(B) RAG가 최근에 작업실을 보수했다.
(C) 참석자들은 수업 시간 외에도 도움을 받을 수 있다.
(D) 한 수업이 다른 날로 일정이 조정되었다.

STEP 1   두 문서를 동시에 이용하는 연계 문제 유형 - 문제의 키워드가 알려주는 범위에 없는 내용은 또 다른 문서에서 답을 찾는다.

문제의 키워드 course description을 확인하자. 강좌 설명서인 두 번째 지문 Please note that for students who need more time and an instructor's tips, the workroom at RAG is open on Friday from 11 A.M. to 5 P.M.에서 더 많은 시간과 강사의 조언을 필요로 하는 학생들은 금요일 오전 11시부터 오후 5시까지 RAG의 작업실이 개방돼 있다는 것을 알고 있으라고 언급되어 있다.
첫 번째 지문의 The class will be held for five successive Wednesday nights, from 7 P.M. to 10 P.M.에서 수업은 수요일 오후 7시부터 오후 10시까지 진행될 것이라고 언급하고 있으므로 참석자들은 수업 시간 외에도 도움을 받을 수 있다는 것을 알 수 있다. 따라서 정답은 (C)이다.

---

194. Adams 씨에 관해 명시된 것은 무엇인가?
(A) 그는 도구와 물품을 모두 구매하였다.
(B) 그는 지역 협회 회원이다.
(C) 그는 오리엔테이션에 참석하지 못했다.
(D) 그는 RAG에 재료를 공급하고 있다.

STEP 1   두 문서를 동시에 이용하는 연계 문제 유형 - 문제가 주는 힌트나 지문 내 답에 영향을 주는 모든 요소들을 이용한다.

문제의 키워드 Adams 씨를 확인하자. 세 번째 지문 Brett Adams who is attending your class has called.에서 Adams 씨는 수업에 참석하고 있다는 것을 알 수 있고, 첫 번째 지문 registration is limited only to our current members of the community's arts associations에서 수업 등록은 현재 지역사회 예술 협회 회원들로만 제한된다고 언급하고 있으므로 Adams 씨가 지역 협회 회원인 것을 알 수 있다. 따라서 정답은 (B)이다.

---

195. 휴대폰 메시지에서 언급하고 있는 강좌는 무엇일 것 같은가?
(A) 2주차
(B) 3주차
(C) 4주차
(D) 5주차

STEP 1   두 문서를 동시에 이용하는 연계 문제 유형 - 해당 위치를 검색하면 답이 없고 그 위치에 또 다른 키워드를 남기므로 다른 문서에서 키워드를 찾아야 한다.

질문의 키워드 phone message에서 언급한 class session의 단서를 확인하자. phone message인 세 번째 지문 he is wondering whether the brushes are okay for the purpose of the class에서 그는 수업에서 자기 붓을 사용해도 되는지 궁금해한다고 언급하고 있다. 두 번째 지문의 표에서 수업 준비물을 확인할 수 있고, 붓을 사용하는 수업은 4주차에 진행되는 것임을 알 수 있으므로 정답은 (C)이다.

Questions 196-200 refer to the following e-mails and quote.

● ● ● E-MAIL

TO	Kristi Sutton <k_sutton@caea.woodgreen.co.uk>
FROM	Mark Thompson <m_thompson@thompsonplans.co.uk>
SUBJECT	Price estimate
DATE	Tuesday, 8 February
ATTACHMENT	estimate.pdf

Dear Ms. Sutton,

I am happy to give you assistance with your upcoming Contemporary Architect of East Asia Banquet here in Wood Green. Attached are rates from various restaurants which have relatively good reputations.

An Italian restaurant is included as you requested. We have never been there ourselves, but one of our clients highly recommended the place.

To lock in the estimated prices, you need to complete your payment by Thursday, 10 February. Thank you for contacting me regarding your event.

Sincerely,

Mark Thompson
Wood Green Event Coordinator

Rate Estimate for Dining Options

Banquet type: *Six courses*
Date of Event: *15 May*

Prepared for: *Contemporary Architect of East Asia Banquet*
Number of Diners: *30*

* All listed prices below include the meal, beverages, tax, and tips.

Restaurant	Total cost	Price per diner	Type of Cuisine	Special features
Elm Cuisine	£660	£22	Chinese	
Abbey House	£810	£27	Middle Eastern	Its catering menu is fully-customizable
Benessere Paranzo	£930	£31	Italian	Up to 35 seats available in its private banquet hall
Seafood Castle	£1,110	£37	Japanese	Provides live classic music
All Saints Table	£1,230	£41	Steak and Salad	Public transportation within walking distance

E-MAIL

TO	Mark Thompson <m_thompson@thompsonplans.co.uk>
FROM	Kristi Sutton <k_sutton@caea.woodgreen.co.uk>
RE	Payment
DATE	Thursday, 10 February

Dear Mr. Thompson,

We deeply appreciate your excellent help in arranging the banquet. Today, I have paid the full amount through your Web site. The fully-customizable menu is appealing, **but we are more conscious about a location which should be conveniently accessible to the area's transportation.**

Since the location has been decided, **we now need your recommendation for a printer** for the invitation. Also, the decorations have to be discussed, but we will be able to talk about them at the next meeting on 20 February. At the meeting, it will be really helpful if you give us advice on finalizing the design of the event and selecting an appropriate photographer.

Sincerely,

Kristi Sutton

---

196. What is suggested about Mr. Thompson?
(A) He is running his own travel agency.
(B) He is a restaurant manager.
(C) He used to have an Italian restaurant.
(D) He is involved in arranging a banquet.

197. What restaurant did Mr. Thompson list based on Ms. Sutton's request?
(A) Abbey House
(B) Elm Cuisine
(C) Benessere Paranzo
(D) Seafood Castle

198. What is indicated about Abbey House?
(A) Its price is the most affordable available.
(B) It can provide musical entertainment for free.
(C) Its menu items can be personalized.
(D) It has a separate dining area for a special event.

199. How much most likely has Ms. Sutton paid?
(A) £660   (B) £930
(C) £1,110   **(D) £1,230**

200. According to the second e-mail, what will Ms. Sutton most likely do next?
(A) Buy some office equipment
(B) Submit a print order
(C) Search for the photographers
(D) Create the design

문제 196-200은 다음 이메일들과 견적서를 참조하세요.

수신	Kristi Sutton 〈k_sutton@caea.woodgreen.co.uk〉
발신	Mark Thompson 〈m_thompson@thompsonplans.co.uk〉
날짜	2월 8일 화요일
제목	가격 견적서
첨부파일	견적서.pdf

Sutton 씨에게

이곳 Wood Green에서 머지않아 진행되는 동아시아 현대 건축가 연회에 도움을 드리게 되어 매우 기쁩니다. 비교적 평판이 좋은 여러 식당의 가격표를 첨부하였습니다.

귀하께서 요청하신 대로 이탈리아 식당도 포함돼 있습니다. 저희는 그곳에 가 본 적이 없지만 제 동료 중 하나가 그 장소를 추천했습니다.

예상 가격으로 하시려면, 2월 10일 목요일까지 지불을 완료해 주십시오. 행사와 관련해 연락 주셔서 감사합니다.

Mark Thompson 올림
Wood Green 행사 코디네이터

식사 선택 가격 견적서

연회 종류: 6코스
행사 날짜: 5월 15일

준비 행사: 동아시아 현대 건축가 연회
인원 수: 30명

*아래 명시되어 있는 모든 가격은 식사, 음료, 세금과 팁을 포함하고 있습니다.

식당	총 가격	1인당 가격	요리 종류	특징
Elm Cuisine	660파운드	22파운드	중식	야외 테라스 구역 이용 가능
Abbey House	810파운드	27파운드	중동식	전 케이터링 고객 맞춤 메뉴
Benessere Paranzo	930파운드	31파운드	이탈리아식	최대 35명 전용 연회장 이용 가능
Seafood Castle	1,110파운드	37파운드	일식	라이브 클래식 음악 제공
All Saints Table	1,230파운드	41파운드	스테이크와 샐러드	도보 가능한 거리에 대중교통 위치

수신	Mark Thompson ⟨m_thompson@thompsonplans.co.uk⟩
발신	Kristi Sutton ⟨k_sutton@caea.woodgreen.co.uk⟩
날짜	2월 10일 목요일
답장	지불

Thomson 씨께

연회 준비에 많은 도움을 주셔서 진심으로 감사드립니다. 오늘 웹사이트로 전액을 지불하였습니다. 완전 고객 맞춤 음식이 매력적이지만 저희는 지역 교통 시설에 편리하게 접근할 수 있는 장소에 더 관심이 있습니다.

장소가 결정되었으므로 저희가 이제는 초대장 인쇄업체와 관련해 귀하의 추천이 필요합니다. 또 장식도 논의되어야 하지만 2월 20일 다음 회의에서 이 문제에 대하여 논의할 수 있을 것입니다. 회의에서 행사 디자인 마무리와 적당한 사진사 선정에 관해 조언을 주신다면 매우 유용할 것입니다.

Kristi Sutton 올림

어휘 upcoming 다가오는 rate 요금 relatively 비교적 reputation 평판 estimate 추정하다 complete 완료하다, 끝마치다 payment 지불(금) regarding ~에 관하여 diner 식사하는 사람 list 열거하다, 작성하다 per ~마다 patio 파티오(집 뒤쪽에 만드는 테라스) catering 출장 연회업 customizable 주문에 따라 만들 수 있는 up to 최대의 within ~ 이내에 appreciate 감사하다 appealing 매력적인 conscious 특별한 관심이 있는, 의식적인, 자각하는 accessible 접근이 이용한 finalize 마무리짓다

---

196. Thomson 씨에 관하여 언급된 것은 무엇인가?
(A) 그는 자신의 여행사를 운영하고 있다.
(B) 그는 식당 관리자이다.
(C) 그는 이탈리아 식당을 소유했었다.
(D) 그는 연회 준비에 관여하고 있다.

STEP 1 '사실'인 것을 찾는 문제는 보기의 키워드를 먼저 정리한 후 본문을 검색한다.

질문의 키워드 Thompson 씨를 확인하자. 보기를 (A) running, travel agency (B) restaurant manager (C) used to have, restaurant (D) arranging a banquet으로 정리하자. Thompson 씨가 작성한 첫 번째 이메일 지문의 I am happy to give you assistance with your upcoming Contemporary Architect of East Asia Banquet에서 연회에 도움을 드리게 되어 기쁘다는 언급과 함께 Attached are rates from various restaurants which have relatively good reputations.에서 여러 식당의 가격표를 첨부하였다는 것을 통해 그가 연회 준비에 관여하고 있다는 것을 알 수 있으므로 정답은 (D)이다.

STEP 2 오답 분석

(A)는 언급되지 않은 내용이므로 오답이고, 견적서에 이탈리아 식당을 포함시키기는 했지만 그가 식당 소유주였던 사실을 알 수 없으므로 (C)는 오답이다.

197. Sutton 씨의 요청에 따라서 Thomson 씨가 열거한 식당은 무엇인가?
(A) Abbey House
(B) Elm Cuisine
(C) Benessere Paranzo
(D) Seafood Castle

STEP 1 두 문서를 동시에 이용하는 연계 문제 유형 - 해당 위치를 검색하면 답이 없고 그 위치에 또 다른 키워드를 남기므로 다른 문서에서 키워드를 찾아야 한다.

문제의 키워드 Ms. Sutton's request를 확인하자. Thompson 씨가 Sutton 씨에게 작성한 이메일인 첫 번째 지문에서 An Italian restaurant is included as you requested를 통해 Sutton 씨가 요청한 식당이 An Italian restaurant 인 것을 알 수 있다. 두 번째 지문의 표에서 Italian restaurant은 Benessere Paranzo인 것을 알 수 있으므로 정답은 (C)이다.

---

198. Abbey House에 관하여 명시된 것은 무엇인가?
(A) 가격은 가장 저렴하게 이용할 수 있다.
(B) 무료로 음악 연주회를 제공할 수 있다.
(C) 음식 메뉴가 개인에 맞게 맞춤화될 수 있다.
(D) 특별 행사를 위해 분리된 식사 공간을 보유하고 있다.

STEP 1 답은 항상 **paraphrasing**된다.

문제의 키워드 Abbey House를 확인하자. 두 번째 지문 표에서 Abbey House를 찾을 수 있다. Abbey House의 특징으로 Its catering menu is fully-customizable이라는 언급을 통해 식사 메뉴가 고객 맞춤화된다는 것을 알 수 있으므로 정답은 (C)이다. 지문의 customizable이 보기의 be personalized로 paraphrasing된 것을 알 수 있다.

STEP 2 오답 분석
(A) most affordable available은 Elm Cuisine 식당의 특징이다.
(B) musical entertainment는 Seafood Castle 식당의 특징이다.
(D) separate dining area은 Benessere Paranzo 식당의 특징이다.

---

199. Sutton 씨는 얼마를 지불했을 것 같은가?
(A) 660파운드
(B) 930파운드
(C) 1,110파운드
(D) 1,230파운드

STEP 1 두 문서를 동시에 이용하는 연계 문제 유형 – 해당 위치를 검색하면 답이 없고 그 위치에 또 다른 키워드를 남기므로 다른 문서에서 키워드를 찾아야 한다.

질문의 키워드 Sutton 씨를 확인하자. Sutton 씨가 작성한 세 번째 지문 I have paid the full amount ~에서 웹사이트로 전액 지불하였다고 언급하고 있고, The fully-customizable menu was appealing, but we are more conscious about a location which should be conveniently accessible to the area's transportation.에서 고객 맞춤화된 음식이 매력적이지만, 대중교통에 편리하게 접근할 수 있는 장소인지 더 관심이 있다고 언급하고 있다. 따라서 두 번째 지문의 표에서 대중교통에 편리하게 접근할 수 있는 장소를 특징으로 한 음식점을 찾아야 한다. 대중교통에 편리하게 접근할 수 있는 음식점인 All Saints Table의 총 가격이 1,230파운드이므로 Sutton 씨가 지불했을 가격은 1,230 파운드인 것을 유추할 수 있다. 따라서 정답은 (D)이다.

200. 두 번째 이메일에 따르면, Sutton 씨는 다음에 무엇을 할 것 같은가?
(A) 몇몇 사무용품 구매
(B) 인쇄 주문서 제출
(C) 사진사 물색
(D) 디자인 제작

STEP 1   본문 중에 구체적인 단서들을 모아서 포괄적인 답을 찾는다.

두 번째 이메일에서 Sutton 씨가 다음에 할 일이 무엇일 것 같은지 묻는 문제이다. Sutton 씨가 작성한 두 번째 이메일의 Since the location has been decided, we now need your recommendation for a printer for the invitation.을 통해 장소가 결정됐기 때문에 우리는 지금 초대장을 찍게 인쇄업자 추천이 필요하다고 언급하고 있으므로 Sutton 씨가 다음에 할 일은 인쇄 주문임을 유추할 수 있다. 따라서 정답은 (B)이다.

STEP 2   오답 분석

2월 20일에 열릴 회의에서 의견을 듣고 싶다고 한 것이 (C)의 내용이다. 인쇄 주문보다 좀 더 뒤에 할 내용이라 오답이다.

TOEIC Test 1

Answer Sheet

TOEIC Test 2

Answer Sheet

응시일자: _____

성명: _____ 한글 / 한자 / 영문

Listening Comprehension

No.	ANSWER A B C D	No.	ANSWER A B C D	No.	ANSWER A B C D	No.	ANSWER A B C D	No.	ANSWER A B C D
1	ⓐ ⓑ ⓒ ⓓ	21	ⓐ ⓑ ⓒ ⓓ	41	ⓐ ⓑ ⓒ	61	ⓐ ⓑ ⓒ ⓓ	81	ⓐ ⓑ ⓒ ⓓ
2	ⓐ ⓑ ⓒ ⓓ	22	ⓐ ⓑ ⓒ ⓓ	42	ⓐ ⓑ ⓒ	62	ⓐ ⓑ ⓒ ⓓ	82	ⓐ ⓑ ⓒ ⓓ
3	ⓐ ⓑ ⓒ ⓓ	23	ⓐ ⓑ ⓒ ⓓ	43	ⓐ ⓑ ⓒ	63	ⓐ ⓑ ⓒ ⓓ	83	ⓐ ⓑ ⓒ ⓓ
4	ⓐ ⓑ ⓒ ⓓ	24	ⓐ ⓑ ⓒ ⓓ	44	ⓐ ⓑ ⓒ	64	ⓐ ⓑ ⓒ ⓓ	84	ⓐ ⓑ ⓒ ⓓ
5	ⓐ ⓑ ⓒ ⓓ	25	ⓐ ⓑ ⓒ ⓓ	45	ⓐ ⓑ ⓒ	65	ⓐ ⓑ ⓒ ⓓ	85	ⓐ ⓑ ⓒ ⓓ
6	ⓐ ⓑ ⓒ ⓓ	26	ⓐ ⓑ ⓒ ⓓ	46	ⓐ ⓑ ⓒ	66	ⓐ ⓑ ⓒ ⓓ	86	ⓐ ⓑ ⓒ ⓓ
7	ⓐ ⓑ ⓒ ⓓ	27	ⓐ ⓑ ⓒ ⓓ	47	ⓐ ⓑ ⓒ	67	ⓐ ⓑ ⓒ ⓓ	87	ⓐ ⓑ ⓒ ⓓ
8	ⓐ ⓑ ⓒ ⓓ	28	ⓐ ⓑ ⓒ ⓓ	48	ⓐ ⓑ ⓒ ⓓ	68	ⓐ ⓑ ⓒ ⓓ	88	ⓐ ⓑ ⓒ ⓓ
9	ⓐ ⓑ ⓒ ⓓ	29	ⓐ ⓑ ⓒ ⓓ	49	ⓐ ⓑ ⓒ ⓓ	69	ⓐ ⓑ ⓒ ⓓ	89	ⓐ ⓑ ⓒ ⓓ
10	ⓐ ⓑ ⓒ ⓓ	30	ⓐ ⓑ ⓒ ⓓ	50	ⓐ ⓑ ⓒ ⓓ	70	ⓐ ⓑ ⓒ ⓓ	90	ⓐ ⓑ ⓒ ⓓ
11	ⓐ ⓑ ⓒ ⓓ	31	ⓐ ⓑ ⓒ ⓓ	51	ⓐ ⓑ ⓒ ⓓ	71	ⓐ ⓑ ⓒ ⓓ	91	ⓐ ⓑ ⓒ ⓓ
12	ⓐ ⓑ ⓒ ⓓ	32	ⓐ ⓑ ⓒ ⓓ	52	ⓐ ⓑ ⓒ ⓓ	72	ⓐ ⓑ ⓒ ⓓ	92	ⓐ ⓑ ⓒ ⓓ
13	ⓐ ⓑ ⓒ ⓓ	33	ⓐ ⓑ ⓒ ⓓ	53	ⓐ ⓑ ⓒ ⓓ	73	ⓐ ⓑ ⓒ ⓓ	93	ⓐ ⓑ ⓒ ⓓ
14	ⓐ ⓑ ⓒ ⓓ	34	ⓐ ⓑ ⓒ ⓓ	54	ⓐ ⓑ ⓒ ⓓ	74	ⓐ ⓑ ⓒ ⓓ	94	ⓐ ⓑ ⓒ ⓓ
15	ⓐ ⓑ ⓒ ⓓ	35	ⓐ ⓑ ⓒ ⓓ	55	ⓐ ⓑ ⓒ ⓓ	75	ⓐ ⓑ ⓒ ⓓ	95	ⓐ ⓑ ⓒ ⓓ
16	ⓐ ⓑ ⓒ ⓓ	36	ⓐ ⓑ ⓒ ⓓ	56	ⓐ ⓑ ⓒ ⓓ	76	ⓐ ⓑ ⓒ ⓓ	96	ⓐ ⓑ ⓒ ⓓ
17	ⓐ ⓑ ⓒ ⓓ	37	ⓐ ⓑ ⓒ ⓓ	57	ⓐ ⓑ ⓒ ⓓ	77	ⓐ ⓑ ⓒ ⓓ	97	ⓐ ⓑ ⓒ ⓓ
18	ⓐ ⓑ ⓒ ⓓ	38	ⓐ ⓑ ⓒ ⓓ	58	ⓐ ⓑ ⓒ ⓓ	78	ⓐ ⓑ ⓒ ⓓ	98	ⓐ ⓑ ⓒ ⓓ
19	ⓐ ⓑ ⓒ ⓓ	39	ⓐ ⓑ ⓒ ⓓ	59	ⓐ ⓑ ⓒ ⓓ	79	ⓐ ⓑ ⓒ ⓓ	99	ⓐ ⓑ ⓒ ⓓ
20	ⓐ ⓑ ⓒ ⓓ	40	ⓐ ⓑ ⓒ ⓓ	60	ⓐ ⓑ ⓒ ⓓ	80	ⓐ ⓑ ⓒ ⓓ	100	ⓐ ⓑ ⓒ ⓓ

Reading Comprehension

No.	ANSWER A B C D	No.	ANSWER A B C D	No.	ANSWER A B C D	No.	ANSWER A B C D	No.	ANSWER A B C D
101	ⓐ ⓑ ⓒ ⓓ	121	ⓐ ⓑ ⓒ ⓓ	141	ⓐ ⓑ ⓒ ⓓ	161	ⓐ ⓑ ⓒ ⓓ	181	ⓐ ⓑ ⓒ ⓓ
102	ⓐ ⓑ ⓒ ⓓ	122	ⓐ ⓑ ⓒ ⓓ	142	ⓐ ⓑ ⓒ ⓓ	162	ⓐ ⓑ ⓒ ⓓ	182	ⓐ ⓑ ⓒ ⓓ
103	ⓐ ⓑ ⓒ ⓓ	123	ⓐ ⓑ ⓒ ⓓ	143	ⓐ ⓑ ⓒ ⓓ	163	ⓐ ⓑ ⓒ ⓓ	183	ⓐ ⓑ ⓒ ⓓ
104	ⓐ ⓑ ⓒ ⓓ	124	ⓐ ⓑ ⓒ ⓓ	144	ⓐ ⓑ ⓒ ⓓ	164	ⓐ ⓑ ⓒ ⓓ	184	ⓐ ⓑ ⓒ ⓓ
105	ⓐ ⓑ ⓒ ⓓ	125	ⓐ ⓑ ⓒ ⓓ	145	ⓐ ⓑ ⓒ ⓓ	165	ⓐ ⓑ ⓒ ⓓ	185	ⓐ ⓑ ⓒ ⓓ
106	ⓐ ⓑ ⓒ ⓓ	126	ⓐ ⓑ ⓒ ⓓ	146	ⓐ ⓑ ⓒ ⓓ	166	ⓐ ⓑ ⓒ ⓓ	186	ⓐ ⓑ ⓒ ⓓ
107	ⓐ ⓑ ⓒ ⓓ	127	ⓐ ⓑ ⓒ ⓓ	147	ⓐ ⓑ ⓒ ⓓ	167	ⓐ ⓑ ⓒ ⓓ	187	ⓐ ⓑ ⓒ ⓓ
108	ⓐ ⓑ ⓒ ⓓ	128	ⓐ ⓑ ⓒ ⓓ	148	ⓐ ⓑ ⓒ ⓓ	168	ⓐ ⓑ ⓒ ⓓ	188	ⓐ ⓑ ⓒ ⓓ
109	ⓐ ⓑ ⓒ ⓓ	129	ⓐ ⓑ ⓒ ⓓ	149	ⓐ ⓑ ⓒ ⓓ	169	ⓐ ⓑ ⓒ ⓓ	189	ⓐ ⓑ ⓒ ⓓ
110	ⓐ ⓑ ⓒ ⓓ	130	ⓐ ⓑ ⓒ ⓓ	150	ⓐ ⓑ ⓒ ⓓ	170	ⓐ ⓑ ⓒ ⓓ	190	ⓐ ⓑ ⓒ ⓓ
111	ⓐ ⓑ ⓒ ⓓ	131	ⓐ ⓑ ⓒ ⓓ	151	ⓐ ⓑ ⓒ ⓓ	171	ⓐ ⓑ ⓒ ⓓ	191	ⓐ ⓑ ⓒ ⓓ
112	ⓐ ⓑ ⓒ ⓓ	132	ⓐ ⓑ ⓒ ⓓ	152	ⓐ ⓑ ⓒ ⓓ	172	ⓐ ⓑ ⓒ ⓓ	192	ⓐ ⓑ ⓒ ⓓ
113	ⓐ ⓑ ⓒ ⓓ	133	ⓐ ⓑ ⓒ ⓓ	153	ⓐ ⓑ ⓒ ⓓ	173	ⓐ ⓑ ⓒ ⓓ	193	ⓐ ⓑ ⓒ ⓓ
114	ⓐ ⓑ ⓒ ⓓ	134	ⓐ ⓑ ⓒ ⓓ	154	ⓐ ⓑ ⓒ ⓓ	174	ⓐ ⓑ ⓒ ⓓ	194	ⓐ ⓑ ⓒ ⓓ
115	ⓐ ⓑ ⓒ ⓓ	135	ⓐ ⓑ ⓒ ⓓ	155	ⓐ ⓑ ⓒ ⓓ	175	ⓐ ⓑ ⓒ ⓓ	195	ⓐ ⓑ ⓒ ⓓ
116	ⓐ ⓑ ⓒ ⓓ	136	ⓐ ⓑ ⓒ ⓓ	156	ⓐ ⓑ ⓒ ⓓ	176	ⓐ ⓑ ⓒ ⓓ	196	ⓐ ⓑ ⓒ ⓓ
117	ⓐ ⓑ ⓒ ⓓ	137	ⓐ ⓑ ⓒ ⓓ	157	ⓐ ⓑ ⓒ ⓓ	177	ⓐ ⓑ ⓒ ⓓ	197	ⓐ ⓑ ⓒ ⓓ
118	ⓐ ⓑ ⓒ ⓓ	138	ⓐ ⓑ ⓒ ⓓ	158	ⓐ ⓑ ⓒ ⓓ	178	ⓐ ⓑ ⓒ ⓓ	198	ⓐ ⓑ ⓒ ⓓ
119	ⓐ ⓑ ⓒ ⓓ	139	ⓐ ⓑ ⓒ ⓓ	159	ⓐ ⓑ ⓒ ⓓ	179	ⓐ ⓑ ⓒ ⓓ	199	ⓐ ⓑ ⓒ ⓓ
120	ⓐ ⓑ ⓒ ⓓ	140	ⓐ ⓑ ⓒ ⓓ	160	ⓐ ⓑ ⓒ ⓓ	180	ⓐ ⓑ ⓒ ⓓ	200	ⓐ ⓑ ⓒ ⓓ

TOEIC Test 3 Answer Sheet